政府会计准则制度培训用书

政府会计准则制度

2024年版

中华人民共和国财政部 制定

图书在版编目（CIP）数据

政府会计准则制度：2024年版／中华人民共和国财政部制定．—上海：立信会计出版社，2024.1
ISBN 978-7-5429-7528-7

Ⅰ.①政… Ⅱ.①中… Ⅲ.①预算会计—会计准则—中国 Ⅳ.① F812.3

中国国家版本馆 CIP 数据核字（2023）第 232360 号

责任编辑　蔡伟莉

政府会计准则制度（2024年版）
ZHENGFU KUAIJI ZHUNZE ZHIDU

出版发行	立信会计出版社	
地　　址	上海市中山西路 2230 号	邮政编码　200235
电　　话	（021）64411389	传　　真　（021）64411325
网　　址	www.lixinaph.com	电子邮箱　lixinaph2019@126.com
网上书店	http://lixin.jd.com	http://lxkjcbs.tmall.com
经　　销	各地新华书店	

印　　刷	北京鑫海金澳胶印有限公司
开　　本	787 毫米 × 1092 毫米　1/16
印　　张	43.5
字　　数	1004 千字
版　　次	2024 年 1 月第 1 版
印　　次	2024 年 1 月第 1 次
书　　号	ISBN 978-7-5429-7528-7 /F
定　　价	98.60 元

如有印订差错，请与本社联系调换

关于贯彻实施政府会计准则制度的通知

(财会〔2018〕21号)

党中央有关部门，国务院各部委、各直属机构，全国人大常委会办公厅，全国政协办公厅，高法院，高检院，各民主党派中央，有关人民团体，各省、自治区、直辖市、计划单列市财政厅（局），新疆生产建设兵团财政局：

为做好政府会计准则制度的贯彻实施工作，现就有关事项通知如下：

一、关于实施内容、实施时间和范围

（一）实施内容。

本通知所指的政府会计准则制度包括以下内容：

1.《政府会计准则——基本准则》；

2.《政府会计准则第1号——存货》《政府会计准则第2号——投资》《政府会计准则第3号——固定资产》《政府会计准则第4号——无形资产》《政府会计准则第5号——公共基础设施》《政府会计准则第6号——政府储备物资》等政府会计具体准则；

3.《〈政府会计准则第3号——固定资产〉应用指南》等准则应用指南；

4.《政府会计制度——行政事业单位会计科目和报表》；

5. 医院、基层医疗卫生机构、高等学校、中小学校、科学事业单位、彩票机构、国有林场和苗圃等行业事业单位执行《政府会计制度——行政事业单位会计科目和报表》的补充规定；

6. 行政单位、事业单位和医院、基层医疗卫生机构、高等学校、中小学校、科学事业单位、彩票机构、国有林场和苗圃、地质勘查事业单位、测绘事业单位等行业事业单位执行《政府会计制度——行政事业单位会计科目和报表》的衔接规定；

7. 财政部制定的关于政府会计准则制度的其他规定。

（二）实施时间和范围。

自2019年1月1日起，政府会计准则制度在全国各级各类行政事业单位全面施行。执行政府会计准则制度的单位，不再执行《事业单位会计准则》《行政单位会计制度》（财库〔2013〕218号）、《事业单位会计制度》（财会〔2012〕22号）、《医院会计制度》（财会〔2010〕27号）、《基层医疗卫生机构会计制度》（财会〔2010〕26号）、《高等学校会计制度》（财会〔2013〕30号）、《中小学校会计制度》（财会〔2013〕28号）、《科学事业单位会计制度》（财会〔2013〕29号）、《彩票机构会计制度》（财会〔2013〕23号）、《地质勘查单位会计制度》（财会字〔1996〕15号）、《测绘事业单位会计制度》（财会字〔1999〕1号）、《国有林场与苗圃会计制度（暂行）》（财农字〔1994〕第371号）、《国有建设单位会计

制度》（财会字〔1995〕45号）等制度。

军队、已纳入企业财务管理体系执行企业会计准则或小企业会计准则的事业单位和执行《民间非营利组织会计制度》的社会团体，不执行政府会计准则制度。

二、扎实做好政府会计准则制度实施准备工作

（一）强化宣传培训。

各级财政部门和有关部门要积极采取各种方式，广泛宣传政府会计改革的重要意义和政府会计准则制度的基本精神，争取广泛理解和支持，为政府会计准则制度的贯彻实施营造良好的社会氛围。各部门、各单位要着力加强对政府会计准则制度的培训工作，做到横向到边、纵向到底、不留"死角"，使广大会计人员全面掌握政府会计准则制度各项规定和具体要求，确保实施过程中"不变形""不走样"。要把政府会计准则制度培训纳入会计人员继续教育内容，使广大财会人员丰富知识体系、不断提高职业判断能力。

（二）扎实做好新旧制度衔接。

各部门、各单位应当在2016年资产清查核实的基础上，根据政府会计准则制度的要求，进一步清理核实和归类统计固定资产、无形资产、库存物品、对外投资等资产数据，为准确计提折旧、摊销费用、确定权益等提供基础信息；进一步规范和加强往来款项的管理，全面开展往来款项专项清理和账龄分析，做好坏账准备计提的相关工作；进一步清理基本建设会计账务，及时将已交付使用的建设项目转为固定资产、无形资产等，按规定及时办理基本建设项目竣工财务决算手续，为将基本建设投资业务纳入单位会计"大账"做好准备；进一步明晰资产占有、使用和维护管理的责任主体，按规定将单位控制的公共基础设施、政府储备物资、保障性住房等资产以及单位受托管理的资产登记入账，确保国有资产信息全面完整；进一步梳理和分析各项结转结余资金的构成和性质，按规定确定新账中各项预算结余科目及资金结存科目的金额，夯实部门决算的核算基础。在上述工作基础上，各部门、各单位应当严格按照财政部制定的新旧制度衔接规定，做好新旧转账及调整工作，必要时可聘请会计师事务所等中介机构参与其中，确保新旧制度有序衔接、平稳过渡。

（三）加强政府会计信息化建设。

各部门、各单位应当按照新制度要求，对原有会计信息系统进行及时更新和调试，包括新建账套、更新会计科目体系、调整会计科目余额及核算基础、补提相关资产的折旧与摊销、将基建账套纳入单位"大账"、将未入账事项登记新账科目、确定2019年财务会计和预算会计科目各项期初数等工作，实现数据正确转换。各部门、各单位要树立"业财融合"的理念，推动经济业务与会计管理的深度融合发展，以政府会计准则制度实施为契机，加强信息化建设，推进业务信息系统与会计信息系统的有效对接，为政府会计准则制度实施提供技术支撑，确保单位会计信息系统所生成的信息能够满足政府会计改革的需要。各级财政部门和有关行业主管部门应当加强对单位会计信息化工作的指导，积极引导软件厂商为单位会计信息化工作提供高质量的技术服务。

（四）加强政策协调。

各级财政部门要把思想和行动统一到落实党中央、国务院相关决策部署上来，推动修订完善相关法规，加快修订完善相关财务制度，进一步完善决算报告制度，优化政府财政管理信息系统，认真做好各项政策统筹协调。各部门、各单位要以贯彻实施政府会计准则制度为契机，加强会计核算与部门预决算管理、绩效管理、资产管理、政府财务报告编制等工作的协调，不断提升部门、单位的财务管理水平。

三、加强政府会计准则制度贯彻实施的组织领导

贯彻实施政府会计准则制度，是全面落实党的十八届三中全会关于"建立权责发生制的政府综合财务报告制度"、党的十九大关于"全面实施绩效管理"等决策部署的重要举措，对于科学、全面、准确反映政府资产负债和成本费用，加快建立现代财政制度，更好地发挥财政在国家治理中的基础和重要支柱作用具有重要而深远的意义。政府会计准则制度的实施工作涉及面广，技术性、政策性强，各部门、各单位的负责人要提高政治站位，认真落实《会计法》关于"单位负责人对本单位的会计工作和会计资料的真实性、完整性负责"的规定，把政府会计准则制度的贯彻实施作为一件大事来抓，加强对单位会计工作的组织领导，组织制定详细的实施方案，指导督促政府会计准则制度有效实施。同时，健全会计机构，充实会计人员，加强基础管理，完善内部控制，为政府会计准则制度实施提供有力保障。

有关行业主管部门要加强对本行业各级行政事业单位贯彻实施政府会计准则制度的指导工作，及时收集整理政府会计准则制度贯彻实施中遇到的问题，及时向财政部（会计司）反馈。

各级财政部门要高度重视政府会计准则制度的贯彻实施工作，建立健全工作机制，加强统筹规划、协调指导、宣传培训和督促检查，积极推进本地区政府会计准则制度的贯彻实施。各省、自治区、直辖市、计划单列市财政厅（局）和新疆生产建设兵团财政局应当于 2018 年 9 月 30 日之前，将本地区政府会计准则制度贯彻实施准备情况报送财政部（会计司）。

财　政　部
2018 年 8 月 16 日

目　录

第一篇　政府会计准则

政府会计准则——基本准则 …………………………………………………002
政府会计准则第 1 号——存货 ………………………………………………008
政府会计准则第 2 号——投资 ………………………………………………010
政府会计准则第 3 号——固定资产 …………………………………………013
《政府会计准则第 3 号——固定资产》应用指南 …………………………017
政府会计准则第 4 号——无形资产 …………………………………………020
政府会计准则第 5 号——公共基础设施 ……………………………………024
政府会计准则第 6 号——政府储备物资 ……………………………………029
政府会计准则第 7 号——会计调整 …………………………………………032
政府会计准则第 8 号——负债 ………………………………………………036
政府会计准则第 9 号——财务报表编制和列报 ……………………………041
政府会计准则第 10 号——政府和社会资本合作项目合同 …………………051
《政府会计准则第 10 号——政府和社会资本合作项目合同》应用指南 …056
政府会计准则第 11 号——文物资源 …………………………………………064
《政府会计准则第 11 号——文物资源》应用指南 …………………………067

第二篇　政府会计制度——行政事业单位会计科目和报表

第一部分　总说明 ……………………………………………………………074
第二部分　会计科目名称和编号 ……………………………………………076

第三部分　会计科目使用说明 …………………………………………………… 080
第四部分　报表格式 …………………………………………………………… 154
第五部分　报表编制说明 ……………………………………………………… 163
附录：主要业务和事项账务处理举例 ………………………………………… 192

第三篇　政府会计制度补充规定及衔接规定

《政府会计制度——行政事业单位会计科目和报表》与《行政单位会计制度》
　　有关衔接问题的处理规定 ……………………………………………… 270
《政府会计制度——行政事业单位会计科目和报表》与《事业单位会计制度》
　　有关衔接问题的处理规定 ……………………………………………… 280
关于国有林场和苗圃执行《政府会计制度——行政事业单位会计科目和报表》
　　的补充规定 ……………………………………………………………… 294
关于国有林场和苗圃执行《政府会计制度——行政事业单位会计科目和报表》
　　的衔接规定 ……………………………………………………………… 297
关于测绘事业单位执行《政府会计制度——行政事业单位会计科目和报表》
　　的衔接规定 ……………………………………………………………… 315
关于地质勘查事业单位执行《政府会计制度——行政事业单位会计科目和报表》
　　的衔接规定 ……………………………………………………………… 329
关于高等学校执行《政府会计制度——行政事业单位会计科目和报表》
　　的补充规定 ……………………………………………………………… 344
关于高等学校执行《政府会计制度——行政事业单位会计科目和报表》
　　的衔接规定 ……………………………………………………………… 356
关于中小学校执行《政府会计制度——行政事业单位会计科目和报表》
　　的补充规定 ……………………………………………………………… 372
关于中小学校执行《政府会计制度——行政事业单位会计科目和报表》
　　的衔接规定 ……………………………………………………………… 379
关于科学事业单位执行《政府会计制度——行政事业单位会计科目和报表》
　　的补充规定 ……………………………………………………………… 393
关于科学事业单位执行《政府会计制度——行政事业单位会计科目和报表》
　　的衔接规定 ……………………………………………………………… 400
关于医院执行《政府会计制度——行政事业单位会计科目和报表》
　　的补充规定 ……………………………………………………………… 414

目录

关于医院执行《政府会计制度——行政事业单位会计科目和报表》
  的衔接规定 ········440
关于基层医疗卫生机构执行《政府会计制度——行政事业单位会计科目和报表》
  的补充规定 ········453
关于基层医疗卫生机构执行《政府会计制度——行政事业单位会计科目和报表》
  的衔接规定 ········482
关于彩票机构执行《政府会计制度——行政事业单位会计科目和报表》
  的补充规定 ········495
关于彩票机构执行《政府会计制度——行政事业单位会计科目和报表》
  的衔接规定 ········502

第四篇　政府会计准则制度解释

政府会计准则制度解释第 1 号 ········518
政府会计准则制度解释第 2 号 ········524
政府会计准则制度解释第 3 号 ········530
政府会计准则制度解释第 4 号 ········534
政府会计准则制度解释第 5 号 ········542
政府会计准则制度解释第 6 号 ········545

第五篇　其他规定

关于进一步做好政府会计准则制度新旧衔接和加强行政事业单位资产核算的
  通知 ········550
关于印发《事业单位成本核算基本指引》的通知 ········556
关于印发《事业单位成本核算具体指引——公立医院》的通知 ········561
关于印发《事业单位成本核算具体指引——高等学校》的通知 ········575
关于印发《事业单位成本核算具体指引——科学事业单位》的通知 ········585
关于进一步加强公路水路公共基础设施政府会计核算的通知 ········594
关于进一步加强水利基础设施政府会计核算的通知 ········625
关于印发《行政事业单位划转撤并相关会计处理规定》的通知 ········634
关于进一步加强市政基础设施政府会计核算的通知 ········645
关于印发《行政事业单位资金往来结算票据使用管理办法》的通知 ········661

003

第六篇　政府会计准则制度实施问答

关于应收款项的会计处理 …………………………………………………… 666
关于预付款项的会计处理 …………………………………………………… 668
关于存货的会计处理 ………………………………………………………… 669
关于投资的会计处理 ………………………………………………………… 671
关于固定资产的会计处理 …………………………………………………… 674
关于无形资产的会计处理 …………………………………………………… 679
关于公共基础设施的会计处理 ……………………………………………… 681
关于应付职工薪酬的会计处理 ……………………………………………… 682
关于净资产及预算结余的会计处理 ………………………………………… 683
关于收入的会计处理 ………………………………………………………… 684
关于预算管理一体化下国库集中支付的会计处理 ………………………… 686

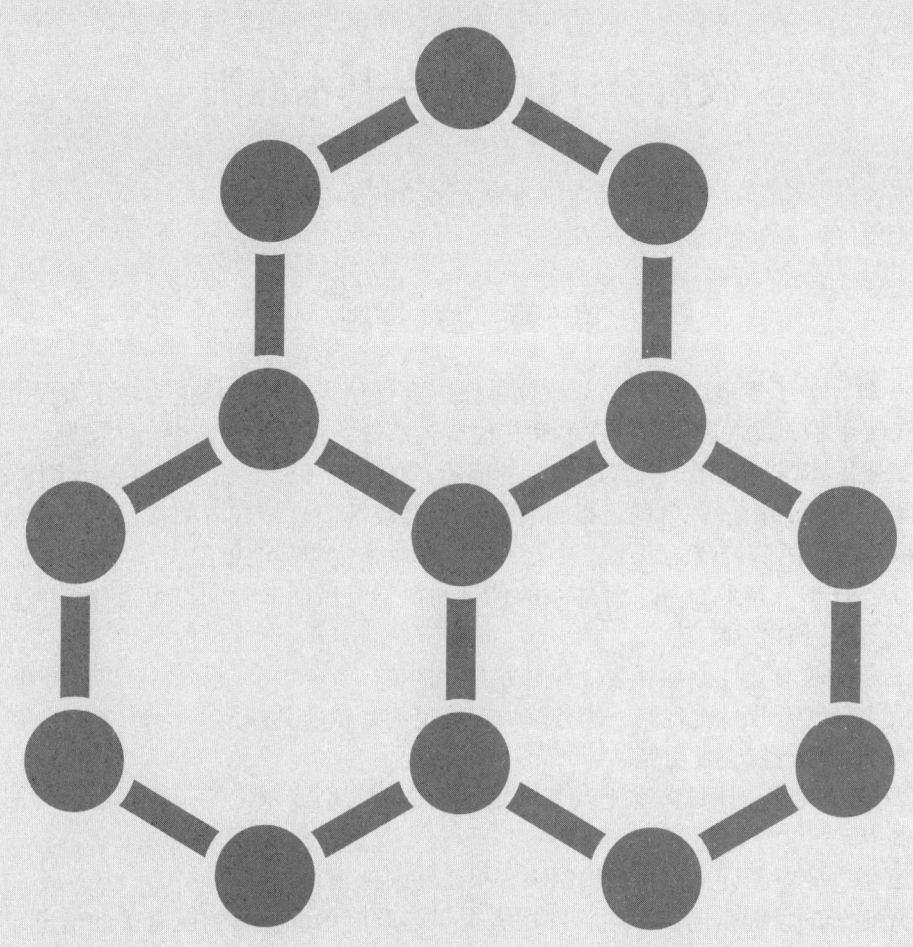

第一篇

政府会计准则

政府会计准则制度

政府会计准则——基本准则

（中华人民共和国财政部令2015年第78号）

第一章 总 则

第一条 为了规范政府的会计核算，保证会计信息质量，根据《中华人民共和国会计法》《中华人民共和国预算法》和其他有关法律、行政法规，制定本准则。

第二条 本准则适用于各级政府、各部门、各单位（以下统称政府会计主体）。

前款所称各部门、各单位是指与本级政府财政部门直接或者间接发生预算拨款关系的国家机关、军队、政党组织、社会团体、事业单位和其他单位。

军队、已纳入企业财务管理体系的单位和执行《民间非营利组织会计制度》的社会团体，不适用本准则。

第三条 政府会计由预算会计和财务会计构成。

预算会计实行收付实现制，国务院另有规定的，依照其规定。

财务会计实行权责发生制。

第四条 政府会计具体准则及其应用指南、政府会计制度等，应当由财政部遵循本准则制定。

第五条 政府会计主体应当编制决算报告和财务报告。

决算报告的目标是向决算报告使用者提供与政府预算执行情况有关的信息，综合反映政府会计主体预算收支的年度执行结果，有助于决算报告使用者进行监督和管理，并为编制后续年度预算提供参考和依据。政府决算报告使用者包括各级人民代表大会及其常务委员会、各级政府及其有关部门、政府会计主体自身、社会公众和其他利益相关者。

财务报告的目标是向财务报告使用者提供与政府的财务状况、运行情况（含运行成本，下同）和现金流量等有关信息，反映政府会计主体公共受托责任履行情况，有助于财务报告使用者作出决策或者进行监督和管理。政府财务报告使用者包括各级人民代表大会常务委员会、债权人、各级政府及其有关部门、政府会计主体自身和其他利益相关者。

第六条 政府会计主体应当对其自身发生的经济业务或者事项进行会计核算。

第七条 政府会计核算应当以政府会计主体持续运行为前提。

第八条 政府会计核算应当划分会计期间，分期结算账目，按规定编制决算报告和财务报告。

会计期间至少分为年度和月度。会计年度、月度等会计期间的起讫日期采用公历日期。

第九条 政府会计核算应当以人民币作为记账本位币。发生外币业务时，应当将有关外币金额折算为人民币金额计量，同时登记外币金额。

第十条 政府会计核算应当采用借贷记账法记账。

第二章 政府会计信息质量要求

第十一条 政府会计主体应当以实际发生的经济业务或者事项为依据进行会计核算，如实反映各项会计要素的情况和结果，保证会计信息真实可靠。

第十二条 政府会计主体应当将发生的各项经济业务或者事项统一纳入会计核算，确保会计信息能够全面反映政府会计主体预算执行情况和财务状况、运行情况、现金流量等。

第十三条 政府会计主体提供的会计信息，应当与反映政府会计主体公共受托责任履行情况以及报告使用者决策或者监督、管理的需要相关，有助于报告使用者对政府会计主体过去、现在或者未来的情况作出评价或者预测。

第十四条 政府会计主体对已经发生的经济业务或者事项，应当及时进行会计核算，不得提前或者延后。

第十五条 政府会计主体提供的会计信息应当具有可比性。

同一政府会计主体不同时期发生的相同或者相似的经济业务或者事项，应当采用一致的会计政策，不得随意变更。确需变更的，应当将变更的内容、理由及其影响在附注中予以说明。

不同政府会计主体发生的相同或者相似的经济业务或者事项，应当采用一致的会计政策，确保政府会计信息口径一致，相互可比。

第十六条 政府会计主体提供的会计信息应当清晰明了，便于报告使用者理解和使用。

第十七条 政府会计主体应当按照经济业务或者事项的经济实质进行会计核算，不限于以经济业务或者事项的法律形式为依据。

第三章 政府预算会计要素

第十八条 政府预算会计要素包括预算收入、预算支出与预算结余。

第十九条 预算收入是指政府会计主体在预算年度内依法取得的并纳入预算管理的现金流入。

第二十条 预算收入一般在实际收到时予以确认，以实际收到的金额计量。

第二十一条 预算支出是指政府会计主体在预算年度内依法发生并纳入预算管理的现金流出。

第二十二条 预算支出一般在实际支付时予以确认，以实际支付的金额计量。

第二十三条 预算结余是指政府会计主体预算年度内预算收入扣除预算支出后的资金余额，以及历年滚存的资金余额。

第二十四条 预算结余包括结余资金和结转资金。

结余资金是指年度预算执行终了，预算收入实际完成数扣除预算支出和结转资金后剩余的资金。

结转资金是指预算安排项目的支出年终尚未执行完毕或者因故未执行，且下年需

要按原用途继续使用的资金。

第二十五条 符合预算收入、预算支出和预算结余定义及其确认条件的项目应当列入政府决算报表。

第四章 政府财务会计要素

第二十六条 政府财务会计要素包括资产、负债、净资产、收入和费用。

第一节 资　产

第二十七条 资产是指政府会计主体过去的经济业务或者事项形成的,由政府会计主体控制的,预期能够产生服务潜力或者带来经济利益流入的经济资源。

服务潜力是指政府会计主体利用资产提供公共产品和服务以履行政府职能的潜在能力。

经济利益流入表现为现金及现金等价物的流入,或者现金及现金等价物流出的减少。

第二十八条 政府会计主体的资产按照流动性,分为流动资产和非流动资产。

流动资产是指预计在1年内(含1年)耗用或者可以变现的资产,包括货币资金、短期投资、应收及预付款项、存货等。

非流动资产是指流动资产以外的资产,包括固定资产、在建工程、无形资产、长期投资、公共基础设施、政府储备资产、文物文化资产、保障性住房和自然资源资产等。

第二十九条 符合本准则第二十七条规定的资产定义的经济资源,在同时满足以下条件时,确认为资产:

(一)与该经济资源相关的服务潜力很可能实现或者经济利益很可能流入政府会计主体;

(二)该经济资源的成本或者价值能够可靠地计量。

第三十条 资产的计量属性主要包括历史成本、重置成本、现值、公允价值和名义金额。

在历史成本计量下,资产按照取得时支付的现金金额或者支付对价的公允价值计量。

在重置成本计量下,资产按照现在购买相同或者相似资产所需支付的现金金额计量。

在现值计量下,资产按照预计从其持续使用和最终处置中所产生的未来净现金流入量的折现金额计量。

在公允价值计量下,资产按照市场参与者在计量日发生的有序交易中,出售资产所能收到的价格计量。

无法采用上述计量属性的,采用名义金额(即人民币1元)计量。

第三十一条 政府会计主体在对资产进行计量时,一般应当采用历史成本。采用重置成本、现值、公允价值计量的,应当保证所确定的资产金额能够持续、可靠地计量。

第三十二条 符合资产定义和资产确认条件的项目，应当列入资产负债表。

第二节 负 债

第三十三条 负债是指政府会计主体过去的经济业务或者事项形成的，预期会导致经济资源流出政府会计主体的现时义务。

现时义务是指政府会计主体在现行条件下已承担的义务。未来发生的经济业务或者事项形成的义务不属于现时义务，不应当确认为负债。

第三十四条 政府会计主体的负债按照流动性，分为流动负债和非流动负债。

流动负债是指预计在1年内（含1年）偿还的负债，包括应付及预收款项、应付职工薪酬、应缴款项等。

非流动负债是指流动负债以外的负债，包括长期应付款、应付政府债券和政府依法担保形成的债务等。

第三十五条 符合本准则第三十三条规定的负债定义的义务，在同时满足以下条件时，确认为负债：

（一）履行该义务很可能导致含有服务潜力或者经济利益的经济资源流出政府会计主体；

（二）该义务的金额能够可靠地计量。

第三十六条 负债的计量属性主要包括历史成本、现值和公允价值。

在历史成本计量下，负债按照因承担现时义务而实际收到的款项或者资产的金额，或者承担现时义务的合同金额，或者按照为偿还负债预期需要支付的现金计量。

在现值计量下，负债按照预计期限内需要偿还的未来净现金流出量的折现金额计量。

在公允价值计量下，负债按照市场参与者在计量日发生的有序交易中，转移负债所需支付的价格计量。

第三十七条 政府会计主体在对负债进行计量时，一般应当采用历史成本。

采用现值、公允价值计量的，应当保证所确定的负债金额能够持续、可靠地计量。

第三十八条 符合负债定义和负债确认条件的项目，应当列入资产负债表。

第三节 净 资 产

第三十九条 净资产是指政府会计主体资产扣除负债后的净额。

第四十条 净资产金额取决于资产和负债的计量。

第四十一条 净资产项目应当列入资产负债表。

第四节 收 入

第四十二条 收入是指报告期内导致政府会计主体净资产增加的、含有服务潜力或者经济利益的经济资源的流入。

第四十三条 收入的确认应当同时满足以下条件：

（一）与收入相关的含有服务潜力或者经济利益的经济资源很可能流入政府会计主体；

（二）含有服务潜力或者经济利益的经济资源流入会导致政府会计主体资产增加或者负债减少；

（三）流入金额能够可靠地计量。

第四十四条 符合收入定义和收入确认条件的项目，应当列入收入费用表。

第五节 费 用

第四十五条 费用是指报告期内导致政府会计主体净资产减少的、含有服务潜力或者经济利益的经济资源的流出。

第四十六条 费用的确认应当同时满足以下条件：

（一）与费用相关的含有服务潜力或者经济利益的经济资源很可能流出政府会计主体；

（二）含有服务潜力或者经济利益的经济资源流出会导致政府会计主体资产减少或者负债增加；

（三）流出金额能够可靠地计量。

第四十七条 符合费用定义和费用确认条件的项目，应当列入收入费用表。

第五章 政府决算报告和财务报告

第四十八条 政府决算报告是综合反映政府会计主体年度预算收支执行结果的文件。

政府决算报告应当包括决算报表和其他应当在决算报告中反映的相关信息和资料。

政府决算报告的具体内容及编制要求等，由财政部另行规定。

第四十九条 政府财务报告是反映政府会计主体某一特定日期的财务状况和某一会计期间的运行情况和现金流量等信息的文件。

政府财务报告应当包括财务报表和其他应当在财务报告中披露的相关信息和资料。

第五十条 政府财务报告包括政府综合财务报告和政府部门财务报告。

政府综合财务报告是指由政府财政部门编制的，反映各级政府整体财务状况、运行情况和财政中长期可持续性的报告。

政府部门财务报告是指政府各部门、各单位按规定编制的财务报告。

第五十一条 财务报表是对政府会计主体财务状况、运行情况和现金流量等信息的结构性表述。

财务报表包括会计报表和附注。

会计报表至少应当包括资产负债表、收入费用表和现金流量表。

政府会计主体应当根据相关规定编制合并财务报表。

第五十二条 资产负债表是反映政府会计主体在某一特定日期的财务状况的报表。

第五十三条 收入费用表是反映政府会计主体在一定会计期间运行情况的报表。

第五十四条　现金流量表是反映政府会计主体在一定会计期间现金及现金等价物流入和流出情况的报表。

第五十五条　附注是对在资产负债表、收入费用表、现金流量表等报表中列示项目所作的进一步说明，以及对未能在这些报表中列示项目的说明。

第五十六条　政府决算报告的编制主要以收付实现制为基础，以预算会计核算生成的数据为准。

政府财务报告的编制主要以权责发生制为基础，以财务会计核算生成的数据为准。

第六章　附　　则

第五十七条　本准则所称会计核算，包括会计确认、计量、记录和报告各个环节，涵盖填制会计凭证、登记会计账簿、编制报告全过程。

第五十八条　本准则所称预算会计，是指以收付实现制为基础对政府会计主体预算执行过程中发生的全部收入和全部支出进行会计核算，主要反映和监督预算收支执行情况的会计。

第五十九条　本准则所称财务会计，是指以权责发生制为基础对政府会计主体发生的各项经济业务或者事项进行会计核算，主要反映和监督政府会计主体财务状况、运行情况和现金流量等的会计。

第六十条　本准则所称收付实现制，是指以现金的实际收付为标志来确定本期收入和支出的会计核算基础。凡在当期实际收到的现金收入和支出，均应作为当期的收入和支出；凡是不属于当期的现金收入和支出，均不应当作为当期的收入和支出。

第六十一条　本准则所称权责发生制，是指以取得收取款项的权利或支付款项的义务为标志来确定本期收入和费用的会计核算基础。凡是当期已经实现的收入和已经发生的或应当负担的费用，不论款项是否收付，都应当作为当期的收入和费用；凡是不属于当期的收入和费用，即使款项已在当期收付，也不应当作为当期的收入和费用。

第六十二条　本准则自 2017 年 1 月 1 日起施行。

政府会计准则第 1 号——存货

第一章 总 则

第一条 为了规范存货的确认、计量和相关信息的披露,根据《政府会计准则——基本准则》,制定本准则。

第二条 本准则所称存货,是指政府会计主体在开展业务活动及其他活动中为耗用或出售而储存的资产,如材料、产品、包装物和低值易耗品等,以及未达到固定资产标准的用具、装具、动植物等。

第三条 政府储备物资、收储土地等,适用其他相关政府会计准则。

第二章 存货的确认

第四条 存货同时满足下列条件的,应当予以确认:
(一)与该存货相关的服务潜力很可能实现或者经济利益很可能流入政府会计主体;
(二)该存货的成本或者价值能够可靠地计量。

第三章 存货的初始计量

第五条 存货在取得时应当按照成本进行初始计量。

第六条 政府会计主体购入的存货,其成本包括购买价款、相关税费、运输费、装卸费、保险费以及使得存货达到目前场所和状态所发生的归属于存货成本的其他支出。

第七条 政府会计主体自行加工的存货,其成本包括耗用的直接材料费用、发生的直接人工费用和按照一定方法分配的与存货加工有关的间接费用。

第八条 政府会计主体委托加工的存货,其成本包括委托加工前存货成本、委托加工的成本(如委托加工费以及按规定应计入委托加工存货成本的相关税费等)以及使存货达到目前场所和状态所发生的归属于存货成本的其他支出。

第九条 下列各项应当在发生时确认为当期费用,不计入存货成本:
(一)非正常消耗的直接材料、直接人工和间接费用。
(二)仓储费用(不包括在加工过程中为达到下一个加工阶段所必需的费用)。
(三)不能归属于使存货达到目前场所和状态所发生的其他支出。

第十条 政府会计主体通过置换取得的存货,其成本按照换出资产的评估价值,加上支付的补价或减去收到的补价,加上为换入存货发生的其他相关支出确定。

第十一条 政府会计主体接受捐赠的存货,其成本按照有关凭据注明的金额加上相关税费、运输费等确定;没有相关凭据可供取得,但按规定经过资产评估的,其成本按照评估价值加上相关税费、运输费等确定；没有相关凭据可供取得、也未经资产评估的，其成本比照同类或类似资产的市场价格加上相关税费、运输费等确定；没有相关凭据且未经资产评估、同类或类似资产的市场价格也无法可靠取得的，按照名义金额入账，相关税费、运输费等计入当期费用。

第十二条　政府会计主体无偿调入的存货，其成本按照调出方账面价值加上相关税费、运输费等确定。

第十三条　政府会计主体盘盈的存货，按规定经过资产评估的，其成本按照评估价值确定；未经资产评估的，其成本按照重置成本确定。

第四章　存货的后续计量

第十四条　政府会计主体应当根据实际情况采用先进先出法、加权平均法或者个别计价法确定发出存货的实际成本。计价方法一经确定，不得随意变更。

对于性质和用途相似的存货，应当采用相同的成本计价方法确定发出存货的成本。

对于不能替代使用的存货、为特定项目专门购入或加工的存货，通常采用个别计价法确定发出存货的成本。

第十五条　对于已发出的存货，应当将其成本结转为当期费用或者计入相关资产成本。

按规定报经批准对外捐赠、无偿调出的存货，应当将其账面余额予以转销，对外捐赠、无偿调出中发生的归属于捐出方、调出方的相关费用应当计入当期费用。

第十六条　政府会计主体应当采用一次转销法或者五五摊销法对低值易耗品、包装物进行摊销，将其成本计入当期费用或者相关资产成本。

第十七条　对于发生的存货毁损，应当将存货账面余额转销计入当期费用，并将毁损存货处置收入扣除相关处置税费后的差额按规定作应缴款项处理（差额为净收益时）或计入当期费用（差额为净损失时）。

第十八条　存货盘亏造成的损失，按规定报经批准后应当计入当期费用。

第五章　存货的披露

第十九条　政府会计主体应当在附注中披露与存货有关的下列信息：

（一）各类存货的期初和期末账面余额。
（二）确定发出存货成本所采用的方法。
（三）以名义金额计量的存货名称、数量，以及以名义金额计量的理由。
（四）其他有关存货变动的重要信息。

第六章　附　则

第二十条　本准则自 2017 年 1 月 1 日起施行。

政府会计准则制度

政府会计准则第 2 号——投资

第一章 总 则

第一条 为了规范投资的确认、计量和相关信息的披露，根据《政府会计准则——基本准则》，制定本准则。

第二条 本准则所称投资，是指政府会计主体按规定以货币资金、实物资产、无形资产等方式形成的债权或股权投资。

第三条 投资分为短期投资和长期投资。

短期投资，是指政府会计主体取得的持有时间不超过1年（含1年）的投资。

长期投资，是指政府会计主体取得的除短期投资以外的债权和股权性质的投资。

第四条 政府会计主体外币投资的折算，适用其他相关政府会计准则。

第二章 短期投资

第五条 短期投资在取得时，应当按照实际成本（包括购买价款和相关税费，下同）作为初始投资成本。

实际支付价款中包含的已到付息期但尚未领取的利息，应当于收到时冲减短期投资成本。

第六条 短期投资持有期间的利息，应当于实际收到时确认为投资收益。

第七条 期末，短期投资应当按照账面余额计量。

第八条 政府会计主体按规定出售或到期收回短期投资，应当将收到的价款扣除短期投资账面余额和相关税费后的差额计入投资损益。

第三章 长期投资

第九条 长期投资分为长期债权投资和长期股权投资。

第一节 长期债权投资

第十条 长期债券投资在取得时，应当按照实际成本作为初始投资成本。

实际支付价款中包含的已到付息期但尚未领取的债券利息，应当单独确认为应收利息，不计入长期债券投资初始投资成本。

第十一条 长期债券投资持有期间，应当按期以票面金额与票面利率计算确认利息收入。

对于分期付息、一次还本的长期债券投资，应当将计算确定的应收未收利息确认为应收利息，计入投资收益；对于一次还本付息的长期债券投资，应当将计算确定的应收未收利息计入投资收益,并增加长期债券投资的账面余额。

第十二条 政府会计主体按规定出售或到期收回长期债券投资,应当将实际收到的价款扣除长期债券投资账面余额和相关税费后的差额计入投资损益。

第十三条 政府会计主体进行除债券以外的其他债权投资,参照长期债券投资进行会计处理。

第二节 长期股权投资

第十四条 长期股权投资在取得时,应当按照实际成本作为初始投资成本。

(一)以支付现金取得的长期股权投资,按照实际支付的全部价款(包括购买价款和相关税费)作为实际成本。

实际支付价款中包含的已宣告但尚未发放的现金股利,应当单独确认为应收股利,不计入长期股权投资初始投资成本。

(二)以现金以外的其他资产置换取得的长期股权投资,其成本按照换出资产的评估价值加上支付的补价或减去收到的补价,加上换入长期股权投资发生的其他相关支出确定。

(三)接受捐赠的长期股权投资,其成本按照有关凭据注明的金额加上相关税费确定;没有相关凭据可供取得,但按规定经过资产评估的,其成本按照评估价值加上相关税费确定;没有相关凭据可供取得、也未经资产评估的,其成本比照同类或类似资产的市场价格加上相关税费确定。

(四)无偿调入的长期股权投资,其成本按照调出方账面价值加上相关税费确定。

第十五条 长期股权投资在持有期间,通常应当采用权益法进行核算。政府会计主体无权决定被投资单位的财务和经营政策或无权参与被投资单位的财务和经营政策决策的,应当采用成本法进行核算。

成本法,是指投资按照投资成本计量的方法。

权益法,是指投资最初以投资成本计量,以后根据政府会计主体在被投资单位所享有的所有者权益份额的变动对投资的账面余额进行调整的方法。

第十六条 在成本法下,长期股权投资的账面余额通常保持不变,但追加或收回投资时,应当相应调整其账面余额。

长期股权投资持有期间,被投资单位宣告分派的现金股利或利润,政府会计主体应当按照宣告分派的现金股利或利润中属于政府会计主体应享有的份额确认为投资收益。

第十七条 采用权益法的,按照如下原则进行会计处理。

(一)政府会计主体取得长期股权投资后,对于被投资单位所有者权益的变动,应当按照下列规定进行处理:

1. 按照应享有或应分担的被投资单位实现的净损益的份额,确认为投资损益,同时调整长期股权投资的账面余额。

2. 按照被投资单位宣告分派的现金股利或利润计算应享有的份额,确认为应收股利,同时减少长期股权投资的账面余额。

3. 按照被投资单位除净损益和利润分配以外的所有者权益变动的份额,确认为净资产,同时调整长期股权投资的账面余额。

（二）政府会计主体确认被投资单位发生的净亏损，应当以长期股权投资的账面余额减记至零为限，政府会计主体负有承担额外损失义务的除外。

被投资单位发生净亏损，但以后年度又实现净利润的，政府会计主体应当在其收益分享额弥补未确认的亏损分担额等后，恢复确认投资收益。

第十八条　政府会计主体因处置部分长期股权投资等原因无权再决定被投资单位的财务和经营政策或者参与被投资单位的财务和经营政策决策的，应当对处置后的剩余股权投资改按成本法核算，并以该剩余股权投资在权益法下的账面余额作为按照成本法核算的初始投资成本。其后，被投资单位宣告分派现金股利或利润时，属于已计入投资账面余额的部分，作为成本法下长期股权投资成本的收回，冲减长期股权投资的账面余额。

政府会计主体因追加投资等原因对长期股权投资的核算从成本法改为权益法的，应当自有权决定被投资单位的财务和经营政策或者参与被投资单位的财务和经营政策决策时，按成本法下长期股权投资的账面余额加上追加投资的成本作为按照权益法核算的初始投资成本。

第十九条　政府会计主体按规定报经批准处置长期股权投资，应当冲减长期股权投资的账面余额，并按规定将处置价款扣除相关税费后的余额作应缴款项处理，或者按规定将处置价款扣除相关税费后的余额与长期股权投资账面余额的差额计入当期投资损益。

采用权益法核算的长期股权投资，因被投资单位除净损益和利润分配以外的所有者权益变动而将应享有的份额计入净资产的，处置该项投资时，还应当将原计入净资产的相应部分转入当期投资损益。

第四章　投资的披露

第二十条　政府会计主体应当在附注中披露与投资有关的下列信息：
（一）短期投资的增减变动及期初、期末账面余额。
（二）各类长期债权投资和长期股权投资的增减变动及期初、期末账面余额。
（三）长期股权投资的投资对象及核算方法。
（四）当期发生的投资净损益，其中重大的投资净损益项目应当单独披露。

第五章　附　　则

第二十一条　本准则自 2017 年 1 月 1 日起施行。

政府会计准则第 3 号——固定资产

第一章　总　　则

第一条　为了规范固定资产的确认、计量和相关信息的披露，根据《政府会计准则——基本准则》，制定本准则。

第二条　本准则所称固定资产，是指政府会计主体为满足自身开展业务活动或其他活动需要而控制的，使用年限超过 1 年（不含 1 年）、单位价值在规定标准以上，并在使用过程中基本保持原有物质形态的资产，一般包括房屋及构筑物、专用设备、通用设备等。

单位价值虽未达到规定标准，但是使用年限超过 1 年（不含 1 年）的大批同类物资，如图书、家具、用具、装具等，应当确认为固定资产。

第三条　公共基础设施、政府储备物资、保障性住房、自然资源资产等，适用其他相关政府会计准则。

第二章　固定资产的确认

第四条　固定资产同时满足下列条件的，应当予以确认：

（一）与该固定资产相关的服务潜力很可能实现或者经济利益很可能流入政府会计主体；

（二）该固定资产的成本或者价值能够可靠地计量。

第五条　通常情况下，购入、换入、接受捐赠、无偿调入不需安装的固定资产，在固定资产验收合格时确认；购入、换入、接受捐赠、无偿调入需要安装的固定资产，在固定资产安装完成交付使用时确认；自行建造、改建、扩建的固定资产，在建造完成交付使用时确认。

第六条　确认固定资产时，应当考虑以下情况：

（一）固定资产的各组成部分具有不同使用年限或者以不同方式为政府会计主体实现服务潜力或提供经济利益，适用不同折旧率或折旧方法且可以分别确定各自原价的，应当分别将各组成部分确认为单项固定资产。

（二）应用软件构成相关硬件不可缺少的组成部分的，应当将该软件的价值包括在所属的硬件价值中，一并确认为固定资产；不构成相关硬件不可缺少的组成部分的，应当将该软件确认为无形资产。

（三）购建房屋及构筑物时，不能分清购建成本中的房屋及构筑物部分与土地使用权部分的，应当全部确认为固定资产；能够分清购建成本中的房屋及构筑物部分与土地使用权部分的，应当将其中的房屋及构筑物部分确认为固定资产，将其中的土地使用权部分确认为无形资产。

第七条 固定资产在使用过程中发生的后续支出，符合本准则第四条规定的确认条件的，应当计入固定资产成本；不符合本准则第四条规定的确认条件的，应当在发生时计入当期费用或者相关资产成本。

将发生的固定资产后续支出计入固定资产成本的，应当同时从固定资产账面价值中扣除被替换部分的账面价值。

第三章 固定资产的初始计量

第八条 固定资产在取得时应当按照成本进行初始计量。

第九条 政府会计主体外购的固定资产，其成本包括购买价款、相关税费以及固定资产交付使用前所发生的可归属于该项资产的运输费、装卸费、安装费和专业人员服务费等。

以一笔款项购入多项没有单独标价的固定资产，应当按照各项固定资产同类或类似资产市场价格的比例对总成本进行分配，分别确定各项固定资产的成本。

第十条 政府会计主体自行建造的固定资产，其成本包括该项资产至交付使用前所发生的全部必要支出。

在原有固定资产基础上进行改建、扩建、修缮后的固定资产，其成本按照原固定资产账面价值加上改建、扩建、修缮发生的支出，再扣除固定资产被替换部分的账面价值后的金额确定。

为建造固定资产借入的专门借款的利息，属于建设期间发生的，计入在建工程成本；不属于建设期间发生的，计入当期费用。

已交付使用但尚未办理竣工决算手续的固定资产，应当按照估计价值入账，待办理竣工决算后再按实际成本调整原来的暂估价值。

第十一条 政府会计主体通过置换取得的固定资产，其成本按照换出资产的评估价值加上支付的补价或减去收到的补价，加上换入固定资产发生的其他相关支出确定。

第十二条 政府会计主体接受捐赠的固定资产，其成本按照有关凭据注明的金额加上相关税费、运输费等确定；没有相关凭据可供取得，但按规定经过资产评估的，其成本按照评估价值加上相关税费、运输费等确定；没有相关凭据可供取得、也未经资产评估的，其成本比照同类或类似资产的市场价格加上相关税费、运输费等确定；没有相关凭据且未经资产评估、同类或类似资产的市场价格也无法可靠取得的，按照名义金额入账，相关税费、运输费等计入当期费用。

如受赠的系旧的固定资产，在确定其初始入账成本时应当考虑该项资产的新旧程度。

第十三条 政府会计主体无偿调入的固定资产，其成本按照调出方账面价值加上相关税费、运输费等确定。

第十四条 政府会计主体盘盈的固定资产，按规定经过资产评估的，其成本按照评估价值确定；未经资产评估的，其成本按照重置成本确定。

第十五条 政府会计主体融资租赁取得的固定资产，其成本按照其他相关政府会计准则确定。

第四章 固定资产的后续计量

第一节 固定资产的折旧

第十六条 政府会计主体应当对固定资产计提折旧，但本准则第十七条规定的固定资产除外。

折旧，是指在固定资产的预计使用年限内，按照确定的方法对应计的折旧额进行系统分摊。

固定资产应计的折旧额为其成本，计提固定资产折旧时不考虑预计净残值。

政府会计主体应当对暂估入账的固定资产计提折旧，实际成本确定后不需调整原已计提的折旧额。

第十七条 下列各项固定资产不计提折旧：

（一）文物和陈列品；

（二）动植物；

（三）图书、档案；

（四）单独计价入账的土地；

（五）以名义金额计量的固定资产。

第十八条 政府会计主体应当根据相关规定以及固定资产的性质和使用情况，合理确定固定资产的使用年限。

固定资产的使用年限一经确定，不得随意变更。

政府会计主体确定固定资产使用年限，应当考虑下列因素：

（一）预计实现服务潜力或提供经济利益的期限；

（二）预计有形损耗和无形损耗；

（三）法律或者类似规定对资产使用的限制。

第十九条 政府会计主体一般应当采用年限平均法或者工作量法计提固定资产折旧。

在确定固定资产的折旧方法时，应当考虑与固定资产相关的服务潜力或经济利益的预期实现方式。

固定资产折旧方法一经确定，不得随意变更。

第二十条 固定资产应当按月计提折旧，并根据用途计入当期费用或者相关资产成本。

第二十一条 固定资产提足折旧后，无论能否继续使用，均不再计提折旧；提前报废的固定资产，也不再补提折旧。已提足折旧的固定资产，可以继续使用的，应当继续使用，规范实物管理。

第二十二条 固定资产因改建、扩建或修缮等原因而延长其使用年限的，应当按照重新确定的固定资产的成本以及重新确定的折旧年限计算折旧额。

第二节 固定资产的处置

第二十三条 政府会计主体按规定报经批准出售、转让固定资产或固定资产报废、毁损的，应当将固定资产账面价值转销计入当期费用，并将处置收入扣除相关处置税费后的差额按规定作应缴款项处理（差额为净收益时）或计入当期费用（差额为净损失时）。

第二十四条 政府会计主体按规定报经批准对外捐赠、无偿调出固定资产的，应当将固定资产的账面价值予以转销，对外捐赠、无偿调出中发生的归属于捐出方、调出方的相关费用应当计入当期费用。

第二十五条 政府会计主体按规定报经批准以固定资产对外投资的，应当将该固定资产的账面价值予以转销，并将固定资产在对外投资时的评估价值与其账面价值的差额计入当期收入或费用。

第二十六条 固定资产盘亏造成的损失，按规定报经批准后应当计入当期费用。

第五章　固定资产的披露

第二十七条 政府会计主体应当在附注中披露与固定资产有关的下列信息：
（一）固定资产的分类和折旧方法。
（二）各类固定资产的使用年限、折旧率。
（三）各类固定资产账面余额、累计折旧额、账面价值的期初、期末数及其本期变动情况。
（四）以名义金额计量的固定资产名称、数量，以及以名义金额计量的理由。
（五）已提足折旧的固定资产名称、数量等情况。
（六）接受捐赠、无偿调入的固定资产名称、数量等情况。
（七）出租、出借固定资产以及以固定资产投资的情况。
（八）固定资产对外捐赠、无偿调出、毁损等重要资产处置的情况。
（九）暂估入账的固定资产账面价值变动情况。

第六章　附　　则

第二十八条 本准则自 2017 年 1 月 1 日起施行。

《政府会计准则第 3 号——固定资产》应用指南

一、关于固定资产折旧年限

（一）通常情况下，政府会计主体应当按照表 1 规定确定各类应计提折旧的固定资产的折旧年限。

表 1 政府固定资产折旧年限表

固定资产类别	内容		折旧年限（年）
房屋及构筑物	业务及管理用房	钢结构	不低于 50
		钢筋混凝土结构	不低于 50
		砖混结构	不低于 30
		砖木结构	不低于 30
	简易房		不低于 8
	房屋附属设施		不低于 8
	构筑物		不低于 8
通用设备	计算机设备		不低于 6
	办公设备		不低于 6
	车辆		不低于 8
	图书档案设备		不低于 5
	机械设备		不低于 10
	电气设备		不低于 5
	雷达、无线电和卫星导航设备		不低于 10
	通信设备		不低于 5
	广播、电视、电影设备		不低于 5
	仪器仪表		不低于 5
	电子和通信测量设备		不低于 5
	计量标准器具及量具、衡器		不低于 5
专用设备	探矿、采矿、选矿和造块设备		10～15
	石油天然气开采专用设备		10～15

（续表）

固定资产类别	内容	折旧年限（年）
专用设备	石油和化学工业专用设备	10～15
	炼焦和金属冶炼轧制设备	10～15
	电力工业专用设备	20～30
	非金属矿物制品工业专用设备	10～20
	核工业专用设备	20～30
	航空航天工业专用设备	20～30
	工程机械	10～15
	农业和林业机械	10～15
	木材采集和加工设备	10～15
	食品加工专用设备	10～15
	饮料加工设备	10～15
	烟草加工设备	10～15
	粮油作物和饲料加工设备	10～15
	纺织设备	10～15
	缝纫、服饰、制革和毛皮加工设备	10～15
	造纸和印刷机械	10～20
	化学药品和中药专用设备	5～10
	医疗设备	5～10
	电工、电子专用生产设备	5～10
	安全生产设备	10～20
	邮政专用设备	10～15
	环境污染防治设备	10～20
	公安专用设备	3～10
	水工机械	10～20
	殡葬设备及用品	5～10
	铁路运输设备	10～20
	水上交通运输设备	10～20
	航空器及其配套设备	10～20
	专用仪器仪表	5～10
	文艺设备	5～15
	体育设备	5～15
	娱乐设备	5～15

（续表）

固定资产类别	内容	折旧年限（年）
家具、用具及装具	家具	不低于 15
	用具、装具	不低于 5

（二）国务院有关部门在遵循本应用指南中表 1 所规定的固定资产折旧年限的情况下，可以根据实际需要进一步细化本行业固定资产的类别，具体确定各类固定资产的折旧年限，并报财政部审核批准。

（三）政府会计主体应当在遵循本应用指南、主管部门有关折旧年限规定的情况下，根据固定资产的性质和实际使用情况，合理确定其折旧年限。

具体确定固定资产的折旧年限时，应当考虑下列因素：

1. 固定资产预计实现服务潜力或提供经济利益的期限；
2. 固定资产预计有形损耗和无形损耗；
3. 法律或者类似规定对固定资产使用的限制。

（四）固定资产的折旧年限一经确定，不得随意变更。

因改建、扩建等原因而延长固定资产使用年限的，应当重新确定固定资产的折旧年限。

（五）政府会计主体盘盈、无偿调入、接受捐赠以及置换的固定资产，应当考虑该项资产的新旧程度，按照其尚可使用的年限计提折旧。

二、关于固定资产折旧计提时点

固定资产应当按月计提折旧，当月增加的固定资产，当月开始计提折旧；当月减少的固定资产，当月不再计提折旧。

固定资产提足折旧后，无论能否继续使用，均不再计提折旧；提前报废的固定资产，也不再补提折旧。已提足折旧的固定资产，可以继续使用的，应当继续使用，规范实物管理。

政府会计准则第4号——无形资产

第一章 总 则

第一条 为了规范无形资产的确认、计量和相关信息的披露，根据《政府会计准则——基本准则》，制定本准则。

第二条 本准则所称无形资产，是指政府会计主体控制的没有实物形态的可辨认非货币性资产，如专利权、商标权、著作权、土地使用权、非专利技术等。

资产满足下列条件之一的，符合无形资产定义中的可辨认性标准：

（一）能够从政府会计主体中分离或者划分出来，并能单独或者与相关合同、资产或负债一起，用于出售、转移、授予许可、租赁或者交换。

（二）源自合同性权利或其他法定权利，无论这些权利是否可以从政府会计主体或其他权利和义务中转移或者分离。

第二章 无形资产的确认

第三条 无形资产同时满足下列条件的，应当予以确认：

（一）与该无形资产相关的服务潜力很可能实现或者经济利益很可能流入政府会计主体；

（二）该无形资产的成本或者价值能够可靠地计量。

政府会计主体在判断无形资产的服务潜力或经济利益是否很可能实现或流入时，应当对无形资产在预计使用年限内可能存在的各种社会、经济、科技因素做出合理估计，并且应当有确凿的证据支持。

第四条 政府会计主体购入的不构成相关硬件不可缺少组成部分的软件，应当确认为无形资产。

第五条 政府会计主体自行研究开发项目的支出，应当区分研究阶段支出与开发阶段支出。

研究是指为获取并理解新的科学或技术知识而进行的独创性的有计划调查。

开发是指在进行生产或使用前，将研究成果或其他知识应用于某项计划或设计，以生产出新的或具有实质性改进的材料、装置、产品等。

第六条 政府会计主体自行研究开发项目研究阶段的支出，应当于发生时计入当期费用。

政府会计主体自行研究开发项目开发阶段的支出，先按合理方法进行归集，如果最终形成无形资产的，应当确认为无形资产；如果最终未形成无形资产的，应当计入当期费用。

政府会计主体自行研究开发项目尚未进入开发阶段，或者确实无法区分研究阶段支出和开发阶段支出，但按法律程序已申请取得无形资产的，应当将依法取得时发生的注册费、聘请律师费等费用确认为无形资产。

第七条 政府会计主体自创商誉及内部产生的品牌、报刊名等，不应确认为无形资产。

第八条 与无形资产有关的后续支出，符合本准则第三条规定的确认条件的，应当计入无形资产成本；不符合本准则第三条规定的确认条件的，应当在发生时计入当期费用或者相关资产成本。

第三章 无形资产的初始计量

第九条 无形资产在取得时应当按照成本进行初始计量。

第十条 政府会计主体外购的无形资产，其成本包括购买价款、相关税费以及可归属于该项资产达到预定用途前所发生的其他支出。

政府会计主体委托软件公司开发的软件，视同外购无形资产确定其成本。

第十一条 政府会计主体自行开发的无形资产，其成本包括自该项目进入开发阶段后至达到预定用途前所发生的支出总额。

第十二条 政府会计主体通过置换取得的无形资产，其成本按照换出资产的评估价值加上支付的补价或减去收到的补价，加上换入无形资产发生的其他相关支出确定。

第十三条 政府会计主体接受捐赠的无形资产，其成本按照有关凭据注明的金额加上相关税费确定；没有相关凭据可供取得，但按规定经过资产评估的，其成本按照评估价值加上相关税费确定；没有相关凭据可供取得、也未经资产评估的，其成本比照同类或类似资产的市场价格加上相关税费确定；没有相关凭据且未经资产评估、同类或类似资产的市场价格也无法可靠取得的，按照名义金额入账，相关税费计入当期费用。

确定接受捐赠无形资产的初始入账成本时，应当考虑该项资产尚可为政府会计主体带来服务潜力或经济利益的能力。

第十四条 政府会计主体无偿调入的无形资产，其成本按照调出方账面价值加上相关税费确定。

第四章 无形资产的后续计量

第一节 无形资产的摊销

第十五条 政府会计主体应当于取得或形成无形资产时合理确定其使用年限。

无形资产的使用年限为有限的，应当估计该使用年限。无法预见无形资产为政府会计主体提供服务潜力或者带来经济利益期限的，应当视为使用年限不确定的无形资产。

第十六条 政府会计主体应当对使用年限有限的无形资产进行摊销，但已摊销完毕仍继续使用的无形资产和以名义金额计量的无形资产除外。

摊销是指在无形资产使用年限内，按照确定的方法对应摊销金额进行系统分摊。

第十七条 对于使用年限有限的无形资产，政府会计主体应当按照以下原则确定无形资产的摊销年限：

（一）法律规定了有效年限的，按照法律规定的有效年限作为摊销年限；

（二）法律没有规定有效年限的，按照相关合同或单位申请书中的受益年限作为摊销年限；

（三）法律没有规定有效年限、相关合同或单位申请书也没有规定受益年限的，应当根据无形资产为政府会计主体带来服务潜力或经济利益的实际情况，预计其使用年限；

（四）非大批量购入、单价小于 1 000 元的无形资产，可以于购买的当期将其成本一次性全部转销。

第十八条 政府会计主体应当按月对使用年限有限的无形资产进行摊销，并根据用途计入当期费用或者相关资产成本。

政府会计主体应当采用年限平均法或者工作量法对无形资产进行摊销，应摊销金额为其成本，不考虑预计残值。

第十九条 因发生后续支出而增加无形资产成本的，对于使用年限有限的无形资产，应当按照重新确定的无形资产成本以及重新确定的摊销年限计算摊销额。

第二十条 使用年限不确定的无形资产不应摊销。

第二节 无形资产的处置

第二十一条 政府会计主体按规定报经批准出售无形资产，应当将无形资产账面价值转销计入当期费用，并将处置收入大于相关处置税费后的差额按规定计入当期收入或者做应缴款项处理，将处置收入小于相关处置税费后的差额计入当期费用。

第二十二条 政府会计主体按规定报经批准对外捐赠、无偿调出无形资产的，应当将无形资产的账面价值予以转销，对外捐赠、无偿调出中发生的归属于捐出方、调出方的相关费用应当计入当期费用。

第二十三条 政府会计主体按规定报经批准以无形资产对外投资的，应当将该无形资产的账面价值予以转销，并将无形资产在对外投资时的评估价值与其账面价值的差额计入当期收入或费用。

第二十四条 无形资产预期不能为政府会计主体带来服务潜力或者经济利益的，应当在报经批准后将该无形资产的账面价值予以转销。

第五章 无形资产的披露

第二十五条 政府会计主体应当按照无形资产的类别在附注中披露与无形资产有关的下列信息：

（一）无形资产账面余额、累计摊销额、账面价值的期初、期末数及其本期变动情况。

（二）自行开发无形资产的名称、数量，以及账面余额和累计摊销额的变动情况。

（三）以名义金额计量的无形资产名称、数量，以及以名义金额计量的理由。

（四）接受捐赠、无偿调入无形资产的名称、数量等情况。

（五）使用年限有限的无形资产，其使用年限的估计情况；使用年限不确定的无形资产，其使用年限不确定的确定依据。

（六）无形资产出售、对外投资等重要资产处置的情况。

第六章　附　　则

第二十六条　本准则自 2017 年 1 月 1 日起施行。

政府会计准则第 5 号——公共基础设施

第一章 总 则

第一条 为了规范公共基础设施的确认、计量和相关信息的披露,根据《政府会计准则——基本准则》,制定本准则。

第二条 本准则所称公共基础设施,是指政府会计主体为满足社会公共需求而控制的,同时具有以下特征的有形资产:

(一)是一个有形资产系统或网络的组成部分;

(二)具有特定用途;

(三)一般不可移动。

公共基础设施主要包括市政基础设施(如城市道路、桥梁、隧道、公交场站、路灯、广场、公园绿地、室外公共健身器材,以及环卫、排水、供水、供电、供气、供热、污水处理、垃圾处理系统等)、交通基础设施(如公路、航道、港口等)、水利基础设施(如大坝、堤防、水闸、泵站、渠道等)和其他公共基础设施。

第三条 下列各项适用于其他相关政府会计准则:

(一)独立于公共基础设施、不构成公共基础设施使用不可缺少组成部分的管理维护用房屋建筑物、设备、车辆等,适用《政府会计准则第 3 号——固定资产》。

(二)属于文物文化资产的公共基础设施,适用其他相关政府会计准则。

(三)采用政府和社会资本合作模式(即 PPP 模式)形成的公共基础设施的确认和初始计量,适用其他相关政府会计准则。

第二章 公共基础设施的确认

第四条 通常情况下,符合本准则第五条规定的公共基础设施,应当由按规定对其负有管理维护职责的政府会计主体予以确认。

多个政府会计主体共同管理维护的公共基础设施,应当由对该资产负有主要管理维护职责或者承担后续主要支出责任的政府会计主体予以确认。

分为多个组成部分由不同政府会计主体分别管理维护的公共基础设施,应当由各个政府会计主体分别对其负责管理维护的公共基础设施的相应部分予以确认。

负有管理维护公共基础设施职责的政府会计主体通过政府购买服务方式委托企业或其他会计主体代为管理维护公共基础设施的,该公共基础设施应当由委托方予以确认。

第五条 公共基础设施同时满足下列条件的,应当予以确认:

(一)与该公共基础设施相关的服务潜力很可能实现或者经济利益很可能流入政府会计主体;

（二）该公共基础设施的成本或者价值能够可靠地计量。

第六条 通常情况下，对于自建或外购的公共基础设施，政府会计主体应当在该项公共基础设施验收合格并交付使用时确认；对于无偿调入、接受捐赠的公共基础设施，政府会计主体应当在开始承担该项公共基础设施管理维护职责时确认。

第七条 政府会计主体应当根据公共基础设施提供公共产品或服务的性质或功能特征对其进行分类确认。

公共基础设施的各组成部分具有不同使用年限或者以不同方式提供公共产品或服务，适用不同折旧率或折旧方法且可以分别确定各自原价的，应当分别将各组成部分确认为该类公共基础设施的一个单项公共基础设施。

第八条 政府会计主体在购建公共基础设施时，能够分清购建成本中的构筑物部分与土地使用权部分的，应当将其中的构筑物部分和土地使用权部分分别确认为公共基础设施；不能分清购建成本中的构筑物部分与土地使用权部分的，应当整体确认为公共基础设施。

第九条 公共基础设施在使用过程中发生的后续支出，符合本准则第五条规定的确认条件的，应当计入公共基础设施成本；不符合本准则第五条规定的确认条件的，应当在发生时计入当期费用。

通常情况下，为增加公共基础设施使用效能或延长其使用年限而发生的改建、扩建等后续支出，应当计入公共基础设施成本；为维护公共基础设施的正常使用而发生的日常维修、养护等后续支出，应当计入当期费用。

第三章 公共基础设施的初始计量

第十条 公共基础设施在取得时应当按照成本进行初始计量。

第十一条 政府会计主体自行建造的公共基础设施，其成本包括完成批准的建设内容所发生的全部必要支出，包括建筑安装工程投资支出、设备投资支出、待摊投资支出和其他投资支出。

在原有公共基础设施基础上进行改建、扩建等建造活动后的公共基础设施，其成本按照原公共基础设施账面价值加上改建、扩建等建造活动发生的支出，再扣除公共基础设施被替换部分的账面价值后的金额确定。

为建造公共基础设施借入的专门借款的利息，属于建设期间发生的，计入该公共基础设施在建工程成本；不属于建设期间发生的，计入当期费用。

已交付使用但尚未办理竣工决算手续的公共基础设施，应当按照估计价值入账，待办理竣工决算后再按照实际成本调整原来的暂估价值。

第十二条 政府会计主体接受其他会计主体无偿调入的公共基础设施，其成本按照该项公共基础设施在调出方的账面价值加上归属于调入方的相关费用确定。

第十三条 政府会计主体接受捐赠的公共基础设施，其成本按照有关凭据注明的金额加上相关费用确定；没有相关凭据可供取得，但按规定经过资产评估的，其成本按照评估价值加上相关费用确定；没有相关凭据可供取得、也未经资产评估的，其成本比照同类或类似资产的市场价格加上相关费用确定。

如受赠的系旧的公共基础设施，在确定其初始入账成本时应当考虑该项资产的新旧程度。

第十四条 政府会计主体外购的公共基础设施，其成本包括购买价款、相关税费以及公共基础设施交付使用前所发生的可归属于该项资产的运输费、装卸费、安装费和专业人员服务费等。

第十五条 对于包括不同组成部分的公共基础设施，其只有总成本、没有单项组成部分成本的，政府会计主体可以按照各单项组成部分同类或类似资产的成本或市场价格比例对总成本进行分配，分别确定公共基础设施中各单项组成部分的成本。

第四章 公共基础设施的后续计量

第一节 公共基础设施的折旧或摊销

第十六条 政府会计主体应当对公共基础设施计提折旧，但政府会计主体持续进行良好的维护使得其性能得到永久维持的公共基础设施和确认为公共基础设施的单独计价入账的土地使用权除外。

公共基础设施应计提的折旧总额为其成本，计提公共基础设施折旧时不考虑预计净残值。

政府会计主体应当对暂估入账的公共基础设施计提折旧，实际成本确定后不需调整原已计提的折旧额。

第十七条 政府会计主体应当根据公共基础设施的性质和使用情况，合理确定公共基础设施的折旧年限。

政府会计主体确定公共基础设施折旧年限，应当考虑下列因素：

（一）设计使用年限或设计基准期；

（二）预计实现服务潜力或提供经济利益的期限；

（三）预计有形损耗和无形损耗；

（四）法律或者类似规定对资产使用的限制。

公共基础设施的折旧年限一经确定，不得随意变更，但符合本准则第二十条规定的除外。

对于政府会计主体接受无偿调入、捐赠的公共基础设施，应当考虑该项资产的新旧程度，按照其尚可使用的年限计提折旧。

第十八条 政府会计主体一般应当采用年限平均法或者工作量法计提公共基础设施折旧。

在确定公共基础设施的折旧方法时，应当考虑与公共基础设施相关的服务潜力或经济利益的预期实现方式。

公共基础设施折旧方法一经确定，不得随意变更。

第十九条 公共基础设施应当按月计提折旧,并计入当期费用。当月增加的公共基础设施,当月开始计提折旧;当月减少的公共基础设施,当月不再计提折旧。

第二十条 处于改建、扩建等建造活动期间的公共基础设施,应当暂停计提折旧。

因改建、扩建等原因而延长公共基础设施使用年限的,应当按照重新确定的公共基础设施的成本和重新确定的折旧年限计算折旧额,不需调整原已计提的折旧额。

第二十一条 公共基础设施提足折旧后,无论能否继续使用,均不再计提折旧;已提足折旧的公共基础设施,可以继续使用的,应当继续使用,并规范实物管理。

提前报废的公共基础设施,不再补提折旧。

第二十二条 对于确认为公共基础设施的单独计价入账的土地使用权,政府会计主体应当按照《政府会计准则第4号——无形资产》的相关规定进行摊销。

第二节 公共基础设施的处置

第二十三条 政府会计主体按规定报经批准无偿调出、对外捐赠公共基础设施的,应当将公共基础设施的账面价值予以转销,无偿调出、对外捐赠中发生的归属于调出方、捐出方的相关费用应当计入当期费用。

第二十四条 公共基础设施报废或遭受重大毁损的,政府会计主体应当在报经批准后将公共基础设施账面价值予以转销,并将报废、毁损过程中取得的残值变价收入扣除相关费用后的差额按规定作应缴款项处理(差额为净收益时)或计入当期费用(差额为净损失时)。

第五章 公共基础设施的披露

第二十五条 政府会计主体应当在附注中披露与公共基础设施有关的下列信息:

(一)公共基础设施的分类和折旧方法。

(二)各类公共基础设施的折旧年限及其确定依据。

(三)各类公共基础设施账面余额、累计折旧额(或摊销额)、账面价值的期初、期末数及其本期变动情况。

(四)各类公共基础设施的实物量。

(五)公共基础设施在建工程的期初、期末金额及其增减变动情况。

(六)确认为公共基础设施的单独计价入账的土地使用权的账面余额、累计摊销额及其变动情况。

(七)已提足折旧继续使用的公共基础设施的名称、数量等情况。

(八)暂估入账的公共基础设施账面价值变动情况。

(九)无偿调入、接受捐赠的公共基础设施名称、数量等情况(包括未按照本准则第十二条和第十三条规定计量并确认入账的公共基础设施的具体情况)。

(十)公共基础设施对外捐赠、无偿调出、报废、重大毁损等处置情况。

(十一)公共基础设施年度维护费用和其他后续支出情况。

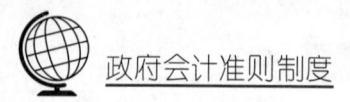

第六章 附 则

第二十六条 对于应当确认为公共基础设施、但已确认为固定资产的资产,政府会计主体应当在本准则首次执行日将该资产按其账面价值重分类为公共基础设施。

第二十七条 对于应当确认但尚未入账的存量公共基础设施,政府会计主体应当在本准则首次执行日按照以下原则确定其初始入账成本:

(一)可以取得相关原始凭据的,其成本按照有关原始凭据注明的金额减去应计提的累计折旧后的金额确定;

(二)没有相关凭据可供取得,但按规定经过资产评估的,其成本按照评估价值确定;

(三)没有相关凭据可供取得、也未经资产评估的,其成本按照重置成本确定。

本准则首次执行日以后,政府会计主体应当对存量公共基础设施按其在首次执行日确定的成本和剩余折旧年限计提折旧。

第二十八条 本准则自 2018 年 1 月 1 日起施行。

政府会计准则第 6 号——政府储备物资

第一章 总 则

第一条 为了规范政府储备物资的确认、计量和相关信息的披露,根据《政府会计准则——基本准则》,制定本准则。

第二条 本准则所称政府储备物资,是指政府会计主体为满足实施国家安全与发展战略、进行抗灾救灾、应对公共突发事件等特定公共需求而控制的,同时具有下列特征的有形资产:

(一)在应对可能发生的特定事件或情形时动用;

(二)其购入、存储保管、更新(轮换)、动用等由政府及相关部门发布的专门管理制度规范。

政府储备物资包括战略及能源物资、抢险抗灾救灾物资、农产品、医药物资和其他重要商品物资,通常情况下由政府会计主体委托承储单位存储。

第三条 企业以及纳入企业财务管理体系的事业单位接受政府委托收储并按企业会计准则核算的储备物资,不适用本准则。

第四条 政府会计主体的存货,适用《政府会计准则第 1 号——存货》。

第二章 政府储备物资的确认

第五条 通常情况下,符合本准则第六条规定的政府储备物资,应当由按规定对其负有行政管理职责的政府会计主体予以确认。

本准则规定的行政管理职责主要指提出或拟定收储计划、更新(轮换)计划、动用方案等。

相关行政管理职责由不同政府会计主体行使的政府储备物资,由负责提出收储计划的政府会计主体予以确认。

对政府储备物资不负有行政管理职责但接受委托具体负责执行其存储保管等工作的政府会计主体,应当将受托代储的政府储备物资作为受托代理资产核算。

第六条 政府储备物资同时满足下列条件的,应当予以确认:

(一)与该政府储备物资相关的服务潜力很可能实现或者经济利益很可能流入政府会计主体;

(二)该政府储备物资的成本或者价值能够可靠地计量。

第三章 政府储备物资的初始计量

第七条 政府储备物资在取得时应当按照成本进行初始计量。

第八条 政府会计主体购入的政府储备物资,其成本包括购买价款和政府会计主体承担的相关税费、运输费、装卸费、保险费、检测费以及使政府储备物资达到目前场所和状态所发生的归属于政府储备物资成本的其他支出。

第九条 政府会计主体委托加工的政府储备物资，其成本包括委托加工前物料成本、委托加工的成本（如委托加工费以及按规定应计入委托加工政府储备物资成本的相关税费等）以及政府会计主体承担的使政府储备物资达到目前场所和状态所发生的归属于政府储备物资成本的其他支出。

第十条 政府会计主体接受捐赠的政府储备物资，其成本按照有关凭据注明的金额加上政府会计主体承担的相关税费、运输费等确定；没有相关凭据可供取得，但按规定经过资产评估的，其成本按照评估价值加上政府会计主体承担的相关税费、运输费等确定；没有相关凭据可供取得、也未经资产评估的，其成本比照同类或类似资产的市场价格加上政府会计主体承担的相关税费、运输费等确定。

第十一条 政府会计主体接受无偿调入的政府储备物资，其成本按照调出方账面价值加上归属于政府会计主体的相关税费、运输费等确定。

第十二条 下列各项不计入政府储备物资成本：
（一）仓储费用；
（二）日常维护费用；
（三）不能归属于使政府储备物资达到目前场所和状态所发生的其他支出。

第十三条 政府会计主体盘盈的政府储备物资，其成本按照有关凭据注明的金额确定；没有相关凭据，但按规定经过资产评估的，其成本按照评估价值确定；没有相关凭据、也未经资产评估的，其成本按照重置成本确定。

第四章　政府储备物资的后续计量

第十四条 政府会计主体应当根据实际情况采用先进先出法、加权平均法或者个别计价法确定政府储备物资发出的成本。计价方法一经确定，不得随意变更。

对于性质和用途相似的政府储备物资，政府会计主体应当采用相同的成本计价方法确定发出物资的成本。

对于不能替代使用的政府储备物资、为特定项目专门购入或加工的政府储备物资，政府会计主体通常应采用个别计价法确定发出物资的成本。

第十五条 因动用而发出无需收回的政府储备物资的，政府会计主体应当在发出物资时将其账面余额予以转销，计入当期费用。

第十六条 因动用而发出需要收回或者预期可能收回的政府储备物资的，政府会计主体应当在按规定的质量验收标准收回物资时，将未收回物资的账面余额予以转销，计入当期费用。

第十七条 因行政管理主体变动等原因而将政府储备物资调拨给其他主体的，政府会计主体应当在发出物资时将其账面余额予以转销。

第十八条 政府会计主体对外销售政府储备物资的，应当在发出物资时将其账面余额转销计入当期费用，并按规定确认相关销售收入或将销售取得的价款大于所承担的相关税费后的差额作应缴款项处理。

第十九条 政府会计主体采取销售采购方式对政府储备物资进行更新（轮换）的，

应当将物资轮出视为物资销售，按照本准则第十八条规定处理；将物资轮入视为物资采购，按照本准则第八条规定处理。

第二十条 政府储备物资报废、毁损的，政府会计主体应当按规定报经批准后将报废、毁损的政府储备物资的账面余额予以转销，确认应收款项（确定追究相关赔偿责任的）或计入当期费用（因储存年限到期报废或非人为因素致使报废、毁损的）；同时，将报废、毁损过程中取得的残值变价收入扣除政府会计主体承担的相关费用后的差额按规定作应缴款项处理（差额为净收益时）或计入当期费用（差额为净损失时）。

第二十一条 政府储备物资盘亏的，政府会计主体应当按规定报经批准后将盘亏的政府储备物资的账面余额予以转销，确定追究相关赔偿责任的，确认应收款项；属于正常耗费或不可抗力因素造成的，计入当期费用。

第五章 政府储备物资的披露

第二十二条 政府会计主体应当在附注中披露与政府储备物资有关的下列信息：
（一）各类政府储备物资的期初和期末账面余额。
（二）因动用而发出需要收回或者预期可能收回，但期末尚未收回的政府储备物资的账面余额。
（三）确定发出政府储备物资成本所采用的方法。
（四）其他有关政府储备物资变动的重要信息。

第六章 附 则

第二十三条 对于应当确认为政府储备物资，但已确认为存货、固定资产等其他资产的，政府会计主体应当在本准则首次执行日将该资产按其账面余额重分类为政府储备物资。

第二十四条 对于应当确认但尚未入账的存量政府储备物资，政府会计主体应当在本准则首次执行日按照下列原则确定其初始入账成本：
（一）可以取得相关原始凭据的，其成本按照有关原始凭据注明的金额确定；
（二）没有相关凭据可供取得，但按规定经过资产评估的，其成本按照评估价值确定；
（三）没有相关凭据可供取得、也未经资产评估的，其成本按照重置成本确定。

第二十五条 本准则自 2018 年 1 月 1 日起施行。

政府会计准则制度

政府会计准则第 7 号——会计调整

第一章 总 则

第一条 为了规范政府会计调整的确认、计量和相关信息的披露,根据《政府会计准则——基本准则》,制定本准则。

第二条 本准则所称会计调整,是指政府会计主体因按照法律、行政法规和政府会计准则制度的要求,或者在特定情况下对其原采用的会计政策、会计估计,以及发现的会计差错、发生的报告日后事项等所作的调整。

本准则所称会计政策,是指政府会计主体在会计核算时所遵循的特定原则、基础以及所采用的具体会计处理方法。特定原则,是指政府会计主体按照政府会计准则制度所制定的、适合于本政府会计主体的会计处理原则。具体会计处理方法,是指政府会计主体从政府会计准则制度规定的诸多可选择的会计处理方法中所选择的、适合于本政府会计主体的会计处理方法。

本准则所称会计估计,是指政府会计主体对结果不确定的经济业务或者事项以最近可利用的信息为基础所作的判断,如固定资产、无形资产的预计使用年限等。

本准则所称会计差错,是指政府会计主体在会计核算时,在确认、计量、记录、报告等方面出现的错误,通常包括计算或记录错误、应用会计政策错误、疏忽或曲解事实产生的错误、财务舞弊等。

本准则所称报告日后事项,是指自报告日(年度报告日通常为 12 月 31 日)至报告批准报出日之间发生的需要调整或说明的事项,包括调整事项和非调整事项两类。

第三条 政府会计主体应当根据本准则及相关政府会计准则制度的规定,结合自身实际情况,确定本政府会计主体具体的会计政策和会计估计,并履行本政府会计主体内部报批程序;法律、行政法规等规定应当报送有关方面批准或备案的,从其规定。

政府会计主体的会计政策和会计估计一经确定,不得随意变更。如需变更,应重新履行本条第一款的程序,并按本准则的规定处理。

第二章 会计政策及其变更

第四条 政府会计主体应当对相同或者相似的经济业务或者事项采用相同的会计政策进行会计处理。但是,其他政府会计准则制度另有规定的除外。

第五条 政府会计主体采用的会计政策,在每一会计期间和前后各期应当保持一致。但是,满足下列条件之一的,可以变更会计政策:

(一)法律、行政法规或者政府会计准则制度等要求变更。

(二)会计政策变更能够提供有关政府会计主体财务状况、运行情况等更可靠、更相关的会计信息。

第六条 下列各项不属于会计政策变更：

（一）本期发生的经济业务或者事项与以前相比具有本质差别而采用新的会计政策。

（二）对初次发生的或者不重要的经济业务或者事项采用新的会计政策。

第七条 政府会计主体应当按照政府会计准则制度规定对会计政策变更进行处理。政府会计准则制度对会计政策变更未作出规定的，通常情况下，政府会计主体应当采用追溯调整法进行处理。

追溯调整法，是指对某项经济业务或者事项变更会计政策时，视同该项经济业务或者事项初次发生时即采用变更后的会计政策，并以此对财务报表相关项目进行调整的方法。

第八条 采用追溯调整法时，政府会计主体应当将会计政策变更的累积影响调整最早前期有关净资产项目的期初余额，其他相关项目的期初数也应一并调整；涉及收入、费用等项目的，应当将会计政策变更的影响调整受影响期间的各个相关项目。

会计政策变更的累积影响，是指按照变更后的会计政策对以前各期追溯计算的最早前期各个受影响的净资产项目以及其他相关项目的期初应有金额与现有金额之间的差额；会计政策变更的影响，是指按照变更后的会计政策对以前各期追溯计算的各个受影响的项目变更后的金额与现有金额之间的差额。

第九条 政府会计主体按规定编制比较财务报表的，对于比较财务报表可比期间的会计政策变更影响，应当调整各该期间的收入或者费用以及其他相关项目，视同该政策在比较财务报表期间一直采用。对于比较财务报表可比期间以前的会计政策变更的累积影响，政府会计主体应当调整比较财务报表最早期间所涉及的期初净资产各项目，财务报表其他相关项目的期初数也应一并调整。

第十条 会计政策变更的影响或者累积影响不能合理确定的，政府会计主体应当采用未来适用法对会计政策变更进行处理。

未来适用法，是指将变更后的会计政策应用于变更当期及以后各期发生的经济业务或者事项，或者在会计估计变更当期和未来期间确认会计估计变更的影响的方法。

采用未来适用法时，政府会计主体不需要计算会计政策变更产生的影响或者累积影响，也无需调整财务报表相关项目的期初数和比较财务报表相关项目的金额。

第三章　会计估计变更

第十一条 政府会计主体据以进行估计的基础发生了变化，或者由于取得新信息、积累更多经验以及后来的发展变化，可能需要对会计估计进行修订。会计估计变更应以掌握的新情况、新进展等真实、可靠的信息为依据。

第十二条 政府会计主体应当对会计估计变更采用未来适用法处理。

会计估计变更时，政府会计主体不需要追溯计算前期产生的影响或者累积影响，但应当对变更当期和未来期间发生的经济业务或者事项采用新的会计估计进行处理。

会计估计变更仅影响变更当期的，其影响应当在变更当期予以确认；会计估计变更既影响变更当期又影响未来期间的，其影响应当在变更当期和未来期间分别予

以确认。

第十三条 政府会计主体对某项变更难以区分为会计政策变更或者会计估计变更的，应当按照会计估计变更的处理方法进行处理。

第四章 会计差错更正

第十四条 政府会计主体在本报告期（以下简称本期）发现的会计差错，应当按照以下原则处理：

（一）本期发现的与本期相关的会计差错，应当调整本期报表（包括财务报表和预算会计报表，下同）相关项目。

（二）本期发现的与前期相关的重大会计差错，如影响收入、费用或者预算收支的，应当将其对收入、费用或者预算收支的影响或者累积影响调整发现当期期初的相关净资产项目或者预算结转结余，并调整其他相关项目的期初数；如不影响收入、费用或者预算收支的，应当调整发现当期相关项目的期初数。经上述调整后，视同该差错在差错发生的期间已经得到更正。

与前期相关的重大会计差错的影响或者累积影响不能合理确定的，政府会计主体可比照本条（三）的规定进行处理。

重大会计差错，是指政府会计主体发现的使本期编制的报表不再具有可靠性的会计差错，一般是指差错的性质比较严重或者差错的金额比较大。该差错会影响报表使用者对政府会计主体过去、现在或者未来的情况作出评价或者预测，则认为性质比较严重，如未遵循政府会计准则制度、财务舞弊等原因产生的差错。通常情况下，导致差错的经济业务或者事项对报表某一具体项目的影响或者累积影响金额占该类经济业务或者事项对报表同一项目的影响金额的10%及以上，则认为金额比较大。

政府会计主体滥用会计政策、会计估计及其变更，应当作为重大会计差错予以更正。

（三）本期发现的与前期相关的非重大会计差错，应当将其影响数调整相关项目的本期数。

第十五条 政府会计主体在报告日至报告批准报出日之间发现的报告期以前期间的重大会计差错，应当视同本期发现的与前期相关的重大会计差错，比照本准则第十四条（二）的规定进行处理。

政府会计主体在报告日至报告批准报出日之间发现的报告期间的会计差错及报告期以前期间的非重大会计差错，应当按照本准则第五章报告日后事项中的调整事项进行处理。

第十六条 政府会计主体按规定编制比较财务报表的，对于比较财务报表期间的重大会计差错，应当调整各该期间的收入或者费用以及其他相关项目；对于比较财务报表期间以前的重大会计差错，应当调整比较财务报表最早期间所涉及的各项净资产项目的期初余额，财务报表其他相关项目的金额也应一并调整。

对于比较财务报表期间和以前的非重大会计差错，以及影响或者累积影响不能合理确定的重大会计差错，应当调整相关项目的本期数。

第五章 报告日后事项

第十七条 报告日以后获得新的或者进一步的证据，有助于对报告日存在状况的有关金额作出重新估计，应当作为调整事项，据此对报告日的报表进行调整。调整事项包括已证实资产发生了减损、已确定获得或者支付的赔偿、财务舞弊或者差错等。

第十八条 报告日以后发生的调整事项，应当如同报告所属期间发生的事项一样进行会计处理，对报告日已编制的报表相关项目的期末数或者本期数作相应的调整，并对当期编制的报表相关项目的期初数或者上期数进行调整。

第十九条 报告日以后才发生或者存在的事项，不影响报告日的存在状况，但如不加以说明，将会影响报告使用者作出正确估计和决策，这类事项应当作为非调整事项，在财务报表附注中予以披露，如自然灾害导致的资产损失、外汇汇率发生重大变化等。

第六章 披 露

第二十条 政府会计主体应当在财务报表附注中披露如下信息：

（一）会计政策变更的内容和理由、会计政策变更的影响，以及影响或者累积影响不能合理确定的理由。

（二）会计估计变更的内容和理由、会计估计变更对当期和未来期间的影响数。

（三）重大会计差错的内容和重大会计差错的更正方法、金额，以及与前期相关的重大会计差错影响或者累积影响不能合理确定的理由。

（四）与报告日后事项有关的下列信息：

1. 财务报告的批准报出者和批准报出日。

2. 每项重要的报告日后非调整事项的内容，及其估计对政府会计主体财务状况、运行情况的影响；无法作出估计的，应当说明其原因。

第二十一条 政府会计主体在以后的会计期间，不需要重复披露在以前期间的财务报表附注中已披露的会计政策变更、会计估计变更和会计差错更正的信息。

第七章 附 则

第二十二条 财政总预算会计中涉及的会计调整事项，按照《财政总预算会计制度》和财政部其他相关规定处理。

行政事业单位预算会计涉及的会计调整事项，按照部门决算报告制度有关要求进行披露。

第二十三条 本准则自 2019 年 1 月 1 日起施行。

政府会计准则第 8 号——负债

第一章 总 则

第一条 为了规范负债的确认、计量和相关信息的披露,根据《政府会计准则——基本准则》,制定本准则。

第二条 本准则所称负债,是指政府会计主体过去的经济业务或者事项形成的,预期会导致经济资源流出政府会计主体的现时义务。

现时义务,是指政府会计主体在现行条件下已承担的义务。未来发生的经济业务或者事项形成的义务不属于现时义务,不应当确认为负债。

第三条 符合本准则第二条规定的负债定义的义务,在同时满足以下条件时,确认为负债:

(一)履行该义务很可能导致含有服务潜力或者经济利益的经济资源流出政府会计主体;

(二)该义务的金额能够可靠地计量。

第四条 政府会计主体的负债按照流动性,分为流动负债和非流动负债。

流动负债,是指预计在 1 年内(含 1 年)偿还的负债,包括短期借款、应付短期政府债券、应付及预收款项、应缴款项等。

非流动负债,是指流动负债以外的负债,包括长期借款、长期应付款、应付长期政府债券等。

第五条 政府会计主体的负债包括偿还时间与金额基本确定的负债和由或有事项形成的预计负债。

偿还时间与金额基本确定的负债按政府会计主体的业务性质及风险程度,分为融资活动形成的举借债务及其应付利息、运营活动形成的应付及预收款项和暂收性负债。

第六条 本准则规范政府会计主体负债的一般情况。其他政府会计准则对政府会计主体的特定负债做出专门规定的,从其规定。

第二章 举借债务

第七条 举借债务是指政府会计主体通过融资活动借入的债务,包括政府举借的债务以及其他政府会计主体借入的款项。

政府举借的债务包括政府发行的政府债券,向外国政府、国际经济组织等借入的款项,以及向上级政府借入转贷资金形成的借入转贷款。

其他政府会计主体借入的款项是指除政府以外的其他政府会计主体从银行或其他金融机构等借入的款项。

第八条 对于举借债务,政府会计主体应当在与债权人签订借款合同或协议并取得举借资金时确认为负债。

第九条 举借债务初始确认为负债时，应当按照实际发生额计量。

对于借入款项，初始确认为负债时应当按照借款本金计量；借款本金与取得的借款资金的差额应当计入当期费用。

对于发行的政府债券，初始确认为负债时应当按照债券本金计量；债券本金与发行价款的差额应当计入当期费用。

第十条 政府会计主体应当按照借款本金（或债券本金）和合同或协议约定的利率（或债券票面利率）按期计提举借债务的利息。

对于属于流动负债的举借债务以及属于非流动负债的分期付息、一次还本的举借债务，应当将计算确定的应付未付利息确认为流动负债，计入应付利息；对于其他举借债务，应当将计算确定的应付未付利息确认为非流动负债，计入相关非流动负债的账面余额。

第十一条 政府会计主体应当按照本准则第十二条、第十三条的规定，将因举借债务发生的借款费用分别计入工程成本或当期费用。

借款费用，是指政府会计主体因举借债务而发生的利息及其他相关费用，包括借款利息、辅助费用以及因外币借款而发生的汇兑差额等。其中，辅助费用是指政府会计主体在举借债务过程中发生的手续费、佣金等费用。

第十二条 政府以外的其他政府会计主体为购建固定资产等工程项目借入专门借款的，对于发生的专门借款费用，应当按照借款费用减去尚未动用的借款资金产生的利息收入后的金额，属于工程项目建设期间发生的，计入工程成本；不属于工程项目建设期间发生的，计入当期费用。

工程项目建设期间是指自工程项目开始建造起至交付使用时止的期间。

工程项目建设期间发生非正常中断且中断时间连续超过3个月（含3个月）的，政府会计主体应当将非正常中断期间的借款费用计入当期费用。如果中断是使工程项目达到交付使用所必需的程序，则中断期间所发生的借款费用仍应计入工程成本。

第十三条 政府会计主体因举借债务所发生的除本准则第十二条规定外的借款费用（包括政府举借的债务和其他政府会计主体的非专门借款所发生的借款费用），应当计入当期费用。

第十四条 政府会计主体应当在偿还举借债务本息时，冲减相关负债的账面余额。

第三章　应付及预收款项

第十五条 应付及预收款项，是指政府会计主体在运营活动中形成的应当支付而尚未支付的款项及预先收到但尚未实现收入的款项，包括应付职工薪酬、应付账款、预收款项、应交税费、应付国库集中支付结余和其他应付未付款项。

应付职工薪酬，是指政府会计主体为获得职工（含长期聘用人员）提供的服务而给予各种形式的报酬或因辞退等原因而给予职工补偿所形成的负债。职工薪酬包括工资、津贴补贴、奖金、社会保险费等。

应付账款，是指政府会计主体因取得资产、接受劳务、开展工程建设等而形成的负债。

预收款项，是指政府会计主体按照货物、服务合同或协议或者相关规定，向接受货物或服务的主体预先收款而形成的负债。

应交税费，是指政府会计主体因发生应税事项导致承担纳税义务而形成的负债。

应付国库集中支付结余，是指国库集中支付中，按照财政部门批复的部门预算，政府会计主体（政府财政）当年未支而需结转下一年度支付款项而形成的负债。

其他应付未付款项，是指政府会计主体因有关政策明确要求其承担支出责任等而形成的应付未付款项。

第十六条 除因辞退等原因给予职工的补偿外，政府会计主体应当在职工为其提供服务的会计期间，将应支付的职工薪酬确认为负债，除本条第二款规定外，计入当期费用。

政府会计主体应当根据职工提供服务的受益对象，将下列职工薪酬分情况处理：

（一）应由自制物品负担的职工薪酬，计入自制物品成本。

（二）应由工程项目负担的职工薪酬，比照本准则第十二条有关借款费用的处理原则计入工程成本或当期费用。

（三）应由自行研发项目负担的职工薪酬，在研究阶段发生的，计入当期费用；在开发阶段发生并且最终形成无形资产的，计入无形资产成本。

第十七条 政府会计主体按照有关规定为职工缴纳的医疗保险费、养老保险费、职业年金等社会保险费和住房公积金，应当在职工为其提供服务的会计期间，根据有关规定加以计算并确认为负债，具体按照本准则第十六条的规定处理。

第十八条 政府会计主体因辞退等原因给予职工的补偿，应当于相关补偿金额报经批准时确认为负债，并计入当期费用。

第十九条 对于应付账款，政府会计主体应当在取得资产、接受劳务，或外包工程完成规定进度时，按照应付未付款项的金额予以确认。

第二十条 对于预收款项，政府会计主体应当在收到预收款项时，按照实际收到款项的金额予以确认。

第二十一条 对于应交税费，政府会计主体应当在发生应税事项导致承担纳税义务时，按照税法等规定计算的应交税费金额予以确认。

第二十二条 对于应付国库集中支付结余，政府会计主体（政府财政）应当在年末，按照国库集中支付预算指标数大于国库资金实际支付数的差额予以确认。

第二十三条 对于其他应付未付款项，政府会计主体应当在有关政策已明确其承担支出责任，或者其他情况下相关义务满足负债的定义和确认条件时，按照确定应承担的负债金额予以确认。

第二十四条 政府会计主体应当在支付应付款项或将预收款项确认为收入时，冲减相关负债的账面余额。

第四章 暂收性负债

第二十五条 暂收性负债，是指政府会计主体暂时收取，随后应做上缴、退回、转拨等处理的款项。暂收性负债主要包括应缴财政款和其他暂收款项。

应缴财政款，是指政府会计主体暂时收取、按规定应当上缴国库或财政专户的款项而形成的负债。

其他暂收款项，是指除应缴财政款以外的其他暂收性负债，包括政府会计主体暂时收取，随后应退还给其他方的押金或保证金、随后应转付给其他方的转拨款等款项。

第二十六条 对于应缴财政款，政府会计主体通常应当在实际收到相关款项时，按照相关规定计算确定的上缴金额予以确认。

第二十七条 对于其他暂收款项，政府会计主体应当在实际收到相关款项时，按照实际收到的金额予以确认。

第二十八条 政府会计主体应当在上缴应缴财政款、退还、转付其他暂收款项等时，冲减相关负债的账面余额。

第五章 预 计 负 债

第二十九条 政府会计主体应当将与或有事项相关且满足本准则第三条规定条件的现时义务确认为预计负债。

或有事项，是指由过去的经济业务或者事项形成的，其结果须由某些未来事项的发生或不发生才能决定的不确定事项。未来事项是否发生不在政府会计主体控制范围内。

政府会计主体常见的或有事项主要包括：未决诉讼或未决仲裁、对外国政府或国际经济组织的贷款担保、承诺（补贴、代偿）、自然灾害或公共事件的救助等。

第三十条 预计负债应当按照履行相关现时义务所需支出的最佳估计数进行初始计量。

所需支出存在一个连续范围，且该范围内各种结果发生的可能性相同的，最佳估计数应当按照该范围内的中间值确定。

在其他情形下，最佳估计数应当分别下列情况确定：

（一）或有事项涉及单个项目的，按照最可能发生金额确定。

（二）或有事项涉及多个项目的，按照各种可能结果及相关概率计算确定。

第三十一条 政府会计主体在确定最佳估计数时，一般应当综合考虑与或有事项有关的风险、不确定性等因素。

第三十二条 政府会计主体清偿预计负债所需支出预期全部或部分由第三方补偿的，补偿金额只有在基本确定能够收到时才能作为资产单独确认。确认的补偿金额不应当超过预计负债的账面余额。

第三十三条 政府会计主体应当在报告日对预计负债的账面余额进行复核。有确凿证据表明该账面余额不能真实反映当前最佳估计数的，应当按照当前最佳估计数对该账面余额进行调整。履行该预计负债的相关义务不是很可能导致经济资源流出政府会计主体时，应当将该预计负债的账面余额予以转销。

第三十四条 政府会计主体不应当将下列与或有事项相关的义务确认为负债，但应当按照本准则第三十六条规定对该类义务进行披露：

（一）过去的经济业务或者事项形成的潜在义务，其存在须通过未来不确定事项的发生或不发生予以证实，未来事项是否能发生不在政府会计主体控制范围内。潜在义务，是指结果取决于不确定未来事项的可能义务。

（二）过去的经济业务或者事项形成的现时义务，履行该义务不是很可能导致经

济资源流出政府会计主体或者该义务的金额不能可靠地计量。

第六章 披 露

第三十五条 政府会计主体应当在附注中披露与举借债务、应付及预收款项、暂收性负债和预计负债有关的下列信息：

（一）各类负债的债权人、偿还期限、期初余额和期末余额。

（二）逾期借款或者违约政府债券的债权人、借款（债券）金额、逾期时间、利率、逾期未偿还（违约）原因和预计还款时间等。

（三）借款的担保方、担保方式、抵押物等。

（四）预计负债的形成原因以及经济资源可能流出的时间、经济资源流出的时间和金额不确定的说明，预计负债有关的预期补偿金额和本期已确认的补偿金额。

第三十六条 政府会计主体应当在附注中披露本准则第三十四条规定的或有事项相关义务的下列信息：

（一）或有事项相关义务的种类及其形成原因。

（二）经济资源流出时间和金额不确定的说明。

（三）或有事项相关义务预计产生的财务影响，以及获得补偿的可能性；无法预计的，应当说明原因。

第七章 附 则

第三十七条 本准则自 2019 年 1 月 1 日起施行。

政府会计准则第 9 号——财务报表编制和列报

第一章 总 则

第一条 为了规范政府会计主体财务报表的编制和列报，根据《政府会计准则——基本准则》，制定本准则。

第二条 财务报表是对政府会计主体财务状况、运行情况和现金流量等信息的结构性表述。财务报表至少包括下列组成部分：

（一）资产负债表；

（二）收入费用表；

（三）附注。

政府会计主体可以根据实际情况自行选择编制现金流量表。

第三条 本准则适用于政府会计主体个别财务报表和合并财务报表。行政事业单位个别财务报表的编制和列报，还应遵循《政府会计制度——行政事业单位会计科目和报表》的规定；其他政府会计主体个别财务报表的编制和列报，还应遵循其他相关会计制度。

其他政府会计准则有特殊列报要求的，从其规定。

第二章 基本要求

第四条 政府会计主体应当以持续运行为前提，根据实际发生的经济业务或事项，按照政府会计准则制度的规定对相关会计要素进行确认和计量，在此基础上编制财务报表。政府会计主体不应以附注披露代替确认和计量，也不能通过充分披露相关会计政策而纠正不恰当的确认和计量。

如果按照政府会计准则制度规定披露的信息不足以让财务报表使用者了解特定经济业务或事项对政府会计主体财务状况和运行情况的影响时，政府会计主体还应当披露其他必要的相关信息。

第五条 除现金流量表以收付实现制为基础编制外，政府会计主体应当以权责发生制为基础编制财务报表。

第六条 财务报表项目的列报应当在各个会计期间保持一致，不得随意变更，但政府会计准则制度和财政部发布的其他有关规定（以下简称政府会计准则制度等）要求变更财务报表项目的除外。

第七条 性质或功能不同的项目，应当在财务报表中单独列报，但不具有重要性的项目除外。

性质或功能类似的项目，其所属类别具有重要性的，应当按其类别在财务报表中单独列报。

某些项目的重要性程度不足以在资产负债表、收入费用表等报表中单独列示，但对理解报表具有重要性的，应当在附注中单独披露。

第八条 财务报表某些项目的省略、错报等，能够合理预期将影响报表主要使用者据此作出决策的，该项目具有重要性。

重要性应当根据政府会计主体所处的具体环境，从项目的性质和金额两方面予以判断。关于各项目重要性的判断标准一经确定，不得随意变更。判断项目性质的重要性，应当考虑该项目在性质上是否显著影响政府会计主体的财务状况和运行情况等因素；判断项目金额的重要性，应当考虑该项目金额占资产总额、负债总额、净资产总额、收入总额、费用总额、盈余总额等直接相关项目金额的比重或所属报表单列项目金额的比重。

第九条 资产负债表中的资产和负债，应当分别按流动资产和非流动资产、流动负债和非流动负债列示。

第十条 财务报表中的资产项目和负债项目的金额、收入项目和费用项目的金额不得相互抵销，但其他政府会计准则制度另有规定的除外。

资产或负债项目按扣除备抵项目后的净额列示，不属于抵销。

第十一条 当期财务报表的列报，至少应当提供所有列报项目上一个可比会计期间的比较数据，以及与理解当期财务报表相关的说明，但其他政府会计准则制度等另有规定的除外。

第十二条 政府会计主体应当至少在财务报表的显著位置披露下列各项：

（一）编报主体的名称；

（二）报告日或财务报表涵盖的会计期间；

（三）人民币金额单位；

（四）财务报表是合并财务报表的，应当予以标明。

第十三条 政府会计主体至少应当按年编制财务报表。

年度财务报表涵盖的期间短于1年的，应当披露年度财务报表的涵盖期间、短于1年的原因以及报表数据不具可比性的事实。

第三章　合并财务报表

第十四条 合并财务报表，是指反映合并主体和其全部被合并主体形成的报告主体整体财务状况与运行情况的财务报表。

合并主体，是指有一个或一个以上被合并主体的政府会计主体。合并主体通常也是合并财务报表的编制主体。

被合并主体，是指符合本准则规定的纳入合并主体合并范围的会计主体。

合并财务报表至少包括下列组成部分：

（一）合并资产负债表；

（二）合并收入费用表；

（三）附注。

第十五条 合并财务报表按照合并级次分为部门（单位）合并财务报表、本级政府合并财务报表和行政区政府合并财务报表。

部门（单位）合并财务报表，是指以政府部门（单位）本级作为合并主体，将部门（单位）本级及其合并范围内全部被合并主体的财务报表进行合并后形成的，反映部门（单位）整体财务状况与运行情况的财务报表。部门（单位）合并财务报表是政府部门财务报告的主要组成部分。

本级政府合并财务报表，是指以本级政府财政作为合并主体，将本级政府财政及其合并范围内全部被合并主体的财务报表进行合并后形成的，反映本级政府整体财务状况与运行情况的财务报表。本级政府合并财务报表是本级政府综合财务报告的主要组成部分。

行政区政府合并财务报表，是指以行政区本级政府作为合并主体，将本行政区内各级政府的财务报表进行合并后形成的，反映本行政区政府整体财务状况与运行情况的财务报表。行政区政府合并财务报表是行政区政府财务报告的主要组成部分。

第十六条 部门（单位）合并财务报表由部门（单位）负责编制；本级政府合并财务报表由本级政府财政部门负责编制。

各级政府财政部门既负责编制本级政府合并财务报表，也负责编制本级政府所辖行政区政府合并财务报表。

第一节 合并程序

第十七条 合并财务报表应当以合并主体和其被合并主体的财务报表为基础，根据其他有关资料加以编制。

合并财务报表应当以权责发生制为基础编制。合并主体和其合并范围内被合并主体个别财务报表应当采用权责发生制基础编制，按规定未采用权责发生制基础编制的，应当先调整为权责发生制基础的财务报表，再由合并主体进行合并。

编制合并财务报表时，应当将合并主体和其全部被合并主体视为一个会计主体，遵循政府会计准则制度规定的统一的会计政策。合并范围内合并主体、被合并主体个别财务报表未遵循政府会计准则制度规定的统一会计政策的，应当先调整为遵循政府会计准则制度规定的统一会计政策的财务报表，再由合并主体进行合并。

第十八条 编制合并财务报表的程序主要包括：

（一）根据本准则第十七条规定，对需要进行调整的个别财务报表进行调整，以调整后的个别财务报表作为编制合并财务报表的基础；

（二）将合并主体和被合并主体个别财务报表中的资产、负债、净资产、收入和费用项目进行逐项合并；

（三）抵销合并主体和被合并主体之间、被合并主体相互之间发生的债权债务、收入费用等内部业务或事项对财务报表的影响。

第十九条 对于在报告期内因划转而纳入合并范围的被合并主体，合并主体应当将其报告期内的收入、费用项目金额包括在本期合并收入费用表的本期数中，合并资产负债表的期初数不作调整。

对于在报告期内因划转而不再纳入合并范围的被合并主体，其报告期内的收入、费用项目金额不包括在本期合并收入费用表的本期数中,合并资产负债表的期初数不作调整。

合并主体应当确保划转双方的会计处理协调一致,确保不重复、不遗漏,并在合并财务报表附注中对划转情况及其影响进行充分披露。

第二十条 在报告期内,被合并主体撤销的,其期初资产、负债和净资产项目金额应当包括在合并资产负债表的期初数中,其期初至撤销日的收入、费用项目金额应当包括在本期合并收入费用表的本期数中,其期初至撤销日的收入、费用项目金额所引起的净资产变动金额应当包括在合并资产负债表的期末数中。

第二十一条 在编制合并财务报表时,被合并主体除了应当向合并主体提供财务报表外,还应当提供下列有关资料:

(一)采用的与政府会计准则制度规定的统一的会计政策不一致的会计政策及其影响金额;

(二)其与合并主体、其他被合并主体之间发生的所有内部业务或事项的相关资料;

(三)编制合并财务报表所需要的其他资料。

第二节 部门(单位)合并财务报表

第二十二条 部门(单位)合并财务报表的合并范围一般应当以财政预算拨款关系为基础予以确定。有下级预算单位的部门(单位)为合并主体,其下级预算单位为被合并主体。合并主体应当将其全部被合并主体纳入合并财务报表的合并范围。

部门(单位)所属的企业不纳入部门(单位)合并财务报表的合并范围。

第二十三条 部门(单位)合并资产负债表应当以部门(单位)本级和其被合并主体符合本准则第十七条要求的个别资产负债表或合并资产负债表为基础,在抵销内部业务或事项对合并资产负债表的影响后,由部门(单位)本级合并编制。

编制部门(单位)合并资产负债表时,需要抵销的内部业务或事项包括:

(一)部门(单位)本级和其被合并主体之间、被合并主体相互之间的债权(含应收款项坏账准备,下同)、债务项目;

(二)部门(单位)本级和其被合并主体之间、被合并主体相互之间其他业务或事项对部门(单位)合并资产负债表的影响。

第二十四条 部门(单位)合并资产负债表中的资产类至少应当单独列示反映下列信息的项目:

(一)货币资金;

(二)短期投资;

(三)财政应返还额度;

(四)应收票据;

(五)应收账款净额;

(六)预付账款;

(七)应收股利;

(八)应收利息;

（九）其他应收款净额；

（十）存货；

（十一）待摊费用；

（十二）一年内到期的非流动资产；

（十三）长期股权投资；

（十四）长期债券投资；

（十五）固定资产净值；

（十六）工程物资；

（十七）在建工程；

（十八）无形资产净值；

（十九）研发支出；

（二十）公共基础设施净值；

（二十一）政府储备物资；

（二十二）文化文物资产；

（二十三）保障性住房净值；

（二十四）长期待摊费用；

（二十五）待处理财产损溢；

（二十六）受托代理资产。

第二十五条 部门（单位）合并资产负债表中的资产类应当包括流动资产、非流动资产的合计项目。

第二十六条 部门（单位）合并资产负债表中的负债类至少应当单独列示反映下列信息的项目：

（一）短期借款；

（二）应交增值税；

（三）其他应交税费；

（四）应缴财政款；

（五）应付职工薪酬；

（六）应付票据；

（七）应付账款；

（八）应付政府补贴款；

（九）应付利息；

（十）预收款项；

（十一）其他应付款；

（十二）预提费用；

（十三）一年内到期的非流动负债；

（十四）长期借款；

（十五）长期应付款；

（十六）预计负债；

（十七）受托代理负债。

第二十七条 部门（单位）合并资产负债表中的负债类应当包括流动负债、非流动负债和负债的合计项目。

第二十八条 部门（单位）合并资产负债表中的净资产类至少应当单独列示反映下列信息的项目：

（一）累计盈余；

（二）专用基金；

（三）权益法调整。

第二十九条 部门（单位）合并资产负债表中的净资产类应当包括净资产的合计项目。

第三十条 部门（单位）合并资产负债表应当列示资产总计项目、负债和净资产总计项目。

第三十一条 部门（单位）合并收入费用表应当以部门（单位）本级和其被合并主体符合本准则第十七条要求的个别收入费用表或合并收入费用表为基础，在抵销内部业务或事项对合并收入费用表的影响后，由部门（单位）本级合并编制。

编制部门（单位）合并收入费用表时，需要抵销的内部业务或事项包括部门（单位）本级和其被合并主体之间、被合并主体相互之间的收入、费用项目。

第三十二条 部门（单位）合并收入费用表中的收入，应当按照收入来源进行分类列示。

第三十三条 部门（单位）合并收入费用表中的收入类至少应当单独列示反映下列信息的项目：

（一）财政拨款收入；

（二）事业收入；

（三）经营收入；

（四）非同级财政拨款收入；

（五）投资收益；

（六）捐赠收入；

（七）利息收入；

（八）租金收入。

第三十四条 部门（单位）合并收入费用表中的收入类应当包括收入的合计项目。

第三十五条 部门（单位）合并收入费用表中的费用，应当按照费用的性质进行分类列示。

第三十六条 部门（单位）合并收入费用表中的费用类至少应当单独列示反映下列信息的项目：

（一）工资福利费用；

（二）商品和服务费用；

（三）对个人和家庭补助费用；

（四）对企事业单位补贴费用；

（五）固定资产折旧费用；

（六）无形资产摊销费用；

（七）公共基础设施折旧（摊销）费用；

（八）保障性住房折旧费用；

（九）计提专用基金；
（十）所得税费用；
（十一）资产处置费用。

第三十七条 部门（单位）合并收入费用表中的费用类应当包括费用的合计项目。

第三十八条 部门（单位）合并收入费用表应当列示本期盈余项目。

本期盈余，是指部门（单位）某一会计期间收入合计金额减去费用合计金额后的差额。

第三节 本级政府合并财务报表

第三十九条 本级政府合并财务报表的合并范围一般应当以财政预算拨款关系为基础予以确定。本级政府财政为合并主体，其所属部门（单位）等为被合并主体。

第四十条 本级政府合并财务报表应当以本级政府财政和其被合并主体符合本准则第十七条要求的个别财务报表或合并财务报表为基础，在抵销内部业务或事项对合并财务报表的影响后，由本级政府财政部门合并编制。

编制本级政府合并财务报表时，需要抵销的内部业务或事项包括：

（一）本级政府财政和其被合并主体之间的债权债务、收入费用等项目；

（二）被合并主体相互之间的债权债务、收入费用等项目。

第四十一条 本级政府合并资产负债表中的资产类至少应当单独列示反映下列信息的项目：

（一）货币资金；
（二）短期投资；
（三）应收及预付款项；
（四）存货；
（五）一年内到期的非流动资产；
（六）长期投资；
（七）应收转贷款；
（八）固定资产净值；
（九）在建工程；
（十）无形资产净值；
（十一）公共基础设施净值；
（十二）政府储备物资；
（十三）文物文化资产；
（十四）保障性住房净值；
（十五）受托代理资产。

第四十二条 本级政府合并资产负债表中的资产类应当包括流动资产、非流动资产的合计项目。

第四十三条 本级政府合并资产负债表中的负债类至少应当单独列示反映下列信息的项目：

（一）应付短期政府债券；

（二）短期借款；

（三）应付及预收款项；

（四）应付职工薪酬；

（五）应付政府补贴款；

（六）一年内到期的非流动负债；

（七）应付长期政府债券；

（八）应付转贷款；

（九）长期借款；

（十）长期应付款；

（十一）预计负债；

（十二）受托代理负债。

第四十四条　本级政府合并资产负债表中的负债类应当包括流动负债、非流动负债和负债的合计项目。

第四十五条　本级政府合并资产负债表应当列示净资产项目。

第四十六条　本级政府合并资产负债表应当列示资产总计项目、负债和净资产总计项目。

第四十七条　本级政府合并收入费用表中的收入，应当按照收入来源进行分类列示。

第四十八条　本级政府合并收入费用表中的收入类至少应当单独列示反映下列信息的项目：

（一）税收收入；

（二）非税收入；

（三）事业收入；

（四）经营收入；

（五）投资收益；

（六）政府间转移性收入。

第四十九条　本级政府合并收入费用表中的收入类应当包括收入的合计项目。

第五十条　本级政府合并收入费用表中的费用，应当按照费用的性质进行分类列示。

第五十一条　本级政府合并收入费用表中的费用类至少应当单独列示反映下列信息的项目：

（一）工资福利费用；

（二）商品和服务费用；

（三）对个人和家庭补助费用；

（四）对企事业单位补贴费用；

（五）政府间转移性费用；

（六）折旧费用；

（七）摊销费用；

（八）资产处置费用。

第五十二条　本级政府合并收入费用表中的费用类应当包括费用的合计项目。

第五十三条 本级政府合并收入费用表应当列示本期盈余项目。

第四节 行政区政府合并财务报表

第五十四条 行政区政府合并财务报表的合并范围一般应当以行政隶属关系为基础予以确定。行政区本级政府为合并主体，其所属下级政府为被合并主体。

第五十五条 县级以上政府应当编制本行政区政府合并财务报表。

第五十六条 行政区政府合并财务报表应当以本级政府和其所属下级政府合并财务报表为基础，在抵销内部业务或事项对合并财务报表的影响后，由本级政府财政部门合并编制。

编制行政区政府合并财务报表时，需要抵销的内部业务或事项包括：

（一）本级政府和其所属下级政府之间的债权债务、收入费用等项目；

（二）本级政府所属下级政府相互之间的债权债务、收入费用等项目。

第五十七条 行政区政府合并财务报表的项目列示与本级政府合并财务报表一致。

第五节 附 注

第五十八条 合并财务报表附注一般应当披露下列信息：

（一）合并财务报表的编制基础。

（二）遵循政府会计准则制度的声明。

（三）合并财务报表的合并主体、被合并主体清单。

（四）合并主体、被合并主体个别财务报表所采用的编制基础，所采用的与政府会计准则制度规定不一致的会计政策，编制合并财务报表时的调整情况及其影响。

（五）本期增加、减少被合并主体的基本情况及影响。

（六）合并财务报表重要项目明细信息及说明。

（七）未在合并财务报表中列示但对报告主体财务状况和运行情况有重大影响的事项的说明。

（八）需要说明的其他事项。

第四章 附 则

第五十九条 合并财务报表的具体合并范围由财政部另行规定。

第六十条 部门（单位）合并资产负债表的格式参见《政府会计制度——行政事业单位会计科目和报表》规定的资产负债表格式。

部门（单位）合并收入费用表的格式参见附录。

本级政府合并财务报表、行政区政府合并财务报表的格式以及部门（单位）合并财务报表附注的披露格式由财政部另行规定。

第六十一条 本准则自 2019 年 1 月 1 日起施行，适用于 2019 年年度及以后的财务报表。

政府会计准则制度

附录：部门（单位）合并收入费用表格式

合并收入费用表

编制单位：＿＿＿＿＿＿＿＿　　　　　＿＿＿年　　　　　单位：元

项目	本年数	上年数
一、本期收入		
（一）财政拨款收入		
（二）事业收入		
其中：非同级财政拨款收入		
（三）上级补助收入*		
（四）附属单位上缴收入*		
（五）经营收入		
（六）非同级财政拨款收入		
（七）投资收益		
（八）捐赠收入		
（九）利息收入		
（十）租金收入		
（十一）其他收入		
二、本期费用		
（一）工资福利费用		
（二）商品和服务费用		
（三）对个人和家庭补助费用		
（四）对企事业单位补贴费用		
（五）固定资产折旧费用		
（六）无形资产摊销费用		
（七）公共基础设施折旧（摊销）费用		
（八）保障性住房折旧费用		
（九）计提专用基金		
（十）所得税费用		
（十一）资产处置费用		
（十二）上缴上级费用*		
（十三）对附属单位补助费用*		
（十四）其他费用		
三、本期盈余		

注：1. 本表中"本期费用"各项目应当根据个别财务报表附注中"本期费用按经济分类的披露格式"所提供的信息合并填列。

2. 编制部门（单位）合并收入费用表时，标*项目原则上应抵销完毕，金额为零。

政府会计准则第 10 号——政府和社会资本合作项目合同

第一章 总 则

第一条 为了规范政府方对政府和社会资本合作（PPP）项目合同的确认、计量和相关信息的列报，根据《政府会计准则——基本准则》，制定本准则。

第二条 本准则所称 PPP 项目合同，是指政府方与社会资本方依法依规就 PPP 项目合作所订立的合同，该合同应当同时具有以下特征：

（一）社会资本方在合同约定的运营期间内代表政府方使用 PPP 项目资产提供公共产品和服务；

（二）社会资本方在合同约定的期间内就其提供的公共产品和服务获得补偿。

本准则所称政府方，是指政府授权或指定的 PPP 项目实施机构，通常为政府有关职能部门或事业单位。

本准则所称社会资本方，是指与政府方签署 PPP 项目合同的社会资本或项目公司。

本准则所称 PPP 项目资产，是指 PPP 项目合同中确定的用来提供公共产品和服务的资产。该资产有以下两方面来源：

（一）由社会资本方投资建造或者从第三方购买，或者是社会资本方的现有资产；

（二）政府方现有资产，或者对政府方现有资产进行改建、扩建。

第三条 本准则适用于同时满足以下条件的 PPP 项目合同：

（一）政府方控制或管制社会资本方使用 PPP 项目资产必须提供的公共产品和服务的类型、对象和价格；

（二）PPP 项目合同终止时，政府方通过所有权、收益权或其他形式控制 PPP 项目资产的重大剩余权益。

第四条 通常情况下，采用建设—运营—移交（BOT）、转让—运营—移交（TOT）、改建—运营—移交（ROT）方式运作的 PPP 项目合同，满足本准则第三条规定的条件，应当适用本准则。

下列各项适用其他相关会计准则：

（一）不同时具有本准则第二条第一款规定的两个特征的合同，如建设—移交（BT）、租赁、无偿捐赠等，不属于本准则所称的 PPP 项目合同，不适用本准则，应当由政府方按照其他相关政府会计准则制度的规定进行会计处理。

（二）不同时满足本准则第三条规定的两个条件的 PPP 项目合同，如采用建设—拥有—运营（BOO）、转让—拥有—运营（TOO）等方式运作的 PPP 项目合同，不适用本准则，应当由政府方按照其他相关政府会计准则制度的规定进行会计处理。

（三）PPP 项目合同中有关政府方对项目公司的直接投资，适用《政府会计准则第 2 号——投资》；有关代表政府出资的企业对项目公司的投资，适用相关企业会计准则。

（四）社会资本方对 PPP 项目合同的确认、计量和相关信息的披露，适用相关企业会计准则。

第二章　PPP 项目资产的确认

第五条　符合本准则第二条、第三条规定的 PPP 项目资产，在同时满足以下条件时，应当由政府方予以确认：

（一）与该资产相关的服务潜力很可能实现或者经济利益很可能流入；

（二）该资产的成本或者价值能够可靠地计量。

第六条　PPP 项目资产的各组成部分具有不同使用年限或者以不同方式提供公共产品和服务的，应当分别将各组成部分确认为一个单项 PPP 项目资产。

第七条　由社会资本方投资建造或从第三方购买形成的 PPP 项目资产，政府方应当在 PPP 项目资产验收合格交付使用时予以确认。

使用社会资本方现有资产形成的 PPP 项目资产，政府方应当在 PPP 项目开始运营日予以确认。

政府方使用其现有资产形成 PPP 项目资产的，应当在 PPP 项目开始运营日将其现有资产重分类为 PPP 项目资产。

社会资本方对政府方现有资产进行改建、扩建形成的 PPP 项目资产，政府方应当在 PPP 项目资产验收合格交付使用时予以确认，同时终止确认现有资产。

第八条　在 PPP 项目资产运营过程中发生的后续支出，满足本准则第五条规定的确认条件的，政府方应当计入 PPP 项目资产成本。

通常情况下，为增加 PPP 项目资产的使用效能或延长其使用年限而发生的改建、扩建等后续支出，政府方应当计入 PPP 项目资产的成本；为维护 PPP 项目资产的正常使用而发生的日常维修、养护等后续支出，不计入 PPP 项目资产的成本。

第九条　PPP 项目合同终止时，PPP 项目资产按规定移交至政府方的，政府方应当根据 PPP 项目资产的性质和用途，将其重分类为公共基础设施等资产。

第三章　PPP 项目资产的计量

第十条　政府方在取得 PPP 项目资产时一般应当按照成本进行初始计量；按规定需要进行资产评估的，应当按照评估价值进行初始计量。

第十一条　社会资本方投资建造形成的 PPP 项目资产，其成本包括该项资产至验收合格交付使用前所发生的全部必要支出，包括建筑安装工程投资、设备投资、待摊投资、其他投资等支出。

已交付使用但尚未办理竣工财务决算手续的 PPP 项目资产，应当按照估计价值入账，待办理竣工财务决算后再按照实际成本调整原来的暂估价值。

第十二条 社会资本方从第三方购买形成的PPP项目资产，其成本包括购买价款、相关税费以及验收合格交付使用前发生的可归属于该项资产的运输费、装卸费、安装费和专业人员服务费等。

第十三条 使用社会资本方现有资产形成的PPP项目资产，其成本按规定以该项资产的评估价值确定。

第十四条 政府方使用其现有资产形成的PPP项目资产，其成本按照PPP项目开始运营日该资产的账面价值确定；按照相关规定对现有资产进行资产评估的，其成本按照评估价值确定，资产评估价值与评估前资产账面价值的差额计入当期收入或当期费用。

第十五条 社会资本方对政府方现有资产进行改建、扩建形成的PPP项目资产，其成本按照该资产改建、扩建前的账面价值加上改建、扩建发生的支出，再扣除该资产被替换部分账面价值后的金额确定。

第十六条 除本准则第十七条和第二十三条规定外，政府方应当参照《政府会计准则第3号——固定资产》《政府会计准则第5号——公共基础设施》等，对PPP项目资产进行后续计量。

第十七条 PPP项目合同终止时，PPP项目资产按规定移交至政府方并进行资产评估的，政府方应当以评估价值作为重分类后资产的入账价值，评估价值与PPP项目资产账面价值的差额计入当期收入或当期费用；政府方按规定无需对移交的PPP项目资产进行资产评估的，应当以PPP项目资产的账面价值作为重分类后资产的入账价值。

第四章　PPP项目净资产的确认和计量

第十八条 除本准则第十九条规定外，政府方在确认PPP项目资产时，应当同时确认一项PPP项目净资产，PPP项目净资产的初始入账金额与PPP项目资产的初始入账金额相等。

第十九条 政府方使用其现有资产形成PPP项目资产的，在初始确认PPP项目资产时，应当同时终止确认现有资产，不确认PPP项目净资产。

社会资本方对政府方现有资产进行改建、扩建形成PPP项目资产的，政府方应当仅按照PPP项目资产初始入账金额与政府方现有资产账面价值的差额确认PPP项目净资产。

第二十条 按照PPP项目合同约定，政府方承担向社会资本方支付款项的义务的，相关义务应当按照《政府会计准则第8号——负债》有关规定进行会计处理，会计处理结果不影响PPP项目资产及净资产的账面价值。

政府方按照《政府会计准则第8号——负债》有关规定不确认负债的，应当在支付款项时计入当期费用。政府方按照《政府会计准则第8号——负债》有关规定确认负债的，应当同时确认当期费用；在以后期间支付款项时，相应冲减负债的账面余额。

第二十一条 在PPP项目合同约定的期间内，政府方从社会资本方收到款项的，

应当按规定做应缴款项处理或计入当期收入。

第二十二条 在PPP项目运营过程中，政府方因PPP项目资产改建、扩建等后续支出增加PPP项目资产成本的，应当依据本准则第十八、十九条的规定同时增加PPP项目净资产的账面余额。

第二十三条 政府方按照本准则规定在确认PPP项目资产的同时确认PPP项目净资产的，在PPP项目运营期间内，按月对该PPP项目资产计提折旧（摊销）的，应当于计提折旧（摊销）时冲减PPP项目净资产的账面余额。

政府方初始确认的PPP项目净资产金额等于PPP项目资产初始入账金额的，应当按照计提的PPP项目资产折旧（摊销）金额，等额冲减PPP项目净资产的账面余额。

政府方初始确认的PPP项目净资产金额小于PPP项目资产初始入账金额的，应当按照计提的PPP项目资产折旧（摊销）金额的相应比例（即PPP项目净资产初始入账金额占PPP项目资产初始入账金额的比例），冲减PPP项目净资产的账面余额；当期计提的折旧（摊销）金额与所冲减的PPP项目净资产金额的差额，应当计入当期费用。

PPP项目合同终止时，政府方应当将尚未冲减完的PPP项目净资产账面余额转入累计盈余。

第五章 列　　报

第二十四条 政府方应当在资产负债表中单独列示PPP项目资产及相应的PPP项目净资产。

第二十五条 政府方应当在附注中披露与PPP项目合同有关的下列信息。

（一）对PPP项目合同的总体描述。

（二）PPP项目合同中的重要条款：

1. PPP项目合同主要参与方；

2. 合同生效日、建设完工日、运营开始日、合同终止日等关键时点；

3. PPP项目资产的来源；

4. PPP项目的付费方式；

5. 合同终止时资产移交的权利和义务；

6. 政府方和社会资本方其他重要权利和义务。

（三）报告期间所发生的PPP项目合同变更情况。

（四）相关会计信息。

1. 政府方确认的PPP项目资产及其类别；

2. PPP项目资产、PPP项目净资产初始入账金额及其确定依据；

3. 政府方确认的与PPP项目合同有关的负债金额及其确定依据；

4. 报告期内PPP项目资产折旧（摊销）冲减PPP项目净资产的金额；

5. 报告期内政府方向社会资本方支付的款项金额，或者从社会资本方收到的款项金额；

6. 其他需要披露的会计信息。

第二十六条 政府方除应遵循本准则第二十五条的披露要求外，还应遵循其他政府会计准则制度关于 PPP 项目合同的披露要求。

第六章 附 则

第二十七条 对于不满足本准则第三条规定条件的 PPP 项目合同，政府方应当按照本准则第二十五条（一）至（三）的规定披露与该合同相关的信息。

第二十八条 本准则自 2021 年 1 月 1 日起施行。政府方关于存量 PPP 项目合同会计处理的新旧衔接办法，由财政部另行规定。

《政府会计准则第 10 号——政府和社会资本合作项目合同》应用指南

一、关于《政府会计准则第 10 号——政府和社会资本合作项目合同》（以下简称本准则）适用范围的判断

（一）适用本准则的情形。

本准则主要规范了政府方对依法依规签订的 PPP 项目合同的确认、计量和相关信息的列报。

本准则所指的政府方，是指政府授权或指定的 PPP 项目实施机构，通常为政府有关职能部门或事业单位。对于由多级政府跨区域或本级政府跨部门共同实施的 PPP 项目合同，应当根据合同约定确定具体的政府会计主体。

本准则所指的 PPP 项目合同应同时具有如下两个特征（以下简称"双特征"）：（1）社会资本方在合同约定的运营期间内代表政府方使用 PPP 项目资产提供公共产品和服务（以下简称特征一）；（2）社会资本方在合同约定的期间内就其提供的公共产品和服务获得补偿（以下简称特征二）。

本准则适用于符合"双特征"要求，同时满足如下"双控制"标准的 PPP 项目合同：（1）政府方控制或管制社会资本方使用 PPP 项目资产必须提供的公共产品和服务的类型、对象和价格（以下简称控制标准一）；（2）PPP 项目合同终止时，政府方通过所有权、收益权或其他形式控制 PPP 项目资产的重大剩余权益（以下简称控制标准二）。

采用建设—运营—移交（BOT）、转让—运营—移交（TOT）、改建—运营—移交（ROT）方式运作的 PPP 项目合同，通常情况下同时满足"双特征"与"双控制"标准，适用本准则。采用建设—拥有—经营—移交（BOOT）、委托运营（O&M）等其他运作方式的项目合同，同时满足"双特征""双控制"标准的，也适用本准则。

政府方应当按照图 1 所示来判断确定本准则的适用范围。

（二）不适用本准则的情形。

项目合同未同时满足"双特征""双控制"标准的，不适用本准则，包括但不限于以下情形：

1. 不满足"双特征"的情形

（1）政府方作为出租人的租赁合同，因承租方虽然可能使用项目资产提供公共产品和服务，但并非代表政府方来提供，不满足特征一的规定，不适用本准则。对于租赁合同，政府方应当按照其他政府会计准则制度的规定进行会计处理。

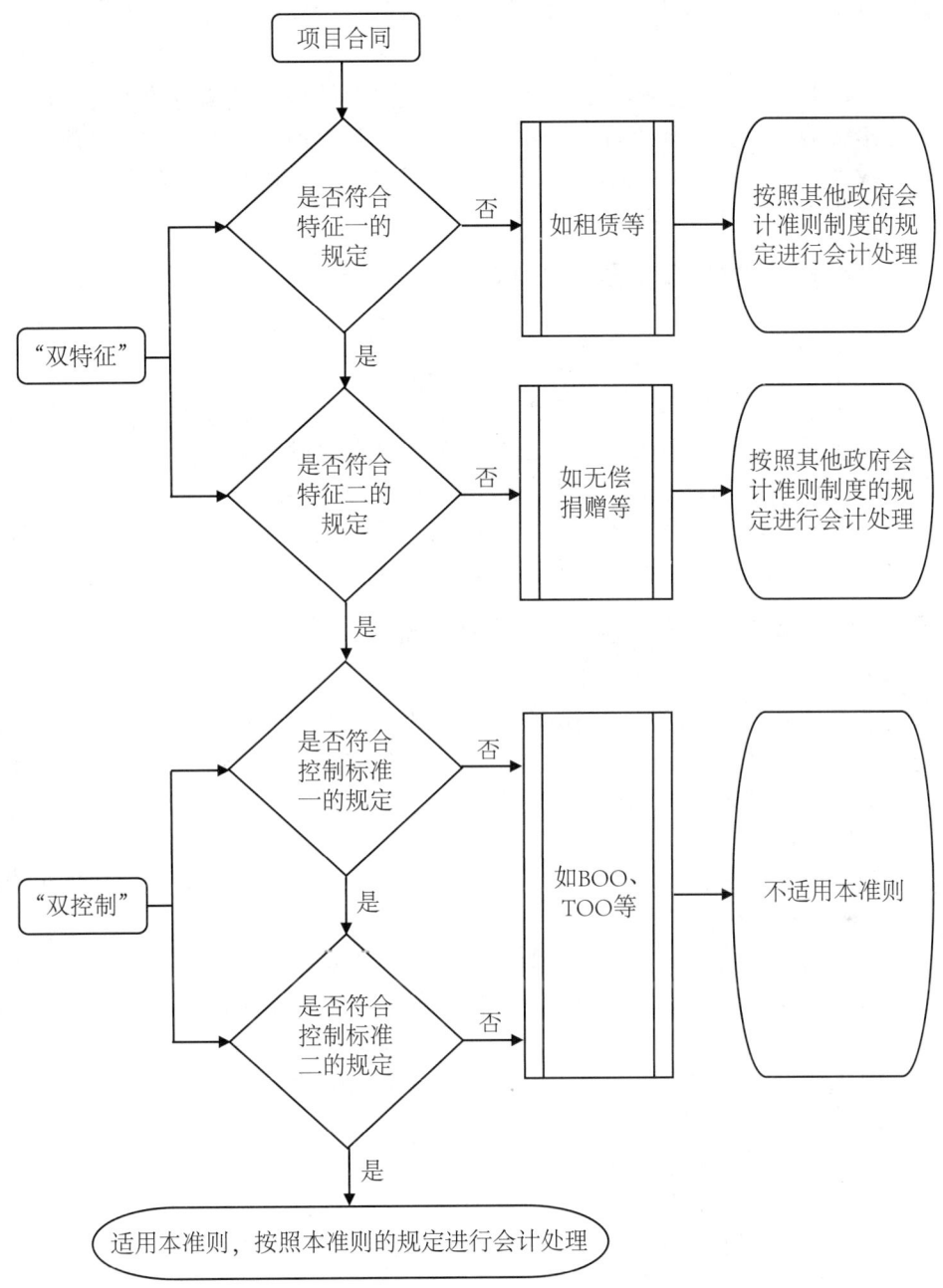

图 1 本准则适用范围判断流程图

（2）政府方作为接受捐赠方的无偿捐赠合同，因捐赠方未获得补偿，不满足特征二的规定，不适用本准则。政府方接受捐赠取得的资产，应当按照其他政府会计准则制度的规定进行会计处理。

2. 满足"双特征"，但不满足"双控制"标准的情形

（1）采用建设—拥有—运营（BOO）方式的项目合同，社会资本方拥有项目资产

所有权，且政府方未控制项目资产的重大剩余权益，不满足"双控制"标准，不适用本准则。

（2）采用转让—拥有—运营（TOO）方式的项目合同，政府方将项目资产所有权有偿转让给社会资本方，并由社会资本方负责运营和维护，政府方未控制项目资产的重大剩余权益，不满足"双控制"标准，不适用本准则。政府方转让资产时应当按照其他政府会计准则制度的规定进行会计处理。

二、关于本准则第二条"双特征"的说明

（一）关于"合同约定的运营期间"，指的是社会资本方对PPP项目资产的使用期或运营期，通常在PPP项目合同中有明确约定。

（二）关于"社会资本方代表政府方使用PPP项目资产提供公共产品和服务"，指的是根据合同约定或政府方授权，社会资本方享有建设、运营、管理、维护本项目设施等权利，同时承担代表政府方提供公共产品和服务的义务。

（三）关于"社会资本方就其提供的公共产品和服务获得补偿"，指的是社会资本方就其在运营期内运营或维护项目资产等按照合同约定获得回报。

三、关于本准则第三条"双控制"标准的说明

（一）关于控制标准一的说明

1. 关于"控制"，指的是政府方通过具有法律效力的合同条款等方式，有权决定社会资本方提供的公共产品和服务的类型、对象和价格。通常情况下，政府方和社会资本方在PPP项目合同中应当明确规定社会资本方提供的公共产品和服务的类型、对象和价格。

2. 关于"管制"，是指社会资本方提供的公共产品和服务的类型、对象和价格，虽未在PPP项目合同中进行明确规定，但受有关法律法规或监管部门规章制度的约束。

3. 如果定价的基础或框架受到监管约束，政府方对价格的"控制或管制"不需要完全控制价格，这种情况仍然符合控制标准。如设定政府调价机制，进行调价前应当经过政府方审核同意，即满足控制标准一的价格控制要求。如果项目合同条款给予社会资本方自主定价权，但约定政府方有权参与分享PPP项目资产的超额收益部分，则仍然满足控制标准一中的价格控制要求。

（二）关于控制标准二的说明

控制标准二中的"重大剩余权益"，指的是PPP项目合同终止时，在项目资产剩余使用寿命内使用、处置该项目资产所能获得的权益。政府方对"重大剩余权益"的控制具体表现为以下两种情形：

1. PPP项目合同终止时，社会资本方应当将项目资产移交给政府方，且移交的项目资产预期仍能为政府方带来经济利益流入或者产生服务潜力。

2. 政府方能够通过合同条款限制社会资本方处置或抵押项目资产，保障重大剩余权益不受损害。

（三）"双控制"标准的应用

1. 关于项目资产更新改造时"双控制"标准的应用

在合同约定的运营期间，对不可分离的项目资产进行更新改造的（包括更换部分

设施设备），应当将更新改造前后的项目资产视为一个整体来考虑。如果政府方控制了更新改造后项目资产的重大剩余权益，则项目合同仍然适用本准则。

2. 关于项目资产部分受政府方控制时"双控制"标准的应用

项目资产部分受政府方控制的，分为以下两种情况：

（1）项目资产在功能设置和空间分布上可分割且能独立运营的，应当单独进行分析。如果政府方不能控制该部分资产，则该部分资产不适用本准则。

（2）PPP项目资产提供不受政府方控制的辅助性服务，并不减损政府方对PPP项目资产的控制，在应用"双控制"标准时不应当考虑该项服务。

3. 关于运营期占项目资产全部使用寿命时"双控制"标准的应用

对于运营期占项目资产全部使用寿命的项目合同，即使项目合同结束时项目资产不存在重大剩余权益，如果该项目合同满足前述"双控制"标准中的控制标准一，则仍然适用本准则。

四、关于本准则第二十条"政府方承担向社会资本方支付款项的义务"的说明

本准则第二十条规定，按照PPP项目合同约定，政府方承担向社会资本方支付款项义务的，相关义务应当按照《政府会计准则第8号——负债》有关规定进行会计处理，会计处理结果不影响PPP项目资产及净资产的账面价值。政府方按照《政府会计准则第8号——负债》有关规定确认负债的，应当同时确认当期费用，在以后期间支付款项时，相应冲减负债的账面余额。

按照我国PPP有关规章制度规定，规范的PPP项目应建立按效付费机制，不得通过降低考核标准等方式，提前锁定、固化政府支出责任。因此，本准则中"政府方承担的向社会资本方支付款项的义务"，是指在项目运营期的每一个会计期间内，当社会资本方提供的公共产品或服务满足合同约定的绩效考核要求时，政府方根据合同约定按期应向社会资本方进行补偿的义务。对于这种义务的会计处理，分为以下两种情况：（1）政府方在义务发生的当期及时向社会资本方支付款项的，在支付款项时确认当期费用，同时在预算会计中确认预算支出。（2）政府方在义务发生的当期未及时向社会资本方支付款项的，应当按照应付未付的金额确认当期费用和负债（应付账款等）；在后续实际支付款项时冲减负债的账面余额，同时在预算会计中确认预算支出。

对于PPP项目合同中政府承担的法律风险、政策风险以及因政府方原因导致项目合同终止的违约风险等，不属于政府方应承担的现时义务，不满足负债的确认条件。但是，当相关事项发生，政府方承担的潜在义务转化为现时义务，满足预计负债的确认条件时，政府方应当按照其他政府会计准则制度的相关规定进行会计处理。

五、关于会计科目设置及主要账务处理

（一）应增设的会计科目

1. 政府方应当设置"1841PPP项目资产"一级科目，核算按照本准则规定确认的

PPP项目资产，并按照资产类别、项目等进行明细核算。本科目的期末借方余额，反映PPP项目资产的账面余额。

2.政府方应当设置"1842PPP项目资产累计折旧（摊销）"一级科目，核算按照本准则规定计提的PPP项目资产累计折旧（摊销），并按照资产类别、项目等进行明细核算。本科目期末贷方余额，反映政府方计提的PPP项目资产折旧（摊销）的累计数。

3.政府方应当设置"3601PPP项目净资产"一级科目，核算按照本准则规定所确认的PPP项目净资产。本科目的期末贷方余额，反映PPP项目净资产的账面余额。

（二）主要账务处理

1.PPP项目资产取得时的账务处理

（1）社会资本方投资建造形成的PPP项目资产，政府方应当在资产验收合格交付使用时，按照确定的成本（包括该项资产自建造开始至验收合格交付使用前所发生的全部必要支出），借记"PPP项目资产"科目，贷记"PPP项目净资产"科目。

对于已交付使用但尚未办理竣工财务决算手续的PPP项目资产，政府方应当按暂估价值，借记"PPP项目资产"科目，贷记"PPP项目净资产"科目；待办理竣工财务决算后，政府方应当按照实际成本与暂估价值的差额，借记或贷记"PPP项目资产"科目，贷记或借记"PPP项目净资产"科目。

（2）社会资本方从第三方购买形成的PPP项目资产，政府方应当在资产验收合格交付使用时，按照确定的成本（包括该项资产的购买价款、相关税费以及验收合格交付使用前发生的可归属于该项资产的运输费、装卸费、安装费和专业人员服务费等），借记"PPP项目资产"科目，贷记"PPP项目净资产"科目。

（3）使用社会资本方现有资产形成的PPP项目资产，政府方应当在PPP项目开始运营日，按照该项资产的评估价值，借记"PPP项目资产"科目，贷记"PPP项目净资产"科目。

（4）使用政府方现有资产形成的PPP项目资产，无需进行资产评估的，政府方应当在PPP项目开始运营日，按照该资产的账面价值，借记"PPP项目资产"科目，按照资产已计提的累计折旧或摊销，借记"公共基础设施累计折旧（摊销）"等科目，按照资产的账面余额，贷记"公共基础设施"等科目；按照相关规定需要进行资产评估的，政府方应当按照资产评估价值，借记"PPP项目资产"科目，按照资产已计提的累计折旧或摊销，借记"公共基础设施累计折旧（摊销）"等科目，按照资产的账面余额，贷记"公共基础设施"等科目，按照资产评估价值与账面价值的差额贷记"其他收入"科目或借记"其他费用"科目。

（5）社会资本方对政府方原有资产进行改建、扩建形成的PPP项目资产，政府方应当在资产验收合格交付使用时，按照资产改建、扩建前的账面价值加上改建、扩建发生的支出，再扣除资产被替换部分账面价值后的金额，借记"PPP项目资产"科目，按照资产改建、扩建前已计提的累计折旧或摊销，借记"公共基础设施累计折旧（摊销）"等科目，按照资产的账面余额，贷记"公共基础设施"等科目，按照PPP项目资产初始入账金额与原有资产账面价值的差额，贷记"PPP项目净资产"科目。

2.PPP项目资产在项目运营期间的账务处理

（1）对于为维护PPP项目资产的正常使用而发生的日常维修、养护等后续支出，不计入PPP项目资产的成本。

（2）对于为增加PPP项目资产的使用效能或延长其使用年限而发生的大修、改建、扩建等后续支出，政府方应当在资产验收合格交付使用时，按照相关支出扣除资产被替换部分账面价值的差额，借记"PPP项目资产"科目，贷记"PPP项目净资产"科目。

（3）在PPP项目运营期间，政府方应当按月对PPP项目资产计提折旧（摊销）[在国务院财政部门对PPP项目资产折旧（摊销）年限作出规定之前，政府方对PPP项目资产暂不计提折旧。]，但社会资本方持续进行良好维护使得其性能得到永久维护的PPP项目资产除外。对于作为PPP项目资产单独计价入账的土地使用权，政府方应当按照其他政府会计准则制度的规定进行摊销。

政府方初始确认的PPP项目净资产金额等于PPP项目资产初始入账金额的，按月计提PPP项目资产折旧（摊销）时，应当按照计提的PPP项目资产折旧（摊销）金额，借记"PPP项目净资产"科目，贷记"PPP项目资产累计折旧（摊销）"科目。

政府方初始确认的PPP项目净资产金额小于PPP项目资产初始入账金额的，按月计提PPP项目资产折旧（摊销）时，应当按照计提的PPP项目资产折旧（摊销）金额的相应比例（即PPP项目净资产初始入账金额占PPP项目资产初始入账金额的比例），借记"PPP项目净资产"科目，按照计提的PPP项目资产折旧（摊销）金额，贷记"PPP项目资产累计折旧（摊销）"科目，按照当期计提的折旧（摊销）金额与所冲减的PPP项目净资产金额的差额，借记"业务活动费用"等科目。

3.PPP项目合同终止时的账务处理

（1）PPP项目合同终止时，PPP项目资产按规定移交至政府方的，政府方应当根据PPP项目资产的性质和用途，将其重分类为公共基础设施等资产。无需对所移交的PPP项目资产进行资产评估的，政府方应当按移交日PPP项目资产的账面价值，借记"公共基础设施"等科目，按照已计提的累计折旧（摊销），借记"PPP项目资产累计折旧（摊销）"科目，按照PPP项目资产的账面余额，贷记"PPP项目资产"科目；按规定需要对所移交的PPP项目资产进行资产评估的，政府方应当按照资产评估价值，借记"公共基础设施"等科目，按照已计提的累计折旧（摊销），借记"PPP项目资产累计折旧（摊销）"科目，按照PPP项目资产的账面余额，贷记"PPP项目资产"科目，按照资产评估价值与PPP项目资产账面价值的差额，贷记"其他收入"科目或借记"其他费用"科目。

（2）PPP项目合同终止时，政府方应当将尚未冲减完的PPP项目净资产账面余额转入累计盈余，即按PPP项目净资产的账面余额，借记"PPP项目净资产"科目，贷记"累计盈余"科目。

4.其他相关业务的账务处理

对于上述规定中未明确的其他相关经济业务或事项，政府方应当按照其他政府会计准则制度的规定进行账务处理。

六、关于财务报表项目

（一）关于资产负债表

1. 政府方应当在"保障性住房净值"和"长期待摊费用"项目之间依次增加"PPP项目资产""减：PPP项目资产累计折旧（摊销）""PPP项目资产净值"项目。

2. 政府方应当在"权益法调整"项目和"无偿调拨净资产"项目之间增加"PPP项目净资产"项目。

（二）关于净资产变动表

1. 政府方应当在"本年数""上年数"两栏中的"权益法调整"和"净资产合计"项目之间增加"PPP项目净资产"列项目。

2. 政府方应当在"（六）权益法调整"和"五、本年年末余额"项目之间增加"PPP项目净资产"行项目。

七、关于新旧衔接规定

（一）关于本准则首次执行时已入库的PPP项目合同

对于符合本准则"双特征"和"双控制"标准且已纳入全国PPP综合信息平台项目库的PPP项目合同，在本准则首次执行日，有关衔接规定如下：

1. 项目资产已由政府方确认为公共基础设施、固定资产等资产的，政府方应当按照所确认资产的账面价值，将其重分类为PPP项目资产。具体进行账务处理时，按照资产的账面价值，借记"PPP项目资产"科目，按照计提的累计折旧或摊销（如果有），借记"公共基础设施累计折旧（摊销）""固定资产累计折旧"等科目，按照资产账面余额，贷记"公共基础设施""固定资产"等科目。

2. 项目资产未由政府方确认，但已由社会资本方确认的，政府方应当按照社会资本方确认的资产账面原值，确认PPP项目资产，同时确认PPP项目净资产。具体进行账务处理时，按照确定的资产入账成本，借记"PPP项目资产"科目，贷记"PPP项目净资产"科目。

3. 政府方和社会资本方均未确认的项目资产，政府方应当及时确认入账，并按照以下原则确定其初始入账成本：可以取得相关原始凭据的，其成本按照有关原始凭据注明的金额确定；没有相关凭据可供取得，但按规定经过资产评估的，其成本按照资产评估价值确定；没有相关凭据可供取得、也未经资产评估的，其成本按照重置成本确定。具体进行账务处理时，按照确定的资产入账成本，借记"PPP项目资产"科目，贷记"PPP项目净资产"科目。

（二）关于本准则首次执行时未入库的特许经营项目协议

对于符合本准则"双特征"和"双控制"标准但未纳入全国PPP综合信息平台项目库的特许经营项目协议，在本准则首次执行日，有关衔接规定如下：

1. 协议中不含提前锁定、固化政府支出责任等兜底条款的，在本准则首次执行日，政府方应当参照已入库项目的新旧衔接规定进行会计处理。

2. 协议中含有提前锁定、固化政府支出责任等兜底条款的，政府方应当按照《政府会计准则第 5 号——公共基础设施》《政府会计准则第 8 号——负债》等准则规定，对政府方控制的公共基础设施及相应的负债进行会计处理。

（三）关于 PPP 项目资产折旧（摊销）政策规定

在国务院财政部门对 PPP 项目资产折旧（摊销）年限作出规定之前，政府方在 PPP 项目资产首次入账时暂不考虑补提折旧（摊销），初始入账后也暂不计提折旧（摊销）。

八、附则

本应用指南自 2021 年 1 月 1 日起施行。

政府会计准则制度

政府会计准则第 11 号——文物资源

第一章 总 则

第一条 为了规范文物资源的确认、计量和列报,根据《政府会计准则——基本准则》,制定本准则。

第二条 本准则所称文物资源,是指按照《中华人民共和国文物保护法》等有关法律、行政法规规定,被认定为文物的有形资产,以及考古发掘品、尚未被认定为文物的古籍和按照文物征集尚未入藏的征集物。

第三条 下列各项适用于其他相关政府会计准则:

(一)博物馆、纪念馆、公共图书馆等用于提供公共文化服务,且未被认定为文物的建筑物、场地、设备等,适用《政府会计准则第 3 号——固定资产》等其他政府会计准则。

(二)公共图书馆的普通馆藏文献等,适用《政府会计准则第 3 号——固定资产》等其他政府会计准则。

第二章 文物资源的确认

第四条 符合本准则第二条规定的文物资源,应当由对其承担管理收藏职责的政府会计主体予以确认。

第五条 通常情况下,对于购买、调拨、接受捐赠、依法接收、指定保管等方式取得的文物资源,政府会计主体应当在取得时对其予以确认。

对于考古发掘取得的发掘品,政府会计主体应当在其数量、形态稳定时予以确认,通常不晚于提交考古发掘报告之日;对于考古发现的古遗址、古墓葬等,政府会计主体应当将文物行政部门发布文物认定公告之日作为确认时点。

因文物认定等原因将现有其他相关资产重分类为文物资源的,政府会计主体应当在相关文物认定手续办理完毕时将其确认为文物资源。

第六条 政府会计主体应当至少在每年年末对借入但尚未归还的文物资源进行核查,根据核查结果将其作为受托代理资产予以确认。

第三章 文物资源的初始计量

第七条 政府会计主体应当按照成本对文物资源进行初始计量;对于成本无法可靠取得的文物资源,应当按照名义金额计量。

第八条 对于依法征集购买取得的文物资源,政府会计主体应当按照购买价款确定其成本。以一笔款项征集购买多项没有单独标价的文物资源,政府会计主体应当按照系统、合理的方法对购买价款进行分配，分别确定各项文物资源的成本。

第九条 政府会计主体通过调拨、依法接收、指定保管等方式取得的文物资源，其成本应当按照该文物资源在调出方的账面价值予以确定。调出方未将该文物资源入账或账面价值为零的（即已按制度规定提足折旧的，下同），政府会计主体应当按照成本无法可靠取得的文物资源进行会计处理。

第十条 政府会计主体控制的其他相关资产重分类为文物资源的，其成本应当按照该资产原账面价值予以确定。资产原账面价值为零的，政府会计主体应当按照成本无法可靠取得的文物资源进行会计处理。

第十一条 因盘点、普查等方式盘盈的文物资源，有相关凭据的，其成本按照凭据注明的金额予以确定；没有相关凭据的，政府会计主体应当按照成本无法可靠取得的文物资源进行会计处理。

第十二条 政府会计主体通过考古发掘、接受捐赠等方式取得文物资源的，应当按照成本无法可靠取得的文物资源进行会计处理。政府会计主体在接受捐赠过程中按照规定向捐赠人支付物质奖励的，在发生时计入当期费用。

第十三条 政府会计主体为取得文物资源发生的相关支出，包括文物资源入藏前发生的保险费、运输费、装卸费以及专业人员服务费等，应当在发生时计入当期费用。

第四章　文物资源的后续计量

第十四条 文物资源不计提折旧。

第十五条 政府会计主体对于文物资源本体的修复修缮等相关保护支出，应当在发生时计入当期费用。

政府会计主体对于文物资源安防、消防及防雷等保护性设施建设支出，以及对于文物资源本体以外的预防性保护、数字化保护等支出，符合相关资产确认条件的，应当计入固定资产等其他相关资产成本。

第十六条 政府会计主体按照规定报经批准调出文物资源的，应当将该文物资源的账面价值予以转销，将调出中发生的归属于调出方的相关支出计入当期费用。

第十七条 文物资源报经文物行政部门批准被依法拆除或者因不可抗力等因素发生毁损、丢失的，政府会计主体应当在按照规定程序核查处理后确认文物资源灭失时，将该文物资源账面价值予以转销。

第十八条 文物资源撤销退出后仍作为其他资产进行管理的，政府会计主体应当按照该文物资源的账面价值将其重分类为其他资产。

第五章　文物资源的列报

第十九条 政府会计主体应当在资产负债表中单独列示文物资源项目，并在该项目下分别列示以成本计量和以名义金额计量的文物资源。

第二十条 政府会计主体应当在附注中披露与文物资源有关的下列信息：

（一）各类文物资源期初、期末数量和本期增减变动情况。

（二）各类以成本计量的文物资源账面余额的期初、期末数和本期增减变动情况，

以及当期发生的文物资源征集支出。

（三）当期发生的文物资源本体修复修缮情况。

（四）文物资源的借用、调出、撤销退出等情况。

第六章　附　　则

第二十一条　政府会计主体按照《博物馆条例》《博物馆藏品管理办法》等规定进行管理的其他藏品，参照本准则执行。

第二十二条　本准则自 2025 年 1 月 1 日起施行。

财政部此前发布的有关文物资源会计处理规定与本准则不一致的，以本准则为准。

《政府会计准则第 11 号——文物资源》应用指南

一、关于会计科目设置

政府会计主体应当将《政府会计制度——行政事业单位会计科目和报表》(财会〔2017〕25 号,以下简称《政府会计制度》)中的"文物文化资产"科目修改为"文物资源"科目(以下简称本科目)。本科目核算由政府会计主体承担管理收藏职责的文物资源,包括符合《政府会计准则第 11 号——文物资源》(以下简称 11 号准则)第二条规定的文物资源和第二十一条规定的其他藏品。

本科目应当按照文物资源的类型、计量属性等进行明细核算。政府会计主体应当根据文物资源的类型设置"可移动文物""不可移动文物""其他藏品"一级明细科目。根据文物资源的计量属性设置"成本""名义金额"二级明细科目。对于可移动文物和其他藏品,根据文物资源的入藏状态,设置"待入藏""馆藏""借出"三级明细科目。对于认定为不可移动文物的公共基础设施,其三级及以下明细科目设置可参照公共基础设施有关规定执行。

政府会计主体可以根据实际情况在本科目下自行增设明细科目。

本科目"成本"明细科目的期末借方余额,反映以成本计量的文物资源成本,"名义金额"明细科目的期末借方余额,反映以名义金额计量的文物资源数量。

"固定资产"科目下的原"文物和陈列品"明细科目调整为"陈列品"明细科目。

二、关于"文物资源"科目的主要账务处理

(一)新旧衔接账务处理。

1. 关于新旧会计科目衔接的账务处理。

政府会计主体在 11 号准则首次执行日,应当将原"文物文化资产"科目余额转入本科目中,并作新旧衔接账务处理。

对于已在本科目核算且属于 11 号准则适用范围的资产,政府会计主体无需对其账面价值进行调整。

对于已在本科目核算、但不属于 11 号准则适用范围的资产,政府会计主体应当在首次执行日按照该资产的账面价值,在财务会计借记"固定资产"等科目,贷记本科目。

2. 关于新旧衔接时相关资产重分类为文物资源的账务处理。

对于按照 11 号准则规定应当确认为文物资源、但已确认为固定资产等其他资产的,政府会计主体应当在首次执行日按照该资产的账面价值,在财务会计借记本科目,按照相关科目的账面余额,借记"固定资产累计折旧"等科目(如有),贷记"固

定资产"等科目。资产原账面价值为零的,在转销原资产相关科目余额的同时,按照名义金额在财务会计借记本科目,贷记"累计盈余"科目。对于按照名义金额计量的文物资源,政府会计主体可根据实际管理情况确定文物资源的实物数量单位,如处、件、件/套(下同)。

3.关于存量未入账文物资源的账务处理。

对于属于11号准则适用范围但尚未入账的存量文物资源,政府会计主体应当在首次执行日按照有关原始凭据注明的金额确定其初始入账成本,没有相关凭据可供取得的,按照名义金额入账,在财务会计借记本科目,贷记"累计盈余"科目。

4.关于已借入但未入账文物资源的账务处理。

对于已借入但未入账的文物资源,政府会计主体应当在首次执行日按照该文物资源在借出方的账面价值,在财务会计借记"受托代理资产"科目,贷记"受托代理负债"科目。

(二)初始确认的账务处理。

1.征集购买的文物资源的账务处理。

政府会计主体通过征集购买方式取得的文物资源,应当按照购买价款,在财务会计借记本科目,贷记"财政拨款收入""银行存款"等科目;在预算会计借记"行政支出""事业支出"等科目,贷记"财政拨款预算收入""资金结存"等科目。

文物资源在取得后直接入藏的,政府会计主体应当在财务会计将其记入本科目下的"馆藏"明细科目;取得后暂未入藏的,政府会计主体应当将其记入本科目下的"待入藏"明细科目,待办理完成入藏手续后由本科目下的"待入藏"明细科目转入"馆藏"明细科目。

政府会计主体通过其他方式取得文物资源且尚未入藏的,参照上述规定进行账务处理。

2.调入、依法接收、指定保管的文物资源的账务处理。

政府会计主体通过调入、依法接收、指定保管等方式取得的文物资源,应当按照确定的成本或名义金额,在财务会计借记本科目,贷记"无偿调拨净资产"科目。

3.考古发掘、接受捐赠的文物资源的账务处理。

政府会计主体对于考古发掘、接受捐赠等方式取得的文物资源,应当按照名义金额入账,在财务会计借记本科目,贷记"累计盈余""捐赠收入"等科目。

4.其他资产重分类为文物资源的账务处理。

其他资产重分类为文物资源的,政府会计主体应当在财务会计按照该资产的账面价值,借记本科目,按照相关资产科目余额,借记"固定资产累计折旧"等科目(如有),贷记"固定资产"等科目。资产原账面价值为零的,在转销原资产相关科目余额的同时,按照名义金额在财务会计借记本科目,贷记"累计盈余"科目。

5.盘盈的文物资源的账务处理。

文物资源发生盘盈的,政府会计主体应当按照确定的成本或名义金额,在财务会计借记本科目,贷记"待处理财产损溢"科目。

按照规定报经批准处理后,对属于本年度取得的文物资源,政府会计主体应当按照当年新取得文物资源的情形进行账务处理,在财务会计借记"待处理财产损溢"科目,贷记"捐赠收入""无偿调拨净资产""累计盈余"等科目；对属于以前年度取得的文物资源，政府会计主体应当按照前期差错进行账务处理，在财务会计借记"待处理财产损溢"科目，贷记"以前年度盈余调整"科目。

6.为取得文物资源发生的相关支出的账务处理。

为取得文物资源发生的相关支出，包括文物资源入藏前发生的保险费、运输费、装卸费、专业人员服务费，以及按规定向捐赠人支付的物质奖励等，政府会计主体应当在财务会计按照实际发生的费用，借记"业务活动费用"等科目，贷记"财政拨款收入""银行存款"等科目；在预算会计按照实际支付的金额，借记"行政支出""事业支出"等科目，贷记"财政拨款预算收入""资金结存"等科目。

（三）文物资源保护、利用的账务处理。

1.文物资源本体修复修缮支出的账务处理。

对于文物资源本体的修复修缮等相关保护支出，政府会计主体应当在财务会计按照实际发生的费用，借记"业务活动费用"科目，贷记"财政拨款收入""银行存款""库存物品"等科目；在预算会计按照实际支付的金额，借记"行政支出""事业支出"等科目，贷记"财政拨款预算收入""资金结存"等科目。

2.文物资源借出和借入的账务处理。

（1）政府会计主体将已入藏的文物资源借给外单位的，应当至少在每年年末核查尚未收回的文物资源，按照账面价值，在财务会计借记本科目下的"借出"明细科目，贷记本科目下的"馆藏"明细科目；在借出的文物资源收回时做相反会计分录。

（2）政府会计主体从外单位借入文物资源的，应当至少在每年年末核查尚未归还的文物资源，按照该文物资源在借出方的账面价值，在财务会计借记"受托代理资产"科目，贷记"受托代理负债"科目；在归还借入的文物资源时做相反会计分录。

（四）文物资源调出、撤销退出的账务处理。

政府会计主体发生文物资源调出、撤销退出等情形的，应当分以下情况进行账务处理：

1.文物资源调出的账务处理。

报经批准无偿调出文物资源的，政府会计主体应当在财务会计按照调出的文物资源的账面价值，借记"无偿调拨净资产"科目，贷记本科目；按照无偿调出过程中发生的归属于调出方的相关支出，借记"资产处置费用"科目，贷记"财政拨款收入""银行存款"等科目。同时，政府会计主体应当在预算会计按照实际支付的金额，借记"其他支出"科目，贷记"财政拨款预算收入""资金结存"等科目。

2.文物资源被依法拆除或发生毁损、丢失的账务处理。

文物资源报经文物行政部门批准被依法拆除或者因不可抗力等因素毁损、丢失的，政府会计主体应当在按照规定程序核查处理后确认文物资源灭失时，按照该文物资源的账面价值，在财务会计借记"待处理财产损溢"科目，贷记本科目。文物资源报经批准予以核销时，政府会计主体应当在财务会计借记"资产处置费用"科目，贷记"待处理财产损溢"科目。

政府会计主体在按照规定程序核查处理过程中依法取得净收入的，应当按照收到的金额在财务会计借记"银行存款"等科目，贷记"其他收入"科目；在预算会计借记"资金结存"等科目，贷记"其他预算收入"科目。政府会计主体发生净支出的，按照实际支出净额在财务会计借记"资产处置费用"科目，贷记"银行存款"等科目；在预算会计借记"其他支出"科目，贷记"资金结存"等科目。

3. 文物资源重分类为其他资产的账务处理。

文物资源撤销退出后仍作为其他资产进行管理的，政府会计主体应当按照该文物资源的账面价值，在财务会计借记"固定资产"等科目，贷记本科目。

三、关于文物资源项目的列报

（一）关于文物资源在资产负债表中的列示。

政府会计主体应当将《政府会计制度》资产负债表（会政财 01 表）中的"文物文化资产"项目修改为"文物资源"项目，并分别列示不同计量属性的文物资源，即在"文物资源"项目下设置"以成本计量"和"以名义金额计量"两个子项目。

（二）关于文物资源在财务报表附注中的披露。

1. 对于各类文物资源期初、期末数量以及本期增减变动情况，建议的披露格式如下：

表 1 各类文物资源实物量情况

项目	年初数	本期增加数	本期减少数	期末数
不可移动文物				
……				
可移动文物				
……				
其中：待入藏征集物				
其他藏品				
……				
其中：待入藏征集物				
其中：名义金额计量的文物资源				
不可移动文物				
……				
可移动文物				
……				
其中：待入藏征集物				
其他藏品				

（续表）

项目	年初数	本期增加数	本期减少数	期末数
……				
其中：待入藏征集物				

注：1.政府会计主体可根据需要按照国家级、省级、市县级、未核定文保单位披露不可移动文物的构成情况；按照一级、二级、三级、一般、未定级披露可移动文物的构成情况（下同）。
2.政府会计主体可根据实际管理情况确定文物资源的实物数量单位，如处、件、件/套。

2.对于各类以成本计量的文物资源账面余额的期初、期末数以及本期增减变动情况，建议的披露格式如下：

表2　各类以成本计量的文物资源价值量有关情况

单位：元

项目	年初余额	本期增加额	本期减少额	期末余额
不可移动文物				
……				
可移动文物				
……				
其中：待入藏征集物				
其他藏品				
……				
其中：待入藏征集物				

政府会计主体应当披露当期为征集文物资源所支付的购买价款和捐赠奖金。

3.政府会计主体当期进行不可移动文物修缮的，应当披露当期修缮的不可移动文物的数量和修缮支出金额，以及其中由政府会计主体负责修缮的民间不可移动文物的数量。

政府会计主体当期进行可移动文物和其他藏品修复的，应当披露当期修复的可移动文物和其他藏品的数量和修复支出金额，以及其中涉及珍贵文物的数量。

4.对于文物资源其他相关信息，建议的披露格式如下：

表3　文物资源借用情况

项目	实物数量	金额（单位：元）
借出但期末未收回的文物资源		
借入但期末未归还的文物资源		

表 4　本年度文物资源调出、撤销退出等情况

项目	实物数量	金额（单位：元）
调出		
依法拆除		
因不可抗力等原因毁损、丢失		
重分类转出		

此外，政府会计主体还可以根据需要披露与文物资源相关的文化创意产品的研发支出和收入等情况。

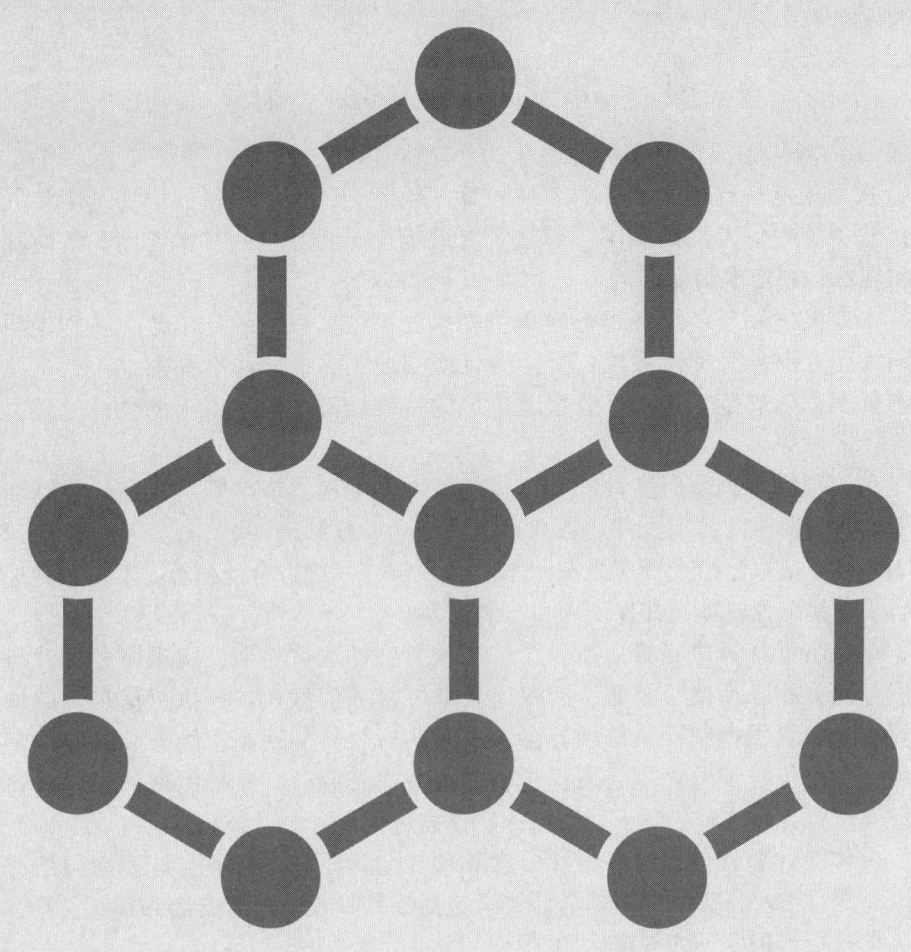

第二篇

政府会计制度——行政事业单位会计科目和报表

第一部分 总 说 明

一、为了规范行政事业单位的会计核算，保证会计信息质量，根据《中华人民共和国会计法》《中华人民共和国预算法》《政府会计准则——基本准则》等法律、行政法规和规章，制定本制度。

二、本制度适用于各级各类行政单位和事业单位（以下统称单位，特别说明的除外）。纳入企业财务管理体系执行企业会计准则或小企业会计准则的单位，不执行本制度。本制度尚未规范的有关行业事业单位的特殊经济业务或事项的会计处理，由财政部另行规定。

三、单位应当根据政府会计准则（包括基本准则和具体准则）规定的原则和本制度的要求，对其发生的各项经济业务或事项进行会计核算。

四、单位对基本建设投资应当按照本制度规定统一进行会计核算，不再单独建账，但是应当按项目单独核算，并保证项目资料完整。

五、单位会计核算应当具备财务会计与预算会计双重功能，实现财务会计与预算会计适度分离并相互衔接，全面、清晰反映单位财务信息和预算执行信息。单位财务会计核算实行权责发生制；单位预算会计核算实行收付实现制，国务院另有规定的，依照其规定。单位对于纳入部门预算管理的现金收支业务，在采用财务会计核算的同时应当进行预算会计核算；对于其他业务，仅需进行财务会计核算。

六、单位会计要素包括财务会计要素和预算会计要素。财务会计要素包括资产、负债、净资产、收入和费用。预算会计要素包括预算收入、预算支出和预算结余。

七、单位应当按照下列规定运用会计科目：

（一）单位应当按照本制度的规定设置和使用会计科目。在不影响会计处理和编制报表的前提下，单位可以根据实际情况自行增设或减少某些会计科目。

（二）单位应当执行本制度统一规定的会计科目编号，以便于填制会计凭证、登记账簿、查阅账目，实行会计信息化管理。

（三）单位在填制会计凭证、登记会计账簿时，应当填列会计科目的名称，或者同时填列会计科目的名称和编号，不得只填列会计科目编号、不填列会计科目名称。

（四）单位设置明细科目或进行明细核算，除遵循本制度规定外，还应当满足权责发生制政府部门财务报告和政府综合财务报告编制的其他需要。

八、单位应当按照下列规定编制财务报表和预算会计报表：

（一）财务报表的编制主要以权责发生制为基础，以单位财务会计核算生成的数据为准；预算会计报表的编制主要以收付实现制为基础，以单位预算会计核算生成的数据为准。

（二）财务报表由会计报表及其附注构成。会计报表一般包括资产负债表、收入费用表和净资产变动表。单位可根据实际情况自行选择编制现金流量表。

（三）预算会计报表至少包括预算收入支出表、预算结转结余变动表和财政拨款预算收入支出表。

（四）单位应当至少按照年度编制财务报表和预算会计报表。

（五）单位应当根据本制度规定编制真实、完整的财务报表和预算会计报表，不得违反本制度规定随意改变财务报表和预算会计报表的编制基础、编制依据、编制原则和方法，不得随意改变本制度规定的财务报表和预算会计报表有关数据的会计口径。

（六）财务报表和预算会计报表应当根据登记完整、核对无误的账簿记录和其他有关资料编制，做到数字真实、计算准确、内容完整、编报及时。

（七）财务报表和预算会计报表应当由单位负责人和主管会计工作的负责人、会计机构负责人（会计主管人员）签名并盖章。

九、单位应当重视并不断推进会计信息化的应用。

单位开展会计信息化工作，应当符合财政部制定的相关会计信息化工作规范和标准，确保利用现代信息技术手段开展会计核算及生成的会计信息符合政府会计准则和本制度的规定。

十、本制度自 2019 年 1 月 1 日起施行。

第二部分 会计科目名称和编号

一、财务会计科目

（一）资产类

序号	科目编号	科目名称
1	1001	库存现金
2	1002	银行存款
3	1011	零余额账户用款额度
4	1021	其他货币资金
5	1101	短期投资
6	1201	财政应返还额度
7	1211	应收票据
8	1212	应收账款
9	1214	预付账款
10	1215	应收股利
11	1216	应收利息
12	1218	其他应收款
13	1219	坏账准备
14	1301	在途物品
15	1302	库存物品
16	1303	加工物品
17	1401	待摊费用
18	1501	长期股权投资
19	1502	长期债券投资
20	1601	固定资产
21	1602	固定资产累计折旧
22	1611	工程物资
23	1613	在建工程
24	1701	无形资产
25	1702	无形资产累计摊销
26	1703	研发支出
27	1801	公共基础设施
28	1802	公共基础设施累计折旧（摊销）
29	1811	政府储备物资
30	1821	文物文化资产

（续表）

序号	科目编号	科目名称
31	1831	保障性住房
32	1832	保障性住房累计折旧
33	1891	受托代理资产
34	1901	长期待摊费用
35	1902	待处理财产损溢

（二）负债类

序号	科目编号	科目名称
36	2001	短期借款
37	2101	应交增值税
38	2102	其他应交税费
39	2103	应缴财政款
40	2201	应付职工薪酬
41	2301	应付票据
42	2302	应付账款
43	2303	应付政府补贴款
44	2304	应付利息
45	2305	预收账款
46	2307	其他应付款
47	2401	预提费用
48	2501	长期借款
49	2502	长期应付款
50	2601	预计负债
51	2901	受托代理负债

（三）净资产类

序号	科目编号	科目名称
52	3001	累计盈余
53	3101	专用基金
54	3201	权益法调整
55	3301	本期盈余
56	3302	本年盈余分配
57	3401	无偿调拨净资产
58	3501	以前年度盈余调整

（四）收入类

序号	科目编号	科目名称
59	4001	财政拨款收入
60	4101	事业收入
61	4201	上级补助收入
62	4301	附属单位上缴收入
63	4401	经营收入
64	4601	非同级财政拨款收入
65	4602	投资收益
66	4603	捐赠收入
67	4604	利息收入
68	4605	租金收入
69	4609	其他收入

（五）费用类

序号	科目编号	科目名称
70	5001	业务活动费用
71	5101	单位管理费用
72	5201	经营费用
73	5301	资产处置费用
74	5401	上缴上级费用
75	5501	对附属单位补助费用
76	5801	所得税费用
77	5901	其他费用

二、预算会计科目

（一）预算收入类

序号	科目编号	科目名称
1	6001	财政拨款预算收入
2	6101	事业预算收入
3	6201	上级补助预算收入
4	6301	附属单位上缴预算收入

（续表）

序号	科目编号	科目名称
5	6401	经营预算收入
6	6501	债务预算收入
7	6601	非同级财政拨款预算收入
8	6602	投资预算收益
9	6609	其他预算收入

（二）预算支出类

序号	科目编号	科目名称
10	7101	行政支出
11	7201	事业支出
12	7301	经营支出
13	7401	上缴上级支出
14	7501	对附属单位补助支出
15	7601	投资支出
16	7701	债务还本支出
17	7901	其他支出

（三）预算结余类

序号	科目编号	科目名称
18	8001	资金结存
19	8101	财政拨款结转
20	8102	财政拨款结余
21	8201	非财政拨款结转
22	8202	非财政拨款结余
23	8301	专用结余
24	8401	经营结余
25	8501	其他结余
26	8701	非财政拨款结余分配

第三部分　会计科目使用说明

一、财务会计科目

（一）资产类

1001　库存现金

一、本科目核算单位的库存现金。

二、单位应当严格按照国家有关现金管理的规定收支现金，并按照本制度规定核算现金的各项收支业务。

本科目应当设置"受托代理资产"明细科目，核算单位受托代理、代管的现金。

三、库存现金的主要账务处理如下：

（一）从银行等金融机构提取现金，按照实际提取的金额，借记本科目，贷记"银行存款"科目；将现金存入银行等金融机构，按照实际存入金额，借记"银行存款"科目，贷记本科目。

根据规定从单位零余额账户提取现金，按照实际提取的金额，借记本科目，贷记"零余额账户用款额度"科目。

将现金退回单位零余额账户，按照实际退回的金额，借记"零余额账户用款额度"科目，贷记本科目。

（二）因内部职工出差等原因借出的现金，按照实际借出的现金金额，借记"其他应收款"科目，贷记本科目。

出差人员报销差旅费时，按照实际报销的金额，借记"业务活动费用""单位管理费用"等科目，按照实际借出的现金金额，贷记"其他应收款"科目，按照其差额，借记或贷记本科目。

（三）因提供服务、物品或者其他事项收到现金，按照实际收到的金额，借记本科目，贷记"事业收入""应收账款"等相关科目。

涉及增值税业务的，相关账务处理参见"应交增值税"科目。

因购买服务、物品或者其他事项支付现金，按照实际支付的金额，借记"业务活动费用""单位管理费用""库存物品"等相关科目，贷记本科目。涉及增值税业务的，相关账务处理参见"应交增值税"科目。

以库存现金对外捐赠，按照实际捐出的金额，借记"其他费用"科目，贷记本科目。

（四）收到受托代理、代管的现金，按照实际收到的金额，借记本科目（受托代理资产），贷记"受托代理负债"科目；支付受托代理、代管的现金，按照实际支付的金额，借记"受托代理负债"科目，贷记本科目（受托代理资产）。

四、单位应当设置"库存现金日记账"，由出纳人员根据收付款凭证，按照业务发生顺序逐笔登记。每日终了，应当计算当日的现金收入合计数、现金支出合计数和结余数，并将结余数与实际库存数相核对，做到账款相符。

每日账款核对中发现有待查明原因的现金短缺或溢余的，应当通过"待处理财产损溢"科目核算。属于现金溢余,应当按照实际溢余的金额,借记本科目,贷记"待处理财产损溢"科目;属于现金短缺,应当按照实际短缺的金额,借记"待处理财产损溢"科目,贷记本科目。待查明原因后及时进行账务处理,具体内容参见"待处理财产损溢"科目。

五、现金收入业务繁多、单独设有收款部门的单位,收款部门的收款员应当将每天所收现金连同收款凭据一并交财务部门核收记账,或者将每天所收现金直接送存开户银行后,将收款凭据及向银行送存现金的凭证等一并交财务部门核收记账。

六、单位有外币现金的,应当分别按照人民币、外币种类设置"库存现金日记账"进行明细核算。有关外币现金业务的账务处理参见"银行存款"科目的相关规定。

七、本科目期末借方余额,反映单位实际持有的库存现金。

1002 银行存款

一、本科目核算单位存入银行或者其他金融机构的各种存款。

二、单位应当严格按照国家有关支付结算办法的规定办理银行存款收支业务,并按照本制度规定核算银行存款的各项收支业务。

本科目应当设置"受托代理资产"明细科目,核算单位受托代理、代管的银行存款。

三、银行存款的主要账务处理如下:

(一)将款项存入银行或者其他金融机构,按照实际存入的金额,借记本科目,贷记"库存现金""应收账款""事业收入""经营收入""其他收入"等相关科目。涉及增值税业务的,相关账务处理参见"应交增值税"科目。收到银行存款利息,按照实际收到的金额,借记本科目,贷记"利息收入"科目。

(二)从银行等金融机构提取现金,按照实际提取的金额,借记"库存现金"科目,贷记本科目。

(三)以银行存款支付相关费用,按照实际支付的金额,借记"业务活动费用""单位管理费用""其他费用"等相关科目,贷记本科目。涉及增值税业务的,相关账务处理参见"应交增值税"科目。以银行存款对外捐赠,按照实际捐出的金额,借记"其他费用"科目,贷记本科目。

(四)收到受托代理、代管的银行存款,按照实际收到的金额,借记本科目(受托代理资产),贷记"受托代理负债"科目;支付受托代理、代管的银行存款,按照实际支付的金额,借记"受托代理负债"科目,贷记本科目(受托代理资产)。

四、单位发生外币业务的,应当按照业务发生当日的即期汇率,将外币金额折算为人民币金额记账,并登记外币金额和汇率。期末,各种外币账户的期末余额,应当按照期末的即期汇率折算为人民币,作为外币账户期末人民币余额。调整后的各种外币账户人民币余额与原账面余额的差额,作为汇兑损益计入当期费用。

(一)以外币购买物资、设备等,按照购入当日的即期汇率将支付的外币或应支付的外币折算为人民币金额,借记"库存物品"等科目,贷记本科目、"应付账款"等科目的外币账户。涉及增值税业务的,相关账务处理参见"应交增值税"科目。

(二)销售物品、提供服务以外币收取相关款项等,按照收入确认当日的即期汇率将收取的外币或应收取的外币折算为人民币金额,借记本科目、"应收账款"等科目的外币账户,贷记"事业收入"等相关科目。

(三)期末,根据各外币银行存款账户按照期末汇率调整后的人民币余额与原账面人民币余额的差额,作为汇兑损益,借记或贷记本科目,贷记或借记"业务活动费用""单位管理费用"等科目。"应收账款""应付账款"等科目有关外币账户期末汇率调整业务的账务处理参照本科目。

五、单位应当按照开户银行或其他金融机构、存款种类及币种等,分别设置"银行存款日记账",由出纳人员根据收付款凭证,按照业务的发生顺序逐笔登记,每日终了应结出余额。"银行存款日记账"应定期与"银行对账单"核对,至少每月核对一次。月度终了,单位银行存款日记账账面余额与银行对账单余额之间如有差额,应当逐笔查明原因并进行处理,按月编制"银行存款余额调节表",调节相符。

六、本科目期末借方余额,反映单位实际存放在银行或其他金融机构的款项。

1011 零余额账户用款额度

一、本科目核算实行国库集中支付的单位根据财政部门批复的用款计划收到和支用的零余额账户用款额度。

二、零余额账户用款额度的主要账务处理如下:

(一)收到额度

单位收到"财政授权支付到账通知书"时,根据通知书所列金额,借记本科目,贷记"财政拨款收入"科目。

(二)支用额度

1. 支付日常活动费用时,按照支付的金额,借记"业务活动费用""单位管理费用"等科目,贷记本科目。

2. 购买库存物品或购建固定资产,按照实际发生的成本,借记"库存物品""固定资产""在建工程"等科目,按照实际支付或应付的金额,贷记本科目、"应付账款"等科目。涉及增值税业务的,相关账务处理参见"应交增值税"科目。

3. 从零余额账户提取现金时,按照实际提取的金额,借记"库存现金"科目,贷记本科目。

(三)因购货退回等发生财政授权支付额度退回的,按照退回的金额,借记本科目,贷记"库存物品"等科目。

(四)年末,根据代理银行提供的对账单作注销额度的相关账务处理,借记"财政应返还额度——财政授权支付"科目,贷记本科目。年末,单位本年度财政授权支付预算指标数大于零余额账户用款额度下达数的,根据未下达的用款额度,借记"财政应返还额度——财政授权支付"科目,贷记"财政拨款收入"科目。

下年初,单位根据代理银行提供的上年度注销额度恢复到账通知书作恢复额度的相关账务处理,借记本科目,贷记"财政应返还额度——财政授权支付"科目。单位收到财政部门批复的上年末下达零余额账户用款额度,借记本科目,贷记"财政应返还额度——财政授权支付"科目。

三、本科目期末借方余额,反映单位尚未支用的零余额账户用款额度。年末注销单位零余额账户用款额度后,本科目应无余额。

1021 其他货币资金

一、本科目核算单位的外埠存款、银行本票存款、银行汇票存款、信用卡存款等各种其他货币资金。

二、本科目应当设置"外埠存款""银行本票存款""银行汇票存款""信用卡存款"等明细科目，进行明细核算。

三、其他货币资金的主要账务处理如下：

（一）单位按照有关规定需要在异地开立银行账户，将款项委托本地银行汇往异地开立账户时，借记本科目，贷记"银行存款"科目。收到采购员交来供应单位发票账单等报销凭证时，借记"库存物品"等科目，贷记本科目。将多余的外埠存款转回本地银行时，根据银行的收账通知，借记"银行存款"科目，贷记本科目。

（二）将款项交存银行取得银行本票、银行汇票，按照取得的银行本票、银行汇票金额，借记本科目，贷记"银行存款"科目。使用银行本票、银行汇票购买库存物品等资产时，按照实际支付金额，借记"库存物品"等科目，贷记本科目。如有余款或因本票、汇票超过付款期等原因而退回款项，按照退款金额，借记"银行存款"科目，贷记本科目。

（三）将款项交存银行取得信用卡，按照交存金额，借记本科目，贷记"银行存款"科目。用信用卡购物或支付有关费用，按照实际支付金额，借记"单位管理费用""库存物品"等科目，贷记本科目。单位信用卡在使用过程中，需向其账户续存资金的，按照续存金额，借记本科目，贷记"银行存款"科目。

四、单位应当加强对其他货币资金的管理，及时办理结算，对于逾期尚未办理结算的银行汇票、银行本票等，应当按照规定及时转回，并按照上述规定进行相应账务处理。

五、本科目期末借方余额，反映单位实际持有的其他货币资金。

1101 短期投资

一、本科目核算事业单位按照规定取得的，持有时间不超过1年（含1年）的投资。

二、本科目应当按照投资的种类等进行明细核算。

三、短期投资的主要账务处理如下：

（一）取得短期投资时，按照确定的投资成本，借记本科目，贷记"银行存款"等科目。收到取得投资时实际支付价款中包含的已到付息期但尚未领取的利息，按照实际收到的金额，借记"银行存款"科目，贷记本科目。

（二）收到短期投资持有期间的利息，按照实际收到的金额，借记"银行存款"科目，贷记"投资收益"科目。

（三）出售短期投资或到期收回短期投资本息，按照实际收到的金额，借记"银行存款"科目，按照出售或收回短期投资的账面余额，贷记本科目，按照其差额，借记或贷记"投资收益"科目。涉及增值税业务的，相关账务处理参见"应交增值税"科目。

四、本科目期末借方余额，反映事业单位持有短期投资的成本。

1201 财政应返还额度

一、本科目核算实行国库集中支付的单位应收财政返还的资金额度，包括可以使用的以前年度财政直接支付资金额度和财政应返还的财政授权支付资金额度。

二、本科目应当设置"财政直接支付""财政授权支付"两个明细科目进行明细核算。

三、财政应返还额度的主要账务处理如下：

（一）财政直接支付

年末，单位根据本年度财政直接支付预算指标数大于当年财政直接支付实际发生数的差额，借记本科目（财政直接支付），贷记"财政拨款收入"科目。

单位使用以前年度财政直接支付额度支付款项时，借记"业务活动费用""单位管理费用"等科目，贷记本科目（财政直接支付）。

（二）财政授权支付

年末，根据代理银行提供的对账单作注销额度的相关账务处理，借记本科目（财政授权支付），贷记"零余额账户用款额度"科目。

年末，单位本年度财政授权支付预算指标数大于零余额账户用款额度下达数的，根据未下达的用款额度，借记本科目（财政授权支付），贷记"财政拨款收入"科目。

下年初，单位根据代理银行提供的上年度注销额度恢复到账通知书作恢复额度的相关账务处理，借记"零余额账户用款额度"科目，贷记本科目（财政授权支付）。单位收到财政部门批复的上年未下达零余额账户用款额度，借记"零余额账户用款额度"科目，贷记本科目（财政授权支付）。

四、本科目期末借方余额，反映单位应收财政返还的资金额度。

1211 应收票据

一、本科目核算事业单位因开展经营活动销售产品、提供有偿服务等而收到的商业汇票，包括银行承兑汇票和商业承兑汇票。

二、本科目应当按照开出、承兑商业汇票的单位等进行明细核算。

三、应收票据的主要账务处理如下：

（一）因销售产品、提供服务等收到商业汇票，按照商业汇票的票面金额，借记本科目，按照确认的收入金额，贷记"经营收入"等科目。涉及增值税业务的，相关账务处理参见"应交增值税"科目。

（二）持未到期的商业汇票向银行贴现，按照实际收到的金额（即扣除贴现息后的净额），借记"银行存款"科目，按照贴现息金额，借记"经营费用"等科目，按照商业汇票的票面金额，贷记本科目（无追索权）或"短期借款"科目（有追索权）。附追索权的商业汇票到期未发生追索事项的，按照商业汇票的票面金额，借记"短期借款"科目，贷记本科目。

（三）将持有的商业汇票背书转让以取得所需物资时，按照取得物资的成本，借记"库存物品"等科目，按照商业汇票的票面金额，贷记本科目，如有差额，借记或贷记"银行存款"等科目。涉及增值税业务的，相关账务处理参见"应交增值税"科目。

（四）商业汇票到期时，应当分别以下情况处理：

1. 收回票款时，按照实际收到的商业汇票票面金额，借记"银行存款"科目，贷记本科目。

2. 因付款人无力支付票款，收到银行退回的商业承兑汇票、委托收款凭证、未付票款通知书或拒付款证明等，按照商业汇票的票面金额，借记"应收账款"科目，贷记本科目。

四、事业单位应当设置"应收票据备查簿"，逐笔登记每一应收票据的种类、号数、出票日期、到期日、票面金额、交易合同号和付款人、承兑人、背书人姓名或单位名称、背书转让日、贴现日期、贴现率和贴现净额、收款日期、收回金额和退票情况等。应收票据到期结清票款或退票后，应当在备查簿内逐笔注销。

五、本科目期末借方余额，反映事业单位持有的商业汇票票面额。

1212 应收账款

一、本科目核算事业单位提供服务、销售产品等应收取的款项，以及单位因出租资产、出售物资等应收取的款项。

二、本科目应当按照债务单位（或个人）进行明细核算。

三、应收账款的主要账务处理如下：

（一）应收账款收回后不需上缴财政

单位发生应收账款时，按照应收未收金额，借记本科目，贷记"事业收入""经营收入""租金收入""其他收入"等科目。涉及增值税业务的，相关账务处理参见"应交增值税"科目。

收回应收账款时，按照实际收到的金额，借记"银行存款"等科目，贷记本科目。

（二）应收账款收回后需上缴财政

1.单位出租资产发生应收未收租金款项时，按照应收未收金额，借记本科目，贷记"应缴财政款"科目。收回应收账款时，按照实际收到的金额，借记"银行存款"等科目，贷记本科目。

2.单位出售物资发生应收未收款项时，按照应收未收金额，借记本科目，贷记"应缴财政款"科目。收回应收账款时，按照实际收到的金额，借记"银行存款"等科目，贷记本科目。涉及增值税业务的，相关账务处理参见"应交增值税"科目。

四、事业单位应当于每年年末，对收回后不需上缴财政的应收账款进行全面检查，如发生不能收回的迹象，应当计提坏账准备。

（一）对于账龄超过规定年限、确认无法收回的应收账款，按照规定报经批准后予以核销。按照核销金额，借记"坏账准备"科目，贷记本科目。核销的应收账款应在备查簿中保留登记。

（二）已核销的应收账款在以后期间又收回的，按照实际收回金额，借记本科目，贷记"坏账准备"科目；同时，借记"银行存款"等科目，贷记本科目。

五、单位应当于每年年末，对收回后应当上缴财政的应收账款进行全面检查。

（一）对于账龄超过规定年限、确认无法收回的应收账款，按照规定报经批准后予以核销。按照核销金额，借记"应缴财政款"科目，贷记本科目。核销的应收账款应当在备查簿中保留登记。

（二）已核销的应收账款在以后期间又收回的，按照实际收回金额，借记"银行存款"等科目，贷记"应缴财政款"科目。

六、本科目期末借方余额，反映单位尚未收回的应收账款。

1214 预付账款

一、本科目核算单位按照购货、服务合同或协议规定预付给供应单位（或个人）的款项，以及按照合同规定向承包工程的施工企业预付的备料款和工程款。

二、本科目应当按照供应单位（或个人）及具体项目进行明细核算；对于基本建设项目发生的预付账款，还应当在本科目所属基建项目明细科目下设置"预付备料款""预付工程款""其他预付款"等明细科目，进行明细核算。

三、预付账款的主要账务处理如下：

（一）根据购货、服务合同或协议规定预付款项时，按照预付金额，借记本科目，贷记"财政拨款收入""零余额账户用款额度""银行存款"等科目。

（二）收到所购资产或服务时，按照购入资产或服务的成本，借记"库存物品""固定资产""无形资产""业务活动费用"等相关科目，按照相关预付账款的账面余额，贷记本科目，按照实际补付的金额，贷记"财政拨款收入""零余额账户用款额度""银行存款"等科目。涉及增值税业务的，相关账务处理参见"应交增值税"科目。

（三）根据工程进度结算工程价款及备料款时，按照结算金额，借记"在建工程"科目，按照相关预付账款的账面余额，贷记本科目，按照实际补付的金额，贷记"财政拨款收入""零余额账户用款额度""银行存款"等科目。

（四）发生预付账款退回的，按照实际退回金额，借记"财政拨款收入"[本年直接支付]、"财政应返还额度"[以前年度直接支付]、"零余额账户用款额度""银行存款"等科目，贷记本科目。

四、单位应当于每年年末，对预付账款进行全面检查。如果有确凿证据表明预付账款不再符合预付款项性质，或者因供应单位破产、撤销等原因可能无法收到所购货物、服务的，应当先将其转入其他应收款，再按照规定进行处理。将预付账款账面余额转入其他应收款时，借记"其他应收款"科目，贷记本科目。

五、本科目期末借方余额，反映单位实际预付但尚未结算的款项。

1215 应收股利

一、本科目核算事业单位持有长期股权投资应当收取的现金股利或应当分得的利润。

二、本科目应当按照被投资单位等进行明细核算。

三、应收股利的主要账务处理如下：

（一）取得长期股权投资，按照支付的价款中所包含的已宣告但尚未发放的现金股利，借记本科目，按照确定的长期股权投资成本，借记"长期股权投资"科目，按照实际支付的金额，贷记"银行存款"等科目。收到取得投资时实际支付价款中所包含的已宣告但尚未发放的现金股利时，按照收到的金额，借记"银行存款"科目，贷记本科目。

（二）长期股权投资持有期间，被投资单位宣告发放现金股利或利润的，按照应享有的份额，借记本科目，贷记"投资收益"（成本法下）或"长期股权投资"（权益法下）科目。

（三）实际收到现金股利或利润时，按照收到的金额，借记"银行存款"等科目，贷记本科目。

四、本科目期末借方余额，反映事业单位应当收取但尚未收到的现金股利或利润。

1216 应收利息

一、本科目核算事业单位长期债券投资应当收取的利息。

事业单位购入的到期一次还本付息的长期债券投资持有期间的利息，应当通过"长期债券投资——应计利息"科目核算，不通过本科目核算。

二、本科目应当按照被投资单位等进行明细核算。

三、应收利息的主要账务处理如下：

（一）取得长期债券投资，按照确定的投资成本，借记"长期债券投资"科目，按照支付的价款中包含的已到付息期但尚未领取的利息，借记本科目，按照实际支付的金额，贷记"银行存款"等科目。收到取得投资时实际支付价款中所包含的已到付息期但尚未领取的利息时，按照收到的金额，借记"银行存款"等科目，贷记本科目。

（二）按期计算确认长期债券投资利息收入时，对于分期付息、一次还本的长期债券投资，按照以票面金额和票面利率计算确定的应收未收利息金额，借记本科目，贷记"投资收益"科目。

（三）实际收到应收利息时，按照收到的金额，借记"银行存款"等科目，贷记本科目。

四、本科目期末借方余额，反映事业单位应收未收的长期债券投资利息。

1218 其他应收款

一、本科目核算单位除财政应返还额度、应收票据、应收账款、预付账款、应收股利、应收利息以外的其他各项应收及暂付款项，如职工预借的差旅费、已经偿还银行尚未报销的本单位公务卡欠款、拨付给内部有关部门的备用金、应向职工收取的各种垫付款项、支付的可以收回的订金或押金、应收的上级补助和附属单位上缴款项等。

二、本科目应当按照其他应收款的类别以及债务单位（或个人）进行明细核算。

三、其他应收款的主要账务处理如下：

（一）发生其他各种应收及暂付款项时，按照实际发生金额，借记本科目，贷记"零余额账户用款额度""银行存款""库存现金""上级补助收入""附属单位上缴收入"等科目。涉及增值税业务的，相关账务处理参见"应交增值税"科目。

（二）收回其他各种应收及暂付款项时，按照收回的金额，借记"库存现金""银行存款"等科目，贷记本科目。

（三）单位内部实行备用金制度的，有关部门使用备用金以后应当及时到财务部门报销并补足备用金。财务部门核定并发放备用金时，按照实际发放金额，借记本科目，贷记"库存现金"等科目。根据报销金额用现金补足备用金定额时，借记"业务活动费用""单位管理费用"等科目，贷记"库存现金"等科目，报销数和拨补数都不再通过本科目核算。

（四）偿还尚未报销的本单位公务卡欠款时，按照偿还的款项，借记本科目，贷记"零余额账户用款额度""银行存款"等科目；持卡人报销时，按照报销金额，借记"业务活动费用""单位管理费用"等科目，贷记本科目。

（五）将预付账款账面余额转入其他应收款时，借记本科目，贷记"预付账款"科目。具体说明参见"预付账款"科目。

四、事业单位应当于每年年末，对其他应收款进行全面检查，如发生不能收回的迹象，应当计提坏账准备。

（一）对于账龄超过规定年限、确认无法收回的其他应收款，按照规定报经批准后予以核销。按照核销金额，借记"坏账准备"科目，贷记本科目。核销的其他应收款应当在备查簿中保留登记。

（二）已核销的其他应收款在以后期间又收回的，按照实际收回金额，借记本科目，贷记"坏账准备"科目；同时，借记"银行存款"等科目，贷记本科目。

五、行政单位应当于每年年末，对其他应收款进行全面检查。对于超过规定年限、确认无法收回的其他应收款，应当按照有关规定报经批准后予以核销。核销的其他应收款应在备查簿中保留登记。

（一）经批准核销其他应收款时，按照核销金额，借记"资产处置费用"科目，贷记本科目。

（二）已核销的其他应收款在以后期间又收回的，按照收回金额，借记"银行存款"等科目，贷记"其他收入"科目。

六、本科目期末借方余额，反映单位尚未收回的其他应收款。

1219 坏账准备

一、本科目核算事业单位对收回后不需上缴财政的应收账款和其他应收款提取的坏账准备。

二、本科目应当分别应收账款和其他应收款进行明细核算。

三、事业单位应当于每年年末，对收回后不需上缴财政的应收账款和其他应收款进行全面检查，分析其可收回性，对预计可能产生的坏账损失计提坏账准备、确认坏账损失。

四、事业单位可以采用应收款项余额百分比法、账龄分析法、个别认定法等方法计提坏账准备。坏账准备计提方法一经确定，不得随意变更。如需变更，应当按照规定报经批准，并在财务报表附注中予以说明。

五、当期应补提或冲减的坏账准备金额的计算公式如下：

$$\text{当期应补提或冲减的坏账准备} = \text{按照期末应收账款和其他应收款计算应计提的坏账准备金额} - \text{本科目期末贷方余额}（\text{或} + \text{本科目期末借方余额}）$$

六、坏账准备的主要账务处理如下：

（一）提取坏账准备时，借记"其他费用"科目，贷记本科目；冲减坏账准备时，借记本科目，贷记"其他费用"科目。

（二）对于账龄超过规定年限并确认无法收回的应收账款、其他应收款，应当按照有关规定报经批准后，按照无法收回的金额，借记本科目，贷记"应收账款""其他应收款"科目。已核销的应收账款、其他应收款在以后期间又收回的，按照实际收回金额，借记"应收账款""其他应收款"科目，贷记本科目；同时，借记"银行存款"

等科目，贷记"应收账款""其他应收款"科目。

七、本科目期末贷方余额，反映事业单位提取的坏账准备金额。

1301 在途物品

一、本科目核算单位采购材料等物资时货款已付或已开出商业汇票但尚未验收入库的在途物品的采购成本。

二、本科目可按照供应单位和物品种类进行明细核算。

三、在途物品的主要账务处理如下：

（一）单位购入材料等物品，按照确定的物品采购成本的金额，借记本科目，按照实际支付的金额，贷记"财政拨款收入""零余额账户用款额度""银行存款"等科目。涉及增值税业务的，相关账务处理参见"应交增值税"科目。

（二）所购材料等物品到达验收入库，按照确定的库存物品成本金额，借记"库存物品"科目，按照物品采购成本金额，贷记本科目，按照使得入库物品达到目前场所和状态所发生的其他支出，贷记"银行存款"等科目。

四、本科目期末借方余额，反映单位在途物品的采购成本。

1302 库存物品

一、本科目核算单位在开展业务活动及其他活动中为耗用或出售而储存的各种材料、产品、包装物、低值易耗品，以及达不到固定资产标准的用具、装具、动植物等的成本。

已完成的测绘、地质勘查、设计成果等的成本，也通过本科目核算。

单位随买随用的零星办公用品，可以在购进时直接列作费用，不通过本科目核算。

单位控制的政府储备物资，应当通过"政府储备物资"科目核算，不通过本科目核算。

单位受托存储保管的物资和受托转赠的物资，应当通过"受托代理资产"科目核算，不通过本科目核算。

单位为在建工程购买和使用的材料物资，应当通过"工程物资"科目核算，不通过本科目核算。

二、本科目应当按照库存物品的种类、规格、保管地点等进行明细核算。

单位储存的低值易耗品、包装物较多的，可以在本科目（低值易耗品、包装物）下按照"在库""在用"和"摊销"等进行明细核算。

三、库存物品的主要账务处理如下：

（一）取得的库存物品，应当按照其取得时的成本入账。

1.外购的库存物品验收入库，按照确定的成本，借记本科目，贷记"财政拨款收入""零余额账户用款额度""银行存款""应付账款""在途物品"等科目。涉及增值税业务的，相关账务处理参见"应交增值税"科目。

2.自制的库存物品加工完成并验收入库，按照确定的成本，借记本科目，贷记"加工物品——自制物品"科目。

3.委托外单位加工收回的库存物品验收入库，按照确定的成本，借记本科目，贷记"加工物品——委托加工物品"等科目。

4. 接受捐赠的库存物品验收入库，按照确定的成本，借记本科目，按照发生的相关税费、运输费等，贷记"银行存款"等科目，按照其差额，贷记"捐赠收入"科目。接受捐赠的库存物品按照名义金额入账的，按照名义金额，借记本科目，贷记"捐赠收入"科目；同时，按照发生的相关税费、运输费等，借记"其他费用"科目，贷记"银行存款"等科目。

5. 无偿调入的库存物品验收入库，按照确定的成本，借记本科目，按照发生的相关税费、运输费等，贷记"银行存款"等科目，按照其差额，贷记"无偿调拨净资产"科目。

6. 置换换入的库存物品验收入库，按照确定的成本，借记本科目，按照换出资产的账面余额，贷记相关资产科目（换出资产为固定资产、无形资产的，还应当借记"固定资产累计折旧""无形资产累计摊销"科目），按照置换过程中发生的其他相关支出，贷记"银行存款"等科目，按照借贷方差额，借记"资产处置费用"科目或贷记"其他收入"科目。涉及补价的，分别以下情况处理：

（1）支付补价的，按照确定的成本，借记本科目，按照换出资产的账面余额，贷记相关资产科目（换出资产为固定资产、无形资产的，还应当借记"固定资产累计折旧""无形资产累计摊销"科目），按照支付的补价和置换过程中发生的其他相关支出，贷记"银行存款"等科目，按照借贷方差额，借记"资产处置费用"科目或贷记"其他收入"科目。

（2）收到补价的，按照确定的成本，借记本科目，按照收到的补价，借记"银行存款"等科目，按照换出资产的账面余额，贷记相关资产科目（换出资产为固定资产、无形资产的，还应当借记"固定资产累计折旧""无形资产累计摊销"科目），按照置换过程中发生的其他相关支出，贷记"银行存款"等科目，按照补价扣减其他相关支出后的净收入，贷记"应缴财政款"科目，按照借贷方差额，借记"资产处置费用"科目或贷记"其他收入"科目。

（二）库存物品在发出时，分别以下情况处理。

1. 单位开展业务活动等领用、按照规定自主出售发出或加工发出库存物品，按照领用、出售等发出物品的实际成本，借记"业务活动费用""单位管理费用""经营费用""加工物品"等科目，贷记本科目。

采用一次转销法摊销低值易耗品、包装物的，在首次领用时将其账面余额一次性摊销计入有关成本费用，借记有关科目，贷记本科目。采用五五摊销法摊销低值易耗品、包装物的，首次领用时，将其账面余额的50%摊销计入有关成本费用，借记有关科目，贷记本科目；使用完时，将剩余的账面余额转销计入有关成本费用，借记有关科目，贷记本科目。

2. 经批准对外出售的库存物品（不含可自主出售的库存物品）发出时，按照库存物品的账面余额，借记"资产处置费用"科目，贷记本科目；同时，按照收到的价款，借记"银行存款"等科目，按照处置过程中发生的相关费用，贷记"银行存款"等科目，按照其差额，贷记"应缴财政款"科目。

3. 经批准对外捐赠的库存物品发出时，按照库存物品的账面余额和对外捐赠过程中发生的归属于捐出方的相关费用合计数，借记"资产处置费用"科目，按照库存物品账面余额，贷记本科目，按照对外捐赠过程中发生的归属于捐出方的相关费用，贷记"银行存款"等科目。

4. 经批准无偿调出的库存物品发出时，按照库存物品的账面余额，借记"无偿调拨净资产"科目，贷记本科目；同时，按照无偿调出过程中发生的归属于调出方的相关费用，借记"资产处置费用"科目，贷记"银行存款"等科目。

5. 经批准置换换出的库存物品，参照本科目有关置换换入库存物品的规定进行账务处理。

（三）单位应当定期对库存物品进行清查盘点，每年至少盘点一次。对于发生的库存物品盘盈、盘亏或者报废、毁损，应当先计入"待处理财产损溢"科目，按照规定报经批准后及时进行后续账务处理。

1. 盘盈的库存物品，其成本按照有关凭据注明的金额确定；没有相关凭据、但按照规定经过资产评估的，其成本按照评估价值确定；没有相关凭据、也未经过评估的，其成本按照重置成本确定。如无法采用上述方法确定盘盈的库存物品成本的，按照名义金额入账。盘盈的库存物品，按照确定的入账成本，借记本科目，贷记"待处理财产损溢"科目。

2. 盘亏或者毁损、报废的库存物品，按照待处理库存物品的账面余额，借记"待处理财产损溢"科目，贷记本科目。属于增值税一般纳税人的单位，若因非正常原因导致的库存物品盘亏或毁损，还应当将与该库存物品相关的增值税进项税额转出，按照其增值税进项税额，借记"待处理财产损溢"科目，贷记"应交增值税——应交税金（进项税额转出）"科目。

四、本科目期末借方余额，反映单位库存物品的实际成本。

1303 加工物品

一、本科目核算单位自制或委托外单位加工的各种物品的实际成本。未完成的测绘、地质勘查、设计成果的实际成本，也通过本科目核算。

二、本科目应当设置"自制物品""委托加工物品"两个一级明细科目，并按照物品类别、品种、项目等设置明细账，进行明细核算。本科目"自制物品"一级明细科目下应当设置"直接材料""直接人工""其他直接费用"等二级明细科目归集自制物品发生的直接材料、直接人工（专门从事物品制造人员的人工费）等直接费用；对于自制物品发生的间接费用，应当在本科目"自制物品"一级明细科目下单独设置"间接费用"二级明细科目予以归集，期末，再按照一定的分配标准和方法，分配计入有关物品的成本。

三、加工物品的主要账务处理如下：

（一）自制物品

1. 为自制物品领用材料等，按照材料成本，借记本科目（自制物品——直接材料），贷记"库存物品"科目。

2. 专门从事物品制造的人员发生的直接人工费用，按照实际发生的金额，借记本科目（自制物品——直接人工），贷记"应付职工薪酬"科目。

3. 为自制物品发生的其他直接费用，按照实际发生的金额，借记本科目（自制物品——其他直接费用），贷记"零余额账户用款额度""银行存款"等科目。

4. 为自制物品发生的间接费用，按照实际发生的金额，借记本科目（自制物品——

间接费用），贷记"零余额账户用款额度""银行存款""应付职工薪酬""固定资产累计折旧""无形资产累计摊销"等科目。间接费用一般按照生产人员工资、生产人员工时、机器工时、耗用材料的数量或成本、直接费用（直接材料和直接人工）或产品产量等进行分配。单位可根据具体情况自行选择间接费用的分配方法。分配方法一经确定，不得随意变更。

5. 已经制造完成并验收入库的物品，按照所发生的实际成本（包括耗用的直接材料费用、直接人工费用、其他直接费用和分配的间接费用），借记"库存物品"科目，贷记本科目（自制物品）。

（二）委托加工物品

1. 发给外单位加工的材料等，按照其实际成本，借记本科目（委托加工物品），贷记"库存物品"科目。

2. 支付加工费、运输费等费用，按照实际支付的金额，借记本科目（委托加工物品），贷记"零余额账户用款额度""银行存款"等科目。涉及增值税业务的，相关账务处理参见"应交增值税"科目。

3. 委托加工完成的材料等验收入库，按照加工前发出材料的成本和加工、运输成本等，借记"库存物品"等科目，贷记本科目（委托加工物品）。

四、本科目期末借方余额，反映单位自制或委托外单位加工但尚未完工的各种物品的实际成本。

1401 待摊费用

一、本科目核算单位已经支付，但应当由本期和以后各期分别负担的分摊期在 1 年以内（含 1 年）的各项费用，如预付航空保险费、预付租金等。

摊销期限在 1 年以上的租入固定资产改良支出和其他费用，应当通过"长期待摊费用"科目核算，不通过本科目核算。

待摊费用应当在其受益期限内分期平均摊销，如预付航空保险费应在保险期的有效期内、预付租金应在租赁期内分期平均摊销，计入当期费用。

二、本科目应当按照待摊费用种类进行明细核算。

三、待摊费用的主要账务处理如下：

（一）发生待摊费用时，按照实际预付的金额，借记本科目，贷记"财政拨款收入""零余额账户用款额度""银行存款"等科目。

（二）按照受益期限分期平均摊销时，按照摊销金额，借记"业务活动费用""单位管理费用""经营费用"等科目，贷记本科目。

（三）如果某项待摊费用已经不能使单位受益，应当将其摊余金额一次全部转入当期费用。按照摊销金额，借记"业务活动费用""单位管理费用""经营费用"等科目，贷记本科目。

四、本科目期末借方余额，反映单位各种已支付但尚未摊销的分摊期在 1 年以内（含 1 年）的费用。

1501 长期股权投资

一、本科目核算事业单位按照规定取得的，持有时间超过 1 年（不含 1 年）的股权性质的投资。

二、本科目应当按照被投资单位和长期股权投资取得方式等进行明细核算。

长期股权投资采用权益法核算的，还应当按照"成本""损益调整""其他权益变动"设置明细科目，进行明细核算。

三、长期股权投资的主要账务处理如下：

（一）长期股权投资在取得时，应当按照其实际成本作为初始投资成本

1. 以现金取得的长期股权投资，按照确定的投资成本，借记本科目或本科目（成本），按照支付的价款中包含的已宣告但尚未发放的现金股利，借记"应收股利"科目，按照实际支付的全部价款，贷记"银行存款"等科目。

实际收到取得投资时所支付价款中包含的已宣告但尚未发放的现金股利时，借记"银行存款"科目，贷记"应收股利"科目。

2. 以现金以外的其他资产置换取得的长期股权投资，参照"库存物品"科目中置换取得库存物品的相关规定进行账务处理。

3. 以未入账的无形资产取得的长期股权投资，按照评估价值加相关税费作为投资成本，借记本科目，按照发生的相关税费，贷记"银行存款""其他应交税费"等科目，按其差额，贷记"其他收入"科目。

4. 接受捐赠的长期股权投资，按照确定的投资成本，借记本科目或本科目（成本），按照发生的相关税费，贷记"银行存款"等科目，按照其差额，贷记"捐赠收入"科目。

5. 无偿调入的长期股权投资，按照确定的投资成本，借记本科目或本科目（成本），按照发生的相关税费，贷记"银行存款"等科目，按照其差额，贷记"无偿调拨净资产"科目。

（二）长期股权投资持有期间，应当按照规定采用成本法或权益法进行核算

1. 采用成本法核算

被投资单位宣告发放现金股利或利润时，按照应收的金额，借记"应收股利"科目，贷记"投资收益"科目。收到现金股利或利润时，按照实际收到的金额，借记"银行存款"等科目，贷记"应收股利"科目。

2. 采用权益法核算

（1）被投资单位实现净利润的，按照应享有的份额，借记本科目（损益调整），贷记"投资收益"科目。被投资单位发生净亏损的，按照应分担的份额，借记"投资收益"科目，贷记本科目（损益调整），但以本科目的账面余额减记至零为限。发生亏损的被投资单位以后年度又实现净利润的，按照收益分享额弥补未确认的亏损分担额等后的金额，借记本科目（损益调整），贷记"投资收益"科目。

（2）被投资单位宣告分派现金股利或利润的，按照应享有的份额，借记"应收股利"科目，贷记本科目（损益调整）。

（3）被投资单位发生除净损益和利润分配以外的所有者权益变动的，按照应享有或应分担的份额，借记或贷记"权益法调整"科目，贷记或借记本科目（其他权益变动）。

3. 成本法与权益法的转换

（1）单位因处置部分长期股权投资等原因而对处置后的剩余股权投资由权益法改按成本法核算的，应当按照权益法下本科目账面余额作为成本法下本科目账面余额（成本）。

其后，被投资单位宣告分派现金股利或利润时，属于单位已计入投资账面余额的部分，按照应分得的现金股利或利润份额，借记"应收股利"科目，贷记本科目。

（2）单位因追加投资等原因对长期股权投资的核算从成本法改为权益法的，应当按照成本法下本科目账面余额与追加投资成本的合计金额，借记本科目（成本），按照成本法下本科目账面余额，贷记本科目，按照追加投资的成本，贷记"银行存款"等科目。

（三）按照规定报经批准处置长期股权投资

1. 按照规定报经批准出售（转让）长期股权投资时，应当区分长期股权投资取得方式分别进行处理。

（1）处置以现金取得的长期股权投资，按照实际取得的价款，借记"银行存款"等科目，按照被处置长期股权投资的账面余额，贷记本科目，按照尚未领取的现金股利或利润，贷记"应收股利"科目，按照发生的相关税费等支出，贷记"银行存款"等科目，按照借贷方差额，借记或贷记"投资收益"科目。

（2）处置以现金以外的其他资产取得的长期股权投资，按照被处置长期股权投资的账面余额，借记"资产处置费用"科目，贷记本科目；同时，按照实际取得的价款，借记"银行存款"等科目，按照尚未领取的现金股利或利润，贷记"应收股利"科目，按照发生的相关税费等支出，贷记"银行存款"等科目，按照贷方差额，贷记"应缴财政款"科目。按照规定将处置时取得的投资收益纳入本单位预算管理的，应当按照所取得价款大于被处置长期股权投资账面余额、应收股利账面余额和相关税费支出合计的差额，贷记"投资收益"科目。

2. 因被投资单位破产清算等原因，有确凿证据表明长期股权投资发生损失，按照规定报经批准后予以核销时，按照予以核销的长期股权投资的账面余额，借记"资产处置费用"科目，贷记本科目。

3. 报经批准置换转出长期股权投资时，参照"库存物品"科目中置换换入库存物品的规定进行账务处理。

4. 采用权益法核算的长期股权投资的处置，除进行上述账务处理外，还应结转原直接计入净资产的相关金额，借记或贷记"权益法调整"科目，贷记或借记"投资收益"科目。

四、本科目期末借方余额，反映事业单位持有的长期股权投资的价值

1502　长期债券投资

一、本科目核算事业单位按照规定取得的，持有时间超过1年（不含1年）的债券投资。

二、本科目应当设置"成本"和"应计利息"明细科目，并按照债券投资的种类进行明细核算。

三、长期债券投资的主要账务处理如下：

（一）长期债券投资在取得时，应当按照其实际成本作为投资成本。取得的长期债券投资，按照确定的投资成本，借记本科目（成本），按照支付的价款中包含的已到付息期但尚未领取的利息，借记"应收利息"科目，按照实际支付的金额，贷记"银行存款"等科目。实际收到取得债券时所支付价款中包含的已到付息期但尚未领取的

利息时，借"银行存款"科目，贷记"应收利息"科目。

（二）长期债券投资持有期间，按期以债券票面金额与票面利率计算确认利息收入时，如为到期一次还本付息的债券投资，借记本科目（应计利息），贷记"投资收益"科目；如为分期付息、到期一次还本的债券投资，借记"应收利息"科目，贷记"投资收益"科目。收到分期支付的利息时，按照实收的金额，借记"银行存款"等科目，贷记"应收利息"科目。

（三）到期收回长期债券投资，按照实际收到的金额，借记"银行存款"科目，按照长期债券投资的账面余额，贷记本科目，按照相关应收利息金额，贷记"应收利息"科目，按照其差额，贷记"投资收益"科目。

（四）对外出售长期债券投资，按照实际收到的金额，借记"银行存款"科目，按照长期债券投资的账面余额，贷记本科目，按照已记入"应收利息"科目但尚未收取的金额，贷记"应收利息"科目，按照其差额，贷记或借记"投资收益"科目。涉及增值税业务的，相关账务处理参见"应交增值税"科目。

四、本科目期末借方余额，反映事业单位持有的长期债券投资的价值。

1601 固定资产

一、本科目核算单位固定资产的原值。

二、本科目应当按照固定资产类别和项目进行明细核算。固定资产一般分为六类：房屋及构筑物；专用设备；通用设备；文物和陈列品；图书、档案；家具、用具、装具及动植物。

三、固定资产核算时，应当考虑以下情况：

（一）购入需要安装的固定资产，应当先通过"在建工程"科目核算，安装完毕交付使用时再转入本科目核算。

（二）以借入、经营租赁租入方式取得的固定资产，不通过本科目核算，应当设置备查簿进行登记。

（三）采用融资租入方式取得的固定资产，通过本科目核算，并在本科目下设置"融资租入固定资产"明细科目。

（四）经批准在境外购买具有所有权的土地，作为固定资产，通过本科目核算；单位应当在本科目下设置"境外土地"明细科目，进行相应明细核算。

四、固定资产的主要账务处理如下：

（一）固定资产在取得时，应当按照成本进行初始计量

1.购入不需安装的固定资产验收合格时，按照确定的固定资产成本，借记本科目，贷记"财政拨款收入""零余额账户用款额度""应付账款""银行存款"等科目。

购入需要安装的固定资产，在安装完毕交付使用前通过"在建工程"科目核算，安装完毕交付使用时再转入本科目。

购入固定资产扣留质量保证金的，应当在取得固定资产时，按照确定的固定资产成本，借记本科目[不需安装]或"在建工程"科目[需要安装]，按照实际支付或应付的金额，贷记"财政拨款收入""零余额账户用款额度""应付账款"[不含质量保证金]、"银行存款"等科目，按照扣留的质量保证金数额，贷记"其他应付款"[扣留期在1年以内（含1年）]或"长期应付款"[扣留期超过1年]科目。

质保期满支付质量保证金时，借记"其他应付款""长期应付款"科目，贷记"财政拨款收入""零余额账户用款额度""银行存款"等科目。

2. 自行建造的固定资产交付使用时，按照在建工程成本，借记本科目，贷记"在建工程"科目。

已交付使用但尚未办理竣工决算手续的固定资产，按照估计价值入账，待办理竣工决算后再按照实际成本调整原来的暂估价值。

3. 融资租赁取得的固定资产，其成本按照租赁协议或者合同确定的租赁价款、相关税费以及固定资产交付使用前所发生的可归属于该项资产的运输费、途中保险费、安装调试费等确定。

融资租入的固定资产，按照确定的成本，借记本科目[不需安装]或"在建工程"科目[需安装]，按照租赁协议或者合同确定的租赁付款额，贷记"长期应付款"科目，按照支付的运输费、途中保险费、安装调试费等金额，贷记"财政拨款收入""零余额账户用款额度""银行存款"等科目。

定期支付租金时，按照实际支付金额，借记"长期应付款"科目，贷记"财政拨款收入""零余额账户用款额度""银行存款"等科目。

4. 按照规定跨年度分期付款购入固定资产的账务处理，参照融资租入固定资产。

5. 接受捐赠的固定资产，按照确定的固定资产成本，借记本科目[不需安装]或"在建工程"科目[需安装]，按照发生的相关税费、运输费等，贷记"零余额账户用款额度""银行存款"等科目，按照其差额，贷记"捐赠收入"科目。接受捐赠的固定资产按照名义金额入账的，按照名义金额，借记本科目，贷记"捐赠收入"科目；按照发生的相关税费、运输费等，借记"其他费用"科目，贷记"零余额账户用款额度""银行存款"等科目。

6. 无偿调入的固定资产，按照确定的固定资产成本，借记本科目[不需安装]或"在建工程"科目[需安装]，按照发生的相关税费、运输费等，贷记"零余额账户用款额度""银行存款"等科目，按照其差额，贷记"无偿调拨净资产"科目。

7. 置换取得的固定资产，参照"库存物品"科目中置换取得库存物品的相关规定进行账务处理。固定资产取得时涉及增值税业务的，相关账务处理参见"应交增值税"科目。

（二）与固定资产有关的后续支出

1. 符合固定资产确认条件的后续支出

通常情况下，将固定资产转入改建、扩建时，按照固定资产的账面价值，借记"在建工程"科目，按照固定资产已计提折旧，借记"固定资产累计折旧"科目，按照固定资产的账面余额，贷记本科目。

为增加固定资产使用效能或延长其使用年限而发生的改建、扩建等后续支出，借记"在建工程"科目，贷记"财政拨款收入""零余额账户用款额度""银行存款"等科目。

固定资产改建、扩建等完成交付使用时，按照在建工程成本，借记本科目，贷记"在建工程"科目。

2. 不符合固定资产确认条件的后续支出

为保证固定资产正常使用发生的日常维修等支出，借记"业务活动费用""单位管理费用"等科目，贷记"财政拨款收入""零余额账户用款额度""银行存款"等科目。

（三）按照规定报经批准处置固定资产，应当分别以下情况处理

1. 报经批准出售、转让固定资产，按照被出售、转让固定资产的账面价值，借记"资产处置费用"科目，按照固定资产已计提的折旧，借记"固定资产累计折旧"科目，按照固定资产账面余额，贷记本科目；同时，按照收到的价款，借记"银行存款"等科目，按照处置过程中发生的相关费用，贷记"银行存款"等科目，按照其差额，贷记"应缴财政款"科目。

2. 报经批准对外捐赠固定资产，按照固定资产已计提的折旧，借记"固定资产累计折旧"科目，按照被处置固定资产账面余额，贷记本科目，按照捐赠过程中发生的归属于捐出方的相关费用，贷记"银行存款"等科目，按照其差额，借记"资产处置费用"科目。

3. 报经批准无偿调出固定资产，按照固定资产已计提的折旧，借记"固定资产累计折旧"科目，按照被处置固定资产账面余额，贷记本科目，按照其差额，借记"无偿调拨净资产"科目；同时，按照无偿调出过程中发生的归属于调出方的相关费用，借记"资产处置费用"科目，贷记"银行存款"等科目。

4. 报经批准置换换出固定资产，参照"库存物品"中置换换入库存物品的规定进行账务处理。

固定资产处置时涉及增值税业务的，相关账务处理参见"应交增值税"科目。

（四）单位应当定期对固定资产进行清查盘点，每年至少盘点一次

对于发生的固定资产盘盈、盘亏或毁损、报废，应当先记入"待处理财产损溢"科目，按照规定报经批准后及时进行后续账务处理。

1. 盘盈的固定资产，其成本按照有关凭据注明的金额确定；没有相关凭据、但按照规定经过资产评估的，其成本按照评估价值确定；没有相关凭据、也未经过评估的，其成本按照重置成本确定。如无法采用上述方法确定盘盈固定资产成本的，按照名义金额（人民币1元）入账。盘盈的固定资产，按照确定的入账成本，借记本科目，贷记"待处理财产损溢"科目。

2. 盘亏、毁损或报废的固定资产，按照待处理固定资产的账面价值，借记"待处理财产损溢"科目，按照已计提折旧，借记"固定资产累计折旧"科目，按照固定资产的账面余额，贷记本科目。

五、本科目期末借方余额，反映单位固定资产的原值

1602 固定资产累计折旧

一、本科目核算单位计提的固定资产累计折旧。

公共基础设施和保障性住房计提的累计折旧，应当分别通过"公共基础设施累计折旧（摊销）"科目和"保障性住房累计折旧"科目核算，不通过本科目核算。

二、本科目应当按照所对应固定资产的明细分类进行明细核算。

三、单位计提融资租入固定资产折旧时，应当采用与自有固定资产相一致的折旧政策。能够合理确定租赁期届满时将会取得租入固定资产所有权的，应当在租入固定资产尚可使用年限内计提折旧；无法合理确定租赁期届满时能够取得租入固定资产所有权的，应当在租赁期与租入固定资产尚可使用年限两者中较短的期间内计提折旧。

四、固定资产累计折旧的主要账务处理如下：

（一）按月计提固定资产折旧时，按照应计提折旧金额，借记"业务活动费用""单位管理费用""经营费用""加工物品""在建工程"等科目，贷记本科目。

（二）经批准处置或处理固定资产时，按照所处置或处理固定资产的账面价值，借记"资产处置费用""无偿调拨净资产""待处理财产损溢"等科目，按照已计提折旧，借记本科目，按照固定资产的账面余额，贷记"固定资产"科目。

五、本科目期末贷方余额，反映单位计提的固定资产折旧累计数。

1611 工程物资

一、本科目核算单位为在建工程准备的各种物资的成本，包括工程用材料、设备等。

二、本科目可按照"库存材料""库存设备"等工程物资类别进行明细核算。

三、工程物资的主要账务处理如下：

（一）购入为工程准备的物资，按照确定的物资成本，借记本科目，贷记"财政拨款收入""零余额账户用款额度""银行存款""应付账款"等科目。

（二）领用工程物资，按照物资成本，借记"在建工程"科目，贷记本科目。工程完工后将领出的剩余物资退库时做相反的会计分录。

（三）工程完工后将剩余的工程物资转作本单位存货等的，按照物资成本，借记"库存物品"等科目，贷记本科目。

涉及增值税业务的，相关账务处理参见"应交增值税"科目。

四、本科目期末借方余额，反映单位为在建工程准备的各种物资的成本。

1613 在建工程

一、本科目核算单位在建的建设项目工程的实际成本。

单位在建的信息系统项目工程、公共基础设施项目工程、保障性住房项目工程的实际成本，也通过本科目核算。

二、本科目应当设置"建筑安装工程投资""设备投资""待摊投资""其他投资""待核销基建支出""基建转出投资"等明细科目，并按照具体项目进行明细核算。

（一）"建筑安装工程投资"明细科目，核算单位发生的构成建设项目实际支出的建筑工程和安装工程的实际成本，不包括被安装设备本身的价值以及按照合同规定支付给施工单位的预付备料款和预付工程款。本明细科目应当设置"建筑工程"和"安装工程"两个明细科目进行明细核算。

（二）"设备投资"明细科目，核算单位发生的构成建设项目实际支出的各种设备的实际成本。

（三）"待摊投资"明细科目，核算单位发生的构成建设项目实际支出的、按照规定应当分摊计入有关工程成本和设备成本的各项间接费用和税费支出。本明细科目的具体核算内容包括以下方面：

1. 勘查费、设计费、研究试验费、可行性研究费及项目其他前期费用。

2. 土地征用及迁移补偿费、土地复垦及补偿费、森林植被恢复费及其他为取得土地使用权、租用权而发生的费用。

3. 土地使用税、耕地占用税、契税、车船税、印花税及按照规定缴纳的其他税费。

第二篇　政府会计制度——行政事业单位会计科目和报表

4. 项目建设管理费、代建管理费、临时设施费、监理费、招投标费、社会中介审计（审查）费及其他管理性质的费用。项目建设管理费是指项目建设单位从项目筹建之日起至办理竣工财务决算之日止发生的管理性质的支出，包括不在原单位发工资的工作人员工资及相关费用、办公费、办公场地租用费、差旅交通费、劳动保护费、工具用具使用费、固定资产使用费、招募生产工人费、技术图书资料费（含软件）、业务招待费、施工现场津贴、竣工验收费等。

5. 项目建设期间发生的各类专门借款利息支出或融资费用。

6. 工程检测费、设备检验费、负荷联合试车费及其他检验检测类费用。

7. 固定资产损失、器材处理亏损、设备盘亏及毁损、单项工程或单位工程报废、毁损净损失及其他损失。

8. 系统集成等信息工程的费用支出。

9. 其他待摊性质支出。

本明细科目应当按照上述费用项目进行明细核算，其中有些费用（如项目建设管理费等），还应当按照更为具体的费用项目进行明细核算。

（四）"其他投资"明细科目，核算单位发生的构成建设项目实际支出的房屋购置支出，基本畜禽、林木等购置、饲养、培育支出，办公生活用家具、器具购置支出，软件研发和不能计入设备投资的软件购置等支出。单位为进行可行性研究而购置的固定资产，以及取得土地使用权支付的土地出让金，也通过本明细科目核算。本明细科目应当设置"房屋购置""基本畜禽支出""林木支出""办公生活用家具、器具购置""可行性研究固定资产购置""无形资产"等明细科目。

（五）"待核销基建支出"明细科目，核算建设项目发生的江河清障、航道清淤、飞播造林、补助群众造林、水土保持、城市绿化、取消项目的可行性研究费以及项目整体报废等不能形成资产部分的基建投资支出。本明细科目应按照待核销基建支出的类别进行明细核算。

（六）"基建转出投资"明细科目，核算为建设项目配套而建成的、产权不归属本单位的专用设施的实际成本。本明细科目应按照转出投资的类别进行明细核算。

三、在建工程的主要账务处理如下：

（一）建筑安装工程投资

1. 将固定资产等资产转入改建、扩建等时，按照固定资产等资产的账面价值，借记本科目（建筑安装工程投资），按照已计提的折旧或摊销，借记"固定资产累计折旧"等科目，按照固定资产等资产的原值，贷记"固定资产"等科目。

固定资产等资产改建、扩建过程中涉及替换（或拆除）原资产的某些组成部分的，按照被替换（或拆除）部分的账面价值，借记"待处理财产损溢"科目，贷记本科目（建筑安装工程投资）。

2. 单位对于发包建筑安装工程，根据建筑安装工程价款结算账单与施工企业结算工程价款时，按照应承付的工程价款，借记本科目（建筑安装工程投资），按照预付工程款余额，贷记"预付账款"科目，按照其差额，贷记"财政拨款收入""零余额账户用款额度""银行存款""应付账款"等科目。

3. 单位自行施工的小型建筑安装工程，按照发生的各项支出金额，借记本科目（建筑安装工程投资），贷记"工程物资""零余额账户用款额度""银行存款""应付职工薪酬"等科目。

4.工程竣工,办妥竣工验收交接手续交付使用时,按照建筑安装工程成本(含应分摊的待摊投资),借记"固定资产"等科目,贷记本科目(建筑安装工程投资)。

(二)设备投资

1.购入设备时,按照购入成本,借记本科目(设备投资),贷记"财政拨款收入""零余额账户用款额度""银行存款"等科目;采用预付款方式购入设备的,有关预付款的账务处理参照本科目有关"建筑安装工程投资"明细科目的规定。

2.设备安装完毕,办妥竣工验收交接手续交付使用时,按照设备投资成本(含设备安装工程成本和分摊的待摊投资),借记"固定资产"等科目,贷记本科目(设备投资、建筑安装工程投资——安装工程)。

将不需要安装的设备和达不到固定资产标准的工具、器具交付使用时,按照相关设备、工具、器具的实际成本,借记"固定资产""库存物品"科目,贷记本科目(设备投资)。

(三)待摊投资

建设工程发生的构成建设项目实际支出的、按照规定应当分摊计入有关工程成本和设备成本的各项间接费用和税费支出,先在本明细科目中归集;建设工程办妥竣工验收手续交付使用时,按照合理的分配方法,摊入相关工程成本、在安装设备成本等。

1.单位发生的构成待摊投资的各类费用,按照实际发生金额,借记本科目(待摊投资),贷记"财政拨款收入""零余额账户用款额度""银行存款""应付利息""长期借款""其他应交税费""固定资产累计折旧""无形资产累计摊销"等科目。

2.对于建设过程中试生产、设备调试等产生的收入,按照取得的收入金额,借记"银行存款"等科目,按照依据有关规定应当冲减建设工程成本的部分,贷记本科目(待摊投资),按照其差额贷记"应缴财政款"或"其他收入"科目。

3.由于自然灾害、管理不善等原因造成的单项工程或单位工程报废或毁损,扣除残料价值和过失人或保险公司等赔款后的净损失,报经批准后计入继续施工的工程成本的,按照工程成本扣除残料价值和过失人或保险公司等赔款后的净损失,借记本科目(待摊投资),按照残料变价收入、过失人或保险公司赔款等,借记"银行存款""其他应收款"等科目,按照报废或毁损的工程成本,贷记本科目(建筑安装工程投资)。

4.工程交付使用时,按照合理的分配方法分配待摊投资,借记本科目(建筑安装工程投资、设备投资),贷记本科目(待摊投资)。

待摊投资的分配方法,可按照下列公式计算:

(1)按照实际分配率分配。适用于建设工期较短、整个项目的所有单项工程一次竣工的建设项目。

$$\text{实际分配率} = \frac{\text{待摊投资明细科目余额}}{\text{建筑工程明细科目余额} + \text{安装工程明细科目余额} + \text{设备投资明细科目余额}} \times 100\%$$

(2)按照概算分配率分配。适用于建设工期长、单项工程分期分批建成投入使用的建设项目。

$$\text{概算分配率} = \frac{\text{概算中各待摊投资项目的合计数} - \text{其中可直接分配部分}}{\text{概算中建筑工程、安装工程和设备投资合计}} \times 100\%$$

（3）某项固定资产应分配的待摊投资＝该项固定资产的建筑工程成本或该项固定资产（设备）的采购成本和安装成本合计 × 分配率

（四）其他投资

1. 单位为建设工程发生的房屋购置支出，基本畜禽、林木等的购置、饲养、培育支出，办公生活用家具、器具购置支出，软件研发和不能计入设备投资的软件购置等支出，按照实际发生金额，借记本科目（其他投资），贷记"财政拨款收入""零余额账户用款额度""银行存款"等科目。

2. 工程完成将形成的房屋、基本畜禽、林木等各种财产以及无形资产交付使用时，按照其实际成本，借记"固定资产""无形资产"等科目，贷记本科目（其他投资）。

（五）待核销基建支出

1. 建设项目发生的江河清障、航道清淤、飞播造林、补助群众造林、水土保持、城市绿化等不能形成资产的各类待核销基建支出，按照实际发生金额，借记本科目（待核销基建支出），贷记"财政拨款收入""零余额账户用款额度""银行存款"等科目。

2. 取消的建设项目发生的可行性研究费，按照实际发生金额，借记本科目（待核销基建支出），贷记本科目（待摊投资）。

3. 由于自然灾害等原因发生的建设项目整体报废所形成的净损失，报经批准后转入待核销基建支出，按照项目整体报废所形成的净损失，借记本科目（待核销基建支出），按照报废工程回收的残料变价收入、保险公司赔款等，借记"银行存款""其他应收款"等科目，按照报废的工程成本，贷记本科目（建筑安装工程投资等）。

4. 建设项目竣工验收交付使用时，对发生的待核销基建支出进行冲销，借记"资产处置费用"科目，贷记本科目（待核销基建支出）。

（六）基建转出投资

为建设项目配套而建成的、产权不归属本单位的专用设施，在项目竣工验收交付使用时，按照转出的专用设施的成本，借记本科目（基建转出投资），贷记本科目（建筑安装工程投资）；同时，借记"无偿调拨净资产"科目，贷记本科目（基建转出投资）。

四、本科目期末借方余额，反映单位尚未完工的建设项目工程发生的实际成本。

1701 无 形 资 产

一、本科目核算单位无形资产的原值。非大批量购入、单价小于 1 000 元的无形资产，可以于购买的当期将其成本直接计入当期费用。

二、本科目应当按照无形资产的类别、项目等进行明细核算。

三、无形资产的主要账务处理如下：

（一）无形资产在取得时，应当按照成本进行初始计量

1. 外购的无形资产，按照确定的成本，借记本科目，贷记"财政拨款收入""零余额账户用款额度""应付账款""银行存款"等科目。

2. 委托软件公司开发软件，视同外购无形资产进行处理。合同中约定预付开发费用的，按照预付金额，借记"预付账款"科目，贷记"财政拨款收入""零余额账户用款额度""银行存款"等科目。

软件开发完成交付使用并支付剩余或全部软件开发费用时，按照软件开发费用总额，借记本科目，按照相关预付账款金额，贷记"预付账款"科目，按照支付的剩余金额，贷记"财政拨款收入""零余额账户用款额度""银行存款"等科目。

3. 自行研究开发形成的无形资产，按照研究开发项目进入开发阶段后至达到预定用途前所发生的支出总额，借记本科目，贷记"研发支出——开发支出"科目。

自行研究开发项目尚未进入开发阶段，或者确实无法区分研究阶段支出和开发阶段支出，但按照法律程序已申请取得无形资产的，按照依法取得时发生的注册费、聘请律师费等费用，借记本科目，贷记"财政拨款收入""零余额账户用款额度""银行存款"等科目；按照依法取得前所发生的研究开发支出，借记"业务活动费用"等科目，贷记"研发支出"科目。

4. 接受捐赠的无形资产，按照确定的无形资产成本，借记本科目，按照发生的相关税费等，贷记"零余额账户用款额度""银行存款"等科目，按照其差额，贷记"捐赠收入"科目。

接受捐赠的无形资产按照名义金额入账的，按照名义金额，借记本科目，贷记"捐赠收入"科目；同时，按照发生的相关税费等，借记"其他费用"科目，贷记"零余额账户用款额度""银行存款"等科目。

5. 无偿调入的无形资产，按照确定的无形资产成本，借记本科目，按照发生的相关税费等，贷记"零余额账户用款额度""银行存款"等科目，按照其差额，贷记"无偿调拨净资产"科目。

6. 置换取得的无形资产，参照"库存物品"科目中置换取得库存物品的相关规定进行账务处理。

无形资产取得时涉及增值税业务的，相关账务处理参见"应交增值税"科目。

（二）与无形资产有关的后续支出

1. 符合无形资产确认条件的后续支出

为增加无形资产的使用效能对其进行升级改造或扩展其功能时，如需暂停对无形资产进行摊销的，按照无形资产的账面价值，借记"在建工程"科目，按照无形资产已摊销金额，借记"无形资产累计摊销"科目，按照无形资产的账面余额，贷记本科目。

无形资产后续支出符合无形资产确认条件的，按照支出的金额，借记本科目 [无需暂停摊销的] 或"在建工程"科目 [需暂停摊销的]，贷记"财政拨款收入""零余额账户用款额度""银行存款"等科目。

暂停摊销的无形资产升级改造或扩展功能等完成交付使用时，按照在建工程成本，借记本科目，贷记"在建工程"科目。

2. 不符合无形资产确认条件的后续支出

为保证无形资产正常使用发生的日常维护等支出，借记"业务活动费用""单位管理费用"等科目，贷记"财政拨款收入""零余额账户用款额度""银行存款"等科目。

（三）按照规定报经批准处置无形资产，应当分别以下情况处理

1. 报经批准出售、转让无形资产，按照被出售、转让无形资产的账面价值，借记"资产处置费用"科目，按照无形资产已计提的摊销，借记"无形资产累计摊销"科目，按照无形资产账面余额，贷记本科目；同时，按照收到的价款，借记"银行存款"等科目，按照处置过程中发生的相关费用，贷记"银行存款"等科目，按照其差额，贷记"应缴财政款" [按照规定应上缴无形资产转让净收入的] 或"其他收入" [按照规定将无形资产转让收入纳入本单位预算管理的] 科目。

2. 报经批准对外捐赠无形资产，按照无形资产已计提的摊销，借记"无形资产累

计摊销"科目,按照被处置无形资产账面余额,贷记本科目,按照捐赠过程中发生的归属于捐出方的相关费用,贷记"银行存款"等科目,按照其差额,借记"资产处置费用"科目。

3. 报经批准无偿调出无形资产,按照无形资产已计提的摊销,借记"无形资产累计摊销"科目,按照被处置无形资产账面余额,贷记本科目,按照其差额,借记"无偿调拨净资产"科目;同时,按照无偿调出过程中发生的归属于调出方的相关费用,借记"资产处置费用"科目,贷记"银行存款"等科目。

4. 报经批准置换换出无形资产,参照"库存物品"科目中置换换入库存物品的规定进行账务处理。

5. 无形资产预期不能为单位带来服务潜力或经济利益,按照规定报经批准核销时,按照待核销无形资产的账面价值,借记"资产处置费用"科目,按照已计提摊销,借记"无形资产累计摊销"科目,按照无形资产的账面余额,贷记本科目。

无形资产处置时涉及增值税业务的,相关账务处理参见"应交增值税"科目。

(四)单位应当定期对无形资产进行清查盘点,每年至少盘点一次

单位资产清查盘点过程中发现的无形资产盘盈、盘亏等,参照"固定资产"科目相关规定进行账务处理。

四、本科目期末借方余额,反映单位无形资产的成本。

1702 无形资产累计摊销

一、本科目核算单位对使用年限有限的无形资产计提的累计摊销。

二、本科目应当按照所对应无形资产的明细分类进行明细核算。

三、无形资产累计摊销的主要账务处理如下:

(一)按月对无形资产进行摊销时,按照应摊销金额,借记"业务活动费用""单位管理费用""加工物品""在建工程"等科目,贷记本科目。

(二)经批准处置无形资产时,按照所处置无形资产的账面价值,借记"资产处置费用""无偿调拨净资产""待处理财产损溢"等科目,按照已计提摊销,借记本科目,按照无形资产的账面余额,贷记"无形资产"科目。

四、本科目期末贷方余额,反映单位计提的无形资产摊销累计数。

1703 研 发 支 出

一、本科目核算单位自行研究开发项目研究阶段和开发阶段发生的各项支出。

建设项目中的软件研发支出,应当通过"在建工程"科目核算,不通过本科目核算。

二、本科目应当按照自行研究开发项目,分别"研究支出""开发支出"进行明细核算。

三、研发支出的主要账务处理如下:

(一)自行研究开发项目研究阶段的支出,应当先在本科目归集。按照从事研究及其辅助活动人员计提的薪酬,研究活动领用的库存物品,发生的与研究活动相关的管理费、间接费和其他各项费用,借记本科目(研究支出),贷记"应付职工薪酬""库存物品""财政拨款收入""零余额账户用款额度""固定资产累计折旧""银行存款"等科目。期(月)末,应当将本科目归集的研究阶段的支出金额转入当期费用,借记"业

务活动费用"等科目，贷记本科目（研究支出）。

（二）自行研究开发项目开发阶段的支出，先通过本科目进行归集。按照从事开发及其辅助活动人员计提的薪酬，开发活动领用的库存物品，发生的与开发活动相关的管理费、间接费和其他各项费用，借记本科目（开发支出），贷记"应付职工薪酬""库存物品""财政拨款收入""零余额账户用款额度""固定资产累计折旧""银行存款"等科目。自行研究开发项目完成，达到预定用途形成无形资产的，按照本科目归集的开发阶段的支出金额，借记"无形资产"科目，贷记本科目（开发支出）。

单位应于每年年度终了评估研究开发项目是否能达到预定用途，如预计不能达到预定用途（如无法最终完成开发项目并形成无形资产的），应当将已发生的开发支出金额全部转入当期费用，借记"业务活动费用"等科目，贷记本科目（开发支出）。

自行研究开发项目时涉及增值税业务的，相关账务处理参见"应交增值税"科目。

四、本科目期末借方余额，反映单位预计能达到预定用途的研究开发项目在开发阶段发生的累计支出数。

1801　公共基础设施

一、本科目核算单位控制的公共基础设施的原值。

二、本科目应当按照公共基础设施的类别、项目等进行明细核算。

三、单位应当根据行业主管部门对公共基础设施的分类规定，制定适合于本单位管理的公共基础设施目录、分类方法，作为进行公共基础设施核算的依据。

四、公共基础设施的主要账务处理如下：

（一）公共基础设施在取得时，应当按照其成本入账

1. 自行建造的公共基础设施完工交付使用时，按照在建工程的成本，借记本科目，贷记"在建工程"科目。

已交付使用但尚未办理竣工决算手续的公共基础设施，按照估计价值入账，待办理竣工决算后再按照实际成本调整原来的暂估价值。

2. 接受其他单位无偿调入的公共基础设施，按照确定的成本，借记本科目，按照发生的归属于调入方的相关费用，贷记"财政拨款收入""零余额账户用款额度""银行存款"等科目，按照其差额，贷记"无偿调拨净资产"科目。无偿调入的公共基础设施成本无法可靠取得的，按照发生的相关税费、运输费等金额，借记"其他费用"科目，贷记"财政拨款收入""零余额账户用款额度""银行存款"等科目。

3. 接受捐赠的公共基础设施，按照确定的成本，借记本科目，按照发生的相关费用，贷记"财政拨款收入""零余额账户用款额度""银行存款"等科目，按照其差额，贷记"捐赠收入"科目。接受捐赠的公共基础设施成本无法可靠取得的，按照发生的相关税费等金额，借记"其他费用"科目，贷记"财政拨款收入""零余额账户用款额度""银行存款"等科目。

4. 外购的公共基础设施，按照确定的成本，借记本科目，贷记"财政拨款收入""零余额账户用款额度""银行存款"等科目。

5. 对于成本无法可靠取得的公共基础设施，单位应当设置备查簿进行登记，待成本能够可靠确定后按照规定及时入账。

（二）与公共基础设施有关的后续支出

将公共基础设施转入改建、扩建时，按照公共基础设施的账面价值，借记"在建工程"科目，按照公共基础设施已计提折旧，借记"公共基础设施累计折旧（摊销）"科目，按照公共基础设施的账面余额，贷记本科目。

为增加公共基础设施使用效能或延长其使用年限而发生的改建、扩建等后续支出，借记"在建工程"科目，贷记"财政拨款收入""零余额账户用款额度""银行存款"等科目。

公共基础设施改建、扩建完成，竣工验收交付使用时，按照在建工程成本，借记本科目，贷记"在建工程"科目。

为保证公共基础设施正常使用发生的日常维修等支出，借记"业务活动费用""单位管理费用"等科目，贷记"财政拨款收入""零余额账户用款额度""银行存款"等科目。

（三）按照规定报经批准处置公共基础设施，分别以下情况处理

1. 报经批准对外捐赠公共基础设施，按照公共基础设施已计提的折旧或摊销，借记"公共基础设施累计折旧（摊销）"科目，按照被处置公共基础设施账面余额，贷记本科目，按照捐赠过程中发生的归属于捐出方的相关费用，贷记"银行存款"等科目，按照其差额，借记"资产处置费用"科目。

2. 报经批准无偿调出公共基础设施，按照公共基础设施已计提的折旧或摊销，借记"公共基础设施累计折旧（摊销）"科目，按照被处置公共基础设施账面余额，贷记本科目，按照其差额，借记"无偿调拨净资产"科目；同时，按照无偿调出过程中发生的归属于调出方的相关费用，借记"资产处置费用"科目，贷记"银行存款"等科目。

（四）单位应当定期对公共基础设施进行清查盘点

对于发生的公共基础设施盘盈、盘亏、毁损或报废，应当先记入"待处理财产损溢"科目，按照规定报经批准后及时进行后续账务处理。

1. 盘盈的公共基础设施，其成本按照有关凭据注明的金额确定；没有相关凭据、但按照规定经过资产评估的，其成本按照评估价值确定；没有相关凭据、也未经过评估的，其成本按照重置成本确定。盘盈的公共基础设施成本无法可靠取得的，单位应当设置备查簿进行登记，待成本确定后按照规定及时入账。盘盈的公共基础设施，按照确定的入账成本，借记本科目，贷记"待处理财产损溢"科目。

2. 盘亏、毁损或报废的公共基础设施，按照待处置公共基础设施的账面价值，借记"待处理财产损溢"科目，按照已计提折旧或摊销，借记"公共基础设施累计折旧（摊销）"科目，按照公共基础设施的账面余额，贷记本科目。

五、本科目期末借方余额，反映公共基础设施的原值。

1802 公共基础设施累计折旧（摊销）

一、本科目核算单位计提的公共基础设施累计折旧和累计摊销。

二、本科目应当按照所对应公共基础设施的明细分类进行明细核算。

三、公共基础设施累计折旧（摊销）的主要账务处理如下：

（一）按月计提公共基础设施折旧时，按照应计提的折旧额，借记"业务活动费用"科目，贷记本科目。

（二）按月对确认为公共基础设施的单独计价入账的土地使用权进行摊销时，按照应计提的摊销额，借记"业务活动费用"科目，贷记本科目。

（三）处置公共基础设施时，按照所处置公共基础设施的账面价值，借记"资产处置费用""无偿调拨净资产""待处理财产损溢"等科目，按照已提取的折旧和摊销，借记本科目，按照公共基础设施账面余额，贷记"公共基础设施"科目。

四、本科目期末贷方余额，反映单位提取的公共基础设施折旧和摊销的累计数。

1811 政府储备物资

一、本科目核算单位控制的政府储备物资的成本。

对政府储备物资不负有行政管理职责但接受委托具体负责执行其存储保管等工作的单位，其受托代储的政府储备物资应当通过"受托代理资产"科目核算，不通过本科目核算。

二、本科目应当按照政府储备物资的种类、品种、存放地点等进行明细核算。单位根据需要，可在本科目下设置"在库""发出"等明细科目进行明细核算。

三、政府储备物资的主要账务处理如下：

（一）政府储备物资取得时，应当按照其成本入账。

1. 购入的政府储备物资验收入库，按照确定的成本，借记本科目，贷记"财政拨款收入""零余额账户用款额度""银行存款"等科目。

2. 涉及委托加工政府储备物资业务的，相关账务处理参照"加工物品"科目。

3. 接受捐赠的政府储备物资验收入库，按照确定的成本，借记本科目，按照单位承担的相关税费、运输费等，贷记"零余额账户用款额度""银行存款"等科目，按照其差额，贷记"捐赠收入"科目。

4. 接受无偿调入的政府储备物资验收入库，按照确定的成本，借记本科目，按照单位承担的相关税费、运输费等，贷记"零余额账户用款额度""银行存款"等科目，按照其差额，贷记"无偿调拨净资产"科目。

（二）政府储备物资发出时，分别以下情况处理：

1. 因动用而发出无需收回的政府储备物资的，按照发出物资的账面余额，借记"业务活动费用"科目，贷记本科目。

2. 因动用而发出需要收回或者预期可能收回的政府储备物资的，在发出物资时，按照发出物资的账面余额，借记本科目（发出），贷记本科目（在库）；按照规定的质量验收标准收回物资时，按照收回物资原账面余额，借记本科目（在库），按照未收回物资的原账面余额，借记"业务活动费用"科目，按照物资发出时登记在本科目所属"发出"明细科目中的余额，贷记本科目（发出）。

3. 因行政管理主体变动等原因而将政府储备物资调拨给其他主体的，按照无偿调出政府储备物资的账面余额，借记"无偿调拨净资产"科目，贷记本科目。

4. 对外销售政府储备物资并将销售收入纳入单位预算统一管理的，发出物资时，按照发出物资的账面余额，借记"业务活动费用"科目，贷记本科目；实现销售收入时，按照确认的收入金额，借记"银行存款""应收账款"等科目，贷记"事业收入"等科目。对外销售政府储备物资并按照规定将销售净收入上缴财政的，发出物资时，按照发出物资的账面余额，借记"资产处置费用"科目，贷记本科目；取得销售价款时，按照实际收到的款项金额,借记"银行存款"等科目,按照发生的相关税费,贷记"银行存款"等科目,按照销售价款大于所承担的相关税费后的差额,贷记"应缴财政款"科目。

(三)单位应当定期对政府储备物资进行清查盘点,每年至少盘点一次。对于发生的政府储备物资盘盈、盘亏或者报废、毁损,应当先记入"待处理财产损溢"科目,按照规定报经批准后及时进行后续账务处理。

1.盘盈的政府储备物资,按照确定的入账成本,借记本科目,贷记"待处理财产损溢"科目。

2.盘亏或者毁损、报废的政府储备物资,按照待处理政府储备物资的账面余额,借记"待处理财产损溢"科目,贷记本科目。

四、本科目期末借方余额,反映政府储备物资的成本。

1821 文物文化资产

一、本科目核算单位为满足社会公共需求而控制的文物文化资产的成本。

单位为满足自身开展业务活动或其他活动需要而控制的文物和陈列品,应当通过"固定资产"科目核算,不通过本科目核算。

二、本科目应当按照文物文化资产的类别、项目等进行明细核算。

三、文物文化资产的主要账务处理如下:

(一)文物文化资产在取得时,应当按照其成本入账。

1.外购的文物文化资产,其成本包括购买价款、相关税费以及可归属于该项资产达到预定用途前所发生的其他支出(如运输费、安装费、装卸费等)。

外购的文物文化资产,按照确定的成本,借记本科目,贷记"财政拨款收入""零余额账户用款额度""银行存款"等科目。

2.接受其他单位无偿调入的文物文化资产,其成本按照该项资产在调出方的账面价值加上归属于调入方的相关费用确定。

调入的文物文化资产,按照确定的成本,借记本科目,按照发生的归属于调入方的相关费用,贷记"零余额账户用款额度""银行存款"等科目,按照其差额,贷记"无偿调拨净资产"科目。

无偿调入的文物文化资产成本无法可靠取得的,按照发生的归属于调入方的相关费用,借记"其他费用"科目,贷记"零余额账户用款额度""银行存款"等科目。

3.接受捐赠的文物文化资产,其成本按照有关凭据注明的金额加上相关费用确定;没有相关凭据可供取得,但按照规定经过资产评估的,其成本按照评估价值加上相关费用确定;没有相关凭据可供取得、也未经评估的,其成本比照同类或类似资产的市场价格加上相关费用确定。

接受捐赠的文物文化资产,按照确定的成本,借记本科目,按照发生的相关税费、运输费等金额,贷记"零余额账户用款额度""银行存款"等科目,按照其差额,贷记"捐赠收入"科目。

接受捐赠的文物文化资产成本无法可靠取得的,按照发生的相关税费、运输费等金额,借记"其他费用"科目,贷记"零余额账户用款额度""银行存款"等科目。

4.对于成本无法可靠取得的文物文化资产,单位应当设置备查簿进行登记,待成本能够可靠确定后按照规定及时入账。

（二）与文物文化资产有关的后续支出，参照"公共基础设施"科目相关规定进行处理。

（三）按照规定报经批准处置文物文化资产，应当分别以下情况处理：

1. 报经批准对外捐赠文物文化资产，按照被处置文物文化资产账面余额和捐赠过程中发生的归属于捐出方的相关费用合计数，借记"资产处置费用"科目，按照被处置文物文化资产账面余额，贷记本科目，按照捐赠过程中发生的归属于捐出方的相关费用，贷记"银行存款"等科目。

2. 报经批准无偿调出文物文化资产，按照被处置文物文化资产账面余额，借记"无偿调拨净资产"科目，贷记本科目；同时，按照无偿调出过程中发生的归属于调出方的相关费用，借记"资产处置费用"科目，贷记"银行存款"等科目。

（四）单位应当定期对文物文化资产进行清查盘点，每年至少盘点一次。对于发生的文物文化资产盘盈、盘亏、毁损或报废等，参照"公共基础设施"科目相关规定进行账务处理。

四、本科目期末借方余额，反映文物文化资产的成本。

1831 保障性住房

一、本科目核算单位为满足社会公共需求而控制的保障性住房的原值。

二、本科目应当按照保障性住房的类别、项目等进行明细核算。

三、保障性住房的主要账务处理如下：

（一）保障性住房在取得时，应当按其成本入账。

1. 外购的保障性住房，其成本包括购买价款、相关税费以及可归属于该项资产达到预定用途前所发生的其他支出。

外购的保障性住房，按照确定的成本，借记本科目，贷记"财政拨款收入""零余额账户用款额度""银行存款"等科目。

2. 自行建造的保障性住房交付使用时，按照在建工程成本，借记本科目，贷记"在建工程"科目。

已交付使用但尚未办理竣工决算手续的保障性住房，按照估计价值入账，待办理竣工决算后再按照实际成本调整原来的暂估价值。

3. 接受其他单位无偿调入的保障性住房，其成本按照该项资产在调出方的账面价值加上归属于调入方的相关费用确定。

无偿调入的保障性住房，按照确定的成本，借记本科目，按照发生的归属于调入方的相关费用，贷记"零余额账户用款额度""银行存款"等科目，按照其差额，贷记"无偿调拨净资产"科目。

4. 接受捐赠、融资租赁取得的保障性住房，参照"固定资产"科目相关规定进行处理。

（二）与保障性住房有关的后续支出，参照"固定资产"科目相关规定进行处理。

（三）按照规定出租保障性住房并将出租收入上缴同级财政，按照收取的租金金额，借记"银行存款"等科目，贷记"应缴财政款"科目。

（四）按照规定报经批准处置保障性住房，应当分别以下情况处理：

1. 报经批准无偿调出保障性住房，按照保障性住房已计提的折旧，借记"保障性住房累计折旧"科目,按照被处置保障性住房账面余额,贷记本科目,按照其差额,借记"无偿调拨净资产"科目;同时,按照无偿调出过程中发生的归属于调出方的相关费用,借记"资产处置费用"科目,贷记"银行存款"等科目。

2.报经批准出售保障性住房,按照被出售保障性住房的账面价值,借记"资产处置费用"科目,按照保障性住房已计提的折旧,借记"保障性住房累计折旧"科目,按照保障性住房账面余额,贷记本科目;同时,按照收到的价款,借记"银行存款"等科目,按照出售过程中发生的相关费用,贷记"银行存款"等科目,按照其差额,贷记"应缴财政款"科目。

(五)单位应当定期对保障性住房进行清查盘点。对于发生的保障性住房盘盈、盘亏、毁损或报废等,参照"固定资产"科目相关规定进行账务处理。

四、本科目期末借方余额,反映保障性住房的原值。

1832　保障性住房累计折旧

一、本科目核算单位计提的保障性住房的累计折旧。

二、本科目应当按照所对应保障性住房的类别进行明细核算。

三、单位应当参照《企业会计准则第3号——固定资产》及其应用指南的相关规定,按月对其控制的保障性住房计提折旧。

四、保障性住房累计折旧的主要账务处理如下:

(一)按月计提保障性住房折旧时,按照应计提的折旧额,借记"业务活动费用"科目,贷记本科目。

(二)报经批准处置保障性住房时,按照所处置保障性住房的账面价值,借记"资产处置费用""无偿调拨净资产""待处理财产损溢"等科目,按照已计提折旧,借记本科目,按照保障性住房的账面余额,贷记"保障性住房"科目。

五、本科目期末贷方余额,反映单位计提的保障性住房折旧累计数。

1891　受托代理资产

一、本科目核算单位接受委托方委托管理的各项资产,包括受托指定转赠的物资、受托存储保管的物资等的成本。

单位管理的罚没物资也应当通过本科目核算。

单位收到的受托代理资产为现金和银行存款的,不通过本科目核算,应当通过"库存现金""银行存款"科目进行核算。

二、本科目应当按照资产的种类和委托人进行明细核算;属于转赠资产的,还应当按照受赠人进行明细核算。

三、受托代理资产的主要账务处理如下:

(一)受托转赠物资

1.接受委托人委托需要转赠给受赠人的物资,其成本按照有关凭据注明的金额确定。接受委托转赠的物资验收入库,按照确定的成本,借记本科目,贷记"受托代理负债"科目。

受托协议约定由受托方承担相关税费、运输费等的,还应当按照实际支付的相关税费、运输费等金额,借记"其他费用"科目,贷记"银行存款"等科目。

2. 将受托转赠物资交付受赠人时，按照转赠物资的成本，借记"受托代理负债"科目，贷记本科目。

3. 转赠物资的委托人取消了对捐赠物资的转赠要求，且不再收回捐赠物资的，应当将转赠物资转为单位的存货、固定资产等。按照转赠物资的成本，借记"受托代理负债"科目，贷记本科目；同时，借记"库存物品""固定资产"等科目，贷记"其他收入"科目。

（二）受托存储保管物资

1. 接受委托人委托存储保管的物资，其成本按照有关凭据注明的金额确定。接受委托储存的物资验收入库，按照确定的成本，借记本科目，贷记"受托代理负债"科目。

2. 发生由受托单位承担的与受托存储保管的物资相关的运输费、保管费等费用时，按照实际发生的费用金额，借记"其他费用"等科目，贷记"银行存款"等科目。

3. 根据委托人要求交付或发出受托存储保管的物资时，按照发出物资的成本，借记"受托代理负债"科目，贷记本科目。

（三）罚没物资

1. 取得罚没物资时，其成本按照有关凭据注明的金额确定。罚没物资验收（入库），按照确定的成本，借记本科目，贷记"受托代理负债"科目。罚没物资成本无法可靠确定的，单位应当设置备查簿进行登记。

2. 按照规定处置或移交罚没物资时，按照罚没物资的成本，借记"受托代理负债"科目，贷记本科目。处置时取得款项的，按照实际取得的款项金额，借记"银行存款"等科目，贷记"应缴财政款"等科目。

单位受托代理的其他实物资产，参照本科目有关受托转赠物资、受托存储保管物资的规定进行账务处理。

四、本科目期末借方余额，反映单位受托代理实物资产的成本。

1901 长期待摊费用

一、本科目核算单位已经支出，但应由本期和以后各期负担的分摊期限在1年以上（不含1年）的各项费用，如以经营租赁方式租入的固定资产发生的改良支出等。

二、本科目应当按照费用项目进行明细核算。

三、长期待摊费用的主要账务处理如下：

（一）发生长期待摊费用时，按照支出金额，借记本科目，贷记"财政拨款收入""零余额账户用款额度""银行存款"等科目。

（二）按照受益期间摊销长期待摊费用时，按照摊销金额，借记"业务活动费用""单位管理费用""经营费用"等科目，贷记本科目。

（三）如果某项长期待摊费用已经不能使单位受益，应当将其摊余金额一次全部转入当期费用。按照摊销金额，借记"业务活动费用""单位管理费用""经营费用"等科目，贷记本科目。

四、本科目期末借方余额，反映单位尚未摊销完毕的长期待摊费用。

1902 待处理财产损溢

一、本科目核算单位在资产清查过程中查明的各种资产盘盈、盘亏和报废、毁损的价值。

二、本科目应当按照待处理的资产项目进行明细核算；对于在资产处理过程中取得收入或发生相关费用的项目，还应当设置"待处理财产价值""处理净收入"明细科目，进行明细核算。

三、单位资产清查中查明的资产盘盈、盘亏、报废和毁损，一般应当先记入本科目，按照规定报经批准后及时进行账务处理。年末结账前一般应处理完毕。

四、待处理财产损溢的主要账务处理如下：

（一）账款核对时发现的库存现金短缺或溢余

1. 每日账款核对中发现现金短缺或溢余，属于现金短缺，按照实际短缺的金额，借记本科目，贷记"库存现金"科目；属于现金溢余，按照实际溢余的金额，借记"库存现金"科目，贷记本科目。

2. 如为现金短缺，属于应由责任人赔偿或向有关人员追回的，借记"其他应收款"科目，贷记本科目；属于无法查明原因的，报经批准核销时，借记"资产处置费用"科目，贷记本科目。

3. 如为现金溢余，属于应支付给有关人员或单位的，借记本科目，贷记"其他应付款"科目；属于无法查明原因的，报经批准后，借记本科目，贷记"其他收入"科目。

（二）资产清查过程中发现的存货、固定资产、无形资产、公共基础设施、政府储备物资、文物文化资产、保障性住房等各种资产盘盈、盘亏或报废、毁损

1. 盘盈的各类资产

（1）转入待处理资产时，按照确定的成本，借记"库存物品""固定资产""无形资产""公共基础设施""政府储备物资""文物文化资产""保障性住房"等科目，贷记本科目。

（2）按照规定报经批准后处理时，对于盘盈的流动资产，借记本科目，贷记"单位管理费用"[事业单位]或"业务活动费用"[行政单位]科目。对于盘盈的非流动资产，如属于本年度取得的，按照当年新取得相关资产进行账务处理；如属于以前年度取得的，按照前期差错处理，借记本科目，贷记"以前年度盈余调整"科目。

2. 盘亏或者毁损、报废的各类资产

（1）转入待处理资产时，借记本科目（待处理财产价值）[盘亏、毁损、报废固定资产、无形资产、公共基础设施、保障性住房的，还应借记"固定资产累计折旧""无形资产累计摊销""公共基础设施累计折旧（摊销）""保障性住房累计折旧"科目]，贷记"库存物品""固定资产""无形资产""公共基础设施""政府储备物资""文物文化资产""保障性住房""在建工程"等科目。涉及增值税业务的，相关账务处理参见"应交增值税"科目。

报经批准处理时，借记"资产处置费用"科目，贷记本科目（待处理财产价值）。

（2）处理毁损、报废实物资产过程中取得的残值或残值变价收入、保险理赔和过失人赔偿等，借记"库存现金""银行存款""库存物品""其他应收款"等科目，贷记本科目（处理净收入）；处理毁损、报废实物资产过程中发生的相关费用，借记本科目（处理净收入），贷记"库存现金""银行存款"等科目。

处理收支结清，如果处理收入大于相关费用的，按照处理收入减去相关费用后的净收入，借记本科目（处理净收入），贷记"应缴财政款"等科目；如果处理收入小

于相关费用的,按照相关费用减去处理收入后的净支出,借记"资产处置费用"科目,贷记本科目(处理净收入)。

五、本科目期末如为借方余额,反映尚未处理完毕的各种资产的净损失;期末如为贷方余额,反映尚未处理完毕的各种资产净溢余。年末,经批准处理后,本科目一般应无余额。

(二)负债类

2001 短期借款

一、本科目核算事业单位经批准向银行或其他金融机构等借入的期限在1年内(含1年)的各种借款。

二、本科目应当按照债权人和借款种类进行明细核算。三、短期借款的主要账务处理如下:

(一)借入各种短期借款时,按照实际借入的金额,借记"银行存款"科目,贷记本科目。

(二)银行承兑汇票到期,本单位无力支付票款的,按照应付票据的账面余额,借记"应付票据"科目,贷记本科目。

(三)归还短期借款时,借记本科目,贷记"银行存款"科目。

四、本科目期末贷方余额,反映事业单位尚未偿还的短期借款本金。

2101 应交增值税

一、本科目核算单位按照税法规定计算应交纳的增值税。

二、属于增值税一般纳税人的单位,应当在本科目下设置"应交税金""未交税金""预交税金""待抵扣进项税额""待认证进项税额""待转销项税额""简易计税""转让金融商品应交增值税""代扣代交增值税"等明细科目。

(一)"应交税金"明细账内应当设置"进项税额""已交税金""转出未交增值税""减免税款""销项税额""进项税额转出""转出多交增值税"等专栏。其中:

1. "进项税额"专栏,记录单位购进货物、加工修理修配劳务、服务、无形资产或不动产而支付或负担的、准予从当期销项税额中抵扣的增值税额;

2. "已交税金"专栏,记录单位当月已交纳的应交增值税额;

3. "转出未交增值税"和"转出多交增值税"专栏,分别记录一般纳税人月度终了转出当月应交未交或多交的增值税额;

4. "减免税款"专栏,记录单位按照现行增值税制度规定准予减免的增值税额;

5. "销项税额"专栏,记录单位销售货物、加工修理修配劳务、服务、无形资产或不动产应收取的增值税额;

6. "进项税额转出"专栏,记录单位购进货物、加工修理修配劳务、服务、无形资产或不动产等发生非正常损失以及其他原因而不应从销项税额中抵扣、按照规定转出的进项税额。

(二)"未交税金"明细科目,核算单位月度终了从"应交税金"或"预交税金"明细科目转入当月应交未交、多交或预缴的增值税额,以及当月交纳以前期间未交的增值税额。

（三）"预交税金"明细科目，核算单位转让不动产、提供不动产经营租赁服务等，以及其他按照现行增值税制度规定应预缴的增值税额。

（四）"待抵扣进项税额"明细科目，核算单位已取得增值税扣税凭证并经税务机关认证，按照现行增值税制度规定准予以后期间从销项税额中抵扣的进项税额。

（五）"待认证进项税额"明细科目，核算单位由于未经税务机关认证而不得从当期销项税额中抵扣的进项税额，包括：一般纳税人已取得增值税扣税凭证并按规定准予从销项税额中抵扣，但尚未经税务机关认证的进项税额；一般纳税人已申请稽核但尚未取得稽核相符结果的海关缴款书进项税额。

（六）"待转销项税额"明细科目，核算单位销售货物、加工修理修配劳务、服务、无形资产或不动产，已确认相关收入（或利得）但尚未发生增值税纳税义务而需于以后期间确认为销项税额的增值税额。

（七）"简易计税"明细科目，核算单位采用简易计税方法发生的增值税计提、扣减、预缴、缴纳等业务。

（八）"转让金融商品应交增值税"明细科目，核算单位转让金融商品发生的增值税额。

（九）"代扣代交增值税"明细科目，核算单位购进在境内未设经营机构的境外单位或个人在境内的应税行为代扣代缴的增值税。

属于增值税小规模纳税人的单位只需在本科目下设置"转让金融商品应交增值税""代扣代交增值税"明细科目。

三、应交增值税的主要账务处理如下：

（一）单位[①]取得资产或接受劳务等业务

1.采购等业务进项税额允许抵扣单位购买用于增值税应税项目的资产或服务等时，按照应计入相关成本费用或资产的金额，借记"业务活动费用""在途物品""库存物品""工程物资""在建工程""固定资产""无形资产"等科目，按照当月已认证的可抵扣增值税额，借记本科目（应交税金——进项税额），按照当月未认证的可抵扣增值税额，借记本科目（待认证进项税额），按照应付或实际支付的金额，贷记"应付账款""应付票据""银行存款""零余额账户用款额度"等科目。发生退货的，如原增值税专用发票已做认证，应根据税务机关开具的红字增值税专用发票做相反的会计分录；如原增值税专用发票未做认证，应将发票退回并做相反的会计分录。

小规模纳税人购买资产或服务等时不能抵扣增值税，发生的增值税计入资产成本或相关成本费用。

2.采购等业务进项税额不得抵扣单位购进资产或服务等，用于简易计税方法计税项目、免征增值税项目、集体福利或个人消费等，其进项税额按照现行增值税制度规定不得从销项税额中抵扣的，取得增值税专用发票时，应按照增值税发票注明的金额，借记相关成本费用或资产科目，按照待认证的增值税进项税额，借记本科目（待认证进项税额），按照实际支付或应付的金额，贷记"银行存款""应付账款""零余额账户用款额度"等科目。经税务机关认证为不可抵扣进项税时，借记本科目（应交税金——进项税额）科目，贷记本科目（待认证进项税额），同时，将进项税额转出，借

---

① 如不特别说明，本部分内容中的"单位"指增值税一般纳税人。

记相关成本费用科目，贷记本科目（应交税金——进项税额转出）。

3. 购进不动产或不动产在建工程按照规定进项税额分年抵扣单位取得应税项目为不动产或者不动产在建工程，其进项税额按照现行增值税制度规定自取得之日起分2年从销项税额中抵扣的，应当按照取得成本，借记"固定资产""在建工程"等科目，按照当期可抵扣的增值税额，借记本科目（应交税金——进项税额），按照以后期间可抵扣的增值税额，借记本科目（待抵扣进项税额），按照应付或实际支付的金额，贷记"应付账款""应付票据""银行存款""零余额账户用款额度"等科目。尚未抵扣的进项税额待以后期间允许抵扣时，按照允许抵扣的金额，借记本科目（应交税金——进项税额），贷记本科目（待抵扣进项税额）。

4. 进项税额抵扣情况发生改变单位因发生非正常损失或改变用途等，原已计入进项税额、待抵扣进项税额或待认证进项税额，但按照现行增值税制度规定不得从销项税额中抵扣的，借记"待处理财产损溢""固定资产""无形资产"等科目，贷记本科目（应交税金——进项税额转出）、本科目（待抵扣进项税额）或本科目（待认证进项税额）；原不得抵扣且未抵扣进项税额的固定资产、无形资产等，因改变用途等用于允许抵扣进项税额的应税项目的，应按照允许抵扣的进项税额，借记本科目（应交税金——进项税额），贷记"固定资产""无形资产"等科目。固定资产、无形资产等经上述调整后，应按照调整后的账面价值在剩余尚可使用年限内计提折旧或摊销。

单位购进时已全额计入进项税额的货物或服务等转用于不动产在建工程的，对于结转以后期间的进项税额，应借记本科目（待抵扣进项税额），贷记本科目（应交税金——进项税额转出）。

5. 购买方作为扣缴义务人按照现行增值税制度规定，境外单位或个人在境内发生应税行为，在境内未设有经营机构的，以购买方为增值税扣缴义务人。境内一般纳税人购进服务或资产时，按照应计入相关成本费用或资产的金额，借记"业务活动费用""在途物品""库存物品""工程物资""在建工程""固定资产""无形资产"等科目，按照可抵扣的增值税额，借记本科目（应交税金——进项税额）[小规模纳税人应借记相关成本费用或资产科目]，按照应付或实际支付的金额，贷记"银行存款""应付账款"等科目，按照应代扣代缴的增值税额，贷记本科目（代扣代交增值税）。实际缴纳代扣代缴增值税时，按照代扣代缴的增值税额，借记本科目（代扣代交增值税），贷记"银行存款""零余额账户用款额度"等科目。

（二）单位销售资产或提供服务等业务

1. 销售资产或提供服务业务单位销售货物或提供服务，应当按照应收或已收的金额，借记"应收账款""应收票据""银行存款"等科目，按照确认的收入金额，贷记"经营收入""事业收入"等科目，按照现行增值税制度规定计算的销项税额（或采用简易计税方法计算的应纳增值税额），贷记本科目（应交税金——销项税额）或本科目（简易计税）[小规模纳税人应贷记本科目]。发生销售退回的，应根据按照规定开具的红字增值税专用发票做相反的会计分录。

按照本制度及相关政府会计准则确认收入的时点早于按照增值税制度确认增值税纳税义务发生时点的，应将相关销项税额计入本科目（待转销项税额），待实际发生纳税义务时再转入本科目（应交税金——销项税额）或本科目（简易计税）。

按照增值税制度确认增值税纳税义务发生时点早于按照本制度及相关政府会计准

则确认收入的时点的,应按照应纳增值税额,借记"应收账款"科目,贷记本科目(应交税金——销项税额)或本科目(简易计税)。

2.金融商品转让按照规定以盈亏相抵后的余额作为销售额金融商品实际转让月末,如产生转让收益,则按照应纳税额,借记"投资收益"科目,贷记本科目(转让金融商品应交增值税);如产生转让损失,则按照可结转下月抵扣税额,借记本科目(转让金融商品应交增值税),贷记"投资收益"科目。交纳增值税时,应借记本科目(转让金融商品应交增值税),贷记"银行存款"等科目。年末,本科目(转让金融商品应交增值税)如有借方余额,则借记"投资收益"科目,贷记本科目(转让金融商品应交增值税)。

(三)月末转出多交增值税和未交增值税月度终了,单位应当将当月应交未交或多交的增值税自"应交税金"明细科目转入"未交税金"明细科目。对于当月应交未交的增值税,借记本科目(应交税金——转出未交增值税),贷记本科目(未交税金);对于当月多交的增值税,借记本科目(未交税金),贷记本科目(应交税金——转出多交增值税)。

(四)交纳增值税

1.交纳当月应交增值税

单位交纳当月应交的增值税,借记本科目(应交税金——已交税金)[小规模纳税人借记本科目],贷记"银行存款"等科目。

2.交纳以前期间未交增值税

单位交纳以前期间未交的增值税,借记本科目(未交税金)[小规模纳税人借记本科目],贷记"银行存款"等科目。

3.预交增值税

单位预交增值税时,借记本科目(预交税金),贷记"银行存款"等科目。月末,单位应将"预交税金"明细科目余额转入"未交税金"明细科目,借记本科目(未交税金),贷记本科目(预交税金)。

4.减免增值税

对于当期直接减免的增值税,借记本科目(应交税金——减免税款),贷记"业务活动费用""经营费用"等科目。

按照现行增值税制度规定,单位初次购买增值税税控系统专用设备支付的费用以及缴纳的技术维护费允许在增值税应纳税额中全额抵减的,按照规定抵减的增值税应纳税额,借记本科目(应交税金——减免税款)[小规模纳税人借记本科目],贷记"业务活动费用""经营费用"等科目。

四、本科目期末贷方余额,反映单位应交未交的增值税;期末如为借方余额,反映单位尚未抵扣或多交的增值税。

2102 其他应交税费

一、本科目核算单位按照税法等规定计算应交纳的除增值税以外的各种税费,包括城市维护建设税、教育费附加、地方教育费附加、车船税、房产税、城镇土地使用税和企业所得税等。

单位代扣代缴的个人所得税,也通过本科目核算。

单位应交纳的印花税不需要预提应交税费,直接通过"业务活动费用""单位管理费用""经营费用"等科目核算,不通过本科目核算。

二、本科目应当按照应交纳的税费种类进行明细核算。

三、其他应交税费的主要账务处理如下:

(一)发生城市维护建设税、教育费附加、地方教育费附加、车船税、房产税、城镇土地使用税等纳税义务的,按照税法规定计算的应缴税费金额,借记"业务活动费用""单位管理费用""经营费用"等科目,贷记本科目(应交城市维护建设税、应交教育费附加、应交地方教育费附加、应交车船税、应交房产税、应交城镇土地使用税等)。

(二)按照税法规定计算应代扣代缴职工(含长期聘用人员)的个人所得税,借记"应付职工薪酬"科目,贷记本科目(应交个人所得税)。

按照税法规定计算应代扣代缴支付给职工(含长期聘用人员)以外人员劳务费的个人所得税,借记"业务活动费用""单位管理费用"等科目,贷记本科目(应交个人所得税)。

(三)发生企业所得税纳税义务的,按照税法规定计算的应交所得税额,借记"所得税费用"科目,贷记本科目(单位应交所得税)。

(四)单位实际交纳上述各种税费时,借记本科目(应交城市维护建设税、应交教育费附加、应交地方教育费附加、应交车船税、应交房产税、应交城镇土地使用税、应交个人所得税、单位应交所得税等),贷记"财政拨款收入""零余额账户用款额度""银行存款"等科目。

四、本科目期末贷方余额,反映单位应交未交的除增值税以外的税费金额;期末如为借方余额,反映单位多交纳的除增值税以外的税费金额。

2103 应缴财政款

一、本科目核算单位取得或应收的按照规定应当上缴财政的款项,包括应缴国库的款项和应缴财政专户的款项。

单位按照国家税法等有关规定应当缴纳的各种税费,通过"应交增值税""其他应交税费"科目核算,不通过本科目核算。

二、本科目应当按照应缴财政款项的类别进行明细核算。

三、应缴财政款的主要账务处理如下:

(一)单位取得或应收按照规定应缴财政的款项时,借记"银行存款""应收账款"等科目,贷记本科目。

(二)单位处置资产取得的应上缴财政的处置净收入的账务处理,参见"待处理财产损溢"等科目。

(三)单位上缴应缴财政的款项时,按照实际上缴的金额,借记本科目,贷记"银行存款"科目。

四、本科目期末贷方余额,反映单位应当上缴财政但尚未缴纳的款项。年终清缴后,本科目一般应无余额。

2201 应付职工薪酬

一、本科目核算单位按照有关规定应付给职工(含长期聘用人员)及为职工支付的各种薪酬，包括基本工资、国家统一规定的津贴补贴、规范津贴补贴（绩效工资）、改革性补贴、社会保险费（如职工基本养老保险费、职业年金、基本医疗保险费等）、住房公积金等。

二、本科目应当根据国家有关规定按照"基本工资"（含离退休费）、"国家统一规定的津贴补贴""规范津贴补贴（绩效工资）""改革性补贴""社会保险费""住房公积金""其他个人收入"等进行明细核算。其中，"社会保险费""住房公积金"明细科目核算内容包括单位从职工工资中代扣代缴的社会保险费、住房公积金，以及单位为职工计算缴纳的社会保险费、住房公积金。

三、应付职工薪酬的主要账务处理如下：

（一）计算确认当期应付职工薪酬（含单位为职工计算缴纳的社会保险费、住房公积金）

1. 计提从事专业及其辅助活动人员的职工薪酬，借记"业务活动费用""单位管理费用"科目，贷记本科目。

2. 计提应由在建工程、加工物品、自行研发无形资产负担的职工薪酬，借记"在建工程""加工物品""研发支出"等科目，贷记本科目。

3. 计提从事专业及其辅助活动之外的经营活动人员的职工薪酬，借记"经营费用"科目，贷记本科目。

4. 因解除与职工的劳动关系而给予的补偿，借记"单位管理费用"等科目，贷记本科目。

（二）向职工支付工资、津贴补贴等薪酬时，按照实际支付的金额，借记本科目，贷记"财政拨款收入""零余额账户用款额度""银行存款"等科目。

（三）按照税法规定代扣职工个人所得税时，借记本科目（基本工资），贷记"其他应交税费——应交个人所得税"科目。

从应付职工薪酬中代扣为职工垫付的水电费、房租等费用时，按照实际扣除的金额，借记本科目（基本工资），贷记"其他应收款"等科目。

从应付职工薪酬中代扣社会保险费和住房公积金，按照代扣的金额，借记本科目（基本工资），贷记本科目（社会保险费、住房公积金）。

（四）按照国家有关规定缴纳职工社会保险费和住房公积金时，按照实际支付的金额，借记本科目（社会保险费、住房公积金），贷记"财政拨款收入""零余额账户用款额度""银行存款"等科目。

（五）从应付职工薪酬中支付的其他款项，借记本科目，贷记"零余额账户用款额度""银行存款"等科目。

四、本科目期末贷方余额，反映单位应付未付的职工薪酬。

2301 应付票据

一、本科目核算事业单位因购买材料、物资等而开出、承兑的商业汇票，包括银行承兑汇票和商业承兑汇票。

二、本科目应当按照债权人进行明细核算。

三、应付票据的主要账务处理如下：

（一）开出、承兑商业汇票时，借记"库存物品""固定资产"等科目，贷记本科目。涉及增值税业务的，相关账务处理参见"应交增值税"科目。

以商业汇票抵付应付账款时，借记"应付账款"科目，贷记本科目。

（二）支付银行承兑汇票的手续费时，借记"业务活动费用""经营费用"等科目，贷记"银行存款""零余额账户用款额度"等科目。

（三）商业汇票到期时，应当分别以下情况处理：

1. 收到银行支付到期票据的付款通知时，借记本科目，贷记"银行存款"科目。

2. 银行承兑汇票到期，单位无力支付票款的，按照应付票据账面余额，借记本科目，贷记"短期借款"科目。

3. 商业承兑汇票到期，单位无力支付票款的，按照应付票据账面余额，借记本科目，贷记"应付账款"科目。

四、单位应当设置"应付票据备查簿"，详细登记每一应付票据的种类、号数、出票日期、到期日、票面金额、交易合同号、收款人姓名或单位名称，以及付款日期和金额等。

应付票据到期结清票款后，应当在备查簿内逐笔注销。

五、本科目期末贷方余额，反映事业单位开出、承兑的尚未到期的应付票据金额。

2302 应付账款

一、本科目核算单位因购买物资、接受服务、开展工程建设等而应付的偿还期限在1年以内（含1年）的款项。

二、本科目应当按照债权人进行明细核算。对于建设项目，还应设置"应付器材款""应付工程款"等明细科目，并按照具体项目进行明细核算。

三、应付账款的主要账务处理如下：

（一）收到所购材料、物资、设备或服务以及确认完成工程进度但尚未付款时，根据发票及账单等有关凭证，按照应付未付款项的金额，借记"库存物品""固定资产""在建工程"等科目，贷记本科目。涉及增值税业务的，相关账务处理参见"应交增值税"科目。

（二）偿付应付账款时，按照实际支付的金额，借记本科目，贷记"财政拨款收入""零余额账户用款额度""银行存款"等科目。

（三）开出、承兑商业汇票抵付应付账款时，借记本科目，贷记"应付票据"科目。

（四）无法偿付或债权人豁免偿还的应付账款，应当按照规定报经批准后进行账务处理。经批准核销时，借记本科目，贷记"其他收入"科目。

核销的应付账款应在备查簿中保留登记。

四、本科目期末贷方余额，反映单位尚未支付的应付账款金额。

2303 应付政府补贴款

一、本科目核算负责发放政府补贴的行政单位，按照规定应当支付给政府补贴接受者的各种政府补贴款。

二、本科目应当按照应支付的政府补贴种类进行明细核算。单位还应当根据需要按照补贴接受者进行明细核算，或者建立备查簿对补贴接受者予以登记。

三、应付政府补贴款的主要账务处理如下：

（一）发生应付政府补贴时，按照依规定计算确定的应付政府补贴金额，借记"业务活动费用"科目，贷记本科目。

（二）支付应付政府补贴款时，按照支付金额，借记本科目，贷记"零余额账户用款额度""银行存款"等科目。

四、本科目期末贷方余额，反映行政单位应付未付的政府补贴金额。

2304 应付利息

一、本科目核算事业单位按照合同约定应支付的借款利息，包括短期借款、分期付息到期还本的长期借款等应支付的利息。

二、本科目应当按照债权人等进行明细核算。

三、应付利息的主要账务处理如下：

（一）为建造固定资产、公共基础设施等借入的专门借款的利息，属于建设期间发生的，按期计提利息费用时，按照计算确定的金额，借记"在建工程"科目，贷记本科目；不属于建设期间发生的，按期计提利息费用时，按照计算确定的金额，借记"其他费用"科目，贷记本科目。

（二）对于其他借款，按期计提利息费用时，按照计算确定的金额，借记"其他费用"科目，贷记本科目。

（三）实际支付应付利息时，按照支付的金额，借记本科目，贷记"银行存款"等科目。

四、本科目期末贷方余额，反映事业单位应付未付的利息金额。

2305 预收账款

一、本科目核算事业单位预先收取但尚未结算的款项。

二、本科目应当按照债权人进行明细核算。

三、预收账款的主要账务处理如下：

（一）从付款方预收款项时，按照实际预收的金额，借记"银行存款"等科目，贷记本科目。

（二）确认有关收入时，按照预收账款账面余额，借记本科目，按照应确认的收入金额，贷记"事业收入""经营收入"等科目，按照付款方补付或退回付款方的金额，借记或贷记"银行存款"等科目。涉及增值税业务的，相关账务处理参见"应交增值税"科目。

（三）无法偿付或债权人豁免偿还的预收账款，应当按照规定报经批准后进行账务处理。经批准核销时，借记本科目，贷记"其他收入"科目。

核销的预收账款应在备查簿中保留登记。

四、本科目期末贷方余额，反映事业单位预收但尚未结算的款项金额。

2307 其他应付款

一、本科目核算单位除应交增值税、其他应交税费、应缴财政款、应付职工薪酬、应付票据、应付账款、应付政府补贴款、应付利息、预收账款以外，其他各项偿还期限在1年内（含1年）的应付及暂收款项，如收取的押金、存入保证金、已经报销但尚未偿还银行的本单位公务卡欠款等。

同级政府财政部门预拨的下期预算款和没有纳入预算的暂付款项，以及采用实拨资金方式通过本单位转拨给下属单位的财政拨款，也通过本科目核算。

二、本科目应当按照其他应付款的类别以及债权人等进行明细核算。

三、其他应付款的主要账务处理如下：

（一）发生其他应付及暂收款项时，借记"银行存款"等科目，贷记本科目。支付（或退回）其他应付及暂收款项时，借记本科目，贷记"银行存款"等科目。将暂收款项转为收入时，借记本科目，贷记"事业收入"等科目。

（二）收到同级政府财政部门预拨的下期预算款和没有纳入预算的暂付款项，按照实际收到的金额，借记"银行存款"等科目，贷记本科目；待到下一预算期或批准纳入预算时，借记本科目，贷记"财政拨款收入"科目。

采用实拨资金方式通过本单位转拨给下属单位的财政拨款，按照实际收到的金额，借记"银行存款"科目，贷记本科目；向下属单位转拨财政拨款时，按照转拨的金额，借记本科目，贷记"银行存款"科目。

（三）本单位公务卡持卡人报销时，按照审核报销的金额，借记"业务活动费用""单位管理费用"等科目，贷记本科目；偿还公务卡欠款时，借记本科目，贷记"零余额账户用款额度"等科目。

（四）涉及质保金形成其他应付款的，相关账务处理参见"固定资产"科目。

（五）无法偿付或债权人豁免偿还的其他应付款项，应当按照规定报经批准后进行账务处理。经批准核销时，借记本科目，贷记"其他收入"科目。

核销的其他应付款应在备查簿中保留登记。

四、本科目期末贷方余额，反映单位尚未支付的其他应付款金额。

2401 预提费用

一、本科目核算单位预先提取的已经发生但尚未支付的费用，如预提租金费用等。

事业单位按规定从科研项目收入中提取的项目间接费用或管理费，也通过本科目核算。

事业单位计提的借款利息费用，通过"应付利息""长期借款"科目核算，不通过本科目核算。

二、本科目应当按照预提费用的种类进行明细核算。对于提取的项目间接费用或管理费，应当在本科目下设置"项目间接费用或管理费"明细科目，并按项目进行明细核算。

三、预提费用的主要账务处理如下：

（一）项目间接费用或管理费按规定从科研项目收入中提取项目间接费用或管理费时，按照提取的金额，借记"单位管理费用"科目，贷记本科目（项目间接费用或管理费）。

实际使用计提的项目间接费用或管理费时，按照实际支付的金额，借本科目（项目间接费用或管理费），贷记"银行存款""库存现金"等科目。

（二）其他预提费用

按期预提租金等费用时，按照预提的金额，借记"业务活动费用""单位管理费用""经营费用"等科目，贷记本科目。

实际支付款项时，按照支付金额，借记本科目，贷记"零余额账户用款额度""银行存款"等科目。

四、本科目期末贷方余额，反映单位已预提但尚未支付的各项费用。

2501　长期借款

一、本科目核算事业单位经批准向银行或其他金融机构等借入的期限超过1年（不含1年）的各种借款本息。

二、本科目应当设置"本金"和"应计利息"明细科目，并按照贷款单位和贷款种类进行明细核算。对于建设项目借款，还应按照具体项目进行明细核算。

三、长期借款的主要账务处理如下：

（一）借入各项长期借款时，按照实际借入的金额，借记"银行存款"科目，贷记本科目（本金）。

（二）为建造固定资产、公共基础设施等应支付的专门借款利息，按期计提利息时，分别以下情况处理：

1. 属于工程项目建设期间发生的利息，计入工程成本，按照计算确定的应支付的利息金额，借记"在建工程"科目，贷记"应付利息"科目。

2. 属于工程项目完工交付使用后发生的利息，计入当期费用，按照计算确定的应支付的利息金额，借记"其他费用"科目，贷记"应付利息"科目。

（三）按期计提其他长期借款的利息时，按照计算确定的应支付的利息金额，借记"其他费用"科目，贷记"应付利息"科目［分期付息、到期还本借款的利息］或本科目（应计利息）［到期一次还本付息借款的利息］。

（四）到期归还长期借款本金、利息时，借记本科目（本金、应计利息），贷记"银行存款"科目。

四、本科目期末贷方余额，反映事业单位尚未偿还的长期借款本息金额。

2502　长期应付款

一、本科目核算单位发生的偿还期限超过1年（不含1年）的应付款项，如以融资租赁方式取得固定资产应付的租赁费等。

二、本科目应当按照长期应付款的类别以及债权人进行明细核算。

三、长期应付款的主要账务处理如下：

（一）发生长期应付款时，借记"固定资产""在建工程"等科目，贷记本科目。

（二）支付长期应付款时，按照实际支付的金额，借记本科目，贷记"财政拨款收入""零余额账户用款额度""银行存款"等科目。涉及增值税业务的，相关账务处理参见"应交增值税"科目。

（三）无法偿付或债权人豁免偿还的长期应付款，应当按照规定报经批准后进行账务处理。经批准核销时，借记本科目，贷记"其他收入"科目。

核销的长期应付款应在备查簿中保留登记。

（四）涉及质保金形成长期应付款的，相关账务处理参见"固定资产"科目。

四、本科目期末贷方余额，反映单位尚未支付的长期应付款金额。

2601 预计负债

一、本科目核算单位对因或有事项所产生的现时义务而确认的负债,如对未决诉讼等确认的负债。

二、本科目应当按照预计负债的项目进行明细核算。

三、预计负债的主要账务处理如下:

(一)确认预计负债时,按照预计的金额,借记"业务活动费用""经营费用""其他费用"等科目,贷记本科目。

(二)实际偿付预计负债时,按照偿付的金额,借记本科目,贷记"银行存款""零余额账户用款额度"等科目。

(三)根据确凿证据需要对已确认的预计负债账面余额进行调整的,按照调整增加的金额,借记有关科目,贷记本科目;按照调整减少的金额,借记本科目,贷记有关科目。

四、本科目期末贷方余额,反映单位已确认但尚未支付的预计负债金额。

2901 受托代理负债

一、本科目核算单位接受委托取得受托代理资产时形成的负债。

二、本科目的账务处理参见"受托代理资产""库存现金""银行存款"等科目。

三、本科目期末贷方余额,反映单位尚未交付或发出受托代理资产形成的受托代理负债金额。

(三)净资产类

3001 累计盈余

一、本科目核算单位历年实现的盈余扣除盈余分配后滚存的金额,以及因无偿调入调出资产产生的净资产变动额。

按照规定上缴、缴回、单位间调剂结转结余资金产生的净资产变动额,以及对以前年度盈余的调整金额,也通过本科目核算。

二、累计盈余的主要账务处理如下:

(一)年末,将"本年盈余分配"科目的余额转入累计盈余,借记或贷记"本年盈余分配"科目,贷记或借记本科目。

(二)年末,将"无偿调拨净资产"科目的余额转入累计盈余,借记或贷记"无偿调拨净资产"科目,贷记或借记本科目。

(三)按照规定上缴财政拨款结转结余、缴回非财政拨款结转资金、向其他单位调出财政拨款结转资金时,按照实际上缴、缴回、调出金额,借记本科目,贷记"财政应返还额度""零余额账户用款额度""银行存款"等科目。

按照规定从其他单位调入财政拨款结转资金时,按照实际调入金额,借记"零余额账户用款额度""银行存款"等科目,贷记本科目。

(四)将"以前年度盈余调整"科目的余额转入本科目,借记或贷记"以前年度盈余调整"科目,贷记或借记本科目。

（五）按照规定使用专用基金购置固定资产、无形资产的，按照固定资产、无形资产成本金额，借记"固定资产""无形资产"科目，贷记"银行存款"等科目；同时，按照专用基金使用金额，借记"专用基金"科目，贷记本科目。

三、本科目期末余额，反映单位未分配盈余（或未弥补亏损）的累计数以及截至上年末无偿调拨净资产变动的累计数。

本科目年末余额，反映单位未分配盈余（或未弥补亏损）以及无偿调拨净资产变动的累计数。

3101 专用基金

一、本科目核算事业单位按照规定提取或设置的具有专门用途的净资产，主要包括职工福利基金、科技成果转换基金等。

二、本科目应当按照专用基金的类别进行明细核算。

三、专用基金的主要账务处理如下：

（一）年末，根据有关规定从本年度非财政拨款结余或经营结余中提取专用基金的，按照预算会计下计算的提取金额，借记"本年盈余分配"科目，贷记本科目。

（二）根据有关规定从收入中提取专用基金并计入费用的，一般按照预算会计下基于预算收入计算提取的金额，借记"业务活动费用"等科目，贷记本科目。国家另有规定的，从其规定。

（三）根据有关规定设置的其他专用基金，按照实际收到的基金金额，借记"银行存款"等科目，贷记本科目。

（四）按照规定使用提取的专用基金时，借记本科目，贷记"银行存款"等科目。

使用提取的专用基金购置固定资产、无形资产的，按照固定资产、无形资产成本金额，借记"固定资产""无形资产"科目，贷记"银行存款"等科目；同时，按照专用基金使用金额，借记本科目，贷记"累计盈余"科目。

四、本科目期末贷方余额，反映事业单位累计提取或设置的尚未使用的专用基金。

3201 权益法调整

一、本科目核算事业单位持有的长期股权投资采用权益法核算时，按照被投资单位除净损益和利润分配以外的所有者权益变动份额调整长期股权投资账面余额而计入净资产的金额。

二、本科目应当按照被投资单位进行明细核算。

三、权益法调整的主要账务处理如下：

（一）年末，按照被投资单位除净损益和利润分配以外的所有者权益变动应享有（或应分担）的份额，借记或贷记"长期股权投资——其他权益变动"科目，贷记或借记本科目。

（二）采用权益法核算的长期股权投资，因被投资单位除净损益和利润分配以外的所有者权益变动而将应享有（或应分担）的份额计入单位净资产的，处置该项投资时，按照原计入净资产的相应部分金额，借记或贷记本科目，贷记或借记"投资收益"科目。

四、本科目期末余额，反映事业单位在被投资单位除净损益和利润分配以外的所

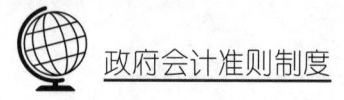

有者权益变动中累积享有（或分担）的份额。

3301 本期盈余

一、本科目核算单位本期各项收入、费用相抵后的余额。

二、本期盈余的主要账务处理如下：

（一）期末，将各类收入科目的本期发生额转入本期盈余，借记"财政拨款收入""事业收入""上级补助收入""附属单位上缴收入""经营收入""非同级财政拨款收入""投资收益""捐赠收入""利息收入""租金收入""其他收入"科目，贷记本科目；将各类费用科目本期发生额转入本期盈余，借记本科目，贷记"业务活动费用""单位管理费用""经营费用""所得税费用""资产处置费用""上缴上级费用""对附属单位补助费用""其他费用"科目。

（二）年末，完成上述结转后，将本科目余额转入"本年盈余分配"科目，借记或贷记本科目，贷记或借记"本年盈余分配"科目。

三、本科目期末如为贷方余额，反映单位自年初至当期期末累计实现的盈余；如为借方余额，反映单位自年初至当期期末累计发生的亏损。

四、年末结账后，本科目应无余额。

3302 本年盈余分配

一、本科目核算单位本年度盈余分配的情况和结果。

二、本年盈余分配的主要账务处理如下：

（一）年末，将"本期盈余"科目余额转入本科目，借记或贷记"本期盈余"科目，贷记或借记本科目。

（二）年末，根据有关规定从本年度非财政拨款结余或经营结余中提取专用基金的，按照预算会计下计算的提取金额，借记本科目，贷记"专用基金"科目。

（三）年末，按照规定完成上述（一）、（二）处理后，将本科目余额转入累计盈余，借记或贷记本科目，贷记或借记"累计盈余"科目。

三、年末结账后，本科目应无余额。

3401 无偿调拨净资产

一、本科目核算单位无偿调入或调出非现金资产所引起的净资产变动金额。

二、无偿调拨净资产的主要账务处理如下：

（一）按照规定取得无偿调入的存货、长期股权投资、固定资产、无形资产、公共基础设施、政府储备物资、文物文化资产、保障性住房等，按照确定的成本，借记"库存物品""长期股权投资""固定资产""无形资产""公共基础设施""政府储备物资""文物文化资产""保障性住房"等科目，按照调入过程中发生的归属于调入方的相关费用，贷记"零余额账户用款额度""银行存款"等科目，按照其差额，贷记本科目。

（二）按照规定经批准无偿调出存货、长期股权投资、固定资产、无形资产、公共基础设施、政府储备物资、文物文化资产、保障性住房等，按照调出资产的账面余额或账面价值，借记本科目，按照固定资产累计折旧、无形资产累计摊销、公共基础设施累计折旧或摊销、保障性住房累计折旧的金额，借记"固定资产累计折旧""无形资产累计摊销""公共基础设施累计折旧（摊销）""保障性住房累计折旧"科目，按照调出资产的账面余额，贷记"库存物品""长期股权投资""固定资产""无形资产""公共基础设施""政府储备物资""文物文化资产""保障性住房"等科目；同时，按照调出过程中发生的归属于调出方的相关费用，借记"资产处置费用"科目，贷记"零余额账户用款额度""银行存款"等科目。

（三）年末，将本科目余额转入累计盈余，借记或贷记本科目，贷记或借记"累计盈余"科目。

三、年末结账后，本科目应无余额。

3501 以前年度盈余调整

一、本科目核算单位本年度发生的调整以前年度盈余的事项，包括本年度发生的重要前期差错更正涉及调整以前年度盈余的事项。

二、以前年度盈余调整的主要账务处理如下：

（一）调整增加以前年度收入时，按照调整增加的金额，借记有关科目，贷记本科目。调整减少的，做相反会计分录。

（二）调整增加以前年度费用时，按照调整增加的金额，借记本科目，贷记有关科目。调整减少的，做相反会计分录。

（三）盘盈的各种非流动资产，报经批准后处理时，借记"待处理财产损溢"科目，贷记本科目。

（四）经上述调整后，应将本科目的余额转入累计盈余，借记或贷记"累计盈余"科目，贷记或借记本科目。

三、本科目结转后应无余额。

（四）收入类

4001 财政拨款收入

一、本科目核算单位从同级政府财政部门取得的各类财政拨款。同级政府财政部门预拨的下期预算款和没有纳入预算的暂付款项，以及采用实拨资金方式通过本单位转拨给下属单位的财政拨款，通过"其他应付款"科目核算，不通过本科目核算。

二、本科目可按照一般公共预算财政拨款、政府性基金预算财政拨款等拨款种类进行明细核算。

三、财政拨款收入的主要账务处理如下：

（一）财政直接支付方式下，根据收到的"财政直接支付入账通知书"及相关原始凭证，按照通知书中的直接支付入账金额，借记"库存物品""固定资产""业务活动费用""单位管理费用""应付职工薪酬"等科目，贷记本科目。涉及增值税业务的，相关账务处理参见"应交增值税"科目。

年末，根据本年度财政直接支付预算指标数与当年财政直接支付实际支付数的差额，借记"财政应返还额度——财政直接支付"科目，贷记本科目。

（二）财政授权支付方式下，根据收到的"财政授权支付额度到账通知书"，按照通知书中的授权支付额度，借记"零余额账户用款额度"科目，贷记本科目。

年末，本年度财政授权支付预算指标数大于零余额账户用款额度下达数的，根据未下达的用款额度，借记"财政应返还额度——财政授权支付"科目，贷记本科目。

（三）其他方式下收到财政拨款收入时，按照实际收到的金额，借记"银行存款"等科目，贷记本科目。

（四）因差错更正或购货退回等发生国库直接支付款项退回的，属于以前年度支付的款项，按照退回金额，借记"财政应返还额度——财政直接支付"科目，贷记"以前年度盈余调整""库存物品"等科目；属于本年度支付的款项，按照退回金额，借记本科目，贷记"业务活动费用""库存物品"等科目。

（五）期末，将本科目本期发生额转入本期盈余，借记本科目，贷记"本期盈余"科目。

四、期末结转后，本科目应无余额。

4101 事业收入

一、本科目核算事业单位开展专业业务活动及其辅助活动实现的收入，不包括从同级政府财政部门取得的各类财政拨款。

二、本科目应当按照事业收入的类别、来源等进行明细核算。对于因开展科研及其辅助活动从非同级政府财政部门取得的经费拨款，应当在本科目下单设"非同级财政拨款"明细科目进行核算。

三、事业收入的主要账务处理如下：

（一）采用财政专户返还方式管理的事业收入

1.实现应上缴财政专户的事业收入时，按照实际收到或应收的金额，借记"银行存款""应收账款"等科目，贷记"应缴财政款"科目。

2.向财政专户上缴款项时，按照实际上缴的款项金额，借记"应缴财政款"科目，贷记"银行存款"等科目。

3.收到从财政专户返还的事业收入时，按照实际收到的返还金额，借记"银行存款"等科目，贷记本科目。

（二）采用预收款方式确认的事业收入

1.实际收到预收款项时，按照收到的款项金额，借记"银行存款"等科目，贷记"预收账款"科目。

2.以合同完成进度确认事业收入时，按照基于合同完成进度计算的金额，借记"预收账款"科目，贷记本科目。

（三）采用应收款方式确认的事业收入

1.根据合同完成进度计算本期应收的款项，借记"应收账款"科目，贷记本科目。

2.实际收到款项时，借记"银行存款"等科目，贷记"应收账款"科目。

（四）其他方式下确认的事业收入，按照实际收到的金额，借记"银行存款""库存现金"等科目，贷记本科目。

上述（二）至（四）中涉及增值税业务的，相关账务处理参见"应交增值税"科目。

（五）期末，将本科目本期发生额转入本期盈余，借记本科目，贷记"本期盈余"科目。

四、期末结转后，本科目应无余额。

4201 上级补助收入

一、本科目核算事业单位从主管部门和上级单位取得的非财政拨款收入。

二、本科目应当按照发放补助单位、补助项目等进行明细核算。

三、上级补助收入的主要账务处理如下:

(一)确认上级补助收入时,按照应收或实际收到的金额,借记"其他应收款""银行存款"等科目,贷记本科目。实际收到应收的上级补助款时,按照实际收到的金额,借记"银行存款"等科目,贷记"其他应收款"科目。

(二)期末,将本科目本期发生额转入本期盈余,借记本科目,贷记"本期盈余"科目。

四、期末结转后,本科目应无余额。

4301 附属单位上缴收入

一、本科目核算事业单位取得的附属独立核算单位按照有关规定上缴的收入。

二、本科目应当按照附属单位、缴款项目等进行明细核算。

三、附属单位上缴收入的主要账务处理如下:

(一)确认附属单位上缴收入时,按照应收或收到的金额,借记"其他应收款""银行存款"等科目,贷记本科目。实际收到应收附属单位上缴款时,按照实际收到的金额,借记"银行存款"等科目,贷记"其他应收款"科目。

(二)期末,将本科目本期发生额转入本期盈余,借记本科目,贷记"本期盈余"科目。

四、期末结转后,本科目应无余额。

4401 经 营 收 入

一、本科目核算事业单位在专业业务活动及其辅助活动之外开展非独立核算经营活动取得的收入。

二、本科目应当按照经营活动类别、项目和收入来源等进行明细核算。

三、经营收入应当在提供服务或发出存货,同时收讫价款或者取得索取价款的凭据时,按照实际收到或应收的金额予以确认。

四、经营收入的主要账务处理如下:

(一)实现经营收入时,按照确定的收入金额,借记"银行存款""应收账款""应收票据"等科目,贷记本科目。涉及增值税业务的,相关账务处理参见"应交增值税"科目。

(二)期末,将本科目本期发生额转入本期盈余,借记本科目,贷记"本期盈余"科目。

五、期末结转后,本科目应无余额。

4601 非同级财政拨款收入

一、本科目核算单位从非同级政府财政部门取得的经费拨款,包括从同级政府其他部门取得的横向转拨财政款、从上级或下级政府财政部门取得的经费拨款等。

事业单位因开展科研及其辅助活动从非同级政府财政部门取得的经费拨款,应当通过"事业收入——非同级财政拨款"科目核算，不通过本科目核算。

二、本科目应当按照本级横向转拨财政款和非本级财政拨款进行明细核算，并按照收入来源进行明细核算。

三、非同级财政拨款收入的主要账务处理如下：

（一）确认非同级财政拨款收入时，按照应收或实际收到的金额，借记"其他应收款""银行存款"等科目，贷记本科目。

（二）期末，将本科目本期发生额转入本期盈余，借记本科目，贷记"本期盈余"科目。

四、期末结转后，本科目应无余额。

4602　投　资　收　益

一、本科目核算事业单位股权投资和债券投资所实现的收益或发生的损失。

二、本科目应当按照投资的种类等进行明细核算。

三、投资收益的主要账务处理如下：

（一）收到短期投资持有期间的利息，按照实际收到的金额，借记"银行存款"科目，贷记"投资收益"科目。

（二）出售或到期收回短期债券本息，按照实际收到的金额，借记"银行存款"科目，按照出售或收回短期投资的成本，贷记"短期投资"科目，按照其差额，贷记或借记本科目。涉及增值税业务的，相关账务处理参见"应交增值税"科目。

（三）持有的分期付息、一次还本的长期债券投资，按期确认利息收入时，按照计算确定的应收未收利息，借记"应收利息"科目，贷记本科目；持有的到期一次还本付息的债券投资，按期确认利息收入时，按照计算确定的应收未收利息，借记"长期债券投资——应计利息"科目，贷记本科目。

（四）出售长期债券投资或到期收回长期债券投资本息，按照实际收到的金额，借记"银行存款"等科目，按照债券初始投资成本和已计未收利息金额，贷记"长期债券投资——成本、应计利息"科目[到期一次还本付息债券]或"长期债券投资""应收利息"科目[分期付息债券]，按照其差额，贷记或借记本科目。涉及增值税业务的，相关账务处理参见"应交增值税"科目。

（五）采用成本法核算的长期股权投资持有期间，被投资单位宣告分派现金股利或利润时，按照宣告分派的现金股利或利润中属于单位应享有的份额，借记"应收股利"科目，贷记本科目。

采用权益法核算的长期股权投资持有期间，按照应享有或应分担的被投资单位实现的净损益的份额，借记或贷记"长期股权投资——损益调整"科目，贷记或借记本科目；被投资单位发生净亏损，但以后年度又实现净利润的，单位在其收益分享额弥补未确认的亏损分担额等后，恢复确认投资收益，借记"长期股权投资——损益调整"科目，贷记本科目。

（六）按照规定处置长期股权投资时有关投资收益的账务处理，参见"长期股权投资"科目。

（七）期末，将本科目本期发生额转入本期盈余，借记或贷记本科目，贷记或借记"本期盈余"科目。

四、期末结转后,本科目应无余额。

4603 捐赠收入

一、本科目核算单位接受其他单位或者个人捐赠取得的收入。

二、本科目应当按照捐赠资产的用途和捐赠单位等进行明细核算。

三、捐赠收入的主要账务处理如下:

(一)接受捐赠的货币资金,按照实际收到的金额,借记"银行存款""库存现金"等科目,贷记本科目。

(二)接受捐赠的存货、固定资产等非现金资产,按照确定的成本,借记"库存物品""固定资产"等科目,按照发生的相关税费、运输费等,贷记"银行存款"等科目,按照其差额,贷记本科目。

(三)接受捐赠的资产按照名义金额入账的,按照名义金额,借记"库存物品""固定资产"等科目,贷记本科目;同时,按照发生的相关税费、运输费等,借记"其他费用"科目,贷记"银行存款"等科目。

(四)期末,将本科目本期发生额转入本期盈余,借记本科目,贷记"本期盈余"科目。

四、期末结转后,本科目应无余额。

4604 利息收入

一、本科目核算单位取得的银行存款利息收入。

二、利息收入的主要账务处理如下:

(一)取得银行存款利息时,按照实际收到的金额,借记"银行存款"科目,贷记本科目。

(二)期末,将本科目本期发生额转入本期盈余,借记本科目,贷记"本期盈余"科目。

三、期末结转后,本科目应无余额。

4605 租金收入

一、本科目核算单位经批准利用国有资产出租取得并按照规定纳入本单位预算管理的租金收入。

二、本科目应当按照出租国有资产类别和收入来源等进行明细核算。

三、租金收入的主要账务处理如下:

(一)国有资产出租收入,应当在租赁期内各个期间按照直线法予以确认。

1.采用预收租金方式的,预收租金时,按照收到的金额,借记"银行存款"等科目,贷记"预收账款"科目;分期确认租金收入时,按照各期租金金额,借记"预收账款"科目,贷记本科目。

2.采用后付租金方式的,每期确认租金收入时,按照各期租金金额,借记"应收账款"科目,贷记本科目;收到租金时,按照实际收到的金额,借记"银行存款"等科目,贷记"应收账款"科目。

3.采用分期收取租金方式的,每期收取租金时,按照租金金额,借记"银行存款"等科目,贷记本科目。

涉及增值税业务的,相关账务处理参见"应交增值税"科目。

(二)期末,将本科目本期发生额转入本期盈余,借记本科目,贷记"本期盈余"科目。

四、期末结转后,本科目应无余额。

4609 其他收入

一、本科目核算单位取得的除财政拨款收入、事业收入、上级补助收入、附属单位上缴收入、经营收入、非同级财政拨款收入、投资收益、捐赠收入、利息收入、租金收入以外的各项收入,包括现金盘盈收入、按照规定纳入单位预算管理的科技成果转化收入、行政单位收回已核销的其他应收款、无法偿付的应付及预收款项、置换换出资产评估增值等。

二、本科目应当按照其他收入的类别、来源等进行明细核算。

三、其他收入的主要账务处理如下:

(一)现金盘盈收入

每日现金账款核对中发现的现金溢余,属于无法查明原因的部分,报经批准后,借记"待处理财产损溢"科目,贷记本科目。

(二)科技成果转化收入

单位科技成果转化所取得的收入,按照规定留归本单位的,按照所取得收入扣除相关费用之后的净收益,借记"银行存款"等科目,贷记本科目。

(三)收回已核销的其他应收款

行政单位已核销的其他应收款在以后期间收回的,按照实际收回的金额,借记"银行存款"等科目,贷记本科目。

(四)无法偿付的应付及预收款项

无法偿付或债权人豁免偿还的应付账款、预收账款、其他应付款及长期应付款,借记"应付账款""预收账款""其他应付款""长期应付款"等科目,贷记本科目。

(五)置换换出资产评估增值

资产置换过程中,换出资产评估增值的,按照评估价值高于资产账面价值或账面余额的金额,借记有关科目,贷记本科目。具体账务处理参见"库存物品"等科目。

以未入账的无形资产取得的长期股权投资,按照评估价值加相关税费作为投资成本,借记"长期股权投资"科目,按照发生的相关税费,贷记"银行存款""其他应交税费"等科目,按其差额,贷记本科目。

(六)确认(一)至(五)以外的其他收入时,按照应收或实际收到的金额,借记"其他应收款""银行存款""库存现金"等科目,贷记本科目。涉及增值税业务的,相关账务处理参见"应交增值税"科目。

(七)期末,将本科目本期发生额转入本期盈余,借记本科目,贷记"本期盈余"科目。

四、期末结转后,本科目应无余额。

（五）费用类

5001　业务活动费用

一、本科目核算单位为实现其职能目标，依法履职或开展专业业务活动及其辅助活动所发生的各项费用。

二、本科目应当按照项目、服务或者业务类别、支付对象等进行明细核算。

为了满足成本核算需要，本科目下还可按照"工资福利费用""商品和服务费用""对个人和家庭的补助费用""对企业补助费用""固定资产折旧费""无形资产摊销费""公共基础设施折旧（摊销）费""保障性住房折旧费""计提专用基金"等成本项目设置明细科目，归集能够直接计入业务活动或采用一定方法计算后计入业务活动的费用。

三、业务活动费用的主要账务处理如下：

（一）为履职或开展业务活动人员计提的薪酬，按照计算确定的金额，借记本科目，贷记"应付职工薪酬"科目。

（二）为履职或开展业务活动发生的外部人员劳务费，按照计算确定的金额，借记本科目，按照代扣代缴个人所得税的金额，贷记"其他应交税费——应交个人所得税"科目，按照扣税后应付或实际支付的金额，贷记"其他应付款""财政拨款收入""零余额账户用款额度""银行存款"等科目。

（三）为履职或开展业务活动领用库存物品，以及动用发出相关政府储备物资，按照领用库存物品或发出相关政府储备物资的账面余额，借记本科目，贷记"库存物品""政府储备物资"科目。

（四）为履职或开展业务活动所使用的固定资产、无形资产以及为所控制的公共基础设施、保障性住房计提的折旧、摊销，按照计提金额，借记本科目，贷记"固定资产累计折旧""无形资产累计摊销""公共基础设施累计折旧（摊销）""保障性住房累计折旧"科目。

（五）为履职或开展业务活动发生的城市维护建设税、教育费附加、地方教育费附加、车船税、房产税、城镇土地使用税等，按照计算确定应交纳的金额，借记本科目，贷记"其他应交税费"等科目。

（六）为履职或开展业务活动发生其他各项费用时，按照费用确认金额，借记本科目，贷记"财政拨款收入""零余额账户用款额度""银行存款""应付账款""其他应付款""其他应收款"等科目。

（七）按照规定从收入中提取专用基金并计入费用的，一般按照预算会计下基于预算收入计算提取的金额，借记本科目，贷记"专用基金"科目。国家另有规定的，从其规定。

（八）发生当年购货退回等业务，对于已计入本年业务活动费用的，按照收回或应收的金额，借记"财政拨款收入""零余额账户用款额度""银行存款""其他应收款"等科目，贷记本科目。

（九）期末，将本科目本期发生额转入本期盈余，借记"本期盈余"科目，贷记本科目。

四、期末结转后，本科目应无余额。

5101 单位管理费用

一、本科目核算事业单位本级行政及后勤管理部门开展管理活动发生的各项费用，包括单位行政及后勤管理部门发生的人员经费、公用经费、资产折旧（摊销）等费用，以及由单位统一负担的离退休人员经费、工会经费、诉讼费、中介费等。

二、本科目应当按照项目、费用类别、支付对象等进行明细核算。为了满足成本核算需要，本科目下还可按照"工资福利费用""商品和服务费用""对个人和家庭的补助费用""固定资产折旧费""无形资产摊销费"等成本项目设置明细科目，归集能够直接计入单位管理活动或采用一定方法计算后计入单位管理活动的费用。

三、单位管理费用的主要账务处理如下：

（一）为管理活动人员计提的薪酬，按照计算确定的金额，借记本科目，贷记"应付职工薪酬"科目。

（二）为开展管理活动发生的外部人员劳务费，按照计算确定的费用金额，借记本科目，按照代扣代缴个人所得税的金额，贷记"其他应交税费——应交个人所得税"科目，按照扣税后应付或实际支付的金额，贷记"其他应付款""财政拨款收入""零余额账户用款额度""银行存款"等科目。

（三）开展管理活动内部领用库存物品，按照领用物品实际成本，借记本科目，贷记"库存物品"科目。

（四）为管理活动所使用固定资产、无形资产计提的折旧、摊销，按照应提折旧、摊销额，借记本科目，贷记"固定资产累计折旧""无形资产累计摊销"科目。

（五）为开展管理活动发生城市维护建设税、教育费附加、地方教育费附加、车船税、房产税、城镇土地使用税等，按照计算确定应交纳的金额，借记本科目，贷记"其他应交税费"等科目。

（六）为开展管理活动发生的其他各项费用，按照费用确认金额，借记本科目，贷记"财政拨款收入""零余额账户用款额度""银行存款""其他应付款""其他应收款"等科目。

（七）发生当年购货退回等业务，对于已计入本年单位管理费用的，按照收回或应收的金额，借记"财政拨款收入""零余额账户用款额度""银行存款""其他应收款"等科目，贷记本科目。

（八）期末，将本科目本期发生额转入本期盈余，借记"本期盈余"科目，贷记本科目。

四、期末结转后，本科目应无余额。

5201 经营费用

一、本科目核算事业单位在专业业务活动及其辅助活动之外开展非独立核算经营活动发生的各项费用。

二、本科目应当按照经营活动类别、项目、支付对象等进行明细核算。

为了满足成本核算需要，本科目下还可按照"工资福利费用""商品和服务费用""对个人和家庭的补助费用""固定资产折旧费""无形资产摊销费"等成本项目设置明细科目，归集能够直接计入单位经营活动或采用一定方法计算后计入单位经营活动的费用。

三、经营费用的主要账务处理如下：

（一）为经营活动人员计提的薪酬，按照计算确定的金额，借记本科目，贷记"应付职工薪酬"科目。

（二）开展经营活动领用或发出库存物品，按照物品实际成本，借记本科目，贷记"库存物品"科目。

（三）为经营活动所使用固定资产、无形资产计提的折旧、摊销，按照应提折旧、摊销额，借记本科目，贷记"固定资产累计折旧""无形资产累计摊销"科目。

（四）开展经营活动发生城市维护建设税、教育费附加、地方教育费附加、车船税、房产税、城镇土地使用税等，按照计算确定应交纳的金额，借记本科目，贷记"其他应交税费"等科目。

（五）发生与经营活动相关的其他各项费用时，按照费用确认金额，借记本科目，贷记"银行存款""其他应付款""其他应收款"等科目。涉及增值税业务的，相关账务处理参见"应交增值税"科目。

（六）发生当年购货退回等业务，对于已计入本年经营费用的，按照收回或应收的金额，借记"银行存款""其他应收款"等科目，贷记本科目。

（七）期末，将本科目本期发生额转入本期盈余，借记"本期盈余"科目，贷记本科目。

四、期末结转后，本科目应无余额。

5301 资产处置费用

一、本科目核算单位经批准处置资产时发生的费用，包括转销的被处置资产价值，以及在处置过程中发生的相关费用或者处置收入小于相关费用形成的净支出。资产处置的形式按照规定包括无偿调拨、出售、出让、转让、置换、对外捐赠、报废、毁损以及货币性资产损失核销等。

单位在资产清查中查明的资产盘亏、毁损以及资产报废等，应当先通过"待处理财产损溢"科目进行核算，再将处理资产价值和处理净支出计入本科目。

短期投资、长期股权投资、长期债券投资的处置，按照相关资产科目的规定进行账务处理。

二、本科目应当按照处置资产的类别、资产处置的形式等进行明细核算。

三、资产处置费用的主要账务处理如下：

（一）不通过"待处理财产损溢"科目核算的资产处置

1. 按照规定报经批准处置资产时，按照处置资产的账面价值，借记本科目 [处置固定资产、无形资产、公共基础设施、保障性住房的，还应借记"固定资产累计折旧""无形资产累计摊销""公共基础设施累计折旧（摊销）""保障性住房累计折旧"科目]，按照处置资产的账面余额，贷记"库存物品""固定资产""无形资产""公共基础设施""政府储备物资""文物文化资产""保障性住房""其他应收款""在建工程"等科目。

2. 处置资产过程中仅发生相关费用的，按照实际发生金额，借记本科目，贷记"银行存款""库存现金"等科目。

3.处置资产过程中取得收入的,按照取得的价款,借记"库存现金""银行存款"等科目,按照处置资产过程中发生的相关费用,贷记"银行存款""库存现金"等科目,按照其差额,借记本科目或贷记"应缴财政款"等科目。

涉及增值税业务的,相关账务处理参见"应交增值税"科目。

(二)通过"待处理财产损溢"科目核算的资产处置

1.单位账款核对中发现的现金短缺,属于无法查明原因的,报经批准核销时,借记本科目,贷记"待处理财产损溢"科目。

2.单位资产清查过程中盘亏或者毁损、报废的存货、固定资产、无形资产、公共基础设施、政府储备物资、文物文化资产、保障性住房等,报经批准处理时,按照处理资产价值,借记本科目,贷记"待处理财产损溢——待处理财产价值"科目。处理收支结清时,处理过程中所取得收入小于所发生相关费用的,按照相关费用减去处理收入后的净支出,借记本科目,贷记"待处理财产损溢——处理净收入"科目。

(三)期末,将本科目本期发生额转入本期盈余,借记"本期盈余"科目,贷记本科目。

四、期末结转后,本科目应无余额。

5401 上缴上级费用

一、本科目核算事业单位按照财政部门和主管部门的规定上缴上级单位款项发生的费用。

二、本科目应当按照收缴款项单位、缴款项目等进行明细核算。

三、上缴上级费用的主要账务处理如下:

(一)单位发生上缴上级支出的,按照实际上缴的金额或者按照规定计算出应当上缴上级单位的金额,借记本科目,贷记"银行存款""其他应付款"等科目。

(二)期末,将本科目本期发生额转入本期盈余,借记"本期盈余"科目,贷记本科目。

四、期末结转后,本科目应无余额。

5501 对附属单位补助费用

一、本科目核算事业单位用财政拨款收入之外的收入对附属单位补助发生的费用。

二、本科目应当按照接受补助单位、补助项目等进行明细核算。

三、对附属单位补助费用的主要账务处理如下:

(一)单位发生对附属单位补助支出的,按照实际补助的金额或者按照规定计算出应当对附属单位补助的金额,借记本科目,贷记"银行存款""其他应付款"等科目。

(二)期末,将本科目本期发生额转入本期盈余,借记"本期盈余"科目,贷记本科目。

四、期末结转后,本科目应无余额。

5801 所得税费用

一、本科目核算有企业所得税缴纳义务的事业单位按规定缴纳企业所得税所形成的费用。

二、所得税费用的主要账务处理如下：

（一）发生企业所得税纳税义务的，按照税法规定计算的应交税金数额，借记本科目，贷记"其他应交税费——单位应交所得税"科目。

实际缴纳时，按照缴纳金额，借记"其他应交税费——单位应交所得税"科目，贷记"银行存款"科目。

（二）年末，将本科目本年发生额转入本期盈余，借记"本期盈余"科目，贷记本科目。

三、年末结转后，本科目应无余额。

5901 其他费用

一、本科目核算单位发生的除业务活动费用、单位管理费用、经营费用、资产处置费用、上缴上级费用、附属单位补助费用、所得税费用以外的各项费用，包括利息费用、坏账损失、罚没支出、现金资产捐赠支出以及相关税费、运输费等。

二、本科目应当按照其他费用的类别等进行明细核算。

单位发生的利息费用较多的，可以单独设置"5701 利息费用"科目。

三、其他费用的主要账务处理如下：

（一）利息费用

按期计算确认借款利息费用时，按照计算确定的金额，借记"在建工程"科目或本科目，贷记"应付利息""长期借款——应计利息"科目。

（二）坏账损失

年末，事业单位按照规定对收回后不需上缴财政的应收账款和其他应收款计提坏账准备时，按照计提金额，借记本科目，贷记"坏账准备"科目；冲减多提的坏账准备时，按照冲减金额，借记"坏账准备"科目，贷记本科目。

（三）罚没支出

单位发生罚没支出的，按照实际缴纳或应当缴纳的金额，借记本科目，贷记"银行存款""库存现金""其他应付款"等科目。

（四）现金资产捐赠

单位对外捐赠现金资产的，按照实际捐赠的金额，借记本科目，贷记"银行存款""库存现金"等科目。

（五）其他相关费用

单位接受捐赠（或无偿调入）以名义金额计量的存货、固定资产、无形资产，以及成本无法可靠取得的公共基础设施、文物文化资产等发生的相关税费、运输费等，按照实际支付的金额，借记本科目，贷记"财政拨款收入""零余额账户用款额度""银行存款""库存现金"等科目。

单位发生的与受托代理资产相关的税费、运输费、保管费等，按照实际支付或应付的金额，借记本科目，贷记"零余额账户用款额度""银行存款""库存现金""其他应付款"等科目。

（六）期末，将本科目本期发生额转入本期盈余，借记"本期盈余"科目，贷记本科目。

四、期末结转后，本科目应无余额。

二、预算会计科目

（一）预算收入类

6001 财政拨款预算收入

一、本科目核算单位从同级政府财政部门取得的各类财政拨款。

二、本科目应当设置"基本支出"和"项目支出"两个明细科目，并按照《政府收支分类科目》中"支出功能分类科目"的项级科目进行明细核算；同时，在"基本支出"明细科目下按照"人员经费"和"日常公用经费"进行明细核算，在"项目支出"明细科目下按照具体项目进行明细核算。

有一般公共预算财政拨款、政府性基金预算财政拨款等两种或两种以上财政拨款的单位，还应当按照财政拨款的种类进行明细核算。

三、财政拨款预算收入的主要账务处理如下：

（一）财政直接支付方式下，单位根据收到的"财政直接支付入账通知书"及相关原始凭证，按照通知书中的直接支付金额，借记"行政支出""事业支出"等科目，贷记本科目。

年末，根据本年度财政直接支付预算指标数与当年财政直接支付实际支出数的差额，借记"资金结存——财政应返还额度"科目，贷记本科目。

（二）财政授权支付方式下，单位根据收到的"财政授权支付额度到账通知书"，按照通知书中的授权支付额度，借记"资金结存——零余额账户用款额度"科目，贷记本科目。

年末，单位本年度财政授权支付预算指标数大于零余额账户用款额度下达数的，按照两者差额，借记"资金结存——财政应返还额度"科目，贷记本科目。

（三）其他方式下，单位按照本期预算收到财政拨款预算收入时，按照实际收到的金额，借记"资金结存——货币资金"科目，贷记本科目。

单位收到下期预算的财政预拨款，应当在下个预算期，按照预收的金额，借记"资金结存——货币资金"科目，贷记本科目。

（四）因差错更正、购货退回等发生国库直接支付款项退回的，属于本年度支付的款项，按照退回金额，借记本科目，贷记"行政支出""事业支出"等科目。

（五）年末，将本科目本年发生额转入财政拨款结转，借记本科目，贷记"财政拨款结转——本年收支结转"科目。

四、年末结转后，本科目应无余额

6101 事业预算收入

一、本科目核算事业单位开展专业业务活动及其辅助活动取得的现金流入。

事业单位因开展科研及其辅助活动从非同级政府财政部门取得的经费拨款，也通过本科目核算。

二、本科目应当按照事业预算收入类别、项目、来源、《政府收支分类科目》中"支出功能分类科目"项级科目等进行明细核算。对于因开展科研及其辅助活动从非同级政府财政部门取得的经费拨款，应当在本科目下单设"非同级财政拨款"明细科目进行明细核算；事业预算收入中如有专项资金收入，还应按照具体项目进行明细核算。

三、事业预算收入的主要账务处理如下：

（一）采用财政专户返还方式管理的事业预算收入，收到从财政专户返还的事业预算收入时，按照实际收到的返还金额，借记"资金结存——货币资金"科目，贷记本科目。

（二）收到其他事业预算收入时，按照实际收到的款项金额，借记"资金结存——货币资金"科目，贷记本科目。

（三）年末，将本科目本年发生额中的专项资金收入转入非财政拨款结转，借记本科目下各专项资金收入明细科目，贷记"非财政拨款结转——本年收支结转"科目；将本科目本年发生额中的非专项资金收入转入其他结余，借记本科目下各非专项资金收入明细科目，贷记"其他结余"科目。

四、年末结转后，本科目应无余额。

6201 上级补助预算收入

一、本科目核算事业单位从主管部门和上级单位取得的非财政补助现金流入。

二、本科目应当按照发放补助单位、补助项目、《政府收支分类科目》中"支出功能分类科目"的项级科目等进行明细核算。上级补助预算收入中如有专项资金收入，还应按照具体项目进行明细核算。

三、上级补助预算收入的主要账务处理如下：

（一）收到上级补助预算收入时，按照实际收到的金额，借记"资金结存——货币资金"科目，贷记本科目。

（二）年末，将本科目本年发生额中的专项资金收入转入非财政拨款结转，借记本科目下各专项资金收入明细科目，贷记"非财政拨款结转——本年收支结转"科目；将本科目本年发生额中的非专项资金收入转入其他结余，借记本科目下各非专项资金收入明细科目，贷记"其他结余"科目。

四、年末结转后，本科目应无余额。

6301 附属单位上缴预算收入

一、本科目核算事业单位取得附属独立核算单位根据有关规定上缴的现金流入。

二、本科目应当按照附属单位、缴款项目、《政府收支分类科目》中"支出功能分类科目"的项级科目等进行明细核算。附属单位上缴预算收入中如有专项资金收入，还应按照具体项目进行明细核算。

三、附属单位上缴预算收入的主要账务处理如下：

（一）收到附属单位缴来款项时，按照实际收到的金额，借记"资金结存——货币资金"科目，贷记本科目。

（二）年末，将本科目本年发生额中的专项资金收入转入非财政拨款结转，借记本科目下各专项资金收入明细科目，贷记"非财政拨款结转——本年收支结转"科目；将本科目本年发生额中的非专项资金收入转入其他结余，借记本科目下各非专项资金收入明细科目，贷记"其他结余"科目。

四、年末结转后，本科目应无余额。

6401 经营预算收入

一、本科目核算事业单位在专业业务活动及其辅助活动之外开展非独立核算经营活动取得的现金流入。

二、本科目应当按照经营活动类别、项目、《政府收支分类科目》中"支出功能分类科目"的项级科目等进行明细核算。

三、经营预算收入的主要账务处理如下：

（一）收到经营预算收入时，按照实际收到的金额，借记"资金结存——货币资金"科目，贷记本科目。

（二）年末，将本科目本年发生额转入经营结余，借记本科目，贷记"经营结余"科目。

四、年末结转后，本科目应无余额。

6501 债务预算收入

一、本科目核算事业单位按照规定从银行和其他金融机构等借入的、纳入部门预算管理的、不以财政资金作为偿还来源的债务本金。

二、本科目应当按照贷款单位、贷款种类、《政府收支分类科目》中"支出功能分类科目"的项级科目等进行明细核算。债务预算收入中如有专项资金收入，还应按照具体项目进行明细核算。

三、债务预算收入的主要账务处理如下：

（一）借入各项短期或长期借款时，按照实际借入的金额，借记"资金结存——货币资金"科目，贷记本科目。

（二）年末，将本科目本年发生额中的专项资金收入转入非财政拨款结转，借记本科目下各专项资金收入明细科目，贷记"非财政拨款结转——本年收支结转"科目；将本科目本年发生额中的非专项资金收入转入其他结余，借记本科目下各非专项资金收入明细科目，贷记"其他结余"科目。

四、年末结转后，本科目应无余额。

6601 非同级财政拨款预算收入

一、本科目核算单位从非同级政府财政部门取得的财政拨款，包括本级横向转拨财政款和非本级财政拨款。

对于因开展科研及其辅助活动从非同级政府财政部门取得的经费拨款，应当通过"事业预算收入——非同级财政拨款"科目进行核算，不通过本科目核算。

二、本科目应当按照非同级财政拨款预算收入的类别、来源、《政府收支分类科目》中"支出功能分类科目"的项级科目等进行明细核算。非同级财政拨款预算收入中如有专项资金收入，还应按照具体项目进行明细核算。

三、非同级财政拨款预算收入的主要账务处理如下：

（一）取得非同级财政拨款预算收入时，按照实际收到的金额，借记"资金结存——货币资金"科目，贷记本科目。

（二）年末，将本科目本年发生额中的专项资金收入转入非财政拨款结转，借记本科目下各专项资金收入明细科目，贷记"非财政拨款结转——本年收支结转"科目；将本科目本年发生额中的非专项资金收入转入其他结余，借记本科目下各非专项资金收入明细科目，贷记"其他结余"科目。

四、年末结转后，本科目应无余额。

6602 投资预算收益

一、本科目核算事业单位取得的按照规定纳入部门预算管理的属于投资收益性质的现金流入，包括股权投资收益、出售或收回债券投资所取得的收益和债券投资利息收入。

二、本科目应当按照《政府收支分类科目》中"支出功能分类科目"的项级科目等进行明细核算。

三、投资预算收益的主要账务处理如下：

（一）出售或到期收回本年度取得的短期、长期债券，按照实际取得的价款或实际收到的本息金额，借记"资金结存——货币资金"科目，按照取得债券时"投资支出"科目的发生额，贷记"投资支出"科目，按照其差额，贷记或借记本科目。

出售或到期收回以前年度取得的短期、长期债券，按照实际取得的价款或实际收到的本息金额，借记"资金结存——货币资金"科目，按照取得债券时"投资支出"科目的发生额，贷记"其他结余"科目，按照其差额，贷记或借记本科目。

出售、转让以货币资金取得的长期股权投资的，其账务处理参照出售或到期收回债券投资。

（二）持有的短期投资以及分期付息、一次还本的长期债券投资收到利息时，按照实际收到的金额，借记"资金结存——货币资金"科目，贷记本科目。

（三）持有长期股权投资取得被投资单位分派的现金股利或利润时，按照实际收到的金额，借记"资金结存——货币资金"科目，贷记本科目。

（四）出售、转让以非货币性资产取得的长期股权投资时，按照实际取得的价款扣减支付的相关费用和应缴财政款后的余额（按照规定纳入单位预算管理的），借记"资金结存——货币资金"科目，贷记本科目。

（五）年末，将本科目本年发生额转入其他结余，借记或贷记本科目，贷记或借记"其他结余"科目。

四、年末结转后，本科目应无余额。

6609 其他预算收入

一、本科目核算单位除财政拨款预算收入、事业预算收入、上级补助预算收入、附属单位上缴预算收入、经营预算收入、债务预算收入、非同级财政拨款预算收入、投资预算收益之外的纳入部门预算管理的现金流入，包括捐赠预算收入、利息预算收入、租金预算收入、现金盘盈收入等。

二、本科目应当按照其他收入类别、《政府收支分类科目》中"支出功能分类科目"的项级科目等进行明细核算。其他预算收入中如有专项资金收入，还应按照具体项目进行明细核算。

单位发生的捐赠预算收入、利息预算收入、租金预算收入金额较大或业务较多的，可单独设置"6603 捐赠预算收入""6604 利息预算收入""6605 租金预算收入"等科目。

三、其他预算收入的主要账务处理如下：

（一）接受捐赠现金资产、收到银行存款利息、收到资产承租人支付的租金时，按照实际收到的金额，借记"资金结存——货币资金"科目，贷记本科目。

（二）每日现金账款核对中如发现现金溢余，按照溢余的现金金额，借记"资金结存——货币资金"科目，贷记本科目。经核实，属于应支付给有关个人和单位的部分，按照实际支付的金额，借记本科目，贷记"资金结存——货币资金"科目。

（三）收到其他预算收入时，按照收到的金额，借记"资金结存——货币资金"科目，贷记本科目。

（四）年末，将本科目本年发生额中的专项资金收入转入非财政拨款结转，借记本科目下各专项资金收入明细科目，贷记"非财政拨款结转——本年收支结转"科目；将本科目本年发生额中的非专项资金收入转入其他结余，借记本科目下各非专项资金收入明细科目，贷记"其他结余"科目。

四、年末结转后，本科目应无余额。

（二）预算支出类

7101 行 政 支 出

一、本科目核算行政单位履行其职责实际发生的各项现金流出。

二、本科目应当分别按照"财政拨款支出""非财政专项资金支出"和"其他资金支出"，"基本支出"和"项目支出"等进行明细核算，并按照《政府收支分类科目》中"支出功能分类科目"的项级科目进行明细核算；"基本支出"和"项目支出"明细科目下应当按照《政府收支分类科目》中"部门预算支出经济分类科目"的款级科目进行明细核算，同时在"项目支出"明细科目下按照具体项目进行明细核算。

有一般公共预算财政拨款、政府性基金预算财政拨款等两种或两种以上财政拨款的行政单位，还应当在"财政拨款支出"明细科目下按照财政拨款的种类进行明细核算。

对于预付款项，可通过在本科目下设置"待处理"明细科目进行核算，待确认具体支出项目后再转入本科目下相关明细科目。年末结账前，应将本科目"待处理"明细科目余额全部转入本科目下相关明细科目。

三、行政支出的主要账务处理如下：

（一）支付单位职工薪酬向单位职工个人支付薪酬时，按照实际支付的金额，借记本科目，贷记"财政拨款预算收入""资金结存"科目。按照规定代扣代缴个人所得税以及代扣代缴或为职工缴纳职工社会保险费、住房公积金等时，按照实际缴纳的金额，借记本科目，贷记"财政拨款预算收入""资金结存"科目。

（二）支付外部人员劳务费按照实际支付给外部人员个人的金额，借记本科目，贷记"财政拨款预算收入""资金结存"科目。按照规定代扣代缴个人所得税时，按照实际缴纳的金额，借记本科目，贷记"财政拨款预算收入""资金结存"科目。

（三）为购买存货、固定资产、无形资产等以及在建工程支付相关款项时，按照实际支付的金额，借记本科目，贷记"财政拨款预算收入""资金结存"科目。

（四）发生预付账款时，按照实际支付的金额，借记本科目，贷记"财政拨款预算收入""资金结存"科目。对于暂付款项，在支付款项时可不做预算会计处理，待结算或报销时，按照结算或报销的金额，借记本科目，贷记"资金结存"科目。

（五）发生其他各项支出时，按照实际支付的金额，借记本科目，贷记"财政拨款预算收入""资金结存"科目。

（六）因购货退回等发生款项退回，或者发生差错更正的，属于当年支出收回的，按照收回或更正金额，借记"财政拨款预算收入""资金结存"科目，贷记本科目。

（七）年末，将本科目本年发生额中的财政拨款支出转入财政拨款结转，借记"财政拨款结转——本年收支结转"科目，贷记本科目下各财政拨款支出明细科目；将本科目本年发生额中的非财政专项资金支出转入非财政拨款结转，借记"非财政拨款结转——本年收支结转"科目，贷记本科目下各非财政专项资金支出明细科目；将本科目本年发生额中的其他资金支出（非财政非专项资金支出）转入其他结余，借记"其他结余"科目，贷记本科目下其他资金支出明细科目。

四、年末结转后，本科目应无余额。

7201 事业支出

一、本科目核算事业单位开展专业业务活动及其辅助活动实际发生的各项现金流出。

二、单位发生教育、科研、医疗、行政管理、后勤保障等活动的，可在本科目下设置相应的明细科目进行核算，或单设"7201 教育支出""7202 科研支出""7203 医疗支出""7204 行政管理支出""7205 后勤保障支出"等一级会计科目进行核算。

三、本科目应当分别按照"财政拨款支出""非财政专项资金支出"和"其他资金支出"，"基本支出"和"项目支出"等进行明细核算，并按照《政府收支分类科目》中"支出功能分类科目"的项级科目进行明细核算；"基本支出"和"项目支出"明细科目下应当按照《政府收支分类科目》中"部门预算支出经济分类科目"的款级科目进行明细核算，同时在"项目支出"明细科目下按照具体项目进行明细核算。

有一般公共预算财政拨款、政府性基金预算财政拨款等两种或两种以上财政拨款的事业单位，还应当在"财政拨款支出"明细科目下按照财政拨款的种类进行明细核算。

对于预付款项，可通过在本科目下设置"待处理"明细科目进行明细核算，待确认具体支出项目后再转入本科目下相关明细科目。年末结账前，应将本科目"待处理"明细科目余额全部转入本科目下相关明细科目。

四、事业支出的主要账务处理如下：

（一）支付单位职工（经营部门职工除外）薪酬向单位职工个人支付薪酬时，按照实际支付的数额，借记本科目，贷记"财政拨款预算收入""资金结存"科目。按照规定代扣代缴个人所得税以及代扣代缴或为职工缴纳职工社会保险费、住房公积金等时，按照实际缴纳的金额，借记本科目，贷记"财政拨款预算收入""资金结存"科目。

（二）为专业业务活动及其辅助活动支付外部人员劳务费按照实际支付给外部人员个人的金额，借记本科目，贷记"财政拨款预算收入""资金结存"科目。

按照规定代扣代缴个人所得税时，按照实际缴纳的金额，借记本科目，贷记"财政拨款预算收入""资金结存"科目。

（三）开展专业业务活动及其辅助活动过程中为购买存货、固定资产、无形资产等以及在建工程支付相关款项时，按照实际支付的金额，借记本科目，贷记"财政拨款预算收入""资金结存"科目。

（四）开展专业业务活动及其辅助活动过程中发生预付账款时，按照实际支付的金额，借记本科目，贷记"财政拨款预算收入""资金结存"科目。对于暂付款项，在支付款项时可不做预算会计处理，待结算或报销时，按照结算或报销的金额，借记本科目，贷记"资金结存"科目。

（五）开展专业业务活动及其辅助活动过程中缴纳的相关税费以及发生的其他各项支出，按照实际支付的金额，借记本科目，贷记"财政拨款预算收入""资金结存"科目。

（六）开展专业业务活动及其辅助活动过程中因购货退回等发生款项退回，或者发生差错更正的，属于当年支出收回的，按照收回或更正金额，借记"财政拨款预算收入""资金结存"科目，贷记本科目。

（七）年末，将本科目本年发生额中的财政拨款支出转入财政拨款结转，借记"财政拨款结转——本年收支结转"科目，贷记本科目下各财政拨款支出明细科目；将本科目本年发生额中的非财政专项资金支出转入非财政拨款结转，借记"非财政拨款结转——本年收支结转"科目，贷记本科目下各非财政专项资金支出明细科目；将本科目本年发生额中的其他资金支出（非财政非专项资金支出）转入其他结余，借记"其他结余"科目，贷记本科目下其他资金支出明细科目。

五、年末结转后，本科目应无余额。

7301 经营支出

一、本科目核算事业单位在专业业务活动及其辅助活动之外开展非独立核算经营活动实际发生的各项现金流出。

二、本科目应当按照经营活动类别、项目、《政府收支分类科目》中"支出功能分类科目"的项级科目和"部门预算支出经济分类科目"的款级科目等进行明细核算。

对于预付款项，可通过在本科目下设置"待处理"明细科目进行明细核算，待确认具体支出项目后再转入本科目下相关明细科目。年末结账前，应将本科目"待处理"明细科目余额全部转入本科目下相关明细科目。

三、经营支出的主要账务处理如下：

（一）支付经营部门职工薪酬

向职工个人支付薪酬时，按照实际的金额，借记本科目，贷记"资金结存"科目。

按照规定代扣代缴个人所得税以及代扣代缴或为职工缴纳职工社会保险费、住房公积金时，按照实际缴纳的金额，借记本科目，贷记"资金结存"科目。

（二）为经营活动支付外部人员劳务费

按照实际支付给外部人员个人的金额，借记本科目，贷记"资金结存"科目。

按照规定代扣代缴个人所得税时，按照实际缴纳的金额，借记本科目，贷记"资金结存"科目。

（三）开展经营活动过程中为购买存货、固定资产、无形资产等以及在建工程支付相关款项时，按照实际支付的金额，借记本科目，贷记"资金结存"科目。

（四）开展经营活动过程中发生预付账款时，按照实际支付的金额，借记本科目，贷记"资金结存"科目。

对于暂付款项，在支付款项时可不做预算会计处理，待结算或报销时，按照结算或报销的金额，借记本科目，贷记"资金结存"科目。

（五）因开展经营活动缴纳的相关税费以及发生的其他各项支出，按照实际支付的金额，借记本科目，贷记"资金结存"科目。

（六）开展经营活动中因购货退回等发生款项退回，或者发生差错更正的，属于当年支出收回的，按照收回或更正金额，借记"资金结存"科目，贷记本科目。

（七）年末，将本科目本年发生额转入经营结余，借记"经营结余"科目，贷记本科目。

四、年末结转后，本科目应无余额。

7401　上缴上级支出

一、本科目核算事业单位按照财政部门和主管部门的规定上缴上级单位款项发生的现金流出。

二、本科目应当按照收缴款项单位、缴款项目、《政府收支分类科目》中"支出功能分类科目"的项级科目和"部门预算支出经济分类科目"的款级科目等进行明细核算。

三、上缴上级支出的主要账务处理如下：

（一）按照规定将款项上缴上级单位的，按照实际上缴的金额，借记本科目，贷记"资金结存"科目。

（二）年末，将本科目本年发生额转入其他结余，借记"其他结余"科目，贷记本科目。

四、年末结转后，本科目应无余额。

7501　对附属单位补助支出

一、本科目核算事业单位用财政拨款预算收入之外的收入对附属单位补助发生的现金流出。

二、本科目应当按照接受补助单位、补助项目、《政府收支分类科目》中"支出功能分类科目"的项级科目和"部门预算支出经济分类科目"的款级科目等进行明细核算。

三、对附属单位补助支出的主要账务处理如下：

（一）发生对附属单位补助支出的，按照实际补助的金额，借记本科目，贷记"资金结存"科目。

（二）年末，将本科目本年发生额转入其他结余，借记"其他结余"科目，贷记本科目。

四、年末结转后，本科目应无余额。

7601 投资支出

一、本科目核算事业单位以货币资金对外投资发生的现金流出。

二、本科目应当按照投资类型、投资对象、《政府收支分类科目》中"支出功能分类科目"的项级科目和"部门预算支出经济分类科目"的款级科目等进行明细核算。

三、投资支出的主要账务处理如下：

（一）以货币资金对外投资时，按照投资金额和所支付的相关税费金额的合计数，借记本科目，贷记"资金结存"科目。

（二）出售、对外转让或到期收回本年度以货币资金取得的对外投资的，如果按规定将投资收益纳入单位预算，按照实际收到的金额，借记"资金结存"科目，按照取得投资时"投资支出"科目的发生额，贷记本科目，按照其差额，贷记或借记"投资预算收益"科目；如果按规定将投资收益上缴财政的，按照取得投资时"投资支出"科目的发生额，借记"资金结存"科目，贷记本科目。

出售、对外转让或到期收回以前年度以货币资金取得的对外投资的，如果按规定将投资收益纳入单位预算，按照实际收到的金额，借记"资金结存"科目，按照取得投资时"投资支出"科目的发生额，贷记"其他结余"科目，按照其差额，贷记或借记"投资预算收益"科目；如果按规定将投资收益上缴财政的，按照取得投资时"投资支出"科目的发生额，借记"资金结存"科目，贷记"其他结余"科目。

（三）年末，将本科目本年发生额转入其他结余，借记"其他结余"科目，贷记本科目。

四、年末结转后，本科目应无余额。

7701 债务还本支出

一、本科目核算事业单位偿还自身承担的纳入预算管理的从金融机构举借的债务本金的现金流出。

二、本科目应当按照贷款单位、贷款种类、《政府收支分类科目》中"支出功能分类科目"的项级科目和"部门预算支出经济分类科目"的款级科目等进行明细核算。

三、债务还本支出的主要账务处理如下：

（一）偿还各项短期或长期借款时，按照偿还的借款本金，借记本科目，贷记"资金结存"科目。

（二）年末，将本科目本年发生额转入其他结余，借记"其他结余"科目，贷记本科目。

四、年末结转后，本科目应无余额。

7901 其他支出

一、本科目核算单位除行政支出、事业支出、经营支出、上缴上级支出、对附属单位补助支出、投资支出、债务还本支出以外的各项现金流出,包括利息支出、对外捐赠现金支出、现金盘亏损失、接受捐赠(调入)和对外捐赠(调出)非现金资产发生的税费支出、资产置换过程中发生的相关税费支出、罚没支出等。

二、本科目应当按照其他支出的类别,"财政拨款支出""非财政专项资金支出"和"其他资金支出",《政府收支分类科目》中"支出功能分类科目"的项级科目和"部门预算支出经济分类科目"的款级科目等进行明细核算。其他支出中如有专项资金支出,还应按照具体项目进行明细核算。

有一般公共预算财政拨款、政府性基金预算财政拨款等两种或两种以上财政拨款的事业单位,还应当在"财政拨款支出"明细科目下按照财政拨款的种类进行明细核算。

单位发生利息支出、捐赠支出等其他支出金额较大或业务较多的,可单独设置"7902 利息支出""7903 捐赠支出"等科目。

三、其他支出的主要账务处理如下:

(一)利息支出

支付银行借款利息时,按照实际支付金额,借记本科目,贷记"资金结存"科目。

(二)对外捐赠现金资产

对外捐赠现金资产时,按照捐赠金额,借记本科目,贷记"资金结存——货币资金"科目。

(三)现金盘亏损失

每日现金账款核对中如发现现金短缺,按照短缺的现金金额,借记本科目,贷记"资金结存——货币资金"科目。经核实,属于应当由有关人员赔偿的,按照收到的赔偿金额,借记"资金结存——货币资金"科目,贷记本科目。

(四)接受捐赠(无偿调入)和对外捐赠(无偿调出)非现金资产发生的税费支出

接受捐赠(无偿调入)非现金资产发生的归属于捐入方(调入方)的相关税费、运输费等,以及对外捐赠(无偿调出)非现金资产发生的归属于捐出方(调出方)的相关税费、运输费等,按照实际支付金额,借记本科目,贷记"资金结存"科目。

(五)资产置换过程中发生的相关税费支出

资产置换过程中发生的相关税费,按照实际支付金额,借记本科目,贷记"资金结存"科目。

(六)其他支出

发生罚没等其他支出时,按照实际支出金额,借记本科目,贷记"资金结存"科目。

(七)年末,将本科目本年发生额中的财政拨款支出转入财政拨款结转,借记"财政拨款结转——本年收支结转"科目,贷记本科目下各财政拨款支出明细科目;将本科目本年发生额中的非财政专项资金支出转入非财政拨款结转,借记"非财政拨款结转——本年收支结转"科目,贷记本科目下各非财政专项资金支出明细科目;将本科目本年发生额中的其他资金支出(非财政非专项资金支出)转入其他结余,借记"其他结余"科目,贷记本科目下各其他资金支出明细科目。

四、年末结转后,本科目应无余额。

（三）预算结余类

8001　资金结存

一、本科目核算单位纳入部门预算管理的资金的流入、流出、调整和滚存等情况。

二、本科目应当设置下列明细科目：

（一）"零余额账户用款额度"：本明细科目核算实行国库集中支付的单位根据财政部门批复的用款计划收到和支用的零余额账户用款额度。

年末结账后，本明细科目应无余额。

（二）"货币资金"：本明细科目核算单位以库存现金、银行存款、其他货币资金形态存在的资金。

本明细科目年末借方余额，反映单位尚未使用的货币资金。

（三）"财政应返还额度"：本明细科目核算实行国库集中支付的单位可以使用的以前年度财政直接支付资金额度和财政应返还的财政授权支付资金额度。本明细科目下可设置"财政直接支付""财政授权支付"两个明细科目进行明细核算。

本明细科目年末借方余额，反映单位应收财政返还的资金额度。

三、资金结存的主要账务处理如下：

（一）财政授权支付方式下，单位根据代理银行转来的财政授权支付额度到账通知书，按照通知书中的授权支付额度，借记本科目（零余额账户用款额度），贷记"财政拨款预算收入"科目。

以国库集中支付以外的其他支付方式取得预算收入时，按照实际收到的金额，借记本科目（货币资金），贷记"财政拨款预算收入""事业预算收入""经营预算收入"等科目。

（二）财政授权支付方式下，发生相关支出时，按照实际支付的金额，借记"行政支出""事业支出"等科目，贷记本科目（零余额账户用款额度）。

从零余额账户提取现金时，借记本科目（货币资金），贷记本科目（零余额账户用款额度）。退回现金时，做相反会计分录。

使用以前年度财政直接支付额度发生支出时，按照实际支付金额，借记"行政支出""事业支出"等科目，贷记本科目（财政应返还额度）。

国库集中支付以外的其他支付方式下，发生相关支出时，按照实际支付的金额，借记"事业支出""经营支出"等科目，贷记本科目（货币资金）。

（三）按照规定上缴财政拨款结转结余资金或注销财政拨款结转结余资金额度的，按照实际上缴资金数额或注销的资金额度数额，借记"财政拨款结转——归集上缴"或"财政拨款结余——归集上缴"科目，贷记本科目（财政应返还额度、零余额账户用款额度、货币资金）。

按规定向原资金拨入单位缴回非财政拨款结转资金的，按照实际缴回资金数额，借记"非财政拨款结转——缴回资金"科目，贷记本科目（货币资金）。

收到从其他单位调入的财政拨款结转资金的，按照实际调入资金数额，借记本科目（财政应返还额度、零余额账户用款额度、货币资金），贷记"财政拨款结转——归集调入"科目。

（四）按照规定使用专用基金时，按照实际支付金额，借记"专用结余"科目 [从非财政拨款结余中提取的专用基金]或"事业支出"等科目[从预算收入中计提的专用基金],贷记本科目(货币资金)。

(五)因购货退回、发生差错更正等退回国库直接支付、授权支付款项,或者收回货币资金的,属于本年度支付的,借记"财政拨款预算收入"科目或本科目(零余额账户用款额度、货币资金),贷记相关支出科目;属于以前年度支付的,借记本科目(财政应返还额度、零余额账户用款额度、货币资金),贷记"财政拨款结转""财政拨款结余""非财政拨款结转""非财政拨款结余"科目。

(六)有企业所得税缴纳义务的事业单位缴纳所得税时,按照实际缴纳金额,借记"非财政拨款结余——累计结余"科目,贷记本科目(货币资金)。

(七)年末,根据本年度财政直接支付预算指标数与当年财政直接支付实际支出数的差额,借记本科目(财政应返还额度),贷记"财政拨款预算收入"科目。

(八)年末,单位依据代理银行提供的对账单作注销额度的相关账务处理,借记本科目(财政应返还额度),贷记本科目(零余额账户用款额度);本年度财政授权支付预算指标数大于零余额账户用款额度下达数的,根据未下达的用款额度,借记本科目(财政应返还额度),贷记"财政拨款预算收入"科目。

下年初,单位依据代理银行提供的额度恢复到账通知书作恢复额度的相关账务处理,借记本科目(零余额账户用款额度),贷记本科目(财政应返还额度)。单位收到财政部门批复的上年末未下达零余额账户用款额度的,借记本科目(零余额账户用款额度),贷记本科目(财政应返还额度)。

四、本科目年末借方余额,反映单位预算资金的累计滚存情况。

8101 财政拨款结转

一、本科目核算单位取得的同级财政拨款结转资金的调整、结转和滚存情况。
二、本科目应当设置下列明细科目:
(一)与会计差错更正、以前年度支出收回相关的明细科目
"年初余额调整":本明细科目核算因发生会计差错更正、以前年度支出收回等原因,需要调整财政拨款结转的金额。年末结账后,本明细科目应无余额。
(二)与财政拨款调拨业务相关的明细科目
1."归集调入":本明细科目核算按照规定从其他单位调入财政拨款结转资金时,实际调增的额度数额或调入的资金数额。年末结账后,本明细科目应无余额。
2."归集调出":本明细科目核算按照规定向其他单位调出财政拨款结转资金时,实际调减的额度数额或调出的资金数额。年末结账后,本明细科目应无余额。
3."归集上缴":本明细科目核算按照规定上缴财政拨款结转资金时,实际核销的额度数额或上缴的资金数额。年末结账后,本明细科目应无余额。
4."单位内部调剂":本明细科目核算经财政部门批准对财政拨款结余资金改变用途,调整用于本单位其他未完成项目等的调整金额。年末结账后,本明细科目应无余额。
(三)与年末财政拨款结转业务相关的明细科目
1."本年收支结转":本明细科目核算单位本年度财政拨款收支相抵后的余额。年末结账后,本明细科目应无余额。
2."累计结转":本明细科目核算单位滚存的财政拨款结转资金。本明细科目年末

贷方余额，反映单位财政拨款滚存的结转资金数额。

本科目还应当设置"基本支出结转""项目支出结转"两个明细科目，并在"基本支出结转"明细科目下按照"人员经费""日常公用经费"进行明细核算，在"项目支出结转"明细科目下按照具体项目进行明细核算；同时，本科目还应按照《政府收支分类科目》中"支出功能分类科目"的相关科目进行明细核算。

有一般公共预算财政拨款、政府性基金预算财政拨款等两种或两种以上财政拨款的，还应当在本科目下按照财政拨款的种类进行明细核算。

三、财政拨款结转的主要账务处理如下：

（一）与会计差错更正、以前年度支出收回相关的账务处理

1. 因发生会计差错更正退回以前年度国库直接支付、授权支付款项或财政性货币资金，或者因发生会计差错更正增加以前年度国库直接支付、授权支付支出或财政性货币资金支出，属于以前年度财政拨款结转资金的，借记或贷记"资金结存——财政应返还额度、零余额账户用款额度、货币资金"科目，贷记或借记本科目（年初余额调整）。

2. 因购货退回、预付款项收回等发生以前年度支出又收回国库直接支付、授权支付款项或收回财政性货币资金，属于以前年度财政拨款结转资金的，借记"资金结存——财政应返还额度、零余额账户用款额度、货币资金"科目，贷记本科目（年初余额调整）。

（二）与财政拨款结转结余资金调整业务相关的账务处理

1. 按照规定从其他单位调入财政拨款结转资金的，按照实际调增的额度数额或调入的资金数额，借记"资金结存——财政应返还额度、零余额账户用款额度、货币资金"科目，贷记本科目（归集调入）。

2. 按照规定向其他单位调出财政拨款结转资金的，按照实际调减的额度数额或调出的资金数额，借记本科目（归集调出），贷记"资金结存——财政应返还额度、零余额账户用款额度、货币资金"科目。

3. 按照规定上缴财政拨款结转资金或注销财政拨款结转资金额度的，按照实际上缴资金数额或注销的资金额度数额，借记本科目（归集上缴），贷记"资金结存——财政应返还额度、零余额账户用款额度、货币资金"科目。

4. 经财政部门批准对财政拨款结余资金改变用途，调整用于本单位基本支出或其他未完成项目支出的，按照批准调剂的金额，借记"财政拨款结余——单位内部调剂"科目，贷记本科目（单位内部调剂）。

（三）与年末财政拨款结转和结余业务相关的账务处理

1. 年末，将财政拨款预算收入本年发生额转入本科目，借记"财政拨款预算收入"科目，贷记本科目（本年收支结转）；将各项支出中财政拨款支出本年发生额转入本科目，借记本科目（本年收支结转），贷记各项支出（财政拨款支出）科目。

2. 年末冲销有关明细科目余额。将本科目（本年收支结转、年初余额调整、归集调入、归集调出、归集上缴、单位内部调剂）余额转入本科目（累计结转）。结转后，本科目除"累计结转"明细科目外，其他明细科目应无余额。

3. 年末完成上述结转后，应当对财政拨款结转各明细项目执行情况进行分析，按照有关规定将符合财政拨款结余性质的项目余额转入财政拨款结余，借记本科目（累

计结转），贷记"财政拨款结余——结转转入"科目。

四、本科目年末贷方余额，反映单位滚存的财政拨款结转资金数额。

8102 财政拨款结余

一、本科目核算单位取得的同级财政拨款项目支出结余资金的调整、结转和滚存情况。

二、本科目应当设置下列明细科目：

（一）与会计差错更正、以前年度支出收回相关的明细科目

"年初余额调整"：本明细科目核算因发生会计差错更正、以前年度支出收回等原因，需要调整财政拨款结余的金额。年末结账后，本明细科目应无余额。

（二）与财政拨款结余资金调整业务相关的明细科目

1. "归集上缴"：本明细科目核算按照规定上缴财政拨款结余资金时，实际核销的额度数额或上缴的资金数额。年末结账后，本明细科目应无余额。

2. "单位内部调剂"：本明细科目核算经财政部门批准对财政拨款结余资金改变用途，调整用于本单位其他未完成项目等的调整金额。年末结账后，本明细科目应无余额。

（三）与年末财政拨款结余业务相关的明细科目

1. "结转转入"：本明细科目核算单位按照规定转入财政拨款结余的财政拨款结转资金。年末结账后，本明细科目应无余额。

2. "累计结余"：本明细科目核算单位滚存的财政拨款结余资金。本明细科目年末贷方余额，反映单位财政拨款滚存的结余资金数额。

本科目还应当按照具体项目、《政府收支分类科目》中"支出功能分类科目"的相关科目等进行明细核算。

有一般公共预算财政拨款、政府性基金预算财政拨款等两种或两种以上财政拨款的，还应当在本科目下按照财政拨款的种类进行明细核算。

三、财政拨款结余的主要账务处理如下：

（一）与会计差错更正、以前年度支出收回相关的账务处理

1. 因发生会计差错更正退回以前年度国库直接支付、授权支付款项或财政性货币资金，或者因发生会计差错更正增加以前年度国库直接支付、授权支付支出或财政性货币资金支出，属于以前年度财政拨款结余资金的，借记或贷记"资金结存——财政应返还额度、零余额账户用款额度、货币资金"科目，贷记或借记本科目（年初余额调整）。

2. 因购货退回、预付款项收回等发生以前年度支出又收回国库直接支付、授权支付款项或收回财政性货币资金，属于以前年度财政拨款结余资金的，借记"资金结存——财政应返还额度、零余额账户用款额度、货币资金"科目，贷记本科目（年初余额调整）。

（二）与财政拨款结余资金调整业务相关的账务处理

1. 经财政部门批准对财政拨款结余资金改变用途，调整用于本单位基本支出或其他未完成项目支出的，按照批准调剂的金额，借记本科目（单位内部调剂），贷记"财政拨款结转——单位内部调剂"科目。

2. 按照规定上缴财政拨款结余资金或注销财政拨款结余资金额度的，按照实际上缴资金数额或注销的资金额度数额，借记本科目（归集上缴），贷记"资金结存——财

政应返还额度、零余额账户用款额度、货币资金"科目。

（三）与年末财政拨款结转和结余业务相关的账务处理

1.年末，对财政拨款结转各明细项目执行情况进行分析，按照有关规定将符合财政拨款结余性质的项目余额转入财政拨款结余，借记"财政拨款结转——累计结转"科目，贷记本科目（结转转入）。 2.年末冲销有关明细科目余额。将本科目（年初余额调整、归集上缴、单位内部调剂、结转转入）余额转入本科目（累计结余）。结转后，本科目除"累计结余"明细科目外，其他明细科目应无余额。

四、本科目年末贷方余额，反映单位滚存的财政拨款结余资金数额。

8201 非财政拨款结转

一、本科目核算单位除财政拨款收支、经营收支以外各非同级财政拨款专项资金的调整、结转和滚存情况。

二、本科目应当设置下列明细科目：

（一）"年初余额调整"：本明细科目核算因发生会计差错更正、以前年度支出收回等原因，需要调整非财政拨款结转的资金。年末结账后，本明细科目应无余额。

（二）"缴回资金"：本明细科目核算按照规定缴回非财政拨款结转资金时，实际缴回的资金数额。年末结账后，本明细科目应无余额。

（三）"项目间接费用或管理费"：本明细科目核算单位取得的科研项目预算收入中，按照规定计提项目间接费用或管理费的数额。年末结账后，本明细科目应无余额。

（四）"本年收支结转"：本明细科目核算单位本年度非同级财政拨款专项收支相抵后的余额。年末结账后，本明细科目应无余额。

（五）"累计结转"：本明细科目核算单位滚存的非同级财政拨款专项结转资金。本明细科目年末贷方余额，反映单位非同级财政拨款滚存的专项结转资金数额。

本科目还应当按照具体项目、《政府收支分类科目》中"支出功能分类科目"的相关科目等进行明细核算。

三、非财政拨款结转的主要账务处理如下：

（一）按照规定从科研项目预算收入中提取项目管理费或间接费时，按照提取金额，借记本科目（项目间接费用或管理费），贷记"非财政拨款结余——项目间接费用或管理费"科目。

（二）因会计差错更正收到或支出非同级财政拨款货币资金，属于非财政拨款结转资金的，按照收到或支出的金额，借记或贷记"资金结存——货币资金"科目，贷记或借记本科目（年初余额调整）。

因收回以前年度支出等收到非同级财政拨款货币资金，属于非财政拨款结转资金的，按照收到的金额，借记"资金结存——货币资金"科目，贷记本科目（年初余额调整）。

（三）按照规定缴回非财政拨款结转资金的，按照实际缴回资金数额，借记本科目（缴回资金），贷记"资金结存——货币资金"科目。

（四）年末，将事业预算收入、上级补助预算收入、附属单位上缴预算收入、非同级财政拨款预算收入、债务预算收入、其他预算收入本年发生额中的专项资金收入转入本科目，借记"事业预算收入""上级补助预算收入""附属单位上缴预算收入""非同级财政拨款预算收入""债务预算收入""其他预算收入"科目下各专项资金收入明细科目，贷记本科目（本年收支结转）；将行政支出、事业支出、其他支出本年发生额中的非财政拨款专项资金支出转入本科目，借记本科目（本年收支结转），贷记"行政支出""事业支出""其他支出"科目下各非财政拨款专项资金支出明细科目。

（五）年末冲销有关明细科目余额。将本科目（年初余额调整、项目间接费用或管理费、缴回资金、本年收支结转）余额转入本科目（累计结转）。结转后，本科目除"累计结转"明细科目外，其他明细科目应无余额。

（六）年末完成上述结转后，应当对非财政拨款专项结转资金各项目情况进行分析，将留归本单位使用的非财政拨款专项（项目已完成）剩余资金转入非财政拨款结余，借记本科目（累计结转），贷记"非财政拨款结余——结转转入"科目。

四、本科目年末贷方余额，反映单位滚存的非同级财政拨款专项结转资金数额。

8202　非财政拨款结余

一、本科目核算单位历年滚存的非限定用途的非同级财政拨款结余资金，主要为非财政拨款结余扣除结余分配后滚存的金额。

二、本科目应当设置下列明细科目：

（一）"年初余额调整"：本明细科目核算因发生会计差错更正、以前年度支出收回等原因，需要调整非财政拨款结余的资金。年末结账后，本明细科目应无余额。

（二）"项目间接费用或管理费"：本明细科目核算单位取得的科研项目预算收入中，按照规定计提的项目间接费用或管理费数额。年末结账后，本明细科目应无余额。

（三）"结转转入"：本明细科目核算按照规定留归单位使用，由单位统筹调配，纳入单位非财政拨款结余的非同级财政拨款专项剩余资金。年末结账后，本明细科目应无余额。

（四）"累计结余"：本明细科目核算单位历年滚存的非同级财政拨款、非专项结余资金。

本明细科目年末贷方余额，反映单位非同级财政拨款滚存的非专项结余资金数额。

本科目还应当按照《政府收支分类科目》中"支出功能分类科目"的相关科目进行明细核算。

三、非财政拨款结余的主要账务处理如下：

（一）按照规定从科研项目预算收入中提取项目管理费或间接费时，借记"非财政拨款结转——项目间接费用或管理费"科目，贷记本科目（项目间接费用或管理费）。

（二）有企业所得税缴纳义务的事业单位实际缴纳企业所得税时，按照缴纳金额，借记本科目（累计结余），贷记"资金结存——货币资金"科目。

（三）因会计差错更正收到或支出非同级财政拨款货币资金，属于非财政拨款结余资金的，按照收到或支出的金额，借记或贷记"资金结存——货币资金"科目，贷记或借记本科目（年初余额调整）。

因收回以前年度支出等收到非同级财政拨款货币资金，属于非财政拨款结余资金的，按照收到的金额，借记"资金结存——货币资金"科目，贷记本科目（年初余额调整）。

（四）年末，将留归本单位使用的非财政拨款专项（项目已完成）剩余资金转入本科目，借记"非财政拨款结转——累计结转"科目，贷记本科目（结转转入）。

（五）年末冲销有关明细科目余额。将本科目（年初余额调整、项目间接费用或管理费、结转转入）余额结转入本科目（累计结余）。结转后，本科目除"累计结余"明细科目外，其他明细科目应无余额。

（六）年末，事业单位将"非财政拨款结余分配"科目余额转入非财政拨款结余。"非财政拨款结余分配"科目为借方余额的，借记本科目（累计结余），贷记"非财政拨款结余分配"科目；"非财政拨款结余分配"科目为贷方余额的，借记"非财政拨款结余分配"科目，贷记本科目（累计结余）。

年末，行政单位将"其他结余"科目余额转入非财政拨款结余。"其他结余"科目为借方余额的，借记本科目（累计结余），贷记"其他结余"科目；"其他结余"科目为贷方余额的，借记"其他结余"科目，贷记本科目（累计结余）。

四、本科目年末贷方余额，反映单位非同级财政拨款结余资金的累计滚存数额。

8301 专用结余

一、本科目核算事业单位按照规定从非财政拨款结余中提取的具有专门用途的资金的变动和滚存情况。

二、本科目应当按照专用结余的类别进行明细核算。

三、专用结余的主要账务处理如下：

（一）根据有关规定从本年度非财政拨款结余或经营结余中提取基金的，按照提取金额，借记"非财政拨款结余分配"科目，贷记本科目。

（二）根据规定使用从非财政拨款结余或经营结余中提取的专用基金时，按照使用金额，借记本科目，贷记"资金结存——货币资金"科目。

四、本科目年末贷方余额，反映事业单位从非同级财政拨款结余中提取的专用基金的累计滚存数额。

8401 经营结余

一、本科目核算事业单位本年度经营活动收支相抵后余额弥补以前年度经营亏损后的余额。

二、本科目可以按照经营活动类别进行明细核算。

三、经营结余的主要账务处理如下：

（一）年末，将经营预算收入本年发生额转入本科目，借记"经营预算收入"科目，贷记本科目；将经营支出本年发生额转入本科目，借记本科目，贷记"经营支出"科目。

（二）年末，完成上述（一）结转后，如本科目为贷方余额，将本科目贷方余额转入"非财政拨款结余分配"科目，借记本科目，贷记"非财政拨款结余分配"科目；如本科目为借方余额，为经营亏损，不予结转。

四、年末结账后，本科目一般无余额；如为借方余额，反映事业单位累计发生的经营亏损。

8501 其他结余

一、本科目核算单位本年度除财政拨款收支、非同级财政专项资金收支和经营收支以外各项收支相抵后的余额。

二、其他结余的主要账务处理如下：

（一）年末，将事业预算收入、上级补助预算收入、附属单位上缴预算收入、非同级财政拨款预算收入、债务预算收入、其他预算收入本年发生额中的非专项资金收入以及投资预算收益本年发生额转入本科目，借记"事业预算收入""上级补助预算收入""附属单位上缴预算收入""非同级财政拨款预算收入""债务预算收入""其他预算收入"科目下各非专项资金收入明细科目和"投资预算收益"科目，贷记本科目（"投资预算收益"科目本年发生额为借方净额时，借记本科目，贷记"投资预算收益"科目）；将行政支出、事业支出、其他支出本年发生额中的非同级财政、非专项资金支出，以及上缴上级支出、对附属单位补助支出、投资支出、债务还本支出本年发生额转入本科目，借记本科目，贷记"行政支出""事业支出""其他支出"科目下各非同级财政、非专项资金支出明细科目和"上缴上级支出""对附属单位补助支出""投资支出""债务还本支出"科目。

（二）年末，完成上述（一）结转后，行政单位将本科目余额转入"非财政拨款结余——累计结余"科目；事业单位将本科目余额转入"非财政拨款结余分配"科目。当本科目为贷方余额时，借记本科目，贷记"非财政拨款结余——累计结余"或"非财政拨款结余分配"科目；当本科目为借方余额时，借记"非财政拨款结余——累计结余"或"非财政拨款结余分配"科目，贷记本科目。

三、年末结账后，本科目应无余额。

8701 非财政拨款结余分配

一、本科目核算事业单位本年度非财政拨款结余分配的情况和结果。

二、非财政拨款结余分配的主要账务处理如下：

（一）年末，将"其他结余"科目余额转入本科目，当"其他结余"科目为贷方余额时，借记"其他结余"科目，贷记本科目；当"其他结余"科目为借方余额时，借记本科目，贷记"其他结余"科目。年末，将"经营结余"科目贷方余额转入本科目，借记"经营结余"科目，贷记本科目。

（二）根据有关规定提取专用基金的，按照提取的金额，借记本科目，贷记"专用结余"科目。

（三）年末，按照规定完成上述（一）至（二）处理后，将本科目余额转入非财政拨款结余。当本科目为借方余额时，借记"非财政拨款结余——累计结余"科目，贷记本科目；当本科目为贷方余额时，借记本科目，贷记"非财政拨款结余——累计结余"科目。

三、年末结账后，本科目应无余额。

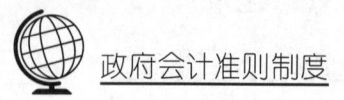

第四部分 报表格式

编号	报表名称	编制期
财务报表		
会政财01表	资产负债表	月度、年度
会政财02表	收入费用表	月度、年度
会政财03表	净资产变动表	年度
会政财04表	现金流量表	年度
	附注	年度
预算会计报表		
会政预01表	预算收入支出表	年度
会政预02表	预算结转结余变动表	年度
会政预03表	财政拨款预算收入支出表	年度

资产负债表

编制单位：　　　　　　　　　　　___年__月__日　　　　　　　　　　　会政财01表
单位：元

资产	期末余额	年初余额	负债和净资产	期末余额	年初余额
流动资产：			流动负债：		
货币资金			短期借款		
短期投资			应交增值税		
财政应返还额度			其他应交税费		
应收票据			应缴财政款		
应收账款净额			应付职工薪酬		
预付账款			应付票据		
应收股利			应付账款		
应收利息			应付政府补贴款		
其他应收款净额			应付利息		
存货			预收账款		
待摊费用			其他应付款		
一年内到期的非流动资产			预提费用		
其他流动资产			一年内到期的非流动负债		

（续表）

资产	期末余额	年初余额	负债和净资产	期末余额	年初余额
流动资产合计			其他流动负债		
非流动资产：			流动负债合计		
长期股权投资			非流动负债：		
长期债券投资			长期借款		
固定资产原值			长期应付款		
减：固定资产累计折旧			预计负债		
固定资产净值			其他非流动负债		
工程物资			非流动负债合计		
在建工程			受托代理负债		
无形资产原值			负债合计		
减：无形资产累计摊销					
无形资产净值					
研发支出					
公共基础设施原值					
减：公共基础设施累计折旧（摊销）					
公共基础设施净值					
政府储备物资					
文物文化资产					
保障性住房原值					
减：保障性住房累计折旧			净资产：		
保障性住房净值			累计盈余		
长期待摊费用			专用基金		
待处理财产损溢			权益法调整		
其他非流动资产			无偿调拨净资产*		—
非流动资产合计			本期盈余*		—
受托代理资产			净资产合计		
资产总计			负债和净资产总计		

注："*"标识项目为月报项目，年报中不需列示。

政府会计准则制度

收 入 费 用 表

会政财 02 表

编制单位：_____　　　____年__月　　　　　单位：元

项　目	本月数	本年累计数
一、本期收入		
（一）财政拨款收入		
其中：政府性基金收入		
（二）事业收入		
（三）上级补助收入		
（四）附属单位上缴收入		
（五）经营收入		
（六）非同级财政拨款收入		
（七）投资收益		
（八）捐赠收入		
（九）利息收入		
（十）租金收入		
（十一）其他收入		
二、本期费用		
（一）业务活动费用		
（二）单位管理费用		
（三）经营费用		
（四）资产处置费用		
（五）上缴上级费用		
（六）对附属单位补助费用		
（七）所得税费用		
（八）其他费用		
三、本期盈余		

会政财 03 表

净资产变动表

_____年

编制单位：_____ 单位：元

项目	本年数				上年数			
	累计盈余	专用基金	权益法调整	净资产合计	累计盈余	专用基金	权益法调整	净资产合计
一、上年年末余额								
二、以前年度盈余调整（减少以"—"号填列）		—	—			—	—	
三、本年年初余额								
四、本年变动金额（减少以"—"号填列）			—				—	
（一）本年盈余		—	—			—	—	
（二）无偿调拨净资产		—	—			—	—	
（三）归集调整预算结转结余		—	—			—	—	
（四）提取或设置专用基金			—				—	
其中：从预算收入中提取	—		—		—		—	
从预算结余中提取	—		—		—		—	
设置的专用基金	—		—		—		—	
（五）使用专用基金			—				—	
（六）权益法调整		—				—		
五、本年年末余额								

注："—"标识单元格不需填列。

现 金 流 量 表

会政财 04 表

编制单位：_____　　　_____年　　　　　　　　　　单位：元

项目	本年金额	上年金额
一、日常活动产生的现金流量：		
财政基本支出拨款收到的现金		
财政非资本性项目拨款收到的现金		
事业活动收到的除财政拨款以外的现金		
收到的其他与日常活动有关的现金		
日常活动的现金流入小计		
购买商品、接受劳务支付的现金		
支付给职工以及为职工支付的现金		
支付的各项税费		
支付的其他与日常活动有关的现金		
日常活动的现金流出小计		
日常活动产生的现金流量净额		
二、投资活动产生的现金流量：		
收回投资收到的现金		
取得投资收益收到的现金		
处置固定资产、无形资产、公共基础设施等收回的现金净额		
收到的其他与投资活动有关的现金		
投资活动的现金流入小计		
购建固定资产、无形资产、公共基础设施等支付的现金		
对外投资支付的现金		
上缴处置固定资产、无形资产、公共基础设施等净收入支付的现金		
支付的其他与投资活动有关的现金		

（续表）

项目	本年金额	上年金额
投资活动的现金流出小计		
投资活动产生的现金流量净额		
三、筹资活动产生的现金流量：		
财政资本性项目拨款收到的现金		
取得借款收到的现金		
收到的其他与筹资活动有关的现金		
筹资活动的现金流入小计		
偿还借款支付的现金		
偿还利息支付的现金		
支付的其他与筹资活动有关的现金		
筹资活动的现金流出小计		
筹资活动产生的现金流量净额		
四、汇率变动对现金的影响额		
五、现金净增加额		

预算收入支出表

会政预 01 表

编制单位：_____　　　　　　　____年　　　　　　　单位：元

项目	本年数	上年数
一、本年预算收入		
（一）财政拨款预算收入		
其中：政府性基金收入		
（二）事业预算收入		
（三）上级补助预算收入		
（四）附属单位上缴预算收入		

(续表)

项目	本年数	上年数
（五）经营预算收入		
（六）债务预算收入		
（七）非同级财政拨款预算收入		
（八）投资预算收益		
（九）其他预算收入		
其中：利息预算收入		
捐赠预算收入		
租金预算收入		
二、本年预算支出		
（一）行政支出		
（二）事业支出		
（三）经营支出		
（四）上缴上级支出		
（五）对附属单位补助支出		
（六）投资支出		
（七）债务还本支出		
（八）其他支出		
其中：利息支出		
捐赠支出		
三、本年预算收支差额		

预算结转结余变动表

会政预 02 表

编制单位：_____　　　__年　　　单位：元

项　目	本年数	上年数
一、年初预算结转结余		
（一）财政拨款结转结余		
（二）其他资金结转结余		
二、年初余额调整（减少以"－"号填列）		
（一）财政拨款结转结余		
（二）其他资金结转结余		
三、本年变动金额（减少以"－"号填列）		
（一）财政拨款结转结余		
1.本年收支差额		
2.归集调入		
3.归集上缴或调出		
（二）其他资金结转结余		
1.本年收支差额		
2.缴回资金		
3.使用专用结余		
4.支付所得税		
四、年末预算结转结余		
（一）财政拨款结转结余		
1.财政拨款结转		
2.财政拨款结余		
（二）其他资金结转结余		
1.非财政拨款结转		
2.非财政拨款结余		
3.专用结余		
4.经营结余（如有余额，以"－"号填列）		

财政拨款预算收入支出表

编制单位：_____ _____年

会政预 03 表
单位：元

项目	年初财政拨款结转结余		调整年初财政拨款结转结余	本年归集调入	本年归集上缴或调出	单位内部调剂		本年财政拨款收入	本年财政拨款支出	年末财政拨款结转结余	
	结转	结余				结转	结余			结转	结余
一、一般公共预算财政拨款											
（一）基本支出											
1. 人员经费											
2. 日常公用经费											
（二）项目支出											
1. ×× 项目											
2. ×× 项目											
……											
二、政府性基金预算财政拨款											
（一）基本支出											
1. 人员经费											
2. 日常公用经费											
（二）项目支出											
1. ×× 项目											
2. ×× 项目											
……											
总计											

第五部分 报表编制说明

一、资产负债表编制说明

（一）本表反映单位在某一特定日期全部资产、负债和净资产的情况。

（二）本表"年初余额"栏内各项数字，应当根据上年年末资产负债表"期末余额"栏内数字填列。

如果本年度资产负债表规定的项目的名称和内容同上年度不一致，应当对上年年末资产负债表项目的名称和数字按照本年度的规定进行 调整，将调整后数字填入本表"年初余额"栏内。

如果本年度单位发生了因前期差错更正、会计政策变更等调整以前年度盈余的事项，还应当对"年初余额"栏中的有关项目金额进行相应调整。

（三）本表中"资产总计"项目期末（年初）余额应当与"负债和净资产总计"项目期末（年初）余额相等。

（四）本表"期末余额"栏各项目的内容和填列方法

1. 资产类项目

（1）"货币资金"项目，反映单位期末库存现金、银行存款、零余额账户用款额度、其他货币资金的合计数。本项目应当根据"库存现金""银行存款""零余额账户用款额度""其他货币资金"科目的期末余额的合计数填列；若单位存在通过"库存现金""银行存款"科目核算的受托代理资产还应当按照前述合计数扣减"库存现金""银行存款"科目下"受托代理资产"明细科目的期末余额后的金额填列。

（2）"短期投资"项目，反映事业单位期末持有的短期投资账面余额。本项目应当根据"短期投资"科目的期末余额填列。

（3）"财政应返还额度"项目，反映单位期末财政应返还额度的金额。本项目应当根据"财政应返还额度"科目的期末余额填列。

（4）"应收票据"项目，反映事业单位期末持有的应收票据的票面金额。本项目应当根据"应收票据"科目的期末余额填列。

（5）"应收账款净额"项目，反映单位期末尚未收回的应收账款减去已计提的坏账准备后的净额。本项目应当根据"应收账款"科目的期末余额，减去"坏账准备"科目中对应收账款计提的坏账准备的期末余额后的金额填列。

（6）"预付账款"项目，反映单位期末预付给商品或者劳务供应单位的款项。本项目应当根据"预付账款"科目的期末余额填列。

（7）"应收股利"项目，反映事业单位期末因股权投资而应收取的现金股利或应当分得的利润。本项目应当根据"应收股利"科目的期末余额填列。

（8）"应收利息"项目，反映事业单位期末因债券投资等而应收取的利息。事业单位购入的到期一次还本付息的长期债券投资持有期间应收的利息，不包括在本项目内。本项目应当根据"应收利息"科目的期末余额填列。

（9）"其他应收款净额"项目，反映单位期末尚未收回的其他应收款减去已计提的坏账准备后的净额。本项目应当根据"其他应收款"科目的期末余额减去"坏账准备"科目中对其他应收款计提的坏账准备的期末余额后的金额填列。

（10）"存货"项目，反映单位期末存储的存货的实际成本。本项目应当根据"在途物品""库存物品""加工物品"科目的期末余额的合计数填列。

（11）"待摊费用"项目，反映单位期末已经支出，但应当由本期和以后各期负担的分摊期在1年以内（含1年）的各项费用。本项目应当根据"待摊费用"科目的期末余额填列。

（12）"一年内到期的非流动资产"项目，反映单位期末非流动资产项目中将在1年内（含1年）到期的金额，如事业单位将在1年内（含1年）到期的长期债券投资金额。本项目应当根据"长期债券投资"等科目的明细科目的期末余额分析填列。

（13）"其他流动资产"项目，反映单位期末除本表中上述各项之外的其他流动资产的合计金额。本项目应当根据有关科目期末余额的合计数填列。

（14）"流动资产合计"项目，反映单位期末流动资产的合计数。本项目应当根据本表中"货币资金""短期投资""财政应返还额度""应收票据""应收账款净额""预付账款""应收股利""应收利息""其他应收款净额""存货""待摊费用""一年内到期的非流动资产""其他流动资产"项目金额的合计数填列。

（15）"长期股权投资"项目，反映事业单位期末持有的长期股权投资的账面余额。本项目应当根据"长期股权投资"科目的期末余额填列。

（16）"长期债券投资"项目，反映事业单位期末持有的长期债券投资的账面余额。本项目应当根据"长期债券投资"科目的期末余额减去其中将于1年内（含1年）到期的长期债券投资余额后的金额填列。

（17）"固定资产原值"项目，反映单位期末固定资产的原值。本项目应当根据"固定资产"科目的期末余额填列。

"固定资产累计折旧"项目，反映单位期末固定资产已计提的累计折旧金额。本项目应当根据"固定资产累计折旧"科目的期末余额填列。

"固定资产净值"项目，反映单位期末固定资产的账面价值。本项目应当根据"固定资产"科目期末余额减去"固定资产累计折旧"科目期末余额后的金额填列。

（18）"工程物资"项目，反映单位期末为在建工程准备的各种物资的实际成本。本项目应当根据"工程物资"科目的期末余额填列。

（19）"在建工程"项目，反映单位期末所有的建设项目工程的实际成本。本项目应当根据"在建工程"科目的期末余额填列。

（20）"无形资产原值"项目，反映单位期末无形资产的原值。本项目应当根据"无形资产"科目的期末余额填列。

"无形资产累计摊销"项目，反映单位期末无形资产已计提的累计摊销金额。本项目应当根据"无形资产累计摊销"科目的期末余额填列。

"无形资产净值"项目，反映单位期末无形资产的账面价值。本项目应当根据"无形资产"科目期末余额减去"无形资产累计摊销"科目期末余额后的金额填列。

（21）"研发支出"项目，反映单位期末正在进行的无形资产开发项目开发阶段发生的累计支出数。本项目应当根据"研发支出"科目的期末余额填列。

（22）"公共基础设施原值"项目，反映单位期末控制的公共基础设施的原值。本项目应当根据"公共基础设施"科目的期末余额填列。

"公共基础设施累计折旧（摊销）"项目，反映单位期末控制的公共基础设施已计提的累计折旧和累计摊销金额。本项目应当根据"公共基础设施累计折旧（摊销）"科目的期末余额填列。

"公共基础设施净值"项目，反映单位期末控制的公共基础设施的账面价值。本项目应当根据"公共基础设施"科目期末余额减去"公共基础设施累计折旧（摊销）"科目期末余额后的金额填列。

（23）"政府储备物资"项目，反映单位期末控制的政府储备物资的实际成本。本项目应当根据"政府储备物资"科目的期末余额填列。

（24）"文物文化资产"项目，反映单位期末控制的文物文化资产的成本。本项目应当根据"文物文化资产"科目的期末余额填列。

（25）"保障性住房原值"项目，反映单位期末控制的保障性住房的原值。本项目应当根据"保障性住房"科目的期末余额填列。

"保障性住房累计折旧"项目，反映单位期末控制的保障性住房已计提的累计折旧金额。本项目应当根据"保障性住房累计折旧"科目的期末余额填列。

"保障性住房净值"项目，反映单位期末控制的保障性住房的账面价值。本项目应当根据"保障性住房"科目期末余额减去"保障性住房累计折旧"科目期末余额后的金额填列。

（26）"长期待摊费用"项目，反映单位期末已经支出，但应由本期和以后各期负担的分摊期限在1年以上（不含1年）的各项费用。本项目应当根据"长期待摊费用"科目的期末余额填列。

（27）"待处理财产损溢"项目，反映单位期末尚未处理完毕的各种资产的净损失或净溢余。本项目应当根据"待处理财产损溢"科目的期末借方余额填列；如"待处理财产损溢"科目期末为贷方余额，以"－"号填列。

（28）"其他非流动资产"项目，反映单位期末除本表中上述各项之外的其他非流动资产的合计数。本项目应当根据有关科目的期末余额合计数填列。

（29）"非流动资产合计"项目，反映单位期末非流动资产的合计数。本项目应当根据本表中"长期股权投资""长期债券投资""固定资产净值""工程物资""在建工程""无形资产净值""研发支出""公共基础设施净值""政府储备物资""文物文化资产""保障性住房净值""长期待摊费用""待处理财产损溢""其他非流动资产"项目金额的合计数填列。

（30）"受托代理资产"项目，反映单位期末受托代理资产的价值。本项目应当根据"受托代理资产"科目的期末余额与"库存现金""银行存款"科目下"受托代理资产"明细科目的期末余额的合计数填列。

（31）"资产总计"项目，反映单位期末资产的合计数。本项目应当根据本表中"流动资产合计""非流动资产合计""受托代理资产"项目金额的合计数填列。

2. 负债类项目

（32）"短期借款"项目，反映事业单位期末短期借款的余额。本项目应当根据"短期借款"科目的期末余额填列。

（33）"应交增值税"项目，反映单位期末应缴未缴的增值税税额。本项目应当根据"应交增值税"科目的期末余额填列；如"应交增值税"科目期末为借方余额，以"－"号填列。

（34）"其他应交税费"项目，反映单位期末应缴未缴的除增值税以外的税费金额。本项目应当根据"其他应交税费"科目的期末余额填列；如"其他应交税费"科目期末为借方余额，以"－"号填列。

（35）"应缴财政款"项目，反映单位期末应当上缴财政但尚未缴纳的款项。本项目应当根据"应缴财政款"科目的期末余额填列。

（36）"应付职工薪酬"项目，反映单位期末按有关规定应付给职工及为职工支付的各种薪酬。本项目应当根据"应付职工薪酬"科目的期末余额填列。

（37）"应付票据"项目，反映事业单位期末应付票据的金额。本项目应当根据"应付票据"科目的期末余额填列。

（38）"应付账款"项目，反映单位期末应当支付但尚未支付的偿还期限在1年以内（含1年）的应付账款的金额。本项目应当根据"应付账款"科目的期末余额填列。

（39）"应付政府补贴款"项目，反映负责发放政府补贴的行政单位期末按照规定应当支付给政府补贴接受者的各种政府补贴款余额。本项目应当根据"应付政府补贴款"科目的期末余额填列。

（40）"应付利息"项目，反映事业单位期末按照合同约定应支付的借款利息。事业单位到期一次还本付息的长期借款利息不包括在本项目内。本项目应当根据"应付利息"科目的期末余额填列。

（41）"预收账款"项目，反映事业单位期末预先收取但尚未确认收入和实际结算的款项余额。本项目应当根据"预收账款"科目的期末余额填列。

（42）"其他应付款"项目，反映单位期末其他各项偿还期限在1年内（含1年）的应付及暂收款项余额。本项目应当根据"其他应付款"科目的期末余额填列。

（43）"预提费用"项目，反映单位期末已预先提取的已经发生但尚未支付的各项费用。本项目应当根据"预提费用"科目的期末余额填列。

（44）"一年内到期的非流动负债"项目，反映单位期末将于1年内（含1年）偿还的非流动负债的余额。本项目应当根据"长期应付款""长期借款"等科目的明细科目的期末余额分析填列。

（45）"其他流动负债"项目，反映单位期末除本表中上述各项之外的其他流动负债的合计数。本项目应当根据有关科目的期末余额的合计数填列。

（46）"流动负债合计"项目，反映单位期末流动负债合计数。本项目应当根据本表"短期借款""应交增值税""其他应交税费""应缴财政款""应付职工薪酬""应付票据""应付账款""应付政府补贴款""应付利息""预收账款""其他应付款""预提费用""一年内到期的非流动负债""其他流动负债"项目金额的合计数填列。

（47）"长期借款"项目，反映事业单位期末长期借款的余额。本项目应当根据"长期借款"科目的期末余额减去其中将于1年内（含1年）到期的长期借款余额后的金额填列。

（48）"长期应付款"项目，反映单位期末长期应付款的余额。本项目应当根据"长期应付款"科目的期末余额减去其中将于1年内（含1年）到期的长期应付款余额后的金额填列。

（49）"预计负债"项目，反映单位期末已确认但尚未偿付的预计负债的余额。本项目应当根据"预计负债"科目的期末余额填列。

（50）"其他非流动负债"项目，反映单位期末除本表中上述各项之外的其他非流动负债的合计数。本项目应当根据有关科目的期末余额合计数填列。

（51）"非流动负债合计"项目，反映单位期末非流动负债合计数。本项目应当根据本表中"长期借款""长期应付款""预计负债""其他非流动负债"项目金额的合计数填列。

（52）"受托代理负债"项目，反映单位期末受托代理负债的金额。本项目应当根据"受托代理负债"科目的期末余额填列。

（53）"负债合计"项目，反映单位期末负债的合计数。本项目应当根据本表中"流动负债合计""非流动负债合计""受托代理负债"项目金额的合计数填列。

3.净资产类项目

（54）"累计盈余"项目，反映单位期末未分配盈余（或未弥补亏损）以及无偿调拨净资产变动的累计数。本项目应当根据"累计盈余"科目的期末余额填列。

（55）"专用基金"项目，反映事业单位期末累计提取或设置但尚未使用的专用基金余额。本项目应当根据"专用基金"科目的期末余额填列。

（56）"权益法调整"项目，反映事业单位期末在被投资单位除净损益和利润分配以外的所有者权益变动中累积享有的份额。本项目应当根据"权益法调整"科目的期末余额填列。如"权益法调整"科目期末为借方余额，以"-"号填列。

（57）"无偿调拨净资产"项目，反映单位本年度截至报告期期末无偿调入的非现金资产价值扣减无偿调出的非现金资产价值后的净值。本项目仅在月度报表中列示，年度报表中不列示。月度报表中本项目应当根据"无偿调拨净资产"科目的期末余额填列；"无偿调拨净资产"科目期末为借方余额时，以"-"号填列。

（58）"本期盈余"项目，反映单位本年度截至报告期期末实现的累计盈余或亏损。本项目仅在月度报表中列示，年度报表中不列示。月度报表中本项目应当根据"本期盈余"科目的期末余额填列；"本期盈余"科目期末为借方余额时，以"-"号填列。

（59）"净资产合计"项目，反映单位期末净资产合计数。本项目应当根据本表中"累计盈余""专用基金""权益法调整""无偿调拨净资产"[月度报表]、"本期盈余"[月度报表]项目金额的合计数填列。

（60）"负债和净资产总计"项目，应当按照本表中"负债合计""净资产合计"项目金额的合计数填列。

二、收入费用表编制说明

（一）本表反映单位在某一会计期间内发生的收入、费用及当期盈余情况。

（二）本表"本月数"栏反映各项目的本月实际发生数。编制年度收入费用表时，应当将本栏改为"本年数"，反映本年度各项目的实际发生数。

本表"本年累计数"栏反映各项目自年初至报告期期末的累计实际发生数。编制年度收入费用表时，应当将本栏改为"上年数"，反映上年度各项目的实际发生数，"上

年数"栏应当根据上年年度收入费用表中"本年数"栏内所列数字填列。

如果本年度收入费用表规定的项目的名称和内容同上年度不一致，应当对上年度收入费用表项目的名称和数字按照本年度的规定进行调整，将调整后的金额填入本年度收入费用表的"上年数"栏内。

如果本年度单位发生了因前期差错更正、会计政策变更等调整以前年度盈余的事项，还应当对年度收入费用表中"上年数"栏中的有关项目金额进行相应调整。

（三）本表"本月数"栏各项目的内容和填列方法

1. 本期收入

（1）"本期收入"项目，反映单位本期收入总额。本项目应当根据本表中"财政拨款收入""事业收入""上级补助收入""附属单位上缴收入""经营收入""非同级财政拨款收入""投资收益""捐赠收入""利息收入""租金收入""其他收入"项目金额的合计数填列。

（2）"财政拨款收入"项目，反映单位本期从同级政府财政部门取得的各类财政拨款。本项目应当根据"财政拨款收入"科目的本期发生额填列。

"政府性基金收入"项目，反映单位本期取得的财政拨款收入中属于政府性基金预算拨款的金额。本项目应当根据"财政拨款收入"相关明细科目的本期发生额填列。

（3）"事业收入"项目，反映事业单位本期开展专业业务活动及其辅助活动实现的收入。本项目应当根据"事业收入"科目的本期发生额填列。

（4）"上级补助收入"项目，反映事业单位本期从主管部门和上级单位收到或应收的非财政拨款收入。本项目应当根据"上级补助收入"科目的本期发生额填列。

（5）"附属单位上缴收入"项目，反映事业单位本期收到或应收的独立核算的附属单位按照有关规定上缴的收入。本项目应当根据"附属单位上缴收入"科目的本期发生额填列。

（6）"经营收入"项目，反映事业单位本期在专业业务活动及其辅助活动之外开展非独立核算经营活动实现的收入。本项目应当根据"经营收入"科目的本期发生额填列。

（7）"非同级财政拨款收入"项目，反映单位本期从非同级政府财政部门取得的财政拨款，不包括事业单位因开展科研及其辅助活动从非同级财政部门取得的经费拨款。本项目应当根据"非同级财政拨款收入"科目的本期发生额填列。

（8）"投资收益"项目，反映事业单位本期股权投资和债券投资所实现的收益或发生的损失。本项目应当根据"投资收益"科目的本期发生额填列；如为投资净损失，以"—"号填列。

（9）"捐赠收入"项目，反映单位本期接受捐赠取得的收入。本项目应当根据"捐赠收入"科目的本期发生额填列。

（10）"利息收入"项目，反映单位本期取得的银行存款利息收入。本项目应当根据"利息收入"科目的本期发生额填列。

（11）"租金收入"项目，反映单位本期经批准利用国有资产出租取得并按规定纳入本单位预算管理的租金收入。本项目应当根据"租金收入"科目的本期发生额填列。

（12）"其他收入"项目，反映单位本期取得的除以上收入项目外的其他收入的总额。本项目应当根据"其他收入"科目的本期发生额填列。

2. 本期费用

（13）"本期费用"项目，反映单位本期费用总额。本项目应当根据本表中"业务活动费用""单位管理费用""经营费用""资产处置费用""上缴上级费用""对附属单位补助费用""所得税费用"和"其他费用"项目金额的合计数填列。

（14）"业务活动费用"项目，反映单位本期为实现其职能目标，依法履职或开展专业业务活动及其辅助活动所发生的各项费用。本项目应当根据"业务活动费用"科目本期发生额填列。

（15）"单位管理费用"项目，反映事业单位本期本级行政及后勤管理部门开展管理活动发生的各项费用，以及由单位统一负担的离退休人员经费、工会经费、诉讼费、中介费等。本项目应当根据"单位管理费用"科目的本期发生额填列。

（16）"经营费用"项目，反映事业单位本期在专业业务活动及其辅助活动之外开展非独立核算经营活动发生的各项费用。本项目应当根据"经营费用"科目的本期发生额填列。

（17）"资产处置费用"项目，反映单位本期经批准处置资产时转销的资产价值以及在处置过程中发生的相关费用或者处置收入小于处置费用形成的净支出。本项目应当根据"资产处置费用"科目的本期发生额填列。

（18）"上缴上级费用"项目，反映事业单位按照规定上缴上级单位款项发生的费用。本项目应当根据"上缴上级费用"科目的本期发生额填列。

（19）"对附属单位补助费用"项目，反映事业单位用财政拨款收入之外的收入对附属单位补助发生的费用。本项目应当根据"对附属单位补助费用"科目的本期发生额填列。

（20）"所得税费用"项目，反映有企业所得税缴纳义务的事业单位本期计算应交纳的企业所得税。本项目应当根据"所得税费用"科目的本期发生额填列。

（21）"其他费用"项目，反映单位本期发生的除以上费用项目外的其他费用的总额。本项目应当根据"其他费用"科目的本期发生额填列。

3. 本期盈余

（22）"本期盈余"项目，反映单位本期收入扣除本期费用后的净额。本项目应当根据本表中"本期收入"项目金额减去"本期费用"项目金额后的金额填列；如为负数，以"—"号填列。

三、净资产变动表编制说明

（一）本表反映单位在某一会计年度内净资产项目的变动情况。

（二）本表"本年数"栏反映本年度各项目的实际变动数。本表"上年数"栏反映上年度各项目的实际变动数，应当根据上年度净资产变动表中"本年数"栏内所列数字填列。

如果上年度净资产变动表规定的项目的名称和内容与本年度不一致，应对上年度净资产变动表项目的名称和数字按照本年度的规定进行调整，将调整后金额填入本年度净资产变动表"上年数"栏内。

(三)本表"本年数"栏各项目的内容和填列方法

1."上年年末余额"行,反映单位净资产各项目上年年末的余额。本行各项目应当根据"累计盈余""专用基金""权益法调整"科目上年年末余额填列。

2."以前年度盈余调整"行,反映单位本年度调整以前年度盈余的事项对累计盈余进行调整的金额。本行"累计盈余"项目应当根据本年度"以前年度盈余调整"科目转入"累计盈余"科目的金额填列;如调整减少累计盈余,以"一"号填列。

3."本年年初余额"行,反映经过以前年度盈余调整后,单位净资产各项目的本年年初余额。本行"累计盈余""专用基金""权益法调整"项目应当根据其各自在"上年年末余额"和"以前年度盈余调整"行对应项目金额的合计数填列。

4."本年变动金额"行,反映单位净资产各项目本年变动总金额。本行"累计盈余""专用基金""权益法调整"项目应当根据其各自在"本年盈余""无偿调拨净资产""归集调整预算结转结余""提取或设置专用基金""使用专用基金""权益法调整"行对应项目金额的合计数填列。

5."本年盈余"行,反映单位本年发生的收入、费用对净资产的影响。本行"累计盈余"项目应当根据年末由"本期盈余"科目转入"本年盈余分配"科目的金额填列;如转入时借记"本年盈余分配"科目,则以"一"号填列。

6."无偿调拨净资产"行,反映单位本年无偿调入、调出非现金资产事项对净资产的影响。本行"累计盈余"项目应当根据年末由"无偿调拨净资产"科目转入"累计盈余"科目的金额填列;如转入时借记"累计盈余"科目,则以"一"号填列。

7."归集调整预算结转结余"行,反映单位本年财政拨款结转结余资金归集调入、归集上缴或调出,以及非财政拨款结转资金缴回对净资产的影响。本行"累计盈余"项目应当根据"累计盈余"科目明细账记录分析填列;如归集调整减少预算结转结余,则以"一"号填列。

8."提取或设置专用基金"行,反映单位本年提取或设置专用基金对净资产的影响。本行"累计盈余"项目应当根据"从预算结余中提取"行"累计盈余"项目的金额填列。本行"专用基金"项目应当根据"从预算收入中提取""从预算结余中提取""设置的专用基金"行"专用基金"项目金额的合计数填列。"从预算收入中提取"行,反映单位本年从预算收入中提取专用基金对净资产的影响。本行"专用基金"项目应当通过对"专用基金"科目明细账记录的分析,根据本年按有关规定从预算收入中提取基金的金额填列。

"从预算结余中提取"行,反映单位本年根据有关规定从本年度非财政拨款结余或经营结余中提取专用基金对净资产的影响。本行

"累计盈余""专用基金"项目应当通过对"专用基金"科目明细账记录的分析,根据本年按有关规定从本年度非财政拨款结余或经营结余中提取专用基金的金额填列;本行"累计盈余"项目以"一"号填列。

"设置的专用基金"行,反映单位本年根据有关规定设置的其他专用基金对净资产的影响。本行"专用基金"项目应当通过对"专用基金"科目明细账记录的分析,根据本年按有关规定设置的其他专用基金的金额填列。

9."使用专用基金"行,反映单位本年按规定使用专用基金对净资产的影响。本行"累计盈余""专用基金"项目应当通过对"专用基金"科目明细账记录的分析,根据本

年按规定使用专用基金的金额填列;本行"专用基金"项目以"—"号填列。

10."权益法调整"行,反映单位本年按照被投资单位除净损益和利润分配以外的所有者权益变动份额而调整长期股权投资账面余额对净资产的影响。本行"权益法调整"项目应当根据"权益法调整"科目本年发生额填列;若本年净发生额为借方时,以"—"号填列。

11."本年年末余额"行,反映单位本年各净资产项目的年末余额。本行"累计盈余""专用基金""权益法调整"项目应当根据其各自在"本年年初余额""本年变动金额"行对应项目金额的合计数填列。

12.本表各行"净资产合计"项目,应当根据所在行"累计盈余""专用基金""权益法调整"项目金额的合计数填列。

四、现金流量表编制说明

(一)本表反映单位在某一会计年度内现金流入和流出的信息。

(二)本表所指的现金,是指单位的库存现金以及其他可以随时用于支付的款项,包括库存现金、可以随时用于支付的银行存款、其他货币资金、零余额账户用款额度、财政应返还额度,以及通过财政直接支付方式支付的款项。

(三)现金流量表应当按照日常活动、投资活动、筹资活动的现金流量分别反映。本表所指的现金流量,是指现金的流入和流出。

(四)本表"本年金额"栏反映各项目的本年实际发生数。本表"上年金额"栏反映各项目的上年实际发生数,应当根据上年现金流量表中"本年金额"栏内所列数字填列。

(五)单位应当采用直接法编制现金流量表。

(六)本表"本年金额"栏各项目的填列方法

1.日常活动产生的现金流量

(1)"财政基本支出拨款收到的现金"项目,反映单位本年接受财政基本支出拨款取得的现金。本项目应当根据"零余额账户用款额度""财政拨款收入""银行存款"等科目及其所属明细科目的记录分析填列。

(2)"财政非资本性项目拨款收到的现金"项目,反映单位本年接受除用于购建固定资产、无形资产、公共基础设施等资本性项目以外的财政项目拨款取得的现金。本项目应当根据"银行存款""零余额账户用款额度""财政拨款收入"等科目及其所属明细科目的记录分析填列。

(3)"事业活动收到的除财政拨款以外的现金"项目,反映事业单位本年开展专业业务活动及其辅助活动取得的除财政拨款以外的现金。本项目应当根据"库存现金""银行存款""其他货币资金""应收账款""应收票据""预收账款""事业收入"等科目及其所属明细科目的记录分析填列。

(4)"收到的其他与日常活动有关的现金"项目,反映单位本年收到的除以上项目之外的与日常活动有关的现金。本项目应当根据"库存现金""银行存款""其他货币资金""上级补助收入""附属单位上缴收入""经营收入""非同级财政拨款收入""捐赠收入""利息收入""租金收入""其他收入"等科目及其所属明细科目的记录分析填列。

（5）"日常活动的现金流入小计"项目，反映单位本年日常活动产生的现金流入的合计数。本项目应当根据本表中"财政基本支出拨款收到的现金""财政非资本性项目拨款收到的现金""事业活动收到的除财政拨款以外的现金""收到的其他与日常活动有关的现金"项目金额的合计数填列。

（6）"购买商品、接受劳务支付的现金"项目，反映单位本年在日常活动中用于购买商品、接受劳务支付的现金。本项目应当根据"库存现金""银行存款""财政拨款收入""零余额账户用款额度""预付账款""在途物品""库存物品""应付账款""应付票据""业务活动费用""单位管理费用""经营费用"等科目及其所属明细科目的记录分析填列。

（7）"支付给职工以及为职工支付的现金"项目，反映单位本年支付给职工以及为职工支付的现金。本项目应当根据"库存现金""银行存款""零余额账户用款额度""财政拨款收入""应付职工薪酬""业务活动费用""单位管理费用""经营费用" 等科目及其所属明细科目的记录分析填列。

（8）"支付的各项税费"项目，反映单位本年用于缴纳日常活动 相关税费而支付的现金。本项目应当根据"库存现金""银行存款""零余额账户用款额度""应交增值税""其他应交税费""业务活动费用""单位管理费用""经营费用""所得税费用" 等科目及其所属明细科目的记录分析填列。

（9）"支付的其他与日常活动有关的现金"项目，反映单位本年支付的除上述项目之外与日常活动有关的现金。本项目应当根据"库存现金""银行存款""零余额账户用款额度""财政拨款收入""其他应付款""业务活动费用""单位管理费用""经营费用""其他费用"等科目及其所属明细科目的记录分析填列。

（10）"日常活动的现金流出小计"项目，反映单位本年日常活动产生的现金流出的合计数。本项目应当根据本表中"购买商品、接受劳务支付的现金""支付给职工以及为职工支付的现金""支付的各项税费""支付的其他与日常活动有关的现金"项目金额的合计数填列。

（11）"日常活动产生的现金流量净额"项目，应当按照本表中"日常活动的现金流入小计"项目金额减去"日常活动的现金流出小计"项目金额后的金额填列；如为负数，以"—"号填列。

2.投资活动产生的现金流量

（12）"收回投资收到的现金"项目，反映单位本年出售、转让或者收回投资收到的现金。本项目应该根据"库存现金""银行存款""短期投资""长期股权投资""长期债券投资"等科目的记录分析填列。

（13）"取得投资收益收到的现金"项目，反映单位本年因对外投资而收到被投资单位分配的股利或利润，以及收到投资利息而取得的现金。本项目应当根据"库存现金""银行存款""应收股利""应收利息""投资收益"等科目的记录分析填列。

（14）"处置固定资产、无形资产、公共基础设施等收回的现金净额"项目，反映单位本年处置固定资产、无形资产、公共基础设施等非流动资产所取得的现金，减去为处置这些资产而支付的有关费用之后的净额。由于自然灾害所造成的固定资产等长期资产损失而收到的保险赔款收入,也在本项目反映。本项目应当根据"库存现金""银行存款""待处理财产损溢"等科目的记录分析填列。

(15)"收到的其他与投资活动有关的现金"项目,反映单位本年收到的除上述项目之外与投资活动有关的现金。对于金额较大的现金流入,应当单列项目反映。本项目应当根据"库存现金""银行存款"等有关科目的记录分析填列。

(16)"投资活动的现金流入小计"项目,反映单位本年投资活动产生的现金流入的合计数。本项目应当根据本表中"收回投资收到的现金""取得投资收益收到的现金""处置固定资产、无形资产、公共基础设施等收回的现金净额""收到的其他与投资活动有关的现金"项目金额的合计数填列。

(17)"购建固定资产、无形资产、公共基础设施等支付的现金"项目,反映单位本年购买和建造固定资产、无形资产、公共基础设施等非流动资产所支付的现金;融资租入固定资产支付的租赁费不在本项目反映,在筹资活动的现金流量中反映。本项目应当根据"库存现金""银行存款""固定资产""工程物资""在建工程""无形资产""研发支出""公共基础设施""保障性住房"等科目的记录分析填列。

(18)"对外投资支付的现金"项目,反映单位本年为取得短期投资、长期股权投资、长期债券投资而支付的现金。本项目应当根据"库存现金""银行存款""短期投资""长期股权投资""长期债券投资"等科目的记录分析填列。

(19)"上缴处置固定资产、无形资产、公共基础设施等净收入支付的现金"项目,反映本年单位将处置固定资产、无形资产、公共基础设施等非流动资产所收回的现金净额予以上缴财政所支付的现金。本项目应当根据"库存现金""银行存款""应缴财政款"等科目的记录分析填列。

(20)"支付的其他与投资活动有关的现金"项目,反映单位本年支付的除上述项目之外与投资活动有关的现金。对于金额较大的现金流出,应当单列项目反映。本项目应当根据"库存现金""银行存款"等有关科目的记录分析填列。

(21)"投资活动的现金流出小计"项目,反映单位本年投资活动产生的现金流出的合计数。本项目应当根据本表中"购建固定资产、无形资产、公共基础设施等支付的现金""对外投资支付的现金""上缴处置固定资产、无形资产、公共基础设施等净收入支付的现金""支付的其他与投资活动有关的现金"项目金额的合计数填列。

(22)"投资活动产生的现金流量净额"项目,应当按照本表中"投资活动的现金流入小计"项目金额减去"投资活动的现金流出小计"项目金额后的金额填列;如为负数,以"—"号填列。

3. 筹资活动产生的现金流量

(23)"财政资本性项目拨款收到的现金"项目,反映单位本年接受用于购建固定资产、无形资产、公共基础设施等资本性项目的财政项目拨款取得的现金。本项目应当根据"银行存款""零余额账户用款额度""财政拨款收入"等科目及其所属明细科目的记录分析填列。

(24)"取得借款收到的现金"项目,反映事业单位本年举借短期、长期借款所收到的现金。本项目应当根据"库存现金""银行存款""短期借款""长期借款"等科目记录分析填列。

（25）"收到的其他与筹资活动有关的现金"项目，反映单位本年收到的除上述项目之外与筹资活动有关的现金。对于金额较大的现金流入，应当单列项目反映。本项目应当根据"库存现金""银行存款"等有关科目的记录分析填列。

（26）"筹资活动的现金流入小计"项目，反映单位本年筹资活动产生的现金流入的合计数。本项目应当根据本表中"财政资本性项目拨款收到的现金""取得借款收到的现金""收到的其他与筹资活动有关的现金"项目金额的合计数填列。

（27）"偿还借款支付的现金"项目，反映事业单位本年偿还借款本金所支付的现金。本项目应当根据"库存现金""银行存款""短期借款""长期借款"等科目的记录分析填列。

（28）"偿付利息支付的现金"项目，反映事业单位本年支付的借款利息等。本项目应当根据"库存现金""银行存款""应付利息""长期借款"等科目的记录分析填列。

（29）"支付的其他与筹资活动有关的现金"项目，反映单位本年支付的除上述项目之外与筹资活动有关的现金，如融资租入固定资产所支付的租赁费。本项目应当根据"库存现金""银行存款""长期应付款"等科目的记录分析填列。

（30）"筹资活动的现金流出小计"项目，反映单位本年筹资活动产生的现金流出的合计数。本项目应当根据本表中"偿还借款支付的现金""偿付利息支付的现金""支付的其他与筹资活动有关的现金"项目金额的合计数填列。

（31）"筹资活动产生的现金流量净额"项目，应当按照本表中"筹资活动的现金流入小计"项目金额减去"筹资活动的现金流出小计"金额后的金额填列；如为负数，以"－"号填列。

4."汇率变动对现金的影响额"项目，反映单位本年外币现金流量折算为人民币时，所采用的现金流量发生日的汇率折算的人民币金额与外币现金流量净额按期末汇率折算的人民币金额之间的差额。

5."现金净增加额"项目，反映单位本年现金变动的净额。本项目应当根据本表中"日常活动产生的现金流量净额""投资活动产生的现金流量净额""筹资活动产生的现金流量净额"和"汇率变动对现金的影响额"项目金额的合计数填列；如为负数，以"－"号填列。

五、预算收入支出表编制说明

（一）本表反映单位在某一会计年度内各项预算收入、预算支出和预算收支差额的情况。

（二）本表"本年数"栏反映各项目的本年实际发生数。本表"上年数"栏反映各项目上年度的实际发生数，应当根据上年度预算收入支出表中"本年数"栏内所列数字填列。

如果本年度预算收入支出表规定的项目的名称和内容同上年度不一致，应当对上年度预算收入支出表项目的名称和数字按照本年度的规定进行调整，将调整后金额填入本年度预算收入支出表的"上年数"栏。

（三）本表"本年数"栏各项目的内容和填列方法

1. 本年预算收入

（1）"本年预算收入"项目，反映单位本年预算收入总额。本项目应当根据本表中"财政拨款预算收入""事业预算收入""上级补助预算收入""附属单位上缴预算收入""经营预算收入""债务预算收入""非同级财政拨款预算收入""投资预算收益""其他预算收入"项目金额的合计数填列。

（2）"财政拨款预算收入"项目，反映单位本年从同级政府财政部门取得的各类财政拨款。本项目应当根据"财政拨款预算收入"科目的本年发生额填列。

"政府性基金收入"项目，反映单位本年取得的财政拨款收入中属于政府性基金预算拨款的金额。本项目应当根据"财政拨款预算收入"相关明细科目的本年发生额填列。

（3）"事业预算收入"项目，反映事业单位本年开展专业业务活动及其辅助活动取得的预算收入。本项目应当根据"事业预算收入"科目的本年发生额填列。

（4）"上级补助预算收入"项目，反映事业单位本年从主管部门和上级单位取得的非财政补助预算收入。本项目应当根据"上级补助预算收入"科目的本年发生额填列。

（5）"附属单位上缴预算收入"项目，反映事业单位本年收到的独立核算的附属单位按照有关规定上缴的预算收入。本项目应当根据"附属单位上缴预算收入"科目的本年发生额填列。

（6）"经营预算收入"项目，反映事业单位本年在专业业务活动及其辅助活动之外开展非独立核算经营活动取得的预算收入。本项目应当根据"经营预算收入"科目的本年发生额填列。

（7）"债务预算收入"项目，反映事业单位本年按照规定从金融机构等借入的、纳入部门预算管理的债务预算收入。本项目应当根据"债务预算收入"的本年发生额填列。

（8）"非同级财政拨款预算收入"项目，反映单位本年从非同级政府财政部门取得的财政拨款。本项目应当根据"非同级财政拨款预算收入"科目的本年发生额填列。

（9）"投资预算收益"项目，反映事业单位本年取得的按规定纳入单位预算管理的投资收益。本项目应当根据"投资预算收益"科目的本年发生额填列。

（10）"其他预算收入"项目，反映单位本年取得的除上述收入以外的纳入单位预算管理的各项预算收入。本项目应当根据"其他预算收入"科目的本年发生额填列。

"利息预算收入"项目，反映单位本年取得的利息预算收入。本项目应当根据"其他预算收入"科目的明细记录分析填列。单位单设"利息预算收入"科目的，应当根据"利息预算收入"科目的本年发生额填列。

"捐赠预算收入"项目，反映单位本年取得的捐赠预算收入。本项目应当根据"其他预算收入"科目明细账记录分析填列。单位单设"捐赠预算收入"科目的，应当根据"捐赠预算收入"科目的本年发生额填列。

"租金预算收入"项目，反映单位本年取得的租金预算收入。本项目应当根据"其他预算收入"科目明细账记录分析填列。单位单设"租金预算收入"科目的，应当根据"租金预算收入"科目的本年发生额填列。

2. 本年预算支出

（11）"本年预算支出"项目，反映单位本年预算支出总额。本项目应当根据本表中"行政支出""事业支出""经营支出""上缴上级支出""对附属单位补助支出""投资支出""债务还本支出"和"其他支出"项目金额的合计数填列。

（12）"行政支出"项目，反映行政单位本年履行职责实际发生的支出。本项目应当根据"行政支出"科目的本年发生额填列。

（13）"事业支出"项目，反映事业单位本年开展专业业务活动及其辅助活动发生的支出。本项目应当根据"事业支出"科目的本年发生额填列。

（14）"经营支出"项目，反映事业单位本年在专业业务活动及其辅助活动之外开展非独立核算经营活动发生的支出。本项目应当根据"经营支出"科目的本年发生额填列。

（15）"上缴上级支出"项目，反映事业单位本年按照财政部门和主管部门的规定上缴上级单位的支出。本项目应当根据"上缴上级支出"科目的本年发生额填列。

（16）"对附属单位补助支出"项目，反映事业单位本年用财政拨款收入之外的收入对附属单位补助发生的支出。本项目应当根据"对附属单位补助支出"科目的本年发生额填列。

（17）"投资支出"项目，反映事业单位本年以货币资金对外投资发生的支出。本项目应当根据"投资支出"科目的本年发生额填列。

（18）"债务还本支出"项目，反映事业单位本年偿还自身承担的纳入预算管理的从金融机构举借的债务本金的支出。本项目应当根据"债务还本支出"科目的本年发生额填列。

（19）"其他支出"项目，反映单位本年除以上支出以外的各项支出。本项目应当根据"其他支出"科目的本年发生额填列。

"利息支出"项目，反映单位本年发生的利息支出。本项目应当根据"其他支出"科目明细账记录分析填列。单位单设"利息支出"科目的，应当根据"利息支出"科目的本年发生额填列。

"捐赠支出"项目，反映单位本年发生的捐赠支出。本项目应当根据"其他支出"科目明细账记录分析填列。单位单设"捐赠支出"科目的，应当根据"捐赠支出"科目的本年发生额填列。

3. 本年预算收支差额

（20）"本年预算收支差额"项目，反映单位本年各项预算收支相抵后的差额。本项目应当根据本表中"本期预算收入"项目金额减去"本期预算支出"项目金额后的金额填列；如相减后金额为负数，以"—"号填列。

六、预算结转结余变动表编制说明

（一）本表反映单位在某一会计年度内预算结转结余的变动情况。

（二）本表"本年数"栏反映各项目的本年实际发生数。本表"上年数"栏反映各项目的上年实际发生数,应当根据上年度预算结转结余变动表中"本年数"栏内所列数字填列。

如果本年度预算结转结余变动表规定的项目的名称和内容同上年度不一致,应当对上年度预算结转结余变动表项目的名称和数字按照本年度的规定进行调整,将调整后金额填入本年度预算结转结余变动表的"上年数"栏。

(三)本表中"年末预算结转结余"项目金额等于"年初预算结转结余""年初余额调整""本年变动金额"三个项目的合计数。

(四)本表"本年数"栏各项目的内容和填列方法

1."年初预算结转结余"项目,反映单位本年预算结转结余的年初余额。本项目应当根据本项目下"财政拨款结转结余""其他资金结转结余"项目金额的合计数填列。

(1)"财政拨款结转结余"项目,反映单位本年财政拨款结转结余资金的年初余额。本项目应当根据"财政拨款结转""财政拨款结余"科目本年年初余额合计数填列。

(2)"其他资金结转结余"项目,反映单位本年其他资金结转结余的年初余额。本项目应当根据"非财政拨款结转""非财政拨款结余""专用结余""经营结余"科目本年年初余额的合计数填列。

2."年初余额调整"项目,反映单位本年预算结转结余年初余额调整的金额。本项目应当根据本项目下"财政拨款结转结余""其他资金结转结余"项目金额的合计数填列。

(1)"财政拨款结转结余"项目,反映单位本年财政拨款结转结余资金的年初余额调整金额。本项目应当根据"财政拨款结转""财政拨款结余"科目下"年初余额调整"明细科目的本年发生额的合计数填列;如调整减少年初财政拨款结转结余,以"—"号填列。

(2)"其他资金结转结余"项目,反映单位本年其他资金结转结余的年初余额调整金额。本项目应当根据"非财政拨款结转""非财政拨款结余"科目下"年初余额调整"明细科目的本年发生额的合计数填列;如调整减少年初其他资金结转结余,以"—"号填列。

3."本年变动金额"项目,反映单位本年预算结转结余变动的金额。本项目应当根据本项目下"财政拨款结转结余""其他资金结转结余"项目金额的合计数填列。

(1)"财政拨款结转结余"项目,反映单位本年财政拨款结转结余资金的变动。本项目应当根据本项目下"本年收支差额""归集调入""归集上缴或调出"项目金额的合计数填列。

①"本年收支差额"项目,反映单位本年财政拨款资金收支相抵后的差额。本项目应当根据"财政拨款结转"科目下"本年收支结转"明细科目本年转入的预算收入与预算支出的差额填列;差额为负数的,以"—"号填列。

②"归集调入"项目,反映单位本年按照规定从其他单位归集调入的财政拨款结转资金。本项目应当根据"财政拨款结转"科目下"归集调入"明细科目的本年发生额填列。

③"归集上缴或调出"项目，反映单位本年按照规定上缴的财政拨款结转结余资金及按照规定向其他单位调出的财政拨款结转资金。本项目应当根据"财政拨款结转""财政拨款结余"科目下"归集上缴"明细科目，以及"财政拨款结转"科目下"归集调出"明细科目本年发生额的合计数填列，以"—"号填列。

（2）"其他资金结转结余"项目，反映单位本年其他资金结转结余的变动。本项目应当根据本项目下"本年收支差额""缴回资金""使用专用结余""支付所得税"项目金额的合计数填列。

①"本年收支差额"项目，反映单位本年除财政拨款外的其他资金收支相抵后的差额。本项目应当根据"非财政拨款结转"科目下"本年收支结转"明细科目、"其他结余"科目、"经营结余"科目本年转入的预算收入与预算支出的差额的合计数填列；如为负数，以"—"号填列。

②"缴回资金"项目，反映单位本年按照规定缴回的非财政拨款结转资金。本项目应当根据"非财政拨款结转"科目下"缴回资金"明细科目本年发生额的合计数填列，以"—"号填列。

③"使用专用结余"项目，反映本年事业单位根据规定使用从非财政拨款结余或经营结余中提取的专用基金的金额。本项目应当根据"专用结余"科目明细账中本年使用专用结余业务的发生额填列，以"—"号填列。

④"支付所得税"项目，反映有企业所得税缴纳义务的事业单位本年实际缴纳的企业所得税金额。本项目应当根据"非财政拨款结余"明细账中本年实际缴纳企业所得税业务的发生额填列，以"—"号填列。

4."年末预算结转结余"项目，反映单位本年预算结转结余的年末余额。本项目应当根据本项目下"财政拨款结转结余""其他资金结转结余"项目金额的合计数填列。

（1）"财政拨款结转结余"项目，反映单位本年财政拨款结转结余的年末余额。本项目应当根据本项目下"财政拨款结转""财政拨款结余"项目金额的合计数填列。

本项目下"财政拨款结转""财政拨款结余"项目，应当分别根据"财政拨款结转""财政拨款结余"科目的本年年末余额填列。

（2）"其他资金结转结余"项目，反映单位本年其他资金结转结余的年末余额。本项目应当根据本项目下"非财政拨款结转""非财政拨款结余""专用结余""经营结余"项目金额的合计数填列。

本项目下"非财政拨款结转""非财政拨款结余""专用结余""经营结余"项目，应当分别根据"非财政拨款结转""非财政拨款结余""专用结余""经营结余"科目的本年年末余额填列。

七、财政拨款预算收入支出表编制说明

（一）本表反映单位本年财政拨款预算资金收入、支出及相关变动的具体情况。

（二）本表"项目"栏内各项目，应当根据单位取得的财政拨款种类分项设置。其中"项目支出"项目下，根据每个项目设置；单位取得除一般公共财政预算拨款和

政府性基金预算拨款以外的其他财政拨款的,应当按照财政拨款种类增加相应的资金项目及其明细项目。

(三)本表各栏及其对应项目的内容和填列方法

1. "年初财政拨款结转结余"栏中各项目,反映单位年初各项财政拨款结转结余的金额。各项目应当根据"财政拨款结转""财政拨款结余"及其明细科目的年初余额填列。本栏中各项目的数额应当与上年度财政拨款预算收入支出表中"年末财政拨款结转结余"栏中各项目的数额相等。

2. "调整年初财政拨款结转结余"栏中各项目,反映单位对年初财政拨款结转结余的调整金额。各项目应当根据"财政拨款结转""财政拨款结余"科目下"年初余额调整"明细科目及其所属明细科目的本年发生额填列;如调整减少年初财政拨款结转结余,以"—"号填列。

3. "本年归集调入"栏中各项目,反映单位本年按规定从其他单位调入的财政拨款结转资金金额。各项目应当根据"财政拨款结转"科目下"归集调入"明细科目及其所属明细科目的本年发生额填列。

4. "本年归集上缴或调出"栏中各项目,反映单位本年按规定实际上缴的财政拨款结转结余资金,及按照规定向其他单位调出的财政拨款结转资金金额。各项目应当根据"财政拨款结转""财政拨款结余"科目下"归集上缴"科目和"财政拨款结转"科目下"归集调出"明细科目,及其所属明细科目的本年发生额填列,以"—"号填列。

5. "单位内部调剂"栏中各项目,反映单位本年财政拨款结转结余资金在单位内部不同项目等之间的调剂金额。各项目应当根据"财政拨款结转"和"财政拨款结余"科目下的"单位内部调剂"明细科目及其所属明细科目的本年发生额填列;对单位内部调剂减少的财政拨款结余金额,以"—"号填列。

6. "本年财政拨款收入"栏中各项目,反映单位本年从同级财政部门取得的各类财政预算拨款金额。各项目应当根据"财政拨款预算收入"科目及其所属明细科目的本年发生额填列。

7. "本年财政拨款支出"栏中各项目,反映单位本年发生的财政拨款支出金额。各项目应当根据"行政支出""事业支出"等科目及其所属明细科目本年发生额中的财政拨款支出数的合计数填列。

8. "年末财政拨款结转结余"栏中各项目,反映单位年末财政拨款结转结余的金额。各项目应当根据"财政拨款结转""财政拨款结余"科目及其所属明细科目的年末余额填列。

八、附注

附注是对在会计报表中列示的项目所作的进一步说明,以及对未能在会计报表中列示项目的说明。附注是财务报表的重要组成部分。凡对报表使用者的决策有重要影响的会计信息,不论本制度是否有明确规定,单位均应当充分披露。附注主要包括下列内容:

（一）单位的基本情况

单位应当简要披露其基本情况，包括单位主要职能、主要业务活动、所在地、预算管理关系等。

（二）会计报表编制基础

（三）遵循政府会计准则、制度的声明

（四）重要会计政策和会计估计

单位应当采用与其业务特点相适应的具体会计政策，并充分披露报告期内采用的重要会计政策和会计估计。主要包括以下内容：

1. 会计期间。

2. 记账本位币，外币折算汇率。

3. 坏账准备的计提方法。

4. 存货类别、发出存货的计价方法、存货的盘存制度，以及低值易耗品和包装物的摊销方法。

5. 长期股权投资的核算方法。

6. 固定资产分类、折旧方法、折旧年限和年折旧率；融资租入固定资产的计价和折旧方法。

7. 无形资产的计价方法；使用寿命有限的无形资产，其使用寿命估计情况；使用寿命不确定的无形资产，其使用寿命不确定的判断依据；单位内部研究开发项目划分研究阶段和开发阶段的具体标准。

8. 公共基础设施的分类、折旧（摊销）方法、折旧（摊销）年限，以及其确定依据。

9. 政府储备物资分类，以及确定其发出成本所采用的方法。

10. 保障性住房的分类、折旧方法、折旧年限。

11. 其他重要的会计政策和会计估计。

12. 本期发生重要会计政策和会计估计变更的，变更的内容和原因、受其重要影响的报表项目名称和金额、相关审批程序，以及会计估计变更开始适用的时点。

（五）会计报表重要项目说明

单位应当按照资产负债表和收入费用表项目列示顺序，采用文字和数据描述相结合的方式披露重要项目的明细信息。报表重要项目的明细金额合计，应当与报表项目金额相衔接。报表重要项目说明应包括但不限于下列内容：

1. 货币资金的披露格式如下：

项目	期末余额	年初余额
库存现金		
银行存款		
其他货币资金		
合计		

2. 应收账款按照债务人类别披露的格式如下：

债务人类别	期末余额	年初余额
政府会计主体：		
部门内部单位		
单位1		
……		
部门外部单位		
单位1		
……		
其他：		
单位1		
……		
合计		

注1："部门内部单位"是指纳入单位所属部门财务报告合并范围的单位（下同）。
注2：有应收票据、预付账款、其他应收款的，可比照应收账款进行披露。

3. 存货的披露格式如下：

存货种类	期末余额	年初余额
1.		
……		
合计		

4. 其他流动资产的披露格式如下：

项目	期末余额	年初余额
1.		
……		
合计		

注：有长期待摊费用、其他非流动资产的，可比照其他流动资产进行披露。

5. 长期投资

（1）长期债券投资的披露格式如下：

债券发行主体	年初余额	本期增加额	本期减少额	期末余额
1.				
……				
合计				

注：有短期投资的，可比照长期债券投资进行披露。

（2）长期股权投资的披露格式如下：

被投资单位	核算方法	年初余额	本期增加额	本期减少额	期末余额
1.					
……					
合计					

（3）当期发生的重大投资净损益项目、金额及原因。

6. 固定资产

（1）固定资产的披露格式如下：

项目	年初余额	本期增加额	本期减少额	期末余额
一、原值合计				
其中：房屋及构筑物				
通用设备				
专用设备				
文物和陈列品				
图书、档案				
家具、用具、装具及动植物				
二、累计折旧合计				
其中：房屋及构筑物				
通用设备				
专用设备				
家具、用具、装具				

（续表）

项目	年初余额	本期增加额	本期减少额	期末余额
三、账面价值合计				
其中：房屋及构筑物				
通用设备				
专用设备				
文物和陈列品				
图书、档案				
家具、用具、装具及动植物				

（2）已提足折旧的固定资产名称、数量等情况。
（3）出租、出借固定资产以及固定资产对外投资等情况。

7. 在建工程的披露格式如下：

项目	年初余额	本期增加额	本期减少额	期末余额
1.				
……				
合计				

8. 无形资产
（1）各类无形资产的披露格式如下：

项目	年初余额	本期增加额	本期减少额	期末余额
一、原值合计				
1.				
……				
二、累计摊销播计				
1.				
……				
三、账面价值合计				
1.				
……				

（2）计入当期损益的研发支出金额、确认为无形资产的研发支出金额。

（3）无形资产出售、对外投资等处置情况。

9. 公共基础设施

（1）公共基础设施的披露格式如下：

项目	年初余额	本期增加额	本期减少额	期末余额
原值合计				
市政基础设施				
1.				
……				
交通基础设施				
1.				
水利基础设施				
1.				
……				
其他				
……				
累计折旧合计				
市政基础设施				
1.				
……				
交通基础设施				
1.				
……				
水利基础设施				
1.				
……				
其他				
……				
账面价值合计				
市政基础设施				

（续表）

项目	年初余额	本期增加额	本期减少额	期末余额
1.				
……				
交通基础设施				
1.				
……				
水利基础设施				
1.				
……				
其他				
……				

（2）确认为公共基础设施的单独计价入账的土地使用权的账面余额、累计摊销额及变动情况。

（3）已提取折旧继续使用的公共基础设施的名称、数量等。

10. 政府储备物资的披露格式如下：

物资类别	年初余额	本期增加额	本期减少额	期末余额
1.				
……				
合计				

注：如单位有因动用而发出需要收回或者预期可能收回、但期末尚未收回的政府储备物资，应当单独披露其期末账面余额。

11. 受托代理资产的披露格式如下：

资产类别	年初余额	本期增加额	本期减少额	期末余额
货币资金				
受托转赠物资				
受托存储保管物资				
罚没物资				

（续表）

资产类别	年初余额	本期增加额	本期减少额	期末余额
其他				
合计				

12. 应付账款按照债权人类别披露的格式如下：

债权人类别	期末余额	年初余额
政府会计主体：		
部门内部单位		
单位1		
……		
部门外部单位		
单位1		
……		
其他：		
单位1		
……		
合计		

注：有应付票据、预收账款、其他应付款、长期应付款的，可比照应付账款进行披露。

13. 其他流动负债的披露格式如下：

项目	期末余额	年初余额
1.		
……		
合计		

注：有预计负债、其他非流动负债的，可比照其他流动负债进行披露。

14. 长期借款

（1）长期借款按照债权人披露的格式如下：

债权人	期末余额	年初余额
1.		
……		
合计		

注：有短期借款的，可比照长期借款进行披露。

（2）单位有基建借款的，应当分基建项目披露长期借款年初数、本年变动数、年末数及到期期限。

15.事业收入按照收入来源的披露格式如下：

收入来源	本期发生额	上期发生额
来自财政专户管理资金		
本部门内部单位		
单位1		
……		
本部门以外同级政府单位		
单位1		
……		
其他		
单位1		
……		
合计		

16.非同级财政拨款收入按收入来源的披露格式如下：

收入来源	本期发生额	上期发生额
本部门以外同级政府单位		
单位1		
……		
本部门以外非同级政府单位		
单位1		

（续表）

收入来源	本期发生额	上期发生额
……		
合计		

17. 其他收入按照收入来源的披露格式如下：

收入来源	本期发生额	上期发生额
本部门内部单位		
单位1		
……		
本部门以外同级政府单位		
单位1		
……		
本部门以外非同级政府单位		
单位1		
……		
其他		
单位1		
……		
合计		

18. 业务活动费用

（1）按经济分类的披露格式如下：

项目	本期发生额	上期发生额
工资福利费用		
商品和服务费用		
对个人和家庭的补助费用		
对企业补助费用		
固定资产折旧费		

（续表）

项目	本期发生额	上期发生额
无形资产摊销费		
公共基础设施折旧（摊销）费		
保障性住房折旧费		
计提专用基金		
……		
合计		

注：有单位管理费用、经营费用的，可比照（业务活动费用）此表进行披露。

（2）按支付对象的披露格式如下：

支付对象	本期发生额	上期发生额
本部门内部单位		
单位1		
……		
本部门以外同级政府单位		
单位1		
……		
其他		
单位1		
……		
合计		

注：有单位管理费用、经营费用的，可比照（业务活动费用）此表进行披露。

19. 其他费用按照类别披露的格式如下：

费用类别	本期发生额	上期发生额
利息费用		
坏账损失		
罚没支出		

（续表）

费用类别	本期发生额	上期发生额
……		
合计		

20. 本期费用按照经济分类的披露格式如下：

项目	本年数	上年数
工资福利费用		
商品和服务费用		
对个人和家庭的补助费用		
对企业补助费用		
固定资产折旧费		
无形资产摊销费		
公共基础设施折旧（摊销）费		
保障性住房折旧费		
计提专用基金		
所得税费用		
资产处置费用		
上缴上级费用		
对附属单位补助费用		
其他费用		
本期费用合计		

注：单位在按照本制度规定编制收入费用表的基础上，可以根据需要按照此表披露的内容编制收入费用表。

（六）本年盈余与预算结余的差异情况说明

为了反映单位财务会计和预算会计因核算基础和核算范围不同所产生的本年盈余数与本年预算结余数之间的差异，单位应当按照重要性原则，对本年度发生的各类影响收入（预算收入）和费用（预算支出）的业务进行适度归并和分析，披露将年度预算收入支出表中"本年预算收支差额"调节为年度收入费用表中"本期盈余"的信息。有关披露格式如下：

项目	金额
一、本年预算结余（本年预算收支差额）	
二、差异调节	——
（一）重要事项的差异	
加：1. 当期确认为收入但没有确认为预算收入	
（1）应收款项、预收账款确认的收入	
（2）接受非货币性资产捐赠确认的收入	
2. 当期确认为预算支出但没有确认为费用	
（1）支付应付款项、预付账款的支出	
（2）为取得存货、政府储备物资等计入物资成本的支出	
（3）为购建固定资产等的资本性支出	
（4）偿还借款本息支出	
减：1. 当期确认为预算收入但没有确认为收入	
（1）收到应收款项、预收账款确认的预算收入	
（2）取得借款确认的预算收入	
2. 当期确认为费用但没有确认为预算支出	
（1）发出存货、政府储备物资等确认的费用	
（2）计提的折旧费用和摊销费用	
（3）确认的资产处置费用（处置资产价值）	
（4）应付款项、预付账款确认的费用	
（二）其他事项差异	
三、本年盈余（本年收入与费用的差额）	

（七）其他重要事项说明

1.资产负债表日存在的重要或有事项说明。没有重要或有事项的，也应说明。

2.以名义金额计量的资产名称、数量等情况，以及以名义金额计量理由的说明。

3.通过债务资金形成的固定资产、公共基础设施、保障性住房等资产的账面价值、使用情况、收益情况及与此相关的债务偿还情况等的说明。

4.重要资产置换、无偿调入（出）、捐入（出）、报废、重大毁损等情况的说明。

5.事业单位将单位内部独立核算单位的会计信息纳入本单位财务报表情况的说明。

6.政府会计具体准则中要求附注披露的其他内容。

7.有助于理解和分析单位财务报表需要说明的其他事项。

附录：主要业务和事项账务处理举例

序号	业务和事项内容		账务处理①	
			财务会计	预算会计
			一、资产类	
1	1001 库存现金			
(1)	提现		借：库存现金 贷：银行存款等	—
	存现		借：银行存款等 贷：库存现金	—
	职工出差等借出现金		借：其他应收款 贷：库存现金	—
(2)	差旅费	出差人员报销差旅费	借：业务活动费用/单位管理费用等 [实际报销金额] 库存现金 [实际报销金额小于借款金额的差额] 贷：其他应收款 或： 借：业务活动费用/单位管理费用等 [实际报销金额] 贷：其他应收款 [实际报销金额] 库存现金 [实际报销金额大于借款金额的差额]	借：行政支出/事业支出等 [实际报销金额] 贷：资金结存——货币资金
(3)	其他涉及现金的业务	因开展业务等其他事项收到现金	借：库存现金 贷：事业收入/应收账款等	借：资金结存——货币资金 贷：事业预算收入等
		因购买服务、商品或其他事项支出现金	借：业务活动费用/单位管理费用/其他费用/应付账款等 贷：库存现金	借：行政支出/事业支出/其他支出等 贷：资金结存——货币资金
		对外捐赠现金资产	借：其他费用 贷：库存现金	借：其他支出 贷：资金结存——货币资金

① 本表中所列举的业务和事项涉及增值税的，参照"应交增值税"科目进行账务处理。

（4）	受托代理代管现金	收到	借：库存现金——受托代理资产 贷：受托代理负债	—
		支付	借：受托代理负债 贷：库存现金——受托代理资产	—
（5）	现金溢余	按照溢余金额转入待处理财产损溢	借：库存现金 贷：待处理财产损溢	借：资金结存——货币资金 贷：其他预算收入
		属于应支付给有关人员或单位的部分	借：待处理财产损溢 贷：其他应付款	借：其他预算收入 贷：资金结存——货币资金
		属于无法查明原因的部分，报经批准后	借：待处理财产损溢 贷：其他收入	—
（6）	现金短缺	按照短缺金额转入待处理财产损溢	借：待处理财产损溢 贷：库存现金	借：其他支出 贷：资金结存——货币资金
		属于应由责任人赔偿的部分	借：其他应收款 贷：待处理财产损溢	借：资金结存——货币资金 贷：其他支出
		属于无法查明原因的部分，报经批准后	借：资产处置费用 贷：待处理财产损溢	—
2	1002 银行存款			
（1）	将款项存入银行或其他金融机构		借：银行存款 贷：库存现金／事业收入／其他收入等	借：资金结存——货币资金 贷：事业预算收入／其他预算收入等
（2）	提现		借：库存现金 贷：银行存款	—

193

（续表）

序号	业务和事项内容	账务处理	
		财务会计	预算会计
（3）	支付款项	借：业务活动费用/单位管理费用/其他费用等 贷：银行存款	借：行政支出/事业支出/其他支出等 贷：资金结存——货币资金
（4）银行存款账户	收到银行存款利息	借：银行存款 贷：利息收入	借：资金结存——货币资金 贷：其他预算收入
	支付银行手续费等	借：业务活动费用/单位管理费用等 贷：银行存款	借：行政支出/事业支出等 贷：资金结存——货币资金
（5）受托代理、代管银行存款	收到	借：银行存款——受托代理资产 贷：受托代理负债	—
	支付	借：受托代理负债 贷：银行存款——受托代理资产	—
（6）外币业务	以外币购买物资、劳务等	借：在途物品/库存物品等 贷：银行存款[外币账户]/应付账款等	借：事业支出等 贷：资金结存——货币资金
	以外币收取相关款项等	借：银行存款[外币账户] 贷：事业收入等	借：资金结存——货币资金 贷：事业预算收入等
	期末，根据各外币账户按照期末即期汇率调整后的人民币余额与原账面人民币余额的差额，作为汇兑损益	借：银行存款/应收账款/单位管理费用等[汇兑收益] 贷：业务活动费用/单位管理费用/应付账款等[汇兑损失]	借：资金结存——货币资金 贷：行政支出/事业支出等[汇兑收益] 借：行政支出/事业支出等[汇兑损失] 贷：资金结存——货币资金
3	1011 零余额账户用款额度		
（1）	收到"授权支付到账通知书"	借：零余额账户用款额度 贷：财政拨款收入	借：资金结存——零余额账户用款额度 贷：财政拨款预算收入
（2）	支付日常活动费用	借：业务活动费用/单位管理费用等 贷：零余额账户用款额度	借：行政支出/事业支出等 贷：资金结存——零余额账户用款额度
	按照规定支用额度购买库存物品或新建固定资产等	借：库存物品/固定资产/在建工程等 贷：零余额账户用款额度	借：行政支出/事业支出等 贷：资金结存——零余额账户用款额度

（3）	提现	从零余额账户提取现金	借：库存现金 贷：零余额账户用款额度	借：资金结存——货币资金 贷：资金结存——零余额账户用款额度
		将现金退回单位零余额账户	借：零余额账户用款额度 贷：库存现金	借：资金结存——零余额账户用款额度 贷：资金结存——货币资金
		本年度授权支付的款项因购货退回等额度发生退回	借：零余额账户用款额度 贷：库存物品等	借：资金结存——零余额账户用款额度 贷：行政支出/事业支出等
（4）	国库授权支付额度退回	以前年度授权支付的款项因购货退回等额度发生退回	借：零余额账户用款额度 贷：库存物品/以前年度盈余调整等	借：资金结存——零余额账户用款额度 贷：财政拨款结转/财政拨款结余——年初余额调整
（5）	年末，注销额度	根据代理银行提供的对账单注销财政授权支付额度	借：财政应返还额度——财政授权支付 贷：零余额账户用款额度	借：资金结存——财政应返还额度 贷：资金结存——零余额账户用款额度
		本年度财政授权支付预算指标数大于零余额账户额度下达数的，根据未下达的用款额度	借：财政应返还额度——财政授权支付 贷：财政拨款收入	借：资金结存——财政应返还额度 贷：财政拨款预算收入
（6）	下年初，恢复额度	根据代理银行提供的额度恢复到账通知书恢复财政授权支付额度	借：零余额账户用款额度 贷：财政应返还额度——财政授权支付	借：资金结存——零余额账户用款额度 贷：资金结存——财政应返还额度
		收到财政部门批复的上年末下达零余额账户用款额度	借：零余额账户用款额度 贷：财政应返还额度——财政授权支付	借：资金结存——零余额账户用款额度 贷：资金结存——财政应返还额度
4	1021 其他货币资金			
（1）	形成其他货币资金	取得银行本票、银行汇票、信用卡时	借：其他货币资金——银行本票存款 　　　　　　　——银行汇票存款 　　　　　　　——信用卡款 贷：银行存款	—

195

（续表）

序号	业务和事项内容	账务处理	
		财务会计	预算会计
（2）发生支付	用银行本票、银行汇票、信用卡支付时	借：在途物品/库存物品等 贷：其他货币资金——银行本票存款 ——银行汇票存款 ——信用卡存款	借：事业支出等［实际支付金额］ 贷：资金结存——货币资金
（3）余款退回时	银行本票、银行汇票、信用卡的余款退回时	借：银行存款 贷：其他货币资金——银行本票存款 ——银行汇票存款 ——信用卡存款	—
5 1101 短期投资			
（1）取得短期投资	取得短期投资时	借：短期投资 贷：银行存款等	借：投资支出 贷：资金结存——货币资金
（2）短期投资持有期间收到利息	收到购买时已到付息期但尚未领取的利息时	借：银行存款 贷：短期投资	借：资金结存——货币资金 贷：投资支出
（3）出售短期投资或到期收回短期投资（国债）本息	出售短期投资或到期收回短期投资（国债）本息	借：银行存款［实际收到的金额］ 投资收益［借差］ 贷：短期投资［账面余额］ 投资收益［贷差］	借：资金结存——货币资金［实收款］ 投资预算收益［实收款小于当年投资成本的差额］ 贷：投资支出［出售或收回以前年度投资的］ 投资预算收益［实收款大于投资成本的差额］/ 其他结余［出售或收回当年投资的］
6 1201 财政应返还额度			
（1）财政直接支付方式下，确认财政应返还额度	年末本年度预算指标数与当年实际支付数的差额	借：财政应返还额度——财政直接支付 贷：财政拨款收入	借：资金结存——财政应返还额度 贷：财政拨款预算收入

(1)	财政直接支付方式下，确认应返还额度	下年度使用以前年度财政直接支付额度支付款项时	借：业务活动费用/单位管理费用/库存物品等 贷：财政应返还额度——财政直接支付	借：行政支出/事业支出等 贷：资金结存——财政应返还额度
		年末年度预算指标数大于额度下达数的，根据末下达的用款额度	借：财政应返还额度——财政授权支付 贷：财政拨款收入	借：资金结存——财政应返还额度 贷：财政拨款预算收入
(2)	财政授权支付方式下，确认应返还额度	年末根据代理银行提供的对账单作注销额度处理	借：财政应返还额度——财政授权支付 贷：零余额账户用款额度	借：资金结存——财政应返还额度 贷：资金结存——零余额账户用款额度
		下年初额度恢复和下年初收到财政部门批复的上年末下达零余额账户用款额度	借：零余额账户用款额度 贷：财政应返还额度——财政授权支付	借：资金结存——零余额账户用款额度 贷：资金结存——财政应返还额度
7	1211 应收票据			
(1)	收到商业汇票	销售产品、提供服务等收到商业汇票时	借：应收票据 贷：经营收入等	—
(2)	商业汇票向银行贴现	持未到期的商业汇票向银行贴现	借：银行存款 经营费用等[贴现利息] 贷：应收票据[不附追索权] 短期借款[附追索权]	借：资金结存——货币资金 贷：经营预算收入等[贴现净额]
		附追索权的商业汇票到期发生追索事项	借：短期借款 贷：应收票据	—
(3)	商业汇票背书转让	将持有的商业汇票转让以取得所需物资	借：库存物品等 贷：应收票据 银行存款[差额]	借：经营支出等[支付的金额] 贷：资金结存——货币资金

197

（续表）

序号	业务和事项内容		账务处理	
			财务会计	预算会计
（4）	商业汇票到期	商业汇票到期，收回应收票据	借：银行存款 贷：应收票据	借：资金结存——货币资金 贷：经营预算收入等
		商业汇票到期，付款人无力支付票款时	借：应收账款 贷：应收票据	—
8	1212应收账款			
（1）	发生应收账款时	应收账款收回后不需上缴财政	借：应收账款 贷：事业收入/经营收入/其他收入等	—
		应收账款收回后需上缴财政	借：应收账款 贷：应缴财政款	—
（2）	收回应收账款时	应收账款收回后不需上缴财政	借：银行存款等 贷：应收账款	借：资金结存——货币资金 贷：事业预算收入/经营预算收入/其他预算收入等
		应收账款收回后需上缴财政	借：银行存款等 贷：应收账款	—
（3）	逾期无法收回的应收账款	报批后予以核销	借：坏账准备/应缴财政款 贷：应收账款	—
		事业单位已核销不需上缴财政的应收账款在以后期间收回	借：应收账款 贷：坏账准备 借：银行存款 贷：应收账款	借：资金结存——货币资金 贷：非财政拨款结余等
		单位已核销需上缴财政的应收账款在以后期间的应收账款收回	借：银行存款 贷：应缴财政款	—

序号	科目/事项	子事项	财务会计分录	预算会计分录
9	1214 预付账款			
(1)	发生预付账款时		借：预付账款 贷：财政拨款收入 / 零余额账户用款额度 / 银行存款等	借：行政支出 / 事业支出等 贷：财政拨款预算收入 / 资金结存
(2)	收到所购物资或劳务，以及根据工程进度结算工程价款时		借：业务活动费用 / 库存物品 / 固定资产 / 在建工程等 贷：预付账款	借：行政支出 / 事业支出等 贷：财政拨款预算收入 / 零余额账户用款额度 / 资金结存 [补付款项]
(3)	预付账款退回	当年预付账款退回	借：财政拨款收入 / 零余额账户用款额度 / 银行存款等 贷：预付账款	借：财政拨款结余 / 事业支出等 贷：资金结存
		以前年度预付账款退回	借：财政应返还额度 / 零余额账户用款额度 / 银行存款等 贷：预付账款	借：资金结存 贷：财政拨款结余——年初余额调整 转：——年初余额调整
(4)	逾期无法收回的预付账款转为其他应收款		借：其他应收款 贷：预付账款	—
10	1215 应收股利			
(1)	取得的长期股权投资	取得长期股权投资	借：长期股权投资 应收股利 [取得投资支付价款中包含的已宣告但尚未发放的现金股利或利润] 贷：银行存款	借：投资支出 [取得投资支付的全部价款] 贷：资金结存——货币资金
		收到取得投资所支付价款中包含的已宣告但尚未发放的股利或利润时	借：银行存款 贷：应收股利	借：资金结存——货币资金 贷：行政支出 / 事业支出等
(2)	持有投资期间	被投资单位宣告发放现金股利或利润	借：应收股利 贷：投资收益 / 长期股权投资	—
		收到现金股利或利润时	借：银行存款 贷：应收股利	借：资金结存——货币资金 贷：投资预算收益

（续表）

序号	业务和事项内容		账务处理	
			财务会计	预算会计
11	1216 应收利息			
(1)	取得的债券投资	取得长期债券投资	借：长期债券投资 应收利息 [取得投资支付价款中包含的已到付息期但尚未领取的利息] 贷：银行存款 [取得投资支付的全部价款]	借：投资支出 [取得投资支付的全部价款] 贷：资金结存——货币资金
		收到取得投资所支付价款中包含的已到付息期但尚未领取的利息时	借：银行存款 贷：应收利息	借：资金结存——货币资金 贷：投资支出等
(2)	持有投资期间	按期计提利息	借：应收利息 [分期付息、到期还本债券计提的利息] 贷：投资收益	—
		实际收到利息	借：银行存款 贷：应收利息	借：资金结存——货币资金 贷：投资预算收益
12	1218 其他应收款			
(1)	发生暂付款（包括未还偿的公务卡款项）	暂付款项时	借：其他应收款 贷：银行存款/库存现金/零余额账户用款额度等	—
		报销时	借：业务活动费用/单位管理费用等 [实际报销金额] 贷：其他应收款	借：行政支出/事业支出等 [实际报销金额] 贷：资金结存
		收回暂付款项时	借：库存现金/银行存款等 贷：其他应收款	—
(2)	发生其他各种应收款	确认其他应收款时	借：其他应收款 贷：上级补助收入/附属单位上缴收入/其他收入等	—

(2)	发生其他各种应收款项	借：银行存款/库存现金等 贷：其他应收款	借：资金结存——货币资金 贷：上级补助预算收入/附属单位上缴预算收入/其他预算收入等
(3)	拨付给内部有关部门的备用金	借：其他应收款 贷：库存现金	—
	财务部门核定并发放备用金时	借：业务活动费用/单位管理费用等 贷：库存现金	借：行政支出/事业支出等 贷：资金结存——货币资金
	根据报销数额用现金补足备用金定额时	借：坏账准备[事业单位]/资产处置费用[行政单位] 贷：其他应收款	—
(4)	经批准核销时	事业单位： 借：坏账准备 贷：银行存款/其他应收款等 行政单位： 借：银行存款/其他应收款等 贷：其他收入	借：资金结存——货币资金 贷：其他预算收入
	逾期无法收回的其他应收款在以后期间收回		
13	1219 坏账准备		
(1)	年末全面分析不需上缴财政的应收账款和其他应收款	借：其他费用 贷：坏账准备	—
	冲减坏账准备	借：坏账准备 贷：其他费用	—
	报批后予以核销	借：坏账准备 贷：应收账款/其他应收款	—
(2)	逾期无法收回的应收账款和其他应收款	借：应收账款/其他应收款 贷：坏账准备 借：银行存款 贷：应收账款/其他应收款	借：资金结存——货币资金等 贷：非财政拨款结余等

（续表）

序号	业务和事项内容		账务处理	
			财务会计	预算会计
14	1301 在途物品			
（1）	购入材料等物资，结算凭证收到货未到，款已付或已开出商业汇票		借：在途物品 贷：财政拨款收入/零余额账户用款额度/银行存款/应付票据等	借：行政支出/事业支出/经营支出等 贷：财政拨款预算收入/资金结存
（2）	所购材料等物资到达验收入库		借：库存物品 贷：在途物品	—
15	1302 库存物品			
	取得库存物品	外购的库存物品验收入库	借：库存物品 贷：财政拨款收入/财政应返还额度/零余额账户用款额度/银行存款/应付账款等	借：行政支出/事业支出/经营支出等 贷：财政拨款预算收入/资金结存
		自制的库存物品加工完成、验收入库	借：库存物品——相关明细科目 贷：加工物品——自制物品	—
（1）		委托外单位加工收回的库存物品	借：库存物品——相关明细科目 贷：加工物品——委托加工物品	—
		置换换入的库存物品	借：库存物品[换出资产评估价值+其他相关支出] 固定资产累计折旧/无形资产累计摊销 资产处置费用[借差] 贷：库存物品/固定资产/无形资产[账面余额] 银行存款等[其他相关支出] 其他收入[贷差]	借：其他支出[实际支付的其他相关支出] 贷：资金结存

			财务会计	预算会计
（1）取得库存物品	涉及补价的	①支付补价的	借：库存物品[换出资产评估价值+其他相关支出+补价] 固定资产累计折旧/无形资产累计摊销[账面余额] 用[借差] 贷：库存物品/固定资产等[其他相关支出+补价] 银行存款等 其他收入[贷差]	借：其他支出[实际支付的补价和其他相关支出] 贷：资金结存
		②收到补价的	借：库存物品[换出资产评估价值+其他相关支出－补价] 固定资产累计折旧/无形资产累计摊销[账面余额] 用[借差] 贷：库存物品/固定资产/无形资产等[其他相关支出] 银行存款等[补价－其他相关支出] 应缴财政款 其他收入[贷差]	借：其他支出[其他相关支出大于收到的补价的差额] 贷：资金结存
	接受捐赠的库存物品		借：库存物品[按照确定的成本] 贷：银行存款等[相关税费] 捐赠收入	借：其他支出[实际支付的相关税费] 贷：资金结存
	无偿调入的库存物品		借：库存物品[按照确定的成本] 贷：银行存款等[相关税费] 无偿调拨净资产	借：其他支出[实际支付的相关税费] 贷：资金结存
	按照名义金额入账的，无偿调入的接受捐赠的库存物品及发生的相关税费、运输费等		借：库存物品[名义金额] 贷：捐赠收入[接受捐赠]/无偿调拨净资产[无偿调入] 其他费用 借：其他支出 贷：银行存款等	借：其他支出 贷：资金结存

（续表）

序号	业务和事项内容	账务处理	
		财务会计	预算会计
（2）发出库存物品	开展业务活动、按照规定自主出售或加工物品等领用、发出库存物品时	借：业务活动费用/单位管理费用/经营费用/加工物品等[按照领用、发出成本] 贷：库存物品	—
	经批准对外捐赠的库存物品发出时	借：资产处置费用 贷：库存物品[账面余额] 银行存款等[归属于捐出方的相关费用]	借：其他支出[实际支付的相关费用] 贷：资金结存
	经批准无偿调出的库存物品发出时	借：无偿调拨净资产 贷：库存物品[账面余额] 银行存款等[归属于调出方的相关费用] 借：资产处置费用 贷：银行存款等[发生的相关税费] 应缴财政款	借：其他支出[实际支付的相关费用] 贷：资金结存
	经批准对外出售[自主出售除外]的库存物品发出时	借：资产处置费用 贷：库存物品[账面余额] 银行存款等[收到的价款] 贷：应缴财政款	—
	经批准置换换出库存物品	参照置换换入"库存物品"的处理	
（3）库存物品定期盘点及毁损、报废	盘盈的库存物品	借：库存物品 贷：待处理财产损溢	—
	盘亏或者毁损、报废的库存物品转入待处理资产	借：待处理财产损溢 贷：库存物品[账面余额]	—
	增值税一般纳税人购进的非自用材料发生盘亏或者毁损、报废的	借：待处理财产损溢 贷：应交增值税——应交税金（进项税额转出）	—

16	1303 加工物品			
		为自制物品领用材料时	借：加工物品——自制物品（直接材料） 贷：库存物品（相关明细科目）	—
		专门从事物资制造的人员发生的直接人工费用	借：加工物品——自制物品（直接人工） 贷：应付职工薪酬	—
（1）	自制物品	为自制物品发生其他直接费用和间接费用	借：加工物品——自制物品（其他直接费用、间接费用） 贷：财政拨款收入/零余额账户用款额度/银行存款等	借：事业支出/经营支出等 [实际支付金额] 贷：财政拨款预算收入/资金结存
		自制加工完成、验收入库	借：库存物品（相关明细科目） 贷：加工物品——自制物品（直接材料、直接人工、其他直接费用、间接费用）	—
（2）	委托加工物品	发给外单位加工的材料	借：加工物品——委托加工物品 贷：库存物品（相关明细科目）	—
		支付加工费用	借：加工物品——委托加工物品 贷：财政拨款收入/零余额账户用款额度/银行存款等	借：行政支出/事业支出/经营支出等 贷：财政拨款预算收入/资金结存
		委托加工完成的物品验收入库	借：库存物品（相关明细科目） 贷：加工物品——委托加工物品	—
17	1401 待摊费用			
（1）		发生待摊费用时	借：待摊费用 贷：财政拨款收入/零余额账户用款额度/银行存款等	借：行政支出/事业支出等 贷：财政拨款预算收入/资金结存
（2）		按照受益期限分期平均摊销时	借：业务活动费用/单位管理费用/经营费用等 贷：待摊费用 [每期摊销金额]	—

（续表）

序号	业务和事项内容	账务处理	
		财务会计	预算会计
（3）	将摊余金额一次全部转入当期费用时	借：业务活动费用/单位管理费用/经营费用等[全部未摊销金额] 贷：待摊费用	—
18	1501 长期股权投资		
（1）	取得长期股权投资		
	以现金取得的长期股权投资	借：长期股权投资——成本/长期股权投资——应收股利[实际支付价款中包含的已宣告但尚未发放的股利或利润] 贷：银行存款等[实际支付的价款]	借：投资支出[实际收到的价款] 贷：资金结存——货币资金
	收到取得投资时实际支付价款中所包含的已宣告但尚未发放的股利或利润	借：银行存款 贷：应收股利	借：资金结存——货币资金 贷：投资支出
	以现金以外的其他资产置换取得长期股权投资	参照"库存物品"科目中置换取得库存物品的账务处理	
	以未入账的无形资产取得的长期股权投资	借：长期股权投资 贷：长期应交税费/其他收入	借：其他支出[支付的相关税费] 贷：资金结存
	接受捐赠的长期股权投资	借：长期股权投资 贷：银行存款等[相关税费] 捐赠收入	借：其他支出[支付的相关税费] 贷：资金结存
	无偿调入的长期股权投资	借：长期股权投资 贷：无偿调拨净资产 银行存款等[相关税费]	借：其他支出[支付的相关税费] 贷：资金结存
（2）	持有长期股权投资期间	成本法下 被投资单位宣告发放现金股利或利润时	借：应收股利 贷：投资收益	—
		收到被投资单位发放的现金股利时	借：银行存款 贷：应收股利	借：资金结存——货币资金 贷：投资预算收益

第二篇 政府会计制度——行政事业单位会计科目和报表

(2) 持有长期股权投资期间	权益法下	被投资单位实现净利润的，按照其份额	借：长期股权投资——损益调整 贷：投资收益	—
		被投资单位发生净亏损的，按照其份额	借：投资收益 贷：长期股权投资——损益调整	—
		被投资单位发生净亏损，但以后年度又实现净利润的，按规定恢复确认投资收益的	借：长期股权投资——损益调整 贷：投资收益	—
		被投资单位宣告发放现金股利或利润的，按照其份额	借：应收股利 贷：长期股权投资——损益调整	—
		被投资单位除净损益和利润分配以外的所有者权益变动时，按照其份额	借：长期股权投资——其他权益变动 贷：权益法调整 或： 借：权益法调整 贷：长期股权投资——其他权益变动	—
		权益法下收到被投资单位发放的现金股利	借：银行存款 贷：应收股利	借：资金结存——货币资金 贷：投资收益——货币资金
		追加投资成本法改为权益法	借：长期股权投资——成本 贷：长期股权投资 [成本法下账面余额] 银行存款等 [追加投资]	借：投资支出 [实际支付的金额] 贷：资金结存——货币资金
		权益法改为成本法	借：长期股权投资——成本 贷：长期股权投资 ——损益调整 ——其他权益变动	—

政府会计准则制度

（续表）

序号	业务和事项内容		账务处理	
			财务会计	预算会计
（3）出售（转让）长期股权投资	处置以现金取得的长期股权投资		借：银行存款［实际取得价款］ 投资收益［借差］ 贷：长期股权投资 应收股利［尚未领取的现金股利或利润］ 银行存款等［支付的相关税费］ 投资收益［贷差］	借：资金结存——货币资金［取得价款扣减支付的相关税费后的金额］ 投资支出／其他结余 贷：投资预算收益
	处置净收入上缴财政的		借：资产处置费用 贷：长期股权投资 借：银行存款［实际取得价款］ 贷：应收股利［尚未领取的现金股利或利润］ 银行存款等［支付的相关税费］ 应缴财政款	—
	按照规定投资收益纳入单位预算管理的		借：资产处置费用 贷：长期股权投资 借：银行存款［实际取得价款］ 应收股利［尚未领取的现金股利或利润］ 贷：长期股权投资账面余额应收股利和相关税费后的差额］ 银行存款［支付的相关税费］ 投资收益［取得价款扣减投资账面余额和相关税费后的差额］ 应缴财政款	借：资金结存——货币资金［取得价款扣减支付的相关税费后的余额］ 贷：投资预算收益
（4）其他方式处置长期股权投资	按照规定核销时		借：资产处置费用 贷：长期股权投资［账面余额］	—
	置换转出时		参照"库存物品"科目中置换取得库存物品的账务处理	—
（5）权益法下，处置时结转原直接计入净资产的相关金额			借：权益法调整 贷：投资收益 或作相反分录	—

序号	科目	业务	会计分录
19	1502 长期债券投资		
(1)		取得长期债券投资时	借：长期债券投资——成本 / 应收利息[实际支付价款中包含的已到付息期但尚未领取的利息] 贷：银行存款等[实际支付价款]
			同时 借：投资支出[实际支付价款] 贷：资金结存——货币资金
	取得长期债券投资	收到取得投资所支付价款中包含的已到付息期但尚未领取的利息时	借：银行存款 贷：应收利息
			同时 借：资金结存——货币资金 贷：投资支出
(2)	持有长期债券投资期间	按期以票面利率计算确认利息收入时	借：应收利息[分期付息，到期还本]/长期债券投资——应计利息[到期一次还本付息] 贷：投资收益
		实际收到分期支付的利息时	借：银行存款 贷：应收利息
(3)		到期收回长期债券投资本息	借：银行存款等 贷：长期债券投资[账面余额] 应收利息 投资收益
			同时 借：资金结存——货币资金 贷：投资支出/其他结余[投资成本] 投资预算收益
(4)		对外出售长期债券投资	借：银行存款等[实际收到的款项] 投资收益[贷差] 贷：长期债券投资[账面余额] 应收利息[借差]
			同时 借：资金结存——货币资金 贷：投资支出/其他结余[投资成本] 投资预算收益
20	1601 固定资产		
(1)	固定资产取得	①外购的固定资产不需安装的	借：固定资产 贷：财政拨款收入/零余额账户用款额度/应付账款/银行存款等
			同时 借：行政支出/事业支出/经营支出等 贷：财政拨款预算收入/资金结存

(续表)

序号	业务和事项内容	账务处理	
		财务会计	预算会计
	B 需要安装的固定资产 先通过"在建工程"科目核算	借：在建工程 贷：财政拨款收入/零余额账户用款额度/应付账款/银行存款等	借：行政支出/事业支出/经营支出等 贷：财政拨款预算收入/资金结存
	安装完工支付使用时	借：固定资产 贷：在建工程	—
	购入固定资产扣留质量保证金	借：固定资产 [不需安装]/在建工程 [需要安装] 贷：财政拨款收入/零余额账户用款额度/银行存款等 其他应付款 [扣留期在1年以内（含1年）]/长期应付款 [扣留期超过1年]	借：行政支出/事业支出/经营支出等 [购买固定资产实际支付的金额] 贷：财政拨款预算收入/资金结存
	质保期满支付质量保证金	借：其他应付款/长期应付款 贷：财政拨款收入/零余额账户用款额度/银行存款等	借：行政支出/事业支出/经营支出等 贷：财政拨款预算收入/资金结存
(1) 固定资产取得	② 自行建造的固定资产，工程完工支付使用时	借：固定资产 贷：在建工程	—
	③ 融资租入（或跨年度）分期付款购入的固定资产	借：固定资产 [不需安装]/在建工程 [需安装] 长期应付款 [协议或合同确定的租赁价款] 贷：财政拨款收入/零余额账户用款额度/银行存款等 [实际支付的相关税费、运输费等]	借：行政支出/事业支出/经营支出等 [实际支付的相关税费、运输费等] 贷：财政拨款预算收入/资金结存
	定期支付租金（或分期付款）时	借：长期应付款 贷：财政拨款收入/零余额账户用款额度/银行存款等	借：行政支出/事业支出/经营支出等 贷：财政拨款预算收入/资金结存

			借方	贷方
（1）固定资产取得	④接受捐赠的固定资产		借：固定资产[不需安装]/在建工程[需安装] 银行存款/零余额账户用款额度等[发生的相关税费、运输费等] 捐赠收入[差额]	借：其他支出[支付的相关税费、运输费等] 贷：资金结存
	接受捐赠的固定资产按照名义金额入账的		借：固定资产[名义金额] 贷：捐赠收入 借：其他费用 贷：银行存款/零余额账户用款额度等[发生的相关税费、运输费等]	借：其他支出[支付的相关税费、运输费等] 贷：资金结存
	⑤无偿调入的固定资产		借：固定资产[不需安装]/在建工程[需安装] 银行存款/零余额账户用款额度等[发生的相关税费、运输费等] 贷：无偿调拨净资产[差额]	借：其他支出[支付的相关税费、运输费等] 贷：资金结存
	⑥置换取得的固定资产		参照"库存物品"科目中置换取得库存物品的账务处理。	—
（2）与固定资产有关的后续支出	符合固定资产确认条件的（增加固定资产使用效能或延长其使用年限而发生的改建、扩建等后续支出）		借：在建工程[固定资产账面价值] 固定资产累计折旧 贷：固定资产[账面余额] 借：在建工程 贷：财政拨款收入/零余额账户用款账户用款额度/应付账款/银行存款等	借：行政支出/事业支出/经营支出等 贷：财政拨款预算收入/资金结存
	不符合固定资产确认条件的		借：业务活动费用/单位管理费用/经营费用等 贷：财政拨款收入/零余额账户用款额度/银行存款等	借：行政支出/事业支出/经营支出等 贷：财政拨款预算收入/资金结存

（续表）

序号	业务和事项内容		账务处理	
			财务会计	预算会计
（3）	固定资产处置	出售、转让固定资产	借：资产处置费用 　　固定资产累计折旧 　贷：固定资产[账面余额] 借：银行存款[处置固定资产收到的价款] 　贷：应缴财政款 　　银行存款等[发生的相关费用]	—
		对外捐赠固定资产	借：资产处置费用 　　固定资产累计折旧 　贷：固定资产[账面余额] 　　银行存款等[归属于捐出方的相关费用]	按照对外捐赠过程中发生的归属于捐出方的相关费用 借：其他支出 　贷：资金结存
		无偿调出固定资产	借：无偿调拨净资产 　　固定资产累计折旧 　贷：固定资产[账面余额] 借：资产处置费用 　贷：银行存款等[归属于调出方的相关费用]	借：其他支出 　贷：资金结存
		置换换出固定资产	参照"库存物品"科目中置换取得库存物品的规定进行账务处理	—
（4）	固定资产定期盘点清查	盘盈的固定资产	借：固定资产 　贷：待处理财产损溢	—
		盘亏、毁损或报废的固定资产	借：待处理财产损溢[账面价值] 　　固定资产累计折旧 　贷：固定资产[账面余额]	—

21	1602 固定资产累计折旧		
(1)	按月计提固定资产折旧时	借：业务活动费用/单位管理费用/经营费用等 贷：固定资产累计折旧	—
(2)	处置固定资产时	借：待处理财产损溢/无偿调拨净资产/资产处置费用等 固定资产累计折旧 贷：固定资产［账面余额］	涉及资金支付的，参照"固定资产"科目相关账务处理
22	1611 工程物资		
(1)	购入工程物资	借：工程物资 贷：财政拨款收入/零余额账户用款额度/银行存款/应付账款/其他应付款等	借：行政支出/事业支出/经营支出等［实际支付的款项］ 贷：财政拨款预算收入/资金结存
(2)	领用工程物资	借：在建工程 贷：工程物资	—
(3)	剩余工程物资转为存货	借：库存物品 贷：工程物资	—
23	1613 在建工程		
建筑安装工程投资			
(1)	将固定资产等转入改建、扩建时	借：在建工程——建筑安装工程投资 贷：固定资产等 固定资产累计折旧等	—
	发包工程预付工程款时	借：预付账款——预付工程款 贷：财政拨款收入/零余额账户用款额度/银行存款等	借：行政支出/事业支出等 贷：财政拨款预算收入/资金结存
	按照进度结算工程款时	借：在建工程——建筑安装工程投资 贷：预付账款——预付工程款 财政拨款收入/零余额账户用款额度/银行存款/应付账款等	借：行政支出/事业支出等［补付款项］ 贷：财政拨款预算收入/资金结存

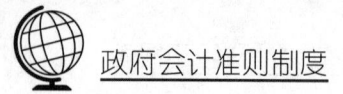

(续表)

序号	业务和事项内容		账务处理	
			财务会计	预算会计
(1)	建筑安装工程投资	自行施工小型建筑安装工程发生支出时	借：在建工程——建筑安装工程投资 贷：工程物资/零余额账户用款额度/银行存款/应付职工薪酬等	借：行政支出/事业支出等[实际支付的款项] 贷：资金结存等
		改扩建过程中替换（拆除）原资产某些组成部分的	借：待处理财产损溢 贷：在建工程——建筑安装工程投资	—
		工程竣工验收交付使用时	借：固定资产等 贷：在建工程——建筑安装工程投资	—
(2)	设备投资	购入设备时	借：在建工程——设备投资 贷：财政拨款收入/零余额账户用款额度/应付账款/银行存款等	借：行政支出/事业支出等[实际支付的款项] 贷：财政拨款预算收入/资金结存
		安装完毕，交付使用时	借：固定资产等 贷：在建工程——设备投资 建筑安装工程——设备投资	—
		将不需要安装设备和达不到固定资产标准的工具器具支付使用时	借：固定资产/库存物资 贷：在建工程——设备投资	—
(3)	待摊投资	发生构成待摊投资的各类费用时	借：在建工程——待摊投资 贷：财政拨款收入/零余额账户用款额度/银行存款/应付利息/长期借款/其他应交税费等	借：行政支出/事业支出等[实际支付的款项] 贷：资金结存
		对于建设过程中试生产、设备调试等产生的收入	借：银行存款等 贷：在建工程——待摊投资[按规定冲减工程成本的部分] 应缴财政款/其他收入[差额]	借：资金结存 贷：其他预算收入

（3）	待摊投资	经批准将单项工程或单位工程报废净损失计入继续施工的工程成本的	借：在建工程——待摊投资 贷：银行存款/其他应收款等[残料变价收入、赔款等] 　　在建工程——建筑安装工程投资[毁损报废工程成本]	—
		工程交付使用时，按照一定的分配方法进行待摊投资分配	借：在建工程——建筑安装工程投资 　　　　　　——设备投资 贷：在建工程——待摊投资	—
（4）	其他投资	发生其他投资支出时	借：在建工程——其他投资 贷：财政拨款收入/零余额账户用款额度/银行存款等	借：行政支出/事业支出等[实际支付的款项] 贷：财政拨款预算收入/资金结存
		资产交付使用时	借：固定资产/无形资产等 贷：在建工程——其他投资	—
（5）	基建转出投资	建造的产权不归本单位的专用设施转出时	借：在建工程——基建转出投资 贷：在建工程——建筑安装工程投资	—
		冲销转出的在建工程时	借：无偿调拨净资产 贷：在建工程——基建转出投资	—
（6）	待核销基建支出	发生各类待核销基建支出时	借：在建工程——待核销基建支出 贷：财政拨款收入/零余额账户用款额度/银行存款等	借：行政支出/事业支出[实际支付的款项] 贷：财政拨款预算收入/资金结存
		取消的项目发生的可行性研究费	借：在建工程——待核销基建支出 贷：在建工程——待摊投资	—
		由于自然灾害等原因发生的项目整体报废所形成的净损失	借：在建工程——待核销基建支出 贷：银行存款/其他应收款等[残料变价收入、保险赔款等] 　　在建工程——建筑安装工程投资	—
		经批准冲销待核销基建支出时	借：资产处置费用 贷：在建工程——待核销基建支出	—

(续表)

序号	业务和事项内容			账务处理	
				财务会计	预算会计
24	1701 无形资产				
(1)	无形资产取得	①外购的无形资产入账时		借：无形资产 贷：财政拨款收入/零余额账户用款额度/应付账款/银行存款等	借：行政支出/事业支出/经营支出等 贷：财政拨款预算收入/资金结存
		②委托软件公司开发的软件，按照合同约定预付开发费用时		借：预付账款 贷：财政拨款收入/零余额账户用款额度/银行存款等	借：行政支出/事业支出/经营支出等 贷：财政拨款预算收入[预付的款项]/资金结存
		委托开发的软件交付使用，并支付剩余款项或全部软件开发费用时		借：无形资产[开发费总额] 贷：预付账款 财政拨款收入/零余额账户用款额度/银行存款等[支付的剩余款项]	按照支付的剩余款项金额 借：行政支出/事业支出/经营支出等 贷：财政拨款预算收入/资金结存
		③自行开发	A 开发完成，达到预定用途形成无形资产的	借：无形资产 贷：研发支出——开发支出	—
			B 自行研究开发无形资产尚未进入开发阶段，或者无法区分研究阶段支出和开发阶段支出，但按照法律程序已申请取得无形资产的	借：无形资产[依法取得时发生的注册费、聘请律师费等费用] 贷：财政拨款收入/零余额账户用款额度/银行存款等	借：行政支出/事业支出/经营支出等 贷：财政拨款预算收入/资金结存
		④置换取得的无形资产		参照"库存物品"科目中置换取得存物品的相关规定进行账务处理。	
		⑤接受捐赠的无形资产		借：无形资产 贷：银行存款/零余额账户用款额度等[发生的相关税费等] 捐赠收入[差额]	借：其他支出[支付的相关税费等] 贷：资金结存
		接受捐赠的无形资产按照名义发出		借：无形资产[名义收入] 其他费用 贷：捐赠收入 银行存款/零余额账户用款额度等[发生的相关税费等]	借：其他支出[支付的相关税费等] 贷：资金结存

		财务会计分录	预算会计分录
（1）无形资产取得	⑥无偿调入的无形资产	借：无形资产 贷：银行存款/零余额账户用款额度等[发生的相关税费等] 　　无偿调拨净资产[差额]	借：其他支出[支付的相关税费等] 贷：资金结存
（2）与无形资产有关的后续支出	符合无形资产确认条件的后续支出（如为增加无形资产的使用效能而发生的后续支出）	借：在建工程 　　无形资产累计摊销 贷：无形资产 借：在建工程/无形资产[无需暂停计提摊销的] 贷：财政拨款收入/零余额账户用款额度/银行存款等	借：行政支出/事业支出/经营支出等[实际支付的资金] 贷：财政拨款预算收入/资金结存
	不符合无形资产确认条件的后续支出（为维护无形资产的正常使用而发生的后续支出）	借：业务活动费用/单位管理费用/经营费用等 贷：财政拨款收入/零余额账户用款额度/银行存款等	借：行政支出/事业支出/经营支出等 贷：财政拨款预算收入/资金结存
（3）无形资产处置	出售、转让无形资产	借：资产处置费用 　　无形资产累计摊销 贷：无形资产 借：银行存款等[收到的价款] 贷：资产处置费用[发生的相关费用] 　　应缴财政款/其他收入	— 如转让收入按照规定纳入本单位预算 借：银行存款等 贷：资金结存 贷：其他预算收入
	对外捐赠无形资产	借：资产处置费用 　　无形资产累计摊销 贷：无形资产[账面余额] 　　银行存款等[归属于捐出方相关费用]	借：其他支出[归属于捐出方的相关费用] 贷：资金结存
	无偿调出无形资产	借：无形调拨净资产 　　无形资产累计摊销 贷：无形资产[账面余额] 借：资产处置费用 贷：银行存款等[相关费用]	借：其他支出[归属于调出方的相关费用] 贷：资金结存

（续表）

序号	业务和事项内容		账务处理	
			财务会计	预算会计
	无形资产处置	（3）置换换出无形资产	参照"库存物品"科目中置换取得库存物品的规定进行账务处理	
		经批准核销无形资产时	借：资产处置费用 　　无形资产累计摊销 贷：无形资产[账面余额]	—
25	1702 无形资产累计摊销			
（1）	按照月进行无形资产摊销时		借：业务活动费用/单位管理费用/加工物品等 贷：无形资产累计摊销	—
（2）	处置无形资产时		借：资产处置费用/无偿调拨净资产等 　　无形资产累计摊销 贷：无形资产[账面余额]	—
26	1703 研发支出			
	单位自行研究开发无形资产	自行研究开发项目研究阶段的支出	应当按照合理的方法先归集 借：研发支出——研究支出 贷：业务活动费用/库存物品/财政拨款收入/零余额账户用款额度/银行存款等	借：事业支出/经营支出等[实际支付的款项] 贷：财政拨款预算收入/资金结存
		期（月）末转入当期费用	借：业务活动费用等 贷：研发支出——研究支出	—
		自行研究开发项目开发阶段的支出	借：研发支出——开发支出 贷：应付职工薪酬 　　库存物品 　　财政拨款收入/零余额账户用款额度/银行存款等	借：事业支出/经营支出等[实际支付的款项] 贷：财政拨款预算收入/资金结存

	单位自行研究开发无形资产	自行研究开发项目完成，达到预定用途形成无形资产	借：无形资产 贷：研发支出——开发支出	—
		年末经评估，研发项目预计不能达到预定用途	借：业务活动费用等 贷：研发支出——开发支出	—
27	1801 公共基础设施			
(1)	取得公共基础设施	自行建造公共基础设施完工交付使用时	借：公共基础设施 贷：在建工程	—
		接受无偿调入的公共基础设施	借：公共基础设施 贷：无偿调拨净资产 财政拨款收入/零余额账户用款额度等 [发生的归属于调入方的相关费用] 如无偿调入的公共基础设施成本无法可靠取得的 借：其他费用 [发生的归属于调入方的相关费用] 贷：财政拨款收入/零余额账户用款额度/银行存款等	借：其他支出 [支付的归属于调入方的相关费用] 贷：财政拨款预算收入/资金结存
		接受捐赠的公共基础设施	借：公共基础设施 贷：捐赠收入 财政拨款收入/零余额账户用款额度/银行存款等 [发生的归属于捐入方的相关费用] 如接受捐赠的公共基础设施成本无法可靠取得的 借：其他费用 [发生的归属于捐入方的相关费用] 贷：财政拨款收入/零余额账户用款额度/银行存款等	借：其他支出 [支付的归属于捐入方的相关费用] 贷：财政拨款预算收入/资金结存
		外购的公共基础设施	借：公共基础设施 贷：财政拨款收入/零余额账户用款额度/应付账款/银行存款等	借：行政支出/事业支出 贷：财政拨款预算收入/资金结存

（续表）

序号		业务和事项内容	账务处理	
			财务会计	预算会计
（2）	与公共基础设施有关的后续支出	为增加公共基础设施使用效能或延长其使用年限而发生的改建、扩建等后续支出	借：在建工程 公共基础设施累计折旧（摊销） 贷：在建工程［发生的相关费用／零余额账户用款额度／银行存款等］	借：行政支出／事业支出［实际支付的款项］ 贷：财政拨款预算收入／资金结存
		为维护公共基础设施的日常正常使用而发生的维修、养护等后续支出	借：业务活动费用 贷：财政拨款收入／零余额账户用款额度／应付账款／银行存款等	借：行政支出／事业支出［实际支付的款项］ 贷：财政拨款预算收入／资金结存
（3）	按照规定处置公共基础设施	对外捐赠公共基础设施	借：资产处置费用 公共基础设施累计折旧（摊销） 贷：公共基础设施［账面余额］ 银行存款等［发生的相关费用］	借：其他支出［支付的相关费用］ 贷：资金结存等
		无偿调出公共基础设施	借：无偿调拨净资产 公共基础设施累计折旧（摊销） 贷：公共基础设施［账面余额］ 资产处置费用 银行存款等［归属于调出方的相关费用］	借：其他支出［归属于调出方的相关费用］ 贷：资金结存等
（4）		报废、毁损的公共基础设施	借：待处理财产损溢 公共基础设施累计折旧（摊销） 贷：公共基础设施（账面余额）	—
28	1802 公共基础设施累计折旧（摊销）			
（1）		按月计提公共基础设施折旧或摊销时	借：业务活动费用 贷：公共基础设施累计折旧（摊销）	—
（2）		处置公共基础设施时	借：待处理财产损溢 贷：公共基础设施累计折旧（摊销）	—
29	1811 政府储备物资			
（1）	取得政府储备物资	购入的政府储备物资	借：政府储备物资 贷：财政拨款收入／零余额账户用款额度／应付账款／银行存款等	借：行政支出／事业支出 贷：财政拨款预算收入／资金结存

	业务类型	财务会计分录	预算会计分录
(1)	取得政府储备物资		
	接受捐赠的政府储备物资	借:政府储备物资 贷:捐赠收入 　　财政拨款收入/零余额账户用款额度/银行存款[捐入方承担的相关税费]	借:其他支出[捐入方承担的相关税费] 贷:财政拨款预算收入/资金结存
	无偿调入的政府储备物资	借:政府储备物资 贷:无偿调拨净资产 　　财政拨款收入/零余额账户用款额度/银行存款[调入方承担的相关税费]	借:其他支出[调入方承担的相关税费] 贷:财政拨款预算收入/资金结存
(2)	发出政府储备物资		
	动用发出无需收回的政府储备物资	借:业务活动费用 贷:政府储备物资[账面余额]	—
	动用发出需要收回或预期可能收回的政府储备物资	发出物资时 借:业务活动费用 贷:政府储备物资——在库 按照规定的质量验收标准验收回物资时 借:政府储备物资——在库 贷:政府储备物资——发出 未收回物资的账面余额 借:业务活动费用 贷:政府储备物资——发出	—
	因行政管理主体变动等原因而将政府储备物资调拨给其他主体的	借:无偿调拨净资产 贷:政府储备物资[账面余额]	—
	对外销售政府储备物资的 — 按照规定应收的销售价款纳入本单位预算的	借:业务活动费用 贷:政府储备物资 借:银行存款/应收账款等 贷:业务活动费用[发生的相关税费]	借:资金结存[收到的销售价款] 贷:事业预算收入等 借:行政支出/事业支出 贷:资金结存[支付的相关税费]
	对外销售政府储备物资的 — 按照规定扣除相关税费后上缴财政的	借:资产处置费用 贷:政府储备物资等 借:银行存款 贷:政府储备物资 　　应缴财政款	—
(3)	政府储备物资盘盈、盘亏、报废或毁损		
	盘盈的政府储备物资	借:政府储备物资 贷:待处理财产损溢	—
	盘亏、报废或毁损的政府储备物资	借:待处理财产损溢 贷:政府储备物资	—

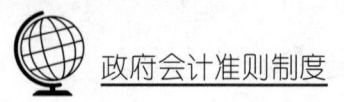

（续表）

序号	业务和事项内容		账务处理	
			财务会计	预算会计
30	1821 文物文化资产			
(1)	取得文物文化资产	外购的文物文化资产	借：文物文化资产 贷：财政拨款收入/零余额账户用款额度/应付账款/银行存款等	借：行政支出/事业支出 贷：财政拨款预算收入/资金结存
		接受无偿调入的文物文化资产	借：文物文化资产 贷：无偿调拨净资产 等[发生调入的文物文化资产成本无法可靠取得的如无偿调入人的文物文化资产成本无法可靠取得的] 借：其他费用[发生的归属于调入方的相关费用] 贷：财政拨款收入/零余额账户用款额度/银行存款等	借：其他支出[支付的归属于调入方的相关费用] 贷：财政拨款预算收入/资金结存
		接受捐赠的文物文化资产	借：文物文化资产 贷：捐赠收入 借：其他费用[发生的归属于调入方的相关费用] 贷：财政拨款收入/零余额账户用款额度/银行存款等	借：其他支出[支付的归属于调入方的相关费用] 贷：资金结存
(2)	按照规定处置文物文化资产	对外捐赠文物文化资产	借：资产处置费用 贷：文物文化资产[账面余额] 借：无偿调拨净资产[归属于调出方的相关费用] 贷：银行存款等[账面余额]	借：其他支出[支付的归属于调出方的相关费用] 贷：资金结存等
		无偿调出文物文化资产	借：资产处置费用 贷：文物文化资产[账面余额] 贷：银行存款等[归属于调出方的相关费用]	借：其他支出[支付的归属于调出方的相关费用] 贷：资金结存等
(3)	盘点文物文化资产	盘盈时	借：文物文化资产 贷：待处理财产损溢	—
		盘亏、毁损、报废时	借：待处理财产损溢 贷：文物文化资产[账面余额]	

31	1831 保障性住房			
(1)	保障性住房取得	外购的保障性住房	借：保障性住房 贷：财政拨款收入/零余额账户用款额度/银行存款等	借：行政支出/事业支出 贷：财政拨款预算收入/资金结存等
		自行建造的保障性住房，工程完工交付使用时	借：保障性住房 贷：在建工程	—
		无偿调入的保障性住房	借：保障性住房 贷：银行存款/零余额账户用款额度等[发生的相关费用] 无偿调拨净资产[差额]	借：其他支出[支付的相关税费] 贷：资金结存等
(2)	出租保障性住房	按照收取或应收的租金金额	借：银行存款/应收账款 贷：应缴财政款	—
(3)	处置保障性住房	出售保障性住房	借：资产处置费用 保障性住房累计折旧 贷：保障性住房[账面余额]	—
			借：银行存款[处置保障性住房收到的价款] 贷：应缴财政款 银行存款/保障性住房等[发生的相关费用]	—
		无偿调出保障性住房	借：无偿调拨净资产 保障性住房累计折旧 贷：保障性住房[账面余额]	—
			借：资产处置费用 贷：银行存款等[归属于调出方的相关费用]	借：其他支出 贷：资金结存等
(4)	保障性住房定期盘点清查	盘盈的保障性住房	借：保障性住房 贷：待处理财产损溢	—
		盘亏、毁损或报废的保障性住房	借：待处理财产损溢[账面价值] 保障性住房累计折旧 贷：保障性住房[账面余额]	—

（续表）

序号	业务和事项内容	账务处理	
		财务会计	预算会计
32	1832 保障性住房		
（1）	按月计提保障性住房折旧时	借：业务活动费用 贷：保障性住房累计折旧	—
（2）	处置保障性住房时	借：待处理财产损溢/无偿调拨净资产/资产处置费用等 贷：保障性住房累计折旧 贷：保障性住房[账面余额]	涉及资金支付的，参照"保障性住房"科目的相关账务处理
33	1891 受托代理资产		
	受托 转赠 物资		
	接受委托人委托需要转赠给受赠人的物资	借：受托代理资产 贷：受托代理负债	—
	受托协议约定由受托方承担相关税费、运输费等的	借：其他费用 贷：财政拨款收入/零余额账户用款额度/银行存款等	借：其他支出[实际支付的相关税费、运输费等] 贷：财政拨款预算收入/资金结存
（1）	将受转赠物资支付受赠人时	借：受托代理负债 贷：受托代理资产	—
	转赠物资的委托人取消了对捐赠物资的转赠要求，且不再收回捐赠物资的	借：受托代理负债 贷：库存物品/固定资产等 贷：其他收入	—
	受托 储存 保管 物资		
	接受委托人委托储存保管的物资	借：受托代理资产 贷：受托代理负债	—
（2）	支付由受托单位承担的与受托储存保管物资相关的运输费、保管费等	借：其他费用等 贷：财政拨款收入/零余额账户用款额度/银行存款等	借：其他支出等[实际支付的运输费、保管费等] 贷：财政拨款预算收入/资金结存

序号	业务事项	明细		财务会计分录	预算会计分录
（2）	受托代储保管物资	根据委托人要求交付受托储存保管的物资时		借：受托代理负债 贷：受托代理资产	—
（3）	罚没物资	取得罚没物资时		借：受托代理资产 贷：受托代理负债	—
		按照规定处置罚没物资时		借：受托代理负债 贷：受托代理资产 处置时取得款项的 借：银行存款等 贷：应缴财政款	—
34	1901 长期待摊费用				
（1）	发生长期待摊费用			借：长期待摊费用 贷：财政拨款收入/零余额账户用款额度/银行存款等	借：行政支出/事业支出等 贷：财政拨款预算收入/资金结存
（2）	按期摊销或一次转销长期待摊费用账面余额			借：业务活动费用/单位管理费用/经营费用等 贷：长期待摊费用	—
35	1902 待处理财产损溢				
（1）	账款核对时发现的现金短缺或溢余			参照"库存现金"科目的账务处理	
（2）	盘盈的非现金资产	转入待处理财产时		借：库存物品/固定资产/无形资产/公共基础设施/政府储备物资/文化资产/保障性住房等 贷：待处理财产损溢	—
		报经批准后处理时	对于流动资产	借：待处理财产损溢 贷：单位管理费用[事业单位]/业务活动费用[行政单位]	—
			对于非流动资产	借：待处理财产损溢 贷：以前年度盈余调整	—

（续表）

序号		业务和事项内容	账务处理	
			财务会计	预算会计
（3）		转入待处理财产时	借：待处理财产损溢——待处理财产价值 固定资产累计折旧/无形资产累计摊销/公共基础设施/保障性住房累计折旧（摊销） 贷：库存物品/固定资产/公共基础设施/保障性住房/政府储备物资/文物文化资产/无形资产/保障性住房等	—
	盘亏或毁损、报废现金的非流动资产	报经批准处理时	借：资产处置费用 贷：待处理财产损溢——待处理财产价值	—
		处理毁损、报废实物资产过程中取得的残值变价收入、保险赔偿等	借：库存现金/银行存款/库存物品/其他应收款等 贷：待处理财产损溢——处理净收入	—
		处理毁损、报废实物资产过程中发生的相关费用	借：待处理财产损溢——处理净收入 贷：库存现金/银行存款	—
		处理收支结清，处理收入大于相关费用的	借：待处理财产损溢——处理净收入 贷：应缴财政款	—
		处理收支结清，处理收入小于相关费用的	借：资产处置费用 贷：待处理财产损溢——处理净收入	借：其他支出 贷：资金结存等［支付的处理净支出］

二、负债类

序号		业务和事项内容	财务会计	预算会计
36	2001 短期借款			
（1）		借入各种短期借款	借：银行存款 贷：短期借款	借：资金结存——货币资金 贷：债务预算收入
（2）		银行承兑汇票到期、本单位无力支付票款	借：应付票据 贷：短期借款	借：经营支出等 贷：债务预算收入
（3）		归还短期借款	借：短期借款 贷：银行存款	借：债务还本支出 贷：资金结存——货币资金

第二篇 政府会计制度——行政事业单位会计科目和报表

37	2101 应交增值税	(1) 增值税一般纳税人	购入资产或接受劳务	购入应税资产或服务时	借：业务活动费用/在途物品/库存物品/工程物资/在建工程/固定资产/无形资产等 应交增值税——应交税金（进项税额）[当月已认证可抵扣] 应交增值税——待认证进项税额 [当月未认证可抵扣] 贷：银行存款/零余额账户用款额度等 [实际支付的金额] /应付票据 [开出并承兑的商业汇票] /应付账款等 [应付的金额]	借：事业支出/经营支出等 [实际支付的金额] 贷：资金结存等 [实际支付的金额]
				经税务机关不可认证为不可抵扣进项税时	借：应交增值税——应交税金（进项税额） 贷：业务活动费用等 同时： 借：业务活动费用等 贷：应交增值税——待认证进项税额转出	—
				购进应税不动产或在建工程按规定分年抵扣进项税额的	借：固定资产/在建工程等 应交增值税——应交税金（进项税额）[当期可抵扣] 应交增值税——待抵扣进项税额 [以后期间可抵扣] 贷：银行存款/零余额账户用款额度等 [实际支付的金额] /应付票据 [开出并承兑的商业汇票] /应付账款等 [应付的金额]	借：事业支出/经营支出等 [实际支付的金额] 贷：资金结存等 [实际支付的金额]
				尚未抵扣的进项税额以后期间抵扣时	借：应交增值税——应交税金（进项税额） 贷：应交增值税——待抵扣进项税额转出	—
				购进属于增值税应税项目的资产后发生非正常损失或改变用途的	借：待处理财产损溢/固定资产/无形资产等 [按照现行增值税制度规定不得从销项税额中抵扣的进项税额] 贷：应交增值税——应交税金（进项税额转出） 应交增值税——待认证进项税额 应交增值税——待抵扣进项税额	—

(续表)

序号	业务和事项内容			财务会计	预算会计
(1)	增值税一般纳税人	购入资产或接受劳务	原不得抵扣且未抵扣进项税额的固定资产、无形资产等，因改变用途等用于允许抵扣进项税额的应税项目	借：应交增值税——应交税金（进项税额）[可以抵扣的进项税额] 贷：固定资产/无形资产等	—
			购进时已全额计入进项税额的货物或服务等转用于不动产在建工程以后期间的进项税额	借：应交增值税——待抵扣进项税额 贷：应交增值税——应交税金（进项税额）	—
		购进资产或服务时作为扣缴义务人		借：业务活动费用/无形资产/在途资产/库存物品/工程物资/固定资产等 应交增值税——应交税金（进项税额）[当期可抵扣] 贷：银行存款/应付账款等 应交增值税——代扣代缴增值税 实际缴纳代扣代缴增值税时 借：应交增值税——代扣代缴增值税 贷：银行存款	借：事业支出/经营支出等 [实际支付的金额] 贷：资金结存 借：事业支出/经营支出等 [实际支付的金额] 贷：资金结存
		销售应税产品或提供应税服务		借：银行存款/应收账款/营业收入等 [扣除增值税销项税额后的价款] 贷：应交增值税——应交税金（销项税额）/应交增值税——简易计税	借：资金结存 [实际收到的含税金额] 贷：事业预算收入/经营预算收入等
			金融商品转让产生收益	借：投资收益 [按净收益计算的应纳增值税] 贷：应交增值税——转让金融商品应交增值税	—
			金融商品转让产生损失	借：应交增值税——转让金融商品应交增值税 贷：投资收益 [按净损失计算的应纳增值税]	—

			会计分录	
(1) 增值税一般纳税人	销售产品或提供应税服务		借：应交增值税——转让金融商品应交增值税 贷：银行存款等	借：投资预算收益等 贷：资金结存[实际支付的金额]
	金融商品转让	年末，如有借方余额	借：投资收益 贷：应交增值税——转让金融商品应交增值税	—
	月末转出多交增值税		借：应交增值税——应交增值税（转出未交增值税） 贷：应交增值税——未交增值税	—
	月末转出未交和多交增值税	月末转出本月未交增值税	借：应交增值税——未交增值税 贷：应交增值税——应交增值税（转出多交增值税）	—
		月末转出本月多交增值税	借：应交增值税——应交增值税（已交税金） 贷：银行存款/零余额账户用款额度等	借：事业支出/经营支出等 贷：资金结存
	缴纳增值税	本月缴纳本月增值税	借：应交增值税——未交增值税 贷：银行存款/零余额账户用款额度等	借：事业支出/经营支出等 贷：资金结存
		本月缴纳以前期间未交增值税	预缴时： 借：应交增值税——预交税金 贷：银行存款 月末： 借：应交增值税——未交增值税 贷：应交增值税——预交税金	借：事业支出/经营支出等 贷：资金结存
		按规定预缴增值税	借：应交增值税——减免税款 贷：业务活动费用/经营费用等	—
		当期直接减免的增值税应纳税额	借：业务活动费用/在途物品/库存物品等[按价税合计金额] 贷：银行存款/票据[开出并承兑的商业汇票]/应付账款等[应付的金额]	借：事业支出/经营支出等 贷：资金结存[实际支付的金额]
(2) 增值税小规模纳税人	购入应税资产或服务		借：在途物品/库存物品/固定资产/无形资产等 贷：应交增值税——代扣代缴增值税 应交增值税参见一般纳税人的账务处理	借：事业支出/经营支出等 贷：资金结存[实际支付的金额]
	购进资产或服务时作为扣缴义务人		实际缴纳增值税参见一般纳税人的账务处理	

229

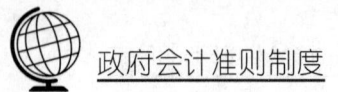

（续表）

序号	业务和事项内容			账务处理	
				财务会计	预算会计
(2)	增值税小规模纳税人	销售应税资产或提供服务	销售资产或提供服务	借：银行存款/应收账款/应收票据/事业收入/经营收入等 [包含增值税的价款总额] 贷：事业收入/经营收入等 [扣除增值税金额后的价款] 　　应交增值税	借：资金结存 [实际收到的含税金额] 贷：事业预算收入/经营预算收入等
			应税金融商品服务转让 产生收益	借：投资收益 [按净收益计算的应纳增值税] 贷：应交增值税——转让金融商品应交增值税	—
			产生损失	借：应交增值税——转让金融商品应交增值税 贷：投资收益 [按净损失计算的应纳增值税]	—
		缴纳增值税时		参见一般纳税人的账务处理	
		减免增值税		借：应交增值税 贷：银行存款等	借：事业支出/经营支出等 贷：资金结存
		实际缴纳时		借：应交增值税 贷：业务活动费用/经营费用等	—
38	2102 其他应交税费				
(1)	城市维护建设税、教育费附加、地方教育费附加、房产税、车船税、城镇土地使用税等	发生时，按照税法规定计算的应缴税费金额		借：业务活动费用/单位管理费用/经营费用 　　其他应交税费——应交城市维护建设/应交教育费附加/应交地方教育费附加费/应交房产税/应交车船税/应交城镇土地使用税等	—
		实际缴纳时		借：其他应交税费——应交城市维护建设费附加/应交地方教育费附加/应交车船税/应交房产税/应交城镇土地使用税等 贷：银行存款等	借：事业支出/经营支出等 贷：资金结存

(2)	代扣代缴职工个人所得税	计算应代扣代缴职工的个人所得税金额	借：应付职工薪酬 贷：其他应交税费——应交个人所得税	—
		计算应代扣代缴职工以外其他人员个人所得税	借：业务活动费用/单位管理费用等 贷：其他应交税费——应交个人所得税	—
		实际缴纳时	借：其他应交税费——应交个人所得税 贷：财政拨款收入/零余额账户用款额度/银行存款等	借：行政支出/事业支出/经营支出等 贷：财政拨款预算收入/资金结存
(3)	发生企业所得税纳税义务	按照税法规定计算的应缴税费金额	借：所得税费用 贷：其他应交税费——单位应交所得税	—
		实际缴纳时	借：其他应交税费——单位应交所得税 贷：银行存款等	借：非财政拨款结余 贷：资金结存
39	2103 应缴财政款			
(1)		取得或按照规定应缴财政的款项时	借：银行存款/应收账款等 贷：应缴财政款	—
(2)		处置资产取得应上缴财政的处置净收入的	参照"待处理财产损溢"科目的相关账务处理	—
(3)		上缴财政款项时	借：应缴财政款 贷：银行存款等	—
40	2201 应付职工薪酬			
(1)		计算确认当期应付职工薪酬	借：业务活动费用/单位管理费用 贷：应付职工薪酬	—
		从事专业及其辅助活动人员的职工薪酬	借：业务活动费用/单位管理费用 贷：应付职工薪酬	—
		应由在建工程、加工物品、自行研发无形资产负担的职工薪酬	借：在建工程/加工物品/研发支出等 贷：应付职工薪酬	—
		从事专业及其辅助活动以外的经营活动人员的职工薪酬	借：经营费用 贷：应付职工薪酬	—

（续表）

序号	业务和事项内容		账务处理	
			财务会计	预算会计
(1)	计算确认当期应付职工薪酬	因解除与职工的劳动关系而给予的补偿	借：单位管理费用 贷：应付职工薪酬	—
(2)		向职工支付工资、津贴补贴等薪酬	借：应付职工薪酬 贷：财政拨款预算收入/零余额账户用款额度/银行存款等	借：行政支出/事业支出/经营支出等 贷：财政拨款预算收入/资金结存
(3)	从职工薪酬中代扣各种款项	代扣代缴个人所得税	借：应付职工薪酬——基本工资 贷：其他应交税费——应交个人所得税	—
		代扣社会保险费和住房公积金	借：应付职工薪酬——基本工资 贷：应付职工薪酬——社会保险费/住房公积金	—
		代扣为职工垫付的水电费、房租等费用时	借：应付职工薪酬——基本工资 贷：其他应收款等	—
(4)	按照规定缴纳职工社会保险费和住房公积金		借：应付职工薪酬——社会保险费/住房公积金 贷：财政拨款预算收入/零余额账户用款额度/银行存款等	借：行政支出/事业支出/经营支出等 贷：财政拨款预算收入/资金结存
(5)	从应付职工薪酬中支付的其他款项		借：应付职工薪酬 贷：零余额账户用款额度/银行存款等	借：行政支出/事业支出/经营支出等 贷：资金结存
41	2301 应付票据			
(1)	开出、承兑商业汇票		借：库存物品/固定资产等 贷：应付票据	—
(2)	以商业汇票抵付应付账款时		借：应付账款 贷：应付票据	—

序号	业务描述	财务会计分录	预算会计分录
（3）	支付银行承兑汇票的手续费	借：业务活动费用/经营费用等 贷：银行存款等	借：事业支出/经营支出 贷：资金结存——货币资金
（4）	收到银行支付到期票据的付款通知时	借：应付票据 贷：银行存款	借：事业支出/经营支出 贷：资金结存——货币资金
	商业汇票到期时——银行承兑汇票到期，本单位无力支付票款	借：应付票据 贷：短期借款	借：事业支出/经营支出 贷：债务预算收入
	商业承兑汇票到期，本单位无力支付票款	借：应付票据 贷：应付账款	—
42	2302 应付账款		
（1）	购入物资、设备或服务以及完成工程进度但尚未付款	借：库存物品/固定资产/在建工程等 贷：应付账款	—
（2）	偿付应付账款	借：应付账款 贷：财政拨款收入/零余额账户用款额度/银行存款等	借：行政支出/事业支出等 贷：财政拨款预算收入/资金结存
（3）	开出、承兑商业汇票抵付应付账款	借：应付账款 贷：应付票据	—
（4）	无法偿付或债权人豁免偿还的应付账款	借：应付账款 贷：其他收入	—
43	2303 应付政府补贴款		
（1）	发生（确认）应付政府补贴款	借：业务活动费用 贷：应付政府补贴款	—
（2）	支付应付政府补贴款时	借：应付政府补贴款 贷：零余额账户用款额度/银行存款等	借：行政支出 贷：资金结存等
44	2304 应付利息		
（1）	按期计提利息	借：在建工程/其他费用 贷：应付利息	—

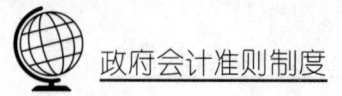

（续表）

序号	业务和事项内容	账务处理	
		财务会计	预算会计
(2)	实际支付利息时	借：应付利息 贷：银行存款等	借：其他支出 贷：资金结存——货币资金
45	2305 预收账款		
(1)	从付款方预收款项时	借：银行存款等 贷：预收账款	借：资金结存——货币资金 贷：事业预算收入／经营预算收入等
(2)	确认有关收入时	借：预收账款[收到补付款] 事业收入／经营收入等 贷：银行存款[退回预收款]	借：资金结存——货币资金 贷：事业预算收入／经营预算收入等[收到补付款] 退回预收款的金额做相反会计分录
(3)	无法偿付或债权人豁免偿还的预收账款	借：预收账款 贷：其他收入	—
46	2307 其他应付款		
(1)	发生暂收款项时	借：银行存款等 贷：其他应付款	—
	取得暂收款项时	借：其他应付款 贷：事业收入等	借：资金结存 贷：事业预算收入等
	确认收入时	借：事业收入等 贷：银行存款等	—
	退回（转拨）暂收款时	借：银行存款等 贷：其他应付款	—
(2)	收到同级财政部门预拨的下期预算款和没有纳入预算的暂付款项	按照实际收到的金额	
	待到下一预算期或批准纳入预算时	借：其他应付款 贷：财政拨款收入	借：资金结存 贷：财政拨款预算收入

（3）	发生其他应付款项时	确认其他应付款项时	借：业务活动费用/单位管理费用等 贷：其他应付款	借：行政支出/事业支出等 贷：资金结存
		支付其他应付款项	借：其他应付款 贷：银行存款等	—
（4）	无法偿付或债权人豁免偿还的其他应付款项		借：其他应付款 贷：其他收入	—
47	2401 预提费用			
（1）	按规定计提项目间接费用或管理费时		借：单位管理费用 贷：预提费用	借：非财政拨款结转——项目间接费用或管理费 贷：非财政拨款结余——项目间接费用或管理费
	实际使用计提的项目间接费用或管理费		借：预提费用——项目间接费用或管理费 贷：银行存款/库存现金	借：事业支出等 贷：资金结存
	按照规定预提每期租金等费用		借：业务活动费用/单位管理费用/经营费用等 贷：预提费用	—
（2）	实际支付款项时		借：预提费用 贷：银行存款等	借：行政支出/事业支出/经营支出等 贷：资金结存
48	2501 长期借款			
（1）	借入各项长期借款时		借：银行存款 贷：长期借款——本金	借：资金结存——货币资金 贷：债务预算收入[本金]
（2）	为购建固定资产、公共基础设施等的专门借款应支付的借款利息	属于工程项目建设期间发生的	借：在建工程 贷：应付利息[分期付息，到期还本] 长期借款——应计利息[到期一次还本付息]	—
		属于工程项目完工交付使用后发生的	借：其他费用 贷：应付利息[分期付息，到期还本] 长期借款——应计利息[到期一次还本付息]	—
	实际支付利息时		借：应付利息 贷：银行存款等	借：其他支出 贷：资金结存

（续表）

序号	业务和事项内容		账务处理	
			财务会计	预算会计
	其他长期借款利息	（3）计提利息时	借：其他费用 贷：应付利息[分期付息，到期还本] 　　长期借款——应计本付息[到期一次还本付息]	—
		分期实际支付利息时	借：应付利息 贷：银行存款等	借：其他支出 贷：资金结存
（4）	归还长期借款本息		借：长期借款——本金 　　　　　　——应计利息[到期一次还本付息] 贷：银行存款	借：债务还本支出[支付的本金] 　　其他支出[支付的利息] 贷：资金结存
49	2502 长期应付款			
（1）	发生长期应付款时		借：固定资产/在建工程等 贷：长期应付款	—
（2）	支付长期应付款		借：长期应付款 贷：财政拨款收入/零余额账户用款额度/银行存款	借：行政支出/事业支出/经营支出等 贷：财政拨款预算收入/资金结存
（3）	无法偿付或债权人豁免偿还的长期应付款		借：长期应付款 贷：其他收入	—
50	2601 预计负债			
（1）	确认预计负债		借：业务活动费用/经营费用/其他费用等 贷：预计负债	—
（2）	实际偿付预计负债		借：预计负债 贷：银行存款等	借：事业支出/经营支出/其他支出等 贷：资金结存
（3）	对预计负债账面余额进行调整的		借：业务活动费用/经营费用/其他费用等 贷：预计负债 或做相反会计分录	—

第二篇 政府会计制度——行政事业单位会计科目和报表

51	2901 受托代理负债	参照"受托代理资产""库存现金""银行存款"等科目相关账务处理		
		三、净资产类		
52	3001 累计盈余			
(1)		年末,将"本年盈余分配"科目余额转入	借:本年盈余分配 贷:累计盈余 或作相反会计分录	—
(2)		年末,将"无偿调拨净资产"科目余额转入	借:无偿调拨净资产 贷:累计盈余 或作相反会计分录	—
(3)		按照规定上缴财政拨款结转结余、缴回非财政拨款结转资金,向其他单位调出非财政拨款结转资金时	借:累计盈余 贷:财政应返还额度/零余额账户用款额度/银行存款等	参照"财政拨款结转""财政拨款结余""非财政拨款结转"等科目进行账务处理 借:资金结存——零余额账户用款额度 贷:财政拨款结转——归集调入
(4)		将"以前年度盈余调整"科目的余额转入	借:以前年度盈余调整 贷:累计盈余 或作相反会计分录	—
(5)		使用专用基金购置固定资产、无形资产的	相关账务处理参见"专用基金"科目	—
53	3101 专用基金			
(1)		年末,按照规定从本年非财政拨款结余或经营结余中提取专用基金的	借:本年盈余分配 贷:专用基金 [按照预算会计下计算的提取金额]	借:非财政拨款结余分配 贷:专用结余
(2)		根据规定从收入中提取专用基金并计入费用的	借:业务活动费用等 贷:专用基金 [一般按照预算收入计算提取的金额]	—

237

（续表）

序号	业务和事项内容		账务处理	
			财务会计	预算会计
（3）	根据有关规定设置的其他专用基金		借：银行存款等 贷：专用基金	—
（4）	按照规定使用专用基金时		借：专用基金 贷：银行存款等 如果购置固定资产、无形资产的： 借：固定资产/无形资产 贷：银行存款等 借：专用基金 贷：累计盈余	使用从收入中提取并列入费用的专用基金： 借：事业支出等 贷：资金结存 使用从非财政拨款结余或经营结余中提取的专用基金： 借：专用结余 贷：资金结存——货币资金
54	3201 权益法调整			
（1）	资产负债表日	按照被投资单位除净损益和利润分配外的所有者权益变动的份额（增加）	借：长期股权投资——其他权益变动 贷：权益法调整	—
		按照被投资单位除净损益和利润分配外的所有者权益变动的份额（减少）	借：权益法调整 贷：长期股权投资——其他权益变动	—
（2）	长期股权投资处置时	权益法调整科目为借方余额	借：投资收益 贷：权益法调整 [与所处置投资对应部分的金额]	—
		权益法调整科目为贷方余额	借：权益法调整 [与所处置投资对应部分的金额] 贷：投资收益	—

55	3301 本期盈余				
(1)		期末结转	结转收入	借：财政拨款收入 事业收入 上级补助收入 附属单位上缴收入 经营收入 非同级财政拨款收益 投资收益 捐赠收入 利息收入 租金收入 其他收入 贷：本期盈余 投资收益科目为发生额借方净额时，做相反会计分录	—
			结转费用	借：本期盈余 贷：业务活动费用 单位管理费用 经营费用 资产处置费用 上缴上级费用 对附属单位补助费用 所得税费用 其他费用	—
(2)		年末结转	本期盈余科目为贷方余额时	借：本期盈余 贷：本年盈余分配	—
			本期盈余科目为借方余额时	借：本年盈余分配 贷：本期盈余	—
56	3302 本年盈余分配				
(1)	年末，将本期盈余科目余额转入		本期盈余科目为贷方余额时	借：本期盈余 贷：本年盈余分配	—
			本期盈余科目为借方余额时	借：本年盈余分配 贷：本期盈余	—
(2)	年末，按照有关规定提取专用基金		按照预算会计下计算的提取金额	借：本年盈余分配 贷：专用基金	借：非财政拨款结余分配 贷：专用结余

（续表）

序号	业务和事项内容		账务处理	
			财务会计	预算会计
（3）	年末，将本科目余额转入累计盈余	本科目为贷方余额时	借：本年盈余分配 贷：累计盈余	—
		本科目为借方余额时	借：累计盈余 贷：本年盈余分配	—
57	3401 无偿调拨净资产			
（1）	取得无偿调入的资产时		借：库存物品/固定资产/无形资产/长期股权投资/公共基础设施/政府储备物资/银行存款等 贷：无偿调拨净资产 零余额账户用款额度[发生的归属于调入方的相关费用]	借：其他支出[发生的归属于调入方的相关费用] 贷：资金结存等
（2）	经批准无偿调出资产时		借：无偿调拨净资产 固定资产累计折旧/无形资产累计摊销/公共基础设施累计折旧（摊销）/保障性住房累计折旧 贷：库存物品/固定资产/无形资产/长期股权投资/公共基础设施/政府储备物资等[账面余额] 借：资产处置费用 贷：银行存款/零余额账户用款额度等[发生的归属于调出方的相关费用]	借：其他支出[发生的归属于调出方的相关费用] 贷：资金结存等
（3）	年末，将本科目余额转入累计盈余	科目余额在贷方时	借：无偿调拨净资产 贷：累计盈余	—
		科目余额在借方时	借：累计盈余 贷：无偿调拨净资产	—

58	3501 以前年度盈余调整			
	调整以前年度收入	（1）增加以前年度收入时	借：有关资产或负债科目 贷：以前年度盈余调整	按照实际收到的金额 借：资金结存 贷：财政拨款结转/财政拨款结余/非财政拨款结转/非财政拨款结余（年初余额调整）
		减少以前年度收入时	借：以前年度盈余调整 贷：有关资产或负债科目	按照实际支付的金额 借：财政拨款结转/财政拨款结余/非财政拨款结转/非财政拨款结余（年初余额调整） 贷：资金结存
	调整以前年度费用	（2）增加以前年度费用时	借：以前年度盈余调整 贷：有关资产或负债科目	按照实际支付的金额 借：财政拨款结转/财政拨款结余/非财政拨款结转/非财政拨款结余（年初余额调整） 贷：资金结存
		减少以前年度费用时	借：有关资产或负债科目 贷：以前年度盈余调整	按照实际收到的金额 借：资金结存 贷：财政拨款结转/财政拨款结余/非财政拨款结转/非财政拨款结余（年初余额调整）
	盘盈非流动资产	（3）报经批准处理时	借：待处理财产损溢 贷：以前年度盈余调整	—
	将本科目余额转入累计盈余	（4）本科目为借方余额时	借：累计盈余 贷：以前年度盈余调整	—
		本科目为贷方余额时	借：以前年度盈余调整 贷：累计盈余	—

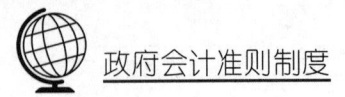

（续表）

四、收入/预算收入类

序号	业务和事项内容		账务处理	
			财务会计	预算会计
			59 财政拨款收入 4001	1 财政拨款预算收入 6001
（1）	收到拨款	财政直接支付方式下	借：库存物品/固定资产/业务活动费用/单位管理费用/应付职工薪酬等 贷：财政拨款收入	借：行政支出/事业支出等 贷：财政拨款预算收入
		财政授权支付方式下	借：零余额账户用款额度 贷：财政拨款收入	借：资金结存——零余额账户用款额度 贷：财政拨款预算收入
		其他方式下	借：银行存款等 贷：财政拨款收入	借：资金结存——货币资金 贷：财政拨款预算收入
（2）	年末确认拨款差额	根据本年度财政直接支付预算指标数与当年财政直接支付实际支付数的差额	借：财政应返还额度——财政直接支付 贷：财政拨款收入	借：资金结存——财政应返还额度 贷：财政拨款预算收入
		本年度财政授权支付预算指标数大于零余额账户用款额度下达数的差额	借：财政应返还额度——财政授权支付 贷：财政拨款收入	借：资金结存——财政应返还额度 贷：财政拨款预算收入
（3）	因差错更正或退购货退回等发生的国库支付的直接支付款项退回	属于本年度支付的款项	借：财政拨款收入 贷：业务活动费用/库存物品等	借：财政拨款收入 贷：行政支出/事业支出等
		属于以前年度财政授权支付的款项	借：财政应返还额度——财政直接支付 贷：以前年度盈余调整	借：资金结存——财政应返还额度 贷：财政拨款结转——财政拨款结转
		属于以前年度财政授权支付的款项（财政拨款结余资金）		借：资金结存——财政应返还额度 贷：财政拨款结余——年初余额调整

序号	情形		财务会计分录	预算会计分录
（4）	期末/年末结转		借：财政拨款收入 贷：本期盈余	借：财政拨款预算收入 贷：财政拨款结转——本年收支结转
	60 事业收入 4101			2 事业预算收入 6101
（1）	采用财政返还专户方式	实际收到或应收应上缴财政专户的事业收入时	借：银行存款/应收账款等 贷：应缴财政款	—
		向财政专户上缴缴项时	借：应缴财政款 贷：银行存款等	—
		收到从财政专户返还的款项时	借：银行存款等 贷：事业收入	借：资金结存——货币资金 贷：事业预算收入
（2）	采用预收款方式	实际收到款项时	借：银行存款等 贷：预收账款	借：资金结存——货币资金 贷：事业预算收入
		按合同完成进度确认收入时	借：预收账款 贷：事业收入	—
（3）	采用应收款方式	根据合同完成进度计算本期应收的款项	借：应收账款 贷：事业收入	—
		实际收到款项时	借：银行存款等 贷：应收账款	借：资金结存——货币资金 贷：事业预算收入
（4）	其他方式下		借：银行存款/库存现金等 贷：事业收入	借：资金结存——货币资金 贷：事业预算收入
（5）	期末/年末结转	专项资金收入		借：事业预算收入 贷：非财政拨款结转——本年收支结转
		非专项资金收入	借：事业收入 贷：本期盈余	借：事业预算收入 贷：其他结余

(续表)

序号	业务和事项内容		账务处理	
			财务会计	预算会计
61	上级补助收入 4201			3 上级补助预算收入 6201
(1)	日常核算	确认时，按照应收或实际收到的金额	借：其他应收款/银行存款等 贷：上级补助收入	借：资金结存——货币资金 [按照实际收到的金额] 贷：上级补助预算收入
		收到应收的上级补助收入时	借：银行存款等 贷：其他应收款	
(2)	期末/年末结转	专项资金收入	借：上级补助收入 贷：本期盈余	借：上级补助预算收入 贷：非财政拨款结转——本年收支结转
		非专项资金收入		借：上级补助预算收入 贷：其他结余
62	附属单位上缴收入 4301			4 附属单位上缴预算收入 6301
(1)	日常核算	确认时，按照应收或实际收到的金额	借：其他应收款/银行存款等 贷：附属单位上缴收入	借：资金结存——货币资金 [按照实际收到的金额] 贷：附属单位上缴预算收入
		实际收到应收附属单位上缴收入款时	借：银行存款等 贷：其他应收款	
(2)	期末/年末结转	专项资金收入	借：附属单位上缴收入 贷：本期盈余	借：附属单位上缴预算收入 贷：非财政拨款结转——本年收支结转
		非专项资金收入		借：附属单位上缴预算收入 贷：其他结余
63	经营收入 4401			5 经营预算收入 6401
(1)	确认经营收入时	按照确定的收入金额	借：银行存款/应收账款/应收票据等 贷：经营收入	借：资金结存——货币资金 [按照实际收到的金额] 贷：经营预算收入
(2)	收到应收的款项时	按照实际收到的金额	借：银行存款等 贷：应收账款/应收票据	

(3)	期末/年末结转			借：经营收入 贷：本期盈余	借：经营预算收入 贷：经营结余
				6 债务预算收入 6501／16 债务还本支出 7701
(1)	短期借款	借入各种短期借款		借：银行存款 贷：短期借款	借：资金结存——货币资金 贷：债务预算收入
		归还短期借款本金		借：短期借款 贷：银行存款	借：债务还本支出 贷：资金结存——货币资金
(2)	长期借款	借入各项长期借款时		借：银行存款 贷：长期借款——本金	借：资金结存——货币资金 贷：债务预算收入
		归还长期借款本时		借：长期借款——本金 贷：银行存款	借：债务还本支出 贷：资金结存——货币资金
(3)	期末/年末结转	债务预算收入结转	专项资金	—	借：债务预算收入 贷：非财政拨款结转——本年收支结转
			非专项资金	—	借：债务预算收入 贷：其他结余
		债务还本支出结转		—	借：其他结余 贷：债务还本支出
				64 非同级财政拨款收入 4601	7 非同级财政拨款预算收入 6601
(1)	确认收入时	按照应收或实际收到的金额		借：其他应收款/银行存款等 贷：非同级财政拨款收入	借：资金结存——货币资金［按照实际收到的金额］ 贷：非同级财政拨款预算收入
(2)	收到应收的款项时	按照实际收到的金额		借：银行存款 贷：其他应收款	

（续表）

序号	业务和事项内容		账务处理	
			财务会计	预算会计
（3）	期末/年末结转	专项资金	借：非同级财政拨款收入 贷：本期盈余	借：非同级财政拨款预算收入 贷：非财政拨款结转——本年收支结转
		非专项资金		借：非同级财政拨款预算收入 贷：其他结余
8 投资收益 4602			65 投资收益 4602	
（1）	出售或到期收回短期债券本息		借：银行存款 　　投资收益 [借差] 贷：短期投资 [成本] 　　投资收益 [贷差]	借：资金结存——货币资金 [实际收到的款项] 　　投资预算收益 [借差] 贷：投资支出/其他结余 [投资成本] 　　投资预算收益 [贷差]
（2）	持有的分期付息、一次还本的短期债券投资	确认应收未收利息	借：应收利息 贷：投资收益	—
		实际收到利息时	借：银行存款 贷：应收利息	借：资金结存——货币资金 贷：投资预算收益
（3）	持有的一次还本付息的长期债券投资	计算确定的应收未收利息增加长期债券投资的账面余额	借：长期债券投资——应计利息 贷：投资收益	—
（4）	出售长期债券投资或到期收回长期债券投资本息		借：银行存款 　　投资收益 [借差] 贷：长期债券投资 　　应收利息 　　投资收益 [贷差]	借：资金结存——货币资金 [实际收到的款项] 　　投资预算收益 [借差] 贷：投资支出/其他结余投资预算收益 [贷差]
（5）	成本法下长期股权投资持有期间，被投资单位宣告分派利润或现金股利	按照宣告分派的利润或股利中属于本单位应享有的份额	借：应收股利 贷：投资收益	—
		取得分派的利润或股利，按照实际收到的金额	借：银行存款 贷：应收股利	借：资金结存——货币资金 贷：投资预算收益

序号	业务	说明	财务会计分录	预算会计分录
（6）	采用权益法核算的长期股权投资持有期间	按照应享有或应分担的被投资单位实现的净损益的份额	借：长期股权投资——损益调整 贷：投资收益［被投资单位实现净利润］ 或：借：投资收益［被投资单位发生净亏损］ 贷：长期股权投资——损益调整	—
		收到被投资单位发放的现金股利	借：银行存款 贷：应收股利	借：资金结存——货币资金 贷：投资预算收益
		被投资单位发生净亏损，但以后年度又实现净利润的，按规定恢复确认投资收益	借：长期股权投资——损益调整 贷：投资收益	—
（7）	期末/年末结转	投资收益为贷方余额时	借：投资收益 贷：本期盈余	借：投资预算收益 贷：其他结余
		投资收益为借方余额时	借：本期盈余 贷：投资收益	借：其他结余 贷：投资预算收益

9 其他预算收入 6609

66 捐赠收入 4603

序号	业务	说明	财务会计分录	预算会计分录
（1）	接受捐赠的货币资金	按照实际收到的金额	借：银行存款/库存现金 贷：捐赠收入	借：资金结存——货币资金 贷：其他预算收入——捐赠收入
（2）	接受捐赠的存货、固定资产等	按照确定的成本	借：库存物品/固定资产等［相关费用支出 捐赠收入］ 贷：银行存款等［相关费用支出］	借：其他支出［支付的相关税费等］ 贷：资金结存
		如按照名义金额入账	借：库存物品/固定资产等［名义金额］ 借：其他费用 贷：银行存款等［相关税费支出］	借：其他支出［支付的相关税费等］ 贷：资金结存

（续表）

序号	业务和事项内容		账务处理	
			财务会计	预算会计
（3）	期末/年末结转	专项资金	借：捐赠收入 贷：本期盈余	借：其他预算收入——捐赠收入 贷：非财政拨款结转——本年收支结转
		非专项资金		借：其他预算收入——捐赠收入 贷：其他结余
67 利息收入 4604				
（1）	确认银行存款利息收入	实际收到利息时	借：银行存款 贷：利息收入	借：资金结存——货币资金 贷：其他预算收入——利息收入
（2）	期末/年末结转		借：利息收入 贷：本期盈余	借：其他预算收入——利息收入 贷：其他结余
68 租金收入 4605				
（1）	预收租金方式	收到预付的租金时	借：银行存款等 贷：预收账款	借：资金结存——货币资金 贷：其他预算收入——租金收入
		按照直线法分期确认租金收入时	借：预收账款 贷：租金收入	—
（2）	后付租金方式	确认租金收入时	借：应收账款 贷：租金收入	—
		收到租金时	借：银行存款等 贷：应收账款	借：资金结存——货币资金 贷：其他预算收入——租金收入
（3）	分期收取租金	按期收取租金	借：银行存款等 贷：租金收入	借：资金结存——货币资金 贷：其他预算收入——租金收入

			借：其他预算收入——租金收入 贷：其他结余	
(4)		期末/年末结转		
	借：租金收入 贷：本期盈余		9 其他预算收入 6609	
	69 其他收入 4609			
(1)	现金盘盈收入	属于无法查明原因的部分，报经批准后	借：待处理财产损溢 贷：其他收入	—
(2)	科技成果转化收入	按照规定留归本单位的	借：银行存款等 贷：其他收入	借：资金结存——货币资金 贷：其他预算收入
(3)	行政单位核销已收回的其他应收款	按照实际收回的金额	借：银行存款等 贷：其他收入	借：资金结存——货币资金 贷：其他预算收入
(4)	无法偿付的应付及预收款项		借：应付账款/预收账款/其他应付款/长期应付款 贷：其他收入	—
(5)	置换换出资产评估价值高于资产账面价值的金额		借：有关科目 贷：其他收入	—
(6)	其他情况	按照应收或实际收到的金额	借：其他应收款/银行存款/库存现金等 贷：其他收入	借：资金结存——货币资金[按照实际收到的金额] 贷：其他预算收入
(7)	期末/年末结转	专项资金	借：其他收入 贷：本期盈余	借：其他预算收入 贷：非财政拨款结转——本年收支结转
		非专项资金		借：其他预算收入 贷：其他结余

五、费用/预算支出类

			70 业务活动费用 5001	10 行政支出 7101 / 11 事业支出 7201
(1)	为履职或开展业务活动人员计提并支付职工薪酬	计提时，按照计算的金额	借：业务活动费用 贷：应付职工薪酬	—

249

（续表）

序号	业务和事项内容		账务处理	
			财务会计	预算会计
(1)	为履职或开展业务活动人员计提并支付职工薪酬	实际支付并代扣职工个人所得税时	借：应付职工薪酬 贷：财政拨款收入/零余额账户用款额度/银行存款等 　　其他应交税费——应交个人所得税	借：行政支出/事业支出 [按照支付给个人部分] 贷：财政拨款预算收入/资金结存
		实际缴纳税款时	借：其他应交税费——应交个人所得税 贷：银行存款/零余额账户用款额度等	借：行政支出/事业支出 [按照实际缴纳额] 贷：资金结存
		计提时，按照计算的金额	借：业务活动费用 贷：其他应付款	—
(2)	为履职或开展业务活动发生的外部人员劳务费	实际支付并代扣个人所得税时	借：其他应付款 贷：财政拨款收入/零余额账户用款额度/银行存款等 　　其他应交税费——应交个人所得税	借：行政支出/事业支出 [按照支付给个人部分] 贷：财政拨款预算收入/资金结存
		实际缴纳税款时	借：其他应交税费——应交个人所得税 贷：银行存款/零余额账户用款额度等	借：行政支出/事业支出 [按照实际缴纳额] 贷：资金结存
(3)	为履职或开展业务活动发生的预付款项	预付账款	支付款项时	借：预付账款 贷：财政拨款收入/零余额账户用款额度/银行存款等	借：行政支出/事业支出 贷：财政拨款预算收入/资金结存等
			结算时	借：业务活动费用 贷：预付账款	—
		暂付款项	支付款项时	借：其他应收款 贷：银行存款等	—
			结算或报销时	借：业务活动费用 贷：其他应收款	借：行政支出/事业支出 [补付金额] 贷：财政拨款预算收入/资金结存 [补付金额]

(4)	为履职或开展业务活动购买资产或支付在建工程款等	按照实际支付或应付的价款	借：库存物品/固定资产/无形资产/在建工程等 贷：财政拨款收入/零余额账户用款额度/银行存款/应付账款等
(5)	为履职或开展业务活动领用库存物品	按照领用库存物品的成本	借：业务活动费用 贷：库存物品等
(6)	为履职或开展业务活动提的固定资产、无形资产，公共基础设施、保障性住房的折旧（摊销）	按照计提的折旧、摊销额	借：业务活动费用 贷：固定资产累计折旧/无形资产累计摊销/公共基础设施累计折旧/保障性住房累计折旧
(7)	为履职或开展业务活动发生应负担的税金及附加	确认其他应交税费时	借：业务活动费用 贷：其他应交税费
(8)	为履职或开展业务活动发生其他各项费用	支付其他应交税费时	借：其他应交税费 贷：银行存款等
			借：业务活动费用 贷：财政拨款收入/零余额账户用款额度/银行存款/应付账款/其他应付款等
(9)	计提专用基金	从收入中按照一定比例提取基金并计入费用	借：业务活动费用 贷：专用基金
(10)	购货退回等	当年发生的	借：财政拨款收入/零余额账户用款额度/银行存款/应收账款等 贷：库存物品/业务活动费用
(11)	期末/年末结转		借：本期盈余 贷：业务活动费用

	—	借：行政支出/事业支出 贷：资金结存等
	—	借：行政支出/事业支出［按照实际支付的金额］ 贷：财政拨款预算收入/资金结存
	—	
		借：财政拨款预算收入/资金结存 贷：行政支出/事业支出
		借：财政拨款结转——本年收支结转［财政拨款支出］ 非财政拨款结转——本年收支结转［非同级财政专项资金支出］ 其他结余［非同级财政、非专项资金支出］ 贷：行政支出/事业支出

251

（续表）

序号	业务和事项内容		账务处理	
			财务会计	预算会计
			71 单位管理费用 5101	11 事业支出 7201
(1)	管理活动人员职工薪酬	计提时，按照计算的金额	借：单位管理费用 贷：应付职工薪酬	—
		实际支付给职工并扣个人所得税时	借：应付职工薪酬 贷：财政拨款收入/零余额账户用款额度/银行存款 其他应交税费——应交个人所得税	借：事业支出 [按照支付给个人部分] 贷：财政拨款预算收入/资金结存
		实际缴纳税款时	借：其他应交税费——应交个人所得税 贷：银行存款/零余额账户用款额度	借：事业支出 [按照实际缴纳额] 贷：资金结存等
(2)	为开展管理活动发生的外部人员劳务费	计提时，按照计算的金额	借：单位管理费用 贷：其他应付款	—
		实际支付并代扣个人所得税时	借：其他应付款 贷：财政拨款收入/零余额账户用款额度/银行存款 其他应交税费——应交个人所得税	借：事业支出 [按照实际支付给个人部分] 贷：财政拨款预算收入/资金结存
		实际缴税款时	借：其他应交税费——应交个人所得税 贷：银行存款/零余额账户用款额度等	借：事业支出 贷：财政拨款预算收入/资金结存
(3)	开展管理活动发生的预付款项	预付账款	支付款项时	借：预付账款 贷：财政拨款收入/零余额账户用款额度/银行存款等	借：事业支出 贷：财政拨款预算收入/资金结存
			结算时	借：单位管理费用 贷：预付账款	—
		暂付款项	支付款项时	借：其他应收款 贷：银行存款等	借：事业支出 贷：财政拨款预算收入/资金结存 [补付金额]
			结算或报销时	借：单位管理费用 贷：其他应收款	借：事业支出 贷：资金结存等

（4）	发生的其他与管理活动相关的各项费用	借：单位管理费用 贷：财政拨款收入/零余额账户用款额度/应付账款等	借：事业支出 [按照实际支付的金额] 贷：财政拨款预算收入/资金结存
（5）	为开展管理活动购买资产或支付在建工程款	借：库存物品/固定资产/无形资产/在建工程等 贷：财政拨款收入/零余额账户用款额度/应付账款等	借：事业支出 [按照实际支付价款] 贷：财政拨款预算收入/资金结存
（6）	管理活动所用固定资产、无形资产计提的折旧、摊销	借：单位管理费用 贷：固定资产累计折旧/无形资产累计摊销	—
（7）	开展管理活动内部领用库存物品	借：单位管理费用 贷：库存物品	—
（8）	开展管理活动发生的应负担税金及附加	借：单位管理费用 贷：其他应交税费	—
（9）	实际缴纳时	借：其他应交税费 贷：银行存款等	借：事业支出 贷：资金结存等
	购货退回当年发生的等	借：财政拨款收入/零余额账户用款额度/银行存款/应收账款等 贷：库存物品/单位管理费用等	借：财政拨款预算收入/资金结存 贷：事业支出
（10）	期末/年末结转	借：本期盈余 贷：单位管理费用	借：财政拨款结转——本年收支结转 [财政拨款支出] 非财政拨款结转——本年收支结转 [非财政专项资金支出] 其他结余 [非财政、非专项资金支出] 贷：事业支出

253

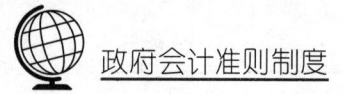

（续表）

序号	业务和事项内容		账务处理	
			财务会计	预算会计
			72 经营费用 5201	12 经营支出 7301
(1)	为经营活动人员支付职工薪酬	计提时，按照计算确定的金额	借：经营费用 贷：应付职工薪酬	—
		实际支付给职工时	借：应付职工薪酬 贷：财政拨款收入/零余额账户用款额度/银行存款等 其他应交税费——应交个人所得税	借：经营支出[按照支付给个人部分] 贷：资金结存——货币资金
		实际支付税款时	借：其他应交税费——应交个人所得税 贷：银行存款等	借：经营支出[按照实际缴纳额] 贷：资金结存——货币资金
(2)	为开展经营活动购买资产或支付在建工程款	按照实际支付或应付的金额	借：库存物品/固定资产/无形资产/在建工程 贷：银行存款/应付账款等	借：经营支出[按照实际支付金额] 贷：资金结存——货币资金
(3)	开展经营活动内部领用材料或出售发出物品等	按照实际成本	借：经营费用 贷：库存物品	—
(4)	开展经营活动发生的预付款项	预付时，按照预付的金额	借：预付账款 贷：银行存款等	借：经营支出 贷：资金结存——货币资金
		结算时	借：经营费用 贷：预付账款 银行存款等[补付金额]	借：经营支出[补付金额] 贷：资金结存——货币资金
(5)	开展经营活动发生应负担的税金及附加时	按照计算确定的缴纳金额	借：经营费用 贷：其他应交税费	—
		实际缴纳时	借：其他应交税费 贷：银行存款等	借：经营支出 贷：资金结存——货币资金

序号	业务	会计分录	备注
（6）	开展经营活动发生的其他各项费用	借：经营费用 贷：银行存款/应付账款等	借：经营支出[按照实际支付的金额] 贷：资金结存——货币资金
（7）	经营活动动用固定资产、无形资产计提的折旧、摊销	借：经营费用 贷：固定资产累计折旧/无形资产累计摊销	——
（8）	计提专用基金	借：经营费用 贷：专用基金	——
（9）	购货退回等	借：银行存款/应收账款等 贷：库存物品/经营费用等	借：资金结存——货币资金[按照实际收到的金额] 贷：经营支出
（10）	期末/年末结转	借：本期盈余 贷：经营费用	借：经营结余 贷：经营支出
（1）	不通过"待处理财产损溢"科目核算的资产处置	转销被处置资产账面价值	73 资产处置费用 5301
		借：资产处置费用 固定资产累计折旧/无形资产累计摊销/公共基础设施累计折旧（摊销）/保障性住房累计折旧/无形资产/公共基础设施/保障性住房/在建工程等[账面余额] 贷：库存物品/政府储备物资/文物文化资产/其他应收款[行政单位]	——
	处置资产过程中发生的相关费用	借：资产处置费用 贷：银行存款/库存现金等	借：其他支出 贷：资金结存
	处置资产过程中取得收入的	借：库存现金/银行存款等[取得的价款] 贷：银行存款/库存现金等[支付的相关费用] 应缴财政款	——

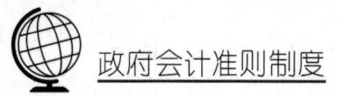

（续表）

序号	业务和事项内容	账务处理	
		财务会计	预算会计
（2）	账款核对中发现的现金短缺，无法查明原因的，报经批准核销时	借：资产处置费用 贷：待处理财产损溢	—
	通过"待处理财产损溢"科目核算的资产的处置 经批准处理时	借：资产处置费用 贷：待处理财产损溢——待处理财产价值	—
	盘亏、损毁、报废的资产 处理过程中所发生的费用大于所取得收入的	借：资产处置费用 贷：待处理财产损溢——处理净收入	借：其他支出[净支出] 贷：资金结存
（3）	期末结转	借：本期盈余 贷：资产处置费用	—
			15 投资支出 7601
（1）	以货币资金对外投资时	借：短期投资/长期股权投资/长期债券投资 贷：银行存款	借：投资支出 贷：资金结存——货币资金
（2）	出售、对外转让或到期收回本年度以货币资金取得的对外投资 实际取得价款大于投资成本的	借：银行存款等[实际取得或收回的金额] 贷：短期投资/长期债券投资等[账面余额] 应收利息[账面余额] 投资收益	借：资金结存——货币资金 贷：投资支出[投资成本] 投资预算收益
	实际取得价款小于投资成本的	借：银行存款等[实际取得或收回的金额] 投资收益 贷：短期投资/长期债券投资等[账面余额] 应收利息[账面余额]	借：资金结存——货币资金 投资预算收益 贷：投资支出[投资成本]
（3）	年末结转	—	借：其他结余 贷：投资支出

	说明	财务会计	预算会计
		74 上缴上级费用 5401	**13 上缴上级支出 7401**
(1)	按照实际上缴的金额或者按照规定计算应当上缴的金额	借: 上缴上级费用 贷: 银行存款/其他应付款等	借: 上缴上级支出[实际上缴的金额] 贷: 资金结存——货币资金
(2)	实际上缴的金额	借: 其他应付款 贷: 银行存款等	—
(3)	期末/年末结转	借: 本期盈余 贷: 上缴上级费用	借: 其他结余 贷: 上缴上级支出
		75 对附属单位补助费用 5501	**14 对附属单位补助支出 7501**
(1)	按照实际补助的金额或者按照规定计算应当补助的金额	借: 其他费用 贷: 银行存款/其他应付款等	借: 对附属单位补助支出[实际补助的金额] 贷: 资金结存——货币资金
(2)	实际支出应补助的金额	借: 其他应付款 贷: 银行存款等	—
(3)	期末/年末结转	借: 本期盈余 贷: 其他费用	借: 其他结余 贷: 对附属单位补助支出
		76 所得税费用 5801	
(1)	发生企业所得税义务，按照税法规定计算应交税金数额	借: 所得税费用 贷: 其他应交税费——单位应交所得税	—
(2)	实际缴纳时	借: 其他应交税费——单位应交所得税 贷: 银行存款等	借: 非财政拨款结余——累计结余 贷: 资金结存——货币资金
(3)	年末结转	借: 本期盈余 贷: 所得税费用	—

政府会计准则制度

（续表）

序号		业务和事项内容	账务处理	
			财务会计	预算会计
			77 其他费用 5901	17 其他支出 7901
(1)	利息费用	计算确定借款利息费用时	借：其他费用/在建工程 贷：应付利息/长期借款等	—
		实际支付利息时	借：应付利息等 贷：银行存款等	借：其他支出 贷：资金结存——货币资金
(2)	现金资产对外捐赠	按照实际捐赠的金额	借：其他费用 贷：银行存款/库存现金等	借：其他支出 贷：资金结存——货币资金
(3)	坏账损失	按照规定对应收账款和其他应收款计提坏账准备	借：其他费用 贷：坏账准备	—
		冲减多提的坏账准备时	借：坏账准备 贷：其他费用	—
(4)	罚没支出	按照实际发生金额	借：其他费用 贷：银行存款/库存现金/其他应付款	借：其他支出 贷：资金结存——货币资金[实际支付金额]
(5)	其他相关税费、运输费等		借：其他费用 贷：零余额账户用款额度/银行存款等	借：其他支出 贷：资金结存
(6)	期末/年末结转		借：本期盈余 贷：其他费用	借：其他结余[非财政、非专项资金支出] 非财政拨款结转——本年收支结转[非财政专项资金支出] 贷：其他支出

六、预算结余类

序号	业务和事项内容	账务处理	
		财务会计	预算会计
			18 资金结存 8001
(1)	取得预算收入	财政授权支付方式下	借：零余额账户用款额度 贷：财政拨款预算收入	借：资金结存——零余额账户用款额度 贷：财政拨款预算收入

	情形	财务会计分录	预算会计分录
（1）	取得预算收入		
	国库集中支付以外的其他支付方式下	借：银行存款 贷：财政拨款收入/事业收入/经营收入等	借：资金结存——货币资金 贷：财政拨款预算收入/事业预算收入/经营预算收入等
	从零余额账户提取现金	借：库存现金 贷：零余额账户用款额度	借：资金结存——货币资金 贷：资金结存——零余额账户用款额度
（2）	发生预算支出时		
	财政授权支付方式下	借：业务活动费用/单位管理费用/库存物品/固定资产等 贷：零余额账户用款额度	借：行政支出/事业支出等 贷：资金结存——零余额账户用款额度
	使用以前年度财政直接支付额度	借：业务活动费用/单位管理费用/库存物品/固定资产等 贷：财政应返还额度	借：行政支出/事业支出等 贷：资金结存——财政应返还额度
	国库集中支付以外的其他方式下	借：业务活动费用/单位管理费用/库存物品/固定资产等 贷：银行存款/库存现金等	借：事业支出/经营支出等 贷：资金结存——货币资金
（3）	按照规定提取使用的专用基金		
	一般情况下	借：专用基金 贷：银行存款等	使用从非财政拨款结余或经营结余中计提的专用基金 借：资金结存——货币资金 贷：资金结存——货币资金 使用从收入中计提并计入费用的专用基金 借：事业支出等 贷：资金结存——货币资金
	购买固定资产、无形资产等	借：固定资产/无形资产等 贷：专用基金 借：专用基金 贷：累计盈余	
（4）	预算结转结余调整		
	按照规定上缴财政拨款结转结余或注销财政拨款结余额度的	借：累计盈余 贷：财政应返还额度/零余额账户用款额度/银行存款	借：财政拨款结转——归集上缴 贷：资金结存——财政应返还额度/零余额账户用款额度/货币资金
	按照规定缴回非财政拨款结转资金的	借：累计盈余 贷：银行存款	借：非财政拨款结转——缴回资金 贷：资金结存——货币资金

(续表)

序号	业务和事项内容	账务处理	
		财务会计	预算会计
(4)	预算结转结余调整 收到调入的财政拨款结转资金的	借：财政应返还额度／零余额账户用款额度／银行存款 贷：累计盈余	借：资金结存——财政应返还额度／零余额账户用款额度／财政拨款额度／货币资金 贷：财政拨款结转——归集调入
	因购货退回、发生差错更正退回国库直接支付、授权支付款项，或者收回货币资金的	借：财政拨款收入／零余额账户用款额度／银行存款等 贷：业务活动费用／库存物品等	借：财政拨款预算收入／资金结存——货币资金 贷：行政支出／事业支出等
(5)	属于本年度的 库存直接支付、授权支付款项，或者收回货币资金的 属于以前年度的	借：财政应返还额度／零余额账户用款额度／银行存款等 贷：以前年度盈余调整	借：资金结存——财政应返还额度／零余额账户用款额度／财政拨款额度／货币资金 贷：财政拨款结转／财政拨款结余／非财政拨款结转／非财政拨款结余调整（年初余额调整）
(6)	有企业所得税缴纳义务的事业单位实际缴纳企业所得税时	借：其他应交税费——单位应交所得税 贷：银行存款等	借：非财政拨款结余——累计结余 贷：资金结存——货币资金
(7)	年末确认未下达的财政直接支付方式 财政授权支付方式	借：财政应返还额度——财政直接支付 贷：财政拨款收入 借：财政应返还额度——财政授权支付 贷：财政拨款收入	借：资金结存——财政应返还额度 贷：财政拨款预算收入
		借：财政应返还额度——财政授权支付 贷：财政拨款收入	借：资金结存——财政应返还额度 贷：财政拨款预算收入
(8)	年末注销零余额账户用款额度	借：财政应返还额度——零余额账户用款额度 贷：零余额账户用款额度	借：资金结存——财政应返还额度 贷：资金结存——零余额账户用款额度
	下年初，恢复零余额账户用款额度或收到上年末未下达的零余额账户用款额度的	借：零余额账户用款额度 贷：财政应返还额度——财政授权支付	借：资金结存——零余额账户用款额度 贷：资金结存——财政应返还额度

			19 财政拨款结转 8101	
(1)	因会计差错更正、退购货退回、预付款项收回等发生以前年度调整事项	调整增加相关资产	借：零余额账户用款额度/银行存款等 贷：以前年度盈余调整	借：资金结存——零余额账户用款额度/货币资金等 贷：财政拨款结转——年初余额调整
		因会计差错更正调减相关资产	借：以前年度盈余调整 贷：零余额账户用款额度/银行存款等	借：财政拨款结转——年初余额调整 贷：资金结存——零余额账户用款额度/货币资金等
(2)	从其他单位调入财政拨款结转资金	按照实际调增的额度或调入的资金数额	借：财政应返还额度/零余额账户用款额度/银行存款等 贷：累计盈余	借：资金结存——财政应返还额度/零余额账户用款额度/货币资金 贷：财政拨款结转——归集调入
(3)	向其他单位调出财政拨款结转资金	按照实际调减的额度或调销的资金数额	借：累计盈余 贷：财政应返还额度/零余额账户用款额度/银行存款	借：财政拨款结转——归集调出 贷：资金结存——财政应返还额度/零余额账户用款额度/货币资金
(4)	按照规定上缴财政拨款结转资金或注销财政拨款额度	按照实际上缴资金数额或注销的资金额度	借：累计盈余 贷：财政应返还额度/零余额账户用款额度/银行存款	借：财政拨款结转——归集上缴 贷：资金结存——财政应返还额度/零余额账户用款额度/货币资金
(5)	单位内部调剂财政拨款结余资金	按照调整的金额	—	借：财政拨款结转——单位内部调剂 贷：财政拨款结转——单位内部调剂
(6)	年末结转	结转财政拨款预算收入	—	借：财政拨款预算收入 贷：财政拨款结转——本年收支结转
		结转财政拨款预算支出	—	借：财政拨款结转——本年收支结转 贷：行政支出/事业支出等[财政拨款支出部分]

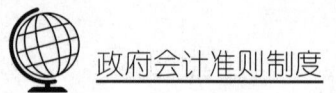

（续表）

序号	业务和事项内容	账务处理	
		财务会计	预算会计
(7)	年末冲销本科目有关明细科目余额	—	借：财政拨款结转／归集调入［该明细科目为贷方余额时］／单位内部余额调整［该明细科目为贷方余额时］ 贷：财政拨款结转——累计结转 借：财政拨款结转——累计结转 贷：财政拨款结转——年初余额调整／本年收支结转［该明细科目为借方余额时］／归集上缴［归集调出／本年收支结转［该明细科目为借方余额时］
(8)	按照有关规定将符合财政拨款结余性质的项目余额转入财政拨款结余	—	借：财政拨款结转——累计结转 贷：财政拨款结余——结转转入
			20 财政拨款结余 8102
(1)	因购货退回、会计差错更正等发生以前年度调整事项	调整增加相关资产 借：零余额账户用款额度／银行存款等 贷：以前年度盈余调整	借：资金结存——零余额账户用款额度／货币资金等 贷：财政拨款结余——年初余额调整
		因会计差错更正调整减少相关资产 借：以前年度盈余调整 贷：零余额账户用款额度／银行存款等	借：财政拨款结余——年初余额调整 贷：资金结存——零余额账户用款额度／货币资金等
(2)	按照规定上缴财政结余资金或注销财政拨款额度	借：累计盈余 贷：财政应返还额度／零余额账户用款额度／银行存款	借：财政拨款结余——归集上缴 贷：资金结存——财政应返还额度／零余额账户用款额度／货币资金等

（3）	单位内部调剂财政拨款结余资金	按照调整的金额	—	借：财政拨款结余——单位内部调剂 贷：财政拨款结转——单位内部调剂
（4）	年末，转入财政拨款结余	按照有关规定将符合财政拨款结余性质的项目余额转入财政拨款结余	—	借：财政拨款结转——累计结转 贷：财政拨款结余——结转转入
（5）	年末冲销本科目有关明细科目余额		—	借：财政拨款结转——年初余额调整〔该明细科目贷方余额时〕 贷：财政拨款结转——累计结转 借：财政拨款结转——累计结转 贷：财政拨款结转——年初余额调整〔该明细科目为借方余额时〕 借：财政拨款结余——结转转入 贷：财政拨款结余——单位内部调剂 ——归集上缴 ——累计结余
				21 非财政拨款结转 8201
（1）	按规定从科研项目预算收入中提取项目管理费或间接费用	借：单位管理费用 贷：预提费用——项目间接费用或管理费	借：非财政拨款结转——项目间接费用或管理费 贷：非财政拨款结余——项目间接费用或管理费
（2）	因购货退回、会计差错更正等发生以前年度调整事项	调整增加相关资产	借：银行存款等 贷：以前年度盈余调整	借：资金结存——货币资金 贷：非财政拨款结转——货币资金
		调整减少相关资产	借：以前年度盈余调整 贷：银行存款等	借：非财政拨款结存——年初余额调整 贷：资金结存——货币资金

(续表)

序号	业务和事项内容	账务处理	
		财务会计	预算会计
(3)	按照规定缴回非财政拨款结转资金	借：累计盈余 贷：银行存款等	借：非财政拨款结转——缴回资金 贷：资金结存——货币资金
(4)	结转非财政拨款专项收入	—	借：事业预算收入/上级补助预算收入/附属单位上缴预算收入/非同级财政拨款预算收入/债务预算收入/其他预算收入 贷：非财政拨款结转——本年收支结转
	结转非财政拨款专项支出	—	借：非财政拨款结转——本年收支结转 贷：行政支出/事业支出/其他支出
(5)	年末冲销本科目相关明细科目金额	—	借：非财政拨款结转——年初余额调整[该明细科目为贷方余额时] ——本年收支结转[该明细科目为贷方余额时] ——累计结转 贷：非财政拨款结转——年初余额调整[该明细科目为借方余额时] ——缴回资金 ——项目间接费用或管理费 ——本年收支结转[该明细科目为借方余额时] ——累计结转
(6)	将留归本单位使用的非财政拨款专项剩余资金转入非财政拨款结余	—	借：非财政拨款结转——累计结转 贷：非财政拨款结余——结转转入

			22 非财政拨款结余 8202
(1)	按照规定从科研项目预算收入中提取项目管理费或间接费	借：单位管理费用 贷：预提费用——项目间接费用或管理费	借：非财政拨款结转——项目间接费用或管理费 贷：非财政拨款结余——累计结存
(2)	实际缴纳企业所得税	借：其他应交税费——单位应交所得税 贷：银行存款等	借：非财政拨款结余——累计结存 贷：资金结存——货币资金
(3)	因购货退回、会计差错更正等发生以前年度调整事项	调整增加相关资产	借：银行存款等 贷：以前年度盈余调整	借：资金结存——货币资金 贷：非财政拨款结余——年初余额调整
		调整减少相关资产	借：以前年度盈余调整 贷：银行存款等	借：非财政拨款结余——年初余额调整 贷：资金结存——货币资金
(4)	将留归本单位使用的非财政拨款专项剩余资金转入非财政拨款结余	—	借：非财政拨款结转——累计结转 贷：非财政拨款结余——结转转入
(5)	年末冲销本科目相关明细科目余额	—	借：非财政拨款结转——累计结转 ——项目间接费用或管理费[该明细科目 结转转入 贷：非财政拨款结余——累计结存 非财政拨款结余——年初余额调整[该明细科目为借方余额时] 缴回资金
(6)	年末结转	非财政拨款结余分配为贷方余额	—	借：非财政拨款结余分配 贷：非财政拨款结余——累计结存
		非财政拨款结余分配为借方余额	—	借：非财政拨款结余——累计结存 贷：非财政拨款结余分配

(续表)

序号	业务和事项内容		账务处理	
			财务会计	预算会计
	计提专用基金			23 专用结余 8301
(1)		从预算收入中按照一定比例提取基金并计入费用	借：业务活动费用等 贷：专用基金	—
		从本年度非财政拨款结余或经营结余中提取基金	借：本年盈余分配 贷：专用基金	借：非财政拨款结余分配 贷：专用结余
		根据有关规定设置的其他专用基金	借：银行存款等 贷：专用基金	—
(2)	按照规定使用提取的专用基金		借：专用基金 贷：银行存款等 使用专用基金购置固定资产、无形资产的 借：固定资产/无形资产 贷：银行存款等 借：专用基金 贷：累计盈余	使用从非财政拨款结余或经营结余中提取的基金 借：专用结余 贷：资金结存——货币资金 使用从预算收入中提取并计入费用的基金 借：事业支出 贷：资金结存——货币资金
				24 经营结余 8401
(1)	年末经营收支结转		—	借：经营预算收入 贷：经营结余 借：经营结余 贷：经营支出
(2)	年末转入结余分配		—	借：经营结余 贷：非财政拨款结余分配 年末经营结余在借方，则不予结转

				25 其他结余 8501
(1) 年末		结转预算收入（除财政拨款收入、非同级财政专项收入、经营收入以外）	—	借：事业预算收入/上级补助预算收入/附属单位上缴预算收入/非同级财政拨款预算收入[非专项资金收入部分]收入/其他预算收入/投资预算收益[为贷方余额时] 贷：其他结余
		结转预算支出（除同级财政拨款支出、非同级财政拨款专项支出、经营支出以外）	—	借：其他结余 贷：投资预算收益[为借方余额时]
				借：其他结余 贷：行政支出/事业支出/其他支出[非专项资金支出部分]/上缴上级支出/对附属单位补助支出/投资支出/债务还本支出
(2) 行政单位转入非财政拨款结余		其他结余为贷方余额	—	借：其他结余 贷：非财政拨款结余——累计结余
		其他结余为借方余额	—	借：非财政拨款结余——累计结余 贷：其他结余
(3) 事业单位年末转入结余分配		其他结余为贷方余额	—	借：其他结余 贷：非财政拨款结余分配
		其他结余为借方余额	—	借：非财政拨款结余分配 贷：其他结余

（续表）

序号	业务和事项内容		账务处理	
			财务会计	预算会计
				26 非财政拨款结余分配 8701
(1)	事业单位年末结余转入	其他结余为借方余额时	—	借：非财政拨款结余分配 贷：其他结余
		其他结余为贷方余额时	—	借：其他结余 贷：非财政拨款结余分配
		经营结余为贷方余额时	—	借：经营结余 贷：非财政拨款结余分配
(2)	计提专用基金	从非财政拨款结余中提取	—	借：非财政拨款结余分配 贷：专用结余
(3)	事业单位转入非财政结款结余	非财政拨款结余分配为贷方余额	—	借：非财政拨款结余分配 贷：非财政拨款结余——累计结余
		非财政拨款结余分配为借方余额	—	借：非财政拨款结余——累计结余 贷：非财政拨款结余分配

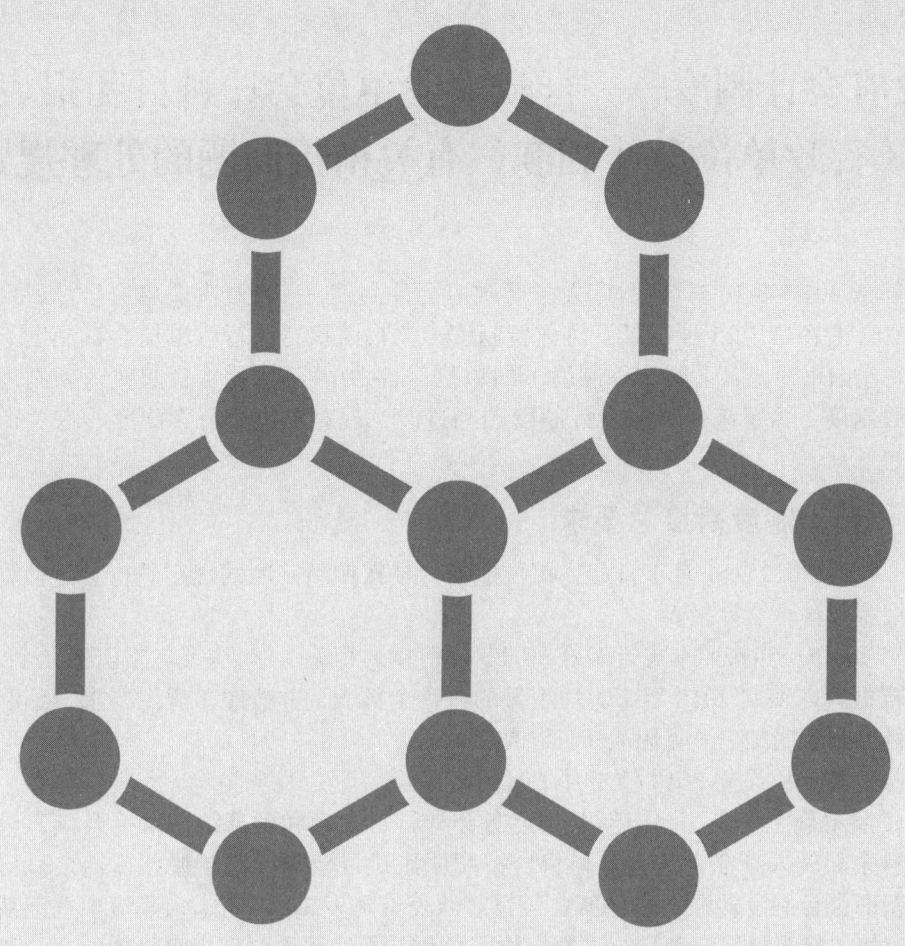

第三篇

政府会计制度补充规定及衔接规定

《政府会计制度——行政事业单位会计科目和报表》与《行政单位会计制度》有关衔接问题的处理规定

我部于 2017 年 10 月 24 日印发了《政府会计制度——行政事业单位会计科目和报表》（财会〔2017〕25 号，以下简称新制度）。目前执行《行政单位会计制度》（财库〔2013〕218 号，以下简称原制度）的单位，自 2019 年 1 月 1 日起执行新制度，不再执行原制度。为了确保新旧会计制度顺利过渡，现对单位执行新制度的有关衔接问题规定如下：

一、新旧制度衔接总要求

（一）自 2019 年 1 月 1 日起，单位应当严格按照新制度的规定进行会计核算、编制财务报表和预算会计报表。

（二）单位应当按照本规定做好新旧制度衔接的相关工作，主要包括以下几个方面：

1. 根据原账编制 2018 年 12 月 31 日的科目余额表，并按照本规定要求，编制原账的部分科目余额明细表（见附表1、附表2）。

2. 按照新制度设立 2019 年 1 月 1 日的新账。

3. 按照本规定要求，登记新账的财务会计科目余额和预算结余科目余额，包括将原账科目余额转入新账财务会计科目、按照原账科目余额登记新账预算结余科目（行政单位新旧会计制度转账、登记新账科目对照表见附表3），将未入账事项登记新账科目，并对相关新账科目余额进行调整。原账科目是指按照原制度规定设置的会计科目。

4. 按照登记及调整后新账的各会计科目余额，编制 2019 年 1 月 1 日的科目余额表，作为新账各会计科目的期初余额。

5. 根据新账各会计科目期初余额，按照新制度编制 2019 年 1 月 1 日资产负债表。

（三）及时调整会计信息系统。单位应当按照新制度要求对原有会计信息系统进行及时更新和调试，实现数据正确转换，确保新旧账套的有序衔接。

二、财务会计科目的新旧衔接

（一）将 2018 年 12 月 31 日原账会计科目余额转入新账财务会计科目

1. 资产类

（1）"库存现金""零余额账户用款额度""财政应返还额度""应收账款""预付账款""无形资产""公共基础设施""政府储备物资""受托代理资产""待处理财产损溢"科目

新制度设置了"库存现金""零余额账户用款额度""财政应返还额度""应收账款""预付账款""无形资产""公共基础设施""政府储备物资""受托代理资产""待处理财产损溢"科目，其核算内容与原账的上述相应科目的核算内容基本相同。转账时，单位应当将原账的上述科目余额直接转入新账的相应科目。其中，还应当将原账的"库存现金"科目余额中属于新制度规定受托代理资产的金额，转入新账"库存现金"科目下的"受托代理资产"明细科目。

（2）"银行存款"科目

新制度设置了"银行存款"和"其他货币资金"科目，原制度设置了"银行存款"科目。转账时，单位应当将原账"银行存款"科目中核算的属于新制度规定的其他货币资金的金额，转入新账的"其他货币资金"科目；将原账"银行存款"科目余额减去其中属于其他货币资金金额后的差额，转入新账的"银行存款"科目。其中，还应当将原账"银行存款"科目余额中属于新制度规定受托代理资产的金额，转入新账"银行存款"科目下的"受托代理资产"明细科目。

（3）"其他应收款"科目

新制度设置了"其他应收款"科目，该科目的核算内容与原账"其他应收款"科目的核算内容基本相同。转账时，单位应当将原账的"其他应收款"科目余额转入新账的"其他应收款"科目。

新制度设置了"在途物品"科目，单位在原账的"其他应收款"科目中核算了已经付款、尚未收到物资的，应当将原账的"其他应收款"科目余额中已经付款、尚未收到物资的金额，转入新账的"在途物品"科目。

（4）"存货"科目

新制度设置了"库存物品"和"加工物品"科目，原制度设置了"存货"科目。转账时，单位应当将原账的"存货——委托加工存货成本"科目余额转入新账的"加工物品"科目；将原账的"存货"科目余额减去属于委托加工存货成本余额后的差额，转入新账的"库存物品"科目。

单位在原账的"存货"科目中核算了按照新制度规定的政府储备物资的，应当将原账的"存货"科目余额中属于政府储备物资的金额，转入新账的"政府储备物资"科目。

（5）"固定资产"科目

新制度设置了"固定资产""公共基础设施""政府储备物资""文物文化资产""保障性住房"科目。单位在原账"固定资产"科目中只核算了按照新制度规定的固定资产内容的，转账时，应当将原账的"固定资产"科目余额全部转入新账的"固定资产"科目。单位在原账的"固定资产"科目中核算了按照新制度规定应当记入"公共基础设施""政府储备物资""文物文化资产""保障性住房"科目内容的，转账时，应当将原账的"固定资产"科目余额中相应资产的账面余额，分别转入新账的"公共基础设施""政府储备物资""文物文化资产""保障性住房"科目，并将原账的"固定资产"科目余额减去上述金额后的差额，转入新账的"固定资产"科目。

（6）"累计折旧"科目

新制度设置了"固定资产累计折旧"科目，该科目的核算内容与原账"累计折旧——固定资产累计折旧"科目的核算内容基本相同。单位已经计提了固定资产折旧并记入"累计折旧——固定资产累计折旧"科目的，转账时，应当将原账的"累计折旧——固定资产累计折旧"科目余额，转入新账的"固定资产累计折旧"科目。

新制度设置了"公共基础设施累计折旧（摊销）"科目，该科目的核算内容与原账"累计折旧——公共基础设施累计折旧"科目的核算内容基本相同。单位已经计提了公共基础设施折旧并记入"累计折旧——公共基础设施累计折旧"科目的，转账时，应当将原账的"累计折旧——公共基础设施累计折旧"科目余额，转入新账的"公共基础设施累计折旧（摊销）"科目。

单位在原账的"固定资产"科目中核算了按照新制度规定应当记入"公共基础设施""保障性住房"科目的内容，且已经计提了固定资产折旧并记入"累计折旧——固定资产累计折旧"科目的，转账时，应当将原账的"累计折旧——固定资产累计折旧"科目余额中属于公共基础设施累计折旧（摊销）、保障性住房累计折旧的金额，分别转入新账的"公共基础设施累计折旧（摊销）""保障性住房累计折旧"科目。

（7）"在建工程"科目

新制度设置了"在建工程""工程物资"和"预付账款——预付备料款、预付工程款"科目，原制度设置了"在建工程"科目。转账时，单位应当将原账的"在建工程"科目余额（基建"并账"后的金额，下同）中属于工程物资的金额，转入新账的"工程物资"科目；将原账"在建工程"科目余额中属于预付备料款、预付工程款的金额，转入新账"预付账款"相关明细科目；将原账的"在建工程"科目余额减去工程物资和预付备料款、预付工程款金额后的差额，转入新账的"在建工程"科目。

（8）"累计摊销"科目

新制度设置了"无形资产累计摊销"科目，该科目的核算内容与原账"累计摊销"科目的核算内容基本相同。单位已经计提了无形资产摊销的，转账时，应当将原账的"累计摊销"科目余额，转入新账的"无形资产累计摊销"科目。

2. 负债类

（1）"应缴财政款""应付职工薪酬""应付政府补贴款""其他应付款""长期应付款""受托代理负债"科目

新制度设置了"应缴财政款""应付职工薪酬""应付政府补贴款""其他应付款""长期应付款""受托代理负债"科目，其核算内容与原账的上述相应科目的核算内容基本相同。转账时，单位应当将原账的上述科目余额直接转入新账的相应科目。

（2）"应缴税费"科目

新制度设置了"应交增值税""其他应交税费"科目，原制度设置了"应缴税费"科目。转账时，单位应当将原账的"应缴税费——应缴增值税"科目余额转入新账"应交增值税"科目中的相关明细科目；将原账的"应缴税费"科目余额减去属于应交增值税余额后的差额，转入新账的"其他应交税费"科目。

（3）"应付账款"科目

新制度设置了"应付账款"科目，该科目的核算内容与原账"应付账款"科目的核算内容基本相同，但是不再核算应付质量保证金，应付质量保证金改在新账的"其他应付款"科目核算。转账时，单位应当将原账的"应付账款"科目余额中属于尚未支付质量保证金的余额，转入新账的"其他应付款"科目；将原账的"应付账款"科目余额减去其中属于尚未支付质量保证金的余额后的差额，转入新账的"应付账款"科目。

3. 净资产类

（1）"财政拨款结转""财政拨款结余""其他资金结转结余"科目

新制度设置了"累计盈余"科目，该科目的余额包含了原账的"财政拨款结转""财政拨款结余""其他资金结转结余"科目的余额内容。转账时，单位应当将原账的"财政拨款结转""财政拨款结余""其他资金结转结余"科目余额，转入新账的"累计盈余"科目。

（2）"资产基金""待偿债净资产"科目

依据新制度，单位无需对原制度中"资产基金""待偿债净资产"科目对应的内容进行核算。转账时，单位应当将原账"资产基金"科目贷方余额转入新账的"累计盈余"科目贷方，将原账的"待偿债净资产"科目借方余额转入新账的"累计盈余"科目借方。

4. 收入类、支出类

由于原账中收入类、支出类科目年末无余额，单位无需进行转账处理。自2019年1月1日起，单位应当按照新制度设置收入类、费用类科目并进行账务处理。

单位存在其他本规定未列举的原账科目余额的，应当比照本规定转入新账的相应科目。新账科目设有明细科目的，应当对原账中对应科目的余额加以分析，分别转入新账中相应科目的相关明细科目。

单位在进行新旧衔接的转账时，应当编制转账的工作分录，作为转账的工作底稿，并将转入新账的对应原账户余额及分拆原账户余额的依据作为原始凭证。

（二）将原未入账事项登记新账财务会计科目

1. 在途物品、政府储备物资、公共基础设施、文物文化资产、保障性住房

单位在新旧制度转换时，应当将2018年12月31日前未入账的在途物品、政府储备物资、公共基础设施、文物文化资产、保障性住房按照新制度规定记入新账。登记新账时，按照确定的在途物品、政府储备物资、公共基础设施、文物文化资产、保障性住房初始入账成本，分别借记"在途物品""政府储备物资""公共基础设施""文物文化资产""保障性住房"科目，贷记"累计盈余"科目。

单位对于登记新账时首次确认的公共基础设施、保障性住房，应当于2019年1月1日以后，按照其在登记新账时确定的成本和尚可使用年限计提折旧（摊销）。

2. 受托代理资产

单位在新旧制度转换时，应当将2018年12月31日前未入账的受托代理物资按照新制度规定记入新账。登记新账时，按照确定的受托代理物资成本，借记"受托代理资产"科目，贷记"受托代理负债"科目。

3. 盘盈资产

单位在新旧制度转换时，应当将2018年12月31日前未入账的盘盈资产按照新制度规定记入新账。登记新账时，按照确定的盘盈资产及其成本，分别借记有关资产科目，按照盘盈资产成本的合计金额，贷记"累计盈余"科目。

4. 预计负债

单位在新旧制度转换时，应当将2018年12月31日按照新制度规定确认的预计负债记入新账。登记新账时，按照确定的预计负债金额，借记"累计盈余"科目，贷记"预计负债"科目。

单位存在 2018 年 12 月 31 日前未入账的其他事项的，应当比照本规定登记新账的相应科目。

单位对新账的财务会计科目补记未入账事项时，应当编制记账凭证，并将补充登记事项的确认依据作为原始凭证。

（三）对新账的相关财务会计科目余额按照新制度规定的核算基础进行调整

1. 补提折旧

单位在原账中尚未计提固定资产折旧、公共基础设施折旧（摊销）的，应当全面核查截至 2018 年 12 月 31 日固定资产、公共基础设施的预计使用年限、已使用年限、尚可使用年限等，并按照新制度规定于 2019 年 1 月 1 日对尚未计提折旧的固定资产、公共基础设施补提折旧，按照应计提的折旧金额，借记"累计盈余"科目，贷记"固定资产累计折旧""公共基础设施累计折旧（摊销）"科目。

单位在原账的"固定资产"科目中核算了按照新制度规定应当记入"公共基础设施""保障性住房"科目内容的，应当比照前款规定补提公共基础设施折旧（摊销）、保障性住房折旧，按照应计提的折旧（摊销）金额，借记"累计盈余"科目，贷记"公共基础设施累计折旧（摊销）""保障性住房累计折旧"科目。

2. 补提摊销

单位在原账中尚未计提无形资产摊销的，应当全面核查截至 2018 年 12 月 31 日无形资产的预计使用年限、已使用年限、尚可使用年限等，并按照新制度规定于 2019 年 1 月 1 日对尚未摊销的无形资产补提摊销，按照应计提的摊销金额，借记"累计盈余"科目，贷记"无形资产累计摊销"科目。

单位对新账的财务会计科目期初余额进行调整时，应当编制记账凭证，并将调整事项的确认依据作为原始凭证。

三、预算会计科目的新旧衔接

（一）"财政拨款结转"和"财政拨款结余"科目及对应的"资金结存"科目余额

新制度设置了"财政拨款结转""财政拨款结余"科目及对应的"资金结存"科目。在新旧制度转换时，单位按照新制度规定将原账其他应收款中的预付款项计入预算支出的，应当对原账的"财政拨款结转"科目余额进行逐项分析，按照减去已经支付财政资金尚未计入预算支出（如其他应收款中的预付款项等）的金额后的差额，登记新账的"财政拨款结转"科目及其明细科目贷方；按照原账的"财政拨款结余"科目余额，登记新账的"财政拨款结余"科目及其明细科目贷方。

单位应当按照原账的"财政应返还额度"科目余额登记新账的"资金结存——财政应返还额度"科目借方；按照新账的"财政拨款结转"和"财政拨款结余"科目贷方余额合计数，减去新账的"资金结存——财政应返还额度"科目借方余额后的差额，登记新账的"资金结存——货币资金"科目的借方。

（二）"非财政拨款结转"科目及对应的"资金结存"科目余额

新制度设置了"非财政拨款结转"科目及对应的"资金结存"科目。在新旧制度转换时,单位按照新制度规定将原账其他应收款中的预付款项计入预算支出的,应当对原账的"其他资金结转结余——项目结转"科目余额进行逐项分析,按照减去已经支付非财政拨款专项资金尚未计入预算支出(如其他应收款中的预付款项等)的金额后的差额,登记新账的"非财政拨款结转"科目及其明细科目贷方;同时,按照相同的金额登记新账的"资金结存——货币资金"科目借方。

(三)"非财政拨款结余"科目及对应的"资金结存"科目余额

1. 登记"非财政拨款结余"科目余额

新制度设置了"非财政拨款结余"科目及对应的"资金结存"科目。在新旧制度转换时,单位应当按照原账的"其他资金结转结余——非项目结余"科目余额,借记新账的"资金结存——货币资金"科目,贷记新账的"非财政拨款结余"科目。

2. 对新账"非财政拨款结余"科目及"资金结存"科目余额进行调整

单位按照新制度规定将原账其他应收款中的预付款项计入预算支出的,应当对原账的"其他应收款"科目余额进行分析,区分其中预付款项的金额(将来很可能列支)和非预付款项的金额,并对预付款项的金额划分为财政拨款资金预付的金额、非财政拨款专项资金预付的金额和非财政拨款非专项资金预付的金额,按照非财政拨款非专项资金预付的金额,借记新账的"非财政拨款结余"科目,贷记新账的"资金结存——货币资金"科目。

(四)预算收入类、预算支出类会计科目

由于预算收入类、预算支出类会计科目年初无余额,在新旧制度转换时,单位无需对预算收入类、预算支出类会计科目进行新账年初余额登记。

单位应当自2019年1月1日起,按照新制度设置预算收入类、预算支出类科目并进行账务处理。

单位存在2018年12月31日前需要按照新制度预算会计核算基础调整预算会计科目期初余额的其他事项的,应当比照本规定调整新账的相应预算会计科目期初余额。

单位对预算会计科目的期初余额登记和调整,应当编制记账凭证,并将期初余额登记和调整的依据作为原始凭证。

四、财务报表和预算会计报表的新旧衔接

(一)编制2019年1月1日资产负债表

单位应当根据2019年1月1日新账的财务会计科目余额,按照新制度编制2019年1月1日资产负债表(仅要求填列各项目"年初余额")。

(二)2019年度财务报表和预算会计报表的编制

单位应当按照新制度规定编制2019年财务报表和预算会计报表。在编制2019年度收入费用表、净资产变动表、现金流量表和预算收入支出表、预算结转结余变动表时,不要求填列上年比较数。

单位应当根据2019年1月1日新账财务会计科目余额,填列2019年净资产变动表各项目的"上年年末余额";根据2019年1月1日新账预算会计科目余额,填列2019年预算结转结余变动表的"年初预算结转结余"项目和财政拨款预算收入支出表

的"年初财政拨款结转结余"项目。

五、其他事项

（一）截至 2018 年 12 月 31 日尚未进行基建"并账"的单位，应当首先参照《新旧行政单位会计制度有关衔接问题的处理规定》（财库〔2013〕219 号），将基建账套相关数据并入 2018 年 12 月 31 日原账中的相关科目余额，再按照本规定将 2018 年 12 月 31 日原账相关会计科目余额转入新账相应科目。

（二）2019 年 1 月 1 日前执行新制度的单位，应当参照本规定做好新旧制度衔接工作。

附表 1：

行政单位原会计科目余额明细表一

总账科目	明细分类	金额	备注
库存现金	库存现金		
	其中：受托代理现金		
银行存款	银行存款		
	其中：受托代理银行存款		
	其他货币资金		
其他应收款	在途物资		已经付款，尚未收到物资
	其他		
存货	在加工存货		
	非在加工存货		
	政府储备物资		
固定资产	固定资产		
	公共基础设施		
	政府储备物资		
	文物文化资产		
	保障性住房		
累计折旧	固定资产累计折旧		
	公共基础设施累计折旧		
	保障性住房累计折旧		
在建工程	在建工程		
	工程物资		
	预付工程款、预付备料款		

（续表）

总账科目	明细分类	金额	备注
应缴税费	应交增值税		
	其他应交税费		
应付账款	应付质量保证金		购置固定资产、完成在建工程等扣留的质量保证金
	其他		

附表2：

行政单位原会计科目余额明细表二

总账科目	明细分类	金额	备注
其他应收款	预付款项		如职工预借的差旅费等
	其中：财政拨款资金预付		
	非财政拨款专项资金预付		
	非财政拨款非专项资金预付		
	需要收回及其他		如支付的押金、应收为职工垫付的款项等

附表3：

行政单位新旧会计制度转账、登记新账科目对照表

序号	新制度科目		原制度科目	
	编号	名称	编号	名称
一、资产类				
1	1001	库存现金	1001	库存现金
2	1002	银行存款	1002	银行存款
3	1021	其他货币资金		
4	1011	零余额账户用款额度	1011	零余额账户用款额度
5	1201	财政应返还额度	1021	财政应返还额度
6	1212	应收账款	1212	应收账款
7	1214	预付账款	1213	预付账款
			1511	在建工程
8	1218	其他应收款	1215	其他应收款
9	1301	在途物品		

(续表)

序号	新制度科目		原制度科目	
	编号	名称	编号	名称
10	1302	库存物品	1301	存货
11	1303	加工物品		
12	1811	政府储备物资		
13	1601	固定资产	1501	固定资产
	1801	公共基础设施		
	1811	政府储备物资		
14	1821	文物文化资产		
15	1831	保障性住房		
16	1602	固定资产累计折旧	1502	累计折旧
17	1802	公共基础设施累计折旧（摊销）		
18	1832	保障性住房累计折旧		
19	1611	工程物资	1511	在建工程
20	1613	在建工程		
21	1701	无形资产	1601	无形资产
22	1702	无形资产累计摊销	1602	累计摊销
23	1801	公共基础设施	1802	公共基础设施
24	1811	政府储备物资	1801	政府储备物资
25	1891	受托代理资产	1901	受托代理资产
26	1902	待处理财产损溢	1701	待处理财产损溢
二、负债类				
27	2103	应缴财政款	2001	应缴财政款
28	2101	应交增值税	2101	应缴税费
29	2102	其他应交税费		
30	2201	应付职工薪酬	2201	应付职工薪酬
31	2302	应付账款	2301	应付账款
	2307	其他应付款		
32	2303	应付政府补贴款	2302	应付政府补贴款
33	2307	其他应付款	2305	其他应付款
34	2502	长期应付款	2401	长期应付款
35	2901	受托代理负债	2901	受托代理负债

（续表）

序号	新制度科目		原制度科目	
	编号	名称	编号	名称
三、净资产类				
36	3001	累计盈余	3001	财政拨款结转
			3002	财政拨款结余
			3101	其他资金结转结余
			3501	资产基金
			3502	待偿债净资产
四、预算结余类				
37	8101	财政拨款结转	3001	财政拨款结转
38	8102	财政拨款结余	3002	财政拨款结余
39	8201	非财政拨款结转	3101	其他资金结转结余
40	8202	非财政拨款结余		
41	8001	资金结存（借方）	3001	财政拨款结转
			3002	财政拨款结余
			3101	其他资金结转结余

《政府会计制度——行政事业单位会计科目和报表》与《事业单位会计制度》有关衔接问题的处理规定

我部于 2017 年 10 月 24 日印发了《政府会计制度——行政事业单位会计科目和报表》（财会〔2017〕25 号，以下简称新制度）。目前执行《事业单位会计制度》（财会〔2012〕22 号，以下简称原制度）的单位，自 2019 年 1 月 1 日起执行新制度，不再执行原制度。为了确保新旧会计制度顺利过渡，现对单位执行新制度的有关衔接问题规定如下：

一、新旧制度衔接总要求

（一）自 2019 年 1 月 1 日起，单位应当严格按照新制度的规定进行会计核算、编制财务报表和预算会计报表。

（二）单位应当按照本规定做好新旧制度衔接的相关工作，主要包括以下几个方面：

1. 根据原账编制 2018 年 12 月 31 日的科目余额表，并按照本规定要求，编制原账的部分科目余额明细表（参见附表 1、附表 2）。
2. 按照新制度设立 2019 年 1 月 1 日的新账。
3. 按照本规定要求，登记新账的财务会计科目余额和预算结余科目余额，包括将原账科目余额转入新账财务会计科目、按照原账科目余额登记新账预算结余会计科目（事业单位新旧会计制度转账、登记新账科目对照表见附表 3），将未入账事项登记新账科目，并对相关新账科目余额进行调整。原账科目是指按照原制度规定设置的会计科目。
4. 按照登记及调整后新账的各会计科目余额，编制 2019 年 1 月 1 日的科目余额表，作为新账各会计科目的期初余额。
5. 根据新账各会计科目期初余额，按照新制度编制 2019 年 1 月 1 日资产负债表。

（三）及时调整会计信息系统。单位应当按照新制度要求对原有会计信息系统进行及时更新和调试，实现数据正确转换，确保新旧账套的有序衔接。

二、财务会计科目的新旧衔接

（一）将 2018 年 12 月 31 日原账会计科目余额转入新账财务会计科目

1. 资产类

（1）"库存现金""零余额账户用款额度""财政应返还额度""短期投资""应收票据""应收账款""预付账款""无形资产"科目新制度设置了"库存现金""零余额账户用款额度""财政应返还额度""短期投资""应收票据""应收账款""预付账款""无形资产"科目，其核算内容与原账的上述相应科目的核算内容基本相同。转账时，单位应当将原账的上述科目余额直接转入新账的相应科目。其中，还应当将原账的"库存现金"科目余额中属于新制度规定受托代理资产的金额，转入新账"库存现金"科目下的"受托代理资产"明细科目。

（2）"银行存款"科目

新制度设置了"银行存款"和"其他货币资金"科目，原制度设置了"银行存款"科目。转账时，单位应当将原账"银行存款"科目中核算的属于新制度规定的其他货币资金的金额，转入新账"其他货币资金"科目；将原账"银行存款"科目余额减去其中属于其他货币资金余额后的差额，转入新账的"银行存款"科目。其中，还应当将原账的"银行存款"科目余额中属于新制度规定受托代理资产的金额，转入新账"银行存款"科目下的"受托代理资产"明细科目。

（3）"其他应收款"科目

新制度设置了"其他应收款"科目，该科目的核算内容与原账"其他应收款"科目的核算内容基本相同。转账时，单位应当将原账的"其他应收款"科目余额，转入新账的"其他应收款"科目。

新制度设置了"在途物品"科目，单位在原账"其他应收款"科目中核算了已经付款或开出商业汇票、尚未收到物资的，应当将原账的"其他应收款"科目余额中已经付款或开出商业汇票、尚未收到物资的金额，转入新账的"在途物品"科目。

（4）"存货"科目

新制度设置了"库存物品""加工物品"科目，原制度设置了"存货"科目。转账时，单位应当将原账的"存货"科目余额中属于在加工存货的金额，转入新账的"加工物品"科目；将原账的"存货"科目余额减去属于在加工存货的金额后的差额，转入新账的"库存物品"科目。

单位在原账的"存货"科目中核算了属于新制度规定的工程物资、政府储备物资、受托代理物资的，应当将原账的"存货"科目余额中属于工程物资、政府储备物资、受托代理物资的金额，分别转入新账的"工程物资""政府储备物资""受托代理资产"科目。

（5）"长期投资"科目

新制度设置了"长期股权投资"和"长期债券投资"科目，原制度设置了"长期投资"科目。转账时，单位应当将原账的"长期投资"科目余额中属于股权投资的金额，转入新账的"长期股权投资"科目及其明细科目；将原账的"长期投资"科目余额中属于债券投资的金额，转入新账的"长期债券投资"科目及其明细科目。

（6）"固定资产"科目

新制度设置了"固定资产""公共基础设施""政府储备物资""文物文化资产""保障性住房"科目。单位在原账"固定资产"科目中只核算了按照新制度规定的固定资产内容的，转账时，应当将原账的"固定资产"科目余额全部转入新账的"固定资产"科目。单位在原账的"固定资产"科目中核算了按照新制度规定应当记入"公共基础设施""政府储备物资""文物文化资产""保障性住房"科目内容的，转账时，应当将原账的"固定资产"科目余额中相应资产的账面余额，分别转入新账的"公共基础设施""政府储备物资""文物文化资产""保障性住房"科目，并将原账的"固定资产"科目余额减去上述金额后的差额，转入新账的"固定资产"科目。

（7）"累计折旧"科目

新制度设置了"固定资产累计折旧"科目，该科目的核算内容与原账"累计折旧"科目的核算内容基本相同。单位已经计提了固定资产折旧并记入"累计折旧"科目的，转账时，应当将原账的"累计折旧"科目余额，转入新账的"固定资产累计折旧"科目。

新制度设置了"公共基础设施累计折旧（摊销）"和"保障性住房累计折旧"科目，单位在原账的"固定资产"科目中核算了按照新制度规定应当记入"公共基础设施""保障性住房"科目的内容，且已经计提了固定资产折旧的，转账时，应当将原账的"累计折旧"科目余额中属于公共基础设施累计折旧（摊销）、保障性住房累计折旧的金额，分别转入新账的"公共基础设施累计折旧（摊销）""保障性住房累计折旧"科目。

（8）"在建工程"科目

新制度设置了"在建工程"和"预付账款——预付备料款、预付工程款"科目，原制度设置了"在建工程"科目。转账时，单位应当将原账的"在建工程"科目余额（基建"并账"后的金额，下同）中属于预付备料款、预付工程款的金额，转入新账"预付账款"相关明细科目；将原账的"在建工程"科目余额减去预付备料款、预付工程款金额后的差额，转入新账的"在建工程"科目。

单位在原账"在建工程"科目中核算了按照新制度规定应当记入"工程物资"科目内容的，应当将原账"在建工程"科目余额中属于工程物资的金额，转入新账的"工程物资"科目。

（9）"累计摊销"科目

新制度设置了"无形资产累计摊销"科目，该科目的核算内容与原账"累计摊销"科目的核算内容基本相同。单位已经计提了无形资产摊销的，转账时，应当将原账的"累计摊销"科目余额，转入新账的"无形资产累计摊销"科目。

（10）"待处置资产损溢"科目

新制度设置了"待处理财产损溢"科目，该科目的核算内容与原账"待处置资产损溢"科目的核算内容基本相同。转账时，单位应当将原账的"待处置资产损溢"科目余额，转入新账的"待处理财产损溢"科目。

2. 负债类

（1）"短期借款""应付职工薪酬""应付票据""应付账款""预收账款""长期借款""长期应付款"科目

新制度设置了"短期借款""应付职工薪酬""应付票据""应付账款""预收账款""长期借款""长期应付款"科目，这些科目的核算内容与原账的上述相应科目的核算内容基本相同。转账时，单位应当将原账的上述科目余额直接转入新账的相应科目。

（2）"应缴税费"科目

新制度设置了"应交增值税"和"其他应交税费"科目，原制度设置了"应缴税费"科目。转账时，单位应当将原账的"应缴税费——应缴增值税"科目余额，转入新账"应交增值税"中的相关明细科目；将原账的"应缴税费"科目余额减去属于应缴增值税余额后的差额，转入新账的"其他应交税费"科目。

（3）"应缴国库款""应缴财政专户款"科目

新制度设置了"应缴财政款"科目，原制度设置了"应缴国库款""应缴财政专户款"科目。转账时，单位应当将原账的"应缴国库款""应缴财政专户款"科目余额，转入新账的"应缴财政款"科目。

（4）"其他应付款"科目

新制度设置了"其他应付款"科目，该科目的核算内容与原账"其他应付款"科目的核算内容基本相同。转账时，单位应当将原账的"其他应付款"科目余额，转入新账的"其他应付款"科目。其中，单位在原账的"其他应付款"科目中核算了属于新制度规定的受托代理负债的，应当将原账的"其他应付款"科目余额中属于受托代理负债的余额，转入新账的"受托代理负债"科目。

3.净资产类

（1）"事业基金"科目

新制度设置了"累计盈余"科目，该科目的核算内容包含了原账"事业基金"科目的核算内容。转账时，单位应当将原账的"事业基金"科目余额转入新账的"累计盈余"科目。

（2）"非流动资产基金"科目

依据新制度，无需对原制度中"非流动资产基金"科目对应内容进行核算。转账时，单位应当将原账的"非流动资产基金"科目余额转入新账的"累计盈余"科目。

（3）"专用基金"科目

新制度设置了"专用基金"科目，该科目的核算内容与原账"专用基金"科目的核算内容基本相同。转账时，单位应当将原账的"专用基金"科目余额转入新账的"专用基金"科目。

（4）"财政补助结转""财政补助结余""非财政补助结转"科目

新制度设置了"累计盈余"科目，该科目的余额包含了原账的"财政补助结转""财政补助结余""非财政补助结转"科目的余额内容。转账时，单位应当将原账的"财政补助结转""财政补助结余""非财政补助结转"科目余额，转入新账的"累计盈余"科目。

（5）"经营结余"科目

新制度设置了"本期盈余"科目，该科目的核算内容包含了原账"经营结余"科目的核算内容。新制度规定"本期盈余"科目余额最终转入"累计盈余"科目，如果原账的"经营结余"科目有借方余额，转账时，单位应当将原账的"经营结余"科目借方余额，转入新账的"累计盈余"科目借方。

（6）"事业结余""非财政补助结余分配"科目

由于原账的"事业结余""非财政补助结余分配"科目年末无余额，这两个科目无需进行转账处理。

4.收入类、支出类

由于原账中收入类、支出类科目年末无余额，无需进行转账处理。自2019年1月1日起，单位应当按照新制度设置收入类、费用类科目并进行账务处理。

单位存在其他本规定未列举的原账科目余额的，应当比照本规定转入新账的相应科目。新账的科目设有明细科目的，应将原账中对应科目的余额加以分析，分别转入新账中相应科目的相关明细科目。

单位在进行新旧衔接的转账时，应当编制转账的工作分录，作为转账的工作底稿，并将转入新账的对应原账户余额及分拆原账户余额的依据作为原始凭证。

（二）将原未入账事项登记新账财务会计科目

1. 应收账款、应收股利、在途物品

单位在新旧制度转换时，应当将 2018 年 12 月 31 日前未入账的应收账款、应收股利、在途物品按照新制度规定记入新账。登记新账时，按照确定的入账金额，分别借记"应收账款""应收股利""在途物品"科目，贷记"累计盈余"科目。

2. 公共基础设施、政府储备物资、文物文化资产、保障性住房

单位在新旧制度转换时，应当将 2018 年 12 月 31 日前未入账的公共基础设施、政府储备物资、文物文化资产、保障性住房按照新制度规定记入新账。登记新账时，按照确定的初始入账成本，分别借记"公共基础设施""政府储备物资""文物文化资产""保障性住房"科目，贷记"累计盈余"科目。

单位对于登记新账时首次确认的公共基础设施、保障性住房，应当于 2019 年 1 月 1 日以后，按照其在登记新账时确定的成本和剩余折旧（摊销）年限计提折旧（摊销）。

3. 受托代理资产

单位在新旧制度转换时，应当将 2018 年 12 月 31 日前未入账的受托代理资产按照新制度规定记入新账。登记新账时，按照确定的受托代理资产入账成本，借记"受托代理资产"科目，贷记"受托代理负债"科目。

4. 盘盈资产

单位在新旧制度转换时，应当将 2018 年 12 月 31 日前未入账的盘盈资产按照新制度规定记入新账。登记新账时，按照确定的盘盈资产及其成本，分别借记有关资产科目，按照盘盈资产成本的合计金额，贷记"累计盈余"科目。

5. 预计负债

单位在新旧制度转换时，应当将 2018 年 12 月 31 日按照新制度规定确认的预计负债记入新账。登记新账时，按照确定的预计负债金额，借记"累计盈余"科目，贷记"预计负债"科目。

6. 应付质量保证金

单位在新旧制度转换时，应当将 2018 年 12 月 31 日前未入账的应付质量保证金按照新制度规定记入新账。登记新账时，按照确定未入账的应付质量保证金金额，借记"累计盈余"科目，贷记"其他应付款"科目 [扣留期在 1 年以内（含 1 年）]、"长期应付款"科目 [扣留期超过 1 年]。

单位存在 2018 年 12 月 31 日前未入账的其他事项的，应当比照本规定登记新账的相应科目。

单位对新账的财务会计科目补记未入账事项时，应当编制记账凭证，并将补充登记事项的确认依据作为原始凭证。

（三）对新账的相关财务会计科目余额按照新制度规定的会计核算基础进行调整

1. 计提坏账准备

新制度要求对单位收回后无需上缴财政的应收账款和其他应收款提取坏账准备。在新旧制度转换时，单位应当按照 2018 年 12 月 31 日无需上缴财政的应收账款和其他应收款的余额计算应计提的坏账准备金额，借记"累计盈余"科目，贷记"坏账准备"科目。

2. 按照权益法调整长期股权投资账面余额

对按照新制度规定应当采用权益法核算的长期股权投资，在新旧制度转换时，单位应当在"长期股权投资"科目下设置"新旧制度转换调整"明细科目，依据被投资单位2018年12月31日财务报表的所有者权益账面余额，以及单位持有被投资单位的股权比例，计算应享有或应分担的被投资单位所有者权益的份额，调整长期股权投资的账面余额，借记或贷记"长期股权投资——新旧制度转换调整"科目，贷记或借记"累计盈余"科目。

3. 确认长期债券投资期末应收利息

单位应当按照新制度规定于2019年1月1日补记长期债券投资应收利息，按照长期债券投资的应收利息金额，借记"长期债券投资"科目［到期一次还本付息］或"应收利息"科目［分期付息、到期还本］，贷记"累计盈余"科目。

4. 补提折旧

单位在原账中尚未计提固定资产折旧的，应当全面核查截至2018年12月31日的固定资产的预计使用年限、已使用年限、尚可使用年限等，并于2019年1月1日对尚未计提折旧的固定资产补提折旧，按照应计提的折旧金额，借记"累计盈余"科目，贷记"固定资产累计折旧"科目。

单位在原账的"固定资产"科目中核算了按照新制度规定应当记入"公共基础设施""保障性住房"科目内容的，应当比照前款规定补提公共基础设施折旧（摊销）、保障性住房折旧，按照应计提的折旧（摊销）金额，借记"累计盈余"科目，贷记"公共基础设施累计折旧（摊销）""保障性住房累计折旧"科目。

5. 补提摊销

单位在原账中尚未计提无形资产摊销的，应当全面核查截至2018年12月31日无形资产的预计使用年限、已使用年限、尚可使用年限等，并于2019年1月1日对前期尚未计提摊销的无形资产补提摊销，按照应计提的摊销金额，借记"累计盈余"科目，贷记"无形资产累计摊销"科目。

6. 确认长期借款期末应付利息

单位应当按照新制度规定于2019年1月1日补记长期借款的应付利息金额，对其中资本化的部分，借记"在建工程"科目，对其中费用化的部分，借记"累计盈余"科目，按照全部长期借款应付利息金额，贷记"长期借款"科目［到期一次还本付息］或"应付利息"科目［分期付息、到期还本］。

单位对新账的财务会计科目期初余额进行调整时，应当编制记账凭证，并将调整事项的确认依据作为原始凭证。

三、预算会计科目的新旧衔接

（一）"财政拨款结转"和"财政拨款结余"科目及对应的"资金结存"科目余额

新制度设置了"财政拨款结转""财政拨款结余"科目及对应的"资金结存"科目。在新旧制度转换时，单位应当对原账的"财政补助结转"科目余额进行逐项分析，加上各项结转转入的预算支出中已经计入预算支出尚未支付财政资金（如发生时列支的应付账款）的金额，减去已经支付财政资金尚未计入预算支出（如购入的存货、预付账款等）的金额，按照增减后的金额，登记新账的"财政拨款结转"科目及其明细科目贷方；按照原账"财政补助结余"科目余额，登记新账的"财政拨款结余"科目及其明细科目贷方。

按照原账"财政应返还额度"科目余额登记新账的"资金结存——财政应返还额度"科目借方；按照新账的"财政拨款结转"和"财政拨款结余"科目贷方余额合计数，减去新账的"资金结存——财政应返还额度"科目借方余额后的差额，登记新账的"资金结存——货币资金"科目借方。

（二）"非财政拨款结转"科目及对应的"资金结存"科目余额

新制度设置了"非财政拨款结转"科目及对应的"资金结存"科目。在新旧制度转换时，单位应当对原账的"非财政补助结转"科目余额进行逐项分析，加上各项结转转入的预算支出中已经计入预算支出尚未支付非财政补助专项资金（如发生时列支的应付账款）的金额，减去已经支付非财政补助专项资金尚未计入预算支出（如购入的存货、预付账款等）的金额，加上各项结转转入的预算收入中已经收到非财政补助专项资金尚未计入预算收入（如预收账款）的金额，减去已经计入预算收入尚未收到非财政补助专项资金（如应收账款）的金额，按照增减后的金额，登记新账的"非财政拨款结转"科目及其明细科目贷方；同时，按照相同的金额登记新账的"资金结存——货币资金"科目借方。

（三）"非财政拨款结余"科目及对应的"资金结存"科目余额

1. 登记"非财政拨款结余"科目余额

新制度设置了"非财政拨款结余"科目及对应的"资金结存"科目。在新旧制度转换时，单位应当按照原账的"事业基金"科目余额，借记新账的"资金结存——货币资金"科目，贷记新账的"非财政拨款结余"科目。

2. 对新账"非财政拨款结余"科目及"资金结存"科目余额进行调整

（1）调整短期投资对非财政拨款结余的影响

单位应当按照原账的"短期投资"科目余额，借记"非财政拨款结余"科目，贷记"资金结存——货币资金"科目。

（2）调整应收票据、应收账款对非财政拨款结余的影响

单位应当对原账的"应收票据""应收账款"科目余额进行分析，区分其中发生时计入预算收入的金额和没有计入预算收入的金额。对发生时计入预算收入的金额，再区分计入专项资金收入的金额和计入非专项资金收入的金额，按照计入非专项资金收入的金额，借记"非财政拨款结余"科目，贷记"资金结存——货币资金"科目。

（3）调整预付账款对非财政拨款结余的影响

单位应当对原账的"预付账款"科目余额进行分析，区分其中由财政补助资金预付的金额、非财政补助专项资金预付的金额和非财政补助非专项资金预付的金额，按照非财政补助非专项资金预付的金额，借记"非财政拨款结余"科目，贷记"资金结存——货币资金"科目。

（4）调整其他应收款对非财政拨款结余的影响

单位按照新制度规定将原账其他应收款中的预付款项计入预算支出的，应当对原账的"其他应收款"科目余额进行分析，区分其中预付款项的金额（将来很可能列支）和

非预付款项的金额,并对预付款项的金额划分为财政补助资金预付的金额、非财政补助专项资金预付的金额和非财政补助非专项资金预付的金额,按照非财政补助非专项资金预付的金额,借记"非财政拨款结余"科目,贷记"资金结存——货币资金"科目。

(5)调整存货对非财政拨款结余的影响

单位应当对原账的"存货"科目余额进行分析,区分购入的存货金额和非购入的存货金额。对购入的存货金额划分出其中使用财政补助资金购入的金额、使用非财政补助专项资金购入的金额和使用非财政补助非专项资金购入的金额,按照使用非财政补助非专项资金购入的金额,借记"非财政拨款结余"科目,贷记"资金结存——货币资金"科目。

(6)调整长期股权投资对非财政拨款结余的影响

单位应当对原账的"长期投资"科目余额中属于股权投资的余额进行分析,区分其中用现金资产取得的金额和用非现金资产及其他方式取得的金额,按照用现金资产取得的金额,借记"非财政拨款结余"科目,贷记"资金结存——货币资金"科目。

(7)调整长期债券投资对非财政拨款结余的影响

单位应当按照原账的"长期投资"科目余额中属于债券投资的余额,借记"非财政拨款结余"科目,贷记"资金结存——货币资金"科目。

(8)调整短期借款、长期借款对非财政拨款结余的影响

单位应当按照原账的"短期借款""长期借款"科目余额,借记"资金结存——货币资金"科目,贷记"非财政拨款结余"科目。

(9)调整应付票据、应付账款对非财政拨款结余的影响

单位应当对原账的"应付票据""应付账款"科目余额进行分析,区分其中发生时计入预算支出的金额和未计入预算支出的金额。将计入预算支出的金额划分出财政补助应付的金额、非财政补助专项资金应付的金额和非财政补助非专项资金应付的金额,按照非财政补助非专项资金应付的金额,借记"资金结存——货币资金"科目,贷记"非财政拨款结余"科目。

(10)调整预收账款对非财政拨款结余的影响

单位应当按照原账的"预收账款"科目余额中预收非财政非专项资金的金额,借记"资金结存——货币资金"科目,贷记"非财政拨款结余"科目。

(四)"专用结余"科目及对应的"资金结存"科目余额

新制度设置了"专用结余"科目及对应的"资金结存"科目。在新旧制度转换时,单位应当按照原账"专用基金"科目余额中通过非财政补助结余分配形成的金额,借记新账的"资金结存——货币资金"科目,贷记新账的"专用结余"科目。

(五)"经营结余"科目及对应的"资金结存"科目余额

新制度设置了"经营结余"科目及对应的"资金结存"科目。如果原账的"经营结余"科目期末有借方余额,在新旧制度转换时,单位应当按照原账的"经营结余"科目余额,借记新账的"经营结余"科目,贷记新账的"资金结存——货币资金"科目。

(六)"其他结余""非财政拨款结余分配"科目

新制度设置了"其他结余"和"非财政拨款结余分配"科目。由于这两个科目年初无余额,在新旧制度转换时,单位无需对"其他结余"和"非财政拨款结余分配"

科目进行新账年初余额登记。

（七）预算收入类、预算支出类会计科目

由于预算收入类、预算支出类会计科目年初无余额，在新旧制度转换时，单位无需对预算收入类、预算支出类会计科目进行新账年初余额登记。

单位应当自 2019 年 1 月 1 日起，按照新制度设置预算收入类、预算支出类科目并进行账务处理。

单位存在 2018 年 12 月 31 日需要按照新制度预算会计核算基础调整预算会计科目期初余额的其他事项的，应当比照本规定调整新账的相应预算会计科目期初余额。

单位对预算会计科目的期初余额登记和调整，应当编制记账凭证，并将期初余额登记和调整的依据作为原始凭证。

四、财务报表和预算会计报表的新旧衔接

（一）编制 2019 年 1 月 1 日资产负债表

单位应当根据 2019 年 1 月 1 日新账的财务会计科目余额，按照新制度编制 2019 年 1 月 1 日资产负债表（仅要求填列各项目"年初余额"）。

（二）2019 年度财务报表和预算会计报表的编制

单位应当按照新制度规定编制 2019 年财务报表和预算会计报表。在编制 2019 年度收入费用表、净资产变动表、现金流量表和预算收入支出表、预算结转结余变动表时，不要求填列上年比较数。

单位应当根据 2019 年 1 月 1 日新账财务会计科目余额，填列 2019 年净资产变动表各项目的"上年年末余额"；根据 2019 年 1 月 1 日新账预算会计科目余额，填列 2019 年预算结转结余变动表的"年初预算结转结余"项目和财政拨款预算收入支出表的"年初财政拨款结转结余"项目。

五、其他事项

（一）截至 2018 年 12 月 31 日尚未进行基建"并账"的单位，应当首先参照《新旧事业单位会计制度有关衔接问题的处理规定》（财会〔2013〕2 号），将基建账套相关数据并入 2018 年 12 月 31 日原账中的相关科目余额，再按照本规定将 2018 年 12 月 31 日原账相关会计科目余额转入新账相应科目。

（二）2019 年 1 月 1 日前执行新制度的单位，应当参照本规定做好新旧制度衔接工作。

附表 1：

事业单位原会计科目余额明细表一

总账科目	明细分类	金额	备注
库存现金	库存现金		
	其中：受托代理现金		
银行存款	银行存款		
	其中：受托代理银行存款		
	其他货币资金		
其他应收款	在途物资		已经付款或已开出商业汇票，尚未收到物资
	其他		
存货	在加工存货		
	非在加工存货		
	工程物资		
	政府储备物资		
	受托代理资产		
长期投资	长期股权投资		
	长期债券投资		
固定资产	固定资产		
	公共基础设施		
	政府储备物资		
	文物文化资产		
	保障性住房		
累计折旧	固定资产累计折旧		
	公共基础设施累计折旧		
	保障性住房累计折旧		
在建工程	在建工程		
	工程物资		
	预付工程款、预付备料款		
应缴税费	应交增值税		
	其他应交税费		
其他应付款	受托代理负债		因接受代管资金形成的应付款
	其他		

附表 2：

事业单位原会计科目余额明细表二

总账科目	明细分类	金额	备注
应收票据、应收账款	发生时不计入预算收入		如转让资产的应收票据、应收账款
	发生时计入预算收入		
	其中：专项收入		
	其他		
预付账款	财政补助资金预付		
	非财政补助专项资金预付		
	非财政补助非专项资金预付		
其他应收款	预付款项		如职工预借的差旅费等
	其中：财政补助资金预付		
	非财政补助专项资金预付		
	非财政补助非专项资金预付		
	需要收回及其他		如支付的押金、应收为职工垫付的款项等
存货	购入存货		
	其中：使用财政补助资金购入		
	使用非财政补助专项资金购入		
存货	使用非财政补助非专项资金购入		
	非购入存货		如无偿调入、接受捐赠的存货等
长期投资	长期股权投资		
	其中：用现金资产取得		
	用非现金资产或其他方式取得		
	长期债券投资		
应付票据、应付账款	发生时不计入预算支出		
	发生时计入预算支出		
	其中：财政补助资金应付		
	非财政补助专项资金应付		
	非财政补助非专项资金应付		
预收账款	预收专项资金		
	预收非专项资金		

附表3：

事业单位新旧会计制度转账、登记新账科目对照表

序号	新制度科目		原制度科目	
	编号	名称	编号	名称
一、资产类				
1	1001	库存现金	1001	库存现金
2	1002	银行存款	1002	银行存款
3	1021	其他货币资金		
4	1011	零余额账户用款额度	1011	零余额账户用款额度
5	1201	财政应返还额度	1201	财政应返还额度
6	1101	短期投资	1101	短期投资
7	1211	应收票据	1211	应收票据
8	1212	应收账款	1212	应收账款
9	1214	预付账款	1213	预付账款
			1511	在建工程
10	1218	其他应收款	1215	其他应收款
11	1301	在途物品		
12	1302	库存物品	1301	存货
13	1303	加工物品		
14	1611	工程物资		
15	1811	政府储备物资		
16	1891	受托代理资产		
17	1501	长期股权投资	1401	长期投资
18	1502	长期债券投资		
19	1601	固定资产	1501	固定资产
20	1801	公共基础设施		
21	1811	政府储备物资		
22	1821	文物文化资产		
23	1831	保障性住房		
24	1602	固定资产累计折旧	1502	累计折旧
25	1802	公共基础设施累计折旧（摊销）		
26	1832	保障性住房累计折旧		

（续表）

序号	新制度科目		原制度科目	
	编号	名称	编号	名称
27	1611	工程物资	1511	在建工程
	1613	在建工程		
28	1701	无形资产	1601	无形资产
29	1702	无形资产累计摊销	1602	累计摊销
30	1902	待处理财产损溢	1701	待处置资产损溢
二、负债类				
31	2001	短期借款	2001	短期借款
32	2101	应交增值税	2101	应缴税费
33	2102	其他应交税费		
34	2103	应缴财政款	2102	应缴国库款
			2103	应缴财政专户款
35	2201	应付职工薪酬	2201	应付职工薪酬
36	2301	应付票据	2301	应付票据
37	2302	应付账款	2302	应付账款
38	2305	预收账款	2303	预收账款
39	2307	其他应付款	2305	其他应付款
40	2901	受托代理负债		
41	2501	长期借款	2401	长期借款
42	2502	长期应付款	2402	长期应付款
三、净资产类				
43	3001	累计盈余	3001	事业基金
			3101	非流动资产基金
			3301	财政补助结转
			3302	财政补助结余
			3401	非财政补助结转
			3403	经营结余
44	3101	专用基金	3201	专用基金
四、预算结余类				
45	8101	财政拨款结转	3301	财政补助结转
46	8102	财政拨款结余	3302	财政补助结余

（续表）

序号	新制度科目		原制度科目	
	编号	名称	编号	名称
47	8201	非财政拨款结转	3401	非财政补助结转
48	8202	非财政拨款结余	3001	事业基金
49	8301	专用结余	3201	专用基金
50	8401	经营结余	3403	经营结余
51	8001	资金结存（借方）	3301	财政补助结转
			3302	财政补助结余
			3401	非财政补助结转
			3001	事业基金
			3201	专用基金
			3403	经营结余

关于国有林场和苗圃执行《政府会计制度——行政事业单位会计科目和报表》的补充规定

根据《政府会计准则——基本准则》，结合行业实际情况，现就国有林场和苗圃[①]（以下简称林场）执行《政府会计制度——行政事业单位会计科目和报表》（以下简称新制度）做出如下补充规定：

一、新增一级科目及其使用说明

（一）林场应当增设"1614 营林工程"和"1841 林木资产"一级科目。

（二）关于增设科目的使用说明。

1614 营林工程

一、本科目核算林场发生的育苗、造林、抚育、管护各种林木和苗木的生产成本。

生产性林木资产达到正式投产可以采收林产品后，继续发生的管护费用，应当作为林产品的生产成本，通过"加工物品"科目核算。

二、本科目应当设置"苗木生产成本""林木生产成本""间接费用"等明细科目。在"林木生产成本"明细科目下，可按"消耗性林木成本""生产性林木成本""公益性林木成本"设置明细科目。

三、营林工程的主要账务处理如下：

（一）发生属于营林生产的费用时，按照可以直接计入营林成本的费用，借记本科目（苗木生产成本、林木生产成本），按照需要分摊计入营林成本的费用，借记本科目（间接费用），贷记"林木资产——苗木""库存物品""应付职工薪酬""财政拨款收入""零余额账户用款额度""银行存款""固定资产累计折旧""长期待摊费用"等科目。

（二）月末，将间接费用按照一定的分配方法计入营林成本，借记本科目（苗木生产成本、林木生产成本），贷记本科目（间接费用）。结转后，本科目的"间接费用"明细科目应无余额。

（三）期末，将竣工的营林工程发生的营林生产成本转入林木资产，借记"林木资产"科目，贷记本科目。

（四）采伐或处置未竣工的林木、苗木时，应当先将林木、苗木的生产成本转入

[①] 本规定所指的国有林场和苗圃，是指中华人民共和国境内各级人民政府设立的，从事保护培育森林资源、维护国家生态安全、提供生态服务，不以营利为目的、独立核算的公益性事业单位性质国有林场和苗圃。

林木资产账面余额。结转时，借记"林木资产"科目，贷记本科目。

四、本科目期末借方余额，反映林场尚未结转的营林工程发生的实际成本。

1841 林木资产

一、本科目核算林场营造管理的各种活立木资产和苗木资产的累计成本。

二、本科目应当设置"苗木"和"林木"两个明细科目，在"林木"明细科目下，可按"消耗性林木资产""生产性林木资产""公益性林木资产"设置明细科目。

三、林木资产的主要账务处理如下：

（一）林木资产取得时，应当按照其取得时的成本入账。

1．自行营造形成的林木，期末按照该林木达到营林工程竣工标准发生的育苗、造林、抚育、管护成本，结转营林生产成本，借记本科目，贷记"营林工程"科目。

2．购入或有偿调入的林木，按照购入或有偿调入的成本，借记本科目，贷记"财政拨款收入""零余额账户用款额度""银行存款"等科目。

3．无偿调入的林木，按照该林木资产在调出方的账面价值加相关费用，借记本科目，按照发生的归属于调入方的相关费用，贷记"银行存款"等科目，按照其差额，贷记"无偿调拨净资产"科目。

（二）按规定采伐林木、自主出售成品苗木或造林时，应当减少相应林木资产的账面余额。

1．更新采伐公益性林木资产时，按照被采伐林木的林木资产账面余额，借记"业务活动费用""库存物品"等科目，贷记本科目。

2．采伐消耗性林木资产时，按照被采伐林木的林木资产账面余额，借记"业务活动费用""经营费用""库存物品"等科目，贷记本科目。

3．自主出售成品苗木或造林时，按照该苗木的林木资产账面余额，借记"经营费用"等科目 [出售] 或"营林工程"科目 [造林]，贷记本科目。

（三）生产性林木资产的账面余额，应当在林产品采收期限内逐期摊入林产品的成本，各期摊销时，借记"加工物品——林产品生产成本"科目，贷记本科目。

（四）按规定报经批准处置林木资产，应当分别以下情况处理：

1．报经批准有偿转让林木资产（不含可自主出售的林木资产）时，按照被转让林木资产的账面余额，借记"资产处置费用"科目，贷记本科目。同时，按照收到的价款，借记"银行存款"等科目，按照处置过程中发生的相关费用，贷记"银行存款"等科目，按照收到的价款扣除相关费用后的差额，贷记"应缴财政款"科目；如果按照有关规定将林木资产转让净收入纳入本单位预算管理的，应当按照收到的价款扣除相关费用后的差额，贷记"其他收入"科目。

报经批准有偿转让林木的林地使用权，其林地附着的林木资产的账面余额及处置收入和费用，按照有偿转让林木资产进行账务处理。

2．报经批准无偿调出林木资产时，按照调出林木资产的账面余额，借记"无偿调拨净资产"科目，贷记本科目。同时，按照无偿调出过程中发生的归属于调出方的相关费用，借记"资产处置费用"科目，贷记"银行存款"等科目。

3．报经批准用林木资产投资时，参照新制度中关于置换换入相关资产的规定进行账务处理。

4.因遭受自然灾害等致使林木资产发生损毁时，应当将被损毁林木资产的账面余额转入待处理财产损溢。结转时，借记"待处理财产损溢"科目，贷记本科目。

四、本科目期末借方余额，反映林场林木资产的累计成本。

二、关于报表及编制说明

（一）新增项目

林场应当在资产负债表"保障性住房净值"和"长期待摊费用"项目之间增加"林木资产"项目。

（二）新增项目的填列方法

林场在编制资产负债表时，应当按照"林木资产——苗木"和"林木资产——林木——消耗性林木资产"科目期末余额的合计数填列"存货"项目，按照"林木资产"科目其余的期末余额填列"林木资产"项目；按照"营林工程——苗木生产成本"和"营林工程——林木生产成本——消耗性林木成本"科目期末余额的合计数填列"存货"项目，按照"营林工程"科目其余的期末余额填列"林木资产"项目。

三、生效日期

本规定自 2019 年 1 月 1 日起施行。

关于国有林场和苗圃执行《政府会计制度——行政事业单位会计科目和报表》的衔接规定

我部于 2017 年 10 月 24 日印发了《政府会计制度——行政事业单位会计科目和报表》（财会〔2017〕25 号，以下简称新制度）。原执行《国有林场和苗圃会计制度（暂行）》（财农字〔1994〕第 371 号）和财政部有关事业单位会计核算、原国家林业局有关国有林场和苗圃会计核算的补充规定（以下简称原制度）的国有林场和苗圃[①]（以下简称林场），自 2019 年 1 月 1 日起执行新制度，不再执行原制度。为了确保新旧会计制度顺利过渡，现对林场执行新制度及《关于国有林场和苗圃执行〈政府会计制度——行政事业单位会计科目和报表〉的补充规定》（以下简称补充规定）的有关衔接问题规定如下：

一、新旧制度衔接总要求

（一）自 2019 年 1 月 1 日起，林场应当严格按照新制度及补充规定进行会计核算、编报财务报表和预算会计报表。

（二）林场应当按照本规定做好新旧制度衔接的相关工作，主要包括以下几个方面：

1. 根据原账编制 2018 年 12 月 31 日的科目余额表，并按照本规定要求，编制原账的部分科目余额明细表（参见附表 1、附表 2）。

2. 按照新制度设立 2019 年 1 月 1 日的新账。

3. 按照本规定要求，登记新账的财务会计科目余额和预算结余科目余额，包括将原账科目余额转入新账财务会计科目、按照原账科目余额登记新账预算结余科目（林场新旧会计制度转账、登记新账科目对照表参见附表 3），将未入账事项登记新账科目，并对相关新账科目余额进行调整。

原账科目是指按照原制度规定设置的会计科目，以及按照财政部有关事业单位会计核算、原国家林业局有关国有林场和苗圃会计核算补充规定增设的会计科目。

4. 按照登记及调整后新账的各会计科目余额，编制 2019 年 1 月 1 日的科目余额表，作为新账各会计科目的期初余额。

5. 根据新账各会计科目期初余额，按照新制度编制 2019 年 1 月 1 日资产负债表。

（三）及时调整会计信息系统。林场应当按照新制度要求对原有会计信息系统进行及时更新和调试，实现数据正确转换，确保新旧账套的有序衔接。

---

① 本规定所指的国有林场和苗圃，是指中华人民共和国境内各级人民政府设立的，从事保护培育森林资源、维护国家生态安全、提供生态服务，不以营利为目的、独立核算的公益性事业单位性质国有林场和苗圃。

二、财务会计科目的新旧衔接

（一）将 2018 年 12 月 31 日原账会计科目余额转入新账财务会计科目

1. 资产类

（1）"库存现金"（或"现金"）、"银行存款""其他货币资金""短期投资""财政应返还额度""应收票据""应收账款""预付账款""坏账准备""待摊费用""无形资产""待处理财产损溢"科目

新制度设置了"库存现金""银行存款""其他货币资金""短期投资""财政应返还额度"、"应收票据""应收账款""预付账款""坏账准备""待摊费用""无形资产""待处理财产损溢"科目，其核算内容与原账的上述相应科目的核算内容基本相同。转账时，应当将原账的上述科目余额直接转入新账的相应科目。其中，还应当将原账的"库存现金""银行存款"科目余额中属于新制度规定受托代理资产的金额，分别转入新账"库存现金""银行存款"科目下的"受托代理资产"明细科目。

（2）"内部往来"科目

有的林场在原账中使用"内部往来"科目，作为本单位内部核算科目，核算本单位内部各单位之间的往来款项，不在本单位的会计报表中反映。新旧衔接时不对原账的"内部往来"科目余额进行处理。

（3）"其他应收款"科目

新制度设置了"其他应收款"科目，该科目的核算内容与原账的"其他应收款"科目的核算内容基本相同。转账时，应当将原账的"其他应收款"科目余额转入新账的"其他应收款"科目。如果原账的"其他应收款"科目余额有应收股利，还应当将原账的"其他应收款"科目余额中应收股利的金额，转入新账的"应收股利"科目。

（4）"库存物资"科目

有的林场在原账中使用"库存物资"科目，其核算内容包含了在途材料、材料、低值易耗品、产成品、分期收款发出商品等。新制度设置了"在途物品""库存物品"科目。转账时，应当将原账的"库存物资"科目余额中属于在途物品的金额转入新账的"在途物品"科目，将原账的"库存物资"科目余额减去在途物品金额后的差额转入新账的"库存物品"科目。

（5）"在途材料""材料""低值易耗品""产成品""分期收款发出商品"科目

有的林场在原账中使用"在途材料""材料""低值易耗品""产成品""分期收款发出商品"科目。新制度设置了"在途物品""库存物品"科目。转账时，应当在新账的"库存物品"科目下设置"发出物品"明细科目，将原账的"分期收款发出商品"科目余额转入新账的"库存物品——发出物品"科目，将原账的"在途材料"科目余额转入新账的"在途物品"科目，将原账的"材料""低值易耗品""产成品"科目余额转入新账的"库存物品"科目相关明细科目。

（6）"委托加工材料"科目

新制度设置了"加工物品"科目，该科目的核算内容与原账的"委托加工材料"科目的核算内容基本相同。转账时，应当将原账的"委托加工材料"科目余额转入新

账的"加工物品"科目。

（7）"长期投资"科目

新制度设置了"长期股权投资""长期债券投资"和"应收利息"科目。原制度设置了"长期投资"科目。转账时，应当将原账的"长期投资"科目余额中属于股权投资的金额转入新账的"长期股权投资"科目及其明细科目；将原账的"长期投资"科目余额中属于债券投资的金额转入新账的"长期债券投资"科目，并将其中分期付息、到期还本的长期债券投资的应收利息金额，转入新账的"应收利息"科目。

（8）"拨付所属资金"科目

有的林场在原账中使用"拨付所属资金"科目。如果所属单位为企业，转账时应当将原账的"拨付所属资金"科目相应余额转入新账的"长期股权投资"科目[成本法]或"长期股权投资——成本"科目[权益法]；如果所属单位为事业单位，转账时应当将原账的"拨付所属资金"科目的相应余额转入新账的"累计盈余"科目借方。

（9）"固定资产"科目

新制度设置了"固定资产"科目，该科目的核算内容与原账的"固定资产"科目的核算内容基本相同。转账时，应当将原账的"固定资产"科目余额转入新账的"固定资产"科目。

林场在原账的"固定资产"科目中核算新制度规定的无形资产内容的，应当将原账的"固定资产"科目余额中属于新制度规定的无形资产的金额转入新账的"无形资产"科目。

（10）"累计折旧"科目

新制度设置了"固定资产累计折旧"科目，该科目的核算内容与原账的"累计折旧"科目的核算内容基本相同。转账时，应当将原账的"累计折旧"科目余额转入新账的"固定资产累计折旧"科目。

（11）"在建工程"科目

新制度设置了"在建工程"和"预付账款——预付备料款、预付工程款"科目，原制度设置了"在建工程"科目。转账时，林场应当将原账的"在建工程"科目余额中属于预付备料款、预付工程款的金额，转入新账的"预付账款"科目相关明细科目；将原账的"在建工程"科目余额减去预付备料款、预付工程款金额后的差额，转入新账的"在建工程"科目。

林场在原账"在建工程"科目中核算了按照新制度规定应当记入"工程物资"科目内容的，应当将原账的"在建工程"科目余额中属于工程物资的金额，转入新账的"工程物资"科目。

（12）"固定资产清理"科目

新制度设置了"待处理财产损溢"科目。转账时，应当将原账的"固定资产清理"科目余额，转入新账的"待处理财产损溢"科目。

（13）"累计摊销"科目

新制度设置了"无形资产累计摊销"科目，该科目的核算内容与原账的"累计摊销"科目的核算内容基本相同。转账时，应当将原账的"累计摊销"科目余额转入新账的"无形资产累计摊销"科目。

（14）"递延资产"科目

有的林场在原账中使用"递延资产"科目。新制度设置"长期待摊费用"科目，该科目的核算内容与原账的"递延资产"科目的核算内容基本相同。转账时，应当将原账的"递延资产"科目余额转入新账的"长期待摊费用"科目。

（15）"林木资产""苗木资产"科目

新制度补充规定对林场设置了"林木资产"科目，该科目的核算内容包含了原账的"林木资产"科目和"苗木资产"科目的核算内容。转账时，应当将原账的"林木资产"和"苗木资产"科目余额转入新账的"林木资产"科目相应明细科目。

（16）"零余额账户用款额度"科目

由于原账的"零余额账户用款额度"科目年末无余额，该科目无需进行转账处理。

2.负债类

（1）"短期借款""应付票据""应付职工薪酬"科目

新制度设置了"短期借款""应付票据""应付职工薪酬"科目，这些科目的核算内容与原账的上述相应科目的核算内容基本相同。转账时，应当将原账的上述科目余额直接转入新账的相应科目。

有的林场在原账中使用"应付工资"科目。转账时，应当将原账的"应付工资"科目余额转入新账的"应付职工薪酬"科目。

（2）"应付账款"科目

新制度设置了"应付账款"科目，该科目的核算内容与原账的"应付账款"科目核算内容基本相同。转账时，应当将原账的"应付账款"科目余额转入新账的"应付账款"科目。其中，如果原账的"应付账款"科目余额中有属于新制度规定的预收账款，应当将属于预收账款的金额转入新账的"预收账款"科目。

（3）"专项应付款""拨入事业费"科目

新制度设置了"累计盈余"科目。转账时，应当将原账的"专项应付款""拨入事业费"科目余额转入新账的"累计盈余"科目。

（4）"应缴款项"科目

新制度设置了"应缴财政款"科目，该科目的核算内容与原账的"应缴款项"科目核算内容基本相同。转账时，应当将原账的"应缴款项"科目余额转入新账的"应缴财政款"科目。

（5）"应付福利费"科目

新制度没有设置"应付福利费"科目。转账时，应当对原账的"应付福利费"科目余额进行分析，将其中属于职工福利基金的金额转入新账的"专用基金"科目，将其他余额转入新账的"累计盈余"科目。

（6）"其他应付款"科目

新制度设置了"其他应付款"科目，该科目的核算内容包含了原账的"其他应付款"科目的核算内容。转账时，应当将原账的"其他应付款"科目余额转入新账的"其他应付款"科目。其中，如果在原账的"其他应付款"科目中核算属于新制度规定的受托代理负债，应当将原账的"其他应付款"科目余额中属于受托代理负债的金额转入新账的"受托代理负债"科目；如果在原账的"其他应付款"科目中核算属于新制度规定的应付社会保险费（如统筹退休金），应当将原账的"其他应付款"科目余额中属于应付社会保险费的金额转入新账的"应付职工薪酬"科目。

（7）"应交税金"科目

新制度设置了"应交增值税"和"其他应交税费"科目，这两个科目的核算内容包含了原账的"应交税金"科目的核算内容。转账时，应当将原账的"应交税金"科目余额中属于应缴增值税的金额转入新账的"应交增值税"科目，将原账的"应交税金"科目余额减去属于应缴增值税金额后的差额转入新账的"其他应交税费"科目。

（8）"预提费用"科目

新制度设置了"预提费用"科目。转账时，应当将原账的"预提费用"科目余额中属于预提短期借款应付未付利息的金额转入新账的"应付利息"科目，将原账的"预提费用"科目余额减去预提短期借款利息金额后的差额转入新账的"预提费用"科目。

（9）"其他应交款"科目

新制度没有设置"其他应交款"科目，原账的"其他应交款"科目核算内容分别在新制度的"应缴财政款""其他应交税费""其他应付款"科目中核算。转账时，应当将原账的"其他应交款"科目余额中属于应缴财政款的金额转入新账的"应缴财政款"科目，将属于其他应缴税费（如应缴的教育费附加）的金额转入新账的"其他应交税费"科目，将原账的"其他应交款"科目的其余余额转入新账的"其他应付款"科目。

（10）"长期借款"科目

新制度设置了"长期借款"科目。转账时，应当将原账的"长期借款"科目余额，转入新账的"长期借款"科目。其中，如果原账的"长期借款"科目余额中有分期付息、到期还本的长期借款应付利息，应当将原账的"长期借款"科目余额中属于分期付息、到期还本的长期借款应付利息金额转入新账的"应付利息"科目。

（11）"住房周转金"科目

新制度设置了"长期应付款"科目。转账时，应当将原账的"住房周转金"科目余额转入新账的"长期应付款"科目。

（12）"育林基金"科目

新制度设置了"专用基金"科目。转账时，应当将原账中"育林基金"科目的余额转入新账"专用基金——森林恢复基金"科目。

3. 净资产类

（1）"事业基金"科目

新制度设置了"累计盈余"科目。该科目的余额包含了原账的"事业基金"科目的核算内容。转账时，应当将原账的"事业基金"科目余额转入新账的"累计盈余"科目。

（2）"专用基金"科目

新制度设置了"专用基金"科目。转账时，应当将原账"专用基金"科目的余额转入新账的"专用基金"科目相关明细科目。

（3）"林木资本"科目

新制度未设置"林木资本"科目。转账时，应当将原账的"林木资本"科目余额转入新账的"累计盈余"科目。

（4）"财政补助结转（余）"科目

新制度设置了"累计盈余"科目，该科目的余额包含了原账的"财政补助结转（余）"科目的余额内容。转账时，应当将原账的"财政补助结转（余）"科目余额转入新账的"累计盈余"科目。

（5）"上级拨入资金"科目

新制度没有设置"上级拨入资金"科目。原设置了"上级拨入资金"科目的林场，转账时，应当将原账的"上级拨入资金"科目余额转入新账的"累计盈余"科目。

（6）"实收资本""资本公积""盈余公积""利润分配"科目

有的林场在原账中使用"实收资本""资本公积""盈余公积""利润分配"科目，新制度没有设置这些科目。新制度设置了"累计盈余"科目。转账时，应当将原账的"实收资本""资本公积""盈余公积""利润分配"科目余额转入新账的"累计盈余"科目。

（7）"本年利润""本年结余""结余分配"科目

由于原账的"本年利润""本年结余""结余分配"科目年末无余额，这些科目无需进行转账处理。

4. 成本和收入、费用类

（1）成本类

新制度补充规定设置了"营林工程"科目。转账时，应当将原账的"生产成本"科目余额中营林成本部分转入新账的"营林工程"科目，其余部分转入"加工物品""库存物品"等科目。

由于原账除了"生产成本"科目，其他成本类科目年末无余额，无需进行转账处理。

（2）收入类、费用类

由于原账的收入类、费用类各科目年末无余额，无需进行转账处理。

自2019年1月1日起，应当按照新制度设置收入类、费用类科目并进行账务处理。

5. 将原账的基建账科目余额并入原"大账"

单独设置基建账（即按照《国有建设单位会计制度》设置的账套）、没有将原基建账相关科目余额并入原"大账"（即按照原制度及后来的补充规定设置的账套）科目余额的林场，应当在新旧衔接时先将原基建账各科目余额并入原"大账"相应科目余额（参见附表4），再按照本规定进行财务会计科目余额的转账处理。并账的主要账务处理如下：

（1）按照原《国有建设单位会计制度》将原基建账的"交付使用资产"科目余额冲转原基建账的"基建拨款"等科目。

（2）将原基建账的资金运用类科目余额并入相对应"大账"的资产类科目。

（3）将原基建账的资金来源类科目余额并入相对应"大账"的负债类、净资产类科目。

（4）按照并入"大账"的原基建账资金运用类科目余额与资金来源类科目余额的差额，加上其他尚未并入"大账"的原基建账资金运用类科目余额与资金来源类科目余额的差额，贷记或借记原"大账"的"事业基金"科目。

基建账并账完成后，原基建账各科目无余额。

林场存在其他本规定未列举的原账科目余额的，应当比照本规定转入新账的相应科目。新账科目设有明细科目的，应将原账中对应科目的余额加以分析，分别转入新账中相应科目的相关明细科目。

林场在进行新旧衔接的转账时，应当编制转账的工作分录，作为转账的工作底稿，并将转入新账的对应原科目余额及分拆原科目余额的依据作为原始凭证。将原基建账各科目余额并入原"大账"相应科目余额的,还要将基建账各科目余额转入"大账"科目的依据(并账科目对应表)作为原始凭证。

(二)将原未入账事项登记新账财务会计科目

1. 应收股利

林场在新旧制度转换时,应当将 2018 年 12 月 31 日前未入账的应收股利(宣告派发尚未收到的股利)按照新制度规定记入新账。登记新账时,按照确定的应收股利金额,借记"应收股利"科目,贷记"累计盈余"科目。

2. 无形资产

林场在新旧制度转换时,应当将 2018 年 12 月 31 日前未入账的无形资产按照新制度规定记入新账。登记新账时,按照确定的无形资产金额,借记"无形资产"科目,按照截止至 2018 年 12 月 31 日无形资产应当分期摊销的累计摊销金额,贷记"无形资产累计摊销"科目,按照两者的差额,贷记"累计盈余"科目。

3. 受托代理资产

林场在新旧制度转换时,应当将 2018 年 12 月 31 日前未入账(含仅记录备查账)的代储政府储备物资按照新制度规定记入新账。登记新账时,按照确定的代储政府储备物资金额,借记"受托代理资产"科目,贷记"受托代理负债"科目。

4. 预计负债

林场在新旧制度转换时,应当将 2018 年 12 月 31 日按照新制度规定确认的预计负债记入新账。登记新账时,按照确定的预计负债金额,借记"累计盈余"科目,贷记"预计负债"科目。

林场存在 2018 年 12 月 31 日前未入账的其他事项的,应当比照本规定登记新账的相应科目。

林场对新账的财务会计科目补记未入账事项时,应当编制记账凭证,并将补充登记事项的确认依据作为原始凭证。

(三)对新账的相关财务会计科目余额按照新制度规定的核算基础进行调整

1. 按照权益法调整长期股权投资账面余额

对按照新制度规定应当采用权益法核算的长期股权投资,在新旧制度转换时,林场应当在"长期股权投资"科目下设置"新旧制度转换调整"明细科目,依据被投资单位 2018 年 12 月 31 日财务报表的所有者权益账面余额,以及林场持有被投资单位的股权比例,计算应享有或应分担的被投资单位所有者权益的份额,调整长期股权投资的账面余额,借记或贷记"长期股权投资——新旧制度转换调整"科目,贷记或借记"累计盈余"科目。

2. 确认长期借款期末应付利息

林场按照新制度规定于 2019 年 1 月 1 日补记长期借款的应付利息金额,对其中资本化的部分,借记"在建工程"科目,对其中费用化的部分,借记"累计盈余"科目,按照全部长期借款应付利息金额,贷记"长期借款"科目[到期一次还本付息]或"应付利息"科目[分期付息、到期还本]。

林场对新账的财务会计科目期初余额进行调整时,应当编制记账凭证,并将调整事项的确认依据作为原始凭证。

三、预算会计科目的新旧衔接

（一）"财政拨款结转"和"财政拨款结余"科目及对应的"资金结存"科目余额

新制度设置了"财政拨款结转""财政拨款结余"科目及对应的"资金结存"科目。在新旧制度转换时，林场应当对原账的"财政补助结转（余）"科目余额中结转资金的金额进行逐项分析，加上各项结转转入的支出中已经计入支出尚未支付财政资金（如发生时列支的应付账款）的金额，减去已经支付财政资金尚未计入支出（如预付账款、固定资产和无形资产的净值等）的金额，按照增减后的金额登记新账的"财政拨款结转"科目及其明细科目贷方；按照原账的"财政补助结转（余）"科目余额中结余资金的金额登记新账的"财政拨款结余"科目及其明细科目贷方。

原账的"拨入事业费"科目有余额的，对余额中属于同级财政拨款资金的，按照原账的"财政补助结转（余）"科目余额处理方式处理。

按照原账"财政应返还额度"科目余额登记新账"资金结存——财政应返还额度"科目的借方。按照新账"财政拨款结转"和"财政拨款结余"科目贷方余额减去新账"资金结存——财政应返还额度"科目借方余额后的差额，登记新账"资金结存——货币资金"科目的借方。

（二）"非财政拨款结转"科目及对应的"资金结存"科目余额

新制度设置了"非财政拨款结转"科目及对应的"资金结存"科目。在新旧制度转换时，林场应当对原账的"专项应付款"科目余额经过调整［加上支出中已经计入支出尚未支付非财政专项资金（如发生时列支的应付账款）的金额，减去已经支付非财政专项资金尚未计入支出（如预付账款、固定资产和无形资产的净值等）的金额，加上收入中已经收到非财政补助专项资金尚未计入收入（如预收账款）的金额，减去已经计入收入尚未收到非财政补助专项资金（如应收账款）的金额］后，登记新账的"非财政拨款结转"科目及其明细科目贷方；同时，按照相同的金额登记新账"资金结存——货币资金"科目的借方。

（三）"专用结余"科目及对应的"资金结存"科目余额

新制度设置了"专用结余"科目及对应的"资金结存"科目。在新旧制度转换时，林场应当按照原账"专用基金"科目余额中通过非财政补助结余分配形成的金额，借记新账的"资金结存——货币资金"科目，贷记新账的"专用结余"科目。

（四）"非财政拨款结余"科目及对应的"资金结存"科目余额

1.登记"非财政拨款结余"科目余额

按照原账"事业基金"科目的余额，登记新账的"非财政拨款结余"科目贷方，同时，按照相同的金额登记新账的"资金结存——货币资金"科目的借方。

原账的"拨入事业费"科目有余额的，按照原账的"拨入事业费"科目余额中非同级财政拨款的金额，登记新账的"非财政拨款结余"科目贷方，同时，按照相同的金额登记新账的"资金结存——货币资金"科目的借方。

原账的"育林基金"科目有余额的，按照原账的"育林基金"科目余额，登记新账的"非财政拨款结余"科目贷方，同时，按照相同的金额登记新账的"资金结存——货币资金"科目的借方。

2.对新账"非财政拨款结余"科目及"资金结存"科目余额进行追溯调整

(1)调整短期投资对非财政拨款结余的影响

按照原账的"短期投资"科目余额,借记"非财政拨款结余"科目,贷记"资金结存——货币资金"科目。

(2)调整应收票据、应收账款对非财政拨款结余的影响

对原账的"应收票据""应收账款"科目余额进行分析,区分其中发生时计入收入的金额和没有计入收入的金额。对发生时计入收入的金额,再区分计入专项资金收入的金额和计入非专项资金收入的金额,按照计入非专项资金收入的金额,借记"非财政拨款结余"科目,贷记"资金结存——货币资金"科目。

(3)调整预付账款对非财政拨款结余的影响

对原账的"预付账款"科目余额进行分析,区分其中由财政补助资金预付的金额、非财政补助专项资金预付的金额和非财政补助非专项资金预付的金额,按照非财政补助非专项资金预付的金额借记"非财政拨款结余"科目,贷记"资金结存——货币资金"科目。

(4)调整其他应收款对非财政拨款结余的影响

按照新制度规定将原账其他应收款中的预付款项列入预算支出的,应当对转账前原账的"其他应收款"科目余额进行分析,区分其中预付款项的金额(将来很可能列支)和非预付款项的金额,并对预付款项的金额划分为财政补助资金预付的金额、非财政补助专项资金预付的金额和非财政补助非专项资金预付的金额,按照非财政补助非专项资金预付的金额,借记"非财政拨款结余"科目,贷记"资金结存——货币资金"科目。

(5)调整库存物资、生产成本等对非财政拨款结余的影响

对原账的"库存物资""生产成本"科目余额进行分析,区分已经支付资金的金额和未支付资金购入的金额。对已经支付资金的库存物资和生产成本金额划分出其中使用财政补助资金支付的金额、使用非财政补助专项资金支付的金额、使用非财政补助非专项资金购入的金额,按照使用非财政补助非专项资金支付的金额,借记"非财政拨款结余"科目,贷记"资金结存——货币资金"科目。

(6)调整长期股权投资对非财政拨款结余的影响

对原账的"长期投资"科目余额中属于股权投资的余额进行分析,区分其中用现金资产取得的金额和用非现金资产及其他方式取得的金额,按照用现金资产取得的金额,借记"非财政拨款结余"科目,贷记"资金结存——货币资金"科目。

(7)调整长期债券投资对非财政拨款结余的影响

按原账的"长期投资"科目余额中属于债券投资成本的余额,借记"非财政拨款结余"科目,贷记"资金结存——货币资金"科目。

(8)调整固定资产、无形资产对非财政拨款结余的影响

对原账的"固定资产""无形资产"科目余额进行分析,区分出其中使用财政补助资金支付的金额、使用非财政补助专项资金支付的金额、使用非财政补助非专项资金购入的金额,按照使用非财政补助非专款资金比例计算的固定资产净值和无形资产净值的金额,借记"非财政拨款结余"科目,贷记"资金结存——货币资金"科目。

（9）调整在建工程对非财政拨款结余的影响

对原账的"在建工程"科目余额进行分析，划分出其中使用财政补助资金支付的金额、使用非财政补助专项资金支付的金额、使用非财政补助非专项资金购入的金额，按照使用非财政补助非专款资金的金额，借记"非财政拨款结余"科目，贷记"资金结存——货币资金"科目。

（10）调整短期借款、长期借款对非财政拨款结余的影响

按照原账的"短期借款""长期借款"科目余额中借款本金的金额，借记"资金结存——货币资金"科目，贷记"非财政拨款结余"科目。

（11）调整应付票据、应付账款对非财政拨款结余的影响

对原账的"应付票据""应付账款"科目余额进行分析，区分其中发生时计入支出的金额和未计入支出的金额。将计入支出的金额划分出财政补助应付的金额、非财政补助专项资金应付的金额和非财政补助非专项资金应付的金额，按照非财政补助非专项资金应付的金额，借记"资金结存——货币资金"科目，贷记"非财政拨款结余"科目。

（12）调整预收账款对非财政拨款结余的影响

对原账的"预收账款"科目余额进行分析，区分其中预收非财政专项资金的金额和预收非财政非专项资金的金额。按照预收非财政非专项资金的金额，借记"资金结存——货币资金"科目，贷记"非财政拨款结余"科目。

（13）调整专用基金对非财政拨款结余的影响

对原账"专用基金"科目余额进行分析，区分通过非财政补助结余分配形成的金额和其他金额，按照其他金额，借记"资金结存——货币资金"科目，贷记"非财政拨款结余"科目。

3. 林场按照前述1、2两个步骤难以准确调整出"非财政拨款结余"科目及对应的"资金结存"科目余额的，在新旧制度转换时，可以在新账的"库存现金""银行存款""其他货币资金""财政应返还额度"科目借方余额合计数基础上，对不纳入单位预算管理的资金进行调整（如减去新账中货币资金形式的受托代理资产、应缴财政款、已收取将来需要退回资金的其他应付款等，加上已支付将来需要收回资金的其他应收款等），按照调整后的金额减去新账的"财政拨款结转""财政拨款结余""非财政拨款结转""专用结余"科目贷方余额合计数，登记新账的"非财政拨款结余"科目贷方；同时，按照相同的金额登记新账的"资金结存——货币资金"科目借方。

（五）"其他结余"和"非财政拨款结余分配"科目

新制度设置了"其他结余"和"非财政拨款结余分配"科目，按照新制度规定这两个科目年初无余额，在新旧衔接时，无需对"其他结余"和"非财政拨款结余分配"科目进行新账年初余额登记。

（六）预算收入类、预算支出类会计科目

由于预算收入类、预算支出类会计科目年初无余额，在新旧衔接时，无需对预算收入类、预算支出类会计科目进行新账年初余额登记。

林场应当自2019年1月1日起，按照新制度设置预算收入类、预算支出类科目并

进行账务处理。

林场存在 2018 年 12 月 31 日需要按照新制度预算会计核算基础调整预算会计科目期初余额的其他事项,应当比照本规定调整新账的相应预算会计科目期初余额。

林场对预算会计科目的期初余额登记和调整,应当编制记账凭证,并将期初余额登记和调整的依据作为原始凭证。

四、财务报表和预算会计报表的新旧衔接

(一)编制 2019 年 1 月 1 日资产负债表

林场应当根据 2019 年 1 月 1 日新账的财务会计科目余额,按照新制度编制 2019 年 1 月 1 日资产负债表(仅要求填列各项目"年初余额")。

(二)2019 年度财务报表和预算会计报表的编制

林场应当按照新制度规定编制 2019 年财务报表和预算会计报表。在编制 2019 年度收入费用表、净资产变动表和预算收入支出表、预算结转结余变动表时,不要求填列上年比较数。

林场应当根据 2019 年 1 月 1 日新账财务会计科目余额,填列 2019 年净资产变动表各项目的"上年年末余额";根据 2019 年 1 月 1 日新账预算会计科目余额,填列 2019 年预算结转结余变动表的"年初预算结转结余"项目和财政拨款预算收入支出表的"年初财政拨款结转结余"项目。

附表1:

林场原会计科目余额明细表一

总账科目	明细分类	金额	备注
库存现金、现金	库存现金		
	其中:受托代理现金		
银行存款	银行存款		
	其中:受托代理银行存款		
其他应收款	应收股利		
	其他		
库存物资	在途物品		
	分期收款发出商品		
	其他库存物资		
长期投资	长期股权投资		
	长期债券投资		
	分期付息的债券投资应收利息		

（续表）

总账科目	明细分类	金额	备注
拨付所属资金	拨付所属事业单位		
	拨付所属企业		
固定资产	固定资产		
	无形资产		
在建工程	在建工程		
	工程物资		
	预付工程款、预付备料款		
应交税金	应交增值税		
	其他应交税金		
应付账款	应付账款		
	预收账款		
其他应付款	受托代理负债		代管款项等
	应付社会统筹工资		
	其他		
其他应交款	应缴财政款		
	应缴政府性收费		
	其他		
长期借款	分期付息的应付利息		
	其他		
长期应付款	住房周转金		
	其他		

附表2：

林场原会计科目余额明细表二

总账科目	明细分类	金额	备注
应收票据、应收账款	发生时不计入收入		如转让资产的应收票据、应收账款
	发生时计入收入		
	其中：专项收入		
	其他		

(续表)

总账科目	明细分类	金额	备注
预付账款	财政补助资金预付		
	非财政补助专项资金预付		
	非财政补助非专项资金预付		
其他应收款	预付款项		如职工预借的差旅费等
	其中：财政补助资金预付		
	非财政补助专项资金预付		
	非财政补助非专项资金预付		
	需要收回及其他		如支付的押金、应收为职工垫付的款项等
库存物资、苗木资产、林木资产、生产成本	支付资金		
	其中：使用财政补助资金支付		
	使用非财政补助专项资金支付		
	使用非财政补助非专项支付		
	非支付资金		如无偿调入的库存物资等
长期投资	长期股权投资		
	其中：用现金资产取得		
	用非现金资产或其他方式取得		
	长期债券投资		
固定资产净值、无形资产净值	支付资金取得		
	其中：使用财政补助资金		
	使用非财政补助专项资金		
	使用非财政补助非专项资金		
	非支付资金取得		如换入、无偿调入的固定资产等
在建工程	使用财政补助资金		
	使用非财政补助专项资金		
	使用非财政补助非专项资金		
应付票据、应付账款	发生时不记入支出		
	发生时记入支出		
	其中：财政拨款资金应付		
	非财政拨款专项资金应付		
	非财政拨款非专项资金应付		

（续表）

总账科目	明细分类	金额	备注
预收账款	预收专项资金		
	预收非专项资金		
拨入事业费	拨入本级财政资金		
	其中：财政补助结转资金		
	财政补助结余资金		
	拨入其他资金		

附表 3：

林场新旧会计制度转账、登记新账科目对照表

序号	新制度科目		原制度科目	
	编号	名称	编号	名称
一、资产类				
1	1001	库存现金	101	现金
2	1001	库存现金	1001	库存现金
3	1002	银行存款	1002	银行存款
4	1021	其他货币资金	1004	其他货币资金
5	1101	短期投资	1101	短期投资
6	1201	财政应返还额度	1201	财政应返还额度
7	1211	应收票据	1211	应收票据
8	1212	应收账款	1212	应收账款
9	1214	预付账款	1213	预付账款
10	1215	应收股利	1215	其他应收款
11	1218	其他应收款		
12	1219	坏账准备	1221	坏账准备
13	1301	在途物品	1301	库存物资
14	1302	库存物品		
15	1301	在途物品	121	在途材料
16	1302	库存物品	123	材料
17			129	低值易耗品
18			137	产成品
19			138	分期收款发出商品

(续表)

序号	新制度科目		原制度科目	
	编号	名称	编号	名称
20	1303	加工物品	132	委托加工材料
21	1841	林木资产	1303	苗木资产
22	1401	待摊费用	139	待摊费用
23	1501	长期股权投资	1501	长期投资
24	1502	长期债券投资		
25	1216	应收利息		
26	1501	长期股权投资		拨付所属资金
27	3001	累计盈余（借方）		
28	1601	固定资产	151	固定资产
29	1701	无形资产		
30	1602	固定资产累计折旧	155	累计折旧
31	1902	待处理财产损溢	156	固定资产清理
32	1611	工程物资	159	在建工程
33	1613	在建工程		
34	1214	预付账款		
35	1901	长期待摊费用	171	递延资产
36	1701	无形资产	161	无形资产
37	1702	无形资产累计摊销	1802	累计摊销
38	1902	待处理财产损溢	181	待处理财产损溢
39	1841	林木资产	191	林木资产
		二、负债类		
40	2001	短期借款	2001	短期借款
41	2103	应缴财政款	2101	应缴款项
42	2301	应付票据	2201	应付票据
43	2302	应付账款	2202	应付账款
44	2305	预收账款		
45	3001	累计盈余	206	专项应付款
46			207	拨入事业费
47	3101	专用基金	208	育林基金
48	2201	应付职工薪酬	2204	应付职工薪酬
49	2201	应付职工薪酬	211	应付工资

（续表）

序号	新制度科目		原制度科目	
	编号	名称	编号	名称
50	3001	累计盈余	214	应付福利费
51	3101	专用基金		
52	2307	其他应付款	2207	其他应付款
53	2201	应付职工薪酬		
54	2901	受托代理负债		
55	2101	应交增值税	2206	应交税金
56	2102	其他应交税费		
57	2304	应付利息	2209	预提费用
58	2401	预提费用		
59	2103	应缴财政款	222	其他应交款
60	2102	其他应交税费		
61	2307	其他应付款		
62	2501	长期借款	2301	长期借款
63	2304	应付利息		
64	2502	长期应付款	2241	住房周转金
三、净资产类				
65	3001	累计盈余	3001	事业基金
66	3101	专用基金	3101	专用基金
67	3001	累计盈余	302	林木资本
68			3401	财政补助结转（余）
69	3001	累计盈余	301	实收资本
70			311	资本公积
71			313	盈余公积
72			322	利润分配
73	3001	累计盈余		上级拨入资金
四、成本类				
74	1614	营林工程	401	生产成本
75	1302	库存物品		
76	1303	加工物品		

附表 4：

林场原"大账"与基建账会计科目对照表

"大账"会计科目		基建账会计科目	
编号	名称	编号	名称
一、资产类			
1001	库存现金	233	现金
1002	银行存款	232	银行存款
1003	零余额账户用款额度	234	零余额账户用款额度
1201	财政应返还额度	235	财政应返还额度
1101	短期投资	281	有价证券
1501	长期投资		
1212	应收账款	251	应收有偿调出器材及工程款
1211	应收票据	253	应收票据
1215	其他应收款	252	其他应收款
		261	拨付所属投资借款
151	固定资产	201	固定资产
155	累计折旧	202	累计折旧
159	在建工程	101	建筑安装工程投资
		102	设备投资
		103	待摊投资
		104	其他投资
		211	器材采购
		212	采购保管费
		213	库存设备
		214	库存材料
		218	材料成本差异
		219	委托加工器材
1213	预付账款	241	预付备料款
		242	预付工程款
156	固定资产清理	203	固定资产清理
181	待处理财产损溢	271	待处理财产损失
二、负债类			
2101	应缴款项	362	应交基建包干节余（应交财政部分）
		363	应交基建收入（应交财政部分）
		364	其他应交款（应交财政部分）

（续表）

"大账"会计科目		基建账会计科目	
编号	名称	编号	名称
221	应交税金	361	应交税金
211	应付工资	341	应付工资
214	应付福利费	342	应付福利费
2202	应付账款	331	应付器材款
		332	应付工程款（1年以内[①]偿还的）
		351	应付有偿调入器材及工程款
2201	应付票据	353	应付票据
2207	其他应付款	352	其他应付款
		362	应交基建包干节余（非应交财政部分）
		363	应交基建收入（非应交财政部分）
		364	其他应交款（非应交财政部分）
222	其他应交款 [未设"应缴款项"科目的]	362	应交基建包干节余
		363	应交基建收入
		364	其他应交款
261	长期应付款	332	应付工程款（超过1年[②]偿还的）
2001	短期借款	304	基建投资借款（1年以内偿还）
		305	上级拨入投资借款（1年以内偿还）
		306	其他借款（1年以内偿还）
241	长期借款	304	基建投资借款（1年以上偿还）
		305	上级拨入投资借款（1年以上偿还）
		306	其他借款（1年以上偿还）
三、净资产类			
3401	财政补助结转（余）	301	基建拨款（余额中属于同级财政拨款的剩余资金）
		401	留成收入（属于同级财政拨款形成的部分）
206	专项应付款	301	基建拨款（余额中属于非同级财政拨款的剩余资金）
		401	留成收入（属于非同级财政拨款形成的部分）

注：①含1年，以下同。
②不含1年，以下同。

关于测绘事业单位执行《政府会计制度——行政事业单位会计科目和报表》的衔接规定

我部于 2017 年 10 月 24 日印发了《政府会计制度——行政事业单位会计科目和报表》（财会〔2017〕25 号，以下简称新制度）。目前执行《测绘事业单位会计制度》（财会字〔1999〕1 号）和财政部有关事业单位会计核算的补充规定（以下简称原制度）的测绘事业单位，自 2019 年 1 月 1 日起执行新制度，不再执行原制度。为了确保新旧会计制度顺利过渡，现对测绘事业单位执行新制度的有关衔接问题规定如下：

一、新旧制度衔接总要求

（一）自 2019 年 1 月 1 日起，测绘事业单位应当严格按照新制度的规定进行会计核算、编制财务报表和预算会计报表。

（二）测绘事业单位应当按照本规定做好新旧制度衔接的相关工作，主要包括以下几个方面：

1. 根据原账编制 2018 年 12 月 31 日的科目余额表，并按照本规定要求，编制原账的部分科目余额明细表（参见附表 1、附表 2）。

2. 按照新制度设立 2019 年 1 月 1 日的新账。

3. 按照本规定要求，登记新账的财务会计科目余额和预算结余科目余额，包括将原账科目余额转入新账财务会计科目、按照原账科目余额登记新账预算结余科目（测绘事业单位新旧会计制度转账、登记新账科目对照表参见附表 3），将未入账事项登记新账科目，并对相关新账科目余额进行调整。原账科目是指按照原制度规定设置的会计科目。

4. 按照登记及调整后新账的各会计科目余额，编制 2019 年 1 月 1 日的科目余额表，作为新账各会计科目的期初余额。

5. 根据新账各会计科目期初余额，按照新制度编制 2019 年 1 月 1 日资产负债表。

（三）及时调整会计信息系统。测绘事业单位应当按照新制度要求对原有会计信息系统进行及时更新和调试，实现数据正确转换，确保新旧账套的有序衔接。

二、财务会计科目的新旧衔接

（一）将 2018 年 12 月 31 日原账会计科目余额转入新账财务会计科目

1. 资产类

（1）"现金"科目

新制度设置了"库存现金"科目，该科目的核算内容与原账的"现金"科目的核算内容基本相同。转账时，应当将原账的"现金"科目余额转入新账的"库存现金"科目。其中，还应当将原账的"现金"科目余额中属于新制度规定受托代理资产的金额，转入新账"库存现金"科目下的"受托代理资产"明细科目。

（2）"银行存款"科目

新制度设置了"银行存款"和"其他货币资金"科目，原账设置了"银行存款"科目。转账时，应当将原账"银行存款"科目中核算的属于新制度规定的其他货币资金的金额，转入新账的"其他货币资金"科目；将原账"银行存款"科目余额减去其中属于其他货币资金金额后的差额，转入新账的"银行存款"科目。其中，还应当将原账"银行存款"科目余额中属于新制度规定受托代理资产的金额，转入新账"银行存款"科目下的"受托代理资产"明细科目。

（3）"财政应返还额度""应收票据""应收账款""预付账款""待摊费用""无形资产""待处理财产损溢"科目

新制度设置了"财政应返还额度""应收票据""应收账款""预付账款""待摊费用""无形资产""待处理财产损溢"科目，其核算内容与原账的上述相应科目的核算内容基本相同。转账时，应当将原账的上述科目余额直接转入新账的相应科目。

（4）"备用金"科目

新制度设置了"其他应收款"科目，该科目的核算内容包含了原账"备用金"科目的核算内容。转账时，应当将原账的"备用金"科目余额转入新账的"其他应收款"科目。

（5）"其他应收款"科目

新制度设置了"其他应收款"科目，该科目的核算内容与原账"其他应收款"科目的核算内容基本相同。转账时，应当将原账的"其他应收款"科目余额转入新账的"其他应收款"科目。

新制度设置了"在途物品"科目，测绘事业单位在原账"其他应收款"科目中核算了已经付款或开出商业汇票、尚未收到物资的，应当将原账的"其他应收款"科目余额中已经付款或开出商业汇票、尚未收到物资的金额，转入新账的"在途物品"科目。

（6）"库存材料""已完测绘项目""经营产品"科目

新制度设置了"库存物品"科目，原制度设置了"库存材料""已完测绘项目""经营产品"科目。转账时，应当将原账的"库存材料""已完测绘项目""经营产品"科目余额转入新账"库存物品"科目中的相关明细科目。

（7）"对外投资"科目

新制度设置了"短期投资""长期股权投资"和"长期债券投资"科目，原制度设置了"对外投资"科目。转账时，应当将原账的"对外投资"科目余额中属于短期投资[持有时间不超过1年（含1年）]的金额，转入新账的"短期投资"科目；将原账的"对外投资"科目余额中属于长期股权投资[持有时间超过1年（不含1年）]的金额，转入新账的"长期股权投资"科目；将原账的"对外投资"科目余额中属于长期债券投资[持有时间超过1年（不含1年）]的金额，转入新账的"长期债券投资"科目。

（8）"固定资产"科目

新制度设置了"固定资产"科目，该科目的核算内容与原账的"固定资产"科目的核算内容基本相同。转账时，应当将原账的"固定资产"科目余额转入新账的"固定资产"科目。

测绘事业单位在原账的"固定资产"科目中核算了属于新制度规定的无形资产的，

应当将原账的"固定资产"科目余额中属于无形资产的金额,转入新账的"无形资产"科目。

(9)"在建工程"科目

新制度设置了"在建工程"和"预付账款——预付备料款、预付工程款"科目,原账在基建"并账"时设置了"在建工程"科目。转账时,应当将原账的"在建工程"科目余额中属于预付备料款、预付工程款的金额,转入新账"预付账款"科目中的相关明细科目;将原账的"在建工程"科目余额减去预付备料款、预付工程款金额后的差额,转入新账的"在建工程"科目。

测绘事业单位在原账"在建工程"科目中核算了按照新制度规定应当记入"工程物资"科目内容的,应当将原账"在建工程"科目余额中属于工程物资的金额,转入新账的"工程物资"科目。

(10)"零余额账户用款额度"科目

由于原账的"零余额账户用款额度"科目年末无余额,该科目无需进行转账处理。

2.负债类

(1)"应付票据""应付账款""预收账款""长期应付款"科目

新制度设置了"应付票据""应付账款""预收账款""长期应付款"科目,这些科目的核算内容与原账的上述相应科目的核算内容基本相同。转账时,应当将原账的上述科目余额直接转入新账的相应科目。

(2)"借入款项"科目

新制度设置了"短期借款"和"长期借款"科目,原制度设置了"借入款项"科目。转账时,应当将原账的"借入款项"科目余额中属于短期借款[期限在1年内(含1年)]的金额,转入新账的"短期借款"科目;将原账的"借入款项"科目余额中属于长期借款[期限超过1年(不含1年)]的金额,转入新账的"长期借款"科目。

(3)"应付工资(离退休费)""应付地方(部门)津贴补贴""应付其他个人收入""应付社会保障金"科目

新制度设置了"应付职工薪酬"科目,原制度设置了"应付工资(离退休费)""应付地方(部门)津贴补贴""应付其他个人收入""应付社会保障金"科目。转账时,应当将原账的"应付工资(离退休费)""应付地方(部门)津贴补贴""应付其他个人收入""应付社会保障金"科目余额,转入新账"应付职工薪酬"科目中的相关明细科目。

(4)"应缴预算款""应缴财政专户款"科目

新制度设置了"应缴财政款"科目,原制度设置了"应缴预算款""应缴财政专户款"科目。转账时,应当将原账的"应缴预算款""应缴财政专户款"科目余额,转入新账的"应缴财政款"科目。

(5)"应交税金"科目

新制度设置了"应交增值税"和"其他应交税费"科目,原制度设置了"应交税金"科目。转账时,应当将原账的"应交税金"科目余额中属于应交增值税的金额,转入新账的"应交增值税"科目;将原账的"应交税金"科目余额减去属于应交增值税金额后的差额,转入新账的"其他应交税费"科目。

（6）"其他应付款"科目

新制度设置了"其他应付款"科目，该科目的核算内容与原账"其他应付款"科目的核算内容基本相同。转账时，应当将原账的"其他应付款"科目余额，转入新账的"其他应付款"科目。其中，测绘事业单位在原账的"其他应付款"科目中核算了属于新制度规定的其他应交税费（如应交的教育费附加）、长期应付款［如存入期限超过1年（不含1年）的保证金］、受托代理负债的，应当将原账的"其他应付款"科目余额中属于其他应交税费、长期应付款、受托代理负债的金额，分别转入新账的"其他应交税费""长期应付款""受托代理负债"科目。

（7）"预提费用"科目

新制度设置了"预提费用"科目。转账时，应当将原账的"预提费用"科目余额，转入新账的"预提费用"科目。其中，测绘事业单位在原账的"预提费用"科目中核算了借入款项的应付未付利息的，应当将原账的"预提费用"科目余额中属于应付利息的金额，转入新账的"应付利息"科目。

3. 净资产类

（1）"事业基金"科目

新制度设置了"累计盈余"科目，该科目的核算内容包含了原账"事业基金"科目的核算内容。转账时，应当将原账的"事业基金"科目余额转入新账的"累计盈余"科目。

（2）"固定基金"科目

依据新制度，无需对原制度中"固定基金"科目对应内容进行核算。转账时，应当将原账的"固定基金"科目余额转入新账的"累计盈余"科目。

（3）"专用基金"科目

新制度设置了"专用基金"科目，该科目的核算内容与原账"专用基金"科目的核算内容基本相同。转账时，应当将原账的"专用基金"科目余额转入新账的"专用基金"科目。

（4）"财政补助结存"科目

新制度设置了"累计盈余"科目，该科目的余额包含了原账的"财政补助结存"科目的余额内容。转账时，应当将原账的"财政补助结存"科目余额，转入新账的"累计盈余"科目。

（5）"非财政补助结转""专款结存"科目

新制度设置了"累计盈余"科目，该科目的余额包含了原账的"非财政补助结转""专款结存"科目的余额内容。设置了"非财政补助结转""专款结存"科目的测绘事业单位，转账时，应当将原账的"非财政补助结转""专款结存"科目余额转入新账的"累计盈余"科目。

（6）"经营结余"科目

新制度设置了"本期盈余"科目，该科目的核算内容包含了原账"经营结余"科目的核算内容。新制度规定"本期盈余"科目余额最终转入"累计盈余"科目，如果原账的"经营结余"科目有借方余额，转账时，应当将原账的"经营结余"科目借方余额，转入新账的"累计盈余"科目借方。

（7）"事业结余""结余分配"科目

由于原账的"事业结余""结余分配"科目年末无余额，这两个科目无需进行转账处理。

4.收入类、支出及成本费用类

（1）"拨入专款"科目

新制度未设置"拨入专款"科目。转账时，未设置"专款结存"科目的测绘事业单位，如果原账的"拨入专款"科目有余额，应当将原账的"拨入专款"科目余额中属于拨给本单位的金额，转入新账的"累计盈余"科目；将原账的"拨入专款"科目余额中属于拨给下属单位的金额，转入新账的"其他应付款"科目贷方。

（2）"拨出专款"科目

新制度未设置"拨出专款"科目。转账时，未设置"专款结存"科目的测绘事业单位，如果原账的"拨出专款"科目有余额，应当将原账的"拨出专款"科目余额中属于使用拨入专款资金的金额，转入新账的"其他应付款"科目借方；将原账的"拨出专款"科目余额中属于使用本单位自有资金的金额，转入新账的"累计盈余"科目借方。

（3）"专款支出"科目

新制度未设置"专款支出"科目。转账时，未设置"专款结存"科目的测绘事业单位，如果原账的"专款支出"科目有余额，应当将原账的"专款支出"科目余额，转入新账的"累计盈余"科目借方。

（4）"经营成本"科目

新制度设置了"加工物品"科目，原制度设置了"经营成本"科目。转账时，应当将原账的"经营成本"科目余额，转入新账"加工物品"科目中的相关明细科目。

由于原账中收入类、支出及成本费用类科目除了"拨入专款""拨出专款""专款支出""经营成本"以外的其他科目年末无余额，无需进行转账处理。

自2019年1月1日起，测绘事业单位应当按照新制度设置收入类、费用类科目并进行账务处理。

测绘事业单位存在其他本规定未列举的原账科目余额的，应当比照本规定转入新账的相应科目。新账的科目设有明细科目的，应将原账中对应科目的余额加以分析，分别转入新账中相应科目的相关明细科目。

测绘事业单位在进行新旧衔接的转账时，应当编制转账的工作分录，作为转账的工作底稿，并将转入新账的对应原科目余额及分拆原科目余额的依据作为原始凭证。

（二）将原未入账事项登记新账财务会计科目

1.应收股利

测绘事业单位在新旧制度转换时，应当将2018年12月31日前未入账的应收股利（宣告派发尚未收到的股利）按照新制度规定记入新账。登记新账时，按照确定的应收股利金额，借记"应收股利"科目，贷记"累计盈余"科目。

2.无形资产

测绘事业单位在新旧制度转换时，应当将2018年12月31日前未入账的无形资产按照新制度规定记入新账。登记新账时,按照确定的无形资产金额,借记"无形资产"科目,按照截至 2018 年 12 月 31 日无形资产应当分期摊销的累计摊销金额,贷记"无形资产累计摊销"科目,按照两者的差额,贷记"累计盈余"科目。

3. 预计负债

测绘事业单位在新旧制度转换时,应当将 2018 年 12 月 31 日按照新制度规定确认的预计负债记入新账。登记新账时,按照确定的预计负债金额,借记"累计盈余"科目,贷记"预计负债"科目。

测绘事业单位存在 2018 年 12 月 31 日前未入账的其他事项的,应当比照本规定登记新账的相应科目。

测绘事业单位对新账的财务会计科目补记未入账事项时,应当编制记账凭证,并将补充登记事项的确认依据作为原始凭证。

(三)对新账的相关财务会计科目余额按照新制度规定的会计核算基础进行调整

1. 计提坏账准备

新制度要求对单位收回后无需上缴财政的应收账款和其他应收款提取坏账准备。在新旧制度转换时,测绘事业单位应当按照 2018 年 12 月 31 日无需上缴财政的应收账款和其他应收款的余额计算应计提的坏账准备金额,借记"累计盈余"科目,贷记"坏账准备"科目。

2. 按照权益法调整长期股权投资账面余额

对按照新制度规定应当采用权益法核算的长期股权投资,在新旧制度转换时,测绘事业单位应当在"长期股权投资"科目下设置"新旧制度转换调整"明细科目,依据被投资单位 2018 年 12 月 31 日财务报表的所有者权益账面余额,以及单位持有被投资单位的股权比例,计算应享有或应分担的被投资单位所有者权益的份额,按其与原已确认的长期股权投资的差额,调整长期股权投资的账面余额,借记或贷记"长期股权投资——新旧制度转换调整"科目,贷记或借记"累计盈余"科目。

3. 确认长期债券投资期末应收利息

测绘事业单位应当按照新制度规定于 2019 年 1 月 1 日补记长期债券投资应收利息,按照长期债券投资的应收利息金额,借记"长期债券投资"科目[到期一次还本付息]或"应收利息"科目[分期付息、到期还本],贷记"累计盈余"科目。

4. 补提折旧

测绘事业单位在原账中尚未计提固定资产折旧的,应当全面核查截至 2018 年 12 月 31 日的固定资产的预计使用年限、已使用年限、尚可使用年限等,并于 2019 年 1 月 1 日对尚未计提折旧的固定资产补提折旧,按照应计提的折旧金额,借记"累计盈余"科目,贷记"固定资产累计折旧"科目。

5. 调整无形资产的累计摊销

测绘事业单位在原账中尚未计提无形资产摊销的,应当全面核查截至 2018 年 12 月 31 日无形资产的预计使用年限、已使用年限、尚可使用年限等,并于 2019 年 1 月 1 日对前期尚未计提摊销的无形资产补提摊销,按照应计提的摊销金额,借记"累计盈余"科目,贷记"无形资产累计摊销"科目。

测绘事业单位对原账中尚未核销、分期摊销并直接冲减账面价值的无形资产，按照截至2018年12月31日累计摊销的金额，借记"无形资产"科目，贷记"无形资产累计摊销"科目；对尚未核销、已经一次全部摊销并直接冲减账面价值的无形资产，按照原入账成本，借记"无形资产"科目，按照截至2018年12月31日应计提的摊销金额，贷记"无形资产累计摊销"科目，按照两者的差额，贷记"累计盈余"科目。

6. 确认长期借款期末应付利息

测绘事业单位应当按照新制度规定于2019年1月1日补记长期借款的应付利息金额，对其中资本化的部分，借记"在建工程"科目，对其中费用化的部分，借记"累计盈余"科目，按照全部长期借款应付利息金额，贷记"长期借款"科目［到期一次还本付息］或"应付利息"科目［分期付息、到期还本］。

测绘事业单位对新账的财务会计科目期初余额进行调整时，应当编制记账凭证，并将调整事项的确认依据作为原始凭证。

三、预算会计科目的新旧衔接

（一）"财政拨款结转"和"财政拨款结余"科目及对应的"资金结存"科目余额

新制度设置了"财政拨款结转""财政拨款结余"科目及对应的"资金结存"科目。在新旧制度转换时，应当对原账的"财政补助结存"科目余额进行逐项分析，按照其中属于结转资金的金额，加上各项结转转入的支出中已经计入支出尚未支付财政资金（如发生时列支的应付账款）的金额，减去已经支付财政资金尚未计入支出（如购买的库存材料、测绘项目成本中支付的款项、预付账款等）的金额，按照增减后的金额，登记新账的"财政拨款结转"科目及其明细科目贷方；按照原账的"财政补助结存"科目余额中属于结余资金的金额，登记新账的"财政拨款结余"科目及其明细科目贷方。

按照原账"财政应返还额度"科目余额登记新账"资金结存——财政应返还额度"科目的借方；按照新账的"财政拨款结转"和"财政拨款结余"科目贷方余额合计数，减去新账的"资金结存——财政应返还额度"科目借方余额后的差额，登记新账的"资金结存——货币资金"科目借方。

（二）"非财政拨款结转"科目及对应的"资金结存"科目余额

新制度设置了"非财政拨款结转"科目及对应的"资金结存"科目。在新旧制度转换时，设置了"非财政补助结转""专款结存"科目的测绘事业单位，应当对原账的"非财政补助结转""专款结存"科目余额进行逐项分析，加上各项结转转入的支出中已经计入支出尚未支付非财政补助专项资金（如发生时列支的应付账款）的金额，减去已经支付非财政补助专项资金尚未计入支出（如购买的库存材料、测绘项目成本和经营产品中支付的款项、预付账款等）的金额，加上各项结转转入的收入中已经收到非财政补助专项资金尚未计入收入（如预收账款）的金额，减去已经计入收入尚未收到非财政补助专项资金（如应收账款）的金额，按照增减后的金额，登记新账的"非财政拨款结转"科目及其明细科目贷方；同时，按照相同的金额登记新账的"资金结存——货币资金"科目借方。

未设置"专款结存"科目的测绘事业单位，原账的"拨入专款""专款支出"科目有余额的，还应当按照原账"拨入专款"科目余额中拨给本单位的部分减去"专款支出"科目余额后的差额，加上专款支出中已经计入支出尚未支付专款资金（如发生时列支的应付账款）的金额，减去已经支付专款资金尚未计入专款支出（如购买的库存材料、测绘项目成本和经营产品中支付的款项、预付账款、其他应收款中的预付款项等）的金额，按照增减后的金额，借记新账的"资金结存——货币资金"科目，贷记新账的"非财政拨款结转"科目。

（三）"非财政拨款结余"科目及对应的"资金结存"科目余额

1. 登记"非财政拨款结余"科目余额

新制度设置了"非财政拨款结余"科目及对应的"资金结存"科目。在新旧制度转换时，应当按照原账的"事业基金"科目余额，借记新账的"资金结存——货币资金"科目，贷记新账的"非财政拨款结余"科目。

2. 对新账"非财政拨款结余"科目及"资金结存"科目余额进行调整

（1）调整应收票据、应收账款对非财政拨款结余的影响

对原账的"应收票据""应收账款"科目余额进行分析，区分其中发生时计入收入的金额和没有计入收入的金额。对发生时计入收入的金额，再区分计入专项资金收入的金额和计入非专项资金收入的金额，按照计入非专项资金收入的金额，借记"非财政拨款结余"科目，贷记"资金结存——货币资金"科目。

（2）调整预付账款对非财政拨款结余的影响

对原账的"预付账款"科目余额进行分析，区分其中由财政补助资金预付的金额、非财政补助专项资金预付的金额和非财政补助非专项资金预付的金额，按照非财政补助非专项资金预付的金额，借记"非财政拨款结余"科目，贷记"资金结存——货币资金"科目。

（3）调整其他应收款对非财政拨款结余的影响

按照新制度规定将原账其他应收款中的预付款项计入支出的，应当对原账的"其他应收款"科目余额进行分析，区分其中预付款项的金额（将来很可能列支）和非预付款项的金额，并对预付款项的金额划分为财政补助资金预付的金额、非财政补助专项资金预付的金额和非财政补助非专项资金预付的金额，按照非财政补助非专项资金预付的金额，借记"非财政拨款结余"科目，贷记"资金结存——货币资金"科目。

（4）调整库存材料、已完测绘项目、经营产品对非财政拨款结余的影响

对原账的"库存材料""已完测绘项目""经营产品"科目余额进行分析，区分已经支付资金的金额和未支付资金的金额。对已经支付资金的金额，划分出其中财政补助资金支付的金额、非财政补助专项资金支付的金额和非财政补助非专项资金支付的金额，按照非财政补助非专项资金支付的金额，借记"非财政拨款结余"科目，贷记"资金结存——货币资金"科目。

（5）调整对外投资对非财政拨款结余的影响

对原账的"对外投资"科目余额进行分析，区分其中支付货币资金取得的金额和其他方式取得的金额，按照支付货币资金取得的金额，借记"非财政拨款结余"科目，

贷记"资金结存——货币资金"科目。

（6）调整借入款项对非财政拨款结余的影响

按照原账的"借入款项"科目余额，借记"资金结存——货币资金"科目，贷记"非财政拨款结余"科目。

（7）调整应付票据、应付账款对非财政拨款结余的影响

对原账的"应付票据""应付账款"科目余额进行分析，区分其中发生时计入支出的金额和未计入支出的金额。将计入支出的金额划分出财政补助应付的金额、非财政补助专项资金应付的金额和非财政补助非专项资金应付的金额，按照非财政补助非专项资金应付的金额，借记"资金结存——货币资金"科目，贷记"非财政拨款结余"科目。

（8）调整预收账款对非财政拨款结余的影响

按照原账的"预收账款"科目余额中预收非财政非专项资金的金额，借记"资金结存——货币资金"科目，贷记"非财政拨款结余"科目。

（9）调整经营成本对非财政拨款结余的影响

对原账的"经营成本"科目余额进行分析，区分其中已支付资金的金额和未支付资金的金额。按照已支付资金的金额，借记"非财政拨款结余"科目，贷记"资金结存——货币资金"科目。

（10）调整专用基金对非财政拨款结余的影响

对原账的"专用基金"科目余额进行分析，划分出按照预算收入比例列支提取的专用基金，按照列支提取的专用基金的金额，借记"资金结存——货币资金"科目，贷记"非财政拨款结余"科目。

3. 测绘事业单位按照前述1、2两个步骤难以准确调整出"非财政拨款结余"科目及对应的"资金结存"科目余额的，在新旧制度转换时，可以在新账的"库存现金""银行存款""其他货币资金""财政应返还额度"科目借方余额合计数基础上，对不纳入单位预算管理的资金进行调整（如减去新账中货币资金形式的受托代理资产、应缴财政款、已收取将来需要退回资金的其他应付款等，加上已支付将来需要收回资金的其他应收款等），按照调整后的金额减去新账的"财政拨款结转""财政拨款结余""非财政拨款结转""专用结余"科目贷方余额合计数，加上"经营结余"科目借方余额后的金额，登记新账的"非财政拨款结余"科目贷方；同时，按照相同的金额登记新账的"资金结存——货币资金"科目借方。

（四）"专用结余"科目及对应的"资金结存"科目余额

新制度设置了"专用结余"科目及对应的"资金结存"科目。在新旧制度转换时，测绘事业单位应当按照原账"专用基金"科目余额中通过非财政补助结余分配形成的金额，借记新账的"资金结存——货币资金"科目，贷记新账的"专用结余"科目。

（五）"经营结余"科目

新制度设置了"经营结余"科目及对应的"资金结存"科目。如果原账的"经营结余"科目期末有借方余额，在新旧制度转换时，应当按照原账的"经营结余"科目余额，借记新账的"经营结余"科目，贷记新账的"资金结存——货币资金"科目。

（六）"其他结余""非财政拨款结余分配"科目

新制度设置了"其他结余"和"非财政拨款结余分配"科目。由于这两个科目年初无余额，在新旧制度转换时，无需对"其他结余"和"非财政拨款结余分配"科目进行新账年初余额登记。

（七）预算收入类、预算支出类会计科目

由于预算收入类、预算支出类会计科目年初无余额，在新旧制度转换时，无需对预算收入类、预算支出类会计科目进行新账年初余额登记。

测绘事业单位自2019年1月1日起，应当按照新制度设置预算收入类、预算支出类科目并进行账务处理。

测绘事业单位存在2018年12月31日需要按照新制度预算会计核算基础调整预算会计科目期初余额的其他事项的，应当比照本规定调整新账的相应预算会计科目期初余额。

测绘事业单位对预算会计科目的期初余额登记和调整，应当编制记账凭证，并将期初余额登记和调整的依据制作原始凭证。

四、财务报表和预算会计报表的新旧衔接

（一）编制2019年1月1日资产负债表

测绘事业单位应当根据2019年1月1日新账的财务会计科目余额，按照新制度编制2019年1月1日资产负债表（仅要求填列各项目"年初余额"）。

（二）2019年度财务报表和预算会计报表的编制

测绘事业单位应当按照新制度规定编制2019年财务报表和预算会计报表。在编制2019年度收入费用表、净资产变动表、现金流量表和预算收入支出表、预算结转结余变动表时，不要求填列上年比较数。

测绘事业单位应当根据2019年1月1日新账财务会计科目余额，填列2019年净资产变动表各项目的"上年年末余额"；根据2019年1月1日新账预算会计科目余额，填列2019年预算结转结余变动表的"年初预算结转结余"项目和财政拨款预算收入支出表的"年初财政拨款结转结余"项目。

五、其他事项

截至2018年12月31日尚未进行基建"并账"的测绘事业单位，应当首先参照《新旧事业单位会计制度有关衔接问题的处理规定》（财会〔2013〕2号），将基建账套相关数据并入2018年12月31日原账中的相关科目余额，再按照本规定将2018年12月31日原账相关会计科目余额转入新账相应科目。

附表1：

测绘事业单位原会计科目余额明细表一

总账科目	明细分类	金额	备注
现金	库存现金		
	其中：受托代理现金		
银行存款	银行存款		
	其中：受托代理银行存款		
	其他货币资金		
其他应收款	在途物品		已经付款或已开出商业汇票，尚未收到物资
	其他		
对外投资	短期投资		
	长期股权投资		
	长期债券投资		
固定资产	固定资产		
	无形资产		
在建工程	在建工程		
	工程物资		
	预付工程款、预付备料款		
借入款项	短期借款		
	长期借款		
应交税金	应交增值税		
	其他应交税费		
其他应付款	其他应交税费		
	长期应付款		
	受托代理负债		
	其他		
预提费用	应付利息		
	其他		
拨入专款	拨给本单位专款		
	拨给下属单位专款		
拨出专款	使用拨入专款资金		
	使用本单位自有资金		

附表2：

测绘事业单位原会计科目余额明细表二

总账科目	明细分类	金额	备注
应收票据、应收账款	发生时不计入收入		如转让资产的应收票据、应收账款
	发生时计入收入		
	其中：专项收入		
	其他		
预付账款	财政补助资金预付		
	非财政补助专项资金预付		
	非财政补助非专项资金预付		
其他应收款	预付款项		如职工预借的差旅费等
	其中：财政补助资金预付		
	非财政补助专项资金预付		
	非财政补助非专项资金预付		
	需要收回及其他		如支付的押金、应收为职工垫付的款项等
库存材料、已完测绘项目、经营产品	已支付资金		
	其中：使用财政补助资金		
	使用非财政补助专项资金		
	使用非财政补助非专项资金		
	未支付资金		如无偿调入的库存物资等
对外投资	用现金资产取得		
	用非现金资产或其他方式取得		
应付票据、应付账款	发生时不计入支出		
	发生时计入支出		
	其中：财政补助资金应付		
	非财政补助专项资金应付		
	非财政补助非专项资金应付		
预收账款	预收专项资金		
	预收非专项资金		
经营成本	已支付资金		
	未支付资金		

附表3：

测绘事业单位新旧会计制度转账、登记新账科目对照表

序号	新制度科目		原制度科目	
	编号	名称	编号	名称
一、资产类				
1	1001	库存现金	101	现金
2	1002	银行存款	102	银行存款
3	1021	其他货币资金		
4	1211	应收票据	105	应收票据
5	1212	应收账款	106	应收账款
6	1214	预付账款	108	预付账款
7	1218	其他应收款	109	备用金
8	1218	其他应收款	110	其他应收款
9	1301	在途物品		
10	1302	库存物品	115	库存材料
11			116	已完测绘项目
12			117	经营产品
13	1401	待摊费用	118	待摊费用
14	1101	短期投资	119	对外投资
15	1501	长期股权投资		
16	1502	长期债券投资		
17	1601	固定资产	120	固定资产
18	1701	无形资产		
19	1611	工程物资		在建工程
20	1613	在建工程		
21	1214	预付账款		
22	1701	无形资产	124	无形资产
23	1201	财政应返还额度	125	财政应返还额度
24	1902	待处理财产损溢	130	待处理财产损溢
二、负债类				
25	2001	短期借款	201	借入款项
26	2501	长期借款		
27	2301	应付票据	202	应付票据

（续表）

序号	新制度科目		原制度科目	
	编号	名称	编号	名称
28	2302	应付账款	203	应付账款
29	2305	预收账款	204	预收账款
30	2201	应付职工薪酬	205	应付工资（离退休费）
31			206	应付社会保障金
32			212	应付地方（部门）津贴补贴
33			213	应付其他个人收入
34	2103	应缴财政款	208	应缴预算款
35			209	应缴财政专户款
36	2101	应交增值税	210	应交税金
37	2102	其他应交税费		
38	2307	其他应付款	211	其他应付款
39	2102	其他应交税费		
40	2502	长期应付款		
41	2901	受托代理负债		
42	2304	应付利息	231	预提费用
43	2401	预提费用		
44	2502	长期应付款	261	长期应付款
三、净资产类				
45	3001	累计盈余	301	事业基金
46			302	固定基金
47	3101	专用基金	303	专用基金
48	3001	累计盈余	304	财政补助结存
49			305	非财政补助结转
50				专款结存
51	3001	累计盈余（借方）	307	经营结余（借方）
四、收入类				
52	3001	累计盈余	404	拨入专款
53	2307	其他应付款		
五、支出及成本费用类				
54	2307	其他应付款（借方）	502	拨出专款
55	3001	累计盈余（借方）		
56	3001	累计盈余（借方）	503	专款支出
57	1303	加工物品	535	经营成本

关于地质勘查事业单位执行《政府会计制度——行政事业单位会计科目和报表》的衔接规定

我部于 2017 年 10 月 24 日印发了《政府会计制度——行政事业单位会计科目和报表》（财会〔2017〕25 号，以下简称新制度）。目前执行《地质勘查单位会计制度》（财会字〔1996〕15 号）和财政部有关事业单位会计核算的补充规定（以下简称原制度）的地质勘查事业单位（以下简称地勘单位），自 2019 年 1 月 1 日起执行新制度，不再执行原制度。为了确保新旧会计制度顺利过渡，现对地勘单位执行新制度的有关衔接问题规定如下：

一、新旧制度衔接总要求

（一）自 2019 年 1 月 1 日起，地勘单位应当严格按照新制度的规定进行会计核算、编制财务报表和预算会计报表。

（二）地勘单位应当按照本规定做好新旧制度衔接的相关工作，主要包括以下几个方面：

1. 根据原账编制 2018 年 12 月 31 日的科目余额表，并按照本规定要求，编制原账的部分科目余额明细表（参见附表 1、附表 2）。

2. 按照新制度设立 2019 年 1 月 1 日的新账。

3. 按照本规定要求，登记新账的财务会计科目余额和预算结余科目余额，包括将原账科目余额转入新账财务会计科目、按照原账科目余额登记新账预算结余科目（地勘单位新旧会计制度转账、登记新账科目对照表参见附表 3），将未入账事项登记新账科目，并对相关新账科目余额进行调整。原账科目是指按照原制度规定设置的会计科目。

4. 按照登记及调整后新账的各会计科目余额，编制 2019 年 1 月 1 日的科目余额表，作为新账各会计科目的期初余额。

5. 根据新账各会计科目期初余额，按照新制度编制 2019 年 1 月 1 日资产负债表。

（三）及时调整会计信息系统。地勘单位应当按照新制度要求对原有会计信息系统进行及时更新和调试，实现数据正确转换，确保新旧账套的有序衔接。

二、财务会计科目的新旧衔接

（一）将 2018 年 12 月 31 日原账会计科目余额转入新账财务会计科目

1. 资产类

（1）"现金"科目

新制度设置了"库存现金"科目，该科目的核算内容与原账"现金"科目的核算内容基本相同。转账时，地勘单位应当将原账的"现金"科目余额转入新账的"库存现金"科目。其中，还应当将原账的"现金"科目余额中属于新制度规定受托代理资产的金额,转入新账"库存现金"科目下的"受托代理资产"明细科目。

（2）"银行存款""其他货币资金""财政应返还额度""短期投资""应收票据""应收账款""坏账准备""预付账款""待摊费用""固定资产""无形资产""待处理财产损溢"科目

新制度设置了"银行存款""其他货币资金""财政应返还额度""短期投资""应收票据""应收账款""坏账准备""预付账款""待摊费用""固定资产""无形资产""待处理财产损溢"科目,其核算内容与原账的上述相应科目的核算内容基本相同。转账时,地勘单位应当将原账的上述科目余额直接转入新账的相应科目。其中,还应当将原账的"银行存款"科目余额中属于新制度规定受托代理资产的金额,转入新账"银行存款"科目下的"受托代理资产"明细科目。

（3）"备用金"科目

新制度设置了"其他应收款"科目,该科目的核算内容包含了原账"备用金"科目的核算内容。转账时,应当将原账的"备用金"科目余额转入新账的"其他应收款"科目。

（4）"其他应收款"科目

新制度设置了"其他应收款"科目,该科目的核算内容与原账"其他应收款"科目的核算内容基本相同。转账时,地勘单位应当将原账的"其他应收款"科目余额转入新账的"其他应收款"科目。

在原账的"其他应收款"科目中核算了属于新制度规定的应收股利和应收利息的地勘单位,应当将原账的"其他应收款"科目余额中属于应收股利、应收利息的金额,分别转入新账的"应收股利""应收利息"科目。

（5）"器材采购"科目

新制度设置了"在途物品"科目,该科目的核算内容与原账"器材采购"科目的核算内容基本相同。转账时,地勘单位应当将原账的"器材采购"科目余额转入新账的"在途物品"科目。

（6）"材料""管材""管材摊销""器材成本差异""产成品""地质成果"科目

新制度设置了"库存物品"科目,该科目的核算内容包含了原账"材料""管材""管材摊销""器材成本差异""产成品""地质成果"科目的核算内容。转账时,地勘单位应当将原账的"材料""管材""管材摊销""器材成本差异""产成品""地质成果"科目余额转入新账"库存物品"科目中的相关明细科目。地勘单位可以根据实际情况自行设置明细科目。

（7）"委托加工器材"科目

新制度设置了"加工物品"科目,该科目的核算内容包含了原账"委托加工器材"科目的核算内容。转账时,地勘单位应当将原账的"委托加工器材"科目余额转入新账的"加工物品"科目。

（8）"长期投资"科目

新制度设置了"长期股权投资"和"长期债券投资"科目,原制度设置了"长期投资"科目。转账时，地勘单位应当将原账的"长期投资"科目余额中属于股权投资的金额，转入新账的"长期股权投资"科目及其明细科目；将原账的"长期投资"科目余额中属于债券投资的金额，转入新账的"长期债券投资"科目及其明细科目，并将其中分期付息、到期还本的长期债券投资的应收利息金额，转入新账的"应收利息"科目。

（9）"拨付所属资金"科目

新制度未设置"拨付所属资金"科目。如果所属单位为企业，转账时应当将原账的"拨付所属资金"科目相应余额转入新账的"长期股权投资"科目[成本法]或"长期股权投资——成本"科目[权益法]；如果所属单位为事业单位，转账时应当将原账的"拨付所属资金"科目的相应余额转入新账的"累计盈余"科目借方。地勘单位对本单位内部独立核算单位使用"拨付所属资金"科目的，该科目余额与内部独立核算单位的"上级拨入资金"科目余额冲销后，年末无余额。

（10）"累计折旧"科目

新制度设置了"固定资产累计折旧"科目，该科目的核算内容与原账"累计折旧"科目的核算内容基本相同。转账时，地勘单位应当将原账的"累计折旧"科目余额转入新账的"固定资产累计折旧"科目。

（11）"固定资产清理"科目

新制度设置了"待处理财产损溢"科目，该科目的核算内容包含了原账"固定资产清理"科目的核算内容。转账时，地勘单位应当将原账的"固定资产清理"科目余额转入新账的"待处理财产损溢"科目。

（12）"在建工程"科目

新制度设置了"在建工程""工程物资"科目，原制度设置了"在建工程"科目。转账时，地勘单位应当将原账的"在建工程"科目余额中属于工程物资的金额，转入新账的"工程物资"科目；将原账的"在建工程"科目余额减去属于工程物资的金额后的差额，转入新账的"在建工程"科目。

（13）"累计摊销"科目

新制度设置了"无形资产累计摊销"科目，该科目的核算内容与原账"累计摊销"科目的核算内容基本相同。设置了"累计摊销"科目的地勘单位，转账时，应当将原账的"累计摊销"科目余额，转入新账的"无形资产累计摊销"科目。

（14）"递延资产"科目

新制度设置了"长期待摊费用"科目，该科目的核算内容与原账"递延资产"科目的核算内容基本相同。转账时，地勘单位应当将原账的"递延资产"科目余额，转入新账的"长期待摊费用"科目。

（15）"零余额账户用款额度"科目

由于原账的"零余额账户用款额度"科目年末无余额，无需进行转账处理。

（16）"内部往来"科目

原账的"内部往来"科目属于单位内部核算科目，核算本单位内部各单位之间的往来款项，不在本单位的会计报表中反映。新旧衔接时不对原账的"内部往来"科目余额进行处理。

（17）"限额存款"科目

由于原账的"限额存款"科目已经不再使用，无需进行转账处理。

2. 负债类

（1）"短期借款""应付票据""应付账款""预收账款""长期应付款"科目

新制度设置了"短期借款""应付票据""应付账款""预收账款""长期应付款"科目，这些科目的核算内容与原账的上述相应科目的核算内容基本相同。转账时，地勘单位应当将原账的上述科目余额直接转入新账的相应科目。

（2）"其他应付款"科目

新制度设置了"其他应付款"科目，该科目的核算内容包含了原账"其他应付款"科目的核算内容。转账时，地勘单位应当将原账的"其他应付款"科目余额，转入新账的"其他应付款"科目。其中，地勘单位在原账的"其他应付款"科目中核算属于新制度规定的受托代理负债的，应当将原账的"其他应付款"科目余额中属于受托代理负债的金额，转入新账的"受托代理负债"科目。

（3）"应付工资"科目

新制度设置了"应付职工薪酬"科目，原制度设置了"应付工资"科目。转账时，地勘单位应当将原账的"应付工资"科目余额中属于节余与收益分配转入的奖金金额，转入新账的"专用基金"科目，将原账的"应付工资"科目余额减去分配转入奖金后的差额，转入新账"应付职工薪酬"科目及其明细科目。

设置"应付工资（离退休费）""应付地方（部门）津贴补贴""应付其他个人收入"科目核算发放职工工资等的地勘单位，参照上述"应付工资"科目余额的转账处理，进行"应付工资（离退休费）""应付地方（部门）津贴补贴""应付其他个人收入"科目余额的转账。

（4）"应付福利费"科目

新制度未设置"应付福利费"科目。转账时，地勘单位应当对原账的"应付福利费"科目余额进行分析，将其中属于职工福利基金的金额转入新账的"专用基金——职工福利基金"科目，将其他余额转入新账的"累计盈余"科目。

（5）"应交税金"科目

新制度设置了"应交增值税"和"其他应交税费"科目，原制度设置了"应交税金"科目。转账时，地勘单位应当将原账的"应交税金"科目余额中属于应交增值税的金额，转入新账的"应交增值税"科目；将原账的"应交税金"科目余额减去属于应交增值税金额后的差额，转入新账的"其他应交税费"科目。

（6）"其他应交款"科目

新制度未设置"其他应交款"科目。转账时，地勘单位应当将原账的"其他应交款"科目余额中属于应缴财政款的金额，转入新账的"应缴财政款"科目；将属于其他应交税费（如应交的教育费附加）的金额，转入新账的"其他应交税费"科目；将原账的"其他应交款"科目的其余余额，转入新账的"其他应付款"科目。

（7）"应缴国库款"和"应缴财政专户存款"科目

新制度设置了"应缴财政款"科目，原制度设置了"应缴国库款"和"应缴财政专户存款"科目。设置了"应缴国库款"和"应缴财政专户存款"科目的地勘单位，转账时，应当将原账的"应缴国库款"和"应缴财政专户存款"科目余额，转入新账的"应缴财政款"科目。

（8）"预提费用"科目

新制度设置了"预提费用"科目。转账时，地勘单位应当将原账的"预提费用"科目余额中属于预提短期借款应付未付利息的金额，转入新账的"应付利息"科目；将原账的"预提费用"科目余额减去属于预提短期借款利息金额后的差额，转入新账的"预提费用"科目。

（9）"长期借款"科目

新制度设置了"长期借款"科目，该科目的核算内容与原账"长期借款"科目的核算内容基本相同。转账时，地勘单位应当将原账的"长期借款"科目余额，转入新账的"长期借款"科目。其中，在原账的"长期借款"科目中核算了分期付息、到期还本的长期借款应付利息的，应当将原账的"长期借款"科目余额中属于分期付息、到期还本的长期借款应付利息金额，转入新账的"应付利息"科目。

（10）"专项应付款"科目

新制度未设置"专项应付款"科目。转账时，地勘单位应当将原账的"专项应付款"科目余额转入新账的"累计盈余"科目。

（11）"住房周转金"科目

新制度未设置"住房周转金"科目。转账时，如果房产已经全部处理完毕，不需要和房管部门进行资金清算的，应当将原账的"住房周转金"科目余额转入新账的"累计盈余"科目；如果房产还未处理完毕，需要和房管部门进行资金清算的，应当将原账的"住房周转金"科目余额转入新账的"长期应付款"科目。地勘单位在原账的"住房周转金"科目中核算了职工集资建房资金的，应当将原账的"住房周转金"科目余额中属于职工集资建房资金的金额，转入新账的"长期应付款"科目。

3. 净资产类

（1）"国家基金"科目

新制度设置了"累计盈余"科目，该科目的核算内容包含了原账"国家基金"科目的核算内容。转账时，地勘单位应当将原账的"国家基金"科目余额转入新账的"累计盈余"科目。

（2）"上级拨入资金"科目

新制度设置了"累计盈余"科目，地勘单位将上级单位拨付的资金、实物资产等计入原账的"上级拨入资金"科目的，转账时，应当将原账的"上级拨入资金"科目余额转入新账的"累计盈余"科目。

地勘单位的内部独立核算单位使用"上级拨入资金"科目的，该科目余额与地勘单位的"拨付所属资金"科目余额冲销后，年末无余额。

（3）"地勘发展基金"科目

新制度设置了"累计盈余"科目，该科目的核算内容包含了原账"地勘发展基金"科目的核算内容。转账时，地勘单位应当将原账的"地勘发展基金"科目余额转入新账的"累计盈余"科目。

（4）"公益金"科目

新制度设置了"专用基金"科目，该科目的核算内容包含了原账"公益金"科目的核算内容。转账时，地勘单位应当将原账的"公益金"科目余额转入新账的"专用基金——职工福利基金"科目。

（5）"节余与收益分配"科目

新制度设置了"本年盈余分配"科目，该科目的核算内容与原账"节余与收益分配"科目的核算内容基本相同。新制度规定"本年盈余分配"科目余额最终转入"累计盈余"科目，如果原账的"节余与收益分配"科目有借方余额，转账时，地勘单位应当将原账的"节余与收益分配"科目借方余额，转入新账的"累计盈余"科目借方。

（6）"节余""收益"科目

由于原账的"节余""收益"科目年末无余额，这两个科目无需进行转账处理。

4. 地勘拨款与支出类

（1）"地勘工作拨款""已完地质项目支出""其他经费支出"科目

转账时，地勘单位应当将原账的"地勘工作拨款""已完地质项目支出""其他经费支出"科目余额，转入新账的"累计盈余"科目。

（2）"未完地质项目支出"科目

转账时，地勘单位应当将原账的"未完地质项目支出"科目余额，转入新账的"加工物品"科目。

5. 成本类

（1）"地勘生产""辅助生产""多种经营生产"科目

转账时，地勘单位应当将原账的"地勘生产""辅助生产""多种经营生产"科目余额，转入新账的"加工物品"科目。

（2）"间接费用"科目

由于原账的"间接费用"科目年末无余额，无需进行转账处理。

6. 损益类

由于原账中损益类科目年末无余额，无需进行转账处理。自 2019 年 1 月 1 日起，地勘单位应当按照新制度设置收入类、费用类科目并进行账务处理。

地勘单位存在其他本规定未列举的原账科目余额的，应当比照本规定转入新账的相应科目。新账的科目设有明细科目的，应将原账中对应科目的余额加以分析，分别转入新账中相应科目的相关明细科目。

地勘单位在进行新旧衔接的转账时，应当编制转账的工作分录，作为转账的工作底稿，并将转入新账的对应原科目余额及分拆原科目余额的依据作为原始凭证。

（二）将原未入账事项登记新账财务会计科目

1. 应收股利

地勘单位在新旧制度转换时，应当将 2018 年 12 月 31 日前未入账的应收股利（宣告派发尚未收到的股利）按照新制度规定记入新账。登记新账时，按照确定的应收股利金额，借记"应收股利"科目，贷记"累计盈余"科目。

2. 预计负债

地勘单位在新旧制度转换时，应当将 2018 年 12 月 31 日按照新制度规定确认的预计负债记入新账。登记新账时，按照确定的预计负债金额，借记"累计盈余"科目，贷记"预计负债"科目。

地勘单位存在 2018 年 12 月 31 日前未入账的其他事项的，应当比照本规定登记新账的相应科目。

地勘单位对新账的财务会计科目补记未入账事项时，应当编制记账凭证，并将补充登记事项的确认依据作为原始凭证。

（三）对新账的相关财务会计科目余额按照新制度规定的会计核算基础进行调整

1. 按照权益法调整长期股权投资账面余额

对按照新制度规定应当采用权益法核算的长期股权投资，在新旧制度转换时，单位应当在"长期股权投资"科目下设置"新旧制度转换调整"明细科目，依据被投资单位 2018 年 12 月 31 日财务报表的所有者权益账面余额，以及单位持有被投资单位的股权比例，计算应享有或应分担的被投资单位所有者权益的份额，调整长期股权投资的账面余额，借记或贷记"长期股权投资——新旧制度转换调整"科目，贷记或借记"累计盈余"科目。

2. 调整无形资产累计摊销

原账中未设置"累计摊销"科目的地勘单位，对尚未核销、已经分期摊销并直接冲减账面价值的无形资产，按照截至 2018 年 12 月 31 日无形资产累计摊销的金额，借记"无形资产"科目，贷记"无形资产累计摊销"科目。

地勘单位对新账的财务会计科目期初余额进行调整时，应当编制记账凭证，并将调整事项的确认依据作为原始凭证。

三、预算会计科目的新旧衔接

（一）"财政拨款结转""财政拨款结余"科目及对应的"资金结存"科目余额

新制度设置了"财政拨款结转""财政拨款结余"科目及对应的"资金结存"科目。在新旧制度转换时，地勘单位应当对原账的"地勘工作拨款""已完地质项目支出""未完地质项目支出"等科目余额进行逐项分析，计算出属于本级政府财政拨款结转资金的金额，并对本级政府财政拨款结转金额进行收付实现制调整［加上支出中已经计入支出尚未支付财政资金（如发生时列支的应付账款）的金额，减去已经支付财政资金尚未计入支出（如预付账款、固定资产和无形资产的净值等）的金额］。按照分析、计算、调整后的金额，登记新账的"财政拨款结转"科目及其明细科目贷方。

地勘单位应当对原账的"地勘工作拨款""已完地质项目支出""未完地质项目支出"等科目余额进行逐项分析，计算出属于本级政府财政拨款结余资金的金额，登记新账的"财政拨款结余"科目及其明细科目贷方。

按照原账的"财政应返还额度"科目余额登记新账的"资金结存——财政应返还额度"科目借方；按照新账的"财政拨款结转"和"财政拨款结余"科目贷方余额合

计数，减去新账的"资金结存——财政应返还额度"科目借方余额后的差额，登记新账的"资金结存——货币资金"科目借方。

（二）"非财政拨款结转"科目及对应的"资金结存"科目余额

新制度设置了"非财政拨款结转"科目及对应的"资金结存"科目。在新旧制度转换时，地勘单位应当对原账的"地勘工作拨款""已完地质项目支出""未完地质项目支出""其他经费支出""专项应付款"等科目余额进行分析，计算出属于非财政拨款专项资金的金额，并进行收付实现制调整［加上支出中已经计入支出尚未支付非财政拨款专项资金（如发生时列支的应付账款）的金额，减去已经支付非财政拨款专项资金尚未计入支出（如预付账款、固定资产和无形资产的净值等）的金额，加上收入中已经收到非财政拨款专项资金尚未计入收入（如预收账款）的金额，减去已经计入收入尚未收到非财政拨款专项资金（如应收账款）的金额］。按照分析、计算、调整后的金额，登记新账的"非财政拨款结转"科目及其明细科目贷方；同时，按照相同的金额登记新账的"资金结存——货币资金"科目借方。

（三）"专用结余"科目及对应的"资金结存"科目余额

新制度设置了"专用结余"科目及对应的"资金结存"科目。在新旧制度转换时，地勘单位应当按照原账"公益金"科目余额，加上原账的"应付工资"科目余额中分配转入的奖金的金额，借记新账的"资金结存——货币资金"科目，贷记新账的"专用结余"科目。

（四）"经营结余"科目及对应的"资金结存"科目余额

新制度设置了"经营结余"科目及对应的"资金结存"科目。如果原账的"节余与收益分配"科目有借方余额，在新旧制度转换时，地勘单位应当按照原账的"节余与收益分配"科目借方余额中属于新制度规定的经营结余的金额，借记新账的"经营结余"科目，贷记新账的"资金结存——货币资金"科目。

（五）"非财政拨款结余"科目及对应的"资金结存"科目余额

新制度设置了"非财政拨款结余"科目及对应的"资金结存"科目。在新旧制度转换时，地勘单位应当在新账的"库存现金""银行存款""其他货币资金""财政应返还额度"科目借方余额合计数基础上，对不纳入单位预算管理的资金进行调整（如减去新账中货币资金形式的受托代理资产、应缴财政款、已收取将来需要退回资金的其他应付款等，加上已支付将来需要收回资金的其他应收款等），按照调整后的金额减去新账的"财政拨款结转""财政拨款结余""非财政拨款结转""专用结余"科目贷方余额合计数，加上"经营结余"科目借方余额后的金额，登记新账的"非财政拨款结余"科目贷方；同时，按照相同的金额登记新账的"资金结存——货币资金"科目借方。

（六）"其他结余"和"非财政拨款结余分配"科目

新制度设置了"其他结余"和"非财政拨款结余分配"科目。由于这两个科目年初无余额，在新旧制度转换时，地勘单位无需对"其他结余"和"非财政拨款结余分配"科目进行新账年初余额登记。

（七）预算收入类、预算支出类会计科目

由于预算收入类、预算支出类会计科目年初无余额，在新旧制度转换时，无需对预算收入类、预算支出类会计科目进行新账年初余额登记。

地勘单位应当自 2019 年 1 月 1 日起，按照新制度设置预算收入类、预算支出类科目并进行账务处理。

地勘单位存在 2018 年 12 月 31 日需要按照新制度预算会计核算基础调整预算会计科目期初余额的其他事项的，应当比照本规定调整新账的相应预算会计科目期初余额。

地勘单位对预算会计科目的期初余额登记和调整，应当编制记账凭证，并将期初余额登记和调整的依据作为原始凭证。

四、财务报表和预算会计报表新旧衔接

（一）编制 2019 年 1 月 1 日资产负债表

地勘单位应当根据 2019 年 1 月 1 日新账的财务会计科目余额，按照新制度编制 2019 年 1 月 1 日资产负债表（仅要求填列各项目"年初余额"）。

（二）2019 年度财务报表和预算会计报表的编制

地勘单位应当按照新制度规定编制 2019 年财务报表和预算会计报表。在编制 2019 年度收入费用表、净资产变动表、现金流量表和预算收入支出表、预算结转结余变动表时，不要求填列上年比较数。

地勘单位应当根据 2019 年 1 月 1 日新账财务会计科目余额，填列 2019 年净资产变动表各项目的"上年年末余额"；根据 2019 年 1 月 1 日新账预算会计科目余额，填列 2019 年预算结转结余变动表的"年初预算结转结余"项目和财政拨款预算收入支出表的"年初财政拨款结转结余"项目。

五、其他事项

截至 2018 年 12 月 31 日尚未进行基建"并账"的地勘单位，应当首先参照《新旧事业单位会计制度有关衔接问题的处理规定》（财会〔2013〕2 号），将基建账套相关数据并入 2018 年 12 月 31 日原账中的相关科目余额，再按照本规定将 2018 年 12 月 31 日原账相关会计科目余额转入新账相应科目。

附表1：

地勘单位原会计科目余额明细表一

总账科目	明细分类	金额	备注
现金	库存现金		
	其中：受托代理现金		
银行存款	银行存款		
	其中：受托代理银行存款		
其他应收款	应收股利		
	应收利息		
	其他		
长期投资	长期股权投资		
	长期债券投资		
	分期付息的债券投资应收利息		
拨付所属资金	拨付所属事业单位		
	拨付所属企业		
在建工程	在建工程		
	工程物资		
应付工资	节余和收益分配转入的奖金		
	其他		
应付福利费	属于职工福利基金		
	其他		
应交税金	应交增值税		
	其他应交税金		
其他应付款	受托代理负债		代管款项等
	其他		
其他应交款	应缴财政款		
	其他应交税费		
	其他		
预提费用	预提应付利息		
	其他		
长期借款	分期付息的应付利息		
	其他		
住房周转金	应付款项		
	其他		

附表2：

地勘单位原会计科目余额明细表二

总账科目	明细分类	金额	备注
应收票据、应收账款	发生时不计入收入		如转让资产的应收票据、应收账款
	发生时计入收入		
	其中：专项收入		
	其他		
预付账款	财政拨款资金预付		
	非财政拨款专项资金预付		
	其他		
其他应收款	预付款项		如职工预借的差旅费等
	其中：财政拨款资金预付		
	非财政拨款专项资金预付		
	其他		
	需要收回及其他		如支付的押金、应收为职工垫付的款项等
器材采购、委托加工器材、材料、管材、管材摊销、器材成本差异、产成品、地质成果、地勘生产、辅助生产、多种经营生产	支付资金：		
	其中：使用财政拨款资金支付		
	使用非财政拨款专项资金支付		
	其他		
	非支付资金		如无偿调入的材料等
固定资产净值、无形资产净值	支付资金取得		
	其中：使用财政拨款资金		
	使用非财政拨款专项资金		
	其他		
	非支付资金取得		如换入、无偿调入的固定资产等
在建工程	使用财政拨款资金		
	使用非财政拨款专项资金		
	其他		
应付票据、应付账款	发生时不计入支出		
	发生时计入支出		
	其中：财政拨款资金应付		

(续表)

总账科目	明细分类	金额	备注
应付票据、应付账款	非财政拨款专项资金应付		
	其他		
预收账款	预收专项资金		
	其他		
地勘工作拨款	拨入本级财政资金		
	其中：已完项目资金		
	未完项目资金		
	其他		
	拨入其他资金		
	其中：已完项目资金		
	未完项目资金		
	其他		
已完地质项目支出	本级政府财政拨款		
	非本级政府财政拨款		
未完地质项目支出	本级政府财政拨款		
	非本级政府财政拨款		
库存现金、银行存款、其他货币资金	不纳入单位预算管理的资金		包括货币资金形式的受托代理资产、应缴财政款、收到的将来需要退回资金的其他应付款等
	纳入单位预算管理的资金		

附表3：

地勘单位新旧会计制度转账、登记新账科目对照表

序号	新制度科目		原制度科目	
	编号	名称	编号	名称
一、资产类				
1	1001	库存现金	101	现金
2	1002	银行存款	102	银行存款
3	1021	其他货币资金	109	其他货币资金
4	1101	短期投资	111	短期投资
5	1201	财政应返还额度		财政应返还额度
6	1211	应收票据	112	应收票据
7	1212	应收账款	113	应收账款
8	1219	坏账准备	114	坏账准备
9	1214	预付账款	115	预付账款
10	1218	其他应收款	118	备用金
11	1215	应收股利	119	其他应收款
12	1216	应收利息		
13	1218	其他应收款		
14	1301	在途物品	121	器材采购
15	1302	库存物品	123	材料
16			125	管材
17			126	管材摊销
18			132	器材成本差异
19	1303	加工物品	133	委托加工器材
20	1302	库存物品	135	产成品
21			137	地质成果
22	1401	待摊费用	139	待摊费用
23	1501	长期股权投资	141	长期投资
24	1502	长期债券投资		
25	1216	应收利息		
26	1501	长期股权投资	145	拨付所属资金
27	3001	累计盈余（借方）		
28	1601	固定资产	151	固定资产

（续表）

序号	新制度科目		原制度科目	
	编号	名称	编号	名称
29	1602	固定资产累计折旧	155	累计折旧
30	1902	待处理财产损溢	156	固定资产清理
31	1611	工程物资	159	在建工程
32	1613	在建工程		
33	1701	无形资产	161	无形资产
34	1702	无形资产累计摊销		累计摊销
35	1901	长期待摊费用	171	递延资产
36	1902	待处理财产损溢	181	待处理财产损溢
	二、负债类			
37	2001	短期借款	201	短期借款
38	2301	应付票据	202	应付票据
39	2302	应付账款	203	应付账款
40	2305	预收账款	204	预收账款
41	2307	其他应付款	209	其他应付款
42	2901	受托代理负债		
43	2201	应付职工薪酬	211	应付工资
44	3101	专用基金		
45	3001	累计盈余	214	应付福利费
46	3101	专用基金		
47	2101	应交增值税	221	应交税金
48	2102	其他应交税费		
49	2103	应缴财政款		应缴国库款
50				应缴财政专户款
51	2103	应缴财政款	229	其他应交款
52	2102	其他应交税费		
53	2307	其他应付款		
54	2304	应付利息	231	预提费用
55	2401	预提费用		
56	2501	长期借款	241	长期借款
57	2304	应付利息		
58	2502	长期应付款	251	长期应付款

（续表）

序号	新制度科目		原制度科目	
	编号	名称	编号	名称
59	3001	累计盈余	261	专项应付款
60	3001	累计盈余	271	住房周转金
61	2502	长期应付款		
	三、净资产类			
62	3001	累计盈余	301	国家基金
63			305	上级拨入资金
64			311	地勘发展基金
65	3001	累计盈余（借方）	341	节余与收益分配（借方）
66	3101	专用基金	315	公益金
	四、地勘拨款与支出类			
67	3001	累计盈余	401	地勘工作拨款
68	3001	累计盈余（借方）	412	已完地质项目支出
69	3001	累计盈余（借方）	413	其他经费支出
70	1303	加工物品	411	未完地质项目支出
	五、成本类			
71	1303	加工物品	501	地勘生产
72			515	辅助生产
73			521	多种经营生产

政府会计准则制度

关于高等学校执行《政府会计制度——行政事业单位会计科目和报表》的补充规定

根据《政府会计准则——基本准则》，结合行业实际情况，现就高等学校[①]执行《政府会计制度——行政事业单位会计科目和报表》（以下简称新制度）做出如下补充规定：

一、关于在新制度相关一级科目下设置明细科目

（一）高等学校应当在新制度规定的"4101 事业收入"科目下设置"410101 教育事业收入""410102 科研事业收入"明细科目。

1."410101 教育事业收入"科目核算高等学校开展教学活动及其辅助活动实现的收入。

2."410102 科研事业收入"科目核算高等学校开展科研活动及其辅助活动实现的收入。

（二）高等学校应当在新制度规定的"5001 业务活动费用"科目下设置"500101 教育费用""500102 科研费用"明细科目。

1."500101 教育费用"科目核算高等学校开展教学及其辅助活动、学生事务等活动所发生的，能够直接计入或采用一定方法计算后计入的各项费用。

2."500102 科研费用"科目核算高等学校开展科研及其辅助活动所发生的，能够直接计入或采用一定方法计算后计入的各项费用。

（三）高等学校应当在新制度规定的"5101 单位管理费用"科目下设置"510101 行政管理费用""510102 后勤保障费用""510103 离退休费用"和"510109 单位统一负担的其他管理费用"明细科目。

1."510101 行政管理费用"科目核算高等学校开展单位的行政管理活动所发生的各项费用。

2."510102 后勤保障费用"科目核算高等学校统一负担的开展后勤保障活动所发生的各项费用。

3."510103 离退休费用"科目核算高等学校统一负担的离退休人员工资、补助、活动经费等各项费用。

4."510109 单位统一负担的其他管理费用"科目核算由高等学校统一负担的除行政管理费用、后勤保障费用、离退休费用之外的其他各项管理费用，如工会经费、诉讼费、中介费等。

（四）高等学校应当在新制度规定的"6101 事业预算收入"科目下设置"610101 教育事业预算收入"和"610102 科研事业预算收入"明细科目。

[①] 本规定所指高等学校包括各级人民政府举办的全日制普通高等学校和成人高等学校。

1."610101教育事业预算收入"科目核算高等学校开展教学活动及其辅助活动取得的现金流入。

2."610102科研事业预算收入"科目核算高等学校开展科研活动及其辅助活动取得的现金流入。

（五）高等学校应当在新制度规定的"7201事业支出"科目下设置"720101教育支出""720102科研支出"、"720103行政管理支出""720104后勤保障支出""720105离退休支出""720109其他事业支出"明细科目。

1."720101教育支出"科目核算高等学校开展教学及其辅助活动、学生事务等活动实际发生的各项现金流出。

2."720102科研支出"科目核算高等学校开展科研及其辅助活动实际发生的各项现金流出。

3."720103行政管理支出"科目核算高等学校开展单位的行政管理活动实际发生的各项现金流出。

4."720104后勤保障支出"科目核算高等学校开展后勤保障活动实际发生的各项现金流出。

5."720105离退休支出"科目核算高等学校实际发生的用于离退休人员的各项现金流出。

6."720109其他事业支出"科目核算高等学校发生的除教学、科研、后勤保障、行政管理、离退休支出之外的其他各项事业支出。

二、关于报表及编制说明

（一）关于收入费用表

1.新增项目

高等学校应当在收入费用表的"（二）事业收入"项目下增加"其中：教育事业收入""科研事业收入"项目，在"（十一）其他收入"项目下增加"其中：后勤保障单位净收入"项目，在"（一）业务活动费用"项目下增加"其中：教育费用""科研费用"项目，在"（二）单位管理费用"项目下增加"其中：行政管理费用"、"后勤保障费用""离退休费用""单位统一负担的其他管理费用"项目。详见附表1。

2.新增项目的内容和填列方法

（1）"其中：教育事业收入"项目，反映高等学校本期开展教学活动及其辅助活动实现的收入。本项目应当根据"事业收入——教育事业收入"科目的本期发生额填列。

（2）"科研事业收入"项目，反映高等学校本期开展科研活动及其辅助活动实现的收入。本项目应当根据"事业收入——科研事业收入"科目的本期发生额填列。

（3）"其中：后勤保障单位净收入"项目详见"（三）关于校内独立核算单位报表编制的规定"。

（4）"其中：教育费用"项目，反映高等学校本期开展教学及其辅助活动、学生事务等活动所发生的各项费用。本项目应当根据"业务活动费用——教育费用"科目的本期发生额填列。

（5）"科研费用"项目，反映高等学校本期开展科研及其辅助活动所发生的各项费用。本项目应当根据"业务活动费用——科研费用"科目的本期发生额填列。

（6）"其中：行政管理费用"项目，反映高等学校本期开展单位的行政管理活动所发生的各项费用。本项目应当根据"单位管理费用——行政管理费用"科目的本期发生额填列。

（7）"后勤保障费用"项目，反映高等学校本期统一负担的开展后勤保障活动所发生的各项费用。本项目应当根据"单位管理费用——后勤保障费用"科目的本期发生额填列。

（8）"离退休费用"项目，反映高等学校本期统一负担的离退休人员工资、补助、活动经费等各项费用。本项目应当根据"单位管理费用——离退休费用"科目的本期发生额填列。

（9）"单位统一负担的其他管理费用"项目，反映本期由高等学校统一负担的除行政管理费用、后勤保障费用、离退休费用之外的各项管理费用。本项目应当根据"单位管理费用——单位统一负担的其他管理费用"科目的本期发生额填列。

（二）关于预算收入支出表

1. 新增项目

高等学校应当在预算收入支出表的"（二）事业预算收入"项目下增加"其中：教育事业预算收入""科研事业预算收入"项目，在"（九）其他预算收入"项目下"其中："后所列项目中增加"后勤保障单位净预算收入"项目，在"（二）事业支出"项目下增加"其中：教育支出""科研支出""行政管理支出""后勤保障支出""离退休支出""其他事业支出"项目。详见附表2。

2. 新增项目的内容和填列方法

（1）"其中：教育事业预算收入"项目，反映高等学校本期开展教学及其辅助活动取得现金流入。本项目应当根据"事业预算收入——教育事业预算收入"科目的本年发生额填列。

（2）"科研事业预算收入"项目，反映高等学校本年开展科研及其辅助活动取得现金流入。本项目应当根据"事业预算收入——科研事业预算收入"科目的本年发生额填列。

（3）"后勤保障单位净预算收入"项目，详见"（三）关于校内独立核算单位报表编制的规定"。

（4）"其中：教育支出"项目，反映高等学校本年开展教学及其辅助活动、学生事务等活动实际发生的各项现金流出。本项目应当根据"事业支出——教育支出"科目的本年发生额填列。

（5）"科研支出"项目，反映高等学校本年开展科研及其辅助活动实际发生的各项现金流出。本项目应当根据"事业支出——科研支出"科目的本年发生额填列。

（6）"行政管理支出"项目，反映高等学校本年开展单位的行政管理活动实际发生的各项现金流出。本项目应当根据"事业支出——行政管理支出"科目的本年发生额填列。

（7）"后勤保障支出"项目，反映高等学校本年开展后勤保障活动实际发生的各项现金流出。本项目应当根据"事业支出——后勤保障支出"科目的本年发生额填列。

（8）"离退休支出"项目，反映高等学校本年实际发生的用于离退休人员的各项现金流出。本项目应当根据"事业支出——离退休支出"科目的本年发生额填列。

（9）"其他事业支出"项目，反映高等学校本年支付的除教学、科研、后勤保障、行政管理、离退休支出之外的其他各项事业支出。本项目应当根据"事业支出——其他事业支出"科目的本年发生额填列。

（三）关于校内独立核算单位报表编制的规定

1.关于高等学校报表编制的范围

由高等学校及其所属单位举办的校内独立核算单位①，如研究院、分校、后勤部门等，应当按照新制度开展本单位的会计核算和报表编制工作。

高等学校在编制年度报表时，应当将校内独立核算单位纳入高等学校报表编制范围。

2.关于将校内独立核算单位会计信息纳入高等学校报表的总原则

将校内独立核算单位的会计信息纳入高等学校报表时，总的原则是将校内独立核算单位的报表信息并入学校相关报表的相应项目，并抵销学校内部业务或事项对学校报表的影响。

3.关于具有后勤保障职能的校内独立核算单位②有关业务的特殊规定

（1）高等学校编制包含校内独立核算单位的收入费用表时，对于具有后勤保障职能的校内独立核算单位，应当将其本年收入（不含从学校取得的补贴经费）、费用（不含使用学校补贴经费发生的费用）相抵后的净额计入本表中"其他收入"项目金额，并单独填列于该项目下的"后勤保障单位净收入"项目。如果具有后勤保障职能的全部校内独立核算单位本年收入（不含从学校取得的补贴经费）、费用（不含使用学校补贴经费发生的费用）相抵后的净额合计数为负数，则以"一"号填列于"后勤保障单位净收入"项目。

（2）高等学校编制包含校内独立核算单位的预算收入支出表时，对于具有后勤保障职能的校内独立核算单位，应当将其本年收入（不含从学校取得的补贴经费）、支出（不含使用学校补贴经费发生的支出）相抵后的净额计入本表中"其他预算收入"项目金额，并单独填列于该项目下的"后勤保障单位净预算收入"项目。如果具有后勤保障职能的全部校内独立核算单位本年收入（不含从学校取得的补贴经费）、支出（不含使用学校补贴经费发生的支出）相抵后的净额合计数为负数，则以"一"号填列于"后勤保障单位净预算收入"项目。

---

① 本规定所称校内独立核算单位，是指高等学校内部不具有法人资格的独立核算单位或部门。本规定所称校内独立核算单位不同于新制度所称附属单位。新制度所称附属单位，是指高等学校下属的具有法人资格的独立核算单位。

② 具有后勤保障职能的校内独立核算单位一般指校医院、食堂、水电暖中心、物业管理中心、宿舍管理中心等。

4. 关于将校内独立核算单位会计信息纳入高等学校财务报表情况的披露

高等学校应当在年度财务报表附注中提供将校内独立核算单位财务会计信息纳入学校财务报表情况的说明,包括将校内独立核算单位资产、负债和净资产并入学校资产负债表时对内部业务或事项抵销处理的情况,具有后勤保障职能的各校内独立核算单位本年收入、费用情况,将不具有后勤保障职能的其他校内独立核算单位的收入、费用并入学校收入费用表时对内部业务或事项抵销处理的情况。

高等学校在编制年度预算会计报表时,可参照上述规定,以适当形式提供将校内独立核算单位预算会计信息纳入高等学校预算会计报表的说明。

三、关于留本基金的会计处理

（一）会计科目设置

1.高等学校应当在"3101 专用基金"科目下设置"留本基金"明细科目,核算高等学校使用捐赠资金建立的具有永久性保留本金或在一定时期内保留本金的限定性基金。高等学校如有两个以上留本基金,应当按照每个留本基金设置明细科目进行核算。在每个留本基金明细科目下还应当设置"本金"和"收益"明细科目;在"本金"明细科目下,还应当设置"已投资"和"未投资"两个明细科目。

2.高等学校应当在"1218 其他应收款"科目下设置"留本基金委托投资"明细科目,核算高等学校将留本基金委托给基金会进行的投资。

（二）主要账务处理（假设只有一个留本基金）

1.高等学校形成留本基金时,根据取得的留本基金数额,借记"银行存款"科目,贷记"专用基金——留本基金——本金——未投资"科目。

2.高等学校委托基金会进行投资

（1）投资时,按照转给基金会的留本基金数额,借记"其他应收款——留本基金委托投资"科目,贷记"银行存款"科目;同时,按照相同的金额,借记"专用基金——留本基金——本金——未投资"科目,贷记"专用基金——留本基金——本金——已投资"科目。

（2）收到基金会交回的投资收益,按照实际收到的金额,借记"银行存款"科目,贷记"专用基金——留本基金——收益"科目。

（3）从基金会收回使用留本基金委托的投资,按照收回的金额,借记"银行存款"科目,按照收回的留本基金本金金额,贷记"其他应收款——留本基金委托投资"科目,按照两者的差额,贷记或借记"专用基金——留本基金——收益"科目。同时,按照收回的留本基金本金金额,借记"专用基金——留本基金——本金——已投资"科目,贷记"专用基金——留本基金——本金——未投资"科目。

3.高等学校直接使用留本基金进行投资

（1）投资时,按照动用留本基金投资的数额,借记"短期投资""长期债券投资"等科目,贷记"银行存款"科目;同时,按照相同的金额,借记"专用基金——留本基金——本金——未投资"科目,贷记"专用基金——留本基金——本金——已投资"科目。

（2）期末，对持有的留本基金投资确认应计利息收入时，按照确认的应计利息，借记"应收利息""长期债券投资"科目，贷记"专用基金——留本基金——收益"科目。

（3）收到留本基金投资获得的利息时，按照实际收到的金额，借记"银行存款"科目，贷记"应收利息"科目。

（4）收回留本基金投资时，按照收回的金额，借记"银行存款"科目，按照收回的投资本金及相关利息金额，贷记"短期投资""长期债券投资"等科目，按照两者的差额，贷记或借记"专用基金——留本基金——收益"科目。同时，按照收回的留本基金本金金额，借记"专用基金——留本基金——本金——已投资"科目，贷记"专用基金——留本基金——本金——未投资"科目。

4. 高等学校按照协议将留本基金收益转增本金时，按照转增的金额，借记"专用基金——留本基金——收益"科目，贷记"专用基金——留本基金——本金——未投资"科目。

5. 高等学校按照协议可以使用留本基金取得的收益时，按照可以使用的金额，借记"专用基金——留本基金——收益"科目，贷记"捐赠收入"科目；同时，按照相同的金额，借记"资金结存——货币资金"科目，贷记"捐赠预算收入"科目。使用留本基金收益时，按照使用的金额，借记"业务活动费用"等科目，贷记"银行存款"等科目；同时，借记"事业支出——教育支出"等科目，贷记"资金结存——货币资金"科目。

6. 按照协议规定的留本基金限定期限到期，高等学校将留本基金转为可以使用的资金，按照转为可以使用的资金数额，借记"专用基金——留本基金——本金——未投资"科目，贷记"捐赠收入"科目；同时按照相同的金额，借记"资金结存——货币资金"科目，贷记"捐赠预算收入"科目。

四、关于受托代理业务的账务处理

（一）高等学校应当在"1891 受托代理资产"科目下设置"应收及暂付款""固定资产""无形资产"明细科目。

1. 发生涉及受托代理资金的各种应收及暂付款项时，按照实际发生金额，借记"受托代理资产——应收及暂付款"科目，贷记"银行存款——受托代理资产""库存现金——受托代理资产"等科目；收回其他应收款项或报销时，借记"库存现金——受托代理资产"、"银行存款——受托代理资产""受托代理负债"等科目，贷记"受托代理资产——应收及暂付款"科目。

2. 使用受托代理资金购置固定资产或无形资产时，借记"受托代理资产——固定资产"或"受托代理资产——无形资产"科目，贷记"银行存款——受托代理资产""库存现金——受托代理资产"等科目。受托代理资产科目下"固定资产""无形资产"不计提折旧和摊销。受托代理的固定资产、无形资产报废、转交时，按照受托代理的固定资产、无形资产账面余额，借记"受托代理负债"科目，贷记"受托代理资产"科目及其明细科目。

（二）高等学校核算的因公房出售形成的公共维修基金（个人缴纳部分），通过"受

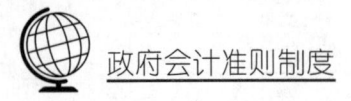

托代理负债"科目进行核算。

五、关于受托加工物品的账务处理

1. 高等学校收到委托单位支付的资金用于加工设备、材料等时，借记"银行存款"等科目，贷记"预收账款"科目；同时，按照收到的资金，借记"资金结存——货币资金"科目，贷记"事业预算收入"等科目。

2. 高等学校对受托加工物品进行加工时，按照加工消耗的料、工、费等，借记"加工物品——受托加工物品"科目，贷记"库存物品""应付职工薪酬""银行存款"等科目；同时，对加工中支付的资金，在支付时按照实际支付的金额，借记"事业支出——科研支出"科目，贷记"资金结存——货币资金"科目。

3. 高等学校将加工完成的产品交付委托方时，按照受托加工产品的成本，借记"业务活动费用——科研费用"科目，贷记"加工物品——受托加工物品"科目，同时，确认委托方的委托加工收入，按照预收账款账面余额，借记"预收账款"科目，按照应确认的收入金额，贷记"事业收入"等科目，按照委托方补付或退回委托方的金额，借记或贷记"银行存款"等科目（同时借记或贷记"资金结存"科目，贷记或借记"事业预算收入"等科目）。涉及增值税业务的，相关账务处理参见"应缴增值税"科目。

六、关于计提和使用项目间接费用或管理费的账务处理

（一）高等学校按规定从科研项目收入中计提项目间接费用或管理费时，除按新制度规定借记"单位管理费用"科目外，也可根据实际情况借记"业务活动费用"等科目。

（二）高等学校使用计提的项目间接费用或管理费购买固定资产、无形资产的，在财务会计下，按照固定资产、无形资产的成本金额，借记"固定资产""无形资产"科目，贷记"银行存款"等科目；同时，按照相同的金额，借记"预提费用——项目间接费用或管理费"科目，贷记"累计盈余"科目。在预算会计下，按照相同的金额，借记"事业支出"等科目，贷记"资金结存"科目。

七、关于附属单位工资返还的账务处理

高等学校附属单位职工薪酬按规定自行负担，但需由高等学校代为发放时，高等学校按照实际垫付的金额，借记"其他应收款"科目，贷记"应付职工薪酬"科目。高等学校收到附属单位交来的返还款时，借记"银行存款"科目，贷记"其他应收款"科目。

八、关于出资成立非企业法人单位的账务处理

高等学校经批准出资成立非企业法人单位，如教育基金会、研究院等，应当借记"其他费用"科目，贷记"银行存款"科目；同时，借记"其他支出"科目，贷记"资金结存——货币资金"科目。

九、关于按合同完成进度确认事业收入

高等学校以合同完成进度确认事业收入时，应当根据业务实质，选择累计实际发

生的合同成本占合同预计总成本的比例、已经完成的合同工作量占合同预计总工作量的比例、已经完成的时间占合同期限的比例、实际测定的完工进度等方法，合理确定合同完成进度。

十、关于固定资产折旧年限

通常情况下，高等学校应当按照附表3规定确定各类应计提折旧的固定资产的折旧年限。

十一、生效日期

本规定自2019年1月1日起施行。

附表1：

收入费用表

会政财02表

编制单位：____　　　　　　　　____年__月　　　　　　　　单位：元

项目	本月数	本年累计数
一、本期收入		
（一）财政拨款收入		
其中：政府性基金收入		
（二）事业收入		
其中：教育事业收入		
科研事业收入		
（三）上级补助收入		
（四）附属单位上缴收入		
（五）经营收入		
（六）非同级财政拨款收入		
（七）投资收益		
（八）捐赠收入		
（九）利息收入		
（十）租金收入		
（十一）其他收入		
其中：后勤保障单位净收入		
二、本期费用		

(续表)

项目	本月数	本年累计数
（一）业务活动费用		
其中：教育费用		
科研费用		
（二）单位管理费用		
其中：行政管理费用		
后勤保障费用		
离退休费用		
单位统一负担的其他管理费用		
（三）经营费用		
（四）资产处置费用		
（五）上缴上级费用		
（六）对附属单位补助费用		
（七）所得税费用		
（八）其他费用		
三、本期盈余		

附表2：

预算收入支出表

会政预01表

编制单位：_____　　　　__年　　　　　　　　　　单位：元

项　目	本年数	上年数
一、本年预算收入		
（一）财政拨款预算收入		
其中：政府性基金收入		
（二）事业预算收入		
其中：教育事业预算收入		
科研事业预算收入		
（三）上级补助预算收入		

（续表）

项　目	本年数	上年数
（四）附属单位上缴预算收入		
（五）经营预算收入		
（六）债务预算收入		
（七）非同级财政拨款预算收入		
（八）投资预算收益		
（九）其他预算收入		
其中：利息预算收入		
捐赠预算收入		
租金预算收入		
后勤保障单位净预算收入		
二、本年预算支出		
（一）行政支出		
（二）事业支出		
其中：教育支出		
科研支出		
行政管理支出		
后勤保障支出		
离退休支出		
（三）经营支出		
（四）上缴上级支出		
（五）对附属单位补助支出		
（六）投资支出		
（七）债务还本支出		
（八）其他支出		
其中：利息支出		
捐赠支出		
三、本年预算收支差额		

附表 3：

高等学校固定资产折旧年限表

固定资产类别	折旧年限（年）	备注
一、房屋及构筑物		
1. 房屋		
钢结构	50	
钢筋混凝土结构	50	
砖混结构	30	
砖木结构	30	
2. 简易房	8	
3. 房屋附属设施	8	围墙、停车设施等
4. 构筑物	8	池、罐、槽、塔等
二、通用设备		
1. 计算机设备	6	计算机、网络设备、安全设备、终端设备、存储设备等
2. 办公设备	6	电话机、传真机、摄像机、刻录机等
3. 车辆	8	载货汽车、牵引汽车、乘用车、专用车辆等
4. 图书档案设备	5	
5. 机械设备	10	锅炉、液压机械、金属加工设备、泵、风机、气体压缩机、气体分离及液化设备、分离及干燥设备等
6. 电气设备	5	电机、变压器、电源设备、生活用电器等
7. 雷达、无线电和卫星导航设备	10	
8. 通信设备、广播、电视、电影设备	5	
9. 仪器仪表、电子和通信测量仪器、计量标准器具及量具、衡器	5	
10. 除上述以外其他通用设备	5	
三、专用设备		
1. 探矿、采矿、选矿和造块设备	10	
2. 石油天然气开采专用设备	10	
3. 石油和化学工业专用设备	10	
4. 炼焦和金属冶炼轧制设备	10	
5. 电力工业专用设备	20	
6. 核工业专用设备	20	

（续表）

固定资产类别	折旧年限（年）	备注
7. 航空航天工业专用设备	20	
8. 非金属矿物制品工业专用设备	10	
9. 工程机械	10	
10. 农业和林业机械	10	
11. 木材采集和加工设备	10	
12. 食品加工专用设备	10	
13. 饮料加工设备	10	
14. 烟草加工设备	10	
15. 粮油作物和饲料加工设备	10	
16. 纺织设备	10	
17. 缝纫、服饰、制革和毛皮加工设备	10	
18. 造纸和印刷机械	10	
19. 化学药品和中药专用设备	5	
20. 医疗设备	5	
21. 电工、电子专用生产设备	5	
22. 安全生产设备	10	
23. 邮政专用设备	10	
24. 环境污染防治设备	10	
25. 公安专用设备	3	
26. 水工机械	10	
27. 殡葬设备及用品	5	
28. 铁路运输设备	10	
29. 水上交通运输设备	10	
30. 航空器及其配套设备	10	
31. 专用仪器仪表	5	
32. 文艺设备	5	
33. 体育设备	5	
34. 娱乐设备	5	
四、家具、用具、装具		
1. 家具	15	
其中：学生用家具	5	
2. 用具、装具	5	

关于高等学校执行《政府会计制度——行政事业单位会计科目和报表》的衔接规定

我部于 2017 年 10 月 24 日印发了《政府会计制度——行政事业单位会计科目和报表》（财会〔2017〕25 号，以下简称新制度）。原执行《高等学校会计制度》（财会〔2013〕30 号，以下简称原制度）的高等学校[①]，自 2019 年 1 月 1 日起执行新制度，不再执行原制度。为了确保新旧会计制度顺利过渡，现对高等学校执行新制度及《关于高等学校执行〈政府会计制度——行政事业单位会计科目和报表〉的补充规定》（以下简称补充规定）有关衔接问题规定如下：

一、新旧制度衔接总要求

（一）自 2019 年 1 月 1 日起，高等学校应当严格按照新制度及补充规定进行会计核算、编制财务报表和预算会计报表。

（二）高等学校应当按照本规定做好新旧制度衔接的相关工作，主要包括以下几个方面：

1. 根据原账编制 2018 年 12 月 31 日的科目余额表，并按照本规定要求，编制原账的部分科目余额明细表（参见附表1、附表2）。

2. 按照新制度及补充规定设立 2019 年 1 月 1 日的新账。

3. 按照本规定要求，登记新账的财务会计科目余额和预算结余科目余额，包括将原账科目余额转入新账财务会计科目、按照原账科目余额登记新账预算结余科目（高等学校新旧会计制度转账、登记新账科目对照表见附表3），将未入账事项登记新账科目，并对相关新账科目余额进行调整。原账科目是指按照原制度规定设置的会计科目。

4. 按照登记及调整后新账的各会计科目余额，编制 2019 年 1 月 1 日的科目余额表，作为新账各会计科目的期初余额。

5. 根据新账各会计科目期初余额，按照新制度编制 2019 年 1 月 1 日资产负债表。

（三）及时调整会计信息系统。高等学校应当按照新制度及补充规定要求对原有会计信息系统进行及时更新和调试，实现数据正确转换，确保新旧账套的有序衔接。

二、财务会计科目的新旧衔接

（一）将 2018 年 12 月 31 日原账会计科目余额转入新账财务会计科目

1. 资产类

（1）"库存现金""财政应返还额度""短期投资""应收票据""应收账款""无形资产"科目

新制度设置了"库存现金""财政应返还额度""短期投资""应收票据""应

[①] 本规定所指高等学校包括各级人民政府举办的全日制普通高等学校和成人高等学校。

收账款""无形资产"科目,其核算内容与原账的上述相应科目的核算内容基本相同。转账时,应当将原账的上述科目余额直接转入新账的相应科目。其中,还应当将原账的"库存现金"科目余额中属于新制度规定受托代理资产的金额转入新账的"库存现金"科目下"受托代理资产"明细科目。

（2）"银行存款"科目

新制度设置了"银行存款"和"其他货币资金"科目,原制度设置了"银行存款"科目。转账时,高等学校应当将原账"银行存款"科目中核算的属于新制度规定的其他货币资金的金额,转入新账的"其他货币资金"科目;将原账"银行存款"科目余额减去其中属于其他货币资金余额后的差额,转入新账的"银行存款"科目。其中,还应当将原账的"银行存款"科目余额中属于新制度规定受托代理资产的金额,转入新账"银行存款"科目下的"受托代理资产"明细科目。

（3）"预付账款"科目

新制度设置了"预付账款"科目,该科目的核算内容与原账"预付账款"科目的核算内容基本相同。转账时,高等学校应当将原账的"预付账款"科目余额转入新账的"预付账款"科目。

新制度设置了"受托代理资产"科目,高等学校在原账的"预付账款"科目中核算了使用受托代理资金的预付账款的,应当将原账的"预付账款"科目余额中使用受托代理资金的金额转入新账的"受托代理资产——应收及暂付款"科目。

（4）"其他应收款"科目

新制度设置了"其他应收款"科目,该科目的核算内容与原账的"其他应收款"科目的核算内容基本相同。转账时,高等学校应当将原账的"其他应收款"科目余额转入新账的"其他应收款"科目。

新制度设置了"在途物品"科目,高等学校如果有在原账"其他应收款"科目中核算已经付款或开出商业汇票、尚未收到物资的款项,应当将原账的"其他应收款"科目余额中已经付款或开出商业汇票、尚未收到物资的款项金额转入新账的"在途物品"科目。

新制度设置了"受托代理资产"科目,高等学校如果有使用受托代理资金支付其他应收款的,应当将原账的"其他应收款"科目余额中使用受托代理资金的金额转入新账的"受托代理资产——应收及暂付款"科目。

（5）"存货"科目

新制度设置了"库存物品"和"加工物品"科目,原制度设置了"存货"科目。转账时,高等学校应当将原账的"存货"科目余额中属于在加工存货的金额,转入新账的"加工物品"科目;将原账的"存货"科目余额减去属于在加工存货的金额后的差额,转入新账的"库存物品"科目。

高等学校在原账的"存货"科目中核算了属于新制度规定的受托代理物资的,应当将原账的"存货"科目余额中属于受托代理物资的金额,转入新账的"受托代理资产"科目。

（6）"长期投资"科目

新制度设置了"长期股权投资"和"长期债券投资"科目,原制度设置了"长期投资"

科目。转账时，高等学校应当将原账的"长期投资"科目余额中属于股权投资的金额转入新账的"长期股权投资"科目及其明细科目；将原账的"长期投资"科目余额中属于债券投资的金额，转入新账的"长期债券投资"科目及其明细科目。

高等学校原账的"长期投资"科目核算的内容中，如果有被投资单位属于非企业法人单位的，应当在转账时先将对非企业法人单位出资的金额从原账的"长期投资"科目余额转出，借记原账的"非流动资产基金——长期投资"科目，贷记原账的"长期投资"科目。

（7）"固定资产"科目

新制度设置了"固定资产"科目，该科目的核算内容与原账"固定资产"科目的核算内容基本相同。转账时，高等学校应当将原账的"固定资产"科目余额转入新账的"固定资产"科目。

高等学校有使用受托代理资金购买的固定资产的，当将原账的"固定资产"科目余额中使用受托代理资金购买固定资产的金额转入新账的"受托代理资产——固定资产"科目借方。

（8）"累计折旧"科目

新制度设置了"固定资产累计折旧"科目，该科目的核算内容与原账"累计折旧"科目的核算内容基本相同。转账时，高等学校已经计提了固定资产折旧的，应当将原账的"累计折旧"科目余额，转入新账的"固定资产累计折旧"科目。

高等学校有使用受托代理资金购买的固定资产并计提了折旧的，应当将原账的"累计折旧"科目余额中对使用受托代理资金购买固定资产计提折旧的金额转入新账的"累计盈余"科目。

（9）"在建工程"科目

新制度设置了"在建工程"和"预付账款——预付备料款、预付工程款"科目，原制度设置了"在建工程"科目。转账时，高等学校应当将原账的"在建工程"科目余额（基建"并账"后的金额，下同）中属于预付备料款、预付工程款的金额，转入新账的"预付账款"科目相关明细科目；将原账的"在建工程"科目余额减去预付备料款、预付工程款金额后的差额，转入新账的"在建工程"科目。

高等学校在原账"在建工程"科目中核算了按照新制度规定应当记入"工程物资"科目内容的，应当将原账"在建工程"科目余额中属于工程物资的金额，转入新账的"工程物资"科目。

（10）"累计摊销"科目

新制度设置了"无形资产累计摊销"科目，该科目的核算内容与原账"累计摊销"科目的核算内容基本相同。转账时，高等学校已经计提了无形资产摊销的，应当将原账的"累计摊销"科目余额，转入新账的"无形资产累计摊销"科目。

（11）"待处置资产损溢"科目

新制度设置了"待处理财产损溢"科目，该科目的核算内容与原账的"待处置资产损溢"科目的核算内容基本相同。转账时，高等学校应当将原账的"待处置资产损溢"

科目余额,转入新账的"待处理财产损溢"科目。

(12)"零余额账户用款额度"科目

由于原账的"零余额账户用款额度"科目年末无余额,无需进行转账处理。

2.负债类

(1)"短期借款""应付职工薪酬""应付票据""应付账款""预收账款""长期借款""长期应付款"科目

新制度设置了"短期借款""应付职工薪酬""应付票据""应付账款""预收账款""长期借款""长期应付款"科目,这些科目的核算内容与原账的上述相应科目的核算内容基本相同。转账时,高等学校应当将原账的上述科目余额直接转入新账的相应科目。

(2)"应缴税费"科目

新制度设置了"应交增值税"和"其他应交税费"科目,原制度设置了"应缴税费"科目。转账时,高等学校应当将原账的"应缴税费——应缴增值税"科目余额,转入新账"应交增值税"科目中的相关明细科目;将原账的"应缴税费"科目余额减去属于应缴增值税余额后的差额,转入新账的"其他应交税费"科目。

(3)"应缴国库款""应缴财政专户款"科目

新制度设置了"应缴财政款"科目,原制度设置了"应缴国库款""应缴财政专户款"科目。转账时,高等学校应当将原账的"应缴国库款""应缴财政专户款"科目余额转入新账的"应缴财政款"科目。

(4)"其他应付款"科目

新制度设置了"其他应付款"科目,该科目的核算内容与原账"其他应付款"科目的核算内容基本相同。转账时,高等学校应当将原账的"其他应付款"科目余额,转入新账的"其他应付款"科目。其中,高等学校在原账的"其他应付款"科目中核算了属于新制度规定的受托代理负债的,应当将原账的"其他应付款"科目余额中属于受托代理负债的余额,转入新账的"受托代理负债"科目。

(5)"代管款项"科目

新制度设置了"受托代理负债"科目,原账的"代管款项"科目的核算内容包括了受托代理负债的内容。转账时,高等学校应当对原账中"代管款项"科目余额进行分析,将其中属于新制度规定受托代理负债的余额转入新账的"受托代理负债"科目;将不属于受托代理负债的余额,根据偿还期限分别转入新账的"其他应付款"和"长期应付款"科目。

3.净资产类

(1)"事业基金"科目

新制度设置了"累计盈余"科目。该科目核算内容包含了原账"事业基金"科目的核算内容。转账时,高等学校应当将原账的"事业基金"科目余额,转入新账的"累计盈余"科目。

(2)"非流动资产基金"科目

依据新制度,无需对原制度中"非流动资产基金"科目对应内容进行核算。转账时,高等学校应当将原账的"非流动资产基金"科目余额转入新账的"累计盈余"科目。

高等学校有使用受托代理资金购买的固定资产的，转账时，应当将"非流动资产基金——固定资产"科目余额中属于受托代理固定资产原值的金额转入新账的"受托代理负债"科目。

（3）"专用基金"科目

新制度设置了"专用基金"科目，该科目的核算内容与原账"专用基金"科目的核算内容基本相同。转账时，高等学校应当将原账的"专用基金"科目余额转入新账的"专用基金"科目。

（4）"财政补助结转""财政补助结余""非财政补助结转"科目

新制度设置了"累计盈余"科目，该科目的余额包含了原账的"财政补助结转""财政补助结余""非财政补助结转"科目的余额内容。转账时，高等学校应当将原账的"财政补助结转""财政补助结余""非财政补助结转"科目余额，转入新账的"累计盈余"科目。

（5）"经营结余"科目

新制度设置了"本期盈余"科目，该科目的核算内容包含了原账"经营结余"科目的核算内容。新制度规定"本期盈余"科目余额最终转入"累计盈余"科目，如果原账的"经营结余"科目有借方余额，转账时，高等学校应当将原账的"经营结余"科目借方余额转入新账的"累计盈余"科目借方。

（6）"事业结余""非财政补助结余分配"科目

由于原账的"事业结余""非财政补助结余分配"科目年末无余额，这两个科目无需进行转账处理。

4. 收入类、支出类

由于原账中收入类、支出类科目年末无余额，无需进行转账处理。自2019年1月1日起，高等学校应当按照新制度设置收入类、费用类科目并进行账务处理。

高等学校存在其他本规定未列举的原账科目余额的，应当比照本规定转入新账的相应科目。新账的科目设有明细科目的，应将原账中对应科目的余额加以分析，分别转入新账中相应科目的相关明细科目。

高等学校在进行新旧衔接的转账时，应当编制转账的工作分录，作为转账的工作底稿，并将转入新账的对应原科目余额及分拆原科目余额的依据作为原始凭证。

（二）将原未入账事项登记新账财务会计科目

1. 应收股利

高等学校在新旧制度转换时，应当将2018年12月31日前未入账的应收股利按照新制度规定记入新账。登记新账时，按照确定的应收股利金额，借记"应收股利"科目，贷记"累计盈余"科目。

2. 研发支出

高等学校在新旧制度转换时，应当将2018年12月31日前未入账的自行研究开发项目开发阶段的费用按照新制度规定记入新账。登记新账时，按照确定的开发阶段费用金额，借记"研发支出"科目，贷记"累计盈余"科目。

3. 受托代理资产

高等学校在新旧制度转换时，应当将 2018 年 12 月 31 日前未入账的受托代理资产按照新制度规定记入新账。登记新账时，按照确定的受托代理资产金额，借记"受托代理资产"科目，贷记"受托代理负债"科目。

4. 盘盈资产

高等学校在新旧制度转换时，应当将 2018 年 12 月 31 日前未入账的盘盈资产按照新制度规定记入新账。登记新账时，按照确定的盘盈资产及其成本，借记有关资产科目，按照盘盈资产成本的合计金额，贷记"累计盈余"科目。

5. 应付质量保证金

高等学校在新旧制度转换时，应当将 2018 年 12 月 31 日前未入账的应付质量保证金按照新制度规定记入新账。登记新账时，按照确定未入账的应付质量保证金金额，借记"累计盈余"科目，贷记"其他应付款"科目 [扣留期在 1 年以内（含 1 年）]、"长期应付款"科目 [扣留期超过 1 年]。

6. 预计负债

高等学校在新旧制度转换时，应当将 2018 年 12 月 31 日按照新制度规定确认的预计负债记入新账。登记新账时，按照确定的预计负债金额，借记"累计盈余"科目，贷记"预计负债"科目。

高等学校存在 2018 年 12 月 31 日前未入账的其他事项，应当比照本规定登记新账的相应科目。

高等学校对新账的财务会计科目补记未入账事项时，应当编制记账凭证，并将补充登记事项的确认依据作为原始凭证。

（三）对新账的相关财务会计科目余额按照新制度规定的会计核算基础进行调整

1. 计提坏账准备

新制度要求对单位收回后无需上缴财政的应收账款和其他应收款提取坏账准备。在新旧制度转换时，高等学校应当按照 2018 年 12 月 31 日无需上缴财政的应收账款和其他应收款的余额计算应计提的坏账准备金额，借记"累计盈余"科目，贷记"坏账准备"科目。

2. 按照权益法调整长期股权投资账面余额

对按照新制度规定应当采用权益法核算的长期股权投资，在新旧制度转换时，单位应当在"长期股权投资"科目下设置"新旧制度转换调整"明细科目，依据被投资单位 2018 年 12 月 31 日财务报表的所有者权益账面余额，以及单位持有被投资单位的股权比例，计算应享有或应分担的被投资单位所有者权益的份额，调整长期股权投资的账面余额，借记或贷记"长期股权投资——新旧制度转换调整"科目，贷记或借记"累计盈余"科目。

高等学校对已经持有，且处于停产、半停产、连年亏损、资不抵债、主要靠政府补贴和学校续贷维持经营的被投资单位的投资，在新旧制度转换时可继续采用成本法进行核算。

3. 确认长期债券投资期末应收利息

高等学校应当按照新制度规定于 2019 年 1 月 1 日补记长期债券投资应收利息，按照长期债券投资的应收利息金额,借记"长期债券投资"科目[到期一次还本付息]或"应收利息"科目[分期付息、到期还本],贷记"累计盈余"科目。

4. 补提折旧

高等学校在原账中尚未计提固定资产折旧的,应当全面核查截至 2018 年 12 月 31 日的固定资产的预计使用年限、已使用年限、尚可使用年限等,并于 2019 年 1 月 1 日对尚未计提折旧的固定资产补提折旧,按照应计提的折旧金额,借记"累计盈余"科目,贷记"固定资产累计折旧"科目。

5. 补提摊销

高等学校在原账中尚未计提无形资产摊销的,应当全面核查截至 2018 年 12 月 31 日无形资产的预计使用年限、已使用年限、尚可使用年限等,并于 2019 年 1 月 1 日对前期尚未计提摊销的无形资产补提摊销,按照应计提的摊销金额,借记"累计盈余"科目,贷记"无形资产累计摊销"科目。

6. 确认长期借款期末应付利息

高等学校应当按照新制度规定于 2019 年 1 月 1 日补记长期借款的应付利息金额,对其中资本化的部分,借记"在建工程"科目,对其中费用化的部分,借记"累计盈余"科目,按照全部长期借款应付利息金额,贷记"长期借款"科目[到期一次还本付息]或"应付利息"科目[分期付息、到期还本]。

高等学校对新账的财务会计科目期初余额进行调整时,应当编制记账凭证,并将调整事项的确认依据作为原始凭证。

三、预算会计科目的新旧衔接

(一)"财政拨款结转"和"财政拨款结余"科目及对应的"资金结存"科目余额

新制度设置了"财政拨款结转""财政拨款结余"科目及对应的"资金结存"科目。在新旧制度转换时,高等学校应当对原账的"财政补助结转"科目及对应科目余额进行逐项分析,加上已经计入支出尚未支付财政资金(如发生时列支的应付票据、应付账款、应缴税费、应付职工薪酬等)的金额,减去已经支付财政资金尚未计入支出(如购入的存货、预付账款、其他应收款等)的金额,按照增减后的金额,登记新账的"财政拨款结转"科目及其明细科目贷方;按照原账"财政补助结余"科目余额,登记新账的"财政拨款结余"科目及其明细科目贷方。

按照原账"财政应返还额度"科目余额登记新账的"资金结存——财政应返还额度"科目借方。按照新账的"财政拨款结转"和"财政拨款结余"科目贷方余额合计数,减去新账的"资金结存——财政应返还额度"科目借方余额后的差额,登记新账的"资金结存——货币资金"科目借方。

(二)"非财政拨款结转"科目及对应的"资金结存"科目余额

新制度设置了"非财政拨款结转"科目及对应的"资金结存"科目。在新旧制度转换时,高等学校应当对原账的"非财政补助结转"及对应科目余额进行逐项分析,加上已经计入支出尚未支付非财政补助专项资金(如发生时列支的应付票据、应付账款、应缴税费、应付职工薪酬等)的金额,减去已经支付非财政补助专项资金尚未计入支出（如购入的存货、预付账款等）的金额，加上已经收到非财政补助专项资金尚未计入预算收入（如预收账款等）的金额，减去已经计入预算收入尚未收到非财政补助专项资金（如应收票据、应收账款、其他应收款等）的金额，按照增减后的金额，登记新账的"非财政拨款结转"科目及其明细科目贷方；同时，按照相同的金额，登记新账"资金结存——货币资金"科目的借方。

（三）"专用结余"科目及对应的"资金结存"科目余额

新制度设置了"专用结余"科目及对应的"资金结存"科目。在新旧制度转换时，高等学校应当按照原账"专用基金"科目余额中通过非财政补助结余分配形成的金额，借记新账的"资金结存——货币资金"科目，贷记新账的"专用结余"科目。

（四）"经营结余"科目及对应的"资金结存"科目余额

新制度设置了"经营结余"科目。如果原账的"经营结余"科目期末有借方余额，在新旧制度转换时，按照原账的"经营结余"科目余额，借记新账的"经营结余"科目，贷记新账的"资金结存——货币资金"科目。

（五）"非财政拨款结余"科目及对应的"资金结存"科目余额

1. 登记"非财政拨款结余"科目余额

新制度设置了"非财政拨款结余"科目及对应的"资金结存"科目。在新旧制度转换时，高等学校应当按照原账的"事业基金"科目余额，借记新账的"资金结存——货币资金"科目，贷记新账的"非财政拨款结余"科目。

2. 对新账"非财政拨款结余"科目及"资金结存"科目余额进行调整

（1）调整短期投资对非财政拨款结余的影响

高等学校应当按照原账的"短期投资"科目余额，借记"非财政拨款结余"科目，贷记"资金结存——货币资金"科目。

（2）调整应收票据、应收账款对非财政拨款结余的影响

高等学校应当对原账的"应收票据""应收账款"科目余额进行分析，区分计入专项资金收入的金额和计入非专项资金收入的金额，按照计入非专项资金收入的金额借记"非财政拨款结余"科目，贷记"资金结存——货币资金"科目。

（3）调整预付账款对非财政拨款结余的影响

高等学校应当对原账的"预付账款"科目余额进行分析，区分其中由财政补助资金预付的金额、非财政补助专项资金预付的金额和非财政补助非专项资金预付的金额，按照非财政补助非专项资金预付的金额，借记"非财政拨款结余"科目，贷记"资金结存——货币资金"科目。

（4）调整其他应收款对非财政拨款结余的影响

高等学校按照新制度规定将原账其他应收款中的预付款项计入支出的，应当对原账的"其他应收款"科目余额进行分析，区分其中预付款项的金额（将来很可能列支）和非预付款项的金额，并对预付款项的金额划分为财政补助资金预付的金额、非财政补助专项资金预付的金额和非财政补助非专项资金预付的金额，按照非财政补助非专项资金预付的金额，借记"非财政拨款结余"科目，贷记"资金结存——货

币资金"科目。

（5）调整存货对非财政拨款结余的影响

高等学校应当对原账的"存货"科目余额进行分析，区分购入的存货金额和非购入的存货金额。对购入的存货金额划分出其中使用财政补助资金购入的金额、使用非财政补助专项资金购入的金额和使用非财政补助非专项资金购入的金额，按照使用非财政补助非专项资金购入的金额，借记"非财政拨款结余"科目，贷记"资金结存——货币资金"科目。

（6）调整长期股权投资对非财政拨款结余的影响

高等学校应当对原账的"长期投资"科目余额中属于股权投资的余额（不含对非企业法人投资）进行分析，区分其中用现金资产取得的金额和用非现金资产及其他方式取得的金额，按照用现金资产取得的金额，借记"非财政拨款结余"科目，贷记"资金结存——货币资金"科目。

按照原制度核算长期投资，而且对应科目为"非流动资产基金——长期投资"的，不作此项调整。

（7）调整长期债券投资对非财政拨款结余的影响

高等学校应当按照原账的"长期投资"科目余额中属于债券投资的余额，借记"非财政拨款结余"科目，贷记"资金结存——货币资金"科目。

按照原制度核算长期投资，而且对应科目为"非流动资产基金——长期投资"的，不作此项调整。

（8）调整短期借款、长期借款对非财政拨款结余的影响

高等学校应当按照原账的"短期借款""长期借款"科目余额，借记"资金结存——货币资金"科目，贷记"非财政拨款结余"科目。

（9）调整应付票据、应付账款对非财政拨款结余的影响

高等学校应当对原账的"应付票据""应付账款"科目余额进行分析，区分财政补助应付的金额、非财政补助专项资金应付的金额和非财政补助非专项资金应付的金额，按照非财政补助非专项资金应付的金额借记"资金结存——货币资金"科目，贷记"非财政拨款结余"科目。

（10）调整应缴增值税对非财政拨款结余的影响

高等学校应当对原账"应缴税费——应缴增值税"科目余额进行分析，划分出与非财政补助专项资金相关的金额和与非财政补助非专项资金相关的金额。按照与非财政补助非专项资金相关的金额，计算应调整非财政拨款结余的金额。

应调整金额如为正数，按照该金额借记"资金结存——货币资金"科目，贷记"非财政拨款结余"科目；如为负数，按照该金额借记"非财政拨款结余"科目，贷记"资金结存——货币资金"科目。

（11）调整其他应缴税费对非财政拨款结余的影响

高等学校应当对原账"应缴税费"科目余额中非增值税的其他应缴税费金额进行分析，划分出财政补助应交金额、非财政补助专项资金应交金额和非财政补助非专项资金应交金额，按照非财政补助非专项资金应交金额，借记"资金结存——货币资金"

科目，贷记"非财政拨款结余"科目。

（12）调整预收账款对非财政拨款结余的影响

高等学校应当按照原账的"预收账款"科目余额中预收非财政非专项资金的金额，借记"资金结存——货币资金"科目，贷记"非财政拨款结余"科目。

（13）调整其他应付款对非财政拨款结余的影响

高等学校应当对原账的"其他应付款"科目余额（扣除属于受托代理负债的金额）进行分析，区分其中支出类的金额（确认其他应付款时计入了支出）和周转类的金额（如收取的押金、保证金等），并对支出类的金额划分为财政补助资金列支的金额、非财政补助专项资金列支的金额和非财政补助非专项资金列支的金额，按照非财政补助非专项资金列支的金额，借记"资金结存——货币资金"科目，贷记"非财政拨款结余"科目。

（14）调整专用基金对非财政拨款结余的影响

高等学校应当对原账的"专用基金"科目余额进行分析，划分出按照收入比例列支提取的专用基金（如列支提取的职工福利基金、列支提取的学生奖助基金等），按照列支提取的专用基金的金额，借记"资金结存——货币资金"科目，贷记"非财政拨款结余"科目。

3. 高等学校按照前述1、2两个步骤难以准确调整出"非财政拨款结余"科目及对应的"资金结存"科目余额的，在新旧制度转换时，可以在新账的"库存现金""银行存款""其他货币资金""财政应返还额度"科目借方余额合计数基础上，对不纳入单位预算管理的资金进行调整（如减去新账中货币资金形式的受托代理资产、应缴财政款、已收取将来需要退回资金的其他应付款，加上已支付将来需要收回资金的其他应收款），按照调整后的金额减去新账的"财政拨款结转""财政拨款结余""非财政拨款结转""专用结余"科目贷方余额合计数，加上"经营结余"科目借方余额后的金额，登记新账的"非财政拨款结余"科目贷方；同时，按照相同的金额登记新账的"资金结存——货币资金"科目借方。

（六）"其他结余""非财政拨款结余分配"科目

新制度设置了"其他结余"和"非财政拨款结余分配"科目。由于这两个科目年初无余额，在新旧制度转换时，无需对"其他结余"和"非财政拨款结余分配"科目进行新账年初余额登记。

（七）预算收入类、预算支出类会计科目

由于预算收入类、预算支出类会计科目年初无余额，在新旧制度转换时，高等学校无需对预算收入类、预算支出类会计科目进行新账年初余额登记。

高等学校自2019年1月1日起，应当按照新制度设置预算收入类、预算支出类科目并进行账务处理。

高等学校存在2018年12月31日需要按照新制度预算会计核算基础调整预算会计科目期初余额的其他事项的，应当比照本规定调整新账的相应预算会计科目期初余额。

高等学校对预算会计科目期初余额登记和调整，应当编制记账凭证，并将期初余额登记和调整的依据作为原始凭证。

四、财务报表和预算会计报表的新旧衔接

（一）编制 2019 年 1 月 1 日资产负债表

高等学校应当根据 2019 年 1 月 1 日新账的财务会计科目余额，按照新制度编制 2019 年 1 月 1 日资产负债表（仅要求填列各项目"年初余额"）。

（二）2019 年度财务报表和预算会计报表的编制

高等学校应当按照新制度及补充规定编制 2019 年财务报表和预算会计报表。在编制 2019 年度收入费用表、净资产变动表、现金流量表和预算收入支出表、预算结转结余变动表时，不要求填列上年比较数。

高等学校应当根据 2019 年 1 月 1 日新账财务会计科目余额，填列 2019 年净资产变动表各项目的"上年年末余额"；根据 2019 年 1 月 1 日新账预算会计科目余额，填列 2019 年预算结转结余变动表的"年初预算结转结余"项目和财政拨款预算收入支出表的"年初财政拨款结转结余"项目。

五、其他事项

（一）截至 2018 年 12 月 31 日尚未进行基建"并账"的高等学校，应当首先按照《新旧高等学校会计制度有关衔接问题的处理规定》（财会〔2014〕3 号），将基建账套相关数据并入 2018 年 12 月 31 日原账中的相关科目余额，再按照本规定将 2018 年 12 月 31 日原账相关会计科目余额转入新账相应科目。

（二）2019 年 1 月 1 日前执行新制度及补充规定的高等学校，应当按照本规定做好新旧制度衔接工作。

附表 1：

高等学校原会计科目余额明细表一

总账科目	明细分类	金额	备注
库存现金	库存现金		
	其中：受托代理现金		
银行存款	银行存款		
	其中：受托代理银行存款		
	其他货币资金		
预付账款	使用受托代理资金预付		
	其他		
其他应收款	在途物品		已经付款或已开出商业汇票，尚未收到物资
	使用受托代理资金应收		
	其他		

（续表）

总账科目	明细分类	金额	备注
存货	在加工存货		
	非在加工存货		
	受托代理资产		
长期投资	长期股权投资		
	其中：对企业法人单位的投资		
	长期债券投资		
固定资产	固定资产		
	受托代理固定资产		
累计折旧	固定资产累计折旧		
	受托代理固定资产累计折旧		
在建工程	在建工程		
	工程物资		
	预付工程款、预付备料款		
应缴税费	应缴增值税		
	其他应缴税费		
其他应付款	其他应付款		
	受托代理负债		
代管款项	受托代理负债		
	其他应付款		
	长期应付款		

附表2：

高等学校原会计科目余额明细表二

总账科目	明细分类	金额	备注
应收票据、应收账款	发生时不计入收入		如转让资产的应收票据、应收账款
	发生时计入收入		
	其中：专项收入		
	其他		
预付账款（扣除属于受托代理资产的预付款）	财政补助资金预付		
	非财政补助专项资金预付		
	非财政补助非专项资金预付		

（续表）

总账科目	明细分类	金额	备注
其他应收款（扣除属于受托代理资产的应收款）	预付款项		如职工预借的差旅费等
	其中：财政补助资金预付		
	非财政补助专项资金预付		
	非财政补助非专项资金预付		
	需要收回及其他		如支付的押金、应收为职工垫付的款项等
存货（扣除属于受托代理资产的存货）	购入存货		
	其中：使用财政补助资金购入		
	使用非财政补助专项资金购入		
	使用非财政补助非专项资金购入		
	非购入存货		如无偿调入、接受捐赠的存货等
长期投资（扣除对非企业法人股权投资）	长期股权投资		
	其中：用现金资产取得		
	用非现金资产或其他方式取得		
	长期债券投资		
应付票据、应付账款	发生时不计入支出		
	发生时计入支出		
	其中：财政补助资金应付		
	非财政补助专项资金应付		
	非财政补助非专项资金应付		
预收账款	预收专项资金		
	预收非专项资金		
应缴税费—应缴增值税	非财政补助专项资金应交		
	非财政补助非专项资金应交		
应缴税费—应缴其他税费	财政补助资金应交		
	非财政补助专项资金应交		
	非财政补助非专项资金应交		

(续表)

总账科目	明细分类	金额	备注
其他应付款（扣除属于受托代理负债的金额）	支出类		确认其他应付款时确认了支出
	其中：财政补助资金应付		
	非财政补助专项资金应付		
	非财政补助非专项资金应付		
	周转类		如收取的押金、保证金等
专用基金	从非财政补助结余分配中提取		
	从收入中列支提取		
	其他		

附表3：

高等学校新旧会计制度转账、登记新账科目对照表

序号	新制度会计科目		原制度会计科目	
	编号	名称	编号	名称
一、资产类				
1	1001	库存现金	1001	库存现金
2	1002	银行存款	1002	银行存款
3	1021	其他货币资金		
4	1101	短期投资	1101	短期投资
5	1201	财政应返还额度	1201	财政应返还额度
6	1211	应收票据	1211	应收票据
7	1212	应收账款	1212	应收账款
8	1214	预付账款	1213	预付账款
9	1891	受托代理资产		
10	1218	其他应收款	1215	其他应收款
11	1301	在途物品		
12	1891	受托代理资产		
13	1302	库存物品	1301	存货
14	1303	加工物品		
15	1891	受托代理资产		

(续表)

序号	新制度会计科目		原制度会计科目	
	编号	名称	编号	名称
16	1501	长期股权投资	1401	长期投资
17	1502	长期债券投资		
18	1601	固定资产	1501	固定资产
19	1891	受托代理资产		
20	1602	固定资产累计折旧	1502	累计折旧
21	3001	累计盈余		
22	1611	工程物资	1511	在建工程
23	1613	在建工程		
24	1214	预付账款		
25	1701	无形资产	1601	无形资产
26	1702	无形资产累计摊销	1602	累计摊销
27	1902	待处理财产损溢	1701	待处置资产损溢
二、负债类				
28	2001	短期借款	2001	短期借款
29	2101	应交增值税	2101	应缴税费
30	2102	其他应交税费		
31	2103	应缴财政款	2102	应缴国库款
32			2103	应缴财政专户款
33	2201	应付职工薪酬	2201	应付职工薪酬
34	2301	应付票据	2301	应付票据
35	2302	应付账款	2302	应付账款
36	2305	预收账款	2303	预收账款
37	2307	其他应付款	2305	其他应付款
38	2901	受托代理负债		
			3101	非流动资产基金
39	2501	长期借款	2401	长期借款
40	2502	长期应付款	2402	长期应付款
41	2901	受托代理负债	2501	代管款项
42	2307	其他应付款		
43	2502	长期应付款		

370

(续表)

序号	新制度会计科目		原制度会计科目	
	编号	名称	编号	名称
三、净资产类				
44	3001	累计盈余	3001	事业基金
45			3101	非流动资产基金
46	3101	专用基金	3201	专用基金
47	3001	累计盈余	3301	财政补助结转
48			3302	财政补助结余
49			3401	非财政补助结转
50	3001	累计盈余（借方）	3403	经营结余（借方）
四、预算结余类				
51	8101	财政拨款结转	3301	财政补助结转
52	8102	财政拨款结余	3302	财政补助结余
53	8201	非财政拨款结转	3401	非财政补助结转
54	8202	非财政拨款结余	3001	事业基金
55	8301	专用结余	3201	专用基金
56	8401	经营结余	3403	经营结余
57	8001	资金结存（借方）	3301	财政补助结转
			3302	财政补助结余
			3401	非财政补助结转
			3001	事业基金
			3201	专用基金
			3403	经营结余

政府会计准则制度

关于中小学校执行《政府会计制度——行政事业单位会计科目和报表》的补充规定

根据《政府会计准则——基本准则》,结合行业实际情况,现就中小学校①执行《政府会计制度——行政事业单位会计科目和报表》(以下简称新制度)做出如下补充规定:

一、关于"事业支出"科目的明细核算要求

中小学校对"事业支出"科目的明细核算除了遵循新制度规定外,还应当参照本规定附表①。

二、关于报表及编制说明

(一)新增项目及填列方法

中小学校应当在收入费用表的"(十一)其他收入"项目下增加"其中:食堂净收入"项目;应当在预算收入支出表的"(九)其他预算收入"项目下"其中:"后所列项目中增加"食堂净预算收入"项目。

"其中:食堂净收入"和"食堂净预算收入"两个项目的内容及填列方法详见本规定"三、关于中小学校食堂业务的会计处理"。

(二)关于报表附注

中小学校应当在财务报表附注中按照本规定附表1的格式披露事业支出的基本情况。

三、关于中小学校食堂业务的会计处理

中小学校食堂实行独立核算或对食堂收支等主要业务实行独立核算的,年末应当将食堂的报表信息并入学校相关报表的相应项目,并抵销中小学校与食堂的内部业务或事项对中小学校报表的影响。

但是,中小学校在编制收入费用表时,应当将食堂本年收入和费用相抵后的净额并入本表"其他收入"项目金额,并单独填列于该项目下的"食堂净收入"项目。如果食堂收入和费用相抵后的净额合计数为负数,则以"—"号填列。中小学校在编制预算收入支出表时,应当将食堂本年预算收支相抵后的净额并入本表"其他预算收入"项目金额,并单独填列于该项目下的"食堂净预算收入"项目。如果食堂预算收入和

---

① 本规定所指的中小学校包括各级人民政府和接受国家经常性资助的社会力量举办的普通中小学校、中等职业学校、特殊教育学校、工读教育学校、成人中学和成人初等学校。各级人民政府和接受国家经常性资助的社会力量举办的幼儿园依照本规定执行。

支出相抵后的净额合计数为负数,则以"—"号填列。

中小学校应当在年度财务报表附注中提供将食堂财务会计信息纳入学校财务报表情况的说明,包括内部业务或事项抵销处理的情况,食堂本年收入、费用情况。

四、固定资产折旧年限

通常情况下,中小学校应当按照附表2规定确定各类应计提折旧的固定资产的折旧年限。

五、生效日期

本规定自2019年1月1日起施行。

附表 1：

中小学校事业支出明细表（按照经费来源划分）

项目	合计	事业支出										其他资金		
		同级财政拨款			事业收入			非同级财政拨款						
		小计	基本支出	项目支出	小计	基本支出	项目支出	小计	基本支出	项目支出	小计	基本支出	项目支出
一、工资福利支出														
基本工资														
津贴补贴														
奖金														
伙食补助费														
绩效工资														
基本养老保险缴费														
职业年金缴费														
基本医疗保险缴费														
其他社会保障缴费														
住房公积金														
医疗费														
外聘教职工工资														
外聘教职工社会保障缴费														
其他工资福利支出														
二、商品和服务支出														
办公费														
印刷费														
咨询费														
手续费														
水费														

电费															
邮电费															
取暖费															
学校安保费															
校园保洁费															
校园绿化费															
其他物业管理费															
市内差旅费															
国内差旅费															
教师出国（境）培训费															
其他教职工出国（境）培训费															
教职工出国（境）考察费															
仪器设备维修（护）费															
信息系统维修（护）费															
房屋建筑物维修（护）费															
其他维修（护）费															
租赁费															
会议费															
教师培训费															
其他培训费															
公务接待费															
实验耗材费															
体育材料费															
其他材料费															
劳务费															
委托业务费															
工会经费															
福利费															

政府会计准则制度

(续表)

项目	合计	事业支出（按照经费来源划分）											
		同级财政拨款			事业收入			非同级财政拨款			其他资金		
		小计	基本支出	项目支出	小计	基本支出	项目支出	小计	基本支出	项目支出	小计	基本支出	项目支出
校车运行维护费													
公务用车运行维护费													
其他交通费													
学生活动费													
学生出国（境）活动费													
教师工会和党团活动													
学校财产和责任保险费用													
税费和附加费													
财务及审计费													
诉讼费													
其他商品和服务支出													
三、对个人和家庭补助支出													
离休费													
退休费													
退职费													
抚恤金													
生活补助													
医疗费补助													
其中：（1）学生医疗费													
（2）教职工医疗费													
助学金													
其中：（1）助学金													
（2）奖学金													

（3）书本费							
（4）伙食补贴							
（5）学生校外践习津贴							
奖励金							
其他对个人和家庭补助支出							
四、资本性支出							
房屋建筑物购建							
办公设备购置							
专用设备购置							
仪器设备大型修缮							
房屋建筑物大型修缮							
信息网络及软件购置更新							
文物和陈列品购置							
图书购置							
无形资产购置							
其他资本性支出							
合计							

附表 2：

中小学校固定资产折旧年限表

固定资产类别	折旧年限	备注
一、房屋及构筑物		
1.房屋		
钢结构	50 年	
钢筋混凝土结构	50 年	
砖混结构	30 年	
砖木结构	30 年	
2.简易房	8 年	
3.房屋附属设施	8 年	围墙、停车设施等
4.构筑物	8 年	池、罐、槽、塔等
二、通用设备		
1.计算机设备	6 年	计算机、网络设备、安全设备、终端设备、存储设备等
2.办公设备	6 年	电话机、传真机、复印机、投影仪、多功能一体机、录音设备、电子白板、LED 显示屏、触控一体机等
3.车辆	8 年	校车、乘用车、载货汽车、专用车辆等
4.图书档案设备	5 年	
5.机械设备	10 年	电梯、制冷空调、锅炉等
6.电气设备	5 年	电机、变压器、电源设备、生活用电器等
7.通信设备	5 年	
8.广播、电视、电影设备	5 年	
9.仪器仪表	5 年	
10.电子和通信测量设备、	5 年	
11.计量标准器具及量具、衡器	5 年	
三、专用设备		
1.专用仪器仪表	5 年	教学专用仪器等
2.文艺设备	5 年	乐器、舞台设备、影剧院设备等
3.体育设备	5 年	田赛设备、径赛设备、球类设备、体育运动辅助设备等
4.娱乐设备	5 年	
5.公安专用设备	3 年	
6.其他专用设备	10 年	
四、家具、用具及装具		
1.家具	15 年	
其中：学生用家具（教学用）	5 年	
2.用具和装具	5 年	

关于中小学校执行《政府会计制度——行政事业单位会计科目和报表》的衔接规定

我部于2017年10月24日印发了《政府会计制度——行政事业单位会计科目和报表》（财会〔2017〕25号，以下简称新制度）。目前执行《中小学校会计制度》（财会〔2013〕27号，以下简称原制度）的中小学校①，自2019年1月1日起执行新制度，不再执行原制度。为了确保新旧会计制度顺利过渡，现对中小学校执行新制度及《关于中小学校执行〈政府会计制度——行政事业单位会计科目和报表〉的补充规定》（以下简称补充规定）的有关衔接问题规定如下：

一、新旧制度衔接总要求

（一）自2019年1月1日起，中小学校应当严格按照新制度及补充规定进行会计核算、编制财务报表和预算会计报表。

（二）中小学校应当按照本规定做好新旧制度衔接的相关工作，主要包括以下几个方面：

1.根据原账编制2018年12月31日的科目余额表，并按照本规定要求，编制原账的部分科目余额明细表（参见附表1、附表2）。

2.按照新制度及补充规定设立2019年1月1日的新账。

3.按照本规定要求，登记新账的财务会计科目余额和预算结余科目余额，包括将原账科目余额转入新账财务会计科目、按照原账科目余额登记新账预算结余科目（中小学校新旧会计制度转账、登记新账科目对照表见附表3），将未入账事项登记新账科目，并对相关新账科目余额进行调整。原账科目是指按照原制度规定设置的会计科目。

4.按照登记及调整后新账的各会计科目余额，编制2019年1月1日的科目余额表，作为新账各会计科目的期初余额。

5.根据新账各会计科目期初余额，按照新制度编制2019年1月1日资产负债表。

（三）及时调整会计信息系统。中小学校应当按照新制度及补充规定要求对原有会计信息系统进行及时更新和调试，实现数据正确转换，确保新旧账套的有序衔接。

---

① 本规定所指的中小学校包括各级人民政府和接受国家经常性资助的社会力量举办的普通中小学校、中等职业学校、特殊教育学校、工读教育学校、成人中学和成人初等学校。各级人民政府和接受国家经常性资助的社会力量举办的幼儿园依照本规定执行。

二、财务会计科目的新旧衔接

（一）将 2018 年 12 月 31 日原账会计科目余额转入新账财务会计科目

1.资产类

（1）"库存现金""财政应返还额度""短期投资""固定资产""无形资产"科目

新制度设置了"库存现金""财政应返还额度""短期投资""固定资产""无形资产"科目，其核算内容与原账的上述相应科目的核算内容基本相同。转账时，中小学校应当将原账的上述科目余额直接转入新账的相应科目。其中，还应当将原账的"库存现金"科目余额中属于新制度规定受托代理资产的金额，转入新账的"库存现金"科目下"受托代理资产"明细科目。

（2）"银行存款"科目

新制度设置了"银行存款"和"其他货币资金"科目，原制度设置了"银行存款"科目。转账时，中小学校应当将原账"银行存款"科目中核算的属于新制度规定的其他货币资金的金额，转入新账"其他货币资金"科目；将原账"银行存款"科目余额减去其中属于其他货币资金余额后的差额，转入新账的"银行存款"科目。其中，还应当将原账的"银行存款"科目余额中属于新制度规定受托代理资产的金额，转入新账"银行存款"科目下的"受托代理资产"明细科目。

（3）"应收账款"科目

新制度设置了"应收票据""应收账款""预付账款"科目，这三个科目的核算内容与原账的"应收账款"科目的核算内容基本相同。转账时，中小学校应当将原账的"应收账款"科目余额中属于新制度规定的应收票据的金额转入新账的"应收票据"科目；将原账的"应收账款"科目余额中属于新制度规定的应收账款的金额转入新账的"应收账款"科目；将原账的"应收账款"科目余额中属于新制度规定的预付账款的金额转入新账的"预付账款"科目。

（4）"其他应收款"科目

新制度设置了"其他应收款"科目，该科目的核算内容与原账"其他应收款"科目的核算内容基本相同。转账时，中小学校应当将原账的"其他应收款"科目余额，转入新账的"其他应收款"科目。

新制度设置了"在途物品"科目，中小学校在原账"其他应收款"科目中核算了已经付款或开出商业汇票、尚未收到物资的款项，应当将原账的"其他应收款"科目余额中已经付款或开出商业汇票、尚未收到物资的款项金额，转入新账的"在途物品"科目。

（5）"存货"科目

新制度设置了"库存物品"和"加工物品"科目，原制度设置了"存货"科目。转账时，中小学校应当将原账的"存货"科目余额中属于在加工存货的金额，转入新账的"加工物品"科目；将原账的"存货"科目余额减去属于在加工存货的金额后的差额，转入新账的"库存物品"科目。

中小学校在原账的"存货"科目中核算了属于新制度规定的受托代理物资的,应当将原账的"存货"科目余额中属于受托代理物资的金额,转入新账的"受托代理资产"科目。

(6)"长期投资"科目

新制度设置了"长期股权投资"和"长期债券投资"科目,原制度设置了"长期投资"科目。转账时,中小学校应当将原账的"长期投资"科目余额中属于股权投资的金额,转入新账的"长期股权投资"科目及其明细科目;将原账的"长期投资"科目余额中属于债券投资的金额,转入新账的"长期债券投资"科目及其明细科目。

(7)"在建工程"科目

新制度设置了"在建工程"和"预付账款——预付备料款、预付工程款"科目,原制度设置了"在建工程"科目。转账时,中小学校应当将原账的"在建工程"科目余额(基建"并账"后的金额,下同)中属于预付备料款、预付工程款的金额,转入新账的"预付账款"科目相关明细科目;将原账的"在建工程"科目余额减去预付备料款、预付工程款金额后的差额,转入新账的"在建工程"科目。

中小学校在原账"在建工程"科目中核算了按照新制度规定应当记入"工程物资"科目内容的,应当将原账"在建工程"科目余额中属于工程物资的金额,转入新账的"工程物资"科目。

(8)"待处置资产损溢"科目

新制度设置了"待处理财产损溢"科目,该科目的核算内容与原账"待处置资产损溢"科目的核算内容基本相同。转账时,中小学校应当将原账的"待处置资产损溢"科目余额,转入新账的"待处理财产损溢"科目。

(9)"零余额账户用款额度"科目

由于原账的"零余额账户用款额度"科目年末无余额,该科目无需进行转账处理。

2.负债类

(1)"短期借款""应付职工薪酬""长期借款""长期应付款"科目

新制度设置了"短期借款""应付职工薪酬""长期借款""长期应付款"科目,这些科目的核算内容与原账的上述相应科目的核算内容基本相同。转账时,中小学校应当将原账的上述科目余额直接转入新账的相应科目。

(2)"应缴税费"科目

新制度设置了"应交增值税"和"其他应交税费"科目,原制度设置了"应缴税费"科目。转账时,中小学校应当将原账的"应缴税费——应缴增值税"科目余额,转入新账"应交增值税"科目中的相关明细科目;将原账的"应缴税费"科目余额减去属于应缴增值税余额后的差额,转入新账的"其他应交税费"科目。

(3)"应缴国库款""应缴财政专户款"科目

新制度设置了"应缴财政款"科目,原制度设置了"应缴国库款""应缴财政专户款"科目。转账时,中小学校应当将原账的"应缴国库款""应缴财政专户款"科目余额,转入新账的"应缴财政款"科目。

(4)"应付账款"科目

新制度设置了"应付票据""应付账款""预收账款"科目,这三个科目的核算内容与原账的"应付账款"科目的核算内容基本相同。转账时,中小学校应当将原账的"应付账款"科目余额中属于应付票据的金额转入新账的"应付票据"科目;将原账的"应付账款"科目余额中属于应付账款的金额转入新账的"应付账款"科目;将原账的"应付账款"科目余额中属于预收账款的金额转入新账的"预收账款"科目。

(5)"其他应付款"科目

新制度设置了"其他应付款"科目,该科目的核算内容与原账"其他应付款"科目的核算内容基本相同。转账时,中小学校应当将原账的"其他应付款"科目余额,转入新账的"其他应付款"科目。其中,中小学校在原账的"其他应付款"科目中核算了属于新制度规定的受托代理负债的,应当将原账的"其他应付款"科目余额中属于受托代理负债的余额,转入新账的"受托代理负债"科目。

(6)"代管款项"科目

新制度设置了"受托代理负债"科目,原账的"代管款项"科目的核算内容包括了受托代理负债的内容。转账时,中小学校应当对原账中"代管款项"科目余额进行分析,将其中属于新制度规定受托代理负债的余额转入新账的"受托代理负债"科目;将不属于受托代理负债的余额,根据偿还期限分别转入新账中"其他应付款"和"长期应付款"科目。

3. 净资产类

(1)"事业基金"科目

新制度设置了"累计盈余"科目。该科目的余额包含了原账的"事业基金"科目的核算内容。转账时,中小学校应当将原账的"事业基金"科目余额转入新账的"累计盈余"科目。

(2)"非流动资产基金"科目

依据新制度,无需进行原制度中"非流动资产基金"科目对应内容的核算。转账时,中小学校应当将原账的"非流动资产基金"科目余额转入新账的"累计盈余"科目。

(3)"专用基金"科目

新制度设置了"专用基金"科目,该科目的核算内容与原账的"专用基金"科目的核算内容基本相同。转账时,中小学校应当将原账的"专用基金"科目余额转入新账的"专用基金"科目。

(4)"财政补助结转""财政补助结余""非财政补助结转"科目

新制度设置了"累计盈余"科目,该科目的余额包含了原账的"财政补助结转""财政补助结余""非财政补助结转"科目的余额内容。转账时,中小学校应当将原账的"财政补助结转""财政补助结余""非财政补助结转"科目余额,转入新账的"累计盈余"科目。

(5)"经营结余"科目

新制度设置了"本期盈余"科目,该科目的核算内容包含了原账"经营结余"科目的核算内容。新制度规定"本期盈余"科目余额最终转入"累计盈余"科目,如果原账的"经营结余"科目有借方余额,转账时,中小学校应当将原账的"经营结余"科目借方余额,转入新账的"累计盈余"科目借方。

(6)"事业结余""非财政补助结余分配"科目

由于原账的"事业结余""非财政补助结余分配"科目年末无余额,这两个科目无需进行转账处理。

4. 收入类、支出类

由于原账中收入类、支出类科目年末无余额，无需进行转账处理。自 2019 年 1 月 1 日起，应当按照新制度设置收入类、费用类科目并进行账务处理。

中小学校存在其他本规定未列举的原账科目余额的，应当比照本规定转入新账的相应科目。新账的科目设有明细科目的，应将原账中对应科目的余额加以分析，分别转入新账中相应科目的相关明细科目。

中小学校在进行新旧衔接的转账时，应当编制转账的工作分录，作为转账的工作底稿，并将转入新账的对应原科目余额及分拆原科目余额的依据作为原始凭证。

（二）将原未入账事项登记新账财务会计科目

1. 应收股利

中小学校在新旧制度转换时，应当将 2018 年 12 月 31 日前未入账的应收股利按照新制度规定记入新账。登记新账时，按照确定的应收股利金额，借记"应收股利"科目，贷记"累计盈余"科目。

2. 受托代理资产

中小学校在新旧制度转换时，应当将 2018 年 12 月 31 日前未入账的受托代理资产按照新制度规定记入新账。登记新账时，按照确定的受托代理资产金额，借记"受托代理资产"科目，贷记"受托代理负债"科目。

3. 盘盈资产

中小学校在新旧制度转换时，应当将 2018 年 12 月 31 日前未入账的盘盈资产按照新制度规定记入新账。登记新账时，按照确定的盘盈资产及其成本，分别借记有关资产科目，按照盘盈资产成本的合计金额，贷记"累计盈余"科目。

4. 应付质量保证金

中小学校在新旧制度转换时，应当将 2018 年 12 月 31 日前未入账的应付质量保证金按照新制度规定记入新账。登记新账时，按照确定未入账的应付质量保证金金额，借记"累计盈余"科目，贷记"其他应付款"科目 [扣留期在 1 年以内（含 1 年）]、"长期应付款"科目 [扣留期超过 1 年]。

5. 预计负债

中小学校在新旧制度转换时，应当将 2018 年 12 月 31 日按照新制度规定确认的预计负债记入新账。登记新账时，按照确定的预计负债金额，借记"累计盈余"科目，贷记"预计负债"科目。

中小学校存在 2018 年 12 月 31 日前未入账的其他事项的，应当比照本规定登记新账的相应科目。

中小学校对新账的财务会计科目补记未入账事项时，应当编制记账凭证，并将补充登记事项的确认依据作为原始凭证。

（三）对新账的相关财务会计科目余额按照新制度规定的会计核算基础进行调整

1. 计提坏账准备

新制度要求对中小学校收回后无需上缴财政的应收账款和其他应收款提取坏账准备。在新旧制度转换时，中小学校应当按照 2018 年 12 月 31 日无需上缴财政的应收账款和其他应收款的余额计算应计提的坏账准备金额，借记"累计盈余"科目，贷记"坏账准备"科目。

2. 按照权益法调整长期股权投资账面余额

对按照新制度规定应当采用权益法核算的长期股权投资，在新旧制度转换时，中小学校应当在"长期股权投资"科目下设置"新旧制度转换调整"明细科目，依据被投资单位2018年12月31日财务报表的所有者权益账面余额，以及中小学校持有被投资单位的股权比例，计算应享有或应分担的被投资单位所有者权益的份额，调整长期股权投资的账面余额，借记或贷记"长期股权投资——新旧制度转换调整"科目，贷记或借记"累计盈余"科目。

3. 确认长期债券投资期末应收利息

中小学校应当按照新制度规定于2019年1月1日补记长期债券投资应收利息，按照长期债券投资的应收利息金额，借记"长期债券投资"科目［到期一次还本付息］或"应收利息"科目［分期付息、到期还本］，贷记"累计盈余"科目。

4. 补提折旧

中小学校在原账中尚未计提固定资产折旧的，应当全面核查截至2018年12月31日的固定资产的预计使用年限、已使用年限、尚可使用年限等，并于2019年1月1日对尚未计提折旧的固定资产补提折旧，按照应计提的折旧金额，借记"累计盈余"科目，贷记"固定资产累计折旧"科目。

5. 补提摊销

中小学校在原账中尚未计提无形资产摊销的，应当全面核查截至2018年12月31日无形资产的预计使用年限、已使用年限、尚可使用年限等，并于2019年1月1日对前期尚未计提摊销的无形资产补提摊销，按照应计提的摊销金额，借记"累计盈余"科目，贷记"无形资产累计摊销"科目。

6. 确认长期借款期末应付利息

中小学校应当按照新制度规定于2019年1月1日补记长期借款的应付利息金额，对其中资本化的部分，借记"在建工程"科目，对其中费用化的部分，借记"累计盈余"科目，按照全部长期借款应付利息金额，贷记"长期借款"科目［到期一次还本付息］或"应付利息"科目［分期付息、到期还本］。

中小学校对新账的财务会计科目期初余额进行调整时，应当编制记账凭证，并将调整事项的确认依据作为原始凭证。

三、预算会计科目的新旧衔接

（一）"财政拨款结转"和"财政拨款结余"科目及对应的"资金结存"科目余额

新制度设置了"财政拨款结转""财政拨款结余"科目及对应的"资金结存"科目。在新旧制度转换时，中小学校应当对原账的"财政补助结转"科目及对应科目余额进行逐项分析，加上已经计入支出尚未支付财政资金（如发生时列支的应付账款、应缴税费、应付职工薪酬等）的金额，减去已经支付财政资金尚未计入支出（如购入的存货、预付账款、其他应收款等）的金额，按照增减后的金额，登记新账的"财政拨款结转"科目及其明细科目贷方；按照原账"财政补助结转"科目余额，登记新账的"财政拨款结余"科目及其明细科目贷方。

按照原账"财政应返还额度"科目余额登记新账"资金结存——财政应返还额度"科目借方。按照新账的"财政拨款结转"和"财政拨款结余"科目贷方余额合计数减去新账的"资金结存——财政应返还额度"科目借方余额后的差额，登记新账的"资金结存——货币资金"科目借方。

（二）"非财政拨款结转"科目及对应的"资金结存"科目余额

新制度设置了"非财政拨款结转"科目及对应的"资金结存"科目。在新旧制度转换时，中小学校应当对原账的"非财政补助结转"科目及对应科目余额进行逐项分析，在原账的"非财政补助结转"科目余额基础上，加上已经计入支出尚未支付非财政补助专项资金（如发生时列支的应付票据、应付账款、应缴税费、应付职工薪酬等）的金额，减去已经支付非财政补助专项资金尚未计入支出（如购入的存货、预付账款、其他应收款等）的金额，加上已经收到非财政补助专项资金尚未计入预算收入（如预收账款等）的金额，减去已经计入预算收入尚未收到非财政补助专项资金（如应收票据、应收账款等）的金额，按照增减后的金额登记新账的"非财政拨款结转"科目及其明细科目贷方；同时，按照相同的金额登记新账"资金结存——货币资金"科目借方。

（三）"专用结余"科目及对应的"资金结存"科目余额

新制度设置了"专用结余"科目及对应的"资金结存"科目。在新旧制度转换时，中小学校应当按照原账"专用基金"科目余额中通过非财政补助结余分配形成的金额，借记新账的"资金结存——货币资金"科目，贷记新账的"专用结余"科目。

（四）"经营结余"科目及对应的"资金结存"科目余额

新制度设置了"经营结余"科目及对应的"资金结存"科目。如果原账的"经营结余"科目期末有借方余额，在新旧制度转换时，按照原账的"经营结余"科目余额，借记新账的"经营结余"科目，贷记新账的"资金结存"科目。

（五）"非财政拨款结余"科目及对应的"资金结存"科目余额

1.登记"非财政拨款结余"科目余额

新制度设置了"非财政拨款结余"科目及对应的"资金结存"科目。在新旧制度转换时，中小学校应当按照原账的"事业基金"科目余额，借记新账的"资金结存——货币资金"科目，贷记新账的"非财政拨款结余"科目。

2.对新账"非财政拨款结余"科目及"资金结存"科目余额进行调整

（1）调整短期投资对非财政拨款结余的影响

中小学校应当按照原账的"短期投资"科目余额，借记"非财政拨款结余"科目，贷记"资金结存——货币资金"科目。

（2）调整应收票据、应收账款对非财政拨款结余的影响

中小学校应当对原账的"应收票据""应收账款"科目余额进行分析，区分其中发生时计入预算收入的金额和没有计入预算收入的金额。对发生时计入收入的金额，再区分计入专项资金收入的金额和计入非专项资金收入的金额，按照计入非专项资金收入的金额，借记"非财政拨款结余"科目，贷记"资金结存——货币资金"科目。

（3）调整预付账款对非财政拨款结余的影响

中小学校应当对原账的"预付账款"科目余额进行分析，区分其中由财政补助资金预付的金额、非财政补助专项资金预付的金额和非财政补助非专项资金预付的金额，

按照非财政补助非专项资金预付的金额，借记"非财政拨款结余"科目，贷记"资金结存——货币资金"科目。

（4）调整其他应收款对非财政拨款结余的影响

中小学校按照新制度规定将原账其他应收款中的预付款项计入支出的，应当对原账的"其他应收款"科目余额进行分析，区分其中预付款项的金额（将来很可能列支）和非预付款项的金额，并对预付款项的金额划分为财政补助资金预付的金额、非财政补助专项资金预付的金额和非财政补助非专项资金预付的金额，按照非财政补助非专项资金预付的金额，借记"非财政拨款结余"科目，贷记"资金结存——货币资金"科目。

（5）调整存货对非财政拨款结余的影响

中小学校应当对原账的"存货"科目余额进行分析，区分购入的存货金额和非购入的存货金额。对购入的存货金额划分出其中使用财政补助资金购入的金额、使用非财政补助专项资金购入的金额和使用非财政补助非专项资金购入的金额，按照使用非财政补助非专项资金购入的金额，借记"非财政拨款结余"科目，贷记"资金结存——货币资金"科目。

（6）调整长期股权投资对非财政拨款结余的影响

中小学校应当对原账的"长期投资"科目余额中属于股权投资的余额进行分析，区分其中用现金资产取得的金额和用非现金资产及其他方式取得的金额，按照用现金资产取得的金额，借记"非财政拨款结余"科目，贷记"资金结存——货币资金"科目。

按照原制度核算长期投资、而且对应科目为"非流动资产基金——长期投资"的，不作此项调整。

（7）调整长期债券投资对非财政拨款结余的影响

中小学校应当按原账的"长期投资"科目余额中属于债券投资的余额，借记"非财政拨款结余"科目，贷记"资金结存——货币资金"科目。

按照原制度核算长期投资、而且对应科目为"非流动资产基金——长期投资"的，不作此项调整。

（8）调整短期借款、长期借款对非财政拨款结余的影响

中小学校应当按照原账的"短期借款""长期借款"科目余额，借记"资金结存——货币资金"科目，贷记"非财政拨款结余"科目。

（9）调整应缴税费、应付职工薪酬对非财政拨款结余的影响

中小学校应当对原账的"应缴税费""应付职工薪酬"科目余额进行分析，将计入支出尚未支付的金额划分出财政补助应付的金额、非财政补助专项资金应付的金额和非财政补助非专项资金应付的金额，按照非财政补助非专项资金应付的金额，借记"资金结存——货币资金"科目，贷记"非财政拨款结余"科目。

（10）调整应付票据、应付账款对非财政拨款结余的影响

中小学校应当对原账的"应付票据""应付账款"科目余额进行分析，区分其中发生时计入支出的金额和未计入支出的金额。将计入支出的金额划分出财政补助应付的金额、非财政补助专项资金应付的金额和非财政补助非专项资金应付的金额，按照非财政补助非专项资金应付的金额，借记"资金结存——货币资金"科目，贷记"非财政拨款结余"科目。

（11）调整预收账款对非财政拨款结余的影响

中小学校应当按照原账的"预收账款"科目余额中预收非财政非专项资金的金额，借记"资金结存——货币资金"科目，贷记"非财政拨款结余"科目。

（12）调整专用基金对非财政拨款结余的影响

中小学校应当对原账的"专用基金"科目余额进行分析，划分出按照预算收入比例列支提取的专用基金，按照列支提取的专用基金的金额，借记"资金结存——货币资金"科目，贷记"非财政拨款结余"科目。

3.中小学校按照前述1、2两个步骤难以准确调整出"非财政拨款结余"科目及对应的"资金结存"科目余额的，在新旧制度转换时，可以在新账的"库存现金""银行存款""其他货币资金""财政应返还额度"科目借方余额合计数基础上，对不纳入单位预算管理的资金进行调整（如减去新账中货币资金形式的受托代理资产、应缴财政款、已收取将来需要退回资金的其他应付款，加上已支付将来需要收回资金的其他应收款），按照调整后的金额减去新账的"财政拨款结转""财政拨款结余""非财政拨款结转""专用结余"科目贷方余额合计数，加上"经营结余"科目借方余额后的金额，登记新账的"非财政拨款结余"科目贷方；同时，按照相同的金额登记新账的"资金结存——货币资金"科目借方。

（六）"其他结余""非财政拨款结余分配"科目

新制度设置了"其他结余"和"非财政拨款结余分配"科目。由于这两个科目年初无余额，在新旧制度转换时，无需对"其他结余"和"非财政拨款结余分配"科目进行新账年初余额登记。

（七）预算收入类、预算支出类会计科目

由于预算收入类、预算支出类会计科目年初无余额，在新旧制度转换时，无需对预算收入类、预算支出类会计科目进行新账年初余额登记。

中小学校应当自2019年1月1日起，按照新制度设置预算收入类、预算支出类科目并进行账务处理。

中小学校存在2018年12月31日需要按照新制度预算会计核算基础调整预算会计科目期初余额的其他事项的，应当比照本规定调整新账的相应预算会计科目期初余额。

中小学校对预算会计科目的期初余额登记和调整，应当编制记账凭证，并将期初余额登记和调整的依据作为原始凭证。

四、财务报表和预算会计报表新旧衔接

（一）编制2019年1月1日资产负债表

中小学校应当根据2019年1月1日新账的财务会计科目余额，按照新制度编制2019年1月1日资产负债表（仅要求填列各项目"年初余额"）。

（二）2019年度财务报表和预算会计报表的编制

中小学校应当按照新制度及补充规定编制2019年财务报表和预算会计报表。在编制2019年度收入费用表、净资产变动表、现金流量表和预算收入支出表、预算结转结余变动表时，不要求填列上年比较数。

中小学校应当根据2019年1月1日新账财务会计科目余额，填列2019年净资产

变动表各项目的"上年年末余额";根据 2019 年 1 月 1 日新账预算会计科目余额,填列 2019 年预算结转结余变动表的"年初预算结转结余"项目和财政拨款预算收入支出表的"年初财政拨款结转结余"项目。

五、其他事项

(一)截至 2018 年 12 月 31 日尚未进行基建"并账"的中小学校,应当首先按照《新旧中小学校会计制度有关衔接问题的处理规定》(财会〔2014〕5 号),将基建账套相关数据并入 2018 年 12 月 31 日原账中的相关科目余额,再按照本规定将 2018 年 12 月 31 日原账相关会计科目余额转入新账相应科目。

(二)2019 年 1 月 1 日前执行新制度及补充规定的中小学校,应当按照本规定做好新旧制度衔接工作。

附表1:

中小学校原会计科目余额明细表一

总账科目	明细分类	金额	备注
库存现金	库存现金		
	其中:受托代理现金		
银行存款	银行存款		
	其中:受托代理银行存款		
	其他货币资金		
应收账款	应收票据		
	应收账款		
	预收账款		
其他应收款	在途物品		已经付款,尚未收到物资
	其他		
存货	库存物品		
	受托代理物资		
长期投资	长期股权投资		
	长期债券投资		
在建工程	在建工程		
	工程物资		
	预付工程款、预付备料款		
应缴税费	应缴增值税		
	其他应缴税费		

（续表）

总账科目	明细分类	金额	备注
应付账款	应付票据		
	应付账款		
	预收账款		
其他应付款	其他应付款		
	受托代理负债		
代管款项	受托代理负债		
	其他应付款		
	长期应付款		

附表 2：

中小学校原会计科目余额明细表二

总账科目	明细分类	金额	备注
应收账款	应收票据和应收账款		
	其中：发生时不计入收入		如转让资产的应收票据和应收账款
	发生时计入收入		
	其中：专项收入		
	其他		
	预付账款		
	其中：财政补助资金预付		
	非财政补助专项资金预付		
	非财政补助非专项资金预付		
其他应收款	预付款项		如职工预借的差旅费等
	其中：财政补助资金预付		
	非财政补助专项资金预付		
	非财政补助非专项资金预付		
	需要收回及其他		如支付的押金、应收为职工垫付的款项等
存货	购入存货		
	其中：使用财政补助资金购入		
	使用非财政补助专项资金购入		
	使用非财政补助非专项购入		

（续表）

总账科目	明细分类	金额	备注
存货	非购入存货		如无偿调入、接受捐赠的存货等
长期投资	长期股权投资		
	其中：用现金资产取得		
	用非现金资产或其他方式取得		
	长期债券投资		
应付账款	应付票据和应付账款		
	其中：发生时不计入支出		
	发生时计入支出		
	其中：财政补助资金应付		
	非财政补助专项资金应付		
	非财政补助非专项资金应付		
	预收账款		
	其中：预收专项资金		
	预收非专项资金		
专用基金	从非财政补助结余分配中提取		
	从收入中列支提取		
	其他		

附表3：

中小学校新旧会计制度转账、登记新账科目对照表

序号	新制度会计科目		原制度会计科目	
	编号	名称	编号	名称
一、资产类				
1	1001	库存现金	1001	库存现金
2	1002	银行存款	1002	银行存款
3	1021	其他货币资金		
4	1101	短期投资	1101	短期投资
5	1201	财政应返还额度	1201	财政应返还额度
6	1211	应收票据	1212	应收账款
7	1212	应收账款		
8	1214	预付账款		

（续表）

序号	新制度会计科目		原制度会计科目	
	编号	名称	编号	名称
9	1218	其他应收款	1215	其他应收款
10	1301	在途物品	1301	存货
11	1302	库存物品		
12	1891	受托代理资产		
13	1501	长期股权投资	1401	长期投资
14	1502	长期债券投资		
15	1601	固定资产	1501	固定资产
16	1611	工程物资	1511	在建工程
17	1613	在建工程		
18	1214	预付账款		
19	1701	无形资产	1601	无形资产
20	1902	待处理财产损溢	1701	待处置资产损溢
二、负债类				
21	2001	短期借款	2001	短期借款
22	2101	应交增值税	2101	应缴税费
23	2102	其他应交税费		
24	2103	应缴财政款	2102	应缴国库款
25			2103	应缴财政专户款
26	2201	应付职工薪酬	2201	应付职工薪酬
27	2301	应付票据	2302	应付账款
28	2302	应付账款		
29	2305	预收账款		
30	2307	其他应付款	2305	其他应付款
31	2901	受托代理负债		
32	2501	长期借款	2401	长期借款
33	2502	长期应付款	2402	长期应付款
34	2901	受托代理负债	2501	代管款项
35	2307	其他应付款		
36	2502	长期应付款		
三、净资产类				
37	3001	累计盈余	3001	事业基金
38			3101	非流动资产基金

（续表）

序号	新制度会计科目		原制度会计科目	
	编号	名称	编号	名称
39	3101	专用基金	3201	专用基金
40	3001	累计盈余	3301	财政补助结转
41			3302	财政补助结转
42			3401	非财政补助结转
43	3001	累计盈余（借方）	3403	经营结余（借方）
四、预算结余类				
44	8101	财政拨款结转	3301	财政补助结转
45	8102	财政拨款结余	3302	财政补助结余
46	8201	非财政拨款结转	3401	非财政补助结转
47	8202	非财政拨款结余	3001	事业基金
48	8301	专用结余	3201	专用基金
49	8401	经营结余	3403	经营结余
50	8001	资金结存（借方）	3301	财政补助结转
			3302	财政补助结余
			3401	非财政补助结转
			3001	事业基金
			3201	专用基金
			3403	经营结余

关于科学事业单位执行《政府会计制度——行政事业单位会计科目和报表》的补充规定

根据《政府会计准则——基本准则》，结合行业实际情况，现就科学事业单位[①]执行《政府会计制度——行政事业单位会计科目和报表》（以下简称新制度）做出如下补充规定：

一、关于在新制度一级科目下设置明细科目

（一）科学事业单位应当在新制度规定的"4101 事业收入"科目下设置"410101 科研收入""410102 非科研收入"明细科目。

1."410101 科研收入"明细科目核算科学事业单位开展科研活动及其辅助活动实现的收入。

2."410102 非科研收入"明细科目核算科学事业单位开展科研活动以外的其他业务活动及其辅助活动实现的收入，包括技术活动收入、学术活动收入、科普活动收入、试制产品活动收入、教学活动收入等。

技术活动收入是指科学事业单位对外提供技术咨询、技术服务等活动实现的收入。

学术活动收入是指科学事业单位开展学术交流、学术期刊出版等活动实现的收入。

科普活动收入是指科学事业单位开展科学知识宣传、讲座和科技展览等活动实现的收入。

试制产品活动收入是指科学事业单位试制中间试验产品等活动实现的收入。

教学活动收入是指科学事业单位开展教学活动实现的收入。

（二）科学事业单位应当在新制度规定的"5001 业务活动费用"科目下设置"500101 科研活动费用""500102 非科研活动费用"明细科目。

1."500101 科研活动费用"明细科目核算科学事业单位开展科研活动及其辅助活动发生的各项费用。

2."500102 非科研活动费用"明细科目核算科学事业单位开展科研活动以外的其他业务活动及其辅助活动发生的各项费用，包括技术活动费用、学术活动费用、科普活动费用、试制产品活动费用和教学活动费用等。

技术活动费用是指科学事业单位对外提供技术咨询、技术服务等活动发生的各项费用。

学术活动费用是指科学事业单位开展学术交流、学术期刊出版等活动发生的各项费用。

科普活动费用是指科学事业单位开展科学知识宣传、讲座和科技展览等活动发生

[①] 其他主要从事科学研究活动的事业单位可参照执行本规定。

的各项费用。

试制产品活动费用是指科学事业单位试制中间试验产品等活动发生的各项费用。

教学活动费用是指科学事业单位开展教学活动发生的各项费用。

（三）科学事业单位应当在新制度规定的"6101 事业预算收入"科目下设置"610101 科研预算收入""610102 非科研预算收入"明细科目。

1."610101 科研预算收入"明细科目核算科学事业单位开展科研活动及其辅助活动取得的现金流入。

2."610102 非科研预算收入"明细科目核算科学事业单位开展科研活动以外的其他业务活动及其辅助活动取得的现金流入，包括技术活动预算收入、学术活动预算收入、科普活动预算收入、试制产品活动预算收入、教学活动预算收入等。

技术活动预算收入是指科学事业单位对外提供技术咨询、技术服务等活动取得的现金流入。

学术活动预算收入是指科学事业单位开展学术交流、学术期刊出版等活动取得的现金流入。

科普活动预算收入是指科学事业单位开展科学知识宣传、讲座和科技展览等活动取得的现金流入。

试制产品活动预算收入是指科学事业单位试制中间试验产品等活动取得的现金流入。

教学活动预算收入是指科学事业单位开展教学活动取得的现金流入。

（四）科学事业单位应当在新制度规定的"7201 事业支出"科目下设置"720101 科研支出""720102 非科研支出""720103 管理支出"明细科目。

1."720101 科研支出"明细科目核算科学事业单位开展科研活动及其辅助活动发生的各项现金流出。

2."720102 非科研支出"明细科目核算科学事业单位开展科研活动以外的其他业务活动及其辅助活动发生的各项现金流出，包括技术活动支出、学术活动支出、科普活动支出、试制产品活动支出和教学活动支出等。

技术活动支出是指科学事业单位对外提供技术咨询、技术服务等活动发生的各项现金流出。

学术活动支出是指科学事业单位开展学术交流、学术期刊出版等活动发生的各项现金流出。

科普活动支出是指科学事业单位开展科学知识宣传、讲座和科技展览等活动发生的各项现金流出。

试制产品活动支出是指科学事业单位试制中间试验产品等活动发生的各项现金流出。

教学活动支出是指科学事业单位开展教学活动发生的各项现金流出。

3."720103 管理支出"明细科目核算科学事业单位行政及后勤管理部门开展管理活动发生的各项现金流出，包括单位行政及后勤管理部门发生的人员经费、公用经费，以及由单位统一负担的离退休人员经费、工会经费、诉讼费、中介费等现金流出。

二、关于报表及编制说明

（一）关于收入费用表

1. 新增项目

科学事业单位应当在收入费用表的"（二）事业收入"项目下增加"其中：科研收入""非科研收入"项目，在"（一）业务活动费用"项目下增加"其中：科研活动费用""非科研活动费用"项目，详见附表1。

2. 新增项目的内容和填列方法

（1）"其中：科研收入"项目，反映科学事业单位本期开展科研活动及其辅助活动实现的收入。本项目应当根据"事业收入——科研收入"科目的本期发生额填列。

（2）"非科研收入"项目，反映科学事业单位本期开展科研活动以外的其他业务活动及其辅助活动实现的收入。本项目应当根据"事业收入——非科研收入"科目的本期发生额填列。

（3）"其中：科研活动费用"项目，反映科学事业单位本期开展科研活动及其辅助活动发生的各项费用。本项目应当根据"业务活动费用——科研活动费用"科目的本期发生额填列。

（4）"非科研活动费用"项目，反映科学事业单位本期开展科研活动以外的其他业务活动及其辅助活动发生的各项费用。本项目应当根据"业务活动费用——非科研活动费用"科目的本期发生额填列。

（二）关于预算收入支出表

1. 新增项目

科学事业单位应当在预算收入支出表的"（二）事业预算收入"项目下增加"其中：科研预算收入""非科研预算收入"项目，在"（二）事业支出"项目下增加"其中：科研支出""非科研支出""管理支出"项目，详见附表2。

2. 新增项目的内容和填列方法

（1）"其中：科研预算收入"项目，反映科学事业单位本期开展科研活动及其辅助活动取得的现金流入。本项目应当根据"事业预算收入——科研预算收入"科目的本期发生额填列。

（2）"非科研预算收入"项目，反映科学事业单位本期开展科研活动以外的其他业务活动及其辅助活动取得的现金流入。本项目应当根据"事业预算收入——非科研预算收入"科目的本期发生额填列。

（3）"其中：科研支出"项目，反映科学事业单位本期开展科研活动及其辅助活动发生的各项现金流出。本项目应当根据"事业支出——科研支出"科目的本期发生额填列。

（4）"非科研支出"项目，反映科学事业单位本期开展科研活动以外的其他业务活动及其辅助活动发生的各项现金流出。本项目应当根据"事业支出——非科研支出"科目的本期发生额填列。

（5）"管理支出"项目，反映科学事业单位本期行政及后勤管理部门开展管理活动发生的各项现金流出，以及由单位统一负担的其他现金流出。本项目应当根据"事业支出——管理支出"科目的本期发生额填列。

(三)关于附注

科学事业单位应当在财务报表附注中披露以下信息:

1.收入费用表有关项目的说明

(1)关于"非科研收入"项目,披露"技术活动收入""学术活动收入""科普活动收入""试制产品活动收入"和"教学活动收入"等构成项目的金额。

(2)关于"非科研活动费用"项目,披露"技术活动费用""学术活动费用""科普活动费用""试制产品活动费用"和"教学活动费用"等构成项目的金额。

2.预算收入支出表有关项目的说明

(1)关于"非科研预算收入"项目,披露"技术活动预算收入""学术活动预算收入""科普活动预算收入""试制产品活动预算收入"和"教学活动预算收入"等构成项目的金额。

(2)关于"非科研支出"项目,披露"技术活动支出""学术活动支出""科普活动支出""试制产品活动支出"和"教学活动支出"等构成项目的金额。

三、关于合作项目款的账务处理

本规定所称合作项目款是指科学事业单位从非同级政府财政部门取得的,需要与其他单位合作完成的科技项目(课题)款项。科学事业单位对合作项目款核算的账务处理如下:

(一)从付款方预收款项时,在财务会计下,按照收到的款项金额,借记"银行存款"等科目,贷记"预收账款"科目;同时,在预算会计下,按照相同的金额,借记"资金结存——货币资金"科目,贷记"事业预算收入"科目。

(二)按照合同规定将合作项目款转拨合作单位时,在财务会计下,按照实际转拨的金额,借记"预收账款"科目,贷记"银行存款"等科目;同时,在预算会计下,按照相同的金额,借记"事业预算收入"科目[转拨当年收到的合作项目款]或"非财政拨款结转"科目[转拨以前年度收到的合作项目款],贷记"资金结存——货币资金"科目。

(三)按照合同完成进度确认本单位科研收入时,按照计算确认收入的金额,借记"预收账款"科目,贷记"事业收入"科目。

(四)发生因科技项目(课题)终止等情形,需按照规定将项目剩余资金退回项目(课题)立项部门时,对本单位承担项目使用的剩余资金,在财务会计下,按照实际退回的金额,借记"预收账款"科目[尚未确认收入]或"事业收入"科目[已经确认收入],贷记"银行存款"等科目;同时,在预算会计下,按照相同的金额,借记"事业预算收入"科目[本年度取得的合作项目款]或"非财政拨款结转"科目[以前年度取得的合作项目款],贷记"资金结存——货币资金"科目。

对合作单位承担项目使用的剩余资金,于收回时按照收回的金额,借记"银行存款"等科目,贷记"其他应付款"科目;转退回给项目(课题)立项部门时,借记"其他应付款"科目,贷记"银行存款"等科目。

四、关于计提和使用项目间接费用或管理费的账务处理

(一)科学事业单位按规定从科研项目收入中计提项目间接费用或管理费时,除按新制度规定借记"单位管理费用"科目外,也可根据实际情况借记"业务活动费用"等科目。

(二)科学事业单位使用计提的项目间接费用或管理费购买固定资产、无形资产的,在财务会计下,按照固定资产、无形资产的成本金额,借记"固定资产""无形资产"科目,贷记"银行存款"等科目;同时,按照相同的金额,借记"预提费用——项目间接费用或管理费"科目,贷记"累计盈余"科目。在预算会计下,按照相同的金额,借记"事业支出"等科目,贷记"资金结存"科目。

五、关于按合同完成进度确认事业收入

科学事业单位以合同完成进度确认事业收入时,应当根据业务实质,选择累计实际发生的合同成本占合同预计总成本的比例、已经完成的合同工作量占合同预计总工作量的比例、已经完成的时间占合同期限的比例、实际测定的完工进度等方法,合理确定合同完成进度。

六、生效日期

本规定自 2019 年 1 月 1 日起施行。

附表 1

收入费用表

会政财 02 表

编制单位:_____　　　　　____年__月　　　　　单位:元

项目	本月数	本年累计数
一、本期收入		
(一)财政拨款收入		
其中:政府性基金收入		
(二)事业收入		
其中:科研收入		
非科研收入		
(三)上级补助收入		
(四)附属单位上缴收入		
(五)经营收入		

（续表）

项目	本月数	本年累计数
（六）非同级财政拨款收入		
（七）投资收益		
（八）捐赠收入		
（九）利息收入		
（十）租金收入		
（十一）其他收入		
二、本期费用		
（一）业务活动费用		
其中：科研活动费用		
非科研活动费用		
（二）单位管理费用		
（三）经营费用		
（四）资产处置费用		
（五）上缴上级费用		
（六）对附属单位补助费用		
（七）所得税费用		
（八）其他费用		
三、本期盈余		

附表2

预算收入支出表

会政预01表

编制单位：_____　　　　　_____年　　　　　单位：元

项目	本年数	上年数
一、本年预算收入		
（一）财政拨款预算收入		
其中：政府性基金收入		
（二）事业预算收入		
其中：科研预算收入		
非科研预算收入		
（三）上级补助预算收入		

（续表）

项目	本年数	上年数
（四）附属单位上缴预算收入		
（五）经营预算收入		
（六）债务预算收入		
（七）非同级财政拨款预算收入		
（八）投资预算收益		
（九）其他预算收入		
其中：利息预算收入		
捐赠预算收入		
租金预算收入		
二、本年预算支出		
（一）行政支出		
（二）事业支出		
其中：科研支出		
非科研支出		
管理支出		
（三）经营支出		
（四）上缴上级支出		
（五）对附属单位补助支出		
（六）投资支出		
（七）债务还本支出		
（八）其他支出		
其中：利息支出		
捐赠支出		
三、本年预算收支差额		

 政府会计准则制度

关于科学事业单位执行《政府会计制度——行政事业单位会计科目和报表》的衔接规定

我部于 2017 年 10 月 24 日印发了《政府会计制度——行政事业单位会计科目和报表》（财会〔2017〕25 号，以下简称新制度）。目前执行《科学事业单位会计制度》（财会〔2013〕29 号，以下简称原制度）的科学事业单位，自 2019 年 1 月 1 日起执行新制度，不再执行原制度。为了确保新旧会计制度顺利过渡，现对科学事业单位执行新制度及《关于科学事业单位执行〈政府会计制度——行政事业单位会计科目和报表〉的补充规定》（以下简称补充规定）的有关衔接问题规定如下：

一、新旧制度衔接总要求

（一）自 2019 年 1 月 1 日起，科学事业单位应当严格按照新制度及补充规定进行会计核算、编制财务报表和预算会计报表。

（二）科学事业单位应当按照本规定做好新旧制度衔接的相关工作，主要包括以下几个方面：

1. 根据原账编制 2018 年 12 月 31 日的科目余额表，并按照本规定要求，编制原账的部分科目余额明细表（参见附表 1、附表 2）。

2. 按照新制度及补充规定设立 2019 年 1 月 1 日的新账。

3. 按照本规定要求，登记新账的财务会计科目余额和预算结余科目余额，包括将原账科目余额转入新账财务会计科目、按照原账科目余额登记新账预算结余科目（科学事业单位新旧会计制度转账、登记新账科目对照表见附表 3），将未入账事项登记新账科目，并对相关新账科目余额进行调整。原账科目是指按照原制度规定设置的会计科目。

4. 按照登记及调整后新账的各会计科目余额，编制 2019 年 1 月 1 日的科目余额表，作为新账各会计科目的期初余额。

5. 根据新账各会计科目期初余额，按照新制度编制 2019 年 1 月 1 日资产负债表。

（三）及时调整会计信息系统。科学事业单位应当按照新制度及补充规定要求对原有会计信息系统进行及时更新和调试，实现数据正确转换，确保新旧账套的有序衔接。

二、财务会计科目的新旧衔接

（一）将 2018 年 12 月 31 日原账会计科目余额转入新账财务会计科目

1. 资产类

（1）"库存现金"科目

新制度设置了"库存现金"科目。转账时，科学事业单位应当将原账的"库存现

金"科目余额直接转入新账的"库存现金"科目。其中，还应当将原账的"库存现金"科目余额中属于新制度规定受托代理资产的金额，转入新账"库存现金"科目下的"受托代理资产"明细科目。

（2）"银行存款"科目

新制度设置了"银行存款"和"其他货币资金"科目，原制度设置了"银行存款"科目。转账时，科学事业单位应当将原账"银行存款"科目中核算的属于新制度规定的其他货币资金的金额，转入新账"其他货币资金"科目；将原账"银行存款"科目余额减去其中属于其他货币资金余额后的差额，转入新账的"银行存款"科目。其中，还应当将原账的"银行存款"科目余额中属于新制度规定受托代理资产的金额，转入新账"银行存款"科目下的"受托代理资产"明细科目。

（3）"财政应返还额度""短期投资""应收票据""应收账款""预付账款""无形资产""固定资产"科目

新制度设置了"财政应返还额度""短期投资""应收票据""应收账款""预付账款""无形资产""固定资产"科目，其核算内容与原账的上述相应科目的核算内容基本相同。转账时，科学事业单位应当将原账的上述科目余额直接转入新账的相应科目。

新制度设置了"受托代理资产"科目，科学事业单位在原账上述科目中核算了属于新制度规定受托代理资产的，应当将原账上述科目余额中属于新制度规定受托代理资产的金额转入新账"受托代理资产"科目。

（4）"其他应收款"科目

新制度设置了"其他应收款"科目，该科目的核算内容与原账"其他应收款"科目的核算内容基本相同。转账时，科学事业单位应当将原账的"其他应收款"科目余额，转入新账的"其他应收款"科目。

新制度设置了"在途物品"科目，科学事业单位在原账"其他应收款"科目中核算了已经付款或开出商业汇票、尚未收到物资的，应当将原账的"其他应收款"科目余额中已经付款或开出商业汇票、尚未收到物资的金额，转入新账的"在途物品"科目。

（5）"库存材料"科目

新制度设置了"库存物品""加工物品"科目，原制度设置了"库存材料"科目。转账时，科学事业单位应当将原账的"库存材料"科目余额中属于在加工材料的金额，转入新账的"加工物品"科目；将原账的"库存材料"科目余额减去属于在加工材料的金额后的差额，转入新账的"库存物品"科目。

（6）"科技产品"科目

新制度设置了"库存物品""加工物品"科目，原制度设置了"科技产品"科目。转账时，科学事业单位应当将原账的"科技产品"科目中"生产成本"明细科目余额转入新账的"加工物品"科目；将原账的"科技产品"科目中"产成品"明细科目余额转入新账的"库存物品"科目。

（7）"长期投资"科目

新制度设置了"长期股权投资"和"长期债券投资"科目，原制度设置了"长期投资"科目。转账时，科学事业单位应当将原账的"长期投资"科目余额中属于股权投资的金额，转入新账的"长期股权投资"科目及其明细科目；将原账的"长期投资"科目余额中属于债券投资的金额，转入新账的"长期债券投资"科目及其明细科目。

（8）"累计折旧"科目

新制度设置了"固定资产累计折旧"科目，该科目的核算内容与原账的"累计折旧"科目的核算内容基本相同。已经计提了固定资产折旧的科学事业单位，转账时，应当将原账的"累计折旧"科目余额转入新账的"固定资产累计折旧"科目。

（9）"在建工程"科目

新制度设置了"在建工程"和"预付账款——预付备料款、预付工程款"科目，原制度设置了"在建工程"科目。转账时，科学事业单位应当将原账的"在建工程"科目余额（基建"并账"后的金额，下同）中属于预付备料款、预付工程款的金额，转入新账"预付账款"科目相关明细科目；将原账的"在建工程"科目余额减去预付备料款、预付工程款金额后的差额，转入新账的"在建工程"科目。

科学事业单位在原账"在建工程"科目中核算了按照新制度规定应当记入"工程物资"科目内容的，应当将原账"在建工程"科目余额中属于工程物资的金额，转入新账的"工程物资"科目。

（10）"累计摊销"科目

新制度设置了"无形资产累计摊销"科目，该科目的核算内容与原账"累计摊销"科目的核算内容基本相同。已经计提了无形资产摊销的科学事业单位，转账时，应当将原账的"累计摊销"科目余额转入新账的"无形资产累计摊销"科目。

（11）"待处置资产损溢"科目

新制度设置了"待处理财产损溢"科目，该科目的核算内容与原账"待处置资产损溢"科目的核算内容基本相同。转账时，科学事业单位应当将原账的"待处置资产损溢"科目余额，转入新账的"待处理财产损溢"科目。

（12）"零余额账户用款额度"科目

由于原账的"零余额账户用款额度"科目年末无余额，该科目无需进行转账处理。

2. 负债类

（1）"短期借款""应付职工薪酬""应付票据""应付账款""预收账款""长期借款""长期应付款"科目

新制度设置了"短期借款""应付职工薪酬""应付票据""应付账款""预收账款""长期借款""长期应付款"科目，这些科目的核算内容与原账的上述相应科目的核算内容基本相同。转账时，科学事业单位应当将原账的上述科目余额直接转入新账的相应科目。

（2）"应缴税费"科目

新制度设置了"应交增值税"和"其他应交税费"科目，原制度设置了"应缴税费"科目。转账时，科学事业单位应当将原账的"应缴税费——应缴增值税"科目余额转入新账"应交增值税"科目中的相关明细科目；将原账的"应缴税费"科目余额减去属于应缴增值税余额后的差额，转入新账的"其他应交税费"科目。

（3）"应缴国库款""应缴财政专户款"科目

新制度设置了"应缴财政款"科目，原制度设置了"应缴国库款""应缴财政专户款"科目。转账时,科学事业单位应当将原账的"应缴国库款""应缴财政专户款"科目余额转入新账的"应缴财政款"科目。

(4)"其他应付款"科目

新制度设置了"其他应付款"科目,该科目的核算内容与原账"其他应付款"科目的核算内容基本相同。转账时,科学事业单位应当将原账的"其他应付款"科目余额转入新账的"其他应付款"科目。其中,科学事业单位在原账的"其他应付款"科目中核算了属于新制度规定的受托代理负债的,应当将原账的"其他应付款"科目余额中属于受托代理负债的余额,转入新账的"受托代理负债"科目。

3. 净资产类

(1)"事业基金"科目

新制度设置了"累计盈余"科目,该科目的核算内容包含了原账"事业基金"科目的核算内容。转账时,科学事业单位应当将原账的"事业基金"科目余额转入新账的"累计盈余"科目。

(2)"非流动资产基金"科目

依据新制度,无需对原制度中"非流动资产基金"科目对应内容进行核算。转账时,科学事业单位应当将原账的"非流动资产基金"科目余额转入新账的"累计盈余"科目。

(3)"专用基金"科目

新制度设置了"专用基金"科目,该科目的核算内容与原账"专用基金"科目的核算内容基本相同。转账时,科学事业单位应当将原账的"专用基金"科目余额转入新账的"专用基金"科目。

(4)"财政补助结转""财政补助结余""非财政补助结转"科目

新制度设置了"累计盈余"科目,该科目的余额包含了原账的"财政补助结转""财政补助结余""非财政补助结转"科目的余额内容。转账时,科学事业单位应当将原账的"财政补助结转""财政补助结余""非财政补助结转"科目余额,转入新账的"累计盈余"科目。

(5)"经营结余"科目

新制度设置了"本期盈余"科目,该科目的核算内容包含了原账"经营结余"科目的核算内容。新制度规定"本期盈余"科目余额最终转入"累计盈余"科目,如果原账的"经营结余"科目有借方余额,转账时,科学事业单位应当将原账的"经营结余"科目借方余额,转入新账的"累计盈余"科目借方。

(6)"事业结余""非财政补助结余分配"科目

由于原账的"事业结余""非财政补助结余分配"科目年末无余额,这两个科目无需进行转账处理。

4. 收入类、支出类

由于原账中收入类、支出类科目年末无余额,无需进行转账处理。自2019年1月1日起,科学事业单位应当按照新制度设置收入类、费用类科目并进行账务处理。

科学事业单位存在其他本规定未列举的原账科目余额的,应当比照本规定转入新账的相应科目。新账的科目设有明细科目的,应将原账中对应科目的余额加以分析,分别转入新账中相应科目的相关明细科目。

科学事业单位在进行新旧衔接的转账时,应当编制转账的工作分录,作为转账的工作底稿,并将转入新账的对应原科目余额及分拆原科目余额的依据作为原始凭证。

(二)将原未入账事项登记新账财务会计科目

1. 应收股利

科学事业单位在新旧制度转换时,应当将2018年12月31日前未入账的应收股利按照新制度规定记入新账。登记新账时,按照确定的应收股利金额,借记"应收股利"科目,贷记"累计盈余"科目。

2. 研发支出

科学事业单位在新旧制度转换时,应当将2018年12月31日前未入账的自行研究开发项目开发阶段的费用按照新制度规定记入新账。登记新账时,按照确定的开发阶段费用金额,借记"研发支出"科目,贷记"累计盈余"科目。

3. 受托代理资产

科学事业单位在新旧制度转换时,应当将2018年12月31日前未入账的受托代理资产按照新制度规定记入新账。登记新账时,按照确定的受托代理资产入账成本,借记"受托代理资产"科目,贷记"受托代理负债"科目。

4. 盘盈资产

科学事业单位在新旧制度转换时,应当将2018年12月31日前未入账的盘盈资产按照新制度规定记入新账。登记新账时,按照确定的盘盈资产及其成本,分别借记有关资产科目,按照盘盈资产成本的合计金额,贷记"累计盈余"科目。

5. 预计负债

科学事业单位在新旧制度转换时,应当将2018年12月31日按照新制度规定确认的预计负债记入新账。登记新账时,按照确定的预计负债金额,借记"累计盈余"科目,贷记"预计负债"科目。

6. 应付质量保证金

科学事业单位在新旧制度转换时,应当将2018年12月31日前未入账的应付质量保证金按照新制度规定记入新账。登记新账时,按照确定未入账的应付质量保证金金额,借记"累计盈余"科目,贷记"其他应付款"科目[扣留期在1年以内(含1年)]、"长期应付款"科目[扣留期超过1年]。

科学事业单位存在2018年12月31日前未入账的其他事项的,应当比照本规定登记新账的相应科目。

科学事业单位对新账的财务会计科目补记未入账事项时,应当编制记账凭证,并将补充登记事项的确认依据作为原始凭证。

(三)对新账的相关财务会计科目余额按照新制度规定的会计核算基础进行调整

1. 计提坏账准备

新制度要求对单位收回后无需上缴财政的应收账款和其他应收款提取坏账准备。在新旧制度转换时,科学事业单位应当按照2018年12月31日无需上缴财政的应收账款和其他应收款的余额计算应计提的坏账准备金额,借记"累计盈余"科目,贷记"坏账准备"科目。

2. 按照权益法调整长期股权投资账面余额

对按照新制度规定应当采用权益法核算的长期股权投资,在新旧制度转换时,科学事业单位应当在"长期股权投资"科目下设置"新旧制度转换调整"明细科目,依据被投资单位2018年12月31日财务报表的所有者权益账面余额,以及科学事业单位持有被投资单位的股权比例,计算应享有或应分担的被投资单位所有者权益的份额,调整长期股权投资的账面余额,借记或贷记"长期股权投资——新旧制度转换调整"科目,贷记或借记"累计盈余"科目。

3. 确认长期债券投资期末应收利息

科学事业单位应当按照新制度规定于2019年1月1日补记长期债券投资应收利息,按照长期债券投资的应收利息金额,借记"长期债券投资"科目〔到期一次还本付息〕或"应收利息"科目〔分期付息、到期还本〕,贷记"累计盈余"科目。

4. 补提折旧

科学事业单位在原账中尚未计提固定资产折旧的,应当全面核查截至2018年12月31日的固定资产的预计使用年限、已使用年限、尚可使用年限等,并于2019年1月1日对尚未计提折旧的固定资产补提折旧,按照应计提的折旧金额,借记"累计盈余"科目,贷记"固定资产累计折旧"科目。

5. 补提摊销

科学事业单位在原账中尚未计提无形资产摊销的,应当全面核查截至2018年12月31日无形资产的预计使用年限、已使用年限、尚可使用年限等,并于2019年1月1日对前期尚未计提摊销的无形资产补提摊销,按照应计提的摊销金额,借记"累计盈余"科目,贷记"无形资产累计摊销"科目。

6. 确认长期借款期末应付利息

科学事业单位应当按照新制度规定于2019年1月1日补记长期借款的应付利息金额,对其中资本化的部分,借记"在建工程"科目,对其中费用化的部分,借记"累计盈余"科目,按照全部长期借款应付利息金额,贷记"长期借款"科目〔到期一次还本付息〕或"应付利息"科目〔分期付息、到期还本〕。

科学事业单位对新账的财务会计科目期初余额进行调整时,应当编制记账凭证,并将调整事项的确认依据作为原始凭证。

三、预算会计科目的新旧衔接

(一)"财政拨款结转"和"财政拨款结余"科目及对应的"资金结存"科目余额

新制度设置了"财政拨款结转""财政拨款结余"科目及对应的"资金结存"科目。在新旧制度转换时,科学事业单位应当对原账的"财政补助结转"科目余额进行逐项分析,加上各项结转转入的支出中已经计入支出尚未支付财政资金(如发生时列支的应付账款)的金额,减去已经支付财政资金尚未计入支出(如购入的库存材料、科技产品成本中支付的款项、预付账款等)的金额,按照增减后的金额,登记新账的"财政拨款结转"科目及其明细科目贷方;按照原账"财政补助结余"科目余额,登记新账的"财政拨款结余"科目及其明细科目贷方。

按照原账"财政应返还额度"科目余额登记新账的"资金结存——财政应返还额度"科目借方;按照新账的"财政拨款结转"和"财政拨款结余"科目贷方余额

合计数，减去新账的"资金结存——财政应返还额度"科目借方余额后的差额，登记新账"资金结存——货币资金"科目借方。

（二）"非财政拨款结转"科目及对应的"资金结存"科目余额

新制度设置了"非财政拨款结转"科目及对应的"资金结存"科目。在新旧制度转换时，科学事业单位应当对原账的"非财政补助结转"科目余额进行逐项分析，加上各项结转转入的支出中已经计入支出尚未支付非财政补助专项资金（如发生时列支的应付账款）的金额，减去已经支付非财政补助专项资金尚未计入支出（如购入的库存材料、科技产品成本中支付的款项、预付账款等）的金额，加上各项结转转入的收入中已经收到非财政补助专项资金尚未计入收入（如预收账款）的金额，减去已经计入收入尚未收到非财政补助专项资金（如应收账款）的金额，按照增减后的金额，登记新账的"非财政拨款结转"科目及其明细科目贷方；同时，按照相同的金额登记新账的"资金结存——货币资金"科目借方。

（三）"专用结余"科目及对应的"资金结存"科目余额

新制度设置了"专用结余"科目及对应的"资金结存"科目。在新旧制度转换时，科学事业单位应当按照原账"专用基金"科目余额中通过非财政补助结余分配形成的金额，借记新账的"资金结存——货币资金"科目，贷记新账的"专用结余"科目。

（四）"经营结余"科目及对应的"资金结存"科目余额

新制度设置了"经营结余"科目及对应的"资金结存"科目。如果原账的"经营结余"科目期末有借方余额，在新旧制度转换时，科学事业单位应当按照原账的"经营结余"科目余额，借记新账的"经营结余"科目，贷记新账的"资金结存——货币资金"科目。

（五）"非财政拨款结余"科目及对应的"资金结存"科目余额

1.登记"非财政拨款结余"科目余额

新制度设置了"非财政拨款结余"科目及对应的"资金结存"科目。在新旧制度转换时，科学事业单位应当按照原账的"事业基金"科目余额，借记新账的"资金结存——货币资金"科目，贷记新账的"非财政拨款结余"科目。

2.对新账"非财政拨款结余"科目及"资金结存"科目余额进行调整

（1）调整短期投资对非财政拨款结余的影响

科学事业单位应当按照原账的"短期投资"科目余额，借记"非财政拨款结余"科目，贷记"资金结存——货币资金"科目。

（2）调整应收票据、应收账款对非财政拨款结余的影响

科学事业单位应当对原账的"应收票据""应收账款"科目余额进行分析，区分其中发生时计入收入的金额和没有计入收入的金额。对发生时计入收入的金额，再区分计入专项资金收入的金额和计入非专项资金收入的金额，按照计入非专项资金收入的金额，借记"非财政拨款结余"科目，贷记"资金结存——货币资金"科目。

（3）调整预付账款对非财政拨款结余的影响

科学事业单位应当对原账的"预付账款"科目余额进行分析，区分其中由财政补助资金预付的金额、非财政补助专项资金预付的金额和非财政补助非专项资金预付的金额，按照非财政补助非专项资金预付的金额，借记"非财政拨款结余"科目，贷记"资

金结存——货币资金"科目。

（4）调整其他应收款对非财政拨款结余的影响

科学事业单位应当对原账的"其他应收款"科目余额进行分析，区分其中预付款项的金额（将来很可能列支）和非预付款项的金额，并对预付款项的金额划分为财政补助资金预付的金额、非财政补助专项资金预付的金额和非财政补助非专项资金预付的金额，按照非财政补助非专项资金预付的金额，借记"非财政拨款结余"科目，贷记"资金结存——货币资金"科目。

（5）调整库存材料对非财政拨款结余的影响

科学事业单位应当对原账的"库存材料"科目余额进行分析，区分购入的库存材料金额和非购入的库存材料金额。对购入的库存材料金额划分出其中使用财政补助资金购入的金额、使用非财政补助专项资金购入的金额和使用非财政补助非专项资金购入的金额，按照使用非财政补助非专项资金购入的金额，借记"非财政拨款结余"科目，贷记"资金结存——货币资金"科目。

（6）调整科技产品对非财政拨款结余的影响

科学事业单位应当对原账的"科技产品"科目余额进行分析，区分其中已经支付资金的金额。对科技产品成本中已经支付资金的金额划分出其中使用非财政补助专项资金支付的金额和使用非财政补助非专项资金支付的金额，按照使用非财政补助非专项资金支付的金额，借记"非财政拨款结余"科目，贷记"资金结存——货币资金"科目。

（7）调整长期股权投资对非财政拨款结余的影响

科学事业单位应当对原账的"长期投资"科目余额中属于股权投资的余额进行分析，区分其中用现金资产取得的金额和用非现金资产及其他方式取得的金额，按照用现金资产取得的金额，借记"非财政拨款结余"科目，贷记"资金结存——货币资金"科目。

按照原制度核算长期投资、而且对应科目为"非流动资产基金——长期投资"的，不作此项调整。

（8）调整长期债券投资对非财政拨款结余的影响

科学事业单位应当按照原账的"长期投资"科目余额中属于债券投资的余额，借记"非财政拨款结余"科目，贷记"资金结存——货币资金"科目。

按照原制度核算长期投资、而且对应科目为"非流动资产基金——长期投资"的，不作此项调整。

（9）调整短期借款、长期借款对非财政拨款结余的影响

科学事业单位应当按照原账的"短期借款""长期借款"科目余额，借记"资金结存——货币资金"科目，贷记"非财政拨款结余"科目。

（10）调整应付票据、应付账款、应付职工薪酬、长期应付款对非财政拨款结余的影响

科学事业单位应当对原账的"应付票据""应付账款""应付职工薪酬""长期应付款"科目余额进行分析，区分其中发生时计入支出的金额和未计入支出的金额。将计入支出的金额划分出财政补助应付的金额、非财政补助专项资金应付的金额和非财政补助

非专项资金应付的金额，按照非财政补助非专项资金应付的金额借记"资金结存——货币资金"科目，贷记"非财政拨款结余"科目。

（11）调整应缴增值税对非财政拨款结余的影响

科学事业单位应当对原账"应缴税费——应缴增值税"科目余额进行分析，划分出与非财政补助专项资金相关的金额和与非财政补助非专项资金相关的金额。按照与非财政补助非专项资金相关的金额，计算应调整非财政拨款结余的金额。

应调整金额如为正数，按照该金额借记"资金结存——货币资金"科目，贷记"非财政拨款结余"科目；如为负数，按照该金额借记"非财政拨款结余"科目，贷记"资金结存——货币资金"科目。

（12）调整其他应缴税费对非财政拨款结余的影响

科学事业单位应当对原账"应缴税费"科目余额中非增值税的其他应交税费金额进行分析，划分出财政补助应交金额、非财政补助专项资金应交金额和非财政补助非专项资金应交金额，按照非财政补助非专项资金应交金额，借记"资金结存——货币资金"科目，贷记"非财政拨款结余"科目。

（13）调整预收账款对非财政拨款结余的影响

科学事业单位应当按照原账的"预收账款"科目余额中预收非财政非专项资金的金额，借记"资金结存——货币资金"科目，贷记"非财政拨款结余"科目。

（14）调整其他应付款对非财政拨款结余的影响

科学事业单位应当对原账的"其他应付款"科目余额（扣除属于受托代理负债的金额）进行分析，区分其中支出类的金额（确认其他应付款时计入支出）和周转类的金额（如收取的押金、保证金等），并对支出类的金额划分为财政补助资金列支的金额、非财政补助专项资金列支的金额和非财政补助非专项资金列支的金额，按照非财政补助非专项资金列支的金额，借记"资金结存——货币资金"科目，贷记"非财政拨款结余"科目。

（15）调整专用基金对非财政拨款结余的影响

科学事业单位应当对原账的"专用基金"科目余额进行分析，划分出按照收入比例列支提取的专用基金，按照列支提取的专用基金的金额，借记"资金结存——货币资金"科目，贷记"非财政拨款结余"科目。

3.科学事业单位按照前述1、2两个步骤难以准确调整出"非财政拨款结余"科目及对应的"资金结存"科目余额的，在新旧制度转换时，可以在新账的"库存现金""银行存款""其他货币资金""财政应返还额度"科目借方余额合计数基础上，对不纳入单位预算管理的资金进行调整（如减去新账中货币资金形式的受托代理资产、应缴财政款、已收取将来需要退回资金的其他应付款等，加上已支付将来需要收回资金的其他应收款等），按照调整后的金额减去新账的"财政拨款结转""财政拨款结余""非财政拨款结转""专用结余"科目贷方余额合计数，加上"经营结余"科目借方余额后的金额，登记新账的"非财政拨款结余"科目贷方；同时，按照相同的金额登记新账的"资金结存——货币资金"科目借方。

（六）"其他结余""非财政拨款结余分配"科目

新制度设置了"其他结余"和"非财政拨款结余分配"科目。由于这两个科目年初无余额，在新旧制度转换时，科学事业单位无需对"其他结余"和"非财政拨款结余分配"科目进行新账年初余额登记。

（七）预算收入类、预算支出类会计科目

由于预算收入类、预算支出类会计科目年初无余额，在新旧制度转换时，科学事业单位无需对预算收入类、预算支出类会计科目进行新账年初余额登记。

科学事业单位应当自2019年1月1日起，按照新制度设置预算收入类、预算支出类科目并进行账务处理。

科学事业单位存在2018年12月31日需要按照新制度预算会计核算基础调整预算会计科目期初余额的其他事项的，应当比照本规定调整新账的相应预算会计科目期初余额。

科学事业单位对预算会计科目的期初余额登记和调整，应当编制记账凭证，并将期初余额登记和调整的依据作为原始凭证。

四、财务报表和预算会计报表的新旧衔接

（一）编制2019年1月1日资产负债表

科学事业单位应当根据2019年1月1日新账的财务会计科目余额，按照新制度编制2019年1月1日资产负债表（仅要求填列各项目"年初余额"）。

（二）2019年度财务报表和预算会计报表的编制

科学事业单位应当按照新制度及补充规定编制2019年财务报表和预算会计报表。在编制2019年度收入费用表、净资产变动表、现金流量表和预算收入支出表、预算结转结余变动表时，不要求填列上年比较数。

科学事业单位应当根据2019年1月1日新账财务会计科目余额，填列2019年净资产变动表各项目的"上年年末余额"；根据2019年1月1日新账预算会计科目余额，填列2019年预算结转结余变动表的"年初预算结转结余"项目和财政拨款预算收入支出表的"年初财政拨款结转结余"项目。

五、其他事项

（一）截至2018年12月31日尚未进行基建"并账"的科学事业单位，应当首先按照《新旧科学事业单位会计制度有关衔接问题的处理规定》（财会〔2014〕4号），将基建账套相关数据并入2018年12月31日原账中的相关科目余额，再按照本规定将2018年12月31日原账相关会计科目余额转入新账相应科目。

（二）2019年1月1日前执行新制度及补充规定的科学事业单位，应当按照本规定做好新旧制度衔接工作。

附表 1:

科学事业单位原会计科目余额明细表一

总账科目	明细分类	金额	备注
库存现金	库存现金		
	其中：受托代理现金		
银行存款	银行存款		
	其中：受托代理银行存款		
	其他货币资金		
其他应收款	在途物品		已经付款或已开出商业汇票，尚未收到物资
	其他		
库存材料	在加工材料		
	非在加工材料		
科技产品	生产成本		
	产成品		
长期投资	长期股权投资		
	长期债券投资		
在建工程	在建工程		
	工程物资		
	预付工程款、预付备料款		
应缴税费	应交增值税		
	其他应交税费		
其他应付款	受托代理负债		
	其他		

附表 2:

科学事业单位原会计科目余额明细表二

总账科目	明细分类	金额	备注
应收票据、应收账款	发生时不计入收入		如转让资产的应收票据、应收账款
	发生时计入收入		
	其中：专项收入		
	其他		

（续表）

总账科目	明细分类	金额	备注
预付账款	财政补助资金预付		
	非财政补助专项资金预付		
	非财政补助非专项资金预付		
其他应收款	预付款项		如职工预借的差旅费等
	其中：财政补助资金预付		
	非财政补助专项资金预付		
	非财政补助非专项资金预付		
	需要收回及其他		如支付的押金、应收为职工垫付的款项等
库存材料、科技产品	购入存货		
	其中：使用财政补助资金购入		
	使用非财政补助专项资金购入		
	使用非财政补助非专项资金购入		
	非购入存货		
长期投资	长期股权投资		
	其中：用现金资产取得		
	用非现金资产或其他方式取得		
	长期债券投资		
应付票据、应付账款、应付职工薪酬、长期应付款	发生时不计入支出		
	发生时计入支出		
	其中：财政补助资金应付		
	非财政补助专项资金应付		
	非财政补助非专项资金应付		
预收账款	预收专项资金		
	预收非专项资金		
应缴税费——应缴增值税	非财政补助专项资金应交		
	非财政补助非专项资金应交		
应缴税费——应缴其他税费	财政补助应交		
	非财政补助专项资金应交		
	非财政补助非专项资金应交		
其他应付款	支出类		确认其他应付款时确认支出
	其中：财政补助资金应付		
	非财政补助专项资金应付		
	非财政补助非专项资金应付		
	周转类		如收取的押金、保证金等

（续表）

总账科目	明细分类	金额	备注
专用基金	从非财政补助结余分配中提取		
	从收入中列支提取		
	其他		

附表3：

科学事业单位新旧会计制度转账、登记新账科目对照表

序号	新制度科目		原制度科目	
	编号	名称	编号	名称
一、资产类				
1	1001	库存现金	1001	库存现金
2	1002	银行存款	1002	银行存款
3	1021	其他货币资金		
4	1101	短期投资	1101	短期投资
5	1201	财政应返还额度	1201	财政应返还额度
6	1211	应收票据	1211	应收票据
7	1212	应收账款	1212	应收账款
8	1214	预付账款	1213	预付账款
9	1218	其他应收款	1215	其他应收款
10	1301	在途物品		
11	1302	库存物品	1301	库存材料
12	1303	加工物品		
13	1302	库存物品	1302	科技产品
14	1303	加工物品		
15	1501	长期股权投资	1401	长期投资
16	1502	长期债券投资		
17	1601	固定资产	1501	固定资产
18	1602	固定资产累计折旧	1502	累计折旧
19	1611	工程物资	1511	在建工程
20	1613	在建工程		
21	1214	预付账款		
22	1701	无形资产	1601	无形资产
23	1702	无形资产累计摊销	1602	累计摊销
24	1902	待处理财产损溢	1701	待处置资产损溢

（续表）

序号	新制度科目		原制度科目	
	编号	名称	编号	名称
二、负债类				
25	2001	短期借款	2001	短期借款
26	2101	应交增值税	2101	应缴税费
27	2102	其他应交税费		
28	2103	应缴财政款	2102	应缴国库款
29			2103	应缴财政专户款
30	2201	应付职工薪酬	2201	应付职工薪酬
31	2301	应付票据	2301	应付票据
32	2302	应付账款	2302	应付账款
33	2305	预收账款	2303	预收账款
34	2307	其他应付款	2305	其他应付款
35	2901	受托代理负债		
36	2501	长期借款	2401	长期借款
37	2502	长期应付款	2402	长期应付款
三、净资产类				
38	3001	累计盈余	3001	事业基金
39			3101	非流动资产基金
40	3101	专用基金	3201	专用基金
41	3001	累计盈余	3301	财政补助结转
42			3302	财政补助结余
43			3401	非财政补助结转
44	3001	累计盈余（借方）	3403	经营结余（借方）
四、预算结余类				
45	8101	财政拨款结转	3301	财政补助结转
46	8102	财政拨款结余	3302	财政补助结余
47	8201	非财政拨款结转	3401	非财政补助结转
48	8202	非财政拨款结余	3001	事业基金
49	8301	专用结余	3201	专用基金
50	8401	经营结余	3403	经营结余
51	8001	资金结存（借方）	3301	财政补助结转
52			3302	财政补助结余
53			3401	非财政补助结转
54			3001	事业基金
55			3201	专用基金
56			3403	经营结余

关于医院执行《政府会计制度——行政事业单位会计科目和报表》的补充规定

根据《政府会计准则——基本准则》，结合行业实际情况，现就公立医院[①]（以下简称医院）执行《政府会计制度——行政事业单位会计科目和报表》（以下简称新制度）做出如下补充规定：

一、关于在新制度相关一级科目下设置明细科目

（一）医院应当在新制度规定的"1212 应收账款"科目下设置如下明细科目：

1."121201 应收在院病人医疗款"科目，核算医院因提供医疗服务而应向在院病人收取的医疗款。

2."121202 应收医疗款"科目，核算医院因提供医疗服务而应向医疗保险机构、门急诊病人、出院病人等收取的医疗款，应当按照医疗保险机构、门急诊病人、出院病人等进行明细核算。医院应当在本科目下设置如下明细科目：

（1）"12120201 应收医保款"科目，核算医院因提供医疗服务而应向医疗保险机构收取的医疗款。

（2）"12120202 门急诊病人欠费"科目，核算门急诊病人应付未付医疗款。

（3）"12120203 出院病人欠费"科目，核算出院病人应付未付医疗款。

3."121203 其他应收账款"科目核算医院除应收在院病人医疗款、应收医疗款以外的其他应收账款，如医院因提供科研教学等服务、按合同或协议约定应向接受服务单位收取的款项。

（二）医院应当在新制度规定的"1219 坏账准备"科目下设置如下明细科目：

1."121901 应收账款坏账准备"科目，核算医院按规定对"应收账款——应收医疗款""应收账款——其他应收账款"提取的坏账准备。

2."121902 其他应收款坏账准备"科目，核算医院按规定对其他应收款提取的坏账准备。

（三）医院应当在新制度规定的"1302 库存物品"科目下设置"130201 药品""130202 卫生材料""130203 低值易耗品""130204 其他材料"和"130205 成本差异"明细科目。在"130202 卫生材料"科目下设置"13020201 血库材料""13020202 医用气体""13020203 影像材料""13020204 化验材料"和"13020205 其他卫生材料"明细科目，分别核算相关物品的成本。

[①] 本规定所指公立医院包括中华人民共和国境内各级各类独立核算的公立医院，含综合医院、中医院、中西医结合医院、民族医院、专科医院、门诊部（所）、疗养院等，不包括城市社区卫生服务中心（站）、乡镇卫生院等基层医疗卫生机构。

（四）医院应当在新制度规定的"1601 固定资产""1602 固定资产累计折旧"科目下按照形成固定资产的经费性质（财政项目拨款经费、科教经费、其他经费）进行明细核算。

（五）医院应当在新制度规定的"1701 无形资产""1702 无形资产累计摊销"科目下按照形成无形资产的经费性质（财政项目拨款经费、科教经费、其他经费）进行明细核算。

（六）医院应当根据核算需要，参照"1601 固定资产""1701 无形资产"等科目，在新制度规定的"1613 在建工程""1703 研发支出"等科目下按照经费性质（财政项目拨款经费、科教经费、其他经费）进行明细核算。

（七）医院应当在新制度规定的"2305 预收账款"科目下设置如下明细科目：

1."230501 预收医疗款"科目，核算医院预收医疗保险机构预拨的医疗保险金和预收病人的预交金。医院应当在本科目下设置如下明细科目：

（1）"23050101 预收医保款"科目，核算医院预收医疗保险机构预拨的医疗保险金。

（2）"23050102 门急诊预收款"科目，核算医院预收门急诊病人的预交金。

（3）"23050103 住院预收款"科目，核算医院预收住院病人的预交金。

2."230502 其他预收账款"科目，核算医院除预收医疗款以外的其他预收账款，如医院因提供科研教学等服务、按合同或协议约定预收接受服务单位的款项。

（八）医院应当在新制度规定的"3001 累计盈余"科目下设置如下明细科目：

1."300101 财政项目盈余"科目，核算医院财政项目拨款收入减去使用财政项目经费发生的费用后的累计盈余。

2."300102 医疗盈余"科目，核算医院开展医疗活动形成的、财政项目盈余以外的累计盈余。

3."300103 科教盈余"科目，核算医院开展科研教学活动形成的、财政项目盈余以外的累计盈余。

4."300104 新旧转换盈余"科目，核算医院新旧制度衔接时转入新制度下累计盈余中除财政项目盈余、医疗盈余和科教盈余以外的累计盈余。

（九）医院应当在新制度规定的"3101 专用基金"科目下设置如下明细科目：

1."310101 职工福利基金"科目，核算医院根据有关规定、依据财务会计下医疗盈余（不含财政基本拨款形成的盈余）计算提取的职工福利基金。

2."310102 医疗风险基金"科目，核算医院根据有关规定、按照财务会计下相关数据计算提取并列入费用的医疗风险基金。

（十）医院应当在新制度规定的"3301 本期盈余"科目下设置如下明细科目：

1."330101 财政项目盈余"科目，核算医院本期财政项目拨款相关收入、费用相抵后的余额。

2."330102 医疗盈余"科目，核算医院本期医疗活动产生的、除财政项目拨款以外的各项收入、费用相抵后的余额。

3."330103 科教盈余"科目，核算医院本期科研教学活动产生的、除财政项目拨款以外的各项收入、费用相抵后的余额。

（十一）医院应当在新制度规定的"3302 本年盈余分配"科目下设置"330201 提

取职工福利基金""330202 转入累计盈余"明细科目。

（十二）医院应当在新制度规定的"4001 财政拨款收入"科目下按照财政基本拨款收入、财政项目拨款收入进行明细核算。

（十三）医院应当在新制度规定的"4101 事业收入"科目下设置如下明细科目：

1."410101 医疗收入"科目，核算医院开展医疗服务活动实现的收入。医院应当在本科目下设置如下明细科目：

（1）"41010101 门急诊收入"科目，核算医院为门急诊病人提供医疗服务实现的收入。

医院应当在"41010101 门急诊收入"科目下设置"4101010101 挂号收入""4101010102 诊察收入""4101010103 检查收入""4101010104 化验收入""4101010105 治疗收入""4101010106 手术收入""4101010107 卫生材料收入""4101010108 药品收入""4101010109 其他门急诊收入"等明细科目；在"4101010108 药品收入"科目下设置"410101010801 西药收入""410101010802 中成药收入"和"410101010803 中药饮片收入"明细科目。

（2）"41010102 住院收入"科目，核算医院为住院病人提供医疗服务实现的收入。

医院应当在"41010102 住院收入"科目下设置"4101010201 床位收入""4101010202 诊察收入""4101010203 检查收入""4101010204 化验收入""4101010205 治疗收入""4101010206 手术收入""4101010207 护理收入""4101010208 卫生材料收入""4101010209 药品收入""4101010210 其他住院收入"等明细科目；在"4101010209 药品收入"科目下设置"410101020901 西药收入""410101020902 中成药收入"和"410101020903 中药饮片收入"明细科目。

（3）"41010103 结算差额"科目，核算医院同医疗保险机构结算时，因医院按照医疗服务项目收费标准计算确认的应收医疗款金额与医疗保险机构实际支付金额不同而产生的需要调整医院医疗收入的差额（不包括医院因违规治疗等管理不善原因被医疗保险机构拒付所产生的差额）。医院因违规治疗等管理不善原因被医疗保险机构拒付而不能收回的应收医疗款，应按规定确认为坏账损失，不通过本明细科目核算。

2."410102 科教收入"科目，核算医院开展科研教学活动实现的收入。

医院应当在"410102 科教收入"科目下设置"41010201 科研收入""41010202 教学收入"明细科目。

医院因开展科研教学活动从非同级政府财政部门取得的经费拨款，应当在"事业收入——科教收入——科研收入"和"事业收入——科教收入——教学收入"科目下单设"非同级财政拨款"明细科目进行核算。

（十四）医院应当在新制度规定的"5001 业务活动费用"科目下按照经费性质（财政基本拨款经费、财政项目拨款经费、科教经费、其他经费）进行明细核算，并对政府指令性任务进行明细核算。此外，医院除遵循新制度规定外，还可根据管理要求，参照《政府收支分类科目》中"部门预算支出经济分类科目"对业务活动费用进行明细核算，在新制度规定的"商品和服务费用"明细科目下设置"专用材料费"明细科目，并按照"卫生材料费""药品费"进行明细核算。

（十五）医院应当在新制度规定的"5101 单位管理费用"科目下按照经费性质（财

政基本拨款经费、财政项目拨款经费、科教经费、其他经费)进行明细核算。医院可根据管理要求，参照《政府收支分类科目》中"部门预算支出经济分类科目"进行明细核算，在新制度规定的"商品和服务费用"明细科目下设置"专用材料费"明细科目，并按照"卫生材料费""药品费"进行明细核算。

(十六)医院应当在新制度规定的"5901 其他费用"科目下对政府指令性任务进行明细核算。

(十七)医院应当在新制度规定的"6101 事业预算收入"科目下设置如下明细科目：

1. "610101 医疗预算收入"科目，核算医院开展医疗活动取得的现金流入。

医院应当在"610101 医疗预算收入"科目下设置"61010101 门急诊预算收入""61010102 住院预算收入"明细科目。

2. "610102 科教预算收入"科目，核算医院开展科研教学活动取得的现金流入。

医院应当在"610102 科教预算收入"科目下设置"61010201 科研项目预算收入""61010202 教学项目预算收入"明细科目，并单设"非同级财政拨款"明细科目进行核算。

医院执行新制度在新制度相关一级科目下新增明细科目的情况详见附表1。

二、关于报表及编制说明

医院应当按月度和年度编制财务报表和预算会计报表，至少按年度编制财务报表附注。

医院除按照新制度编制财务报表和预算会计报表外，还应按照本规定编制医疗活动收入费用明细表(详见附表4)。

(一)关于资产负债表

1. 新增项目

医院应当在资产负债表"累计盈余"项目下增加"其中：财政项目盈余""医疗盈余""科教盈余""新旧转换盈余"项目(详见附表2)。

2. 新增项目的内容和填列方法

(1)"财政项目盈余"项目，反映医院接受财政项目拨款产生的累计盈余。本项目应当根据"累计盈余——财政项目盈余"科目的期末余额填列。

(2)"医疗盈余"项目，反映医院开展医疗活动产生的累计盈余。本项目应当根据"累计盈余——医疗盈余"科目的期末余额填列。

(3)"科教盈余"项目，反映医院开展科研教学活动产生的累计盈余。本项目应当根据"累计盈余——科教盈余"科目的期末余额填列。

(4)"新旧转换盈余"项目，反映医院在新旧制度衔接时形成的转换盈余扣除执行新制度后累计弥补医疗亏损后的金额。本项目应当根据"累计盈余——新旧转换盈余"科目的期末余额填列。

(二)关于净资产变动表

1. 调整项目

医院应当将净资产变动表中"其中：从预算收入中提取"行项目调整为"其中：从财务会计相关收入中提取"，将"从预算结余中提取"行项目调整为"从本期盈余中提取"。

2. 调整项目的内容和填列方法

（1）"从财务会计相关收入中提取"行，反映医院本年从财务会计相关收入中提取专用基金对净资产的影响。本行"专用基金"项目应当通过对"专用基金"科目明细账记录的分析，根据本年按有关规定从财务会计相关收入中提取专用基金的金额填列。

（2）"从本期盈余中提取"行，反映医院本年根据有关规定从本年度盈余中提取专用基金对净资产的影响。本行"累计盈余""专用基金"项目应当通过对"专用基金"科目明细账记录的分析，根据本年按有关规定从本期盈余中提取专用基金的金额填列；本行"累计盈余"项目以"一"号填列。

（三）关于收入费用表

1. 新增项目

医院应当在收入费用表的"其中：政府性基金收入"项目后增加"其中：财政基本拨款收入""财政项目拨款收入"项目；在"（二）事业收入"项目下增加"其中：医疗收入""科教收入"项目；在"（一）业务活动费用"项目下增加"其中：财政基本拨款经费""财政项目拨款经费""科教经费""其他经费"项目；在"（二）单位管理费用"项目下增加"其中：财政基本拨款经费""财政项目拨款经费""科教经费""其他经费"项目；在"三、本期盈余"项目下增加"其中：财政项目盈余""医疗盈余""科教盈余"项目，详见附表3。

2. 新增项目的内容和填列方法

（1）"（一）财政拨款收入"项目下的"其中：财政基本拨款收入"项目，反映医院本期取得的财政拨款收入中属于财政基本拨款的金额。本项目应当根据"财政拨款收入——财政基本拨款收入"科目的本期发生额填列。

"财政项目拨款收入"项目，反映医院本期取得的财政拨款收入中属于财政项目拨款的金额。本项目应当根据"财政拨款收入——财政项目拨款收入"科目的本期发生额填列。

（2）"（二）事业收入"项目下的"其中：医疗收入"项目，反映医院本期开展医疗活动实现的收入。本项目应当根据"事业收入——医疗收入"科目的本期发生额填列。

"科教收入"项目，反映医院本期开展科研教学活动实现的收入。本项目应当根据"事业收入——科教收入"科目的本期发生额填列。

（3）"（一）业务活动费用"项目下的"其中：财政基本拨款经费"项目，反映医院本期使用财政基本拨款经费发生的各项业务活动费用。本项目应当根据"业务活动费用"科目中经费性质为财政基本拨款经费部分的本期发生额填列。

"财政项目拨款经费"项目，反映医院本期使用财政项目拨款经费发生的各项业务活动费用。本项目应当根据"业务活动费用"科目中经费性质为财政项目拨款经费部分的本期发生额填列。

"科教经费"项目，反映医院本期使用科教经费开展科研教学活动所发生的各项业务活动费用。本项目应当根据"业务活动费用"科目中经费性质为科教经费部分的本期发生额填列。

"其他经费"项目,反映医院本期使用其他经费开展医疗活动所发生的各项业务活动费用。本项目应当根据"业务活动费用"中经费性质为其他经费部分的本期发生额填列。

(4)"(二)单位管理费用"项目下的"其中:财政基本拨款经费"项目,反映医院本期使用财政基本拨款经费发生的各项单位管理费用。本项目应当根据"单位管理费用"科目中经费性质为财政基本拨款经费部分的本期发生额填列。

"财政项目拨款经费"项目,反映医院本期使用财政项目拨款经费发生的各项单位管理费用。本项目应当根据"单位管理费用"科目中经费性质为财政项目拨款经费部分的本期发生额填列。

"科教经费"项目,反映医院本期使用科教经费(从科教经费中提取的项目管理费或间接费)所发生的各项单位管理费用。本项目应当根据"单位管理费用"科目中经费性质为科教经费部分的本期发生额填列。

"其他经费"项目,反映医院本期使用其他经费开展医疗活动所发生的各项单位管理费用。本项目应当根据"单位管理费用"科目中经费性质为其他经费部分的本期发生额填列。

(5)"三、本期盈余"项目下的"其中:财政项目盈余"项目,反映医院本期财政项目拨款收入扣除使用财政项目拨款经费发生的费用后的净额。本项目应当根据本表中"财政拨款收入"项目下"财政项目拨款收入"项目金额减去"业务活动费用"项目下"财政项目拨款经费"项目与"单位管理费用"项目下"财政项目拨款经费"项目金额合计数后的金额填列。

"医疗盈余"项目,反映医院本期医疗活动相关收入扣除医疗活动相关费用后的净额。本项目应当根据本表中"财政拨款收入"项目下"财政基本拨款收入""事业收入"项目下"医疗收入""上级补助收入""附属单位上缴收入""经营收入""非同级财政拨款收入""投资收益""捐赠收入""利息收入""租金收入""其他收入"项目金额合计数减去"业务活动费用"项目下"财政基本拨款经费"和"其他经费""单位管理费用"项目下"财政基本拨款经费"和"其他经费""经营费用""资产处置费用""上缴上级费用""对附属单位补助费用""所得税费用""其他费用"项目金额合计数后的金额填列;如相减后金额为负数,以"-"号填列。

"科教盈余"项目,反映医院本期科研教学活动收入扣除科研教学活动费用后的净额。本项目应当根据本表中"事业收入"项目下"科教收入"项目金额减去"业务活动费用"项目下"科教经费"项目与"单位管理费用"项目下"科教经费"项目金额合计数后的金额填列。

(四)关于医疗活动收入费用明细表

1.本表反映医院在某一会计期间内医疗活动相关收入、费用及其所属明细项目的详细情况。

2.本表"本月数"栏反映各项目的本月实际发生数。编制年度医疗活动收入费用明细表时,应当将本栏改为"本年数",反映本年度各项目的实际发生数。

本表"本年累计数"栏反映各项目自年初至报告期期末的累计实际发生数。编制年度医疗活动收入费用明细表时，应当将本栏改为"上年数"，反映上年度各项目的实际发生数，"上年数"栏应当根据上年年度医疗活动收入费用明细表中"本年累计数"栏内所列数字填列。

如果本年度医疗活动收入费用明细表规定的项目名称和内容同上年度不一致，应当对上年度医疗活动收入费用明细表项目名称和数字按照本年度的规定进行调整，将调整后的金额填入本年度医疗活动收入费用明细表的"上年数"栏内。

3. 本表各项目的填列方法

（1）医疗活动收入

"医疗活动收入合计"项目，反映医院本期医疗活动收入总额。本项目应当根据本表中"财政基本拨款收入""医疗收入""上级补助收入""附属单位上缴收入""经营收入""非同级财政拨款收入""投资收益""捐赠收入""利息收入""租金收入""其他收入"项目金额的合计数填列。

"财政基本拨款收入"项目应根据"财政拨款收入——基本支出"明细科目本期发生额填列。

"医疗收入"项目及其所属明细项目应根据"事业收入——医疗收入"科目及其所属明细科目的本期发生额填列。

"上级补助收入""附属单位上缴收入""经营收入""非同级财政拨款收入""投资收益""捐赠收入""利息收入""租金收入""其他收入"项目应根据所对应科目的本期发生额填列。

（2）医疗活动费用

"医疗活动费用合计"项目，反映医院本期医疗活动费用总额。本项目应当根据本表中"业务活动费用""单位管理费用""经营费用""资产处置费用""上缴上级费用""对附属单位补助费用""所得税费用""其他费用"项目金额的合计数填列。

"业务活动费用""单位管理费用"项目及其所属明细项目应根据"业务活动费用""单位管理费用"科目及其所属明细科目中经费性质为财政基本拨款经费和其他经费的本期发生额填列。

"经营费用""资产处置费用""上缴上级费用""对附属单位补助费用""所得税费用""其他费用"项目应根据所对应科目的本期发生额填列。

（五）关于预算收入支出表

1. 新增项目

医院应当在预算收入支出表的"其中：政府性基金收入"项目后增加"其中：财政基本拨款预算收入""财政项目拨款预算收入"；在"（二）事业预算收入"项目下增加"其中：医疗预算收入""科教预算收入"项目；在"（二）事业支出"项目下增加"其中：财政基本拨款支出""财政项目拨款支出""科教资金支出""其他资金支出"项目；在"三、本年预算收支差额"项目下增加"其中：财政项目拨款收支差额""医疗收支差额""科教收支差额"项目，详见附表5。

2. 新增项目的内容和填列方法

（1）"（一）财政拨款预算收入"项目下的"其中：财政基本拨款预算收入"项目，

反映医院本期取得的财政拨款预算收入中属于财政基本支出拨款的金额。本项目应当根据"财政拨款预算收入——基本支出"科目的本期发生额填列。

"财政项目拨款预算收入"项目,反映医院本期取得的财政拨款收入中属于财政项目支出拨款的金额。本项目应当根据"财政拨款预算收入——项目支出"科目的本期发生额填列。

(2)"(二)事业预算收入"项目下的"其中:医疗预算收入"项目,反映医院本期开展医疗活动取得的预算收入。本项目应当根据"事业预算收入——医疗预算收入"科目的本期发生额填列。

"科教预算收入"项目,反映医院本期开展科研教学活动取得的预算收入。本项目应当根据"事业预算收入——科教预算收入"科目的本期发生额填列。

(3)"(二)事业支出"项目下的"其中:财政基本拨款支出"项目,反映医院本期使用财政基本拨款发生的事业支出。本项目应当根据"事业支出"科目中资金性质为财政基本拨款部分的本期发生额填列。

"财政项目拨款支出"项目,反映医院本期使用财政项目拨款发生的事业支出。本项目应当根据"事业支出"科目中资金性质为财政项目拨款部分的本期发生额填列。

"科教资金支出"项目,反映医院本期开展科研教学活动所发生的事业支出。本项目应当根据"事业支出"科目中资金性质为科教资金部分的本期发生额填列。

"其他资金支出"项目,反映医院本期开展医疗活动所发生的事业支出。本项目应当根据"事业支出"科目中资金性质为其他资金部分的本期发生额填列。

(4)"三、本年预算收支差额"项目下的"财政项目拨款收支差额"项目,反映医院本期财政项目拨款预算收入扣除财政项目拨款支出后的差额,应当根据本表中"财政拨款预算收入"项目下"财政项目拨款预算收入"项目金额减去本表中"事业支出"项目下"财政项目拨款支出"项目金额后的金额填列。

"医疗收支差额"项目,反映医院本期医疗活动相关的预算收入扣除相关预算支出后的差额,应当根据本表中"财政拨款预算收入"项目下"财政基本拨款预算收入"项目金额以及本表中"事业预算收入——医疗预算收入""上级补助预算收入""附属单位上缴预算收入""经营预算收入""债务预算收入""非同级财政拨款预算收入""投资预算收益""其他预算收入"项目金额合计数减去"事业支出"项目下"财政基本拨款支出""事业支出"项目下"其他资金支出""经营支出""上缴上级支出""对附属单位补助支出""投资支出""债务还本支出""其他支出"项目金额合计数后的金额填列;如相减后金额为负数,以"-"号填列。

"科教收支差额"项目,反映医院本期开展科研教学活动相关预算收入扣除相关预算支出后的差额,应当根据本表中"事业预算收入"项目下"科教预算收入"项目金额减去"事业支出"项目下"科教资金支出"项目金额后的金额填列。

(六)关于财务报表附注

医院应当在财务报表附注中披露所承担的政府指令性任务的相关费用信息,披露格式如下:

政府指令性任务	业务活动费用	其他费用	合计
任务1			
……			
其他			
合计			

三、关于坏账准备的计提范围

医院应当对除应收在院病人医疗款以外的应收账款和其他应收款按规定提取坏账准备。

四、关于运杂费的会计处理

医院为取得库存物品单独发生的运杂费等，能够直接计入业务成本的，计入业务活动费用，借记"业务活动费用"科目，贷记"库存现金""银行存款"等科目；不能直接计入业务成本的，计入单位管理费用，借记"单位管理费用"科目，贷记"库存现金""银行存款"等科目。

五、关于自制制剂的会计处理

医院对于按自主定价或备案价核算的自制制剂，在已经制造完成并验收入库时，按照自主定价或备案价，借记"库存物品——药品"科目，按照所发生的实际成本，贷记"加工物品"科目，按照借贷方之间的差额，借记或贷记"库存物品——成本差异"科目。

医院开展业务活动等领用或发出自制制剂，按照自主定价或备案价加上或减去成本差异后的金额，借记"业务活动费用""单位管理费用"等科目，按照自主定价或备案价，贷记"库存物品——药品"科目，按照领用或发出自制制剂应负担的成本差异，借记或贷记"库存物品——成本差异"科目。

六、关于固定资产折旧年限

通常情况下，医院应当按照本规定附表6确定各类应计提折旧的固定资产的折旧年限。

七、关于弥补医疗亏损的账务处理

年末，医院"累计盈余——医疗盈余"科目为借方余额的，医院应当按照有关规定确定的用于弥补医疗亏损的金额，借记"累计盈余——新旧转换盈余"科目，贷记"累计盈余——医疗盈余"科目。

八、关于本期盈余结转的账务处理

期末，医院应当将财政拨款收入中的财政项目拨款收入的本期发生额转入本期盈余，借记"财政拨款收入——财政项目拨款收入"科目，贷记"本期盈余——财政项目盈余"科目;将业务活动费用、单位管理费用中经费性质为财政项目拨款经费部分的本期发生额转入本期盈余,借记"本期盈余——财政项目盈余"科目,贷记"业务活动费用""单位管理费用"科目的相关明细科目。

期末,医院应当将财政拨款收入中的财政基本拨款收入、事业收入中的医疗收入、上级补助收入、附属单位上缴收入、经营收入、非同级财政拨款收入、投资收益、捐赠收入、利息收入、租金收入、其他收入的本期发生额转入本期盈余,借记"财政拨款收入——财政基本拨款收入""事业收入——医疗收入""上级补助收入""附属单位上缴收入""经营收入""非同级财政拨款收入""投资收益""捐赠收入""利息收入""租金收入""其他收入"科目,贷记"本期盈余——医疗盈余"科目;将业务活动费用、单位管理费用中与医疗活动相关且经费性质为财政基本拨款经费和其他经费的部分,以及经营费用、资产处置费用、上缴上级费用、对附属单位补助费用、所得税费用、其他费用的本期发生额转入本期盈余,借记"本期盈余——医疗盈余"科目,贷记"业务活动费用"和"单位管理费用"科目的相关明细科目、"经营费用""资产处置费用""上缴上级费用""对附属单位补助费用""所得税费用""其他费用"科目。

期末,医院应当将事业收入中的科教收入的本期发生额转入本期盈余,借记"事业收入——科教收入"科目,贷记"本期盈余——科教盈余"科目;将业务活动费用中经费性质为科教经费的部分、单位管理费用中经费性质为科教经费的部分(从科教经费中提取的项目管理费或间接费)的本期发生额转入本期盈余,借记"本期盈余——科教盈余"科目,贷记"业务活动费用""单位管理费用"科目的相关明细科目。

年末,完成上述结转后,医院应当将"本期盈余——财政项目盈余""本期盈余——医疗盈余"科目中财政基本拨款形成的盈余余额和"本期盈余——科教盈余"科目余额转入累计盈余对应明细科目,借记或贷记"本期盈余——财政项目盈余""本期盈余——医疗盈余""本期盈余——科教盈余"科目的相关明细科目,贷记或借记"累计盈余——财政项目盈余""累计盈余——医疗盈余""累计盈余——科教盈余"科目。"本期盈余——医疗盈余"科目扣除财政基本拨款形成的盈余后为贷方余额的,将"本期盈余——医疗盈余"科目对应贷方余额转入"本年盈余分配"科目,借记"本期盈余——医疗盈余"科目,贷记"本年盈余分配"科目;"本期盈余——医疗盈余"科目扣除财政基本拨款形成的盈余后为借方余额的,将"本期盈余——医疗盈余"科目对应借方余额转入"累计盈余"科目,借记"累计盈余——医疗盈余"科目,贷记"本期盈余——医疗盈余"科目。

九、关于本年盈余分配的账务处理

年末,医院在按照规定提取专用基金后,应当将"本年盈余分配"科目余额转入累计盈余,借记"本年盈余分配——转入累计盈余"科目,贷记"累计盈余——医疗盈余"科目。

十、关于医疗收入的确认

医院应当在提供医疗服务(包括发出药品)并收讫价款或取得收款权利时,按照

规定的医疗服务项目收费标准计算确定的金额确认医疗收入。医院给予病人或其他付费方折扣的，按照折扣后的实际金额确认医疗收入。

十一、关于医事服务费和药事服务费的会计处理

执行医事服务费的医院应当通过"事业收入——医疗收入——门急诊收入——诊察收入"和"事业收入——医疗收入——住院收入——诊察收入"科目核算医事服务收入。医院在实现医事服务收入时，应当借记"库存现金""银行存款""应收账款"等科目，属于门急诊收入的，贷记"事业收入——医疗收入——门急诊收入——诊察收入"科目，属于住院收入的，贷记"事业收入——医疗收入——住院收入——诊察收入"科目。

执行药事服务费的医院应当通过"事业收入——医疗收入——门急诊收入——其他门急诊收入"和"事业收入——医疗收入——住院收入——其他住院收入"科目核算药事服务收入。医院在实现药事服务收入时，应当借记"库存现金""银行存款""应收账款"等科目，属于门急诊收入的，贷记"事业收入——医疗收入——门急诊收入——其他门急诊收入"科目，属于住院收入的，贷记"事业收入——医疗收入——住院收入——其他住院收入"科目。

十二、关于医院与医疗保险机构结算医疗款的账务处理

医院同医疗保险机构结算医疗款时，应当按照实际收到的金额，借记"银行存款"科目，按照医院因违规治疗等管理不善原因被医疗保险机构拒付的金额，借记"坏账准备"科目，按照应收医疗保险机构的金额，贷记"应收账款——应收医疗款——应收医保款"科目，按照借贷方之间的差额，借记或贷记"事业收入——医疗收入——结算差额"科目。

医院预收医疗保险机构医保款的，在同医疗保险机构结算医疗款时，还应冲减相关的预收医保款。

十三、关于按合同完成进度确认科教收入

医院以合同完成进度确认科教收入时，应当根据业务实质，选择累计实际发生的合同成本占合同预计总成本的比例、已经完成的合同工作量占合同预计总工作量的比例、已经完成的时间占合同期限的比例、实际测定的完工进度等方法，合理确定合同完成进度。

十四、关于计提和使用项目间接费用或管理费的账务处理

（一）医院按规定从科研项目收入中计提项目间接费用或管理费时，除按新制度规定借记"单位管理费用"科目外，也可根据实际情况借记"业务活动费用"等科目。

（二）医院使用计提的项目间接费用或管理费购买固定资产、无形资产的，在财务会计下，按照固定资产、无形资产的成本金额，借记"固定资产""无形资产"科目，贷记"银行存款"等科目；同时，按照相同的金额，借记"预提费用——项目间接费用或管理费"科目，贷记"累计盈余"科目。在预算会计下，按照相同的金额，借记"事

业支出"等科目,贷记"资金结存"科目。

十五、关于成本报表

医院应当按月度和年度编制成本报表,具体包括医院各科室直接成本表(见附表7)、医院临床服务类科室全成本表(见附表8)和医院临床服务类科室全成本构成分析表(见附表9)。成本报表主要以科室、诊次和床日为成本核算对象,所反映的成本均不包括财政项目拨款经费、科教经费形成的各项费用。

(一)医院各科室直接成本表

1.本表反映在将医院的单位管理费用(行政后勤类科室成本)和医疗技术、医疗辅助科室成本分摊至临床服务类科室成本前各科室直接成本情况。直接成本是指科室开展医疗服务活动发生的能够直接计入或采用一定方法计算后直接计入科室成本的各种费用。

各科室直接成本需要按成本项目,即人员经费、卫生材料费、药品费、固定资产折旧费、无形资产摊销费、提取医疗风险基金和其他费用分别列示。

2.编制说明

(1)医院各科室直接成本表的各栏目应根据"业务活动费用""单位管理费用"科目所属明细科目的记录直接或分析填列。

"人员经费"项目应当根据"工资福利费用"和"对个人和家庭的补助费用"明细科目的本期发生额分析填列,"卫生材料费"项目应当根据"商品和服务费用——专用材料费——卫生材料费"明细科目的本期发生额分析填列,"药品费"项目应当根据"商品和服务费用——专用材料费——药品费"明细科目的本期发生额分析填列,"固定资产折旧费"项目应当根据"固定资产折旧费"明细科目的本期发生额分析填列,"无形资产摊销费"项目应当根据"无形资产摊销费"明细科目的本期发生额分析填列,"提取医疗风险基金"项目应当根据"计提专用基金——医疗风险基金"明细科目的本期发生额分析填列,"其他费用"应当根据"业务活动费用""单位管理费用"科目除以上明细科目外其他明细科目的本期发生额分析填列。

(2)医疗业务成本合计=临床服务类科室成本小计+医疗技术类科室成本小计+医疗辅助类科室成本小计。

(3)本月总计=医疗业务成本合计+管理费用。

(二)医院临床服务类科室全成本表

1.本表反映医院根据《医院财务制度》规定的原则和程序,将单位管理费用、医疗辅助类科室直接成本、医疗技术类科室直接成本逐步分摊转移到临床服务类科室后,各临床服务类科室的全成本情况。临床服务类科室全成本包括科室直接成本和分摊转移的间接成本。

各临床服务类科室的直接成本、间接成本和全成本应当按照人员经费、卫生材料费、药品费、固定资产折旧费、无形资产摊销费、提取医疗风险基金和其他费用等成本项目分别列示。

2. 编制说明

医院临床服务类科室全成本表中的"直接成本"栏应当根据"业务活动费用""单位管理费用"科目及其所属明细科目记录直接或分析填列。该栏目金额应当与"医院各科室直接成本表"中对应栏目金额保持一致

本表中"间接成本"栏应当根据《医院财务制度》规定的方法计算填列。

本表中"全成本"栏应当根据本表中"直接成本"栏金额和"间接成本"栏金额合计数填列。

（三）医院临床服务类科室全成本构成分析表

1. 本表反映各临床服务类科室的全成本中各项成本所占的比例情况，以及各临床服务类科室的床日成本、诊次成本情况。

诊次和床日成本核算是以诊次、床日为核算对象，将科室成本进一步分摊到门急诊人次、住院床日中，计算出诊次成本、床日成本。

2. 编制说明

（1）医院临床服务类科室全成本构成分析表各项目应当依据医院临床服务类科室全成本表的数据计算填列，其中，床日成本、诊次成本应当根据《医院财务制度》计算填列。

（2）医院临床服务类科室全成本构成分析表用于对医院临床服务类科室全成本要素及其结构进行分析与监测。"##"为某一临床服务类科室不同成本项目的构成比，用于分析各临床服务类科室的成本结构，确定各科室内部成本管理的重点成本项目。

例：人员经费%（##）=（某一临床服务类科室人员经费金额/该科室全成本合计）×100%

人员经费金额合计（**）=各临床服务类科室人员经费之和

人员经费合计%=（各临床服务类科室人员经费之和/各临床服务类科室全成本合计）×100%

十六、生效日期

本规定自 2019 年 1 月 1 日起施行。

附表 1

医院执行新制度新增明细科目表

科目编码	科目名称	备注
1212	应收账款	
121201	应收账款\应收在院病人医疗款	
121202	应收账款\应收医疗款	
12120201	应收账款\应收医疗款\应收医保款	
1212020101	应收账款\应收医疗款\应收医保款\应收门急诊医保款	

（续表）

科目编码	科目名称	备注
1212020102	应收账款\应收医疗款\应收医保款\应收住院医保款	
12120202	应收账款\应收医疗款\门急诊病人欠费	
12120203	应收账款\应收医疗款\出院病人欠费	
121203	应收账款\其他应收账款	
1219	坏账准备	
121901	坏账准备\应收账款坏账准备	
121902	坏账准备\其他应收款坏账准备	
1302	库存物品	
130201	库存物品\药品	
130202	库存物品\卫生材料	
13020201	库存物品\卫生材料\血库材料	
13020202	库存物品\卫生材料\医用气体	
13020203	库存物品\卫生材料\影像材料	
13020204	库存物品\卫生材料\化验材料	
13020205	库存物品\卫生材料\其他卫生材料	
130203	库存物品\低值易耗品	
130204	库存物品\其他材料	
130205	库存物品\成本差异	
1601	固定资产	按形成固定资产的经费性质（财政项目拨款经费、科教经费、其他经费）进行明细核算
1602	固定资产累计折旧	
1701	无形资产	按形成无形资产的经费性质（财政项目拨款经费、科教经费、其他经费）进行明细核算
1702	无形资产累计摊销	
2305	预收账款	按债权人明细核算
230501	预收账款\预收医疗款	
23050101	预收账款\预收医疗款\预收医保款	
23050102	预收账款\预收医疗款\门急诊预收款	
23050103	预收账款\预收医疗款\住院预收款	
230502	预收账款\其他预收账款	
3001	累计盈余	
300101	累计盈余\财政项目盈余	
300102	累计盈余\医疗盈余	
300103	累计盈余\科教盈余	

(续表)

科目编码	科目名称	备注
300104	累计盈余\新旧转换盈余	
3101	专用基金	
310101	专用基金\职工福利基金	
310102	专用基金\医疗风险基金	
3301	本期盈余	
330101	本期盈余\财政项目盈余	
330102	本期盈余\医疗盈余	
330103	本期盈余\科教盈余	
3302	本年盈余分配	
330201	本年盈余分配\提取职工福利基金	
330202	本年盈余分配\转入累计盈余	
4001	财政拨款收入	按照财政基本支出、项目支出进行明细核算
4101	事业收入	对"非同级财政拨款"进行明细核算
410101	事业收入\医疗收入	
41010101	事业收入\医疗收入\门急诊收入	
4101010101	事业收入\医疗收入\门急诊收入\挂号收入	
4101010102	事业收入\医疗收入\门急诊收入\诊察收入	核算医事服务收入
4101010103	事业收入\医疗收入\门急诊收入\检查收入	
4101010104	事业收入\医疗收入\门急诊收入\化验收入	
4101010105	事业收入\医疗收入\门急诊收入\治疗收入	
4101010106	事业收入\医疗收入\门急诊收入\手术收入	
4101010107	事业收入\医疗收入\门急诊收入\卫生材料收入	
4101010108	事业收入\医疗收入\门急诊收入\药品收入	
410101010801	事业收入\医疗收入\门急诊收入\药品收入\西药收入	
410101010802	事业收入\医疗收入\门急诊收入\药品收入\中成药收入	
410101010803	事业收入\医疗收入\门急诊收入\药品收入\中药饮片收入	
4101010109	事业收入\医疗收入\门急诊收入\其他门急诊收入	核算药事服务收入
41010102	事业收入\医疗收入\住院收入	
4101010201	事业收入\医疗收入\住院收入\床位收入	
4101010202	事业收入\医疗收入\住院收入\诊察收入	核算医事服务收入
4101010203	事业收入\医疗收入\住院收入\检查收入	

(续表)

科目编码	科目名称	备注
4101010204	事业收入\医疗收入\住院收入\化验收入	
4101010205	事业收入\医疗收入\住院收入\治疗收入	
4101010206	事业收入\医疗收入\住院收入\手术收入	
4101010207	事业收入\医疗收入\住院收入\护理收入	
4101010208	事业收入\医疗收入\住院收入\卫生材料收入	
4101010209	事业收入\医疗收入\住院收入\药品收入	
410101020901	事业收入\医疗收入\住院收入\药品收入\西药收入	
410101020902	事业收入\医疗收入\住院收入\药品收入\中成药收入	
410101020903	事业收入\医疗收入\住院收入\药品收入\中药饮片收入	
4101010210	事业收入\医疗收入\住院收入\其他住院收入	核算药事服务收入
41010103	事业收入\医疗收入\结算差额	
410102	事业收入\科教收入	
41010201	事业收入\科教收入\科研收入	
41010202	事业收入\科教收入\教学收入	
5001	业务活动费用	按照经费性质（财政基本拨款经费、财政项目拨款经费、科教经费、其他经费）进行明细核算，并对"政府指令性任务"进行明细核算
5101	单位管理费用	按照经费性质（财政基本拨款经费、财政项目拨款经费、科教经费、其他经费）进行明细核算
5901	其他费用	对"政府指令性任务"进行明细核算
6101	事业预算收入	对"非同级财政拨款"进行明细核算
610101	事业预算收入\医疗预算收入	
61010101	事业预算收入\医疗预算收入\门急诊预算收入	
61010102	事业预算收入\医疗预算收入\住院预算收入	
610102	事业预算收入\科教预算收入	
61010201	事业预算收入\科教预算收入\科研项目预算收入	
61010202	事业预算收入\科教预算收入\教学项目预算收入	

附表 2

资产负债表

会政财 01 表

编制单位：_____ ___年__月__日 单位：元

资　产	期末余额	年初余额	负债和净资产	期末余额	年初余额
流动资产：			流动负债：		
货币资金			短期借款		
短期投资			应交增值税		
财政应返还额度			其他应交税费		
应收票据			应缴财政款		
应收账款净额			应付职工薪酬		
预付账款			应付票据		
应收股利			应付账款		
应收利息			应付政府补贴款		
其他应收款净额			应付利息		
存货			预收账款		
待摊费用			其他应付款		
一年内到期的非流动资产			预提费用		
其他流动资产			一年内到期的非流动负债		
流动资产合计			其他流动负债		
非流动资产：			流动负债合计		
长期股权投资			非流动负债：		
长期债券投资			长期借款		
固定资产原值			长期应付款		
减：固定资产累计折旧			预计负债		
固定资产净值			其他非流动负债		
工程物资			非流动负债合计		
在建工程			受托代理负债		
无形资产原值			负债合计		
减：无形资产累计摊销					
无形资产净值					

（续表）

资　产	期末余额	年初余额	负债和净资产	期末余额	年初余额
研发支出					
公共基础设施原值					
减：公共基础设施累计折旧（摊销）					
公共基础设施净值			净资产：		
政府储备物资			累计盈余		
文物文化资产			其中：财政项目盈余		
保障性住房原值			医疗盈余		
减：保障性住房累计折旧			科教盈余		
保障性住房净值			新旧转换盈余		
长期待摊费用			专用基金		
待处理财产损溢			权益法调整		
其他非流动资产			无偿调拨净资产*		—
非流动资产合计			本期盈余*		—
受托代理资产			净资产合计		
资产总计			负债和净资产总计		

注："*"标识项目为月报项目，年报中不需列示。

附表3

收入费用表

会政财02表

编制单位：_____　　　___年__月　　　　　单位：元

项目	本月数	本年累计数
一、本期收入		
（一）财政拨款收入		
其中：政府性基金收入		
其中：财政基本拨款收入		
财政项目拨款收入		

(续表)

项目	本月数	本年累计数
（二）事业收入		
其中：医疗收入		
科教收入		
（三）上级补助收入		
（四）附属单位上缴收入		
（五）经营收入		
（六）非同级财政拨款收入		
（七）投资收益		
（八）捐赠收入		
（九）利息收入		
（十）租金收入		
（十一）其他收入		
二、本期费用		
（一）业务活动费用		
其中：财政基本拨款经费		
财政项目拨款经费		
科教经费		
其他经费		
（二）单位管理费用		
其中：财政基本拨款经费		
财政项目拨款经费		
科教经费		
其他经费		
（三）经营费用		
（四）资产处置费用		
（五）上缴上级费用		
（六）对附属单位补助费用		
（七）所得税费用		
（八）其他费用		

（续表）

项目	本月数	本年累计数
三、本期盈余		
其中：财政项目盈余		
医疗盈余		
科教盈余		

附表 4

医疗活动收入费用明细表

会政财 02 表附表 01

编制单位：_____　　　___年__月　　　　　　　　单位：元

项目	本月数	本年累计数	项目	本月数	本年累计数
医疗活动收入合计			医疗活动费用合计		
财政基本拨款收入			业务活动费用		
医疗收入			人员经费		
门急诊收入			其中：工资福利费用		
挂号收入			对个人和家庭的补助费用		
诊察收入			商品和服务费用		
检查收入			固定资产折旧费		
化验收入			无形资产摊销费		
治疗收入			计提专用基金		
手术收入			单位管理费用		
卫生材料收入			人员经费		
药品收入			其中：工资福利费用		
其他门急诊收入			对个人和家庭的补助费用		
住院收入			商品和服务费用		
床位收入			固定资产折旧费		
诊察收入			无形资产摊销费		
检查收入			经营费用		

（续表）

项目	本月数	本年累计数	项目	本月数	本年累计数
化验收入			资产处置费用		
治疗收入			上缴上级费用		
手术收入			对附属单位补助费用		
护理收入			所得税费用		
卫生材料收入			其他费用		
药品收入					
其他住院收入					
结算差额					
上级补助收入					
附属单位上缴收入					
经营收入					
非同级财政拨款收入					
投资收益					
捐赠收入					
利息收入					
租金收入					
其他收入					

附表 5

预算收入支出表

会政预 01 表

编制单位：_____　　　___年_月　　　单位：元

项目	本年数	上年数
一、本年预算收入		
（一）财政拨款预算收入		
其中：政府性基金收入		
其中：财政基本拨款预算收入		
财政项目拨款预算收入		
（二）事业预算收入		

（续表）

项目	本年数	上年数
其中：医疗预算收入		
科教预算收入		
（三）上级补助预算收入		
（四）附属单位上缴预算收入		
（五）经营预算收入		
（六）债务预算收入		
（七）非同级财政拨款预算收入		
（八）投资预算收益		
（九）其他预算收入		
其中：利息预算收入		
捐赠预算收入		
租金预算收入		
二、本年预算支出		
（一）行政支出		
（二）事业支出		
其中：财政基本拨款支出		
财政项目拨款支出		
科教资金支出		
其他资金支出		
（三）经营支出		
（四）上缴上级支出		
（五）对附属单位补助支出		
（六）投资支出		
（七）债务还本支出		
（八）其他支出		
其中：利息支出		
捐赠支出		
三、本年预算收支差额		
其中：财政项目拨款收支差额		
医疗收支差额		
科教收支差额		

附表 6

医院固定资产折旧年限表

固定资产类别	折旧年限（年）	固定资产类别	折旧年限（年）
一、房屋及构筑物		三、专用设备	
业务及管理用房		医用电子仪器	5
钢结构	50	医用超声仪器	6
钢筋混凝土结构	50	医用高频仪器设备	5
砖混结构	30	物理治疗及体疗设备	5
砖木结构	30	高压氧舱	6
简易房	8	中医仪器设备	5
房屋附属设施	8	医用磁共振设备	6
构筑物	8	医用X线设备	6
二、通用设备		高能射线设备	8
计算机设备	6	医用核素设备	6
通信设备	5	临床检验分析仪器	5
办公设备	6	体外循环设备	5
车辆	10	手术急救设备	5
图书档案设备	5	口腔设备	6
机械设备	10	病房护理设备	5
电气设备	5	消毒设备	6
雷达、无线电和卫星导航设备	10	其他	5
广播、电视、电影设备	5	光学仪器及窥镜	6
仪器仪表	5	激光仪器设备	5
电子和通信测量设备	5	四、家具、用具及装具	
计量标准器具及量具、衡器	5	家具	15
		用具、装具	5

附表7

医院各科室直接成本表

成本医01表

编制单位：＿＿＿＿＿＿　　　　　　＿＿年＿＿月　　　　　　单位：元

科室名称	成本项目							合计 (8)＝(1)＋(2)＋(3)＋(4)＋(5)＋(6)＋(7)
	人员经费 (1)	卫生材料费 (2)	药品费 (3)	固定资产折旧费 (4)	无形资产摊销费 (5)	提取医疗风险基金 (6)	其他费用 (7)	
临床服务类科室1								
临床服务类科室2								
…								
小计								
医疗技术类科室1								
医疗技术类科室2								
…								
小计								
医疗辅助类科室1								
医疗辅助类科室2								
…								
小计								
医疗业务成本合计								
管理费用								
本月总计								

附表 8

医院临床服务类科室全成本表

编制单位：_____　　　　　_____年___月　　　　　成本医 02 表
单位：元

科室名称	成本项目																					合计 (8) = (1) + (2) + (3) + (4) + (5) + (6) + (7)		
	人员经费 (1)			卫生材料费 (2)			药品费 (3)			固定资产 折旧费 (4)			无形资产 摊销费 (5)			提取医疗 风险基金 (6)			其他费用 (7)					
	直接成本	间接成本	全成本	直接成本	间接成本	全成本	直接成本	间接成本	全成本	直接成本	间接成本	全成本	直接成本	间接成本	全成本	直接成本	间接成本	全成本	直接成本	间接成本	全成本	直接成本	间接成本	全成本
临床服务类科室 1																								
临床服务类科室 2																								
…																								
科室全成本合计																								

附表 9

医院临床服务类科室全成本构成分析表

编制单位：_____　　　_____年___月

成本医 03 表
单位：元

成本项目	科室名称				各临床服务类科室合计	
	内科		...			
	金额	%	金额	%	金额	%
人员经费						
卫生材料费						
药品费						
固定资产折旧	(##)				(**)	
无形资产摊销						
提取医疗风险基金						
其他费用						
科室全成本合计		(100%)				(100%)
科室收入						
收入——成本						
床日成本						
诊次成本						

关于医院执行《政府会计制度——行政事业单位会计科目和报表》的衔接规定

我部于 2017 年 10 月 24 日印发了《政府会计制度——行政事业单位会计科目和报表》(财会〔2017〕25 号，以下简称新制度)。原执行《医院会计制度》(财会〔2010〕27 号，以下简称原制度)的公立医院(以下简称医院)，自 2019 年 1 月 1 日起执行新制度，不再执行原制度。为了确保新旧会计制度顺利过渡，现对医院执行新制度及《关于医院执行〈政府会计制度——行政事业单位会计科目和报表〉的补充规定》(以下简称补充规定)的有关衔接问题规定如下：

一、新旧制度衔接总要求

(一)自 2019 年 1 月 1 日起，医院应当严格按照新制度及补充规定进行会计核算、编制财务报表和预算会计报表。

(二)医院应当按照本规定做好新旧制度衔接的相关工作，主要包括以下几个方面：

1. 根据原账编制 2018 年 12 月 31 日的科目余额表，并按照本规定要求，编制原账的部分科目余额明细表(参见附表 1、附表 2)。

2. 按照新制度及补充规定设立 2019 年 1 月 1 日的新账。

3. 按照本规定要求，登记新账的财务会计科目余额和预算结余科目余额，包括将原账科目余额转入新账财务会计科目、按照原账科目余额登记新账预算结余科目(医院新旧会计制度转账、登记新账科目对照表参见附表 3)，将未入账事项登记新账科目，并对相关新账科目余额进行调整。原账科目是指按照原制度规定设置的会计科目。

4. 按照登记及调整后新账的各会计科目余额，编制 2019 年 1 月 1 日的科目余额表，作为新账各会计科目的期初余额。

5. 根据新账各会计科目期初余额，按照新制度及补充规定编制 2019 年 1 月 1 日资产负债表。

(三)及时调整会计信息系统。医院应当按照新制度及补充规定要求对原有会计信息系统进行及时更新和调试，实现数据正确转换，确保新旧账套的有序衔接。

二、财务会计科目的新旧衔接

(一)将 2018 年 12 月 31 日原账会计科目余额转入新账财务会计科目

1. 资产类

(1)"库存现金""银行存款""其他货币资金""财政应返还额度""短期投资""坏账准备""待摊费用""固定资产""无形资产""长期待摊费用""待处理财产损溢"科目

新制度设置了"库存现金""银行存款""其他货币资金""财政应返还额度""短

期投资""坏账准备""待摊费用""固定资产""无形资产""长期待摊费用""待处理财产损溢"科目,其核算内容与原账的上述相应科目的核算内容基本相同。转账时,医院应当将原账的上述科目余额直接转入新账的相应科目。其中,还应当将原账的"库存现金""银行存款"科目余额中属于新制度规定受托代理资产的金额,转入新账的"库存现金""银行存款"科目下"受托代理资产"明细科目。

（2）"应收在院病人医疗款"和"应收医疗款"科目

新制度及补充规定设置了"应收账款"科目,并在该科目下设置了"应收在院病人医疗款""应收医疗款"和"其他应收账款"明细科目。"应收在院病人医疗款"和"应收医疗款"明细科目的核算内容与原账的"应收在院病人医疗款"和"应收医疗款"科目的核算内容基本相同。转账时,医院应当将原账的"应收在院病人医疗款"和"应收医疗款"科目余额转入新账的"应收账款"科目下"应收在院病人医疗款"和"应收医疗款"明细科目。

（3）"其他应收款"科目

新制度设置了"其他应收款"科目。转账时,医院应当对原账的"其他应收款"科目余额进行分析,将原账"其他应收款"科目中核算的应收长期股权投资的股利,转入新账的"应收股利"科目；将原账"其他应收款"科目中核算的应收长期债权投资的利息,转入新账的"应收利息"科目；将原账"其他应收款"科目中核算出租资产等应收取的款项,转入新账的"应收账款"科目；将原账"其他应收款"科目中核算的已经付款或开出商业汇票、尚未收到物资的金额,转入新账的"在途物品"科目；将剩余余额,转入新账的"其他应收款"科目。

（4）"预付账款"科目

新制度设置了"在途物品"和"预付账款"科目,原制度设置了"预付账款"科目。转账时,医院应当将原账"预付账款"科目中核算的已经付款或开出商业汇票、尚未收到物资的金额,转入新账的"在途物品"科目,将剩余余额,转入新账的"预付账款"科目。

（5）"库存物资"科目

新制度设置了"库存物品"科目,原制度设置了"库存物资"科目。转账时,医院应当将原账"库存物资"科目余额中属于医院受托存储保管的物资和受托转赠的物资金额,转入新账的"受托代理资产"科目；将原账"库存物资"科目余额中属于为在建工程购买和使用的材料物资金额,转入新账"工程物资"科目；将剩余余额,按照医院库存物品的类别（如药品、卫生材料等）,分别转入新账的"库存物品"科目的有关明细科目。

（6）"在加工物资"科目

新制度设置了"加工物品"科目,其核算内容与原账的"在加工物资"科目的核算内容基本相同。转账时,医院应当将原账的"在加工物资"科目余额转入新账的"加工物品"科目。

（7）"长期投资"科目

新制度设置了"长期股权投资"和"长期债券投资"科目,原制度设置了"长期投资"科目。转账时,医院应当将原账的"长期投资"科目中核算的股权投资金额,转入新账的"长期股权投资"科目及其明细科目；将原账的"长期投资"科目中核算的债券投资金额，转入新账的"长期债券投资"科目及其明细科目。

（8）"累计折旧"科目

新制度设置了"固定资产累计折旧"科目，该科目的核算内容与原账的"累计折旧"科目的核算内容基本相同。转账时，医院应当将原账的"累计折旧"科目余额转入新账的"固定资产累计折旧"科目。

（9）"累计摊销"科目

新制度设置了"无形资产累计摊销"科目，该科目的核算内容与原账的"累计摊销"科目的核算内容基本相同。转账时，医院应当将原账的"累计摊销"科目余额转入新账的"无形资产累计摊销"科目。

（10）"在建工程"科目

新制度设置了"在建工程"科目，该科目的核算内容与原账的"在建工程"科目的核算内容基本相同。转账时，医院应当将原账的"在建工程"科目余额（基建"并账"后的金额，下同），转入新账的"在建工程"科目。

医院在原账"在建工程"科目中核算了按照新制度规定应当记入"工程物资"科目内容的，应当将原账"在建工程"科目余额中属于工程物资的金额，转入新账的"工程物资"科目。

（11）"固定资产清理"科目

新制度设置了"待处理财产损溢"科目，该科目的核算内容与原账的"固定资产清理"科目的核算内容基本相同。转账时，医院应当将原账的"固定资产清理"科目余额，转入新账的"待处理财产损溢"科目。

（12）"零余额账户用款额度"科目

由于原账的"零余额账户用款额度"科目年末无余额，无需进行转账处理。

2. 负债类

（1）"短期借款""应付票据""长期应付款"科目

新制度设置了"短期借款""应付票据""长期应付款"科目，其核算内容与原账的上述相应科目的核算内容基本相同。转账时，医院应当将原账的上述科目余额直接转入新账的相应科目。

（2）"应付账款"科目

新制度设置了"应付账款"科目，其核算内容与原制度中"应付账款"科目的核算内容基本相同。转账时，医院应当将原账的"应付账款"科目余额，转入新账的"应付账款"科目。其中，医院在原账的"应付账款"科目中核算了无力支付银行承兑汇票而转入"应付账款"科目的余额的，应当将原账的"应付账款"科目余额中属于因无力支付银行承兑汇票而转入应付账款科目的余额，转入新账的"短期借款"科目。

（3）"应缴款项"科目

新制度设置了"应缴财政款"科目，原制度设置了"应缴款项"科目。转账时，医院应当将原账的"应缴款项"科目余额中属于应缴财政款项的金额转入新账的"应缴财政款"科目，将原账的"应缴款项"科目余额减去属于应缴财政款项金额后的差额转入新账的"其他应付款"科目。

（4）"预收医疗款"科目

新制度设置了"预收账款"科目，其核算内容与原账的"预收医疗款"科目的核算内容基本相同。转账时，医院应当将原账的"预收医疗款"科目余额转入新账的"预收账款"科目。

（5）"应付职工薪酬""应付社会保障费"科目

新制度设置了"应付职工薪酬"科目，原制度设置了"应付职工薪酬""应付社会保障费"科目。转账时，医院应当将原账的"应付职工薪酬""应付社会保障费"科目余额，转入新账的"应付职工薪酬"科目。

（6）"应付福利费"科目

新制度未设置"应付福利费"科目。转账时，医院应当将原账的"应付福利费"科目余额转入新账的"累计盈余——新旧转换盈余"科目。

（7）"应交税费"科目

新制度设置了"应交增值税"和"其他应交税费"科目，原制度设置了"应交税费"科目。转账时，医院应当将原账的"应交税费——应交增值税"科目余额转入新账的"应交增值税"科目，将原账的"应交税费"科目余额减去属于应交增值税余额后的差额，转入新账的"其他应交税费"科目。

（8）"其他应付款"科目

新制度设置了"其他应付款"科目，该科目的核算内容与原账的"其他应付款"科目的核算内容基本相同。转账时，医院应当将原账的"其他应付款"科目余额，转入新账的"其他应付款"科目。其中，医院在原账的"其他应付款"科目中核算了属于新制度规定的受托代理负债的，应当将原账的"其他应付款"科目余额中属于受托代理负债的余额，转入新账的"受托代理负债"科目。

（9）"预提费用"科目

新制度设置了"预提费用"科目，该科目的核算内容与原账的"预提费用"科目的核算内容基本相同。转账时，医院应当将原账的"预提费用"科目余额转入新账的"预提费用"科目。原账"预提费用"科目中核算了属于预提短期借款应付未付利息的，转账时，医院应当将预提短期借款应付未付利息的金额转入新账的"应付利息"科目。

（10）"长期借款"科目

新制度设置了"长期借款"科目，该科目的核算内容与原账的"长期借款"科目的核算内容基本相同。转账时，医院应当将原账的"长期借款"科目余额转入新账的"长期借款"科目。其中，医院在原账的"长期借款"科目中核算了分期付息、到期还本的长期借款应付利息的，应当将原账的"长期借款"科目余额中属于分期付息、到期还本的长期借款应付利息金额转入新账的"应付利息"科目。

3. 净资产类

（1）"事业基金"科目

新制度设置了"累计盈余"科目。该科目的核算内容包含了原账的"事业基金"科目的核算内容。转账时，医院应当将原账的"事业基金"科目余额转入新账的"累计盈余——新旧转换盈余"科目。

（2）"专用基金"科目

新制度设置了"专用基金"科目，该科目的核算内容与原账的"专用基金"科目的核算内容基本相同。转账时，医院应当将原账的"专用基金"科目余额转入新账的"专用基金"科目。

（3）"待冲基金"科目

依据新制度，无需对原制度中"待冲基金"科目对应内容进行核算。转账时，医院应当将原账的"待冲基金——待冲财政基金"科目余额转入新账的"累计盈余——财政项目盈余"科目，将原账的"待冲基金——待冲科教项目基金"科目余额转入新账的"累计盈余——科教盈余"科目。

（4）"财政补助结转（余）""科教项目结转（余）"科目

新制度设置了"累计盈余"科目，该科目的余额包含了原账的"财政补助结转（余）"和"科教项目结转（余）"科目余额内容。转账时，医院应当将原账的"财政补助结转（余）"科目中项目支出结转和项目支出结余部分的余额转入新账的"累计盈余——财政项目盈余"科目，将原账的"财政补助结转（余）"科目中基本支出结转部分的余额转入新账的"累计盈余——医疗盈余"科目；将原账的"科教项目结转（余）"科目余额转入新账的"累计盈余——科教盈余"科目。

（5）"结余分配"科目

新制度设置了"本年盈余分配"科目，该科目的核算内容与原账的"结余分配"科目的核算内容基本相同。新制度规定"本年盈余分配"科目余额年末应当转入"累计盈余"科目。原账"结余分配"科目有借方余额的，转账时，医院应当将原账的"结余分配"科目借方余额转入新账的"累计盈余——新旧转换盈余"科目借方。

（6）"本期结余"科目

由于原账的"本期结余"科目年末无余额，该科目无需进行转账处理。

4. 收入类、费用类

由于原账中收入类、费用类科目年末无余额，无需进行转账处理。自2019年1月1日起，应当按照新制度设置收入类、费用类科目并进行账务处理。

医院存在其他本规定未列举的原账科目余额的，应当比照本规定转入新账的相应科目。新账的科目设有明细科目的，应将原账中对应科目的余额加以分析，分别转入新账中相应科目的相关明细科目。

医院在进行新旧衔接的转账时，应当编制转账的工作分录，作为转账的工作底稿，并将转入新账的对应原科目余额及分拆原科目余额的依据作为原始凭证。

（二）将原未入账事项登记新账财务会计科目

1. 受托代理资产

医院在新旧制度转换时，应当将2018年12月31日前未入账的受托代理资产按照新制度规定记入新账。登记新账时，按照确定的受托代理资产入账成本，借记"受托代理资产"科目，贷记"受托代理负债"科目。

2. 盘盈资产

医院在新旧制度转换时，应当将2018年12月31日前未入账的盘盈资产按照新制度规定记入新账。登记新账时,按照确定的盘盈资产及其成本,分别借记有关资产科目,按照盘盈资产成本的合计金额,贷记"累计盈余——新旧转换盈余"科目。

3. 预计负债

医院在新旧制度转换时,应当将 2018 年 12 月 31 日按照新制度规定确认的预计负债记入新账。登记新账时,按照确定的预计负债金额,借记"累计盈余——新旧转换盈余"科目,贷记"预计负债"科目。

医院存在 2018 年 12 月 31 日前未入账的其他事项的,应当比照本规定登记新账的相应科目。

医院对新账的财务会计科目补记未入账事项时,应当编制记账凭证,并将补充登记事项的确认依据作为原始凭证。

(三)对新账的相关财务会计科目余额按照新制度规定的会计核算基础进行调整

1. 调整坏账准备

新制度要求对医院收回后无需上缴财政的应收账款和其他应收款提取坏账准备。在新旧制度转换时,医院应当按照 2018 年 12 月 31 日无需上缴财政的"应收账款"科目扣除应收在院病人医疗款后的余额,以及"其他应收款"科目余额,计算应计提的坏账准备金额,对比原账"坏账准备"科目余额进行调整。补提坏账准备时,借记"累计盈余——新旧转换盈余"科目,贷记"坏账准备"科目;冲回多提坏账准备时,借记"坏账准备"科目,贷记"累计盈余——新旧转换盈余"科目。

2. 按照权益法调整长期股权投资账面余额

对按照新制度规定应当采用权益法核算的长期股权投资,在新旧制度转换时,医院应当在"长期股权投资"科目下设置"新旧制度转换调整"明细科目,依据被投资单位 2018 年 12 月 31 日财务报表的所有者权益账面余额,以及医院持有被投资单位的股权比例,计算应享有或应分担的被投资单位所有者权益的份额,调整长期股权投资的账面余额,借记或贷记"长期股权投资——新旧制度转换调整"科目,贷记或借记"累计盈余——新旧转换盈余"科目。

3. 补提折旧

医院应当对截至 2018 年 12 月 31 日前购置的未计提完折旧的固定资产,在新旧制度转换时,按照补充规定提供的折旧年限计算补提一个月折旧,按照由财政项目拨款经费形成的固定资产应补提的金额,借记"累计盈余——财政项目盈余"科目,贷记"固定资产累计折旧"科目相关明细科目;按照由科教经费形成的固定资产应补提的金额,借记"累计盈余——科教盈余"科目,贷记"固定资产累计折旧"科目相关明细科目;按照其他固定资产应补提的金额,借记"累计盈余——新旧转换盈余"科目,贷记"固定资产累计折旧"科目相关明细科目。

医院对新账的财务会计科目期初余额进行调整时,应当编制记账凭证,并将调整事项的确认依据作为原始凭证。

三、预算会计科目的新旧衔接

(一)"财政拨款结转"和"财政拨款结余"科目及对应的"资金结存"科目余额

新制度设置了"财政拨款结转""财政拨款结余"科目及对应的"资金结存"科目。

在新旧制度转换时，医院应当对原账的"财政补助结转（余）"科目余额中结转资金的金额进行逐项分析，加上各项结转转入的支出中已经计入支出尚未支付财政资金（如发生时列支的应付账款）的金额，减去已经支付财政资金尚未计入支出（如预付账款等）的金额，按照增减后的金额登记新账的"财政拨款结转"科目及其明细科目贷方，按照原账的"财政补助结转（余）"科目余额中结余资金的金额登记新账的"财政拨款结余"科目及其明细科目贷方。

医院应当按照原账"财政应返还额度"科目余额登记新账"资金结存——财政应返还额度"科目的借方；按照新账"财政拨款结转"和"财政拨款结余"科目贷方余额合计数，减去新账"资金结存——财政应返还额度"科目借方余额后的差额，登记新账"资金结存——货币资金"科目的借方。

（二）"非财政拨款结转"科目及对应的"资金结存"科目余额

新制度设置了"非财政拨款结转"科目及对应的"资金结存"科目。在新旧制度转换时，医院应当对原账的"科教项目结转（余）"科目余额进行逐项分析，加上各项结转（余）转入的支出中已经计入支出尚未支付非财政补助专项资金（如发生时列支的应付账款）的金额，减去已经支付非财政补助专项资金尚未计入支出（如预付账款等）的金额，按照增减后的金额登记新账的"非财政拨款结转"科目及其明细科目贷方；同时，按照相同的金额登记新账"资金结存——货币资金"科目的借方。

（三）"专用结余"科目及对应的"资金结存"科目余额

新制度设置了"专用结余"科目及对应的"资金结存"科目。在新旧制度转换时，医院应当按照原账"专用基金"科目余额中通过非财政补助结余分配形成的金额，借记新账的"资金结存——货币资金"科目，贷记新账的"专用结余"科目。

（四）"非财政拨款结余"科目及对应的"资金结存"科目余额

新制度设置了"非财政拨款结余"科目及对应的"资金结存"科目。在新旧制度转换时，医院应当在新账的"库存现金""银行存款""其他货币资金""财政应返还额度"科目借方余额合计数基础上，对不纳入单位预算管理的资金进行调整（如减去新账中货币资金形式的受托代理资产、应缴财政款、已收取将来需要退回资金的其他应付款，加上已支付将来需要收回资金的其他应收款），按照调整后的金额减去新账的"财政拨款结转""财政拨款结余""非财政拨款结转""专用结余"科目贷方余额合计数的金额，登记新账的"非财政拨款结余"科目贷方；同时，按照相同的金额登记新账的"资金结存——货币资金"科目借方。

（五）"其他结余""非财政拨款结余分配"科目

新制度设置了"其他结余"和"非财政拨款结余分配"科目。由于这两个科目年初无余额，在新旧制度转换时，医院无需对"其他结余"和"非财政拨款结余分配"科目进行新账年初余额登记。

（六）预算收入类、预算支出类会计科目

由于预算收入类、预算支出类会计科目年初无余额，在新旧制度转换时，医院无需对预算收入类、预算支出类会计科目进行新账年初余额登记。

医院应当自2019年1月1日起，按照新制度设置预算收入类、预算支出类科目并进行账务处理。

医院存在 2018 年 12 月 31 日需要按照新制度预算会计核算基础调整预算会计科目期初余额的其他事项的，应当比照本规定调整新账的相应预算会计科目期初余额。

医院对预算会计科目的期初余额登记和调整，应当编制记账凭证，并将期初余额登记和调整的依据作为原始凭证。

四、财务报表和预算会计报表的新旧衔接

（一）编制 2019 年 1 月 1 日资产负债表

医院应当根据 2019 年 1 月 1 日新账的财务会计科目余额，按照新制度及补充规定编制 2019 年 1 月 1 日资产负债表（仅要求填列各项目"年初余额"）。

（二）2019 年度财务报表和预算会计报表的编制

医院应当按照新制度及补充规定编制 2019 年财务报表和预算会计报表。在编制 2019 年度收入费用表、医疗活动收入费用明细表、净资产变动表、现金流量表和预算收入支出表、预算结转结余变动表时，不要求填列上年比较数。

医院应当根据 2019 年 1 月 1 日新账财务会计科目余额，填列 2019 年净资产变动表各项目的"上年年末余额"；根据 2019 年 1 月 1 日新账预算会计科目余额，填列 2019 年预算结转结余变动表的"年初预算结转结余"项目和财政拨款预算收入支出表的"年初财政拨款结转结余"项目。

五、其他事项

（一）截至 2018 年 12 月 31 日尚未进行基建"并账"的医院，应当首先参照《新旧事业单位会计制度有关衔接问题的处理规定》（财会〔2013〕2 号），将基建账套相关数据并入 2018 年 12 月 31 日原账中的相关科目余额，再按照本规定将 2018 年 12 月 31 日原账相关会计科目余额转入新账相应科目。

（二）2019 年 1 月 1 日前执行新制度及补充规定的医院，应当按照本规定做好新旧制度衔接工作。

附表 1

医院原会计科目余额明细表一

总账科目	明细分类	金额	备注
库存现金	库存现金		
	其中：受托代理现金		
银行存款	银行存款		
	其中：受托代理银行存款		
预付账款	在途物品		
	其他		

（续表）

总账科目	明细分类	金额	备注
其他应收款	应收股利		
	应收利息		
	应收账款		
	在途物品		已经付款，尚未收到物资
	其他		
库存物资	受托代理资产		
	工程物资		
	其他		
长期投资	长期股权投资		
	长期债券投资		
在建工程	在建工程		
	工程物资		
应交税费	应交增值税		
	其他应交税费		
应缴款项	应缴财政款		
	其他		
其他应付款	受托代理负债		
	其他		
预提费用	短期借款应付利息		
	其他		
长期借款	分期付息、到期还本的长期借款应付利息		
	其他		
待冲基金	对应财政项目拨款经费形成的资产的待冲基金		
	对应科教经费形成的资产的待冲基金		
财政补助结转（余）	项目支出结转和项目支出结余		
	基本支出结转		

附表 2

医院原会计科目余额明细表二

总账科目	明细分类	金额	备注
预付账款	财政补助资金预付		
	非财政补助专项资金预付		
	非财政补助非专项资金预付		
其他应收款	预付款项		如职工预借的差旅费等
	其中：财政补助资金预付		
	非财政补助专项资金预付		
	非财政补助非专项资金预付		
	需要收回及其他		如支付的押金、应收为职工垫付的款项等
库存物资	购入库存物资		
	非购入库存物资		如接受捐赠、无偿调入物资等
在加工物资	加工过程中支付资金		
	其中：财政补助资金支付		
	非财政补助专项资金支付		
	非财政补助非专项资金支付		
	加工过程中未支付资金		
长期投资	长期股权投资		
	其中：现金资产取得		
	非现金资产或其他方式取得		
	长期债券投资		
	其中：投资成本		
	其他		
应付票据、应付账款	发生时不计入支出		
	发生时计入支出		
	其中：财政补助资金应付		
	非财政补助专项资金应付		
	非财政补助非专项资金应付		

(续表)

总账科目	明细分类	金额	备注
长期借款	借款本金		
	其他		
待冲基金	对应非流动资产的待冲基金		
	对应流动资产的待冲基金		
专用基金	从非财政补助结余分配中提取		
	其他		

附表3

医院新旧会计制度转账、登记新账科目对照表

序号	新制度科目		原制度科目	
	编号	名称	编号	名称
一、资产类				
1	1001	库存现金	1001	库存现金
2	1002	银行存款	1002	银行存款
3	1021	其他货币资金	1004	其他货币资金
4	1201	财政应返还额度	1201	财政应返还额度
5	1101	短期投资	1101	短期投资
6	1212	应收账款	1211	应收在院病人医疗款
			1212	应收医疗款
7	1218	其他应收款	1215	其他应收款
8	1215	应收股利		
9	1216	应收利息		
10	1212	应收账款		
11	1301	在途物品		
12	1219	坏账准备	1221	坏账准备
13	1214	预付账款	1231	预付账款
14	1301	在途物品		
15	1302	库存物品	1301	库存物资
16	1611	工程物资		
17	1891	受托代理资产		

(续表)

序号	新制度科目		原制度科目	
	编号	名称	编号	名称
18	1303	加工物品	1302	在加工物资
19	1401	待摊费用	1401	待摊费用
20	1501	长期股权投资	1501	长期投资
21	1502	长期债券投资		
22	1601	固定资产	1601	固定资产
23	1602	固定资产累计折旧	1602	累计折旧
24	1611	工程物资	1611	在建工程
25	1613	在建工程		
26	1902	待处理财产损溢	1621	固定资产清理
27	1701	无形资产	1701	无形资产
28	1702	无形资产累计摊销	1702	累计摊销
29	1901	长期待摊费用	1801	长期待摊费用
30	1902	待处理财产损溢	1901	待处理财产损溢
二、负债类				
31	2001	短期借款	2001	短期借款
32	2103	应缴财政款	2101	应缴款项
33	2307	其他应付款		
34	2301	应付票据	2201	应付票据
35	2302	应付账款	2202	应付账款
36	2001	短期借款		
37	2305	预收账款	2203	预收医疗款
38	2201	应付职工薪酬	2204	应付职工薪酬
39	3001	累计盈余	2205	应付福利费
40	2201	应付职工薪酬	2206	应付社会保障费
41	2101	应交增值税	2207	应交税费
42	2102	其他应交税费		
43	2307	其他应付款	2209	其他应付款
44	2901	受托代理负债		
45	2401	预提费用	2301	预提费用
46	2304	应付利息		
47	2501	长期借款	2401	长期借款
48	2304	应付利息		

（续表）

序号	新制度科目		原制度科目	
	编号	名称	编号	名称
49	2502	长期应付款	2402	长期应付款
三、净资产类				
50	3001	累计盈余	3001	事业基金
			3201	待冲基金
			3301	财政补助结转（余）
			3302	科教项目结转（余）
51	3101	专用基金	3101	专用基金
52	3001	累计盈余（借方）	3501	结余分配（借方）
四、预算结余类				
53	8101	财政拨款结转	3301	财政补助结转（余）
54	8102	财政拨款结余		
55	8201	非财政拨款结转	3302	科教项目结转（余）
56	8202	非财政拨款结余	3001	事业基金
57	8301	专用结余	3101	专用基金
58	8001	资金结存（借方）	3301	财政补助结转（余）
			3302	科教项目结转（余）
			3001	事业基金
			3101	专用基金

关于基层医疗卫生机构执行《政府会计制度——行政事业单位会计科目和报表》的补充规定

根据《政府会计准则——基本准则》，结合行业实际情况，现就基层医疗卫生机构[①]执行《政府会计制度——行政事业单位会计科目和报表》（以下简称新制度）做出如下补充规定：

一、关于新增一级科目及其使用说明

（一）基层医疗卫生机构应当增设"2308 待结算医疗款"一级科目。

（二）关于增设科目的使用说明

2308 待结算医疗款

一、本科目核算按"收支两条线"管理的基层医疗卫生机构的待结算医疗收费。

按"收支两条线"管理的基层医疗卫生机构应当在为病人提供医疗服务（包括发出药品，下同）并收讫价款或取得收款权利时，按照规定的医疗服务项目收费标准计算确定收费金额并确认待结算医疗款。给予病人或其他付费方的折扣金额不计入待结算医疗款。

基层医疗卫生机构同医疗保险机构等结算时，因基层医疗卫生机构按照医疗服务项目收费标准计算确定的应收医疗款金额与医疗保险机构等实际支付金额之间的差额应当调整待结算医疗款。

二、基层医疗卫生机构应当在本科目下设置如下明细科目，并按照医疗服务类型进行明细核算。

1. "230801 门急诊收费"科目，核算基层医疗卫生机构为门急诊病人提供医疗服务所确认的待结算医疗收费。

基层医疗卫生机构应当在"230801 门急诊收费"科目下设置"23080101 挂号收费""23080102 诊察收费""23080103 检查收费""23080104 化验收费""23080105 治疗收费""23080106 手术收费""23080107 卫生材料收费""23080108 药品收费""23080109 一般诊疗费收费"、"23080110 其他门急诊收费"和"23080111 门急诊结算差额"明细科目。

基层医疗卫生机构应当在"23080108 药品收费"科目下设置"2308010801 西药收费""2308010802 中成药收费"和"2308010803 中药饮片收费"明细科目；在"2308010801 西药收费"科目下设置"230801080101 西药""230801080102 疫苗"明细科目。

2. "230802 住院收费"科目，核算基层医疗卫生机构为住院病人提供医疗服务所

[①] 本规定所指基层医疗卫生机构包括中华人民共和国境内各级各类独立核算的城市社区卫生服务中心（站）、乡镇卫生院等基层医疗卫生机构。

确认的待结算医疗收费。

基层医疗卫生机构应当在"230802 住院收费"科目下设置"23080201 床位收费""23080202 诊察收费""23080203 检查收费""23080204 化验收费""23080205 治疗收费""23080206 手术收费""23080207 护理收费""23080208 卫生材料收费""23080209 药品收费""23080210 一般诊疗费收费""23080211 其他住院收费"和"23080212 住院结算差额"明细科目。

基层医疗卫生机构应当在"23080209 药品收费"科目下设置"2308020901 西药收费""2308020902 中成药收费"和"2308020903 中药饮片收费"明细科目；在"2308020901 西药收费"科目下应当设置"230802090101 西药""230802090102 疫苗"明细科目。

执行医事服务费的基层医疗卫生机构应当分别在"待结算医疗款——门急诊收费——诊察收费"和"待结算医疗款——住院收费——诊察收费"科目中核算医事服务费。执行药事服务费的基层医疗卫生机构应当分别在"待结算医疗款——门急诊收费——其他门急诊收费"和"待结算医疗款——住院收费——其他住院收费"科目中核算药事服务费。

基层医疗卫生机构有打包性质收费的，应当按照医疗服务项目类别对收费进行拆分，分别计入本科目的相应明细科目。

三、待结算医疗款的主要账务处理如下：

（一）基层医疗卫生机构与门急诊病人结算医疗款时，对于应向门急诊病人收取的部分，按照门急诊病人实际支付或应付未付的医疗款金额，借记"库存现金""银行存款""应收账款——应收医疗款——门急诊病人欠费"等科目，对于应由医疗保险机构等负担的部分，按照依有关规定计算确定的应收医保款金额，借记"应收账款——应收医疗款——应收医保款"科目，按照依有关规定计算确定的门急诊病人医疗款金额，贷记本科目（门急诊收费）。

（二）病人住院期间，基层医疗卫生机构因提供医疗服务确认待结算医疗款时，按照依有关规定计算确定的住院病人医疗款金额，借记"应收账款——应收在院病人医疗款"科目，贷记本科目（住院收费）。

（三）基层医疗卫生机构与住院病人结算医疗款时，住院病人应付医疗款金额大于其预交金额的，按照预收住院病人医疗款金额，借记"预收账款——预收医疗款——住院预收款"科目，按照病人实际补付或应付未付金额，借记"库存现金""银行存款""应收账款——应收医疗款——出院病人欠费"等科目，按照依有关规定计算的应由医疗保险机构等负担的医疗保险金额，借记"应收账款——应收医疗款——应收医保款"科目，按照已经确认的应收在院病人医疗款金额，贷记"应收账款——应收在院病人医疗款"科目。

住院病人应付医疗款金额小于其预交金额的，按照预收住院病人医疗款金额，借记"预收账款——预收医疗款——住院预收款"科目，按照依有关规定计算的应由医疗保险机构等负担的医疗保险金额，借记"应收账款——应收医疗款——应收医保款"科目，按照退还给住院病人的金额，贷记"库存现金""银行存款"等科目，按照已经确认的应收在院病人医疗款金额，贷记"应收账款——应收在院病人医疗款"科目。

（四）基层医疗卫生机构与医疗保险机构等结算时，按照实际收到的金额，借记"银行存款"科目，按照应收医保款的金额，贷记"应收账款——应收医疗款——应收医保款"科目，按照借贷方之间的差额，借记或贷记本科目（门急诊收费——门急诊结算差额）或本科目（住院收费——住院结算差额）。

（五）在期末或规定的上缴时间，基层医疗卫生机构按照依有关规定确定的金额，借记本科目，按照依有关规定确定的上缴同级财政部门的金额，贷记"银行存款"等科目，按照依有关规定确定留用的金额，贷记"事业收入——医疗收入"科目。

四、本科目期末贷方余额，反映基层医疗卫生机构期末待结算医疗款。

二、关于在新制度相关一级科目下设置明细科目

（一）基层医疗卫生机构应当在新制度规定的"1212 应收账款"科目下设置如下明细科目：

1."121201 应收在院病人医疗款"科目，核算基层医疗卫生机构因提供医疗服务应向在院病人收取的医疗款，应当按照在院病人进行明细核算。

2."121202 应收医疗款"科目，核算基层医疗卫生机构因提供医疗服务应向医疗保险机构、门急诊病人、出院病人等收取的医疗款，应当按照医疗保险机构、门急诊病人、出院病人等进行明细核算。基层医疗卫生机构应当在本科目下设置如下明细科目：

（1）"12120201 应收医保款"科目，核算基层医疗卫生机构因提供医疗服务而应向医疗保险机构等收取的医疗款。

（2）"12120202 门急诊病人欠费"科目，核算门急诊病人应付未付医疗款。

（3）"12120203 出院病人欠费"科目，核算出院病人应付未付医疗款。

3."121203 其他应收账款"科目，核算基层医疗卫生机构除应收在院病人医疗款、应收医疗款以外的其他应收账款，如基层医疗卫生机构因提供科研教学等服务、按合同或协议约定应向接受服务单位收取的款项。

（二）基层医疗卫生机构应当在新制度规定的"1219 坏账准备"科目下设置如下明细科目：

1."121901 应收账款坏账准备"科目，核算未按"收支两条线"管理的基层医疗卫生机构按规定对除应收在院病人医疗款以外的应收账款和其他应收款提取的坏账准备，以及按"收支两条线"管理的基层医疗卫生机构按规定对除应收在院病人医疗款、应收医疗款外的应收账款和其他应收款提取的坏账准备。

2."121902 其他应收款坏账准备"科目，核算基层医疗卫生机构按规定对其他应收款提取的坏账准备。

（三）基层医疗卫生机构应当在新制度规定的"1302 库存物品"科目下设置"130201 药品""130202 卫生材料""130203 低值易耗品"和"130204 其他材料"明细科目。

基层医疗卫生机构应当在"130201 药品"科目下设置"13020101 西药""13020102 中成药"和"13020103 中药饮片"明细科目；在"13020101 西药"科目下设置"1302010101 西药"和"1302010102 疫苗"明细科目。

基层医疗卫生机构应当在"130202 卫生材料"科目下设置"13020201 血库材料""13020202 医用气体""13020203 影像材料""13020204 化验材料"和"13020205

其他卫生材料"明细科目。

（四）基层医疗卫生机构应当在新制度规定的"2305 预收账款"科目下设置如下明细科目：

1."230501 预收医疗款"科目，核算基层医疗卫生机构预收医疗保险机构等预拨的医疗保险金和预收病人的预交金。基层医疗卫生机构应当在本科目下设置如下明细科目：

（1）"23050101 预收医保款"科目，核算基层医疗卫生机构预收医疗保险机构等预拨的医疗保险金。

（2）"23050102 门急诊预收款"科目，核算基层医疗卫生机构预收门急诊病人的预交金。

（3）"23050103 住院预收款"科目，核算基层医疗卫生机构预收住院病人的预交金。

2."230502 其他预收账款"科目，核算基层医疗卫生机构除预收医疗款以外的其他预收账款，如基层医疗卫生机构因提供科研教学等服务、按合同或协议约定预收接受服务单位的款项。

（五）基层医疗卫生机构应当在新制度规定的"3001 累计盈余"科目下设置如下明细科目：

1."300101 医疗盈余"科目，核算基层医疗卫生机构开展医疗活动产生的累计盈余。

2."300102 公共卫生盈余"科目，核算基层医疗卫生机构开展公共卫生活动产生的累计盈余。

3."300103 科教盈余"科目，核算基层医疗卫生机构开展科研教学活动产生的累计盈余。

4."300104 新旧转换盈余"科目，核算基层医疗卫生机构执行新制度前形成的、除新旧转换时转入医疗盈余、公共卫生盈余和科教盈余外的累计盈余。

（六）基层医疗卫生机构应当在新制度规定的"3101 专用基金"科目下设置如下明细科目：

1."310101 职工福利基金"科目，核算基层医疗卫生机构根据有关规定、按照财务会计下相关数据计算提取的职工福利基金。

2."310102 医疗风险基金"科目，核算基层医疗卫生机构根据相关规定、按照财务会计下相关数据计算提取并列入费用的医疗风险基金。

3."310103 奖励基金"科目，核算基层医疗卫生机构根据相关规定、按照财务会计下相关数据计算提取的奖励基金。

（七）基层医疗卫生机构应当在新制度规定的"3301 本期盈余"科目下设置如下明细科目：

1."330101 医疗盈余"科目，核算基层医疗卫生机构本期医疗活动产生的各项收入、费用相抵后的余额。

2."330102 公共卫生盈余"科目，核算基层医疗卫生机构本期公共卫生活动产生的各项收入、费用相抵后的余额。

3."330103 科教盈余"科目，核算基层医疗卫生机构本期科研教学活动产生的各项收入、费用相抵后的余额。

（八）基层医疗卫生机构应当在新制度规定的"3302 本年盈余分配"科目下设置

"330201 提取职工福利基金""330202 提取奖励基金""330203 转入累计盈余"明细科目。

年末,基层医疗卫生机构在按照规定提取专用基金后,应当将"本年盈余分配"科目余额转入累计盈余,借记"本年盈余分配——转入累计盈余"科目,贷记"累计盈余——医疗盈余"科目。

(九)基层医疗卫生机构应当在新制度规定的"4001 财政拨款收入"科目下设置如下明细科目:

1."400101 财政基本拨款收入"科目,核算基层医疗卫生机构取得的用于基本支出的财政拨款收入。基层医疗卫生机构应当在本科目下设置如下明细科目:

(1)"40010101 医疗收入"科目,核算基层医疗卫生机构取得的与医疗活动相关的财政基本拨款收入。

(2)"40010102 公共卫生收入"科目,核算基层医疗卫生机构取得的与公共卫生活动相关的财政基本拨款收入。

2."400102 财政项目拨款收入"科目,核算基层医疗卫生机构取得的用于项目支出的财政拨款收入。基层医疗卫生机构应当在本科目下设置如下明细科目:

(1)"40010201 医疗收入"科目,核算基层医疗卫生机构取得的与医疗活动相关的财政项目拨款收入。

(2)"40010202 公共卫生收入"科目,核算基层医疗卫生机构取得的与公共卫生活动相关的财政项目拨款收入。

(3)"40010203 科教收入"科目,核算基层医疗卫生机构取得的与科研教学活动相关的财政项目拨款收入。

(十)基层医疗卫生机构应当在新制度规定的"4101 事业收入"科目下设置如下明细科目:

1."410101 医疗收入"科目,核算基层医疗卫生机构开展医疗服务活动实现的收入。基层医疗卫生机构应当在本科目下设置如下明细科目:

(1)"41010101 门急诊收入"科目,核算基层医疗卫生机构为门急诊病人提供医疗服务所实现的收入,包括按"收支两条线"管理的基层医疗卫生机构按规定留用的待结算医疗款,以及收到的同级财政部门返还的上缴门急诊收费。

基层医疗卫生机构应当在"41010101 门急诊收入"科目下设置"4101010101 挂号收入""4101010102 诊察收入""4101010103 检查收入""4101010104 化验收入""4101010105 治疗收入""4101010106 手术收入""4101010107 卫生材料收入""4101010108 药品收入""4101010109 一般诊疗费收入"和"4101010110 其他门急诊收入"明细科目(未按"收支两条线"管理的基层医疗卫生机构还应当设置"4101010111 门急诊结算差额"明细科目)。

基层医疗卫生机构应当在"4101010108 药品收入"科目下设置"410101010801 西药""410101010802 中成药"和"410101010803 中药饮片"明细科目;在"410101010801 西药"科目下设置"41010101080101 西药""41010101080102 疫苗"明细科目。

"4101010111 门急诊结算差额"科目,核算未按"收支两条线"管理的基层医疗卫生机构同医疗保险机构等结算时,因基层医疗卫生机构按照医疗服务项目收费标准计算确定的应收医疗款金额与医疗保险机构等实际支付金额之间的差异而产生的需要调整基层医疗卫生机构医疗收入的差额,但不包括基层医疗卫生机构因违规治疗等管理不善原因被医疗保险机构等拒付的金额。

(2)"41010102 住院收入"科目,核算基层医疗卫生机构为住院病人提供医疗服务所实现的收入,包括按"收支两条线"管理的基层医疗卫生机构按规定留用的待结算医疗款,以及收到的同级财政部门返还的上缴住院收费。

基层医疗卫生机构应当在"41010102 住院收入"科目下设置"4101010201 床位收入""4101010202 诊察收入""4101010203 检查收入""4101010204 化验收入""4101010205 治疗收入""4101010206 手术收入"、"4101010207 护理收入""4101010208 卫生材料收入""4101010209 药品收入""4101010210 一般诊疗费收入"和"4101010211 其他住院收入"明细科目(未按"收支两条线"管理的基层医疗卫生机构还应当设置"4101010212 住院结算差额"明细科目)。

基层医疗卫生机构应当在"4101010209 药品收入"科目下设置"410101020901 西药""410101020902 中成药"和"410101020903 中药饮片"明细科目;在"410101020901 西药"科目下设置"41010102090101 西药""41010102090102 疫苗"明细科目。

"4101010212 住院结算差额"科目,核算未按"收支两条线"管理的基层医疗卫生机构同医疗保险机构等结算时,因基层医疗卫生机构按照医疗服务项目收费标准计算确定的应收医疗款金额,与医疗保险机构等实际支付金额之间的差异而产生的需要调整基层医疗卫生机构医疗收入的差额,但不包括基层医疗卫生机构因违规治疗等管理不善原因被医疗保险机构等拒付的金额。

2."410102 公共卫生收入"科目,核算基层医疗卫生机构开展公共卫生活动实现的收入。

3."410103 科教收入"科目,核算基层医疗卫生机构开展科研教学活动实现的收入。

基层医疗卫生机构应当在"410103 科教收入"科目下设置"41010301 科研收入""41010302 教学收入"明细科目。

基层医疗卫生机构因开展科研教学活动从非同级政府财政部门取得的财政拨款,应当在"事业收入——科教收入——科研收入"和"事业收入——科教收入——教学收入"科目下单设"非同级财政拨款"明细科目进行核算。

(十一)基层医疗卫生机构应当在新制度规定的"4601 非同级财政拨款收入"科目下设置"460101 医疗收入"和"460102 公共卫生收入"明细科目。

(十二)基层医疗卫生机构应当在新制度规定的"5001 业务活动费用"科目下设置"500101 医疗费用""500102 公共卫生费用"和"500103 科教费用"明细科目。

1."500101 医疗费用"科目,核算基层医疗卫生机构开展医疗活动发生的各项费用。基层医疗卫生机构应当在"500101 医疗费用"科目下设置"人员费用""药品费""专用材料费""维修费""计提专用基金""固定资产折旧""无形资产摊销""其他医疗费用"等明细科目;在"人员费用"明细科目下设置"工资福利费用""对个人和家庭的补助费用"明细科目;在"药品费"明细科目下设置"西药""中成药""中药饮片"明细科目,在"西药"明细科目下设置"西药""疫苗"明细科目;在"专用材料费"明细科目下设置"卫生材料费""低值易耗品""其他材料费"明细科目,在"卫生材料费"明细科目下设置"血库材料""医用气体""影像材料""化验材料"

和"其他卫生材料"明细科目。

2. "500102 公共卫生费用"科目，核算基层医疗卫生机构开展公共卫生活动发生的各项费用。基层医疗卫生机构应当在"500102 公共卫生费用"科目下设置"人员费用""药品费""专用材料费""维修费""其他公共卫生费用"等明细科目；在"人员费用"明细科目下设置"工资福利费用""对个人和家庭的补助费用"明细科目；在"药品费"明细科目下设置"西药""中成药""中药饮片"明细科目，在"西药"明细科目下设置"西药""疫苗"明细科目；在"专用材料费"明细科目下设置"卫生材料费""低值易耗品""其他材料费"明细科目，在"卫生材料费"明细科目下设置"血库材料""医用气体""影像材料""化验材料"和"其他卫生材料"明细科目。

3. "500103 科教费用"科目，核算基层医疗卫生机构开展科研教学活动发生的各项费用。基层医疗卫生机构应当在"500103 科教费用"科目下设置"科研费用""教学费用"明细科目。

（十三）基层医疗卫生机构应当在新制度规定的"5101 单位管理费用"科目下设置"人员费用""商品和服务费用""固定资产折旧""无形资产摊销"等明细科目；在"人员费用"明细科目下设置"工资福利费用""对个人和家庭的补助费用"明细科目。

（十四）基层医疗卫生机构应当在新制度规定的"6101 事业预算收入"科目下设置如下明细科目：

1. "610101 医疗预算收入"科目，核算基层医疗卫生机构开展医疗活动取得的现金流入。

基层医疗卫生机构应当在"610101 医疗预算收入"科目下设置"61010101 门急诊预算收入""61010102 住院预算收入"明细科目。

2. "610102 公共卫生预算收入"科目，核算基层医疗卫生机构开展公共卫生活动取得的现金流入。

3. "610103 科教预算收入"科目，核算基层医疗卫生机构开展科研教学活动取得的现金流入。

基层医疗卫生机构应当在"610103 科教预算收入"科目下设置"61010301 科研项目预算收入""61010302 教学项目预算收入"明细科目，并单设"非同级财政拨款"明细科目进行核算。

（十五）基层医疗卫生机构应当在新制度规定的"8301 专用结余"科目下设置如下明细科目：

1. "830101 职工福利基金"科目，核算基层医疗卫生机构职工福利基金资金的变动和滚存情况。

2. "830102 奖励基金"科目，核算基层医疗卫生机构奖励基金资金的变动和滚存情况。

基层医疗卫生机构执行新制度新增会计科目的情况详见附表1。

三、关于报表及编制说明

基层医疗卫生机构应当按月度和年度编制财务报表和财政拨款预算收入支出表，至少按年度编制财务报表附注、预算收入支出表和预算结转结余变动表。

基层医疗卫生机构除按照新制度和本规定编制财务报表和预算会计报表外，还应当按照本规定按月度和年度编制待结算医疗款明细表（详见附表3）和医疗及公共卫生收入费用明细表（详见附表5）。

（一）资产负债表

1. 新增项目

基层医疗卫生机构应当在资产负债表中增加以下项目（详见附表2）：

（1）在"应缴财政款"和"应付职工薪酬"项目之间增加"待结算医疗款"项目。

（2）在"累计盈余"项目下增加"其中：医疗盈余""公共卫生盈余""科教盈余""新旧转换盈余"项目。

2. 新增项目的内容和填列方法

（1）"待结算医疗款"项目，反映按"收支两条线"管理的基层医疗卫生机构期末待结算医疗收费。本项目应当根据"待结算医疗款"科目的期末余额填列。

（2）"累计盈余"项目下"医疗盈余"项目，反映基层医疗卫生机构开展医疗活动产生的累计盈余。本项目应当根据"累计盈余——医疗盈余"科目的期末余额填列。

"累计盈余"项目下"公共卫生盈余"项目，反映基层医疗卫生机构开展公共卫生活动产生的累计盈余。本项目应当根据"累计盈余——公共卫生盈余"科目的期末余额填列。

"累计盈余"项目下"科教盈余"项目，反映基层医疗卫生机构开展科研教学活动产生的累计盈余。本项目应当根据"累计盈余——科教盈余"科目的期末余额填列。

"累计盈余"项目下"新旧转换盈余"项目，反映基层医疗卫生机构执行新制度前形成的、除新旧转换时转入医疗盈余、公共卫生盈余和科教盈余外的累计盈余。本项目应当根据"累计盈余——新旧转换盈余"科目的期末余额填列。

（二）待结算医疗款明细表

1. 本表适用于按"收支两条线"管理的基层医疗卫生机构，反映按"收支两条线"管理的基层医疗卫生机构在某一会计期间内的各项医疗收费情况。

2. 本表各项目金额应当根据"待结算医疗款"科目相关明细科目的本期贷方发生额填列；"门急诊结算差额"和"住院结算差额"项目，应当根据"待结算医疗款"科目相关明细科目的本期净发生额填列，净发生额为借方数的，以"—"号填列。

编制月度报表时，本表"本月数"栏反映各项目的本月贷方实际发生数（"门急诊结算差额""住院结算差额"项目为本月净发生额，下同），本表"本年累计数"栏反映各项目自年初至报告期期末的累计贷方实际发生数。

编制年度报表时，应当将本表的"本月数"栏改为"本年数"，反映本年度各项目的贷方实际发生数；将本表的"本年累计数"栏改为"上年数"，反映上年度各项目的贷方实际发生数，"上年数"栏应当根据上年年度待结算医疗款明细表中"本年数"栏内所列数字填列。

如果本年度待结算医疗款明细表规定的项目名称和内容同上年度不一致，应当对上年度待结算医疗款明细表项目名称和数字按照本年度的规定进行调整，将调整后的金额填入本年度待结算医疗款明细表的"上年数"栏内。

（三）关于净资产变动表

1.调整项目

基层医疗卫生机构应当将净资产变动表中"其中：从预算收入中提取"行项目调整为"其中：从财务会计相关收入中提取"，将"从预算结余中提取"行项目调整为"从本期盈余中提取"。

2.调整项目的内容和填列方法

（1）"从财务会计相关收入中提取"行，反映基层医疗卫生机构本年从财务会计相关收入中提取专用基金对净资产的影响。本行"专用基金"项目应当通过对"专用基金"科目明细账记录的分析，根据本年按有关规定从财务会计相关收入中提取专用基金的金额填列。

（2）"从本期盈余中提取"行，反映基层医疗卫生机构本年根据有关规定从本年度盈余中提取专用基金对净资产的影响。本行"累计盈余""专用基金"项目应当通过对"专用基金"科目明细账记录的分析，根据本年按有关规定从本期盈余中提取专用基金的金额填列；本行"累计盈余"项目以"-"号填列。

（四）收入费用表

1.新增项目

基层医疗卫生机构应当在收入费用表中增加以下项目（详见附表4）：

（1）在"其中：政府性基金收入"项目后增加"其中：财政基本拨款收入""财政项目拨款收入"项目，在"其中：财政基本拨款收入"项目下增加"其中：医疗收入""公共卫生收入"项目，在"财政项目拨款收入"项目下增加"其中：医疗收入""公共卫生收入""科教收入"项目。

（2）在"（二）事业收入"项目下增加"其中：医疗收入""公共卫生收入""科教收入"项目。

（3）在"（六）非同级财政拨款收入"项目下增加"其中：医疗收入""公共卫生收入"项目。

（4）在"（一）业务活动费用"项目下增加"其中：医疗费用""公共卫生费用""科教费用"项目。

（5）在"三、本期盈余"项目下增加"其中：医疗盈余""公共卫生盈余""科教盈余"项目。

2.新增项目的内容和填列方法

（1）"财政基本拨款收入"项目，反映基层医疗卫生机构本期取得的财政基本拨款收入。本项目应当根据"财政拨款收入——财政基本拨款收入"科目的本期发生额填列。

"财政基本拨款收入"项目下"医疗收入"项目，反映基层医疗卫生机构本期开展医疗活动取得的财政基本拨款收入。本项目应当根据"财政拨款收入——财政基本拨款收入——医疗收入"科目的本期发生额填列。

"财政基本拨款收入"项目下"公共卫生收入"项目，反映基层医疗卫生机构本期开展公共卫生活动取得的财政基本拨款收入。本项目应当根据"财政拨款收入——财政基本拨款收入——公共卫生收入"科目的本期发生额填列。

"财政项目拨款收入"项目，反映基层医疗卫生机构本期取得的财政项目拨款收入。

本项目应当根据"财政拨款收入——财政项目拨款收入"科目的本期发生额填列。

"财政项目拨款收入"项目下"医疗收入"项目，反映基层医疗卫生机构本期开展医疗活动取得的财政项目拨款收入。本项目应当根据"财政拨款收入——财政项目拨款收入——医疗收入"科目的本期发生额填列。

"财政项目拨款收入"项目下"公共卫生收入"项目，反映基层医疗卫生机构本期开展公共卫生活动取得的财政项目拨款收入。本项目应当根据"财政拨款收入——财政项目拨款收入——公共卫生收入"科目的本期发生额填列。

"财政项目拨款收入"项目下"科教收入"项目，反映基层医疗卫生机构本期开展科研教学活动取得的财政项目拨款收入。本项目应当根据"财政拨款收入——财政项目拨款收入——科教收入"科目的本期发生额填列。

（2）"事业收入"项目下"医疗收入"项目，反映基层医疗卫生机构本期开展医疗业务活动实现的收入。本项目应当根据"事业收入——医疗收入"科目的本期发生额填列。

"事业收入"项目下"公共卫生收入"项目，反映基层医疗卫生机构本期开展公共卫生活动实现的收入。本项目应当根据"事业收入——公共卫生收入"科目的本期发生额填列。

"事业收入"项目下"科教收入"项目，反映基层医疗卫生机构本期开展科研教学活动实现的收入。本项目应当根据"事业收入——科教收入"科目的本期发生额填列。

（3）"非同级财政拨款收入"项目下"医疗收入"项目，反映基层医疗卫生机构本期开展医疗业务活动取得的非同级财政拨款收入。本项目应当根据"非同级财政拨款收入——医疗收入"科目的本期发生额填列。

"非同级财政拨款收入"项目下"公共卫生收入"项目，反映基层医疗卫生机构本期开展公共卫生活动取得的非同级财政拨款收入。本项目应当根据"非同级财政拨款收入——公共卫生收入"科目的本期发生额填列。

（4）"业务活动费用"项目下"医疗费用"项目，反映基层医疗卫生机构本期为提供医疗服务所发生的各项费用。本项目应当根据"业务活动费用——医疗费用"科目本期发生额填列。

"业务活动费用"项目下"公共卫生费用"项目，反映基层医疗卫生机构本期为开展公共卫生服务活动所发生的各项费用。本项目应当根据"业务活动费用——公共卫生费用"科目本期发生额填列。

"业务活动费用"项目下"科教费用"项目，反映基层医疗卫生机构本期为开展科研教学活动所发生的各项费用。本项目应当根据"业务活动费用——科教费用"科目本期发生额填列。

（5）"本期盈余"项目下"医疗盈余"项目，反映基层医疗卫生机构本期医疗活动相关收入扣除医疗活动相关费用后的净额。本项目应当根据本表中"财政基本拨款收入"项目下"医疗收入""财政项目拨款收入"项目下"事业收入"项目下"医疗收入""上级补助收入""附属单位上缴收入""经营收入""非同级财政拨款收入"项目下"医疗收入""投资收益""捐赠收入""利息收入""租金收入""其他收入"项目金额合计数减去"业务活动费用"项目下"医疗费用""单位管理费用""经营费用""资产处置费用""上缴上级费用""对附属单位补助费用""所得税费用""其他费用"项目金额合计数后的金额填列;如相减后金额为负数,以"—"号填列。

"本期盈余"项目下"公共卫生盈余"项目,反映基层医疗卫生机构本期公共卫生活动相关收入扣除公共卫生活动相关费用后的净额。本项目应当根据本表中"财政基本拨款收入"项目下"公共卫生收入""财政项目拨款收入"项目下"公共卫生收入""事业收入"项目下"公共卫生收入""非同级财政拨款收入"项目下"公共卫生收入"项目金额合计数减去"业务活动费用"项目下"公共卫生费用"项目金额后的金额填列;如相减后金额为负数,以"—"号填列。

"本期盈余"项目下"科教盈余"项目,反映基层医疗卫生机构本期科研教学活动相关收入扣除科研教学活动相关费用后的净额。本项目应当根据本表中"财政项目拨款收入"项目下"科教收入""事业收入"项目下"科教收入"项目金额合计数减去"业务活动费用"项目下"科教费用"项目金额后的金额填列。

(五)医疗及公共卫生收入费用明细表

1. 本表反映基层医疗卫生机构在某一会计期间内发生的医疗和公共卫生活动相关的收入、费用的详细情况。

2. 本表"本月数"栏反映各项目的本月实际发生数。编制年度医疗及公共卫生收入费用明细表时,应当将本栏改为"本年数",反映本年度各项目的实际发生数。

本表"本年累计数"栏反映各项目自年初至报告期期末的累计实际发生数。编制年度医疗及公共卫生收入费用明细表时,应当将本栏改为"上年数",反映上年度各项目的实际发生数,"上年数"栏应当根据上年年度医疗及公共卫生收入费用明细表中"本年数"栏内所列数字填列。

如果本年度医疗及公共卫生收入费用明细表规定的项目名称和内容同上年度不一致,应当对上年度医疗及公共卫生收入费用明细表项目名称和数字按照本年度的规定进行调整,将调整后的金额填入本年度医疗及公共卫生收入费用明细表的"上年数"栏内。

如果本年度基层医疗卫生机构发生了因前期差错更正、会计政策变更等调整以前年度盈余的事项,还应当对年度医疗及公共卫生收入费用明细表中"上年数"栏中的有关项目金额进行相应调整。

3. 本表"(一)医疗收入"项目及所属明细项目应当根据"事业收入——医疗收入"科目及相关明细科目的本期发生额填列,"(二)公共卫生收入"项目应当根据"事业收入——公共卫生收入"科目的本期发生额填列。

本表"(一)医疗费用"项目及所属明细项目应当根据"业务活动费用——医疗费用"科目及相关明细科目的本期发生额填列,"(二)公共卫生费用"项目及所属明细项目应当根据"业务活动费用——公共卫生费用"科目及相关明细科目的本期发生额填列。

本表"三、单位管理费用"项目及所属明细项目应当根据"单位管理费用"科目及相关明细科目的本期发生额填列。

(六)关于财务报表附注

1. 基层医疗卫生机构除按新制度规定按照债务人类别披露应收账款信息外,还应

当按照应收项目类别披露应收账款信息,具体格式如下:

应收账款类别	期末余额	年初余额
应收在院病人医疗款:		
应收医疗款:		
应收医保款		
门急诊病人欠费		
住院病人欠费		
其他应收账款		
合计		

2.基层医疗卫生机构应当按照存货种类披露存货信息,具体披露格式如下:

存货种类	期末余额	年初余额
药品		
西药		
其中:疫苗		
中成药		
中药饮片		
卫生材料		
血库材料		
医用气体		
影像材料		
化验材料		
其他卫生材料		
低值易耗品		
其他材料		
合计		

四、关于坏账准备的计提范围

未按"收支两条线"管理的基层医疗卫生机构应当对除应收在院病人医疗款以外的应收账款和其他应收款提取坏账准备。

按"收支两条线"管理的基层医疗卫生机构应当对除应收在院病人医疗款、应收医疗款外的应收账款和其他应收款提取坏账准备。

五、关于运杂费的会计处理

基层医疗卫生机构为取得库存物品单独发生的运杂费等,能够直接计入业务成本的,计入业务活动费用,借记"业务活动费用"科目,贷记"库存现金""银行存款"等科目;不能直接计入业务成本的,计入单位管理费用,借记"单位管理费用"科目,贷记"库存现金""银行存款"等科目。

六、关于固定资产折旧年限

通常情况下,基层医疗卫生机构应当按照本规定附表6确定应计提折旧的固定资产的折旧年限。

七、关于本期盈余结转的账务处理

期末,基层医疗卫生机构应当将财政基本拨款收入和财政项目拨款收入中的医疗收入、事业收入中的医疗收入、上级补助收入、附属单位上缴收入、经营收入、非同级财政拨款收入中的医疗收入、投资收益、捐赠收入、利息收入、租金收入、其他收入的本期发生额转入本期盈余,借记"财政拨款收入——财政基本拨款收入——医疗收入""财政拨款收入——财政项目拨款收入——医疗收入""事业收入——医疗收入""上级补助收入""附属单位上缴收入""经营收入""非同级财政拨款收入——医疗收入""投资收益""捐赠收入""利息收入""租金收入""其他收入"科目,贷记"本期盈余——医疗盈余"科目;将业务活动费用中的医疗费用、单位管理费用、经营费用、资产处置费用、上缴上级费用、对附属单位补助费用、所得税费用、其他费用的本期发生额转入本期盈余,借记"本期盈余——医疗盈余"科目,贷记"业务活动费用——医疗费用""单位管理费用""经营费用""资产处置费用""上缴上级费用""对附属单位补助费用""所得税费用""其他费用"科目。

期末,基层医疗卫生机构应当将财政基本拨款收入和财政项目拨款收入中的公共卫生收入、事业收入中的公共卫生收入、非同级财政拨款收入中的公共卫生收入的本期发生额转入本期盈余,借记"财政拨款收入——财政基本拨款收入——公共卫生收入""财政拨款收入——财政项目拨款收入——公共卫生收入""非同级财政拨款收入——公共卫生收入"科目,贷记"本期盈余——公共卫生盈余"科目;将业务活动费用中的公共卫生费用的本期发生额转入本期盈余,借记"本期盈余——公共卫生盈余"科目,贷记"业务活动费用——公共卫生费用"科目。

期末,基层医疗卫生机构应当将财政项目拨款收入中的科教收入、事业收入中的科教收入的本期发生额转入本期盈余,借记"财政拨款收入——财政项目拨款收入——科教收入""事业收入——科教收入"科目,贷记"本期盈余——科教盈余"科目;将业务活动费用中的科教经费的本期发生额转入本期盈余,借记"本期盈余——科教盈余"科目,贷记"业务活动费用——科教费用"科目。

年末，完成上述结转后，"本期盈余——医疗盈余"科目为贷方余额的，基层医疗卫生机构应当将"本期盈余——医疗盈余"科目余额转入"本年盈余分配"科目，借记"本期盈余——医疗盈余"科目，贷记"本年盈余分配"科目；"本期盈余——医疗盈余"科目为借方余额的，基层医疗卫生机构应当将"本期盈余——医疗盈余"科目余额转入累计盈余对应明细科目，借记"累计盈余——医疗盈余"科目，贷记"本期盈余——医疗盈余"科目。基层医疗卫生机构应当将"本期盈余——公共卫生盈余""本期盈余——科教盈余"科目余额转入累计盈余对应明细科目，借记或贷记"本期盈余——公共卫生盈余""本期盈余——科教盈余"科目，贷记或借记"累计盈余——公共卫生盈余""累计盈余——科教盈余"科目。

八、关于本年盈余分配的账务处理

年末，基层医疗卫生机构在按照规定提取专用基金后，应当将"本年盈余分配"科目余额转入累计盈余，借记"本年盈余分配——转入累计盈余"科目，贷记"累计盈余——医疗盈余"科目。

九、关于弥补医疗亏损的账务处理

年末，基层医疗卫生机构"累计盈余——医疗盈余"科目为借方余额的，基层医疗卫生机构应当按照有关规定确定的用于弥补医疗亏损的金额，借记"累计盈余——新旧转换盈余"科目，贷记"累计盈余——医疗盈余"科目。

十、关于事业收入（医疗收入）的确认和计量

未按"收支两条线"管理的基层医疗卫生机构应当在提供医疗服务并收讫价款或取得收款权利时，按照规定的医疗服务项目收费标准计算确定的金额确认事业收入（医疗收入）。基层医疗卫生机构给予病人或其他付费方折扣的，按照折扣后的实际金额确认事业收入（医疗收入）。基层医疗卫生机构同医疗保险机构等结算时，因基层医疗卫生机构按照医疗服务项目收费标准计算确定的应收医疗款金额与医疗保险机构等实际支付金额之间的差额（不包括基层医疗卫生机构因违规治疗等管理不善原因被医疗保险机构等拒付的金额）应当调整事业收入（医疗收入）。基层医疗卫生机构因违规治疗等管理不善原因被医疗保险机构等拒付的金额，应当冲减坏账准备。

按"收支两条线"管理的基层医疗卫生机构应当在收到财政返还的医疗款时，按照实际返还医疗款的金额确认事业收入（医疗收入）。基层医疗卫生机构按规定留用待结算医疗款时，应当按照批准留用的医疗款金额确认事业收入（医疗收入）。

十一、关于医事服务费和药事服务费的会计处理

未按"收支两条线"管理、执行医事服务费的基层医疗卫生机构应当通过"事业收入——医疗收入——门急诊收入——诊察收入"和"事业收入——医疗收入——住院收入——诊察收入"科目核算医事服务收入。基层医疗卫生机构在实现医事服务收入时，应当借记"库存现金""银行存款""应收账款"等科目，属于门急诊收入的，贷记"事业收入——医疗收入——门急诊收入——诊察收入"科目，属于住院收入的，贷记"事

业收入——医疗收入——住院收入——诊察收入"科目。

未按"收支两条线"管理的、执行药事服务费的基层医疗卫生机构应当通过"事业收入——医疗收入——门急诊收入——其他门急诊收入"和"事业收入——医疗收入——住院收入——其他住院收入"科目核算药事服务收入。基层医疗卫生机构在实现药事服务收入时，应当借记"库存现金""银行存款""应收账款"等科目，属于门急诊收入的，贷记"事业收入——医疗收入——门急诊收入——其他门急诊收入"科目，属于住院收入的，贷记"事业收入——医疗收入——住院收入——其他住院收入"科目。

按"收支两条线"管理的基层医疗卫生机构关于医事服务费、药事服务费的会计处理，参见本规定关于"2308 待结算医疗款"科目的说明。

十二、关于未按"收支两条线"管理的基层医疗卫生机构与医疗保险机构等结算医疗款的账务处理

未按"收支两条线"管理的基层医疗卫生机构同医疗保险机构等结算医疗款时，应当按照实际收到的金额，借记"银行存款"科目，按照基层医疗卫生机构因违规治疗等管理不善原因被医疗保险机构等拒付的金额，借记"坏账准备"科目，按照应收医疗保险机构等的金额，贷记"应收账款——应收医疗款——应收医保款"科目，按照借贷方之间的差额，借记或贷记"事业收入——医疗收入——门急诊收入——门急诊结算差额"或"事业收入——医疗收入——住院收入——住院结算差额"科目。

基层医疗卫生机构预收医疗保险机构等医保款的，在同医疗保险机构等结算医疗款时，还应冲减相关的预收医保款。

十三、关于按合同完成进度确认科教收入

基层医疗卫生机构以合同完成进度确认科教收入时，应当根据业务实质，选择累计实际发生的合同成本占合同预计总成本的比例、已经完成的合同工作量占合同预计总工作量的比例、已经完成的时间占合同期限的比例、实际测定的完工进度等方法，合理确定合同完成进度。

十四、生效日期

本规定自 2019 年 1 月 1 日起施行。

附表 1

基层医疗卫生机构执行新制度新增会计科目表

科目编码	科目名称	备注
1212	应收账款	
121201	应收账款\应收在院病人医疗款	
121202	应收账款\应收医疗款	
12120201	应收账款\应收医疗款\应收医保款	
12120202	应收账款\应收医疗款\门急诊病人欠费	
12120203	应收账款\应收医疗款\出院病人欠费	
121203	应收账款\其他应收账款	
1219	坏账准备	
121901	坏账准备\应收账款坏账准备	
121902	坏账准备\其他应收款坏账准备	
1302	库存物品	
130201	库存物品\药品	
13020101	库存物品\药品\西药	
1302010101	库存物品\药品\西药\西药	
1302010102	库存物品\药品\西药\疫苗	
13020102	库存物品\药品\中成药	
13020103	库存物品\药品\中药饮片	
130202	库存物品\卫生材料	
13020201	库存物品\卫生材料\血库材料	
13020202	库存物品\卫生材料\医用气体	
13020203	库存物品\卫生材料\影像材料	
13020204	库存物品\卫生材料\化验材料	
13020205	库存物品\卫生材料\其他卫生材料	
130203	库存物品\低值易耗品	
130204	库存物品\其他材料	
2305	预收账款	
230501	预收账款\预收医疗款	
23050101	预收账款\预收医疗款\预收医保款	
23050102	预收账款\预收医疗款\门急诊预收款	

（续表）

科目编码	科目名称	备注
23050103	预收账款\预收医疗款\住院预收款	
230502	预收账款\其他预收账款	
2308	待结算医疗款	
230801	待结算医疗款\门急诊收费	
23080101	待结算医疗款\门急诊收费\挂号收费	
23080102	待结算医疗款\门急诊收费\诊察收费	核算医事服务收费
23080103	待结算医疗款\门急诊收费\检查收费	
23080104	待结算医疗款\门急诊收费\化验收费	
23080105	待结算医疗款\门急诊收费\治疗收费	
23080106	待结算医疗款\门急诊收费\手术收费	
23080107	待结算医疗款\门急诊收费\卫生材料收费	
23080108	待结算医疗款\门急诊收费\药品收费	
2308010801	待结算医疗款\门急诊收费\药品收费\西药收费	
230801080101	待结算医疗款\门急诊收费\药品收费\西药收费\西药	
230801080102	待结算医疗款\门急诊收费\药品收费\西药收费\疫苗	
2308010802	待结算医疗款\门急诊收费\药品收费\中成药收费	
2308010803	待结算医疗款\门急诊收费\药品收费\中药饮片收费	
23080109	待结算医疗款\门急诊收费\一般诊疗费收费	
23080110	待结算医疗款\门急诊收费\其他门急诊收费	核算药事服务收费
23080111	待结算医疗款\门急诊收费\门急诊结算差额	
230802	待结算医疗款\住院收费	
23080201	待结算医疗款\住院收费\床位收费	
23080202	待结算医疗款\住院收费\诊察收费	核算医事服务收费
23080203	待结算医疗款\住院收费\检查收费	
23080204	待结算医疗款\住院收费\化验收费	
23080205	待结算医疗款\住院收费\治疗收费	
23080206	待结算医疗款\住院收费\手术收费	
23080207	待结算医疗款\住院收费\护理收费	
23080208	待结算医疗款\住院收费\卫生材料收费	

（续表）

科目编码	科目名称	备注
23080209	待结算医疗款\住院收费\药品收费	
2308020901	待结算医疗款\住院收费\药品收费\西药收费	
230802090101	待结算医疗款\门急诊收费\药品收费\西药收费\西药	
230802090102	待结算医疗款\门急诊收费\药品收费\西药收费\疫苗	
2308020902	待结算医疗款\住院收费\药品收费\中成药收费	
2308020903	待结算医疗款\住院收费\药品收费\中药饮片收费	
23080210	待结算医疗款\住院收费\一般诊疗费收费	
23080211	待结算医疗款\住院收费\其他住院收费	核算药事服务收费
23080212	待结算医疗款\住院收费\住院结算差额	
3001	累计盈余	
300101	累计盈余\医疗盈余	
300102	累计盈余\公共卫生盈余	
300103	累计盈余\科教盈余	
300104	累计盈余\新旧转换盈余	
3101	专用基金	
310101	专用基金\职工福利基金	
310102	专用基金\医疗风险基金	
310103	专用基金\奖励基金	
3301	本期盈余	
330101	本期盈余\医疗盈余	
330102	本期盈余\公共卫生盈余	
330103	本期盈余\科教盈余	
3302	本年盈余分配	
330201	本年盈余分配\提取职工福利基金	
330202	本年盈余分配\提取奖励基金	
330203	本年盈余分配\转入累计盈余	
4001	财政拨款收入	
400101	财政拨款收入\财政基本拨款收入	
40010101	财政拨款收入\财政基本拨款收入\医疗收入	
40010102	财政拨款收入\财政基本拨款收入\公共卫生收入	

（续表）

科目编码	科目名称	备注
400102	财政拨款收入\财政项目拨款收入	
40010201	财政拨款收入\财政项目拨款收入\医疗收入	
40010202	财政拨款收入\财政项目拨款收入\公共卫生收入	
40010203	财政拨款收入\财政项目拨款收入\科教收入	
4101	事业收入	对"非同级财政拨款"进行明细核算
410101	事业收入\医疗收入	
41010101	事业收入\医疗收入\门急诊收入	
4101010101	事业收入\医疗收入\门急诊收入\挂号收入	
4101010102	事业收入\医疗收入\门急诊收入\诊察收入	核算医事服务收入
4101010103	事业收入\医疗收入\门急诊收入\检查收入	
4101010104	事业收入\医疗收入\门急诊收入\化验收入	
4101010105	事业收入\医疗收入\门急诊收入\治疗收入	
4101010106	事业收入\医疗收入\门急诊收入\手术收入	
4101010107	事业收入\医疗收入\门急诊收入\卫生材料收入	
4101010108	事业收入\医疗收入\门急诊收入\药品收入	
410101010801	事业收入\医疗收入\门急诊收入\药品收入\西药	
41010101080101	事业收入\医疗收入\门急诊收入\药品收入\西药\西药	
41010101080102	事业收入\医疗收入\门急诊收入\药品收入\西药\疫苗	
410101010802	事业收入\医疗收入\门急诊收入\药品收入\中成药	
410101010803	事业收入\医疗收入\门急诊收入\药品收入\中药饮片	
4101010109	事业收入\医疗收入\门急诊收入\一般诊疗费收入	
4101010110	事业收入\医疗收入\门急诊收入\其他门急诊收入	核算药事服务收入
4101010111	事业收入\医疗收入\门急诊收入\门急诊结算差额	
41010102	事业收入\医疗收入\住院收入	
4101010201	事业收入\医疗收入\住院收入\床位收入	
4101010202	事业收入\医疗收入\住院收入\诊察收入	核算医事服务收入
4101010203	事业收入\医疗收入\住院收入\检查收入	
4101010204	事业收入\医疗收入\住院收入\化验收入	
4101010205	事业收入\医疗收入\住院收入\治疗收入	

(续表)

科目编码	科目名称	备注
4101010206	事业收入\医疗收入\住院收入\手术收入	
4101010207	事业收入\医疗收入\住院收入\护理收入	
4101010208	事业收入\医疗收入\住院收入\卫生材料收入	
4101010209	事业收入\医疗收入\住院收入\药品收入	
410101020901	事业收入\医疗收入\住院收入\药品收入\西药	
41010102090101	事业收入\医疗收入\门急诊收入\药品收入\西药\西药	
41010102090102	事业收入\医疗收入\门急诊收入\药品收入\西药\疫苗	
41010102090102	事业收入\医疗收入\住院收入\药品收入\中成药	
410101020903	事业收入\医疗收入\住院收入\药品收入\中药饮片	
4101010210	事业收入\医疗收入\住院收入\一般诊疗费收入	
4101010211	事业收入\医疗收入\住院收入\其他住院收入	核算药事服务收入
4101010212	事业收入\医疗收入\住院收入\住院结算差额	
410102	事业收入\公共卫生收入	
410103	事业收入\科教收入	
41010301	事业收入\科教收入\科研收入	
41010302	事业收入\科教收入\教学收入	
4601	非同级财政拨款收入	
460101	非同级财政拨款收入\医疗收入	
460102	非同级财政拨款收入\公共卫生收入	
5001	业务活动费用	
500101	业务活动费用\医疗费用	按照"人员费用""药品费""专用材料费""维修费""计提专用基金""固定资产折旧""无形资产摊销""其他医疗费用"等进行明细核算
500102	业务活动费用\公共卫生费用	按照"人员费用""药品费""专用材料费""维修费""其他公共卫生费用"等进行明细核算
500103	业务活动费用\科教费用	按照"科研费用""教学费用"等进行明细核算

（续表）

科目编码	科目名称	备注
5101	单位管理费用	按照"人员费用""商品和服务费用""固定资产折旧""无形资产摊销"等进行明细核算
6101	事业预算收入	对"非同级财政拨款"进行明细核算
610101	事业预算收入\医疗预算收入	
61010101	事业预算收入\医疗预算收入\门急诊预算收入	
61010102	事业预算收入\医疗预算收入\住院预算收入	
610102	事业预算收入\公共卫生预算收入	
610103	事业预算收入\科教预算收入	
61010301	事业预算收入\科教预算收入\科研项目预算收入	
61010302	事业预算收入\科教预算收入\教学项目预算收入	
8301	专用结余	
830101	专用结余\职工福利基金	
830102	专用结余\奖励基金	

附表 2

资产负债表

会政财 01 表

编制单位：_____　　　　___年__月__日　　　　单位：元

资产	期末余额	年初余额	负债和净资产	期末余额	年初余额
流动资产：			流动负债：		
货币资金			短期借款		
短期投资			应交增值税		
财政应返还额度			其他应交税费		
应收票据			应缴财政款		
应收账款净额			待结算医疗款		
预付账款			应付职工薪酬		
应收股利			应付票据		
应收利息			应付账款		
其他应收款净额			应付政府补贴款		

（续表）

资产	期末余额	年初余额	负债和净资产	期末余额	年初余额
存货			应付利息		
待摊费用			预收账款		
一年内到期的非流动资产			其他应付款		
其他流动资产			预提费用		
流动资产合计			一年内到期的非流动负债		
非流动资产：			其他流动负债		
长期股权投资			流动负债合计		
长期债券投资			非流动负债：		
固定资产原值			长期借款		
减：固定资产累计折旧			长期应付款		
固定资产净值			预计负债		
工程物资			其他非流动负债		
在建工程			非流动负债合计		
无形资产原值			受托代理负债		
减：无形资产累计摊销			负债合计		
无形资产净值					
研发支出					
公共基础设施原值					
减：公共基础设施累计折旧（摊销）					
公共基础设施净值			净资产：		
政府储备物资			累计盈余		
文物文化资产			其中：医疗盈余		
保障性住房			公共卫生盈余		
减：保障性住房累计折旧			科教盈余		
保障性住房净值			新旧转换盈余		
长期待摊费用			专用基金		
待处理财产损溢			权益法调整		
其他非流动资产			无偿调拨净资产*		
非流动资产合计			本期盈余*		
受托代理资产			净资产合计		
资产总计			负债和净资产总计		

注："*"标识项目为月报项目，年报中不需列示。

附表3

待结算医疗款明细表

会政财 01 表附表 01

编制单位：_____　　　__年__月　　　　　　　　　　　单位：元

项目	本月数	本年累计数
待结算医疗款		
（一）门急诊收费		
挂号收费		
诊察收费		
其中：医事服务费		
检查收费		
化验收费		
治疗收费		
手术收费		
卫生材料收费		
药品收费		
其中：西药收费		
其中：疫苗		
中成药收费		
中药饮片收费		
一般诊疗费收费		
其他门急诊收费		
其中：药事服务费		
门急诊结算差额		
（二）住院收费		
床位收费		
诊察收费		
其中：医事服务费		
检查收费		
化验收费		
治疗收费		
手术收费		
护理收费		
卫生材料收费		
药品收费		

(续表)

项目	本月数	本年累计数
其中：西药收费		
其中：疫苗		
中成药收费		
中药饮片收费		
一般诊疗费收费		
其他住院收费		
其中：药事服务费		
住院结算差额		

附表 4

收入费用表

会政财 02 表

编制单位：_____　　　____年__月　　　　单位：元

项目	本月数	本年累计数
一、本期收入		
（一）财政拨款收入		
其中：政府性基金收入		
其中：财政基本拨款收入		
其中：医疗收入		
公共卫生收入		
财政项目拨款收入		
其中：医疗收入		
公共卫生收入		
科教收入		
（二）事业收入		
其中：医疗收入		
公共卫生收入		
科教收入		
（三）上级补助收入		
（四）附属单位上缴收入		
（五）经营收入		
（六）非同级财政拨款收入		

（续表）

项目	本月数	本年累计数
其中：医疗收入		
公共卫生收入		
（七）投资收益		
（八）捐赠收入		
（九）利息收入		
（十）租金收入		
（十一）其他收入		
二、本期费用		
（一）业务活动费用		
其中：医疗费用		
公共卫生费用		
科教费用		
（二）单位管理费用		
（三）经营费用		
（四）资产处置费用		
（五）上缴上级费用		
（六）对附属单位补助费用		
（七）所得税费用		
（八）其他费用		
三、本期盈余		
其中：医疗盈余		
公共卫生盈余		
科教盈余		

附表 5

医疗及公共卫生收入费用明细表

会政财 02 表附表 01

编制单位：_____　　　　___年_月　　　　单位：元

项目	本月数	本年累计数
一、医疗及公共卫生收入		
（一）医疗收入		

（续表）

项目	本月数	本年累计数
1. 门急诊收入		
挂号收入		
诊察收入		
其中：医事服务收入		
检查收入		
化验收入		
治疗收入		
手术收入		
卫生材料收入		
药品收入		
其中：西药		
其中：疫苗		
中成药		
中药饮片		
一般诊疗费收入		
其他门急诊收入		
其中：药事服务收入		
门急诊结算差额		
2. 住院收入		
床位收入		
诊察收入		
其中：医事服务收入		
检查收入		
化验收入		
治疗收入		
手术收入		
护理收入		
卫生材料收入		
药品收入		
其中：西药		
其中：疫苗		
中成药		

（续表）

项目	本月数	本年累计数
中药饮片		
一般诊疗费收入		
其他住院收入		
其中：药事服务收入		
住院结算差额		
（二）公共卫生收入		
二、医疗及公共卫生费用		
（一）医疗费用		
人员费用		
工资福利费用		
对个人和家庭的补助费用		
药品费		
西药		
其中：疫苗		
中成药		
中药饮片		
专用材料费		
卫生材料费		
血库材料		
医用气体		
影像材料		
化验材料		
其他卫生材料		
低值易耗品		
其他材料费		
维修费		
计提专用基金		
其中：计提医疗风险基金		
固定资产折旧		
无形资产摊销		
其他医疗费用		
（二）公共卫生费用		

（续表）

项目	本月数	本年累计数
人员费用		
工资福利费用		
对个人和家庭的补助费用		
药品费		
西药		
其中：疫苗		
中成药		
中药饮片		
专用材料费		
卫生材料费		
血库材料		
医用气体		
影像材料		
化验材料		
其他卫生材料		
低值易耗品		
其他材料费		
维修费		
其他公共卫生费用		
三、单位管理费用		
人员费用		
工资福利费用		
对个人和家庭的补助费用		
商品和服务费用		
固定资产折旧		
无形资产摊销		

附表6

基层医疗卫生机构固定资产折旧年限表

固定资产类别	折旧年限（年）	固定资产类别	折旧年限（年）
一、房屋及构筑物		三、专用设备	
业务及管理用房		医用电子仪器	5～10
钢结构	50	医用超声仪器	6～10
钢筋混凝土结构	50	医用高频仪器设备	5～10
砖混结构	30	物理治疗及体疗设备	5～10
砖木结构	30	高压氧舱	6～10
简易房	8	中医仪器设备	5～10
房屋附属设施	8	医用磁共振设备	6～10
构筑物	8	医用X线设备	6～10
二、通用设备		高能射线设备	8～10
计算机设备	6	医用核素设备	6～10
通信设备	5	临床检验分析仪器	5～10
办公设备	6	体外循环设备	5～10
车辆	10	手术急救设备	5～10
图书档案设备	5	口腔设备	6～10
机械设备	10	病房护理设备	5～10
电气设备	5	消毒设备	6～10
雷达、无线电和卫星导航设备	10	其他	5～10
广播、电视、电影设备	5	光学仪器及窥镜	6～10
仪器仪表	5	激光仪器设备	5～10
电子和通信测量设备	5	四、家具、用具及装具	
计量标准器具及量具、衡器	5	家具	15
		用具、装具	5

关于基层医疗卫生机构执行《政府会计制度——行政事业单位会计科目和报表》的衔接规定

我部于2017年10月24日印发了《政府会计制度——行政事业单位会计科目和报表》（财会〔2017〕25号，以下简称新制度）。目前执行《基层医疗卫生机构会计制度》（财会〔2010〕26号，以下简称原制度）的基层医疗卫生机构，自2019年1月1日起执行新制度，不再执行原制度。为了确保新旧会计制度顺利过渡，现对基层医疗卫生机构执行新制度及《关于基层医疗卫生机构执行〈政府会计制度——行政事业单位会计科目和报表〉的补充规定》（以下简称补充规定）的有关衔接问题规定如下：

一、新旧制度衔接总要求

（一）自2019年1月1日起，基层医疗卫生机构应当严格按照新制度及补充规定进行会计核算、编制财务报表和预算会计报表。

（二）基层医疗卫生机构应当按照本规定做好新旧制度衔接的相关工作，主要包括以下几个方面：

1. 根据原账编制2018年12月31日的科目余额表，并按照本规定要求，编制原账的部分科目余额明细表（参见附表1、附表2）。

2. 按照新制度及补充规定设立2019年1月1日的新账。

3. 按照本规定要求，登记新账的财务会计科目余额和预算结余科目余额，包括将原账科目余额转入新账财务会计科目、按照原账科目余额登记新账预算结余科目（基层医疗卫生机构新旧会计制度转账、登记新账科目对照表见附表3），将未入账事项登记新账科目，并对相关新账科目余额进行调整。原账科目是指按照原制度规定设置的会计科目。

4. 按照登记及调整后新账的各会计科目余额，编制2019年1月1日的科目余额表，作为新账各会计科目的期初余额。

5. 根据新账各会计科目期初余额，按照新制度及补充规定编制2019年1月1日资产负债表。

（三）及时调整会计信息系统。基层医疗卫生机构应当按照新制度及补充规定要求对原有会计信息系统进行及时更新和调试，实现数据正确转换，确保新旧账套的有序衔接。

二、财务会计科目的新旧衔接

（一）将2018年12月31日原账会计科目余额转入新账财务会计科目

1. 资产类

（1）"库存现金""银行存款""其他货币资金""财政应返还额度""固定资产""无形资产"科目

新制度设置了"库存现金""银行存款""其他货币资金""财政应返还额度""无

形资产"科目,其核算内容与原账的上述相应科目的核算内容基本相同。转账时,基层医疗卫生机构应当将原账的上述科目余额直接转入新账的相应科目。其中,还应当将原账的"库存现金""银行存款"科目余额中属于新制度规定受托代理资产的金额转入新账的"库存现金""银行存款"科目下"受托代理资产"明细科目。

（2）"应收医疗款"科目

新制度设置了"应收账款"科目,该科目包含了原账的"应收医疗款"科目的核算内容。转账时,基层医疗卫生机构应当将原账的"应收医疗款"科目余额转入新账的"应收账款"科目。

（3）"其他应收款"科目

新制度设置了"其他应收款"科目,该科目的核算内容与原账的"其他应收款"科目的核算内容基本相同。转账时,基层医疗卫生机构应当将原账的"其他应收款"科目余额转入新账的"其他应收款"科目。

新制度设置了"在途物品"科目,基层医疗卫生机构在原账的"其他应收款"科目中核算已经付款或开出商业汇票、尚未收到物资的款项,应当将原账的"其他应收款"科目余额中已经付款或开出商业汇票、尚未收到物资的金额转入新账的"在途物品"科目。

基层医疗卫生机构在原账的"其他应收款"科目中核算了属于新制度规定的预付账款的,应当将原账的"其他应收款"科目余额中属于预付账款的金额转入新账的"预付账款"科目。

基层医疗卫生机构在原账的"其他应收款"科目中核算了尚未按照相关规定完成批准程序的待处理财产损溢的,转账时,应当将原账的"其他应收款"科目余额中属于待处理财产损溢的金额,转入新账的"待处理财产损溢"科目。

（4）"库存物资"科目

新制度设置了"库存物品""加工物品"科目,原制度设置了"库存物资"科目。转账时,基层医疗卫生机构应当将原账的"库存物资"科目余额中属于在加工存货的金额,转入新账的"加工物品"科目;将原账的"库存物资"科目余额减去属于在加工存货金额后的差额,转入新账的"库存物品"科目。

基层医疗卫生机构在原账的"库存物资"科目中核算了属于新制度规定的工程物资、受托代理物资（如受托保管的政府储备物资）的,应当将原账的"库存物资"科目余额中属于工程物资、受托代理物资的金额,分别转入新账的"工程物资""受托代理资产"科目。

（5）"在建工程"科目

新制度设置了"在建工程"和"预付账款——预付备料款、预付工程款"科目,原制度设置了"在建工程"科目。转账时,基层医疗卫生机构应当将原账的"在建工程"科目余额（基建"并账"后的金额,下同）中属于预付备料款、预付工程款的金额,转入新账"预付账款"科目相关明细科目;将原账的"在建工程"科目余额减去预付备料款、预付工程款金额后的差额,转入新账的"在建工程"科目。

基层医疗卫生机构在原账"在建工程"科目中核算了按照新制度规定应当记入"工

程物资"科目内容的,应当将原账"在建工程"科目余额中属于工程物资的金额,转入新账的"工程物资"科目。

(6)"零余额账户用款额度""待摊支出"科目

由于原账的"零余额账户用款额度""待摊支出"科目年末无余额,无需进行转账处理。

2. 负债类

(1)"借入款"科目

新制度设置了"短期借款"和"长期借款"科目,原制度设置了"借入款"科目。转账时,基层医疗卫生机构应当将原账的"借入款"科目余额中属于短期借款[期限不超过1年(含1年)]的金额转入新账的"短期借款"科目;将原账的"借入款"科目余额中属于长期借款[期限超过1年(不含1年)]的金额转入新账的"长期借款"科目。

(2)"待结算医疗款"科目

补充规定设置了"待结算医疗款"科目,该科目的核算内容与原账的"待结算医疗款"科目核算的内容基本相同。转账时,基层医疗卫生机构应当将原账的"待结算医疗款"科目余额转入新账的"待结算医疗款"科目。

(3)"应缴款项"科目

新制度设置了"应缴财政款"科目,该科目的核算内容与原账的"应缴款项"科目核算的内容基本相同。转账时,基层医疗卫生机构应当将原账的"应缴款项"科目余额转入新账的"应缴财政款"科目。

(4)"应付账款"科目

新制度设置了"应付账款""长期应付款"科目,原账设置了"应付账款"科目。转账时,基层医疗卫生机构应当将原账的"应付账款"科目余额中属于应付账款[期限不超过1年(含1年)]的金额转入新账的"应付账款"科目,将原账的"应付账款"科目余额中属于长期应付款[期限超过1年(不含1年)]的金额转入新账的"长期应付款"科目。

(5)"预收医疗款"科目

新制度设置了"预收账款"科目,该科目包含了原账的"预收医疗款"科目的核算内容。转账时,基层医疗卫生机构应当将原账的"预收医疗款"科目余额转入新账的"预收账款"科目。

(6)"应付职工薪酬""应付社会保障费"科目

新制度设置了"应付职工薪酬"科目,原账设置了"应付职工薪酬"和"应付社会保障费"科目。转账时,基层医疗卫生机构应当将原账的"应付职工薪酬""应付社会保障费"科目余额转入新账的"应付职工薪酬"科目。

(7)"应交税费"科目

新制度设置了"应交增值税"和"其他应交税费"科目,原账设置了"应交税费"科目。转账时,基层医疗卫生机构应当将原账的"应交税费"科目余额中属于应交增值税的金额转入新账的"应交增值税"科目,将原账的"应交税费"科目余额减去属于应交增值税金额后的差额转入新账的"其他应交税费"科目。

(8)"其他应付款"科目

新制度设置了"其他应付款"科目,该科目的核算内容与原账的"其他应付款"

科目的核算内容基本相同。转账时，基层医疗卫生机构应当将原账的"其他应付款"科目余额，转入新账的"其他应付款"科目。其中，基层医疗卫生机构在原账的"其他应付款"科目中核算了属于新制度规定的长期应付款的，应当将原账的"其他应付款"科目余额中属于长期应付款的金额转入新账的"长期应付款"科目；在原账的"其他应付款"科目中核算了属于新制度规定的应付利息的，应当将原账的"其他应付款"科目余额中属于应付利息的金额转入新账的"应付利息"科目；在原账的"其他应付款"科目中核算了属于新制度规定的受托代理负债的，应当将原账的"其他应付款"科目余额中属于受托代理负债的金额转入新账的"受托代理负债"科目。

3. 净资产类

（1）"固定基金"科目

依据新制度，无需对原制度中"固定基金"科目对应内容进行核算。转账时，基层医疗卫生机构应当将原账的"固定基金"科目余额转入新账的"累计盈余——医疗盈余"科目。

（2）"事业基金"科目

新制度及补充规定设置了"累计盈余"科目及相关明细科目，"累计盈余"科目的核算内容包含了原账"事业基金"科目的核算内容。转账时，基层医疗卫生机构应当将原账的"事业基金"科目余额转入新账的"累计盈余——新旧转换盈余"科目。

（3）"专用基金"科目

新制度设置了"专用基金"科目，该科目的核算内容与原账"专用基金"科目的核算内容基本相同。转账时，基层医疗卫生机构应当将原账的"专用基金"科目余额转入新账的"专用基金"科目。

（4）"财政补助结转（余）""其他限定性用途结转（余）"科目

新制度及补充规定设置了"累计盈余"科目及相关明细科目，"累计盈余"科目的核算内容包含了原账"财政补助结转（余）"和"其他限定性用途结转（余）"科目的核算内容。转账时，基层医疗卫生机构应当对原账的"财政补助结转（余）""其他限定性用途结转（余）"科目余额进行分析，将属于公共卫生活动形成结转（余）的余额转入新账的"累计盈余——公共卫生盈余"科目，将属于科教项目形成结转（余）的余额转入新账的"累计盈余——科教盈余"科目，将剩余金额转入新账的"累计盈余——医疗盈余"科目。

（5）"结余分配"科目

新制度设置了"本年盈余分配"科目，该科目的核算内容与原账的"结余分配"科目的核算内容基本相同。新制度规定"本年盈余分配"科目余额最终转入"累计盈余"科目，如果原账的"结余分配"科目有借方余额，转账时，基层医疗卫生机构应当将原账的"结余分配"科目借方余额转入新账的"累计盈余——新旧转换盈余"科目借方。

（6）"本期结余"科目

由于原账的"本期结余"科目年末无余额，无需进行转账处理。

4. 收入类、支出类

由于原账中收入类、支出类科目年末无余额，无需进行转账处理。自2019年1月1日起，基层医疗卫生机构应当按照新制度设置收入类、费用类科目并进行账务处理。

基层医疗卫生机构存在其他本规定未列举的原账科目余额的，应当比照本规定转入新账的相应科目。新账的科目设有明细科目的，应将原账中对应科目的余额加以分析，分别转入新账中相应科目的相关明细科目。

基层医疗卫生机构在进行新旧衔接的转账时，应当编制转账的工作分录，作为转账的工作底稿，并将转入新账的对应原科目余额及分拆原科目余额的依据作为原始凭证。

（二）将原未入账事项登记新账财务会计科目

1. 受托代理资产

医院在新旧制度转换时，应当将2018年12月31日前未入账的受托代理资产按照新制度规定记入新账。登记新账时，按照确定的受托代理资产入账成本，借记"受托代理资产"科目，贷记"受托代理负债"科目。

2. 盘盈资产

基层医疗卫生机构在新旧制度转换时，应当将2018年12月31日前未入账的盘盈资产按照新制度规定记入新账。登记新账时，按照确定的盘盈资产及其成本，分别借记有关资产科目，按照盘盈资产成本的合计金额，贷记"累计盈余——新旧转换盈余"科目。

3. 预计负债

基层医疗卫生机构在新旧制度转换时，应当将2018年12月31日前按照新制度规定确认的预计负债记入新账。登记新账时，按照确定的预计负债金额，借记"累计盈余——新旧转换盈余"科目，贷记"预计负债"科目。

4. 应付质量保证金

基层医疗卫生机构在新旧制度转换时，应当将2018年12月31日前未入账的应付质量保证金按照新制度规定记入新账。登记新账时，按照确定未入账的应付质量保证金金额，借记"累计盈余——新旧转换盈余"科目，贷记"其他应付款"科目［扣留期在1年以内（含1年）］、"长期应付款"科目［扣留期超过1年］。

基层医疗卫生机构存在2018年12月31日前未入账的其他事项的，应当比照本规定登记新账的相应科目。

基层医疗卫生机构对新账的财务会计科目补记未入账事项时，应当编制记账凭证，并将补充登记事项的确认依据作为原始凭证。

（三）对新账的相关财务会计科目余额按照新制度规定的会计核算基础进行调整

1. 计提坏账准备

新制度要求对单位收回后无需上缴财政的应收账款和其他应收款提取坏账准备。在新旧制度转换时，未按"收支两条线"管理的基层医疗卫生机构应当按照2018年12月31日除应收在院病人医疗款以外的应收账款和其他应收款的余额计算应计提的坏账准备金额，借记"累计盈余——新旧转换盈余"科目，贷记"坏账准备"科目；按"收支两条线"管理的基层医疗卫生机构应当按照2018年12月31日除应收在院病人医疗款、应收医疗款外的应收账款和其他应收款的余额计算应计提的坏账准备金额，借记"累计盈余——新旧转换盈余"科目，贷记"坏账准备"科目。

2. 补提折旧

基层医疗卫生机构在原账中尚未计提固定资产折旧的，应当全面核查截至2018年

12月31日的固定资产的预计使用年限、已使用年限、尚可使用年限等,并于2019年1月1日对尚未计提折旧的固定资产补提折旧,按照应计提的折旧金额,借记"累计盈余——医疗盈余"科目,贷记"固定资产累计折旧"科目。

3. 补提摊销

基层医疗卫生机构在原账中尚未计提无形资产摊销的,应当全面核查截至2018年12月31日无形资产的预计使用年限、已使用年限、尚可使用年限等,并于2019年1月1日对前期尚未计提摊销的无形资产补提摊销,按照应计提的摊销金额,借记"累计盈余——医疗盈余"科目,贷记"无形资产累计摊销"科目。

4. 确认长期借款期末应付利息

基层医疗卫生机构应当按照新制度规定于2019年1月1日补记长期借款的应付利息金额,对其中资本化的部分,借记"在建工程"科目,对其中费用化的部分,借记"累计盈余——新旧转换盈余"科目,按照全部长期借款应付利息金额,贷记"长期借款"科目[到期一次还本付息]或"应付利息"科目[分期付息、到期还本]。

基层医疗卫生机构对新账的财务会计科目期初余额进行调整时,应当编制记账凭证,并将调整事项的确认依据作为原始凭证。

三、预算会计科目的新旧衔接

(一)"财政拨款结转"和"财政拨款结余"科目及对应的"资金结存"科目余额

新制度设置了"财政拨款结转""财政拨款结余"科目及对应的"资金结存"科目。在新旧制度转换时,基层医疗卫生机构应当对原账的"财政补助结转(余)"科目余额中结转资金的金额进行逐项分析,加上各项结转转入的支出中已经计入支出尚未支付财政资金(如发生时列支的应付账款)的金额,减去已经支付财政资金尚未计入支出(如购入的库存物资等)的金额,按照增减后的金额登记新账的"财政拨款结转"科目及其明细科目贷方;按照原账的"财政补助结转(余)"科目余额中结余资金的金额登记新账的"财政拨款结余"科目及其明细科目贷方。

基层医疗卫生机构应当按照原账"财政应返还额度"科目余额登记新账"资金结存——财政应返还额度"科目的借方;按照新账"财政拨款结转"和"财政拨款结余"科目贷方余额合计数减去新账"资金结存——财政应返还额度"科目借方余额后的差额,登记新账"资金结存——货币资金"科目的借方。

(二)"非财政拨款结转"科目及对应的"资金结存"科目余额

新制度设置了"非财政拨款结转"科目及对应的"资金结存"科目。在新旧制度转换时,基层医疗卫生机构应当对原账的"其他限定性用途结转(余)"科目余额中结转资金的金额进行逐项分析,加上各项结转(余)转入的支出中已经计入支出尚未支付非财政补助专项资金(如发生时列支的应付账款)的金额,减去已经支付非财政补助专项资金尚未计入支出(如购入的库存物资等)的金额,按照增减后的金额登记新账的"非财政拨款结转"科目及其明细科目贷方;同时,按照相同的金额登记新账"资金结存——货币资金"科目的借方。

（三）"专用结余"科目及对应的"资金结存"科目余额

新制度设置了"专用结余"科目及对应的"资金结存"科目。在新旧制度转换时，基层医疗卫生机构应当按照原账"专用基金"科目余额中通过非财政补助结余分配形成的金额，借记新账的"资金结存——货币资金"科目，贷记新账的"专用结余"科目。

（四）"非财政拨款结余"科目及对应的"资金结存"科目余额

1. 登记"非财政拨款结余"科目余额

新制度设置了"非财政拨款结余"科目对应的"资金结存"科目。在新旧制度转换时，基层医疗卫生机构应当按照原账"事业基金"科目的余额，借记新账的"资金结存——货币资金"科目，贷记新账的"非财政拨款结余"科目。

基层医疗卫生机构原账"结余分配——待分配结余"有借方科目余额的，应当借记新账的"非财政拨款结余"科目，贷记新账的"资金结存——货币资金"科目。

2. 对新账"非财政拨款结余"科目及"资金结存"科目余额进行调整

（1）调整应收医疗款对非财政拨款结余的影响

基层医疗卫生机构应当按照原账的"应收医疗款"科目余额，借记"非财政拨款结余"科目，贷记"资金结存——货币资金"科目。

（2）调整其他应收款对非财政拨款结余的影响

基层医疗卫生机构按照新制度规定将原账其他应收款中的预付款项计入支出的，应当对原账的"其他应收款"科目余额进行分析，区分其中预付款项的金额（将来很可能列支）和非预付款项的金额，并对预付款项的金额划分为财政补助资金预付的金额、非财政补助专项资金预付的金额和非财政补助非专项资金预付的金额，按照非财政补助非专项资金预付的金额，借记"非财政拨款结余"科目，贷记"资金结存——货币资金"科目。

（3）调整库存物资对非财政拨款结余的影响

基层医疗卫生机构应当对原账的"库存物资"科目余额进行分析，区分购入的库存物资金额和非购入的库存物资金额。对购入的库存物资金额划分出其中使用财政补助资金购入的金额、使用非财政补助专项资金购入的金额和使用非财政补助非专项资金购入的金额，按照使用非财政补助非专项资金购入的金额，借记"非财政拨款结余"科目，贷记"资金结存——货币资金"科目。

（4）调整借入款对非财政拨款结余的影响

基层医疗卫生机构应当按照原账的"借入款"科目余额，借记"资金结存——货币资金"科目，贷记"非财政拨款结余"科目。

（5）调整应付账款对非财政拨款结余的影响

基层医疗卫生机构应当对原账的"应付账款"科目余额进行分析，区分其中发生时计入支出的金额和未计入支出的金额。将计入支出的金额划分为财政补助资金应付的金额、非财政补助专项资金应付的金额和非财政补助非专项资金应付的金额，按照非财政补助非专项资金应付的金额，借记"资金结存——货币资金"科目，贷记"非财政拨款结余"科目。

（6）调整预收医疗款对非财政拨款结余的影响

基层医疗卫生机构应当按照原账的"预收医疗款"科目余额，借记"资金结存——货币资金"科目，贷记"非财政拨款结余"科目。

（7）调整专用基金对非财政拨款结余的影响

基层医疗卫生机构应当对原账的"专用基金"科目余额进行分析，划分出提取时列支的专用基金余额，按照提取时列支的专用基金余额，借记"资金结存——货币资金"科目，贷记"非财政拨款结余"科目。

3. 基层医疗卫生机构按照前述1、2两个步骤难以准确调整出"非财政拨款结余"科目及对应的"资金结存"科目余额的，在新旧制度转换时，可以在新账的"库存现金""银行存款""其他货币资金""财政应返还额度"科目借方余额合计数基础上，对不纳入单位预算管理的资金进行调整（如减去新账中货币资金形式的受托代理资产、应缴财政款、已收取将来需要退回资金的其他应付款等，加上已支付将来需要收回资金的其他应收款等），按照调整后的金额减去新账的"财政拨款结转""财政拨款结余""非财政拨款结转""专用结余"科目贷方余额合计数，登记新账的"非财政拨款结余"科目贷方；同时，按照相同的金额登记新账的"资金结存——货币资金"科目借方。

（五）"经营结余"科目

新制度设置了"经营结余"科目。在新旧制度转换时，无需对"经营结余"科目进行新账年初余额登记。

（六）"其他结余""非财政拨款结余分配"科目

新制度设置了"其他结余"和"非财政拨款结余分配"科目。由于这两个科目年初无余额，在新旧制度转换时，基层医疗卫生机构无需对"其他结余"和"非财政拨款结余分配"科目进行新账年初余额登记。

（七）预算收入类、预算支出类会计科目

由于预算收入类、预算支出类会计科目年初无余额，在新旧制度转换时，基层医疗卫生机构无需对预算收入类、预算支出类会计科目进行新账年初余额登记。

基层医疗卫生机构自2019年1月1日起，应当按照新制度设置预算收入类、预算支出类科目并进行账务处理。

基层医疗卫生机构存在2018年12月31日前需要按照新制度预算会计核算基础调整预算会计科目期初余额的其他事项的，应当比照本规定调整新账的相应预算会计科目期初余额。

基层医疗卫生机构对预算会计科目的期初余额登记和调整，应当编制记账凭证，并将期初余额登记和调整的依据作为原始凭证。

四、财务报表和预算会计报表的新旧衔接

（一）编制2019年1月1日资产负债表

基层医疗卫生机构应当根据2019年1月1日新账的财务会计科目余额，按照新制度及补充规定编制2019年1月1日资产负债表（仅要求填列各项目"年初余额"）。

（二）2019年度财务报表和预算会计报表的编制

基层医疗卫生机构应当按照新制度及补充规定编制2019年财务报表和预算会计报表。在编制2019年度收入费用表、医疗及公共卫生收入费用明细表、净资产变动表、现金流量表和预算收入支出表、预算结转结余变动表时，不要求填列上年比较数。

基层医疗卫生机构应当根据2019年1月1日新账财务会计科目余额，填列2019年净资产变动表各项目的"上年年末余额"；根据2019年1月1日新账预算会计科目余额，填列2019年预算结转结余变动表的"年初预算结转结余"项目和财政拨款预算收入支出表的"年初财政拨款结转结余"项目。

五、其他事项

（一）截至2018年12月31日尚未进行基建"并账"的基层医疗卫生机构，应当首先参照《新旧事业单位会计制度有关衔接问题的处理规定》（财会〔2013〕2号），将基建账套相关数据并入2018年12月31日原账中的相关科目余额，再按照本规定将2018年12月31日原账相关会计科目余额转入新账相应科目。

（二）2019年1月1日前执行新制度及补充规定的基层医疗卫生机构，应当按照本规定做好新旧制度衔接工作。

附表1

基层医疗卫生机构原会计科目余额明细表一

总账科目	明细分类	金额	备注
库存现金	库存现金		
	其中：受托代理现金		
银行存款	银行存款		
	其中：受托代理银行存款		
其他应收款	预付账款		按照合同规定预先支付的款项（包括定金）
其他应收款	在途物品		已经付款，尚未收到物资
	待处理财产损溢		
	其他		
库存物资	受托代理资产		
	加工存货		
	工程物资		
	其他		

(续表)

总账科目	明细分类	金额	备注
在建工程	在建工程		
	工程物资		
	预付工程款等		
借入款	短期借款		
	长期借款		
应交税费	应交增值税		
	其他应交税费		
应付账款	应付账款		
	长期应付款		
其他应付款	长期应付款		
	应付利息		
	受托代理负债		
	其他		
财政补助结转（余）	公共卫生活动形成结转（余）		
	科教项目形成结转（余）		
	其他		
其他限定性用途结转（余）	公共卫生活动形成结转（余）		
	科教项目形成结转（余）		
	其他		

附表2

基层医疗卫生机构原会计科目余额明细表二

总账科目	明细分类	金额	备注
其他应收款	预付款项		如预付账款、职工预借的差旅费等
	其中：财政补助资金预付		
	非财政补助专项资金预付		
	非财政补助非专项资金预付		
	需要收回及其他		如支付的押金、应收为职工垫付的款项等

（续表）

总账科目	明细分类	金额	备注
库存物资（扣除属于受托代理资产的物）	购入库存物资		
	其中：使用财政补助资金购入		
	使用非财政补助专项资金购入		
	使用非财政补助非专项资金购入		
	非购入库存物资		如接受捐赠的物资等
应付账款	发生时不计入支出		
	发生时计入支出		
	其中：财政补助资金应付		
	非财政补助专项资金应付		
	非财政补助非专项资金应付		
专用基金	从非财政补助结余分配中提取		
	从收入中列支提取		
	其他		

附表3

基层医疗卫生机构新旧会计制度转账、登记新账科目对照表

序号	新制度科目		原制度科目	
	编号	名称	编号	名称
一、资产类				
1	1001	库存现金	101	库存现金
2	1002	银行存款	102	银行存款
3	1011	零余额账户用款额度	103	零余额账户用款额度
4	1021	其他货币资金	104	其他货币资金
5	1201	财政应返还额度	111	财政应返还额度
6	1212	应收账款	112	应收医疗款
7	1218	其他应收款	114	其他应收款
8	1301	在途物品		
9	1214	预付账款		
10	1902	待处理财产损溢		

（续表）

序号	新制度科目		原制度科目	
	编号	名称	编号	名称
11	1302	库存物品	121	库存物资
12	1303	加工物品		
13	1611	工程物资		
14	1891	受托代理资产		
15	1601	固定资产	131	固定资产
16	1613	在建工程	133	在建工程
17	1611	工程物资		
18	1214	预付账款		
19	1701	无形资产	141	无形资产
二、负债类				
20	2001	短期借款	201	借入款
21	2501	长期借款		
22	2308	待结算医疗款	202	待结算医疗款
23	2103	应缴财政款	203	应缴款项
24	2302	应付账款	206	应付账款
25	2502	长期应付款		
26	2305	预收账款	207	预收医疗款
27	2201	应付职工薪酬	208	应付职工薪酬
			210	应付社会保障费
28	2101	应交增值税	211	应交税费
29	2102	其他应交税费		
30	2307	其他应付款	221	其他应付款
31	2304	应付利息		
32	2502	长期应付款		
33	2901	受托代理负债		
三、净资产类				
34	3001	累计盈余	301	固定基金
			302	事业基金
			305	财政补助结转（余）
			306	其他限定用途结转（余）
			308	结余分配－待分配结余

（续表）

序号	新制度科目		原制度科目	
	编号	名称	编号	名称
35	3101	专用基金	303	专用基金
四、预算结余类				
36	8101	财政拨款结转	305	财政补助结转（余）
37	8102	财政拨款结余		
38	8201	非财政拨款结转	306	其他限定用途结转（余）
39	8202	非财政拨款结余	302	事业基金
			308	结余分配—待分配结余（借方）
40	8301	专用结余	303	专用基金
41	8001	资金结存（借方）	305	财政补助结转（余）
			306	其他限定用途结转（余）
			302	事业基金
			303	专用基金
			308	结余分配—待分配结余（借方）

关于彩票机构执行《政府会计制度——行政事业单位会计科目和报表》的补充规定

根据《政府会计准则——基本准则》，结合行业实际情况，现就彩票发行机构和彩票销售机构（以下简称彩票机构）执行《政府会计制度——行政事业单位会计科目和报表》（以下简称新制度）做出如下补充规定：

一、关于新增一级科目及其使用说明

（一）彩票机构应当增设"2308 彩票销售结算""2309 应付返奖奖金""2310 应付代销费"一级科目。

（二）关于增设科目的使用说明

2308 彩票销售结算

一、本科目核算彩票机构彩票销售资金的归集和分配情况。

二、本科目应当按照彩票品种及游戏名称、彩票发行销售方式进行明细核算。

三、彩票销售结算的主要账务处理如下：

（一）彩票机构实现彩票销售时，按照彩票销售结算的金额，借记"预收账款"等科目，贷记本科目。

（二）期末彩票机构分配彩票销售资金时，按照分配的彩票销售资金的金额，借记本科目，按照分配的彩票公益金、彩票机构业务费等金额，贷记"应缴财政款"科目，按照分配的应付返奖奖金的金额，贷记"应付返奖奖金"科目，按照分配的代销费金额，贷记"应付代销费"科目。

四、本科目期末应无余额。

2309 应付返奖奖金

一、本科目核算彩票机构按照彩票游戏规则确定的比例从彩票销售额中提取，用于支付给中奖者的资金，包括当期返奖奖金、奖池、调节基金和一般调节基金。

二、本科目应当按照"当期返奖奖金""奖池""调节基金""一般调节基金"设置明细科目。在"当期返奖奖金""奖池""调节基金"明细科目下，按照彩票品种及游戏名称设置明细科目进行明细核算。

当期返奖奖金是指按照彩票游戏规则确定的比例在当期彩票奖金中提取并用于支付给中奖者的奖金。

奖池是指彩票游戏提取奖金与实际中出奖金的累积资金差额。

调节基金是指按照彩票销售额的一定比例提取的资金、逾期未退票的票款和浮动奖取整后的余额。调节基金应当专项用于支付各种不可预见的奖金风险支出或开展派奖。

停止销售的彩票游戏兑奖期结束后，奖池资金和调节基金有结余的，转为一般调节基金，用于不可预见情况下的奖金风险支出或开展派奖。

三、应付返奖奖金的主要账务处理如下：

（一）当期返奖奖金

1. 提取当期返奖奖金时，按照彩票资金分配比例计算确定的当期返奖奖金金额，借记"彩票销售结算"科目，贷记本科目（当期返奖奖金——××游戏）。

2. 兑付中奖者奖金时，按照实际兑付金额，借记本科目（当期返奖奖金——××游戏），贷记"银行存款""其他应交税费""预收账款——预收彩票销售款"[通过彩票代销者兑奖]等科目。

3. 逾期未兑付的弃奖奖金转入彩票公益金时，按照实际转出的金额，借记本科目（当期返奖奖金——××游戏），贷记"应缴财政款"科目。

4. 彩票机构之间因联网游戏奖金结算产生的应收款项，按照实际发生的金额，借记"应收账款——应收彩票联网游戏结算款"科目，贷记本科目（当期返奖奖金——××游戏）；产生的应付款项，按照实际发生的金额，借记本科目（当期返奖奖金——××游戏），贷记"应付账款——应付彩票联网游戏结算款"科目。

（二）奖池

1. 彩票游戏设置奖池的，兑付当期返奖奖金后，按照提取的当期返奖奖金与当期实际中出奖金的差额，借记或贷记本科目（当期返奖奖金——××游戏），贷记或借记本科目（奖池——××游戏）。

2. 使用奖池资金兑付中奖者奖金时，按照实际兑付金额，借记本科目（奖池——××游戏），贷记"银行存款"等科目。

（三）调节基金

1. 彩票游戏设置调节基金的，在提取调节基金时，按照彩票资金分配比例计算确定的调节基金金额，借记"彩票销售结算"科目，贷记本科目（调节基金——××游戏）。

2. 彩票游戏设置奖池的，奖池资金达到一定额度后，按照彩票游戏规则中规定将超过部分转入该彩票游戏的调节基金时，按照实际转出的金额，借记本科目（奖池——××游戏），贷记本科目（调节基金——××游戏）。

3. 使用调节基金支付各种不可预见的奖金风险支出和开展派奖时，按照实际支出的金额，借记本科目（调节基金——××游戏），贷记"银行存款"等科目。

4. 使用调节基金弥补奖池资金时，按照实际弥补奖池资金的金额，借记本科目（调节基金——××游戏），贷记本科目（奖池——××游戏）。

（四）一般调节基金

1. 停止销售的彩票游戏兑奖期结束后，奖池资金和调节基金有结余的，转入一般调节基金时，按照实际转出的金额，借记本科目（奖池、调节基金——××游戏），贷记本科目（一般调节基金）。

2. 使用一般调节基金弥补某游戏奖池资金时，按照实际弥补奖池资金的金额，借记本科目（一般调节基金），贷记本科目（奖池——××游戏）。

四、本科目期末贷方余额，反映彩票机构尚未支付的奖金和调节基金。

2310 应付代销费

一、本科目核算彩票机构按照彩票代销合同的约定比例从彩票销售额中提取,用于支付给彩票代销者的资金。

二、本科目应当按照彩票代销者和彩票结算方式进行明细核算。

三、应付代销费的主要账务处理如下:

(一)提取应付代销费时,按合同约定比例计算确定的金额,借记"彩票销售结算"科目,贷记本科目。

(二)实行内扣方式结算应付代销费的,结算彩票代销者代销费时,按照从彩票代销者缴交的彩票销售资金中直接抵扣的资金金额,借记本科目,贷记"预收账款——预收彩票销售款"科目。

(三)不实行内扣方式结算应付代销费的,向彩票代销者支付代销费时,按照实际支付的金额,借记本科目,贷记"银行存款"等科目。

四、本科目期末贷方余额,反映彩票机构尚未支付给彩票代销者的代销费。

二、关于在新制度一级科目下设置明细科目

(一)彩票机构应当在"1212 应收账款"科目下设置"应收彩票联网游戏结算款"明细科目,用于核算彩票机构与其他彩票机构因彩票联网游戏结算发生的应收款项。在"应收彩票联网游戏结算款"明细科目下按照省(自治区、直辖市)、彩票游戏名称等进行明细核算。

(二)彩票机构应当在"1302 库存物品"科目下设置"库存彩票"明细科目,用于核算彩票机构购进的已验收入库彩票的实际成本。

(三)彩票机构应当在"2103 应缴财政款"科目下设置"应缴发行机构业务费""应缴销售机构业务费""应缴中央公益金""应缴地方公益金"等明细科目,用于核算彩票机构应缴国库的彩票机构业务费和彩票公益金等。

(四)彩票机构应当在"2302 应付账款"科目下设置"应付彩票联网游戏结算款"明细科目,用于核算彩票机构与其他彩票机构因彩票联网游戏结算发生的应付款项。在"应付彩票联网游戏结算款"明细科目下按照省(自治区、直辖市)、彩票游戏名称等进行明细核算。

(五)彩票机构应当在"2305 预收账款"科目下设置"预收彩票销售款"明细科目,用于核算彩票机构预收彩票代销者预存的彩票销售款。

(六)彩票机构应当在"2307 其他应付款"科目下设置"彩票投注设备押金"明细科目,用于核算彩票机构收取彩票代销者交付的彩票投注设备押金。

(七)彩票机构应当在"3101 专用基金"科目下设置"彩票兑奖周转金"明细科目,用于核算财政部门累计拨入结存的彩票兑奖周转金。

三、关于报表及编制说明

彩票机构除按新制度编制财务报表和预算会计报表外,还应按照本规定编制返奖奖金变动明细表和彩票资金分配明细表。

（一）资产负债表

1. 新增项目

彩票机构应当在资产负债表的流动负债部分"应付职工薪酬"与"应付票据"项目之间增加"应付返奖奖金"、"应付代销费"项目。

2. 新增项目的填列方法

（1）"应付返奖奖金"项目，反映彩票机构应返还给中奖者的奖金。本项目应当根据"应付返奖奖金"科目的期末余额填列。

（2）"应付代销费"项目，反映彩票机构按彩票代销合同的约定比例从彩票销售额中提取，用于支付给彩票代销者的资金。本项目应当根据"应付代销费"科目的期末余额填列。

（二）返奖奖金变动明细表

1. 本表反映彩票机构在某一会计年度内返奖奖金的兑付情况，格式详见附表1。

2. 返奖奖金变动明细表的填列方法

本表中"年初余额""本年增加数""本年减少数""年末余额""调节基金""奖池"和"一般调节基金"各项目，应当根据"应付返奖奖金"科目各明细科目中的相关信息分析填列。

（三）彩票资金分配明细表

1. 本表反映彩票机构在某一会计年度内彩票资金的分配情况，格式详见附表2。

2. 彩票资金分配明细表的填列方法

本表中"彩票销售额""彩票返奖奖金""彩票公益金""彩票业务费"和"彩票代销费"各栏，以及各栏的明细栏内各项数字，应当根据"彩票销售结算""应缴财政款""应付返奖奖金""应付代销费"等科目的明细科目中的相关信息分析填列。

四、关于库存彩票的账务处理

（一）彩票机构购入的彩票验收入库时，按照发生的彩票印制费等确定的成本，借记"库存物品——库存彩票"科目，贷记"应付账款""零余额账户用款额度""银行存款"等科目。

（二）彩票机构发出库存彩票时，按照确定的发出彩票的实际成本，借记"业务活动费用"科目，贷记"库存物品——库存彩票"科目。

（三）发生彩票退回时，借记"库存物品——库存彩票"科目，贷记"业务活动费用"科目[退回本年发出的库存彩票]或"以前年度盈余调整"科目[退回以前年度发出的库存彩票]。

（四）对于盘盈、盘亏及毁损、报废的库存彩票，彩票机构应当及时查明原因，按照规定报经批准后进行账务处理。

1. 库存彩票盘盈时，按照同类库存彩票的入账成本确认入账价值，借记"库存物品——库存彩票"科目，贷记"待处理财产损溢"科目；库存彩票盘亏或毁损、报废时，按照待处置库存彩票的账面价值，借记"待处理财产损溢——待处理财产价值"科目，贷记"库存物品——库存彩票"科目。

2. 报经批准予以处理盘盈的库存彩票时，按照待处理的库存彩票价值，借记"待处理财产损溢"科目，贷记"单位管理费用"科目。

3. 报经批准予以处理盘亏或损毁、报废的库存彩票时，按照待处置库存彩票的账面价值，借记"资产处置费用"科目，贷记"待处理财产损溢——待处理财产价值"科目。

处置毁损、报废库存彩票过程中所取得的收入、发生的相关费用，以及处置收入扣除相关费用后的净收入的账务处理，参见新制度"待处理财产损溢"科目。

五、关于预收彩票销售款的账务处理

（一）彩票机构收到彩票代销者预存的销售款时，按照实际收到的金额，借记"银行存款"等科目，贷记"预收账款——预收彩票销售款"科目。

（二）彩票机构实现彩票销售时，按照冲销预收彩票销售款的金额，借记"预收账款——预收彩票销售款"科目，贷记"彩票销售结算"科目。

（三）彩票代销者兑付中奖者奖金时，彩票机构按照实际兑付金额，借记"应付返奖奖金——当期返奖奖金——××游戏"科目，贷记"预收账款——预收彩票销售款"等科目。

（四）实行内扣方式结算应付代销费的，结算彩票代销者代销费时，彩票机构按照从彩票代销者缴交的彩票销售资金中直接抵扣的资金金额，借记"应付代销费"科目，贷记"预收账款——预收彩票销售款"科目。

六、关于彩票投注设备押金的账务处理

（一）彩票机构收取彩票代销者交付的彩票投注设备押金时，按照实际收到的金额，借记"银行存款"等科目，贷记"其他应付款——彩票投注设备押金"科目。

（二）彩票机构向彩票代销者退回彩票投注设备押金时，按照实际支付的金额，借记"其他应付款——彩票投注设备押金"科目，贷记"银行存款"等科目。

七、关于彩票兑奖周转金的账务处理

（一）彩票机构取得财政部门拨付的彩票兑奖周转金时，按照财政授权支付额度到账通知书中的授权支付额度，借记"零余额账户用款额度"科目，贷记"财政拨款收入——政府性基金预算财政拨款"科目；同时，按照相同的金额，借记"资金结存——零余额账户用款额度"科目，贷记"财政拨款预算收入"科目。

（二）报经批准将彩票兑奖周转金从零余额账户转入彩票机构的银行存款账户时，按照实际转入的金额，借记"银行存款"科目，贷记"零余额账户用款额度"科目；同时，按照相同的金额，借记"资金结存——货币资金"科目，贷记"资金结存——零余额账户用款额度"科目。

（三）按规定提取专用基金时，按照提取的金额，借记"业务活动费用"科目，贷记"专用基金——彩票兑奖周转金"科目；同时，按照相同的金额，借记"事业支出"科目，贷记"资金结存——货币资金"科目。

八、生效日期

本规定自 2019 年 1 月 1 日起施行。

附表 1

返奖奖金变动明细表

编制单位：　　　　　　　　　　　　　　_____年度　　　　　　　　　　　　　会政财 01 表附表 01
单位：元

项　目	行次	传统型	即开型	数字型	乐透型	竞猜型	视频型	基诺型	一般调节基金	合计
一、年初余额	1									
其中：调节基金	2								—	
奖池	3								—	
二、本年增加数	4									
其中：调节基金	5								—	
奖池	6								—	
三、本年减少数	7									
其中：调节基金	8								—	
奖池	9								—	
四、年末余额	10									
其中：调节基金	11								—	
奖池	12								—	

第三篇 政府会计制度补充规定及衔接规定

附表 2

彩票资金分配明细表

编制单位：_____　　年度_____　　会政财 01 表附表 02　　单位：元

序号	彩票游戏	彩票品种	彩票销售额	彩票返奖奖金					彩票公益金				彩票业务费				彩票代销费
				计提比例(%)	计提金额			中奖金额	计提比例(%)	计提金额	弃奖奖金转入额	实际上缴额	发行机构	省级销售机构	省级以下	小计	
					奖金	调节基金	小计										
1		传统型	①				②			③						④	⑤
2		即开型															
3		数字型															
4		乐透型															
5		竞猜型															
6		视频型															
7		基诺型															
8		其他															
9		合计															

说明：

（1）本表中"彩票销售额"①＝"彩票返奖奖金——计提金额——小计"②＋"彩票公益金——计提金额"③＋"彩票业务费——小计"④＋"彩票代销费"⑤；

（2）各彩票品种及游戏返奖奖金和公益金提取比例不同的应分六栏填写。

政府会计准则制度

关于彩票机构执行《政府会计制度——行政事业单位会计科目和报表》的衔接规定

我部于 2017 年 10 月 24 日印发了《政府会计制度——行政事业单位会计科目和报表》（财会〔2017〕25 号，以下简称新制度）。目前执行《彩票机构会计制度》（财会〔2013〕23 号，以下简称原制度）的彩票发行机构和彩票销售机构（以下简称彩票机构），自 2019 年 1 月 1 日起执行新制度，不再执行原制度。为了确保新旧会计制度顺利过渡，现对彩票机构执行新制度及《关于彩票机构执行〈政府会计制度——行政事业单位会计科目和报表〉的补充规定》（以下简称补充规定）的有关衔接问题规定如下：

一、新旧制度衔接总要求

（一）自 2019 年 1 月 1 日起，彩票机构应当严格按照新制度及补充规定进行会计核算、编制财务报表和预算会计报表。

（二）彩票机构应当按照本规定做好新旧制度衔接的相关工作，主要包括以下几个方面：

1. 根据原账编制 2018 年 12 月 31 日的科目余额表，并按照本规定要求，编制原账的部分科目余额明细表（参见附表 1、附表 2）。

2. 按照新制度及补充规定设立 2019 年 1 月 1 日的新账。

3. 按照本规定要求，登记新账的财务会计科目余额和预算结余科目余额，包括将原账科目余额转入新账财务会计科目、按照原账科目余额登记新账预算结余会计科目（彩票机构新旧会计制度转账、登记新账科目对照表见附表 3），将未入账事项登记新账科目，并对相关新账科目余额进行调整。原账科目是指按照原制度规定设置的会计科目。

4. 按照登记及调整后新账的各会计科目余额，编制 2019 年 1 月 1 日的科目余额表，作为新账各会计科目的期初余额。

5. 根据新账各会计科目期初余额，按照新制度及补充规定编制 2019 年 1 月 1 日资产负债表。

（三）及时调整会计信息系统。彩票机构应当按照新制度及补充规定要求对原有会计信息系统进行及时更新和调试，实现数据正确转换，确保新旧账套的有序衔接。

二、财务会计科目的新旧衔接

（一）将 2018 年 12 月 31 日原账会计科目余额转入新账财务会计科目

1. 资产类

（1）"库存现金""短期投资""应收票据""应收账款""预付账款""固定资产""无形资产"科目

新制度设置了"库存现金""短期投资""应收票据""应收账款""预付账款""固

定资产""无形资产"科目,其核算内容与原账的上述相应科目的核算内容基本相同。转账时,彩票机构应当将原账的上述科目余额直接转入新账的相应科目。其中,还应当将原账的"库存现金"科目余额中属于新制度规定受托代理资产的金额,转入新账"库存现金"科目下的"受托代理资产"明细科目。

(2)"银行存款"科目

新制度设置了"银行存款"和"其他货币资金"科目,原制度设置了"银行存款"科目。转账时,彩票机构应当将原账"银行存款"科目中核算的属于新制度规定的其他货币资金的金额,转入新账"其他货币资金"科目;将原账"银行存款"科目余额减去其中属于其他货币资金余额后的差额,转入新账的"银行存款"科目。其中,还应当将原账的"银行存款"科目余额中属于新制度规定受托代理资产的金额,转入新账"银行存款"科目下的"受托代理资产"明细科目。

(3)"其他应收款"科目

新制度设置了"其他应收款"科目,该科目的核算内容与原账"其他应收款"科目的核算内容基本相同。转账时,彩票机构应当将原账的"其他应收款"科目余额,转入新账的"其他应收款"科目。

新制度设置了"在途物品"科目,彩票机构在原账"其他应收款"科目中核算了已经付款或开出商业汇票、尚未收到物资的,应当将原账的"其他应收款"科目余额中已经付款或开出商业汇票、尚未收到物资的金额,转入新账的"在途物品"科目。

(4)"库存材料""库存彩票"科目

新制度设置了"库存物品"科目,原制度设置了"库存材料""库存彩票"科目。转账时,彩票机构应当将原账的"库存材料""库存彩票"科目余额转入新账的"库存物品"科目及其明细科目。

(5)"长期投资"科目

新制度设置了"长期股权投资"和"长期债券投资"科目,原制度设置了"长期投资"科目。转账时,彩票机构应当将原账的"长期投资"科目余额中属于股权投资的金额,转入新账的"长期股权投资"科目及其明细科目;将原账的"长期投资"科目余额中属于债券投资的金额,转入新账的"长期债券投资"科目及其明细科目。

(6)"累计折旧"科目

新制度设置了"固定资产累计折旧"科目,该科目的核算内容与原账"累计折旧"科目的核算内容基本相同。彩票机构已经计提了固定资产折旧并记入"累计折旧"科目的,转账时,应当将原账的"累计折旧"科目余额,转入新账的"固定资产累计折旧"科目。

(7)"在建工程"科目

新制度设置了"在建工程"和"预付账款——预付备料款、预付工程款"科目,原制度设置了"在建工程"科目。转账时,彩票机构应当将原账的"在建工程"科目余额(基建"并账"后的金额,下同)中属于预付备料款、预付工程款的金额,转入新账"预付账款"科目相关明细科目;将原账的"在建工程"科目余额减去预付备料款、预付工程款金额后的差额,转入新账的"在建工程"科目。

彩票机构在原账"在建工程"科目中核算了按照新制度规定应当记入"工程物资"科目内容的,应当将原账"在建工程"科目余额中属于工程物资的金额,转入新账的"工程物资"科目。

(8)"累计摊销"科目

新制度设置了"无形资产累计摊销"科目,该科目的核算内容与原账"累计摊销"科目的核算内容基本相同。彩票机构已经计提了无形资产摊销的,转账时,应当将原账的"累计摊销"科目余额,转入新账的"无形资产累计摊销"科目。

(9)"待处置资产损溢"科目

新制度设置了"待处理财产损溢"科目,该科目的核算内容与原账"待处置资产损溢"科目的核算内容基本相同。转账时,彩票机构应当将原账的"待处置资产损溢"科目余额,转入新账的"待处理财产损溢"科目。

(10)"零余额账户用款额度"科目

由于原账的"零余额账户用款额度"科目年末无余额,该科目无需进行转账处理。

2. 负债类

(1)"短期借款""应付职工薪酬""应付票据""应付账款""预收账款""应付返奖奖金""应付代销费""长期借款""长期应付款"科目

新制度及补充规定设置了"短期借款""应付职工薪酬""应付票据""应付账款""预收账款""应付返奖奖金""应付代销费""长期借款""长期应付款"科目,这些科目的核算内容与原账的上述相应科目的核算内容基本相同。转账时,彩票机构应当将原账的上述科目余额直接转入新账的相应科目。

(2)"应缴税费"科目

新制度设置了"应交增值税"和"其他应交税费"科目,原制度设置了"应缴税费"科目。转账时,彩票机构应当将原账的"应缴税费——应缴增值税"科目余额,转入新账"应交增值税"科目中的相关明细科目;将原账的"应缴税费"科目余额减去属于应缴增值税余额后的差额,转入新账的"其他应交税费"科目。

(3)"应缴国库款""应缴财政专户款"科目

新制度设置了"应缴财政款"科目,原制度设置了"应缴国库款""应缴财政专户款"科目。转账时,彩票机构应当将原账的"应缴国库款""应缴财政专户款"科目余额,转入新账的"应缴财政款"科目。

(4)"其他应付款"科目

新制度设置了"其他应付款"科目,该科目的核算内容与原账"其他应付款"科目的核算内容基本相同。转账时,彩票机构应当将原账的"其他应付款"科目余额,转入新账的"其他应付款"科目。其中,彩票机构在原账的"其他应付款"科目中核算了属于新制度规定的受托代理负债的,应当将原账的"其他应付款"科目余额中属于受托代理负债的余额,转入新账的"受托代理负债"科目。

(5)"彩票销售结算"科目

由于原账的"彩票销售结算"科目年末无余额,该科目无需进行转账处理。

3. 净资产类

(1)"事业基金"科目

新制度设置了"累计盈余"科目,该科目的核算内容包含了原账"事业基金"科目的核算内容。转账时，彩票机构应当将原账的"事业基金"科目余额转入新账的"累计盈余"科目。

（2）"库存彩票基金""非流动资产基金"科目

依据新制度，无需对原制度中"库存彩票基金""非流动资产基金"科目对应内容进行核算。转账时，彩票机构应当将原账的"库存彩票基金""非流动资产基金"科目余额转入新账的"累计盈余"科目。

（3）"专用基金"科目

新制度设置了"专用基金"科目，该科目的核算内容不包括原账"专用基金"科目中彩票发行销售风险基金核算内容。转账时，彩票机构应当将原账的"专用基金"科目余额减去属于彩票发行销售风险基金金额后的差额转入新账的"专用基金"科目，将原账的"专用基金"科目余额中属于彩票发行销售风险基金的金额转入新账的"累计盈余"科目。

（4）"财政专户核拨资金结转""财政专户核拨资金结余""非财政专户核拨资金结转"科目

新制度设置了"累计盈余"科目，该科目的余额包含了原账的"财政专户核拨资金结转""财政专户核拨资金结余""非财政专户核拨资金结转"科目的余额内容。转账时，彩票机构应当将原账的"财政专户核拨资金结转""财政专户核拨资金结余""非财政专户核拨资金结转"科目余额，转入新账的"累计盈余"科目。

（5）"经营结余"科目

新制度设置了"本期盈余"科目，该科目的核算内容包含了原账"经营结余"科目的核算内容。新制度规定"本期盈余"科目余额最终转入"累计盈余"科目，如果原账的"经营结余"科目有借方余额，转账时，彩票机构应当将原账的"经营结余"科目借方余额转入新账的"累计盈余"科目借方。

（6）"待分配事业结余""非财政专户核拨资金结余分配"科目

由于原账的"待分配事业结余""非财政专户核拨资金结余分配"科目年末无余额，这两个科目无需进行转账处理。

4. 收入类、支出类

由于原账中收入类、支出类科目年末无余额，无需进行转账处理。自2019年1月1日起，彩票机构应当按照新制度设置收入类、费用类科目并进行账务处理。

彩票机构存在其他本规定未列举的原账科目余额的，应当比照本规定转入新账的相应科目。新账的科目设有明细科目的，应将原账中对应科目的余额加以分析，分别转入新账中相应科目的相关明细科目。

彩票机构在进行新旧衔接的转账时，应当编制转账的工作分录，作为转账的工作底稿，并将转入新账的对应原科目余额及分拆原科目余额的依据作为原始凭证。

（二）将原未入账事项登记新账财务会计科目

1. 应收账款、应收股利、在途物品

彩票机构在新旧制度转换时，应当将2018年12月31日前未入账的应收账款、应收股利、在途物品按照新制度规定记入新账。登记新账时，按照确定的入账金额，分别借记"应收账款""应收股利""在途物品"科目，贷记"累计盈余"科目。

2. 受托代理资产

彩票机构在新旧制度转换时，应当将 2018 年 12 月 31 日前未入账的受托代理资产按照新制度规定记入新账。登记新账时，按照确定的受托代理资产入账成本，借记"受托代理资产"科目，贷记"受托代理负债"科目。

3. 盘盈资产

彩票机构在新旧制度转换时，应当将 2018 年 12 月 31 日前未入账的盘盈资产按照新制度规定记入新账。登记新账时，按照确定的盘盈资产及其成本，分别借记有关资产科目，按照盘盈资产成本的合计金额，贷记"累计盈余"科目。

4. 预计负债

彩票机构在新旧制度转换时，应当将 2018 年 12 月 31 日按照新制度规定确认的预计负债记入新账。登记新账时，按照确定的预计负债金额，借记"累计盈余"科目，贷记"预计负债"科目。

5. 应付质量保证金

彩票机构在新旧制度转换时，应当将 2018 年 12 月 31 日前未入账的应付质量保证金按照新制度规定记入新账。登记新账时，按照确定未入账的应付质量保证金金额，借记"累计盈余"科目，贷记"其他应付款"科目 [扣留期在 1 年以内（含 1 年）]、"长期应付款"科目 [扣留期超过 1 年]。

彩票机构存在 2018 年 12 月 31 日前未入账的其他事项的，应当比照本规定登记新账的相应科目。

彩票机构对新账的财务会计科目补记未入账事项时，应当编制记账凭证，并将补充登记事项的确认依据作为原始凭证。

（三）对新账的相关财务会计科目余额按照新制度规定的会计核算基础进行调整

1. 计提坏账准备

新制度要求对单位收回后无需上缴财政的应收账款和其他应收款提取坏账准备。在新旧制度转换时，彩票机构应当按照 2018 年 12 月 31 日无需上缴财政的应收账款和其他应收款的余额计算应计提的坏账准备金额，借记"累计盈余"科目，贷记"坏账准备"科目。

2. 按照权益法调整长期股权投资账面余额

对按照新制度规定应当采用权益法核算的长期股权投资，在新旧制度转换时，彩票机构应当在"长期股权投资"科目下设置"新旧制度转换调整"明细科目，依据被投资单位 2018 年 12 月 31 日财务报表的所有者权益账面余额，以及彩票机构持有被投资单位的股权比例，计算应享有或应分担的被投资单位所有者权益的份额，调整长期股权投资的账面余额，借记或贷记"长期股权投资——新旧制度转换调整"科目，贷记或借记"累计盈余"科目。

3. 确认长期债券投资期末应收利息

彩票机构应当按照新制度规定于 2019 年 1 月 1 日补记长期债券投资应收利息，按照长期债券投资的应收利息金额，借记"长期债券投资"科目 [到期一次还本付息] 或"应收利息"科目 [分期付息、到期还本]，贷记"累计盈余"科目。

4. 补提折旧

彩票机构在原账中尚未计提固定资产折旧的，应当全面核查截至 2018 年 12 月 31 日的固定资产的预计使用年限、已使用年限、尚可使用年限等，并于2019年1月1日对尚未计提折旧的固定资产补提折旧，按照应计提的折旧金额，借记"累计盈余"科目，贷记"固定资产累计折旧"科目。

5. 补提摊销

彩票机构在原账中尚未计提无形资产摊销的，应当全面核查截至2018年12月31日无形资产的预计使用年限、已使用年限、尚可使用年限等，并于2019年1月1日对前期尚未计提摊销的无形资产补提摊销，按照应计提的摊销金额，借记"累计盈余"科目，贷记"无形资产累计摊销"科目。

6. 确认长期借款期末应付利息

彩票机构应当按照新制度规定于2019年1月1日补记长期借款的应付利息金额，对其中资本化的部分，借记"在建工程"科目，对其中费用化的部分，借记"累计盈余"科目，按照全部长期借款应付利息金额，贷记"长期借款"科目［到期一次还本付息］或"应付利息"科目［分期付息、到期还本］。

彩票机构对新账的财务会计科目期初余额进行调整时，应当编制记账凭证，并将调整事项的确认依据作为原始凭证。

三、预算会计科目的新旧衔接

（一）"财政拨款结转"和"财政拨款结余"科目及对应的"资金结存"科目余额

新制度设置了"财政拨款结转""财政拨款结余"科目及对应的"资金结存"科目。在新旧制度转换时，彩票机构应当对原账的"财政专户核拨资金结转"科目余额进行逐项分析，加上各项结转转入的支出中已经计入支出尚未支付财政资金（如发生时列支的应付账款）的金额，减去已经支付财政资金尚未计入支出（如购入的存货、预付账款等）的金额，按照增减后的金额，登记新账的"财政拨款结转"科目及其明细科目贷方；按照原账"财政专户核拨资金结余"科目余额，登记新账的"财政拨款结余"科目及其明细科目贷方。

彩票机构应当按照原账"财政应返还额度"科目余额登记新账的"资金结存——财政应返还额度"科目借方；按照新账的"财政拨款结转"和"财政拨款结余"科目贷方余额合计数，减去新账的"资金结存——财政应返还额度"科目借方余额后的差额，登记新账的"资金结存——货币资金"科目借方。

（二）"非财政拨款结转"科目及对应的"资金结存"科目余额

新制度设置了"非财政拨款结转"科目及对应的"资金结存"科目。在新旧制度转换时，彩票机构应当对原账的"非财政专户核拨资金结转"科目余额进行逐项分析，加上各项结转转入的支出中已经计入支出尚未支付非财政专户核拨专项资金（如发生时列支的应付账款）的金额，减去已经支付非财政专户核拨专项资金尚未计入支出（如购入的存货、预付账款等）的金额，加上各项结转转入的收入中已经收到非财政专户核拨专项资金尚未计入收入（如预收账款）的金额，减去已经计入收入尚未收到非财政专户核拨专项资金（如应收账款）的金额，按照增减后的金额，登记新账的"非财政拨款结转"科目及其明细科目贷方；同时，按照相同的金额登记新账的"资金结存——货币资金"科目借方。

（三）"专用结余"科目及对应的"资金结存"科目余额

新制度设置了"专用结余"科目及对应的"资金结存"科目。在新旧制度转换时，彩票机构应当按照原账"专用基金"科目余额中通过非财政专户核拨资金结存分配形成的金额，借记新账的"资金结存——货币资金"科目，贷记新账的"专用结余"科目。

（四）"经营结余"科目

新制度设置了"经营结余"科目及对应的"资金结存"科目。如果原账的"经营结余"科目期末有借方余额，在新旧制度转换时，彩票机构应当按照原账的"经营结余"科目余额借记新账的"经营结余"科目，贷记新账的"资金结存——货币资金"科目。

（五）"非财政拨款结余"科目及对应的"资金结存"科目余额

1. 登记"非财政拨款结余"科目余额

新制度设置了"非财政拨款结余"科目及对应的"资金结存"科目。在新旧制度转换时，彩票机构应当按照原账的"事业基金"科目余额，借记新账的"资金结存——货币资金"科目，贷记新账的"非财政拨款结余"科目。

2. 对新账"非财政拨款结余"科目及"资金结存"科目余额进行调整

（1）调整短期投资对非财政拨款结余的影响

彩票机构应当按照原账的"短期投资"科目余额，借记"非财政拨款结余"科目，贷记"资金结存——货币资金"科目。

（2）调整应收票据、应收账款对非财政拨款结余的影响

彩票机构应当对原账的"应收票据""应收账款"科目余额除去应收彩票资金后进行分析，区分其中发生时计入收入的金额和没有计入收入的金额。对发生时计入收入的金额，再区分计入专项资金收入的金额和计入非专项资金收入的金额，按照计入非专项资金收入的金额，借记"非财政拨款结余"科目，贷记"资金结存——货币资金"科目。

（3）调整预付账款对非财政拨款结余的影响

彩票机构应当对原账的"预付账款"科目余额进行分析，区分其中由财政专户核拨资金预付的金额、非财政专户核拨专项资金预付的金额和非财政专户核拨非专项资金预付的金额，按照非财政专户核拨非专项资金预付的金额借记"非财政拨款结余"科目，贷记"资金结存——货币资金"科目。

（4）调整其他应收款对非财政拨款结余的影响

在新制度中选择将其他应收款中预付款项列入支出核算的彩票机构，应当对原账的"其他应收款"科目余额进行分析，区分其中预付款项的金额（将来很可能列支）和非预付款项的金额，并对预付款项的金额划分为财政专户核拨资金预付的金额、非财政专户核拨专项资金预付的金额和非财政专户核拨非专项资金预付的金额，按照用非财政专户核拨非专项资金预付的金额，借记"非财政拨款结余"科目，贷记"资金结存——货币资金"科目。

（5）调整库存材料对非财政拨款结余的影响

彩票机构应当对原账的"库存材料"科目余额进行分析，区分购入的库存材料金额和非购入的库存材料金额。对购入的库存材料金额划分出其中使用财政专户核拨资

金购入的金额、使用非财政专户核拨专项资金购入的金额和使用非财政专户核拨非专项资金购入的金额，按照使用非财政专户核拨非专项资金购入的金额借记"非财政拨款结余"科目，贷记"资金结存——货币资金"科目。

（6）调整长期股权投资对非财政拨款结余的影响

彩票机构应当对原账的"长期投资"科目余额中属于股权投资的余额进行分析，区分其中用现金资产取得的金额和用非现金资产及其他方式取得的金额，按照用现金资产取得的金额借记"非财政拨款结余"科目，贷记"资金结存——货币资金"科目。

按照原制度核算长期投资，而且对应核算"非流动资产基金——长期投资"的，不作此项调整。

（7）调整长期债券投资对非财政拨款结余的影响

彩票机构应当按照原账的"长期投资"科目余额中属于债券投资的余额，借记"非财政拨款结余"科目，贷记"资金结存——货币资金"科目。

按照原制度核算长期投资，而且对应核算"非流动资产基金——长期投资"的，不作此项调整。

（8）调整短期借款、长期借款对非财政拨款结余的影响

彩票机构应当按照原账的"短期借款""长期借款"科目余额，借记"资金结存——货币资金"科目，贷记"非财政拨款结余"科目。

（9）调整应付票据、应付账款对非财政拨款结余的影响

彩票机构应当对原账的"应付票据""应付账款"科目余额扣除应付彩票资金后的余额进行分析，区分其中发生时计入支出的金额和未计入支出的金额。将计入支出的金额划分出财政专户核拨资金应付的金额、非财政专户核拨专项资金应付的金额和非财政专户核拨非专项资金应付的金额，按照非财政专户核拨非专项资金应付的金额借记"资金结存——货币资金"科目，贷记"非财政拨款结余"科目。

（10）调整预收账款对非财政拨款结余的影响

彩票机构应当按照原账的"预收账款"科目余额中扣除预收彩票资金后的余额进行分析，划分出预收的专项资金和预收的非专项资金，按照预收非专项资金的金额，借记"资金结存——货币资金"科目，贷记"非财政拨款结余"科目。

（11）调整专用基金对非财政拨款结余的影响

彩票机构应当对原账的"专用基金"科目余额进行分析，划分出按照收入比例列支提取的专用基金，按照列支提取的专用基金的金额，借记"资金结存——货币资金"科目，贷记"非财政拨款结余"科目。

3.彩票机构按照前述1、2两个步骤难以准确调整出"非财政拨款结余"科目及对应的"资金结存"科目余额的，在新旧制度转换时，可以在新账的"库存现金""银行存款""其他货币资金""财政应返还额度"科目借方余额合计数基础上，对不纳入单位预算管理的资金进行调整（如减去新账中货币资金形式的受托代理资产、应缴财政款、已收取将来需要退回资金的其他应付款等，加上已支付将来需要收回资金的其他应收款等），按照调整后的金额减去新账的"财政拨款结转""财政拨款结余""非财政拨款结转""专用结余"科目贷方余额合计数，加上"经营结余"科目借方余额

后的金额，登记新账的"非财政拨款结余"科目贷方；同时，按照相同的金额登记新账的"资金结存——货币资金"科目借方。

（六）"其他结余"和"非财政拨款结余分配"科目

新制度设置了"其他结余"和"非财政拨款结余分配"科目。由于这两个科目年初无余额，在新旧制度转换时，彩票机构无需对"其他结余"和"非财政拨款结余分配"科目进行新账年初余额登记。

（七）预算收入类、预算支出类会计科目

由于预算收入类、预算支出类会计科目年初无余额，在新旧制度转换时，彩票机构无需对预算收入类、预算支出类会计科目进行新账年初余额登记。

彩票机构应当自2019年1月1日起，按照新制度设置预算收入类、预算支出类科目并进行账务处理。

彩票机构存在2018年12月31日需要按照新制度预算会计核算基础调整预算会计科目期初余额的其他事项的，应当比照本规定调整新账的相应预算会计科目期初余额。

彩票机构对预算会计科目的期初余额登记和调整，应当编制记账凭证，并将期初余额登记和调整的依据作为原始凭证。

四、财务报表和预算会计报表的新旧衔接

（一）编制2019年1月1日资产负债表

彩票机构应当根据2019年1月1日新账的财务会计科目余额，按照新制度及补充规定编制2019年1月1日资产负债表（仅要求填列各项目"年初余额"）。

（二）2019年度财务报表和预算会计报表的编制

彩票机构应当按照新制度及补充规定编制2019年财务报表和预算会计报表。在编制2019年度收入费用表、净资产变动表、现金流量表和预算收入支出表、预算结转结余变动表时，不要求填列上年比较数。

彩票机构应当根据2019年1月1日新账财务会计科目余额，填列2019年净资产变动表各项目的"上年年末余额"；根据2019年1月1日新账预算会计科目余额，填列2019年预算结转结余变动表的"年初预算结转结余"项目和财政拨款预算收入支出表的"年初财政拨款结转结余"项目。

五、其他事项

（一）截至2018年12月31日尚未进行基建"并账"的彩票机构，应当首先按照《彩票机构新旧会计制度有关衔接问题的处理规定》（财会〔2014〕2号），将基建账套相关数据并入2018年12月31日原账中的相关科目余额，再按照本规定将2018年12月31日原账相关会计科目余额转入新账相应科目。

（二）2019年1月1日前执行新制度及补充规定的彩票机构，应当按照本规定做好新旧制度衔接工作。

附表 1：

彩票机构原会计科目余额明细表一

总账科目	明细分类	金额	备注
库存现金	库存现金		
	其中：受托代理现金		
银行存款	银行存款		
	其中：受托代理银行存款		
	其他货币资金		
其他应收款	在途物品		已经付款或已开出商业汇票，尚未收到物资
	其他		
长期投资	长期股权投资		
	长期债券投资		
在建工程	在建工程		
	工程物资		
	预付工程款、预付备料款		
应缴税费	应交增值税		
	其他应交税费		
其他应付款	受托代理负债		
	其他		
专用基金	彩票兑奖周转金		
	彩票发行销售风险基金		
	其他专用基金		

附表 2：

彩票机构原会计科目余额明细表二

总账科目	明细分类	金额	备注
应收票据、应收账款（扣除应收彩票资金）	发生时不计入收入		如转让资产的应收票据、应收账款
	发生时计入收入		
	其中：专项收入		
	其他		

（续表）

总账科目	明细分类	金额	备注
预付账款	财政专户核拨资金预付		
	非财政专户核拨专项资金预付		
	非财政专户核拨非专项资金预付		
其他应收款	预付款项		如职工预借的差旅费等
	其中：财政专户核拨资金预付		
	非财政专户核拨专项资金预付		
	非财政专户核拨非专项资金预付		
	需要收回及其他		如支付的押金、应收为职工垫付的款项等
库存材料	购入材料		
	其中：使用财政专户核拨资金购入		
	使用非财政专户核拨专项资金购入		
	使用非财政专户核拨非专项资金购入		
	非购入材料		如无偿调入、接受捐赠的材料等
长期投资	长期股权投资		
	其中：用现金资产取得		
	用非现金资产或其他方式取得		
	长期债券投资		
应付票据、应付账款（扣除应付彩票资金）	发生时不计入支出		
	发生时计入支出		
	其中：财政专户核拨资金应付		
	非财政专户核拨专项资金应付		
	非财政专户核拨非专项资金应付		
预收账款（扣除预收彩票资金）	预收专项资金		
	预收非专项资金		
专用基金	从非财政专户核拨资金结余分配中提取		
	从收入中列支提取		
	其他		

附表3：

彩票机构新旧会计制度转账、登记新账科目对照表

序号	新制度		原制度	
	编号	名称	编号	名称
一、资产类				
1	1001	库存现金	1001	库存现金
2	1002	银行存款	1002	银行存款
3	1021	其他货币资金		
4	1101	短期投资	1101	短期投资
5	1211	应收票据	1211	应收票据
6	1212	应收账款	1212	应收账款
7	1214	预付账款	1213	预付账款
8	1218	其他应收款	1215	其他应收款
9	1301	在途物品		
10	1302	库存物品	1301	库存材料
11			1302	库存彩票
12	1501	长期股权投资	1401	长期投资
13	1502	长期债券投资		
14	1601	固定资产	1501	固定资产
15	1602	固定资产累计折旧	1502	累计折旧
16	1611	工程物资	1511	在建工程
17	1613	在建工程		
18	1214	预付账款		
19	1701	无形资产	1601	无形资产
20	1702	无形资产累计摊销	1602	累计摊销
21	1902	待处理财产损溢	1701	待处置资产损溢
二、负债类				
22	2001	短期借款	2001	短期借款
23	2101	应交增值税	2101	应缴税费

(续表)

序号	新制度		原制度	
	编号	名称	编号	名称
24	2102	其他应交税费	2101	应缴税费
25	2103	应缴财政款	2102	应缴国库款
26			2103	应缴财政专户款
27	2201	应付职工薪酬	2201	应付职工薪酬
28	2301	应付票据	2301	应付票据
29	2302	应付账款	2302	应付账款
30	2309	应付返奖奖金	2401	应付返奖奖金
31	2310	应付代销费	2402	应付代销费
32	2305	预收账款	2303	预收账款
33	2307	其他应付款	2305	其他应付款
34	2901	受托代理负债		
35	2501	长期借款	2501	长期借款
36	2502	长期应付款	2502	长期应付款
三、净资产类				
37	3001	累计盈余	3001	事业基金
38			3005	库存彩票基金
39			3101	非流动资产基金
40	3101	专用基金	3201	专用基金
41	3001	累计盈余		
42	3001	累计盈余	3301	财政专户核拨资金结转
43			3302	财政专户核拨资金结余
44			3401	非财政专户核拨资金结转
45	3001	累计盈余（借方）	3403	经营结余（借方）
四、预算结余类				
46	8101	财政拨款结转	3301	财政专户核拨资金结转
47	8102	财政拨款结余	3302	财政专户核拨资金结余
48	8201	非财政拨款结转	3401	非财政专户核拨资金结转

（续表）

序号	新制度		原制度	
	编号	名称	编号	名称
49	8202	非财政拨款结余	3001	事业基金
50	8202	非财政拨款结余	3201	专用基金
51	8301	专用结余		
52	8401	经营结余	3403	经营结余
53	8001	资金结存（借方）	3301	财政专户核拨资金结转
54			3302	财政专户核拨资金结余
55			3401	非财政专户核拨资金结转
56			3001	事业基金
57			3201	专用基金
58			3403	经营结余

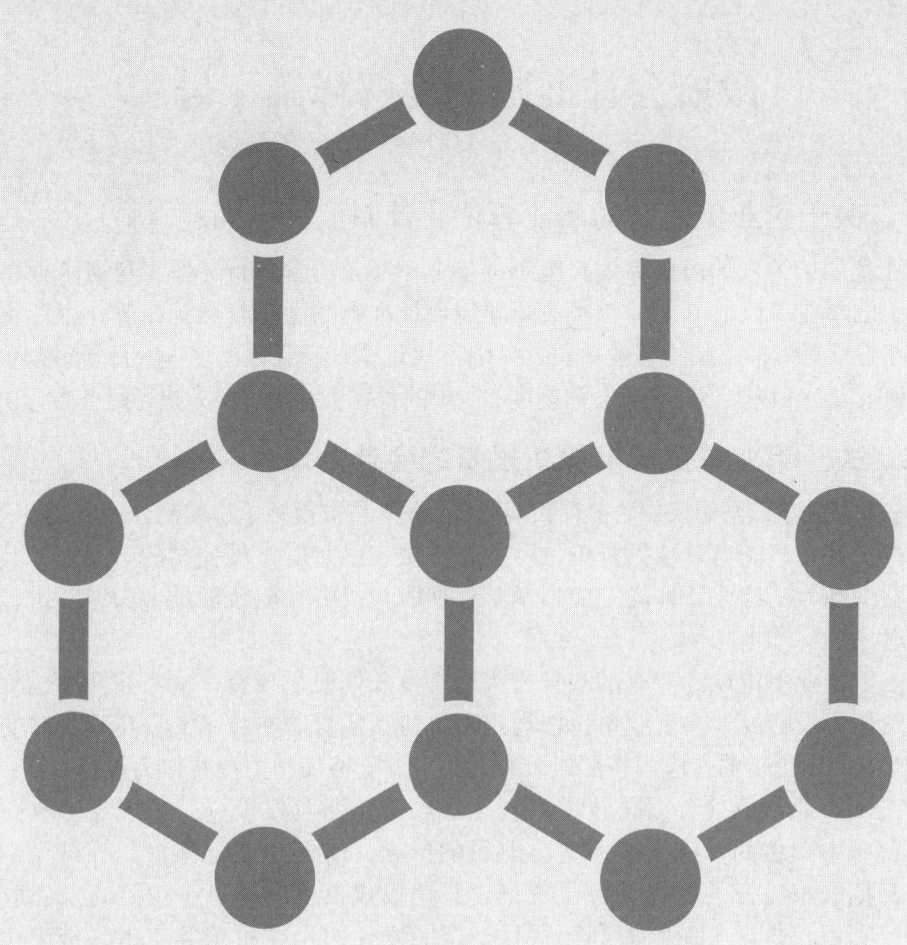

第四篇

政府会计准则制度解释

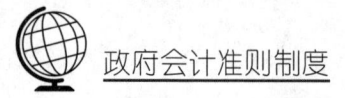
政府会计准则制度

政府会计准则制度解释第1号

一、关于企业集团中的事业单位会计制度执行问题

企业集团中纳入部门预算编报范围的事业单位（不含执行《军工科研事业单位会计制度》的事业单位，下同）应当按照政府会计准则制度进行会计核算；企业集团中未纳入部门预算编报范围的事业单位，可以不执行《政府会计制度——行政事业单位会计科目和报表》（以下称《政府会计制度》）中的预算会计内容，只执行财务会计内容。

二、关于事业单位长期股权投资的会计处理

（一）事业单位采用权益法核算长期股权投资、且被投资单位编制合并财务报表的，在持有投资期间，应当以被投资单位合并财务报表中归属于母公司的净利润和其他所有者权益变动为基础，计算确定应当调整长期股权投资账面余额的金额，并进行相关会计处理。

（二）事业单位以其持有的科技成果取得的长期股权投资，应当按照评估价值加相关税费作为投资成本。事业单位按规定通过协议定价、在技术交易市场挂牌交易、拍卖等方式确定价格的，应当按照以上方式确定的价格加相关税费作为投资成本。

（三）事业单位处置以科技成果转化形成的长期股权投资，按规定所取得的收入全部留归本单位的，应当按照实际取得的价款，借记"银行存款"等科目，按照被处置长期股权投资的账面余额，贷记"长期股权投资"科目，按照尚未领取的现金股利或利润，贷记"应收股利"科目，按照发生的相关税费等支出，贷记"银行存款"等科目，按照借贷方差额，借记或贷记"投资收益"科目；同时，在预算会计中，按照实际取得的价款，借记"资金结存——货币资金"科目，按照处置时确认的投资收益金额，贷记"投资预算收益"科目，按照贷方差额，贷记"其他预算收入"科目。

（四）权益法下，事业单位处置以现金以外的其他资产取得的（不含科技成果转化形成的）长期股权投资时，按规定将取得的投资收益（此处的投资收益，是指长期股权投资处置价款扣除长期股权投资成本和相关税费后的差额）纳入本单位预算管理的，分别以下两种情况处理：

1.长期股权投资的账面余额大于其投资成本的，应当按照被处置长期股权投资的成本，借记"资产处置费用"科目，贷记"长期股权投资——成本"科目；同时，按照实际取得的价款，借记"银行存款"等科目，按照尚未领取的现金股利或利润，贷记"应收股利"科目，按照发生的相关税费等支出，贷记"银行存款"等科目，按照长期股权投资的账面余额减去其投资成本的差额，贷记"长期股权投资——损益调整、其他权益变动"科目（以上明细科目为贷方余额的，借记相关明细科目），按照实际取得的价款与被处置长期股权投资账面余额、应收股利账面余额和相关税费支出合计数的差额，贷记或借记"投资收益"科目，按照贷方差额，贷记"应缴财政款"科目。

预算会计的账务处理按照《政府会计制度》进行。

这种情况下的会计分录举例如下:

财务会计	预算会计
借:资产处置费用 　　贷:长期股权投资——成本 借:银行存款 　　贷:应收股利(如有) 　　　　长期股权投资——损益调整、其他权益 　　　　　　变动(也可能在借方) 　　　　银行存款(相关税费) 　　　　投资收益(取得价款与投资账面余额、 　　　　　　应收股利账面余额和相关税费 　　　　　　支出合计数的差额) 　　　　应缴财政款	借:资金结存——货币资金 　　贷:投资预算收益(取得价款减去投资成本 　　　　　　和相关税费后的金额)

2. 长期股权投资的账面余额小于或等于其投资成本的,应当按照被处置长期股权投资的账面余额,借记"资产处置费用"科目,按照长期股权投资各明细科目的余额,贷记"长期股权投资——成本"科目,贷记或借记"长期股权投资——损益调整、其他权益变动"科目;同时,按照实际取得的价款,借记"银行存款"等科目,按照尚未领取的现金股利或利润,贷记"应收股利"科目,按照发生的相关税费等支出,贷记"银行存款"等科目,按照实际取得的价款大于被处置长期股权投资成本、应收股利账面余额和相关税费支出合计数的差额,贷记"投资收益"科目,按照贷方差额,贷记"应缴财政款"科目。预算会计的账务处理按照《政府会计制度》进行。

这种情况下的会计分录举例如下:

财务会计	预算会计
借:资产处置费用(投资账面余额) 　　长期股权投资——损益调整、其他权益变动 　　　　　　(部分明细科目余额也可 　　　　　　能在贷方) 　　贷:长期股权投资——成本 借:银行存款 　　贷:应收股利(如有) 　　　　银行存款(相关税费) 　　　　投资收益(取得价款大于投资成本、应 　　　　　　收股利账面余额和相关税费支 　　　　　　出合计数的差额) 　　　　应缴财政款	借:资金结存——货币资金 　　贷:投资预算收益(取得价款减去投资成本 　　　　　　和相关税费后的金额)

(五)事业单位按规定应将长期股权投资持有期间取得的投资净收益,以及以现金取得的长期股权投资处置时取得的净收入(处置价款扣除投资本金和相关税费后的净额)上缴本级财政并纳入一般公共预算管理的,在应收或收到上述有关款项时不确

认投资收益,应通过"应缴财政款"科目核算。

三、关于单位年末暂收暂付非财政资金的会计处理

单位对于纳入本年度部门预算管理的现金收支业务,在采用财务会计核算的同时应当及时进行预算会计核算。年末结账前,单位应当对暂收暂付款项进行全面清理,并对于纳入本年度部门预算管理的暂收暂付款项进行预算会计处理,确认相关预算收支,确保预算会计信息能够完整反映本年度部门预算收支执行情况。

(一)对于纳入本年度部门预算管理的暂付款项,按照《政府会计制度》规定,单位在支付款项时可不做预算会计处理,待结算或报销时,按照结算或报销的金额,借记相关预算支出科目,贷记"资金结存"科目。但是,在年末结账前,对于尚未结算或报销的暂付款项,单位应当按照暂付的金额,借记相关预算支出科目,贷记"资金结存"科目。以后年度,实际结算或报销金额与已计入预算支出的金额不一致的,单位应当通过相关预算结转结余科目"年初余额调整"明细科目进行处理。

(二)对于应当纳入下一年度部门预算管理的暂收款项,单位在收到款项时,借记"银行存款"等科目,贷记"其他应付款"科目;本年度不做预算会计处理。待下一年初,单位应当按照上年暂收的款项金额,借记"其他应付款"科目,贷记有关收入科目;同时在预算会计中,按照暂收款项的金额,借记"资金结存"科目,贷记有关预算收入科目。

对于应当纳入下一年度部门预算管理的暂付款项,单位在付出款项时,借记"其他应收款"科目,贷记"银行存款"等科目,本年度不做预算会计处理。待下一年实际结算或报销时,单位应当按照实际结算或报销的金额,借记有关费用科目,按照之前暂付的款项金额,贷记"其他应收款"科目,按照退回或补付的金额,借记或贷记"银行存款"等科目;同时,在预算会计中,按照实际结算或报销的金额,借记有关支出科目,贷记"资金结存"科目。下一年度内尚未结算或报销的,按照上述(一)中的规定处理。

(三)对于不纳入部门预算管理的暂收暂付款项(如应上缴、应转拨或应退回的资金),单位应当按照《政府会计制度》规定,仅作财务会计处理,不做预算会计处理。

四、关于由有关部门统一管理,但由其他部门占有、使用的固定资产的会计处理

按规定由本级政府机关事务管理等部门统一管理(如仅持有资产的产权证等),但具体由其他部门占有、使用的固定资产,应当由占有、使用该资产的部门作为会计确认主体,对该资产进行会计核算。

2019年1月1日前相关部门未按照上述规定对某项固定资产进行会计核算的,在新旧会计制度转换时,按照以下规定处理:

(一)该项固定资产已经在其统一管理的部门入账的,负责资产统一管理的部门应当按照该项固定资产已经计提的折旧金额(按照原制度已经计提折旧的),借记新账的"固定资产累计折旧"科目,按照该项固定资产的账面余额,贷记新账的"固定

资产"科目,按其差额,借记新账的"累计盈余"科目;占有、使用该资产的部门应当按照该项固定资产在统一管理部门记录的账面余额,借记新账的"固定资产"科目,按照该项资产在统一管理部门已经计提的折旧金额(按照原制度已经计提折旧的),贷记新账的"固定资产累计折旧"科目,按其差额,贷记新账的"累计盈余"科目。

(二)该项固定资产尚未登记入账的,应当由占有、使用该项资产的部门按照盘盈资产进行处理,具体账务处理参照财政部已经印发的相关衔接规定执行。

在按照上述规定进行新旧制度衔接时,相关会计主体的会计处理应当协调一致,确保资产确认不重复、不遗漏。在新旧制度衔接中,如涉及资产产权变更或实物资产划拨等事项,相关会计主体应当按照资产管理有关规定办理。

多个部门共同占用、使用同一项固定资产,且该项固定资产由本级政府机关事务管理等部门统一管理并负责后续维护、改造的,由本级政府机关事务管理等部门作为确认主体,对该项固定资产进行会计核算。

同一部门内部所属单位共同占有、使用同一项固定资产,或者所属事业单位占有、使用部门本级拥有产权的固定资产的,按照本部门规定对固定资产进行会计核算。

五、关于单位无偿调入资产的账务处理

按照相关政府会计准则规定,单位(调入方)接受其他政府会计主体无偿调入的固定资产、无形资产、公共基础设施等资产,其成本按照调出方的账面价值加上相关税费确定。但是,无偿调入资产在调出方的账面价值为零(即已经按制度规定提足折旧)或者账面余额为名义金额的,单位(调入方)应当将调入过程中其承担的相关税费计入当期费用,不计入调入资产的初始入账成本。

无偿调入资产在调出方的账面价值为零的,单位(调入方)在进行财务会计处理时,应当按照该项资产在调出方的账面余额,借记"固定资产""无形资产"等科目,按照该项资产在调出方已经计提的折旧或摊销金额(与资产账面余额相等),贷记"固定资产累计折旧""无形资产累计摊销"等科目;按照支付的相关税费,借记"其他费用"科目,贷记"零余额账户用款额度""银行存款"等科目;同时,在预算会计中按照支付的相关税费,借记"其他支出"科目,贷记"资金结存"科目。

无偿调入资产在调出方的账面余额为名义金额的,单位(调入方)在进行财务会计处理时,应当按照名义金额,借记"固定资产""无形资产"等科目,贷记"无偿调拨净资产"科目;按照支付的相关税费,借记"其他费用"科目,贷记"零余额账户用款额度""银行存款"等科目;同时,在预算会计中按照支付的相关税费,借记"其他支出"科目,贷记"资金结存"科目。

六、关于"业务活动费用"和"单位管理费用"科目的核算范围

按照《政府会计制度》规定,"业务活动费用"科目核算单位为实现其职能目标、依法履职或开展专业业务活动及其辅助活动所发生的各项费用。"单位管理费用"科目核算事业单位本级行政及后勤管理部门开展管理活动发生的各项费用,包括单位行政及后勤管理部门发生的人员经费、公用经费、资产折旧(摊销)等费用,以及由单位统一负担的离退休人员经费、工会经费、诉讼费、中介费等。

按照上述规定,行政单位不使用"单位管理费用"科目,其为实现其职能目标、

依法履职发生的各项费用均计入"业务活动费用"科目。事业单位应当同时使用"业务活动费用"和"单位管理费用"科目,其业务部门开展专业业务活动及其辅助活动发生的各项费用计入"业务活动费用"科目,其本级行政及后勤管理部门发生的各项费用以及由单位统一负担的费用计入"单位管理费用"科目。

事业单位应当按照《政府会计制度》的规定,结合本单位实际,确定本单位业务活动费用和单位管理费用划分的具体会计政策。

七、关于"保障性住房"科目的核算范围

《政府会计制度》中规定的"保障性住房"科目,核算单位为满足社会公共需要而控制的保障性住房的原值。此处的保障性住房,主要指地方政府住房保障主管部门持有全部或部分产权份额、纳入城镇住房保障规划和年度计划、向符合条件的保障对象提供的住房。

八、关于第三方支付平台账户资金的会计科目适用问题

单位通过支付宝、微信等方式取得相关收入的,对于尚未转入银行存款的支付宝、微信收付款等第三方支付平台账户的余额,应当通过"其他货币资金"科目核算。

九、关于有关往来科目和收入、费用科目明细信息的披露

单位在按照债务人(债权人)对应收款项(应付款项)进行明细核算的基础上,应当在财务报表附注中按照债务人(债权人)分类对应收款项(应付款项)进行披露。债务人(债权人)类别主要分为本部门内部单位(指纳入单位所属部门财务报告合并范围的单位,下同)、本部门以外同级政府单位、本部门以外非同级政府单位和其他单位。

单位在按照收入来源(支付对象)对有关收入科目(费用科目)进行明细核算的基础上,应当在财务报表附注中按照收入来源(支付对象)分类对有关收入(费用)进行披露。收入来源(支付对象)主要分为本部门内部单位、本部门以外同级政府单位、本部门以外非同级政府单位和其他单位。

单位按照《政府会计制度》中财务报表附注所列格式分类对应收款项、应付款项、有关收入和费用进行具体披露时,应当遵循重要性原则。单位对重要性的判断,应当依据《政府会计准则第9号——财务报表编制和列报》,并考虑满足编制合并财务报表的信息需要,即相关合并主体能够基于单位所披露的信息,抵销合并主体与被合并主体之间、被合并主体相互之间发生的债权债务、收入费用等内部业务或事项对财务报表的影响。

十、关于单位售房款的会计处理

中央级行政事业单位应当自2019年1月1日起,将归属于本单位的售房款及其利息收入纳入部门预算管理,并按照《政府会计制度》统一进行会计核算。收到售房款项(售房收入扣除按标准计提的住宅专项维修资金)及其利息收入时,借记"银行存款"科目,贷记"其他收入"科目;同时在预算会计中借记"资金结存"科目,贷记"其他预算收入"科目。按规定使用售房款发放购房补贴的,计提购房补贴费用时,

借记"业务活动费用""单位管理费用"等科目,贷记"应付职工薪酬"科目的相关明细科目;发放购房补贴时,借记"应付职工薪酬"科目的相关明细科目,贷记"银行存款"等科目;同时在预算会计中借记"行政支出""事业支出"等科目,贷记"资金结存"科目。

新旧会计制度转换时,中央级行政单位和中央级事业单位应当分别进行如下会计处理:

(一)行政单位在原账中将售房款作为负债(其他应付款或长期应付款等)核算的,应当将有关负债科目的相关明细科目余额,转入新账财务会计中的"累计盈余"科目;同时,按照相同金额在新账预算会计中借记"资金结存"科目,贷记"非财政拨款结转"相关明细科目。

行政单位原对售房款单独建账、单独核算(即未将售房款资金纳入"大账"核算)的,应当将售房款资金统一纳入"大账"核算,按照有关账套(或台账)核算的售房款余额,在新账财务会计中借记"银行存款"等科目,贷记"累计盈余"科目;同时,按照相同金额在新账预算会计中借记"资金结存"科目,贷记"非财政拨款结转"相关明细科目。

(二)事业单位在原账中将售房款记入"专用基金"科目的,应当将"专用基金"科目相关明细科目的余额,转入新账财务会计中的"累计盈余"科目;同时,按照相同金额在新账预算会计中借记"资金结存"科目,贷记"非财政拨款结转"相关明细科目。

尚未将单位售房款纳入财政统筹使用的省级及以下行政事业单位,应当比照本解释中有关中央级行政事业单位售房款的会计处理规定执行。

十一、关于单位集中管理的住宅专项维修资金的会计处理

单位对于其集中管理的住宅专项维修资金,属于按规定从本单位售房收入中提取的,应当比照本解释中有关单位售房款的规定进行会计处理;属于本单位职工个人缴存的,应当作为受托代理业务,按照《政府会计制度》的规定进行会计处理。

专门从事住宅专项维修资金管理的单位所管理的住宅专项维修资金的会计核算,由财政部另行规定。

十二、本解释自 2019 年 1 月 1 日起施行。

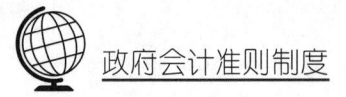
政府会计准则制度

政府会计准则制度解释第 2 号

一、关于归垫资金的账务处理

行政事业单位（以下简称单位）按规定报经财政部门审核批准，在财政授权支付用款额度或财政直接支付用款计划下达之前，用本单位实有资金账户资金垫付相关支出，再通过财政授权支付方式或财政直接支付方式将资金归还原垫付资金账户的，应当按照以下规定进行账务处理：

（一）用本单位实有资金账户资金垫付相关支出时，按照垫付的资金金额，借记"其他应收款"科目，贷记"银行存款"科目；预算会计不做处理。

（二）通过财政直接支付方式或授权支付方式将资金归还原垫付资金账户时，按照归垫的资金金额，借记"银行存款"科目，贷记"财政拨款收入"科目，并按照相同的金额，借记"业务活动费用"等科目，贷记"其他应收款"科目；同时，在预算会计中，按照相同的金额，借记"行政支出""事业支出"等科目，贷记"财政拨款预算收入"科目。

二、关于从本单位零余额账户向本单位实有资金账户划转资金的账务处理

单位在某些特定情况下按规定从本单位零余额账户向本单位实有资金账户划转资金用于后续相关支出的，可在"银行存款"或"资金结存——货币资金"科目下设置"财政拨款资金"明细科目，或采用辅助核算等形式，核算反映按规定从本单位零余额账户转入实有资金账户的资金金额，并应当按照以下规定进行账务处理：

（一）从本单位零余额账户向实有资金账户划转资金时，按照划转的资金金额，借记"银行存款"科目，贷记"零余额账户用款额度"科目；同时，在预算会计中借记"资金结存——货币资金"科目，贷记"资金结存——零余额账户用款额度"科目。

（二）将本单位实有资金账户中从零余额账户划转的资金用于相关支出时，按照实际支付的金额，借记"应付职工薪酬""其他应交税费"等科目，贷记"银行存款"科目；同时，在预算会计中借记"行政支出""事业支出"等支出科目下的"财政拨款支出"明细科目，贷记"资金结存——货币资金"科目。

三、关于从财政科研项目中计提项目间接费用或管理费的账务处理

单位按规定从财政科研项目中计提项目间接费用或管理费的，应当按照以下规定进行账务处理：

（一）从财政科研项目中计提项目间接费用或管理费时，按照计提的金额，借记"业务活动费用""单位管理费用"等科目，贷记"预提费用——项目间接费用或管理费"科目；预算会计不做处理。

（二）按规定将计提的项目间接费用或管理费从本单位零余额账户划转到实有资金账户的，按照本解释"二、关于从本单位零余额账户向本单位实有资金账户划转资

金的账务处理"的相关规定处理。

（三）使用计提的项目间接费用或管理费时，在财务会计下，按照实际支付的金额，借记"预提费用——项目间接费用或管理费"科目，贷记"银行存款""零余额账户用款额度""财政拨款收入"等科目。使用计提的项目间接费用或管理费购买固定资产、无形资产的，按照固定资产、无形资产的成本金额，借记"固定资产""无形资产"科目，贷记"银行存款""零余额账户用款额度""财政拨款收入"等科目；同时，按照相同的金额，借记"预提费用——项目间接费用或管理费"科目，贷记"累计盈余"科目。

同时，在预算会计下，按照实际支付的金额，借记"事业支出"等支出科目下的"财政拨款支出"明细科目，贷记"资金结存""财政拨款预算收入"科目。

四、关于事业单位按规定需将长期股权投资持有期间取得的投资收益上缴财政的账务处理

事业单位按规定需将长期股权投资持有期间取得的投资收益上缴本级财政的，应当按照以下规定进行账务处理：

（一）长期股权投资采用成本法核算的，被投资单位宣告发放现金股利或利润时，事业单位按照应收的金额，借记"应收股利"科目，贷记"投资收益"科目；收到现金股利或利润时，借记"银行存款"等科目，贷记"应缴财政款"科目；同时按照此前确定的应收股利金额，借记"投资收益"科目或"累计盈余"科目（此前确认的投资收益已经结转的），贷记"应收股利"科目；将取得的现金股利或利润上缴财政时，借记"应缴财政款"科目，贷记"银行存款"等科目。

（二）长期股权投资采用权益法核算的，被投资单位实现净利润的，按照应享有的份额，借记"长期股权投资——损益调整"科目，贷记"投资收益"科目；被投资单位宣告发放现金股利或利润时，单位按照应享有的份额，借记"应收股利"科目，贷记"长期股权投资——损益调整"科目；收到现金股利或利润时，借记"银行存款"等科目，贷记"应缴财政款"科目；同时按照此前确定的应收股利金额，借记"投资收益"科目或"累计盈余"科目（此前确认的投资收益已经结转的），贷记"应收股利"科目；将取得的现金股利或利润上缴财政时，借记"应缴财政款"科目，贷记"银行存款"等科目。

五、关于收取差旅伙食费和市内交通费的账务处理

接待单位按规定收取出差人员差旅伙食费和市内交通费并出具相关票据的，应当按照以下规定进行账务处理：

（一）单位不承担支出责任的，应当按照收到的款项金额，借记"库存现金"等科目，贷记"其他应付款"科目或"其他应收款"科目（前期已垫付资金的）；向其他会计主体转付款时，借记"其他应付款"科目，贷记"库存现金"等科目。预算会计不做处理。

（二）单位承担支出责任的，应当按照收到的款项金额，借记"库存现金"等科目，贷记相关费用科目；同时在预算会计中借记"资金结存"科目，贷记相关支出科目。

单位如因开具税务发票承担增值税等纳税义务的，按照《政府会计制度——行政事业单位会计科目和报表》（以下简称《政府会计制度》）相关规定处理。

六、关于专利权维护费的会计处理

单位应当按照《政府会计准则第4号——无形资产》规定,将依法取得的专利权确认为无形资产,并进行后续摊销。在以后年度,单位按照相关规定发生的专利权维护费,应当在发生时计入当期费用,原确定的无形资产摊销年限不据此调整。

七、关于公费医疗经费的会计处理

享受公费医疗待遇的单位从所在地公费医疗管理机构取得的公费医疗经费,应当在实际取得时计入非同级财政拨款收入(非同级财政拨款预算收入),在实际支用时计入相关费用(支出)。

八、关于单位基本建设会计有关问题

(一)关于基本建设项目会计核算主体。

基本建设项目应当由负责编报基本建设项目预决算的单位(即建设单位)作为会计核算主体。建设单位应当按照《政府会计制度》规定在相关会计科目下分项目对基本建设项目进行明细核算。

基本建设项目管理涉及多个主体难以明确识别会计核算主体的,项目主管部门应当按照《基本建设财务规则》相关规定确定建设单位。

建设项目按照规定实行代建制的,代建单位应当配合建设单位做好项目会计核算和财务管理的基础工作。

(二)关于代建制项目的会计处理。

建设项目实行代建制的,建设单位应当要求代建单位通过工程结算或年终对账确认在建工程成本的方式,提供项目明细支出、建设工程进度和项目建设成本等资料,归集"在建工程"成本,及时核算所形成的"在建工程"资产,全面核算项目建设成本等情况。有关账务处理如下:

1. 关于建设单位的账务处理

(1)拨付代建单位工程款时,按照拨付的款项金额,借记"预付账款——预付工程款"科目,贷记"财政拨款收入""零余额账户用款额度""银行存款"等科目;同时,在预算会计中借记"行政支出""事业支出"等科目,贷记"财政拨款预算收入""资金结存"科目。

(2)按照工程进度结算工程款或年终代建单位对账确认在建工程成本时,按照确定的金额,借记"在建工程"科目下的"建筑安装工程投资"等明细科目,贷记"预付账款——预付工程款"等科目。

(3)确认代建管理费时,按照确定的金额,借记"在建工程"科目下的"待摊投资"明细科目,贷记"预付账款——预付工程款"等科目。

(4)项目完工交付使用资产时,按照代建单位转来在建工程成本中尚未确认入账的金额,借记"在建工程"科目下的"建筑安装工程投资"等明细科目,贷记"预付账款——预付工程款"等科目;同时,按照在建工程成本,借记"固定资产""公共基础设施"等科目,贷记"在建工程"科目。

工程结算、确认代建费或竣工决算时涉及补付资金的，应当在确认在建工程的同时，按照补付的金额，贷记"财政拨款收入""零余额账户用款额度""银行存款"等科目；同时在预算会计中进行相应的账务处理。

2. 关于代建单位的账务处理

代建单位为事业单位的，应当设置"1615 代建项目"一级科目，并与建设单位相对应，按照工程性质和类型设置"建筑安装工程投资""设备投资""待摊投资""其他投资""待核销基建支出""基建转出投资"等明细科目，对所承担的代建项目建设成本进行会计核算，全面反映工程的资金资源消耗情况；同时，在"代建项目"科目下设置"代建项目转出"明细科目，通过工程结算或年终对账确认在建工程成本的方式，将代建项目的成本转出，体现在建设单位相应"在建工程"账上。年末，"代建项目"科目应无余额。有关账务处理规定如下：

（1）收到建设单位拨付的建设项目资金时，按照收到的款项金额，借记"银行存款"等科目，贷记"预收账款——预收工程款"科目。预算会计不做处理。

（2）工程项目使用资金或发生其他耗费时，按照确定的金额，借记"代建项目"科目下的"建筑安装工程投资"等明细科目，贷记"银行存款""应付职工薪酬""工程物资""累计折旧"等科目。预算会计不做处理。

（3）按工程进度与建设单位结算工程款或年终与建设单位对账确认在建工程成本并转出时，按照确定的金额，借记"代建项目——代建项目转出"科目，贷记"代建项目"科目下的"建筑安装工程投资"等明细科目；同时，借记"预收账款——预收工程款"等科目，贷记"代建项目——代建项目转出"科目。

（4）确认代建费收入时，按照确定的金额，借记"预收账款——预收工程款"等科目，贷记有关收入科目；同时，在预算会计中借记"资金结存"科目，贷记有关预算收入科目。

（5）项目完工交付使用资产时，按照代建项目未转出的在建工程成本，借记"代建项目——代建项目转出"科目，贷记"代建项目"科目下的"建筑安装工程投资"等明细科目；同时，借记"预收账款——预收工程款"等科目，贷记"代建项目——代建项目转出"科目。

工程竣工决算时收到补付资金的，按照补付的金额，借记"银行存款"等科目，贷记"预收账款——预收工程款"科目。

代建单位为企业的，按照企业类会计准则制度相关规定进行账务处理。

3. 关于新旧衔接的规定

建设单位在首次执行本解释时尚未登记应确认的在建工程的，应当按照本解释规定确定的建设成本，借记"在建工程"科目，贷记"累计盈余"科目。代建单位在首次执行本解释时已将代建项目登记为在建工程的，应当按照"在建工程"科目余额，借记"累计盈余"科目，贷记"在建工程"科目。建设单位应与代建单位做好在建工程入账的协调，确保在建工程在记账上不重复、不遗漏。

（三）关于"在建工程"科目有关账务处理规定。

1. 工程交付使用时，单位应当按照合理的分配方法分配待摊投资，借记"在建工程——建筑安装工程投资、设备投资"科目，贷记"在建工程——待摊投资"科目；待摊投资中有按规定应当分摊计入转出投资价值和待核销基建支出的，还应当借记"在建工程——待核销基建支出、基建转出投资"科目，贷记"在建工程——待摊投资"科目。

2.建设项目竣工验收交付使用时，按规定直接转入建设单位以外的会计主体的，建设单位应当按照转出的建设项目的成本，借记"在建工程——基建转出投资"科目，贷记"在建工程——建筑安装工程投资、设备投资"科目；同时，借记"无偿调拨净资产"科目，贷记"在建工程——基建转出投资"科目。

建设项目竣工验收交付使用时，按规定先转入建设单位、再无偿划拨给其他会计主体的，建设单位应当按照《政府会计制度》规定，先将在建工程转入"固定资产""公共基础设施"等科目，再按照无偿调拨资产相关规定进行账务处理。

建设单位与资产调入方应当按规定做好资产核算工作的衔接和相关会计资料的交接，确保交付使用资产在记账上不重复、不遗漏。

（四）关于基本建设项目的明细科目或辅助核算。

单位按照《政府会计制度》对基本建设项目进行会计核算的，应当通过在有关会计科目下设置与基本建设项目相关的明细科目或增加标记，或设置基建项目辅助账等方式，满足基本建设项目竣工决算报表编制的需要。

九、关于部门（单位）合并财务报表范围

（一）部门（单位）合并财务报表合并范围确定的一般原则。

按照《政府会计准则第9号——财务报表编制和列报》规定，部门（单位）合并财务报表的合并范围一般应当以财政预算拨款关系为基础予以确定。有下级预算单位的部门（单位）为合并主体，其下级预算单位为被合并主体。合并主体应当将其全部被合并主体纳入合并财务报表的合并范围。

通常情况下，纳入本部门预决算管理的行政事业单位和社会组织（包括社会团体、基金会和社会服务机构，下同）都应当纳入本部门（单位）合并财务报表范围。

（二）除满足一般原则的会计主体外，以下会计主体也应当纳入部门（单位）合并财务报表范围：

1.部门（单位）所属的未纳入部门预决算管理的事业单位。

2.部门（单位）所属的纳入企业财务管理体系执行企业类会计准则制度的事业单位。

3.财政部规定的应当纳入部门（单位）合并财务报表范围的其他会计主体。

（三）以下会计主体不纳入部门（单位）合并财务报表范围：

1.部门（单位）所属的企业，以及所属企业下属的事业单位。

2.与行政机关脱钩的行业协会商会。

3.部门（单位）财务部门按规定单独建账核算的会计主体，如工会经费、党费、团费和土地储备资金、住房公积金等资金（基金）会计主体。

4.挂靠部门（单位）的没有财政预算拨款关系的社会组织以及非法人性质的学术团体、研究会等。

单位内部非法人独立核算单位的核算及合并问题，按照《政府会计制度》及相关补充规定执行。

十、关于工会系统适用的会计制度

县级及以上总工会和基层工会组织应当执行《工会会计制度》（财会〔2009〕7号），工会所属事业单位应当执行政府会计准则制度，工会所属企业应当执行企业类会计准则制度，挂靠工会管理的社会团体应当按规定执行《民间非营利组织会计制度》（财会〔2004〕7号，下同）。

十一、关于纳入部门预决算管理的社会组织适用的会计制度

纳入部门预决算管理的社会组织，原执行《事业单位会计制度》（财会〔2012〕22号）的，应当自2019年1月1日起执行政府会计准则制度；原执行《民间非营利组织会计制度》的，仍然执行《民间非营利组织会计制度》。

十二、关于本解释生效日期及新旧衔接规定

本解释第一至第八项自2020年1月1日起施行，允许单位提前采用；第九项适用于2019年度及以后期间的财务报表；第十项、十一项自2019年1月1日起施行。

本解释除第八项（二）以外，其余各项首次施行时均采用未来适用法。

政府会计准则制度

政府会计准则制度解释第 3 号

一、关于接受捐赠业务的会计处理

（一）行政事业单位（以下简称单位）按规定接受捐赠，应当区分以下情况进行会计处理：

1. 单位取得捐赠的货币资金按规定应当上缴财政的，应当按照《政府会计制度——行政事业单位会计科目和报表》（以下简称《政府会计制度》）中"应缴财政款"科目相关规定进行财务会计处理。预算会计不做处理。

2. 单位接受捐赠人委托转赠的资产，应当按照《政府会计制度》中受托代理业务相关规定进行财务会计处理。预算会计不做处理。

3. 除上述两种情况外，单位接受捐赠取得的资产，应当按照《政府会计制度》中"捐赠收入"科目相关规定进行财务会计处理；接受捐赠取得货币资金的，还应当同时按照"其他预算收入"科目相关规定进行预算会计处理。

（二）单位接受捐赠的非现金资产的初始入账成本，应当根据《政府会计准则第 1 号——存货》第十一条、《政府会计准则第 3 号——固定资产》第十二条、《政府会计准则第 4 号——无形资产》第十三条、《政府会计准则第 5 号——公共基础设施》第十三条、《政府会计准则第 6 号——政府储备物资》第十条等规定确定。

上述准则条款中所称"凭据"，包括发票、报关单、有关协议等。有确凿证据表明凭据上注明的金额高于受赠资产同类或类似资产的市场价格 30% 或达不到其 70% 的，则应当以同类或类似资产的市场价格确定成本。

上述准则条款中所称"同类或类似资产的市场价格"，一般指取得资产当日捐赠方自产物资的出厂价、所销售物资的销售价、非自产或销售物资在知名大型电商平台同类或类似商品价格等。如果存在政府指导价或政府定价的，应符合其规定。

（三）单位作为主管部门或上级单位向其附属单位分配受赠的货币资金，应当按照《政府会计制度》中"对附属单位补助费用（支出）"科目相关规定处理；单位按规定向其附属单位以外的其他单位分配受赠的货币资金，应当按照《政府会计制度》中"其他费用（支出）"科目相关规定处理。

单位向政府会计主体分配受赠的非现金资产，应当按照《政府会计制度》中"无偿调拨净资产"科目相关规定处理；单位向非政府会计主体分配受赠的非现金资产，应当按照《政府会计制度》中"资产处置费用"科目相关规定处理。

（四）单位使用、处置受赠资产，应当按照《政府会计制度》相关规定进行会计处理。处置受赠资产取得的净收入（取得价款扣减支付的相关税费后的金额），按规定上缴财政的，应当通过"应缴财政款"科目核算；按规定纳入本单位预算管理的，应当通过"其他（预算）收入"科目核算。

二、关于政府对外投资业务的会计处理

（一）《政府会计准则第 2 号——投资》（以下简称 2 号准则）所称"股权投资"，

是指政府会计主体持有的各类股权投资资产，包括国际金融组织股权投资、投资基金股权投资、企业股权投资等。政府财政总预算会计应当按照财政总预算会计制度相关规定对本级政府持有的各类股权投资资产进行核算。

（二）根据国务院和地方人民政府授权、代表本级人民政府对国家出资企业履行出资人职责的单位，与其履行出资人职责的国家出资企业之间不存在股权投资关系，其履行出资人职责的行为不适用2号准则规定，不作为单位的投资进行会计处理。通过单位账户对国家出资企业投入货币资金，纳入本单位预算管理的，应当按照《政府会计制度》中"其他费用（支出）"科目相关规定处理；不纳入本单位预算管理的，应当按照《政府会计制度》中"其他应付款"科目相关规定处理。

本解释施行前有关单位将国家出资企业计入本单位长期股权投资的，应当自本解释施行之日，将原"长期股权投资"科目余额中的相关账面余额转出，借记"累计盈余"科目（以前年度出资）或"其他费用"科目（本年度出资），贷记"长期股权投资"科目，并将相应的"权益法调整"科目余额（如有）转入"累计盈余"科目。

（三）单位按规定出资成立非营利法人单位，如事业单位、社会团体、基金会等，不适用2号准则规定，出资时应当按照出资金额，借记"其他费用"科目，贷记"银行存款"等科目；同时，在预算会计中借记"其他支出"科目，贷记"资金结存"科目。单位应当对出资成立的非营利法人单位设置备查簿进行登记。

本解释施行前单位出资成立非营利法人单位并将出资金额计入长期股权投资的，应当自本解释施行之日，将原"长期股权投资"科目余额中对非营利法人单位的出资金额转出，借记"累计盈余"科目（以前年度出资）或"其他费用"科目（本年度出资），贷记"长期股权投资"科目。

三、关于政府债券的会计处理

根据《政府会计准则第8号——负债》（以下简称8号准则）第七条规定，政府发行的政府债券属于政府举借的债务。有关政府债券的会计处理规定如下：

（一）财政总预算会计的处理。

政府财政总预算会计应当按照8号准则和财政总预算会计制度相关规定对政府债券进行会计处理。

（二）使用政府债券资金的单位的会计处理。

1. 单位实际从同级财政取得政府债券资金的，应当借记"银行存款""零余额账户用款额度"等科目，贷记"财政拨款收入"科目；同时在预算会计中借记"资金结存"等科目，贷记"财政拨款预算收入"科目。

按照预算管理要求需对政府债券资金单独反映的，应当在"财政拨款（预算）收入"科目下进行明细核算。例如，取得地方政府债券资金的，应当根据地方政府债券类别按照"地方政府一般债券资金收入""地方政府专项债券资金收入"等进行明细核算。

2. 同级财政以地方政府债券置换单位原有负债的，单位应当借记"长期借款""应付利息"等科目,贷记"累计盈余"科目。预算会计不做处理。

3.单位需要向同级财政上缴专项债券对应项目专项收入的,取得专项收入时,应当借记"银行存款"等科目,贷记"应缴财政款"科目;实际上缴时,借记"应缴财政款"科目,贷记"银行存款"等科目。预算会计不做处理。

4.单位应当对使用地方政府债券资金所形成的资产、上缴的专项债券对应项目专项收入进行辅助核算或备查簿登记。

四、关于报告日后调整事项的会计处理

(一)单位应当按规定的结账日进行结账,不得提前或者延迟。年度结账日为公历年度每年的12月31日,即《政府会计准则第7号——会计调整》(以下简称7号准则)所称的年度报告日。年度终了结账时,所有总账账户都应当结出全年发生额和年末余额,并将各账户的余额结转到下一会计年度。单位不得对已记账凭证进行删除、插入或修改。

7号准则规定的"报告日以后发生的调整事项"(以下简称报告日后调整事项)是指自报告日至报告批准报出日之间发生的、单位获得新的或者进一步的证据有助于对报告日存在状况的有关金额作出重新估计的事项,包括已证实资产发生了减损、已确定获得或者支付的赔偿、财务舞弊或者差错等。报告批准报出日一般为财政部门审核通过后,单位负责人批准报告报出的日期。

对于报告日后调整事项,单位应当按照7号准则第十八条的规定进行会计处理,具体规定如下:

1.在发生调整事项的期间进行账务处理:

(1)涉及盈余调整的事项,通过"以前年度盈余调整"科目核算。调整增加以前年度收入或调整减少以前年度费用的事项,记入"以前年度盈余调整"科目的贷方;反之,记入"以前年度盈余调整"科目的借方。

(2)涉及预算收支调整的事项,通过"财政拨款结转""财政拨款结余""非财政拨款结转""非财政拨款结余"等科目下"年初余额调整"明细科目核算。调整增加以前年度预算收入或调整减少以前年度预算支出的事项,记入"年初余额调整"明细科目的贷方;反之,记入"年初余额调整"明细科目的借方。

(3)不涉及盈余调整或预算收支调整的事项,调整相关科目。

2.调整会计报表和附注相关项目的金额:

(1)报告日编制的会计报表相关项目的期末数或(和)本年发生数。

(2)调整事项发生当期编制的会计报表相关项目的期初数或(和)上年数。

(3)经过上述调整后,如果涉及报表附注内容的,还应作出相应调整或说明。

(二)单位在报告日至报告批准报出日之间发现的报告期以前期间的重大会计差错,应当根据7号准则第十五条第一款和第十八条的规定进行会计处理,具体规定如下:

1.按照本条(一)关于报告日后调整事项账务处理的规定,在发现差错的期间进行账务处理。

2. 调整会计报表和附注相关项目的金额：

（1）影响收入、费用或者预算收支的，应当将会计差错对收入、费用或者预算收支的影响或者累积影响调整报告期期初、期末会计报表相关净资产项目或者预算结转结余项目，并调整其他相关项目的期初、期末数或（和）本年发生数；不影响收入、费用或者预算收支的，应当调整报告期相关项目的期初、期末数。

（2）调整发现差错当期编制的会计报表相关项目的期初数或（和）上年数。

（3）经过上述调整后，如果涉及报表附注内容的，还应作出相应调整或说明。

（三）单位在报告日至报告批准报出日之间发现的报告期间的会计差错或报告期以前期间的非重大会计差错、影响或者累积影响不能合理确定的重大会计差错，应当根据7号准则第十五条第二款规定执行，具体按照本条（一）的规定进行会计处理。

五、关于生效日期

本解释自公布之日起施行。

政府会计准则制度

政府会计准则制度解释第 4 号

一、关于参照公务员法管理的事业单位适用的会计科目

《政府会计制度——行政事业单位会计科目和报表》（以下简称《政府会计制度》）适用于各级各类行政单位和事业单位（以下统称单位）。通常情况下，参照公务员法管理的事业单位（以下简称参公单位）执行《行政单位财务规则》的，应当使用《政府会计制度》中适用于行政单位的会计科目；执行《事业单位财务规则》的，应当使用《政府会计制度》中适用于事业单位的会计科目。参公单位应当根据其开展的经济业务事项，并结合所执行的财务制度确定应当使用的会计科目。行政单位和事业单位专用会计科目见附录。

二、关于在建工程按照估计价值转固相关会计处理

根据《政府会计准则第 3 号——固定资产》（以下简称 3 号准则）、《政府会计准则第 5 号——公共基础设施》（以下简称 5 号准则）规定，已交付使用但尚未办理竣工财务决算手续的固定资产、公共基础设施，应当按照估计价值入账，待办理竣工财务决算后再按实际成本调整原来的暂估价值。

（一）估计价值的确定。

3 号准则、5 号准则中的估计价值，是指在办理竣工财务决算前，单位在建的建设项目工程的实际成本，包括项目建设资金安排的各项支出，以及应付未付的工程价款、职工薪酬等。估计价值应当根据"在建工程"科目相关明细科目的账面余额确定。

对于建设周期长、建设内容多的大型项目，单项工程已交付使用但尚未办理竣工财务决算手续的，单位应当先按照估计价值将单项工程转为固定资产、公共基础设施。对于一项在建工程涉及多项固定资产的，在建工程按照估计价值转固时，单位应当分别确定各项固定资产的估计价值。

在建工程按照估计价值转固之后、办理竣工财务决算之前，发生调整已确认的应付工程价款等影响估计价值的事项，单位应当先通过"在建工程"科目进行会计处理，再由在建工程转入固定资产、公共基础设施。

在建工程按照估计价值转固时，单位应当将该项目的工程竣工结算书、各项费用归集表或交付使用资产明细表等材料作为原始凭证。

单位应当在报表附注中披露按照估计价值入账的固定资产、公共基础设施的金额。

（二）按实际成本调整暂估价值的会计处理。

单位办理竣工财务决算后，按实际成本调整资产暂估价值时，应当将实际成本与暂估价值的差额计入净资产，借记或贷记"固定资产""公共基础设施"科目，贷记或借记"以前年度盈余调整"科目。经上述调整后，应将"以前年度盈余调整"科目的余额转入"累计盈余"科目。

根据3号准则、5号准则，单位应当对暂估入账的固定资产、公共基础设施计提折旧（根据政府会计准则制度规定无需计提折旧的除外），实际成本确定后不需调整原已计提的折旧额。单位按实际成本调整暂估价值后，应当以相关资产的账面价值（实际成本减去已提折旧后的金额）作为应计提折旧额，在规定的折旧年限扣除已计提折旧年限的剩余年限内计提折旧。

单位通过"在建工程"科目核算的信息系统项目工程、保障性住房项目工程，应当参照上述（一）（二）中的规定进行会计处理。

三、关于固定资产、公共基础设施后续支出的会计处理

（一）后续支出资本化和费用化的划分。

根据3号准则、5号准则，固定资产、公共基础设施在使用过程中发生的后续支出，符合资产确认条件的，应当予以资本化计入固定资产、公共基础设施成本；不符合资产确认条件的，应当在发生时计入当期费用或者其他相关资产成本。

通常情况下，为增加使用效能或延长使用年限而发生的改建、扩建、大型维修改造等后续支出，应当计入相关资产成本；为维护正常使用而发生的日常维修、养护等后续支出，应当计入当期费用。列入部门预算支出经济分类科目中资本性支出的后续支出，应当予以资本化。

单位应当根据上述原则，结合有关行业主管部门对维修养护、改建扩建等的规定以及本单位实际，确定本单位固定资产、公共基础设施后续支出资本化和费用化划分的具体会计政策。

单位对于租入等不由本单位入账核算但实际使用的固定资产，发生的符合资产确认条件的后续支出，应当按照《政府会计制度》中"长期待摊费用"科目相关规定进行会计处理。

（二）改建、扩建后资产成本的确定。

根据3号准则、5号准则，在原有固定资产、公共基础设施基础上进行改建、扩建、大型维修改造等建造活动后的固定资产、公共基础设施，其成本按照原固定资产、公共基础设施账面价值加上改建、扩建、大型维修改造等建造活动发生的支出，再扣除固定资产、公共基础设施被替换部分的账面价值后的金额确定。

被替换部分的账面价值难以确定的，单位可以采用合理的分配方法计算确定，或组织专家参照资产评估方法进行估价。单位确定被替换部分的账面价值不切实可行或不符合成本效益原则的，可以不予扣除，但应当在报表附注中予以披露。

单位对于保障性住房发生的后续支出，应当参照上述（一）（二）中的规定进行会计处理。

四、关于自行研究开发项目形成的无形资产成本的确定

根据《政府会计准则第4号——无形资产》（以下简称4号准则）规定，单位自行研究开发项目形成的无形资产，其成本包括自该项目进入开发阶段后至达到预定用

途前所发生的支出总额。

（一）自行研究开发项目的识别。

4号准则中所指的自行研究开发项目，应当同时满足以下条件：

1. 该项目以科技成果创造和运用为目的，预期形成至少一项科技成果。科技成果是指通过科学研究与技术开发所产生的具有实用价值的成果。

2. 该项目的研发活动起点可以明确。例如，利用财政资金等单位外部资金设立的科研项目，可以将立项之日作为起点；利用单位自有资金设立的科研项目，可以将单位决策机构批准同意立项之日，或科研人员将研发计划书提交单位科研管理部门审核通过之日作为起点。

（二）自行研究开发项目支出的范围及会计处理。

4号准则中所指的自行研究开发项目的支出，包括从事研究开发及其辅助活动（以下简称研发活动）人员计提的薪酬，研发活动领用的库存物品，研发活动使用的固定资产和无形资产计提的折旧和摊销，为研发活动支付的其他各类费用等。其中，计提的薪酬根据《政府会计制度》，包括基本工资、国家统一规定的津贴补贴、规范津贴补贴（绩效工资）、改革性补贴、社会保险费、住房公积金等；为研发活动支付的其他各类费用包括业务费、劳务费、水电气暖费用等。

按照《政府会计制度》的规定，单位应当先通过"研发支出"科目归集自行研究开发项目的支出，借记"研发支出"科目，贷记"应付职工薪酬""库存物品""固定资产累计折旧""无形资产累计摊销""财政拨款收入""银行存款""零余额账户用款额度""预提费用"等科目。"研发支出"科目下归集的各项研发支出后续按4号准则相关规定转入当期费用或无形资产。

不属于4号准则所指的自行研究开发项目所发生的支出，应当在实际发生时计入当期费用。

（三）自行研究开发项目研究阶段和开发阶段的划分。

根据4号准则规定，单位自行研究开发项目的支出，应当区分研究阶段支出与开发阶段支出。对于研究阶段的支出，应当计入当期费用。对于开发阶段的支出，先按合理方法进行归集，最终形成无形资产的，应当确认为无形资产；最终未形成无形资产的，应当计入当期费用。

当单位自行研究开发项目预期形成的无形资产同时满足以下条件时，可以认定该自行研究开发项目进入开发阶段：

1. 单位预期完成该无形资产以使其能够使用或出售在技术上具有可行性。

2. 单位具有完成该无形资产并使用或出售的意图。

3. 单位预期该无形资产能够为单位带来经济利益或服务潜能。该无形资产自身或运用该无形资产生产的产品存在市场，或者该无形资产在内部使用具有有用性。

4. 单位具有足够的技术、财务资源和其他资源支持，以完成该无形资产的开发，并有能力使用或出售该无形资产。

5. 归属于该无形资产开发阶段的支出能够可靠地计量。

通常情况下，单位可以将样品样机试制成功、可行性研究报告通过评审等作为自行研究开发项目进入开发阶段的标志,但该时点不满足上述进入开发阶段5个条件的除外。

五、关于财政国库集中支付结余不再按权责发生制列支的相关会计处理

根据《政府会计制度》规定,单位在年末需要做如下账务处理:财政直接支付方式下,根据本年度财政直接支付预算指标数大于当年财政直接支付实际支付数的差额,在财务会计借记"财政应返还额度——财政直接支付"科目,贷记"财政拨款收入"科目;在预算会计借记"资金结存——财政应返还额度"科目,贷记"财政拨款预算收入"科目。财政授权支付方式下,根据本年度财政授权支付预算指标数大于零余额账户用款额度下达数的差额,在财务会计借记"财政应返还额度——财政授权支付"科目,贷记"财政拨款收入"科目;在预算会计借记"资金结存——财政应返还额度"科目,贷记"财政拨款预算收入"科目。

按照《国务院关于进一步深化预算管理制度改革的意见》(国发〔2021〕5号)规定,市县级财政国库集中支付结余不再按权责发生制列支,相关单位年末不再进行上述账务处理。中央级和省级单位根据同级财政部门规范国库集中支付结余权责发生制列支的规定,相应进行会计处理。

六、关于单位取得代扣代收代征税款手续费的会计处理

单位从税务机关取得的代扣代缴、代收代缴、委托代征税款手续费按规定计入本单位收入,应当按照《政府会计制度》中"其他收入"科目相关规定进行财务会计处理,同时按照"其他预算收入"科目相关规定进行预算会计处理。

七、关于部门(单位)合并财务报表范围中所属事业单位的确认

《政府会计准则制度解释第2号》"九、关于部门(单位)合并财务报表范围"中的部门(单位)所属事业单位,其所属关系应当根据以下原则确认:

1. 存在财政预算拨款关系的事业单位,以财政预算拨款关系为基础确认所属关系。

2. 实行经费自理的事业单位,按照《事业单位法人证书》所列举办单位确认所属关系。涉及两个或两个以上举办单位的,按排序第一的举办单位确认,纳入该举办单位的合并财务报表编制范围;举办单位之间有协议、章程或管理办法约定的,按约定执行,不得重复编报。

八、关于部门(单位)合并财务报表的编制程序和抵销事项的处理

(一)相关基础工作要求。

1. 单位应当加强本部门内部单位清单的管理和更新维护,可以在会计信息系统中将统一社会信用代码等作为部门内部单位的标识依据。发生内部业务或事项时,应当在明细核算或辅助核算中注明"本部门内部单位"。

2. 单位对于经常发生的内部业务或事项,应当统一会计处理,并明确内部抵销规则。

3. 单位应当根据内部业务或事项的发生频率及金额等因素，建立符合单位实际的定期对账机制，梳理并核对内部业务或事项，及时进行会计处理和调整。

（二）编制程序。

单位应当根据《政府会计准则第9号——财务报表编制和列报》（以下简称9号准则）第十七、十八条规定的程序，编制部门（单位）合并财务报表。一般流程如下：

1. 将需要调整的个别财务报表调整为遵循政府会计准则制度规定的统一会计政策的财务报表，以调整后的个别财务报表作为编制合并财务报表的基础。被合并主体除了应当向合并主体提供财务报表外，还应当按照9号准则第二十一条的规定提供有关资料。

2. 设置合并工作底稿。

3. 将合并主体和被合并主体个别财务报表中的资产、负债、净资产、收入和费用项目金额逐项填入合并工作底稿，并加总得出个别资产负债表、个别收入费用表各项目合计金额。

4. 在合并工作底稿上编制抵销分录，将合并主体和被合并主体之间、被合并主体相互之间发生的内部业务或事项对财务报表的影响进行抵销处理。

5. 根据合并主体和被合并主体个别财务报表各项目合计金额、抵销分录发生额计算合并财务报表各项目的合并金额。抵销分录涉及收入、费用项目的，除调整合并收入费用表相应项目外，还应当结转调整合并资产负债表的净资产项目。

6. 根据合并工作底稿中计算确定的各项目合并金额，填列合并财务报表。

（三）抵销内部业务或事项的会计处理。

单位应当根据9号准则第十八条第三款的规定，抵销合并主体和被合并主体之间、被合并主体相互之间发生的债权债务、收入费用等内部业务或事项对财务报表的影响，在合并工作底稿上编制相应抵销分录。

1. 一般情况下的抵销处理。

（1）抵销部门内部单位之间的债权（含应收款项坏账准备）和债务项目。在编制抵销分录时，应当按照内部债权债务的金额，借记"应付票据""应付账款""预收账款""其他应付款""长期应付款"等项目，贷记"应收票据""应收账款净额""预付账款""其他应收款净额"等项目。

其中，债权方对应收款项已计提坏账准备的，单位还应当分别以下情况编制抵销分录：

①初次编制合并报表的，按照内部应收款项计提的坏账准备的金额，借记"应收账款净额——坏账准备""其他应收款净额——坏账准备"项目，贷记"其他费用"项目。

②连续编制合并报表的。先按照上期抵销的内部应收款项计提的坏账准备的金额，借记"应收账款净额——坏账准备""其他应收款净额——坏账准备"项目，贷记"累计盈余——年初"项目。再按照本期个别资产负债表中期末内部应收款项相对应坏账准备的增加额，借记"应收账款净额——坏账准备""其他应收款净额——坏账准备"项目，贷记"其他费用"项目。本期个别资产负债表中期末内部应收款项所对应坏账准备金额减少的，做相反分录。

（2）抵销部门内部单位之间的上级补助收入和对附属单位补助费用项目。在编制抵销分录时，应当按照上级单位对附属单位补助的金额，借记"上级补助收入"项目，贷记"对附属单位补助费用"项目。

（3）抵销部门内部单位之间的上缴上级费用和附属单位上缴收入项目。在编制抵销分录时，应当按照附属单位向上级单位上缴的金额，借记"附属单位上缴收入""其他收入"（行政单位使用）项目，贷记"上缴上级费用"项目。

（4）抵销部门内部单位之间除（2）（3）以外的收入和费用项目。在编制抵销分录时，应当按照内部交易的金额，借记"事业收入""非同级财政拨款收入""经营收入""租金收入""其他收入"等项目，贷记按费用性质列示的收入费用表中的"业务活动费用""单位管理费用""经营费用""其他费用"等项目；同时，贷记按费用经济分类列示的收入费用表中的"商品和服务费用""其他费用"等项目。

（5）对涉及增值税的应税业务，单位应当按照不含增值税的净额抵销收入和费用项目。

2.不抵销的内部业务或事项。

（1）付款方计入费用、收款方计入应缴财政款的，在编制部门（单位）合并财务报表时，该费用项目不应抵销。

（2）单位相互之间销售商品、提供劳务形成的存货、固定资产、工程物资、在建工程、无形资产等所包含的未实现内部销售损益，在国务院财政部门作出抵销处理的规定之前，单位在编制部门（单位）合并财务报表时暂不抵销。

（3）按照国务院财政部门财务报告编制的有关规定，金额不超过抵销阈值的，在编制部门（单位）合并财务报表时可以不进行抵销。

3.特殊情况下的抵销处理。

在各单位充分对账、会计处理正确的前提下，部门合并主体对于明细核算或辅助核算中注明"本部门内部单位"，但按照"1.一般情况下的抵销处理"规定未能进行抵销处理，且不属于"2.不抵销的内部业务或事项"的项目，可以直接按照内部业务或事项的金额编制抵销分录：借记有关应付及预收、收入项目，贷记有关应收及预付、费用项目，按其差额借记或贷记"累计盈余"项目。

部门合并主体应当在报表附注中披露按照特殊情况下的抵销处理方法抵销的项目及其金额。

（四）相关会计核算要求。

1.单位通过本部门内部单位转拨资金方式，从本部门以外单位取得收入（或向本部门以外单位支付费用）的，不属于编制部门（单位）合并财务报表时应当抵销的内部业务或事项。在会计核算时，转拨单位应当通过"其他应付款"科目进行会计处理。实际取得收入（或支付费用）的单位确认的收入（费用）、转拨单位确认的其他应付款，在会计核算时不应注明"本部门内部单位"，应当按资金的最初来源（最终支付对象）注明"本部门以外同级政府单位""本部门以外非同级政府单位"或"其他单位"。

2.编制部门（单位）合并财务报表过程中发现报告期和报告期以前期间的会计差错，属于报告日以后发生的调整事项，应当按照《政府会计准则第7号——会计调整》的规定进行会计处理，再根据调整后的个别财务报表编制合并财务报表。

九、关于生效日期

本解释"关于财政国库集中支付结余不再按权责发生制列支的相关会计处理"适用于 2021 及以后年度,"关于部门(单位)合并财务报表范围中所属事业单位的确认"适用于编制 2021 及以后年度的部门(单位)合并财务报表,"关于部门(单位)合并财务报表的编制程序和抵销事项的处理"适用于编制 2022 及以后年度的部门(单位)合并财务报表,其余规定自 2022 年 1 月 1 日起施行。本解释规定首次施行时均采用未来适用法。

附录

行政单位专用会计科目

会计要素		科目名称	适用单位
财务会计要素	负债	应付政府补贴款	行政单位
预算会计要素	预算支出	行政支出	行政单位

事业单位专用会计科目

会计要素		科目名称	适用单位
	资产	短期投资	事业单位
		应收票据	事业单位
		应收股利	事业单位
		应收利息	事业单位
		坏账准备	事业单位
		长期股权投资	事业单位
		长期债券投资	事业单位
	负债	短期借款	事业单位
		应付票据	事业单位
		应付利息	事业单位
		预收账款	事业单位
		长期借款	事业单位
	净资产	专用基金	事业单位
		权益法调整	事业单位

（续表）

会计要素		科目名称	适用单位
财务会计要素	收入	事业收入	事业单位
		上级补助收入	事业单位
		附属单位上缴收入	事业单位
		经营收入	事业单位
		投资收益	事业单位
	费用	单位管理费用	事业单位
		经营费用	事业单位
		上缴上级费用	事业单位
		所得税费用	事业单位
预算会计要素	预算收入	事业预算收入	事业单位
		上级补助预算收入	事业单位
		附属单位上缴预算收入	事业单位
		经营预算收入	事业单位
		债务预算收入	事业单位
		投资预算收益	事业单位
	预算支出	事业支出	事业单位
		经营支出	事业单位
		上缴上级支出	事业单位
	预算支出	投资支出	事业单位
		债务还本支出	事业单位
	预算结余	专用结余	事业单位
		经营结余	事业单位
		非财政拨款结余分配	事业单位

政府会计准则制度

政府会计准则制度解释第 5 号

一、关于预算管理一体化相关会计处理

该问题主要涉及《政府会计制度——行政事业单位会计科目和报表》（财会〔2017〕25 号，以下称《政府会计制度》）中有关财政拨款（预算）收入及相关支出的会计处理。

根据《预算管理一体化规范（试行）》（财办〔2020〕13 号）、《中央财政预算管理一体化资金支付管理办法（试行）》（财库〔2022〕5 号）等规定，中央一体化试点部门及其所属相关预算单位（以下称中央预算单位）在预算管理一体化下的有关会计处理规定如下：

（一）有关会计科目的设置和使用。

实行预算管理一体化的中央预算单位在会计核算时不再使用"零余额账户用款额度"科目，"财政应返还额度"科目和"资金结存——财政应返还额度"科目下不再设置"财政直接支付""财政授权支付"明细科目。

（二）有关账务处理规定。

1. 财政资金支付的账务处理。

中央预算单位应当根据收到的国库集中支付凭证及相关原始凭证，按照凭证上的国库集中支付入账金额，在财务会计下借记"库存物品""固定资产""业务活动费用""单位管理费用""应付职工薪酬"等科目，贷记"财政拨款收入"科目（使用本年度预算指标）或"财政应返还额度"科目（使用以前年度预算指标）；同时，在预算会计下借记"行政支出""事业支出"等科目，贷记"财政拨款预算收入"科目（使用本年度预算指标）或"资金结存——财政应返还额度"科目（使用以前年度预算指标）。

2. 按规定向本单位实有资金账户划转财政资金的账务处理。

中央预算单位在某些特定情况下按规定从本单位零余额账户向本单位实有资金账户划转资金用于后续相关支出的，可在"银行存款"或"资金结存——货币资金"科目下设置"财政拨款资金"明细科目，或采用辅助核算等形式，核算反映按规定从本单位零余额账户转入实有资金账户的资金金额，并应当按照以下规定进行账务处理：

（1）从本单位零余额账户向实有资金账户划转资金时，应当根据收到的国库集中支付凭证及实有资金账户入账凭证，按照凭证入账金额，在财务会计下借记"银行存款"科目，贷记"财政拨款收入"科目（使用本年度预算指标）或"财政应返还额度"科目（使用以前年度预算指标）；同时，在预算会计下借记"资金结存——货币资金"科目，贷记"财政拨款预算收入"科目（使用本年度预算指标）或"资金结存——财政应返还额度"科目（使用以前年度预算指标）。

（2）将本单位实有资金账户中从零余额账户划转的资金用于相关支出时，按照实际支付的金额，在财务会计下借记"应付职工薪酬""其他应交税费"等科目，贷记"银行存款"科目；同时，在预算会计下借记"行政支出""事业支出"等支出科目下的"财政拨款支出"明细科目,贷记"资金结存——货币资金"科目。

3.已支付的财政资金退回的账务处理。

发生当年资金退回时,中央预算单位应当根据收到的财政资金退回通知书及相关原始凭证,按照通知书上的退回金额,在财务会计下借记"财政拨款收入"科目(支付时使用本年度预算指标)或"财政应返还额度"科目(支付时使用以前年度预算指标),贷记"业务活动费用""库存物品"等科目;同时,在预算会计下借记"财政拨款预算收入"科目(支付时使用本年度预算指标)或"资金结存——财政应返还额度"科目(支付时使用以前年度预算指标),贷记"行政支出""事业支出"等科目。

发生项目未结束的跨年资金退回时,中央预算单位应当根据收到的财政资金退回通知书及相关原始凭证,按照通知书上的退回金额,在财务会计下借记"财政应返还额度"科目,贷记"以前年度盈余调整""库存物品"等科目;同时,在预算会计下借记"资金结存——财政应返还额度"科目,贷记"财政拨款结转——年初余额调整"等科目。

4.结余资金上缴国库的账务处理。

因项目结束或收回结余资金,中央预算单位按照规定通过实有资金账户汇总相关资金统一上缴国库的,应当根据一般缴款书或银行汇款单上的上缴财政金额,在财务会计下借记"累计盈余"科目,贷记"银行存款"科目;同时,在预算会计下借记"财政拨款结余——归集上缴"科目,贷记"资金结存——货币资金"科目。中央预算单位按照规定注销财政拨款结转结余资金额度的,应当按照《政府会计制度》相关规定进行账务处理。

5.年末的账务处理。

年末,中央预算单位根据财政部批准的本年度预算指标数大于当年实际支付数的差额中允许结转使用的金额,在财务会计下借记"财政应返还额度"科目,贷记"财政拨款收入"科目;同时,在预算会计下借记"资金结存——财政应返还额度"科目,贷记"财政拨款预算收入"科目。

上述会计处理中涉及增值税业务的,相关账务处理参见《政府会计制度》中"应交增值税"等科目相关规定。

(三)关于新旧衔接的会计处理。

中央预算单位在转为预算管理一体化资金支付方式时,应当注销原零余额账户用款额度,按照零余额账户用款额度的金额,在财务会计下借记"财政拨款收入"科目(本年度预算指标)或"财政应返还额度"科目(以前年度预算指标),贷记"零余额账户用款额度"科目;同时,在预算会计下借记"财政拨款预算收入"科目(本年度预算指标)或"资金结存——财政应返还额度"科目(以前年度预算指标),贷记"资金结存——零余额账户用款额度"科目。

省级及以下地方预算单位在预算管理一体化下的有关会计处理参照上述规定执行,但财政国库集中支付结余不再按权责发生制列支的地区,预算单位不执行上述规定中"5.年末的账务处理"。

二、关于从结余中提取的专用基金的会计处理

该问题主要涉及《政府会计制度》中有关专用基金、专用结余的会计处理。

（一）有关账务处理规定。

根据《事业单位财务规则》（财政部令第 108 号）规定，事业单位应当将专用基金纳入预算管理。事业单位按照规定使用从非财政拨款结余或经营结余中提取的专用基金时，应当在财务会计下借记"业务活动费用"等费用科目，贷记"银行存款"等科目，并在有关费用科目的明细核算或辅助核算中注明"使用专用基金"（使用专用基金购置固定资产、无形资产的，按照《政府会计制度》中"专用基金"科目相关规定进行处理）；同时，在预算会计下借记"事业支出"等预算支出科目，贷记"资金结存"科目，并在有关预算支出科目的明细核算或辅助核算中注明"使用专用结余"。

事业单位应当在期末将有关费用中使用专用基金的本期发生额转入专用基金，在财务会计下借记"专用基金"科目，贷记"业务活动费用"等科目；在年末将有关预算支出中使用专用结余的本年发生额转入专用结余，在预算会计下借记"专用结余"科目，贷记"事业支出"等科目。

（二）有关列报要求。

事业单位在编制净资产变动表时，"本年盈余"行"专用基金"项目应当根据本年使用从非财政拨款结余或经营结余中提取的专用基金时直接计入费用的金额，以"一"号填列；"使用专用基金"行"专用基金"项目应当根据本年使用专用基金时直接冲减专用基金余额的金额填列。

事业单位在编制预算结转结余变动表时，"三、本年变动金额"中"其他资金结转结余"项目下的"本年收支差额"项目，应当根据"非财政拨款结转"科目下"本年收支结转"明细科目、"其他结余"科目、"经营结余"科目、"专用结余"科目本年转入的预算收入与预算支出的差额的合计数填列。自 2023 年度起，"三、本年变动金额"中"其他资金结转结余"项目下不再设置"使用专用结余"项目。

三、关于生效日期

本解释自公布之日起施行。2022 年度内自《事业单位财务规则》（财政部令第 108 号）、《中央财政预算管理一体化资金支付管理办法（试行）》（财库〔2022〕5 号）施行日至本解释首次执行日期间，相关单位上述业务的会计处理与本解释规定不一致的，应当根据本解释相关规定进行处理。

政府会计准则制度解释第 6 号

一、关于固定资产的明细核算

根据《固定资产等资产基础分类与代码》(GB/T 14885—2022)，行政事业单位（以下简称单位）应当自本解释施行之日起，在《政府会计制度——行政事业单位会计科目和报表》（财会〔2017〕25 号，以下简称《政府会计制度》）中"固定资产""固定资产累计折旧"科目下按照固定资产类别设置"房屋和构筑物""设备""文物和陈列品""图书和档案""家具和用具""特种动植物"明细科目。

同时，单位应当将"固定资产"科目和对应的"固定资产累计折旧"科目原相关明细科目余额（如有）按以下规定转入新的明细科目：

1. 原"房屋及构筑物"明细科目的余额，按照所属资产类别分别转入"房屋和构筑物""设备""家具和用具"明细科目；

2. 原"专用设备""通用设备"明细科目的余额转入"设备"明细科目；

3. 原"图书、档案"明细科目的余额转入"图书和档案"明细科目；

4. 原"家具、用具、装具及动植物"明细科目中属于家具、用具、装具的资产余额转入"家具和用具"明细科目；

5. 原"家具、用具、装具及动植物"明细科目中属于动植物的资产余额转入"特种动植物"明细科目。

二、关于工程项目专门借款利息的会计处理

单位为购建固定资产等工程项目借入专门借款的，属于工程项目建设期间发生的利息费用，应当计入工程成本，在财务会计借记"在建工程——待摊投资"科目，贷记"应付利息"或"长期借款——应计利息"科目；属于工程项目建设期间尚未动用的借款资金产生的归属于单位的利息收入，应当冲减工程成本，在财务会计借记"银行存款"等科目，贷记"在建工程——待摊投资"科目。

专门借款不属于工程项目建设期间发生的利息费用，应当计入当期费用，在财务会计借记"其他费用"科目，贷记"应付利息"或"长期借款——应计利息"科目；不属于工程项目建设期间尚未动用的借款资金产生的归属于单位的利息收入，应当计入当期收入，在财务会计借记"银行存款"等科目，贷记"利息收入"科目。

单位应当在实际支付专门借款利息支出、收到尚未动用的借款资金产生的归属于单位的利息收入时，按照《政府会计制度》相关规定进行预算会计处理。

工程项目建设期间的确定，应当遵循《政府会计准则第 8 号——负债》（财会〔2018〕31 号）的规定。

三、关于以前年度社会保险费结算的会计处理

单位因养老保险制度改革实施准备期清算、养老保险缴费比例调整等原因导致调整以前年度应缴社会保险费（如职工基本养老保险费、职业年金等）的，对属于单位

缴费的部分应区分以下情况进行会计处理：

（一）社会保险经办机构轧差退回以前年度缴费的情况。

单位应当在财务会计借记"银行存款""财政应返还额度"等科目，贷记"以前年度盈余调整"等科目；在预算会计借记"资金结存"科目，贷记有关结转结余科目下的"年初余额调整"明细科目。

有关资金需缴回财政或注销财政拨款结转结余资金额度的，应当按照《政府会计制度》相关规定进行会计处理。

（二）社会保险经办机构轧差补收以前年度缴费的情况。

在确定补缴金额时，单位应当在财务会计借记"以前年度盈余调整"等科目，贷记"应付职工薪酬——社会保险费"科目。

在实际补缴时，单位应当在财务会计借记"应付职工薪酬——社会保险费"科目，贷记"银行存款""财政应返还额度""财政拨款收入"等科目；在预算会计借记"行政支出""事业支出"等科目，贷记"资金结存""财政拨款预算收入"等科目。

（三）社会保险经办机构全额退回以前年度缴费，再按调整后的结算金额收缴的情况。

单位在收到全额退费时，应当在财务会计借记"银行存款"等科目，贷记"其他应付款"科目，预算会计不作处理。

单位按调整后的结算金额缴费时，应当区分以下情况进行会计处理：

1. 结算缴费金额小于退费金额的。

单位应当在财务会计按照退费金额借记"其他应付款"科目，按照结算缴费金额贷记"银行存款"等科目，按照其差额贷记"以前年度盈余调整"等科目；在预算会计按照差额借记"资金结存"科目，贷记有关结转结余科目下的"年初余额调整"明细科目。

有关资金需缴回财政或注销财政拨款结转结余资金额度的，应当按照《政府会计制度》相关规定进行会计处理。

2. 结算缴费金额大于退费金额的。

在确定缴纳金额时，单位应当在财务会计按照结算缴费金额大于退费金额的差额借记"以前年度盈余调整"等科目，贷记"应付职工薪酬——社会保险费"科目。

在实际缴纳时，单位应当在财务会计按照退费金额借记"其他应付款"科目，按照差额借记"应付职工薪酬——社会保险费"科目，按照结算缴费金额贷记"银行存款""财政应返还额度""财政拨款收入"等科目；在预算会计按照差额借记"行政支出""事业支出"等科目，贷记"资金结存""财政拨款预算收入"等科目。

此外，单位对属于个人缴费的部分，收到退回的以前年度缴费时，应当在财务会计借记"银行存款"等科目，贷记"其他应付款"科目；确定应补缴以前年度缴费金额时，应当在财务会计借记"其他应收款"科目，贷记"应付职工薪酬——社会保险费"科目；从应付职工薪酬中代扣应补缴的社会保险费时，应当在财务会计借记"应付职工薪酬——基本工资"科目，贷记"其他应收款"科目。

四、关于事业单位开办资金的会计处理

事业单位在初始设立并取得开办资金对应的各类资产时，应当在财务会计借记有

关资产科目，贷记"累计盈余"科目。同时，在预算会计按照取得的纳入部门预算管理的资金，借记"资金结存"科目，贷记有关预算收入科目。本解释所称初始设立不包括《行政事业单位划转撤并相关会计处理规定》（财会〔2022〕29号）中合并、分立情形下新组建单位，以及本解释"关于由执行其他会计制度转为执行政府会计准则制度的新旧衔接处理"中单位性质转为事业单位的情形。

事业单位在持续运行期间，接受举办单位无偿投入资产的，应当按照《政府会计制度》中取得上级补助收入、无偿调入非现金资产等业务相关规定进行会计处理。

事业单位办理开办资金变更登记，无需进行会计处理。

五、关于由执行其他会计制度转为执行政府会计准则制度的新旧衔接处理

因单位性质或执行的财务管理制度发生变化，由执行其他会计制度转为执行政府会计准则制度的，单位应当按照以下规定进行新旧衔接处理。

在首次执行日，单位应当按照政府会计准则制度的规定设立新账，对所有资产、负债、净资产、预算结余进行重新分类、确认和计量，一般流程包括将原账科目余额转入新账财务会计科目、按照原账科目余额登记新账预算结余科目，将未入账事项登记新账科目，并对相关新账科目余额进行调整。单位按照政府会计准则制度确认原未入账资产、负债，以及调整资产、负债余额的，应当相应调整累计盈余。单位应当按照登记及调整后新账的各会计科目余额，编制首次执行日的科目余额表，作为新账各会计科目的期初余额。

在首次执行日，单位应当根据新账会计科目期初余额，按照政府会计准则制度编制期初资产负债表，并在附注披露新旧衔接对报表项目金额的影响。

单位在首次执行日后编制财务报表和预算会计报表应当遵循政府会计准则制度的规定，首份年度财务报表和预算会计报表无需填列上年比较数。

六、关于生效日期

本解释自公布之日起施行。

本解释规定首次施行时均采用未来适用法。

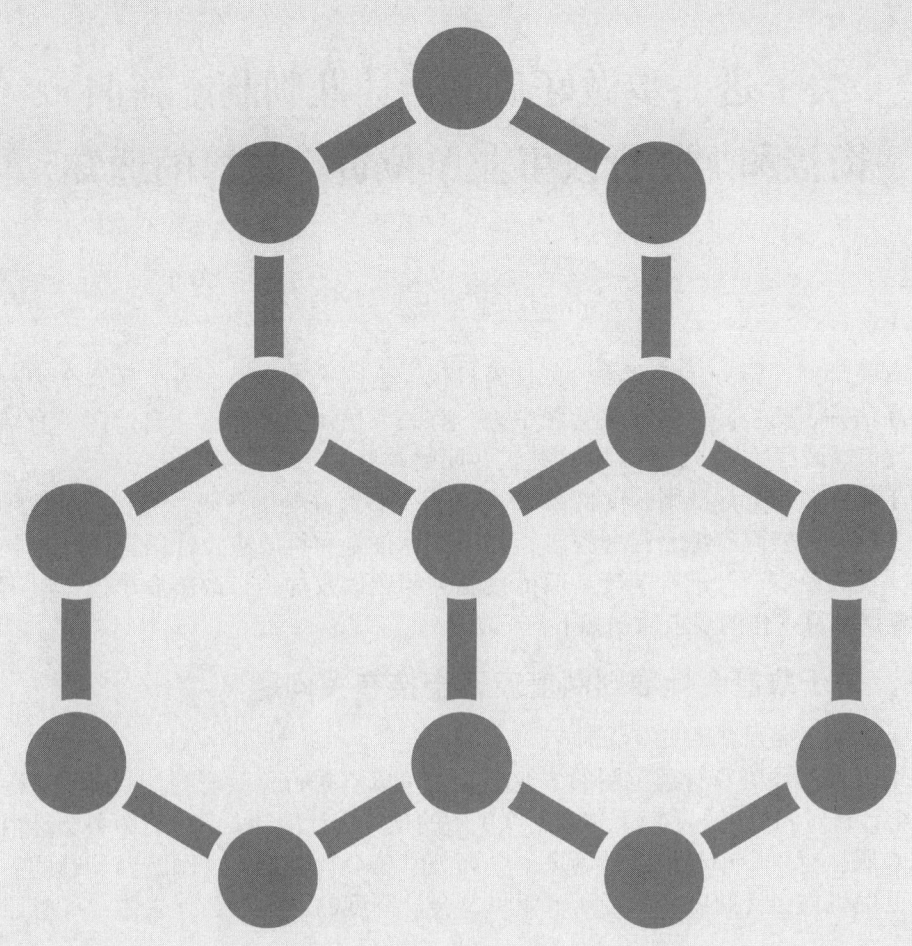

第五篇

其他规定

政府会计准则制度

关于进一步做好政府会计准则制度新旧衔接和加强行政事业单位资产核算的通知

（财会〔2018〕34号）

党中央有关部门，国务院各部委、各直属机构，全国人大常委会办公厅，全国政协办公厅，高法院，高检院，各民主党派中央，有关人民团体，各省、自治区、直辖市、计划单列市财政厅（局），新疆生产建设兵团财政局：

为了确保政府会计准则制度自2019年1月1日起在全国各级各类行政事业单位全面有效实施，夯实政府综合财务报告、部门决算报告和行政事业性国有资产报告的核算基础，现就政府会计准则制度新旧衔接有关问题以及加强行政事业单位（以下简称单位）资产核算工作的要求通知如下：

一、关于政府会计准则制度新旧衔接有关问题

（一）关于准则制度实施范围。

未纳入部门预决算管理范围的事业单位，可以不执行《政府会计制度——行政事业单位会计科目和报表》（以下称新制度）中的预算会计内容，只执行财务会计内容。

原参照执行《中小学校会计制度》《高等学校会计制度》《医院会计制度》《基层医疗卫生机构会计制度》等行业事业单位会计制度的非政府会计主体，可参照执行新制度。

原执行《工会会计制度》的各级工会组织，暂不执行政府会计准则制度，继续执行《工会会计制度》。

属于政府会计准则制度实施范围、但财政部未针对其原执行的会计制度专门制定新旧衔接规定的事业单位，应当参照《〈政府会计制度——行政事业单位会计科目和报表〉与〈事业单位会计制度〉有关衔接问题的处理规定》（财会〔2018〕3号）做好新旧衔接工作。

（二）关于预算会计的核算范围。

单位应当按照部门综合预算管理的要求，对纳入部门预算管理的全部现金收支业务进行预算会计核算。未纳入年初批复的预算但纳入决算报表编制范围的非财政拨款收支，应当进行预算会计核算。

（三）关于尚未入账的存量公共基础设施。

单位应当按照《政府会计准则第5号——公共基础设施》的规定，以2019年1月1日为初始入账日，做好尚未入账的存量公共基础设施的登记入账工作。

1. 关于公共基础设施的记账主体。

按照"谁承担管理维护职责、由谁入账"的原则确定公共基础设施的记账主体。由多个政府会计主体共同管理维护的公共基础设施，可暂按现有分管比例各自登记入

账。公共基础设施的管理维护职责尚不明确的，由本级政府尽快予以明确。

对于企业控制的公共基础设施，由企业按照企业会计准则进行核算；对于政府将其特许经营权授予企业的存量公共基础设施，其会计处理由财政部另行规定。

2. 关于公共基础设施分类。

单位应当在对公共基础设施进行分级分类的基础上，按照合适的计量单元将存量公共基础设施分门别类登记入账。国务院有关行业主管部门对公共基础设施已规定分级分类标准的，从其规定；尚无明确规定的，单位在公共基础设施首次入账时可按照现行管理实务进行分级分类，待统一分类规定出台后再行调整。

单位对公共基础设施至少应当按照市政基础设施、交通基础设施、水利基础设施和其他公共基础设施四个类别进行明细核算，其他明细核算应当遵循政府会计准则制度，并满足编制行政事业性国有资产报告的需要。

3. 关于公共基础设施折旧（摊销）。

在国务院财政部门对公共基础设施折旧（摊销）年限作出规定之前，单位在公共基础设施首次入账时暂不考虑补提折旧（摊销），初始入账后也暂不计提折旧（摊销）。单位在 2019 年 1 月 1 日之前已经核算公共基础设施且计提折旧（摊销）的，在新旧衔接时以及执行政府会计准则制度后可继续沿用之前的折旧（摊销）政策。

4. 关于存量公共基础设施的入账成本。

（1）单位应当首先按照公共基础设施的初始购建成本确定存量公共基础设施的初始入账成本。对于初始购建投入使用后至执行政府会计准则制度前发生的后续支出，无需追溯确认为公共基础设施的初始入账成本；对于执行政府会计准则制度后发生的后续支出，应当按照《政府会计准则第 5 号——公共基础设施》的规定处理。

单位在确定存量公共基础设施的初始购建成本时，应当以与存量公共基础设施购建及交付使用有关的原始凭据为依据，包括项目竣工财务决算资料、项目移交资料、项目投资预算、项目投资概算及建设成本资料等。单位无法取得与存量公共基础设施初始购建有关的原始凭据的，应当在财务报表附注中对无法取得原始凭据的事实及理由予以披露。

（2）对于无法取得与存量公共基础设施初始购建有关的原始凭据，但已按照有关规定对公共基础设施进行评估，或者按照《中华人民共和国资产评估法》等法律法规和国家有关规定要求对公共基础设施进行评估的，单位应当按照评估价值确定存量公共基础设施的初始入账成本。

以评估价值确定存量公共基础设施的初始入账成本的，应当以评估机构出具的评估报告等作为原始凭据。

（3）对于无法取得与存量公共基础设施初始购建有关的原始凭据且在首次入账前未要求或未进行过资产评估的，单位应当按照重置成本确定存量公共基础设施的初始入账成本。单位在具体确定存量公共基础设施的重置成本时，可参考以下步骤进行：

第一步，对存量公共基础设施进行分级分类。

第二步，确定各项存量公共基础设施的建造或使用时间、具体数量（如里程、面积等）以及各项资产的成新率（即新旧程度系数）。

第三步，确定现行条件下每项公共基础设施的单位（如单位里程、单位面积等）资产价值。通常情况下，单位资产价值的确定应当以行业定额标准或由各地行业主管部门组织确定的定额标准为基础。

第四步,根据第二步和第三步的结果,计算确定每项具体公共基础设施的入账成本。

经履行内部报批程序后,单位可将重置成本计算的依据作为存量公共基础设施初始入账的原始凭据。

此外,单位在新旧制度转换时,对于应当确认为公共基础设施、但已确认为固定资产的,应当将该项固定资产按其账面价值重分类为公共基础设施。如果该项固定资产是以名义金额计量的,应当按照以上规定重新确定公共基础设施的入账成本。

(四)关于文物文化资产。

新制度设置了"文物文化资产"科目,核算单位为满足社会公共需求而控制的文物文化资产的成本。其中,对于成本无法可靠取得的文物文化资产,单位应当设置备查簿进行登记,待成本能够可靠确定后按照规定及时入账。

单位在新旧制度转换时,应当将原账"固定资产"科目中核算的符合新制度"文物文化资产"科目核算内容的"文物和陈列品",按其相关明细科目的余额转入新账的"文物文化资产"科目。如原账中核算的"文物和陈列品"有以名义金额计量的,应当按照转入新账"文物文化资产"科目中的"文物和陈列品"名义金额的合计数,借记新账的"累计盈余"科目,贷记新账的"文物文化资产"科目,同时将这些文物文化资产在备查簿中进行登记,并按照新制度的规定进行后续处理。

(五)关于按照名义金额计量的资产。

根据政府会计准则制度,可以按照名义金额计量的资产只包括接受捐赠的库存物品、固定资产、无形资产,以及无法确定成本的盘盈库存物品、固定资产和无形资产。

单位在新旧制度转换时,对于原账中在相应资产科目核算的以名义金额计量的库存物品、固定资产和无形资产,应当仍然按名义金额转入新账的相应资产科目;对于原未入账的上述资产,仅当没有相关凭据且未经资产评估、同类或类似资产的市场价格也无法可靠取得时,才能按照名义金额入账。

(六)关于长期股权投资。

单位在新旧制度转换时按照权益法调整长期股权投资账面余额的,如无法获取被投资单位 2018 年 12 月 31 日资产负债表中所有者权益账面余额,可以依据被投资单位 2017 年 12 月 31 日资产负债表中所有者权益账面余额,以及单位持有被投资单位的股权比例,计算应享有或应分担的被投资单位所有者权益的份额,据此调整新账中长期股权投资的账面余额。在以后各年度,单位均可依据被投资单位上年资产负债表中所有者权益的年末数计算调整长期股权投资的账面余额。

(七)关于固定资产折旧。

单位按照原制度已经计提固定资产折旧的,在新旧制度转换时,应当按照新制度规定开始计提折旧的时点起至 2018 年 12 月 31 日止应计提的累计折旧金额与已计提的累计折旧金额的差额,借记新账中"累计盈余"科目,贷记新账中"固定资产累计折旧"科目。

单位按照原制度已经计提固定资产折旧,但原确定的固定资产折旧年限与新制度所规定的折旧年限不一致的,在新旧制度转换时无需追溯调整 2018 年 12 月 31 日前已经计提的折旧金额,而应当自执行新制度起,以 2019 年 1 月 1 日该项资产的账面价值

（原价减去已提折旧后的金额）作为应计提折旧额，在新制度规定的折旧年限扣除已计提折旧年限的剩余年限内计提折旧。

（八）关于在建工程。

单位在新旧制度转换时，对于 2018 年 12 月 31 日前发生的已经计入支出、但按照政府会计准则制度应当计入在建工程成本的固定资产更新、改造等费用，无需追溯调整在建工程账面价值。

（九）关于研发支出。

单位在新旧制度转换时，对于 2018 年 12 月 31 日前发生的已经计入支出、但按照政府会计准则制度应当计入自行研究开发项目成本的开发阶段的费用，无需追溯调整研发支出账面价值。

（十）关于应付职工薪酬。

新制度设置了"应付职工薪酬"科目，核算单位按照有关规定应付给职工及为职工支付的各种薪酬，包括基本工资、国家统一规定的津贴补贴、规范津贴补贴（绩效工资）、改革性补贴、社会保险费（如职工基本养老保险费、职业年金、基本医疗保险费等）、住房公积金等。单位在新旧制度转换时，应当将 2018 年 12 月 31 日前未入账的应付未付职工以及应为职工支付但尚未支付的有关薪酬记入新账，按照确定的应付未付金额，借记新账中"累计盈余"科目，贷记新账中"应付职工薪酬"科目下的相关明细科目。

（十一）关于应付福利费。

新制度未设置"应付福利费"科目，单位按规定发生福利费开支时，应当在计提标准内据实计入费用（同时计入预算支出）。单位在新旧制度转换时，应当对原账的"应付福利费"科目余额进行分析，在财务会计下，将其中属于职工福利基金的金额转入新账的"专用基金——职工福利基金"科目，将其他余额转入新账的"累计盈余"科目。在预算会计下，对于其中属于从财政拨款中提取的金额，应当在确定新账的"财政拨款结余"科目余额时作为调增项处理，对于其中属于职工福利基金（从非财政拨款结余中提取形成）的金额，应当在确定新账的"专用结余"科目余额时作为调增项处理，对于其他余额，应当在确定新账的"非财政拨款结余"科目余额时作为调增项处理；同时，按照相同的金额登记新账的"资金结存——货币资金"科目借方。

（十二）关于事业单位"非财政拨款结余"科目的新旧衔接。

单位在新旧制度转换时，按照《〈政府会计制度——行政事业单位会计科目和报表〉与〈事业单位会计制度〉有关衔接问题的处理规定》的有关要求，在第 2 个步骤对新账"非财政拨款结余"科目及"资金结存"科目余额进行调整时，还应考虑以下调整项目：

（1）调整长期股权投资对非财政拨款结余的影响。

单位应当对原账的"长期投资"科目余额中属于股权投资的余额进行分析，区分其中用现金资产取得的金额和用非现金资产及其他方式取得的金额，按照用现金资产取得的金额，借记"非财政拨款结余"科目，贷记"资金结存——货币资金"科目。按照原制度核算长期投资、并且对应科目为"非流动资产基金——长期投资"的，不作此项调整。

（2）调整长期债券投资对非财政拨款结余的影响。

单位应当按照原账的"长期投资"科目余额中属于债券投资的余额，借记"非财政拨款结余"科目，贷记"资金结存——货币资金"科目。按照原制度核算长期投资、并且对应科目为"非流动资产基金——长期投资"的，不作此项调整。

（3）调整专用基金对非财政拨款结余的影响。

单位应当对原账的"专用基金"科目余额进行分析，划分出按照收入比例列支提取的专用基金，按照列支提取的专用基金的金额，借记"资金结存——货币资金"科目，贷记"非财政拨款结余"科目。

单位按照《〈政府会计制度——行政事业单位会计科目和报表〉与〈事业单位会计制度〉有关衔接问题的处理规定》中1、2两个步骤难以准确调整出"非财政拨款结余"科目及对应的"资金结存"科目余额的，在新旧制度转换时，可以在新账的"库存现金""银行存款""其他货币资金""财政应返还额度"科目借方余额合计数基础上，对不纳入单位预算管理的资金进行调整（如减去新账中货币资金形式的受托代理资产、应缴财政款、已收取将来需要退回资金的其他应付款，加上已支付将来需要收回资金的其他应收款），按照调整后的金额减去新账的"财政拨款结转""财政拨款结余""非财政拨款结转""专用结余"科目贷方余额合计数，加上"经营结余"科目借方余额后的金额，登记新账的"非财政拨款结余"科目贷方；同时，按照相同的金额登记新账的"资金结存——货币资金"科目借方。

（十三）关于按合同完成进度确认事业收入。

单位以合同完成进度确认事业收入时，应当根据业务实质，选择累计实际发生的合同成本占合同预计总成本的比例、已经完成的合同工作量占合同预计总工作量的比例、已经完成的时间占合同期限的比例、实际测定的完工进度等方法，合理确定合同完成进度。

单位在新旧制度转换时，对于已经开始执行尚未执行完毕的合同，无需按照新制度规定的会计核算基础对已经确认的收入进行调整。

（十四）关于受托代理资产和受托代理负债。

为了全面核算和反映政府会计主体发生的经济业务或事项，新制度设置了"受托代理资产"科目，本科目核算单位接受委托方委托管理的各项资产，包括受托指定转赠的物资、受托存储保管的物资和罚没物资等的成本。单位对受托代理资产不拥有控制权，因此"受托代理资产"并不符合《政府会计准则——基本准则》所规定的资产的定义及其确认标准。

"受托代理负债"因单位接受受托代理资产而产生，应当按照相对应的受托代理资产的金额予以确认和计量。单位收取的押金、存入保证金等负有偿还义务的暂收款项，应当通过"其他应付款"科目核算。

单位在新旧制度转换时，应当按照上述原则正确确定应转入新账或登记新账的"受托代理资产"科目和"受托代理负债"科目的内容。

（十五）关于非同级财政拨款（预算）收入。

单位取得的非同级财政拨款收入包括两大类，一类是从同级财政以外的同级政府部门取得的横向转拨财政款，另一类是从上级或下级政府（包括政府财政和政府部门）

取得的各类财政款。在具体核算时，事业单位对于因开展专业业务活动及其辅助活动取得的非同级财政拨款收入，应当通过"事业收入——非同级财政拨款"科目核算；对于其他非同级财政拨款收入，应当通过"非同级财政拨款收入"科目核算。

事业预算收入和非同级财政拨款预算收入的核算口径也比照前款规定处理。

单位在新旧制度转换时，应当按照上述规定确定新账的相关科目的核算口径。

二、关于加强单位资产核算工作的要求

编制行政事业性国有资产报告是建立国务院向全国人大常委会报告国有资产管理情况制度的重要内容，会计账簿生成的信息是编制行政事业性国有资产报告的重要数据来源。各单位应当以执行新政府会计准则制度、做好新旧制度衔接工作为契机，健全会计机构，充实会计人员，提升会计信息化水平，进一步规范和加强各类资产的会计核算，夯实资产核算的各项基础工作，强化资产账实相符，确保资产信息的全面性、完整性和准确性。

各单位应当在2016年资产清查核实的基础上，按照落实国务院向全国人大常委会报告国有资产管理情况制度和政府会计准则制度的要求，扎实开展以下工作：

一是进一步清理核实和归类统计固定资产、无形资产、库存物品、对外投资等资产数据，为准确计提折旧、摊销费用、确定权益等提供基础信息。

二是进一步规范和加强往来款项的管理，全面开展往来款项专项清理和账龄分析，及时报批处理往来挂账，做好坏账准备计提的相关工作。

三是进一步清理基本建设会计账务，及时将已交付使用的建设项目转为固定资产、无形资产等，按规定及时办理基本建设项目竣工财务决算手续，为将基本建设投资业务纳入单位统一账簿进行会计核算做好准备。

四是进一步明晰资产占有、使用和维护管理的责任主体，按规定将单位控制的公共基础设施、政府储备物资、保障性住房等资产以及单位受托管理的资产登记入账，确保国有资产信息全面完整。

有关行业主管部门要加强对单位资产核算工作的指导；各级财政部门要加强对单位资产核算工作的监督检查，对未按照政府会计准则制度进行核算的，应依法依规予以处理。

财 政 部
2018年12月6日

 政府会计准则制度

关于印发《事业单位成本核算基本指引》的通知

（财会〔2019〕25号）

党中央有关部门，国务院各部委、各直属机构，全国人大常委会办公厅，全国政协办公厅，最高人民法院，最高人民检察院，各民主党派中央，有关人民团体，各省、自治区、直辖市、计划单列市财政厅（局），新疆生产建设兵团财政局：

  为促进事业单位加强成本核算工作，提升单位内部管理水平和运行效率，夯实绩效管理基础，根据《中华人民共和国会计法》以及政府会计准则制度等，我部制定了《事业单位成本核算基本指引》，现予印发，自2021年1月1日起施行。

  执行中有何问题，请及时反馈我部。

  附件：事业单位成本核算基本指引

财政部
2019年12月17日

附件：

事业单位成本核算基本指引

第一章 总 则

第一条 为促进事业单位加强成本核算工作，提升单位内部管理水平和运行效率，夯实绩效管理基础，根据《中华人民共和国会计法》以及政府会计准则制度等，制定本指引。

第二条 本指引适用于执行政府会计准则制度且开展成本核算工作的事业单位（以下简称单位）。

第三条 本指引所称成本，是指单位特定的成本核算对象所发生的资源耗费，包括人力资源耗费，房屋及建筑物、设备、材料、产品等有形资产的耗费，知识产权等无形资产的耗费，以及其他耗费。

第四条 本指引所称成本核算，是指单位对实现其职能目标过程中实际发生的各种耗费按照确定的成本核算对象和成本项目进行归集、分配，计算确定各成本核算对象的总成本、单位成本等，并向有关使用者提供成本信息的活动。

第五条 单位进行成本核算应当满足内部管理和外部管理的特定成本信息需求。单位的成本信息需求包括但不限于以下方面：

（一）成本控制。为满足该需求，单位应当完整、准确核算特定成本核算对象的成本，揭示成本发生和形成过程，以便对影响成本的各种因素、条件施加影响或管控，将实际成本控制在预期目标内。

（二）公共服务或产品定价。为满足该需求，单位应当准确核算公共服务或产品的成本，以便为政府定价机构、有关单位制定相关价格或收费标准提供依据和参考。

（三）绩效评价。为满足该需求，单位应当设置与成本相关的绩效指标并加以准确核算，以便衡量单位整体和内部组织部门运行效率、核心业务实施效果、政策和项目资金使用效果。

第六条 单位应当以权责发生制财务会计数据为基础进行成本核算，财务会计有关明细科目设置和辅助核算应当满足成本核算的需要。

第七条 单位应当建立健全成本费用相关原始记录，充分利用现代信息技术，加强和完善成本数据的收集、记录、传递、汇总和整理等基础工作，为成本核算提供必要的数据基础。

第八条 单位进行成本核算，应当遵循以下原则：

（一）相关性原则。单位选择成本核算对象、归集分配成本、提供成本信息应当与满足成本信息需求相关，有助于成本信息使用者依据成本信息作出评价或决策。

（二）可靠性原则。单位应当以实际发生的经济业务或事项为依据进行成本核算，保证成本信息真实可靠、内容完整。

（三）适应性原则。单位进行成本核算，应当与单位行业特点、特定的成本信息

需求相适应。

（四）及时性原则。单位应当及时收集、传递、处理、报告成本信息，便于信息使用者及时作出评价或决策。

（五）可比性原则。同一单位不同期间、相同行业不同单位，对相同或相似的成本核算对象进行成本核算所采用的方法和依据等应当保持一致，确保成本信息相互可比。

（六）重要性原则。单位选择成本核算对象、进行成本核算应当区分重要程度，对于重要的成本核算对象和成本项目应当力求成本信息的精确，对于非重要的成本核算对象和成本项目可以适当简化核算。

第九条 单位可以根据成本信息需求、成本核算对象等确定成本核算周期，并按照成本核算周期等编制成本报告，全面反映单位成本核算情况。

第二章 成本核算对象

第十条 单位应当根据其职能目标、所处行业特点，以及不同的成本信息需求等确定成本核算对象。

第十一条 单位可以多维度、多层次地确定成本核算对象。

第十二条 单位按照维度确定的成本核算对象主要包括：

（一）按业务活动类型确定的成本核算对象。

（二）按政策、项目确定的成本核算对象。

（三）按提供的公共服务或产品确定的成本核算对象。

第十三条 单位按照层次确定的成本核算对象主要包括：

（一）以单位整体作为成本核算对象。

（二）按内部组织部门确定的成本核算对象。

（三）按业务团队确定的成本核算对象。

第十四条 单位为满足成本控制需求，可以以业务活动类型、项目、内部组织部门等作为成本核算对象；为满足公共服务或产品定价需求，可以以公共服务或产品作为成本核算对象；为满足内部绩效评价需求，可以以项目、内部组织部门、业务团队等作为成本核算对象；为满足外部绩效评价需求，可以以政策和项目、单位整体等作为成本核算对象。

第三章 成本项目和范围

第十五条 单位应当根据成本信息需求设置成本项目，并对每个成本核算对象按照其成本项目进行数据归集。

成本项目是指将归集到成本核算对象的成本按照一定标准划分的反映成本构成的具体项目。

单位可以根据具体成本信息需求，按照成本经济用途、成本要素等设置成本项目。

第十六条 单位成本项目的设置，应当与政府会计准则制度中"加工物品""业务活动费用""单位管理费用"等科目的明细科目保持协调。

单位可以根据需要在本条前款规定的成本项目下设置进一步的明细项目或进行辅

助核算。

第十七条 不属于成本核算对象的耗费，不计入该成本核算对象的成本。

成本核算对象为业务活动类型的，与单位开展业务活动耗费无关的费用，如资产处置费用、上缴上级费用、对附属单位补助费用等，一般不计入成本。

成本核算对象为单位整体的，单位负有管理维护职责但并非为满足其自身开展业务活动需要所控制资产的折旧（摊销）费用，如公共基础设施折旧（摊销）费、保障性住房折旧费等，一般不计入成本。

第十八条 为满足公共服务或产品定价需求开展的成本核算，应当在对相关成本进行完整核算的基础上，按规定对成本范围予以调整，如按规定调减不符合有关法律法规规定的费用、有财政资金补偿的费用等。

第四章 成本归集和分配

第十九条 单位一般通过"业务活动费用""单位管理费用"等会计科目，按照成本项目归集实际发生的各种费用，据此计算确定各成本核算对象的成本。

当成本核算对象为自制或委托外单位加工的各种物品、建设工程项目、自行研究开发项目时，应当按照政府会计准则制度等规定分别通过"加工物品""在建工程""研发支出"等会计科目，按照成本项目归集并结转实际发生的各种费用。

第二十条 单位应当根据成本信息需求，对具体的成本核算对象分别选择完全成本法或制造成本法进行成本核算。

完全成本法，是指将单位所发生的全部耗费按照成本核算对象进行归集和分配，计算出总成本和单位成本的方法。成本核算对象为单位整体、主要业务活动的，可以采用完全成本法。

制造成本法，是指只将与产品制造或业务活动有联系的费用计入成本核算对象，不将单位管理费用等向成本核算对象分配的方法。成本核算对象为公共服务或产品、项目、内部组织部门、业务团队的，可以采用制造成本法。

第二十一条 单位所发生的费用，按照计入成本核算对象的方式不同，分为直接费用和间接费用。

直接费用是指能确定由某一成本核算对象负担的费用，应当按照所对应的成本项目类别，直接计入成本核算对象。

间接费用是指不能直接计入成本核算对象的费用，应当选择合理的分配标准或方法分配计入各个成本核算对象。

第二十二条 单位应当根据业务特点，按照资源耗费方式确定合理的间接费用分配标准或方法。

间接费用分配标准或方法一般遵循因果关系和受益原则，将资源耗费根据资源耗费动因分项目追溯或分配至相关的成本核算对象，如根据工作量占比、耗用资源占比、收入占比等。

同一成本核算对象的间接费用分配标准或方法一旦确定，各期间应当保持一致，不得随意变动。

第二十三条 单位应当根据其职能目标确定主要的专业业务活动，作为基本的成本归集和分配的对象。

第二十四条 单位内直接开展专业业务活动的业务部门所发生的业务活动费用，如直接开展专业业务活动人员的工资福利费用、开展专业业务活动领用的库存物品成本、业务部门所使用资产的折旧（摊销）费用等，应当区分直接费用和间接费用，归集、分配计入各类业务活动等成本核算对象。

第二十五条 单位内为业务部门提供服务或产品的辅助部门所发生的业务活动费用，应当采用合理的标准或方法分配计入各类业务活动等成本核算对象。

辅助部门之间互相提供的服务、产品成本，应当采用合理的方法，进行交互分配。互相提供服务、产品的成本较少的，可以不进行交互分配，直接分配计入各类业务活动等成本核算对象。

第二十六条 单位本级行政及后勤管理部门开展管理活动发生的单位管理费用，如单位行政及后勤管理部门发生的人员经费、公用经费、资产折旧（摊销）等费用，以及由单位统一负担的费用，可以根据成本信息需求，采用合理的标准或方法分配计入相关成本核算对象。

第二十七条 成本核算对象为公共服务或产品的，可以合理选择品种法、分批法、分步法等方法进行成本核算。

第五章 附 则

第二十八条 行业事业单位（如医院、高等学校、科学事业单位）的成本核算具体指引等，应当由财政部遵循本指引制定。

第二十九条 行政单位、参照执行政府会计准则制度的非行政事业单位主体开展成本核算工作，可以参照执行本指引。

第三十条 本指引由财政部负责解释。

第三十一条 本指引自 2021 年 1 月 1 日起施行。

关于印发《事业单位成本核算具体指引——公立医院》的通知

（财会〔2021〕26号）

国务院有关部委、有关直属机构，各省、自治区、直辖市、计划单列市财政厅（局），新疆生产建设兵团财政局，有关单位：

为建立政府成本核算指引体系，加强公立医院成本核算工作，根据《中华人民共和国会计法》、《事业单位成本核算基本指引》（财会〔2019〕25号）等规定，我部制定了《事业单位成本核算具体指引——公立医院》，现予印发，请遵照执行。

执行中如有问题，请及时反馈我部。

附件：事业单位成本核算具体指引——公立医院

财政部
2021年11月15日

附件

事业单位成本核算具体指引——公立医院

第一章 总 则

第一条 为推动公立医院（以下简称医院）高质量发展，健全现代医院管理制度，规范医院成本核算工作，提升医院内部管理水平和运营效率，根据《中华人民共和国会计法》、政府会计准则制度、《事业单位成本核算基本指引》（财会〔2019〕25号）等规定，制定本指引。

第二条 本指引适用于中华人民共和国境内各级各类执行政府会计准则制度且开展成本核算工作的医院，含综合医院、中医院、中西医结合医院、民族医院、专科医院、门诊部（所）、疗养院等，不包括城市社区卫生服务中心（站）、乡镇卫生院等基层医疗卫生机构。

第三条 医院进行成本核算应当满足内部管理和外部管理的特定成本信息需求。医院的成本信息需求包括但不限于以下方面：

（一）成本控制。加强运营管理，促使医院合理控制成本、优化资源配置、提升管理水平。

（二）医疗服务价格监管。提供医院财务成本状况，为政府有关部门监管医疗服务价格、完善医保支付政策等提供数据支持。

（三）绩效评价。夯实绩效管理基础，为衡量医院整体和内部各部门的运行效率、核心业务实施效果、政策项目预算资金使用效果等提供成本信息。

第四条 医院成本核算的基本步骤包括：

（一）明确成本核算部门和成本核算相关部门的职责，分别核算费用、收入，采集人员数量、工作量、房屋面积等成本相关基础数据。

（二）结合业务活动特点和管理需要，合理确定成本核算对象。

（三）根据成本信息需求确定成本核算对象的成本项目和范围。

（四）将直接费用归集至成本核算对象；选择科学、合理的成本动因或分配基础，将间接费用分配至成本核算对象；计算确定各成本核算对象的成本。

（五）根据成本核算结果编制成本报告。

第五条 医院开展成本核算的过程中，对医院成本及成本核算的定义、成本核算的会计数据基础、成本数据记录要求、成本核算原则和成本核算周期等内容，应当遵循《事业单位成本核算基本指引》的相关规定。

第二章 成本核算对象

第六条 医院可以根据成本信息需求，多维度、多层次地确定成本核算对象。

第七条 本指引主要规范医院专业业务活动（以下简称业务活动）相关成本核算对象的成本核算。医院的业务活动根据其职能目标确定，一般包括医疗、教学、科研、预防活动。

第八条 医院应当将业务活动中的医疗活动作为基本的成本核算对象，具备条件的医院可以核算教学、科研、预防活动（以下称非医疗活动）的成本。

第九条 医疗活动成本按照不同的标准，可以进一步划分为以下成本核算对象：

（一）科室成本。按照科室划分，以各科室为成本核算对象，并进一步计算科室门急诊成本、住院成本的单位成本，即诊次成本、床日成本。

（二）医疗服务项目成本。按照各省级医疗服务价格主管部门制定的医疗服务价格项目（不包括药品和可以单独收费的卫生材料）划分，以各医疗服务价格项目为成本核算对象，并进一步计算其单位成本，即医疗服务项目成本。

（三）病种成本。按照病种划分，以各病种为成本核算对象，并进一步计算其单位成本，即病种成本。

（四）疾病诊断相关分组（Diagnosis Related Groups，以下简称DRG）成本。按照DRG组划分，以各DRG组为成本核算对象，并进一步计算其单位成本，即DRG成本。

医院应当核算科室、诊次、床日成本，具备条件的医院可以核算医疗服务项目、病种、DRG等成本。

第三章　成本项目和范围

第十条 医院应当根据成本信息需求，按照成本经济用途、成本要素等设置成本项目，并对每个成本核算对象按照其成本项目进行数据归集。

成本项目是指将归集到成本核算对象的成本按照一定标准划分的反映成本构成的具体项目。

第十一条 医院成本项目的设置，应当与成本核算对象所对应财务会计科目的明细科目或辅助核算项目保持协调，确保成本数据与财务会计数据的同源性和一致性。

第十二条 医院医疗活动的成本项目应当包括：人员经费、卫生材料费、药品费、固定资产折旧费、无形资产摊销费、提取医疗风险基金和其他医疗费用。医院应当根据"业务活动费用""单位管理费用"会计科目下的相关明细科目归集获取各成本项目的费用。

医院可以根据需要在上述成本项目下设置明细项目或进行辅助核算。

第十三条 医院成本范围的界定应当与成本核算对象相适应。

（一）当成本核算对象为医院整体时，其成本范围即医院全成本，包括医院发生的全部费用：业务活动费用、单位管理费用、经营费用、资产处置费用、上缴上级费用、对附属单位补助费用、所得税费用、其他费用。

（二）当成本核算对象为业务活动时，其成本范围包括业务活动费用、单位管理费用。

（三）当成本核算对象为医疗活动时，其成本范围即医疗全成本，包括业务活动成本中与开展医疗活动相关的全部耗费。

医院成本范围可以根据成本信息需求进行调整。例如，为满足医疗服务价格监管、制定医保支付标准等需求，应当在医疗全成本基础上，按规定调减不符合有关法律法规规定的费用、有财政资金补偿的费用等。财政资金补偿的费用一般包括"业务活动费用""单位管理费用"会计科目下通过"财政基本拨款经费""财政项目拨款经费"进行明细核算的费用。

第四章 业务活动成本归集和分配

第一节 业务活动成本归集和分配的一般要求

第十四条 医院应当根据成本信息需求,对业务活动相关成本核算对象选择完全成本法或制造成本法进行核算。

完全成本法下应当将业务活动费用、单位管理费用均归集、分配至成本核算对象。制造成本法下应当只将业务活动费用归集、分配至成本核算对象。

第十五条 医院业务活动成本归集和分配的一般流程如图1所示:

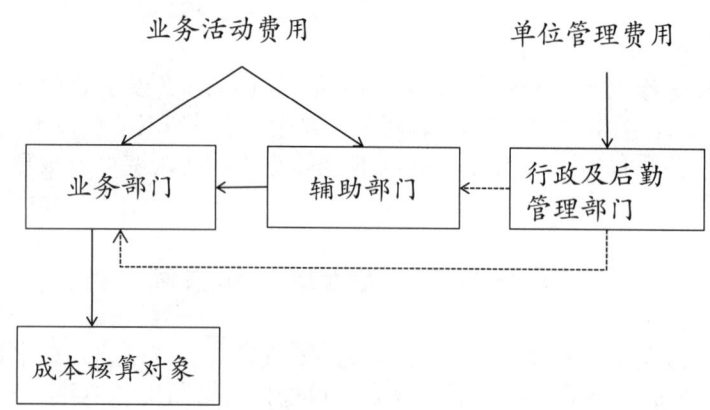

图1 医院业务活动成本归集和分配的一般流程

(一)将"业务活动费用"会计科目的本期发生额按照活动类型、成本项目,分别归集到直接开展业务活动的业务部门、为业务部门提供服务或产品的辅助部门;将"单位管理费用"会计科目的本期发生额按照成本项目,归集到开展行政管理和后勤保障等管理活动的行政及后勤管理部门。

(二)将行政及后勤管理部门归集的单位管理费用(仅限完全成本法)、辅助部门归集的业务活动费用分配至业务部门。其中,单位管理费用可以先分配至业务部门和辅助部门,再随辅助部门的费用分配至业务部门;也可以直接全部分配至业务部门。

(三)将业务部门归集的费用采用合理的分配方法分配至成本核算对象。

第十六条 医院应当将业务活动费用在医疗活动和非医疗活动之间进行划分。例如,通过"科教经费"进行明细核算的费用应当计入教学、科研活动成本。难以确定所属活动类型的业务活动费用应当计入医疗活动。

在完全成本法下,医院应当将单位管理费用分配至医疗活动和非医疗活动成本。非医疗活动成本占业务活动总成本比例不高的医院,可以按照重要性原则将单位管理费用分配至医疗活动成本。

第二节 按科室归集和分配医疗活动费用

第十七条 医院应当区分业务部门、辅助部门、行政及后勤管理部门,将开展医疗活动的科室划分为以下几类:

(一)直接开展医疗活动的临床服务类科室。

（二）既直接开展医疗活动，同时也为临床服务类科室提供服务或产品的医疗技术类科室。

（三）为临床服务类和医疗技术类科室提供服务或产品的医疗辅助类科室。

（四）开展行政管理和后勤保障等管理活动的行政后勤类科室。

医院应当根据成本核算对象，按照直接开展医疗活动、为业务部门提供服务或产品的标准，确定医疗技术类科室属于业务部门还是辅助部门。例如，计算诊次、床日成本时，医疗技术类科室为开展门急诊、住院活动的临床服务类科室提供医疗技术服务，属于辅助部门；计算医疗服务项目成本时，医疗技术类科室直接为患者提供医疗服务项目，属于业务部门。

第十八条 医院应当在科室分类的基础上，将业务活动费用归集和分配至各临床服务类、医疗技术类、医疗辅助类科室，将单位管理费用归集和分配至各行政后勤类科室。

按照费用计入科室方式的不同，分为科室直接费用和科室间接费用。

科室直接费用是指能确定由某科室负担的费用，包括人员经费、卫生材料费、药品费、固定资产折旧费、无形资产科室的费用。

科室间接费用是指不能直接计入某科室的费用。医院应当根据业务特点、重要性、可操作性等因素，选择合理的分配方法将科室间接费用分配至相关科室。

间接费用分配方法一般遵循因果关系和受益原则，将资源耗费根据资源耗费动因进行分配。

第十九条 在完全成本法下，医院应当选择合理的分配方法将行政及后勤管理部门归集的费用分配至辅助部门和业务部门，或直接分配至业务部门。行政及后勤管理部门归集的费用一般采用参数分配法 a 进行分配，参数可以选择人员数量、工作量、房屋面积等。

$$分配率=\frac{行政及后勤管理部门费用总额}{各科室分配参数之和（例如人员总数、工作量总数、房屋总面积）}$$

某科室应分配的行政及后勤管理部门费用＝该科室分配参数 × 分配率

第二十条 医院应当选择合理的分配方法将辅助部门归集的费用分配至业务部门。辅助部门的费用一般采用参数分配法进行分配，参数可以选择工作量、收入、房屋面积等。

医院辅助部门之间互相提供服务、产品的，可以根据相互提供服务或产品的金额、差异程度以及医院实际核算条件选择直接分配法、顺序分配法、交互分配法等分配费用。在摊销费、提取医疗风险基金和其他医疗费用中可以直接计入实际成本核算过程中一般采用顺序分配法，即按照受益多少的顺序分配费用，受益少的科室先分配，受益多的科室后分配，先分配的科室不负担后分配的科室的费用。当医疗辅助类、医疗技术类科室均为辅助部门时，应当先分配医疗辅助类科室的费用，后分配医疗技术类科室的费用。

第二十一条 医院按照第十八条至第二十条规定将业务活动费用、单位管理费用归集和分配至业务部门各科室后，即为业务部门各科室成本。

医院可以选择合理的分配方法，将业务部门各科室成本分配至诊次、床日、医疗服务项目、病种、DRG 等成本核算对象。

---

① 医院在应用参数分配法时，可以按照成本项目分别采用不同的参数进行分配。

第三节 诊次、床日成本核算

第二十二条 医院应当将临床服务类科室成本进一步分为门急诊成本、住院成本。临床服务类科室成本能够直接计入门急诊成本、住院成本的应当直接计入，不能直接计入的应当选择合理的分配方法分配至门急诊成本、住院成本，一般采用参数分配法进行分配，参数可以选择工时、工作量、收入等。

第二十三条 以某临床科室门急诊成本，按该科室门急诊人次求平均，即为该科室诊次成本。以全院临床科室门急诊成本，按全院总门急诊人次求平均，即为全院平均诊次成本。

某临床科室诊次成本＝某临床科室门急诊成本 ÷ 该临床科室门急诊人次

全院平均诊次成本＝（∑全院各科室门急诊成本）÷ 全院总门急诊人次

第二十四条 以某临床科室住院成本，按该科室实际占用床日数求平均，即为该科室实际占用床日成本。以全院临床科室住院成本，按全院实际占用总床日数求平均，即为全院平均实际占用床日成本。

某临床科室实际占用床日成本＝某临床科室住院成本 ÷ 该临床科室实际占用床日数

全院平均实际占用床日成本＝（∑全院各科室住院成本）÷ 全院实际占用总床日数

第四节 医疗服务项目成本核算

第二十五条 医院应当以某临床服务类或医疗技术类科室成本剔除药品费、单独收费的卫生材料费后作为该科室医疗服务项目总成本，采用合理的分配方法分配至该科室各医疗服务项目，计算该科室单个医疗服务项目成本。

某科室医疗服务项目总成本＝该科室总成本－药品成本－单独收费的卫生材料成本

对于多个科室开展的同一类医疗服务项目，应将各科室该医疗服务项目成本按其操作数量进行加权平均，得出该医疗服务项目的院内平均成本。

第二十六条 将科室医疗服务项目总成本分配至各医疗服务项目，应当根据医院实际核算条件选择适宜的分配方法，包括但不限于以下方法：

（一）作业成本法。使用该方法时，直接费用直接计入医疗服务项目，间接费用应首先根据资源动因分配至有关作业计算出作业成本，然后再将作业成本根据作业动因分配至医疗服务项目成本。

作业是指基于特定目的重复执行的任务或活动，是连接资源和成本核算对象的桥梁。医院应当在梳理医疗业务流程基础上划分作业，可以是提供某医疗服务项目过程中的各道工序或环节，例如诊断、治疗、检查、手术、护理等行为。

资源动因计量某项作业所耗用的资源数量，是将各项资源费用归集到不同作业的依据。作业动因计量某个成本对象所耗用的作业量，是将不同作业中归集的成本分配至医疗服务项目的依据。间接费用一般采用参数分配法进行分配，资源动因、作业动因参数可以选择工时、工作量、人员数量、房屋面积等。

（二）当量系数法。使用该方法时，应遴选典型的医疗服务项目作为代表项目，将其成本当量系数定为"1"作为标准当量。其他项目与代表项目进行单次操作资源耗费的比较，进而确定每个项目的成本当量值。再根据各项目成本当量总值计算出各项目成本。

某医疗服务项目成本当量总值＝该医疗服务项目成本当量值 × 该项目操作数量

$$\text{当量系数的单位成本} = \frac{\text{某科室医疗服务项目总成本}}{\text{该科室医疗服务项目的成本当量总值}}$$

某医疗服务项目单位成本＝当量系数的单位成本 × 该医疗服务项目的成本当量值

（三）参数分配法。使用该方法时，将医疗服务项目总成本根据参数分配至各医疗服务项目，参数可以选择医疗服务项目的操作时间、工作量、收入等。

$$\text{分配率} = \text{某科室医疗服务项目总成本} \div \text{该科室医疗服务项目分配参数之和（例如操作时间总数、工作量总数、收入总数）}$$

某医疗服务项目的总成本＝该医疗服务项目分配参数 × 分配率

第五节 病种、DRG 成本核算

第二十七条 病种成本核算的基本步骤包括：

（一）将业务部门各科室成本采用合理的分配方法分配至患者，计算每名出院患者的成本。

（二）将患者按照有关标准归入相应的病种。

（三）将某病种出院患者的成本进行加总，得出该病种总成本。

某病种总成本＝Σ该病种每名患者成本

（四）对各病种患者总成本求平均，即为各病种单位成本。

某病种单位成本＝该病种总成本 ÷ 该病种出院患者总数

第二十八条 DRG 成本核算的基本步骤包括：

（一）将业务部门各科室成本采用合理的分配方法分配至患者，计算每名出院患者的成本。

（二）将患者按照疾病诊断相关分组归入相应的 DRG 组。

（三）将某 DRG 组出院患者的成本进行加总，得出该 DRG 组总成本。

某 DRG 组总成本＝Σ该 DRG 组每名患者成本

（四）对各 DRG 组患者总成本求平均，即为各 DRG 组单位成本。

某 DRG 组单位成本＝该 DRG 组总成本 ÷ 该 DRG 组出院患者总数

第二十九条 在核算病种、DRG 成本的步骤中，将业务部门归集的费用分配至各患者，应当根据医院实际核算条件选择适宜的分配方法，包括但不限于以下方法：

（一）项目叠加法。使用该方法时，应当根据出院患者的收费明细，将其实际耗用的医疗服务项目成本、药品成本、单独收费的卫生材料成本进行加总，得出该患者的成本。

$$\text{某患者成本} = \Sigma(\text{该患者某医疗服务项目工作量} \times \text{该医疗服务项目单位成本}) + \Sigma \text{药品成本} + \Sigma \text{单独收费的卫生材料成本}$$

（二）服务单元叠加法。医院在不具备核算医疗服务项目成本条件时，可以采用服务单元叠加法。使用该方法时，医院应当按照为患者提供的医疗服务内容类别设置服务单元，先将业务部门归集的费用归集至服务单元，再将费用从服务单元分配至患者，具体步骤如下：

1.将业务部门归集的费用分配至各服务单元，服务单元一般包括病房、病理、检验、影像、诊断、治疗、麻醉、手术等，服务单元的划分取决于核算的精细程度。分配方法可参照医疗服务项目成本核算相关方法。

2. 将服务单元成本分配至出院患者，一般采用从患者取得的收入作为分配参数进行分配。

某患者应分配的某服务单元成本＝该服务单元从该患者取得的收入 × 分配率

分配率＝服务单元成本总额 ÷ 服务单元收入总额

3. 将出院患者相关服务单元的成本、药品成本、单独收费的卫生材料成本进行加总，得出该患者的成本。

某患者成本＝∑该患者某服务单元成本＋∑药品成本＋∑单独收费的卫生材料成本

（三）参数分配法。使用该方法时，将出院患者实际耗用的药品成本、单独收费的卫生材料成本直接计入该患者成本，将除此以外的科室或服务单元的成本采用参数分配法分配至患者成本，参数可以选择患者的住院天数、诊疗时间等。

第五章 成 本 报 告

第三十条 医院成本报告是指反映医院一定时期成本状况的总结性书面文件，是医院成本核算成果的重要表现形式，旨在为报告使用者提供医院成本信息。

第三十一条 医院成本报告按使用者不同可以分为对内报告和对外报告。对内报告指医院为满足单位内部运营管理需要而编制的报告，对外报告指医院按相关政府主管部门等外部部门单位要求报送和公开的报告。

第三十二条 医院成本报告应包括成本报表和成本分析报告。

成本报表是用以反映医院成本构成及其变动情况，考核评价医院运营状况的各种报表及重要事项的说明。对外成本报表的内容至少应当包括：医院各科室的医疗活动费用及其各成本项目金额，医院各临床服务类科室的医疗全成本及其各成本项目金额等。

成本分析报告为对医院运营现状和未来发展趋势进行分析预测、提出改进建议等的文字报告。

第三十三条 医院对外成本报告应当至少按年度编制，由单位负责人和主管会计工作的负责人、会计机构负责人（会计主管人员）签名或盖章并加盖单位公章，按规定要求报送相关政府主管部门或公开。

第六章 附 则

第三十四条 卫生健康行政部门等有关部门和医院应当遵循本指引的相关规定指导或开展成本核算工作。

卫生健康行政部门可以结合对医院行政管理的实际需要，制定具体成本核算规范、对外成本报表格式等。

医院可以结合本单位实际制定具体成本核算管理办法、对内成本报表格式等。

第三十五条 服务于财务报表编制的自制或委托外单位加工物品、建设工程项目、自行研究开发项目等资产成本的核算应当遵循政府会计准则制度的规定。

医院确需对非医疗活动进行成本核算的，可以参照本指引中医疗活动成本核算相关规定。财政部对医院非医疗活动成本核算作出专门规定的，应当从其规定。

第三十六条 本指引由财政部负责解释。

第三十七条 本指引自2022年1月1日起施行。

附录1

医院医疗活动有关成本核算对象主要关系示意图

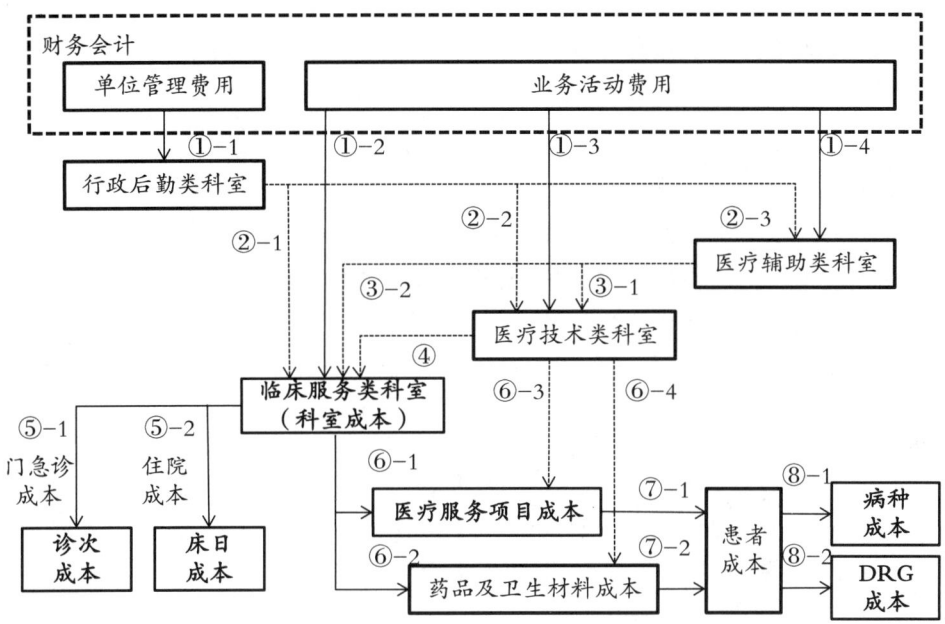

①按科室归集和分配费用（第十八条）
②将行政及后勤管理部门归集的费用分配到辅助部门和业务部门（第十九条）
③④将辅助部门归集的费用分配到业务部门（第二十条）
⑤诊次、床日成本的核算（第二十三条、第二十四条）
⑥医疗服务项目成本核算，药品及卫生材料成本单列（第二十五条、第二十六条）
⑦患者成本的核算（第二十九条）
⑧病种、DRG成本的核算（第二十七条、第二十八条）

注：
1. 该示意图中选择采用完全成本法进行核算。
2. 该示意图中单位管理费用选择先分配至业务部门和辅助部门，再随辅助部门的费用分配至业务部门。
3. 该示意图中病种、DRG成本选择项目叠加法核算患者成本。
4. 该示意图中核算医疗服务项目成本、药品及卫生材料成本时（对应⑥-1至⑥-4），无需将医疗技术类科室成本分配至临床服务类科室（对应④）。

附录 2

医院医疗活动有关成本核算流程示意图

一、诊次、床日成本核算（完全成本法）

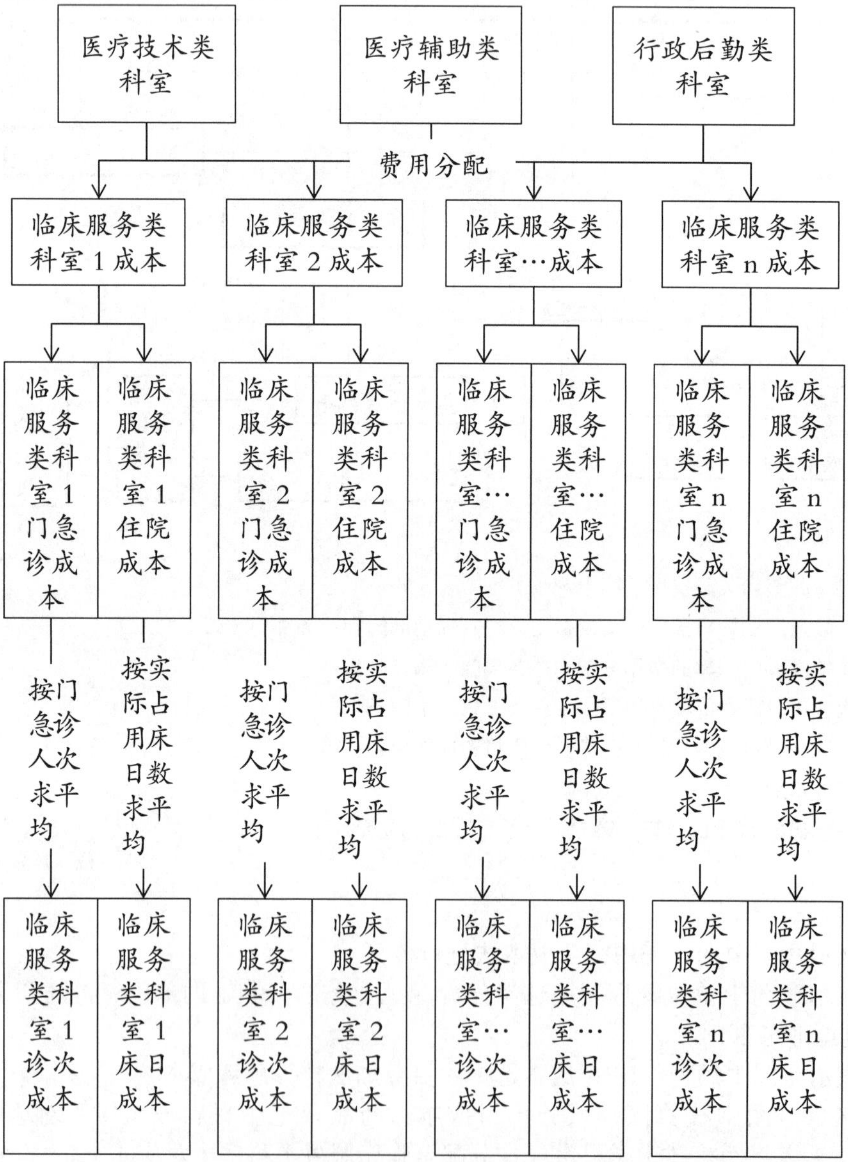

二、医疗服务项目成本核算

（一）归集和分配科室医疗服务项目总成本（完全成本法）。

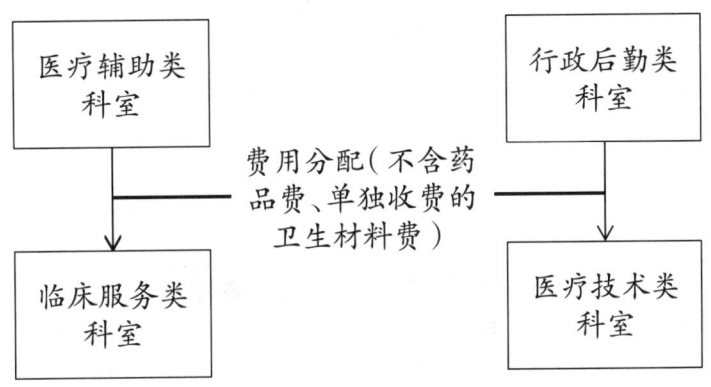

（二）分配得出各医疗服务项目总成本。
1. 作业成本法。

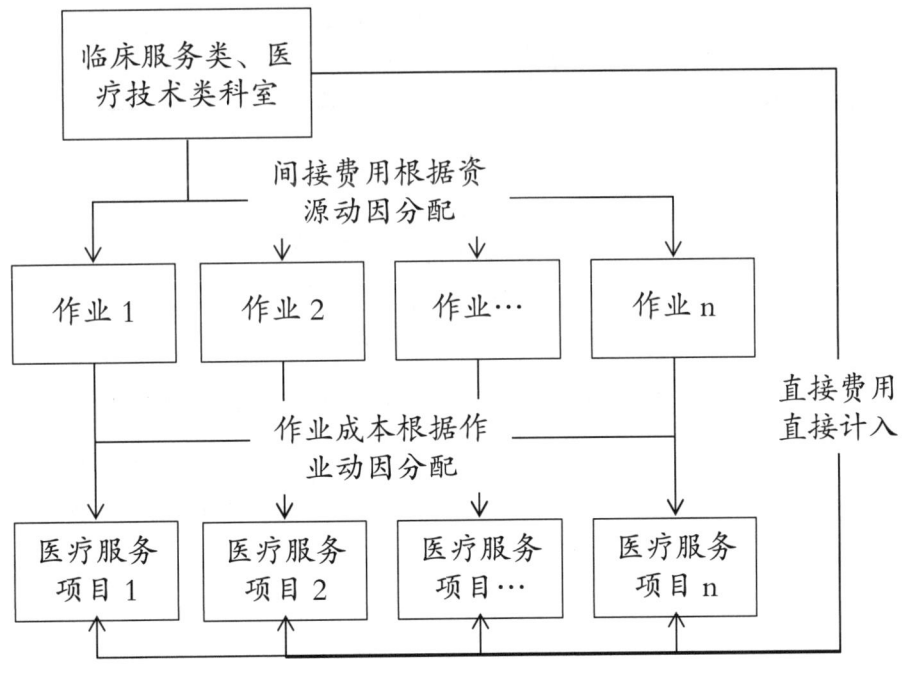

2. 当量系数法。

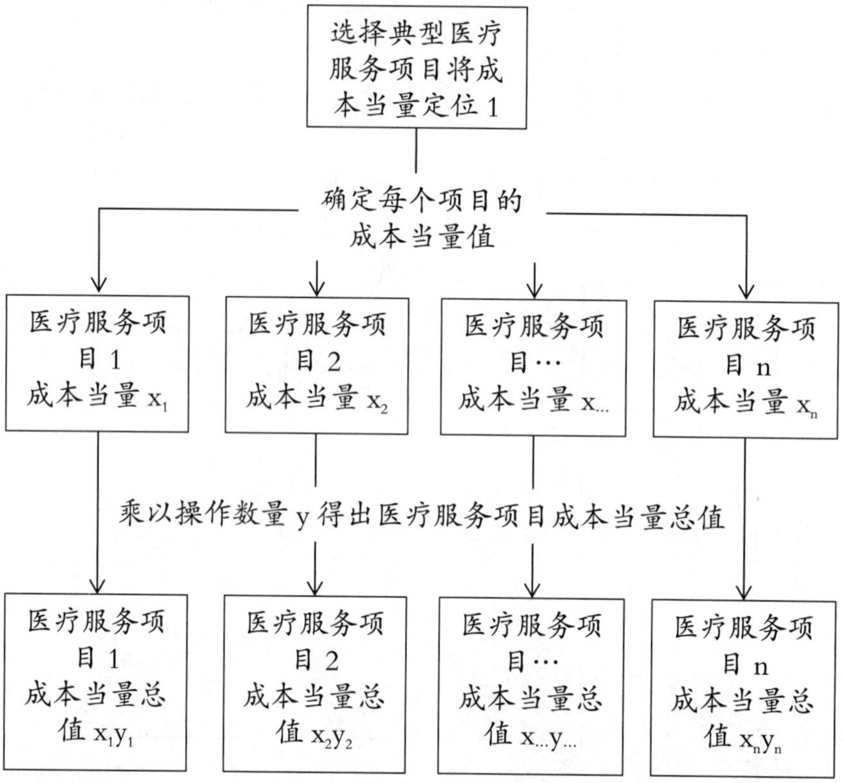

```
                    ┌──────────────┐
                    │选择典型医疗  │
                    │服务项目将成  │
                    │本当量定位1   │
                    └──────────────┘
                           │
              确定每个项目的成本当量值
       ┌───────┬───────────┼───────────┬───────┐
       ▼       ▼           ▼           ▼
  ┌────────┐ ┌────────┐ ┌────────┐ ┌────────┐
  │医疗服务│ │医疗服务│ │医疗服务│ │医疗服务│
  │项目1   │ │项目2   │ │项目…   │ │项目n   │
  │成本当量│ │成本当量│ │成本当量│ │成本当量│
  │$x_1$   │ │$x_2$   │ │$x_…$   │ │$x_n$   │
  └────────┘ └────────┘ └────────┘ └────────┘
```

乘以操作数量 y 得出医疗服务项目成本当量总值

```
  ┌────────┐ ┌────────┐ ┌────────┐ ┌────────┐
  │医疗服务│ │医疗服务│ │医疗服务│ │医疗服务│
  │项目1   │ │项目2   │ │项目…   │ │项目n   │
  │成本当量│ │成本当量│ │成本当量│ │成本当量│
  │总值    │ │总值    │ │总值    │ │总值    │
  │$x_1y_1$│ │$x_2y_2$│ │$x_…y_…$│ │$x_ny_n$│
  └────────┘ └────────┘ └────────┘ └────────┘

                    ┌──────────────┐
                    │临床服务类、医│
                    │疗技术类科室  │
                    └──────────────┘
```

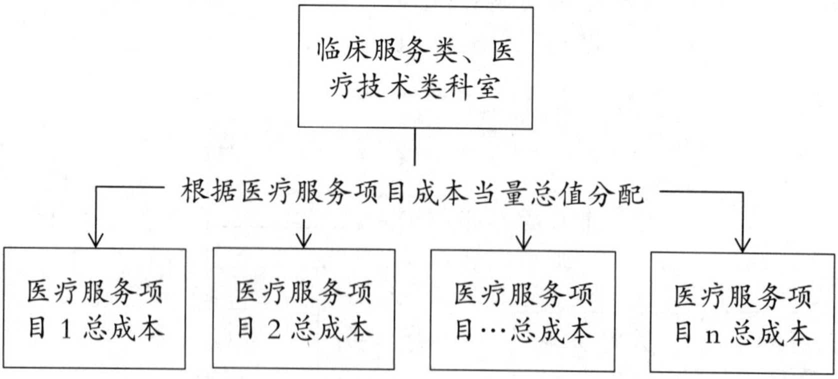

根据医疗服务项目成本当量总值分配

```
  ┌────────┐ ┌────────┐ ┌────────┐ ┌────────┐
  │医疗服务│ │医疗服务│ │医疗服务│ │医疗服务│
  │项目1总 │ │项目2总 │ │项目…总 │ │项目n总 │
  │成本    │ │成本    │ │成本    │ │成本    │
  └────────┘ └────────┘ └────────┘ └────────┘
```

3. 参数分配法。

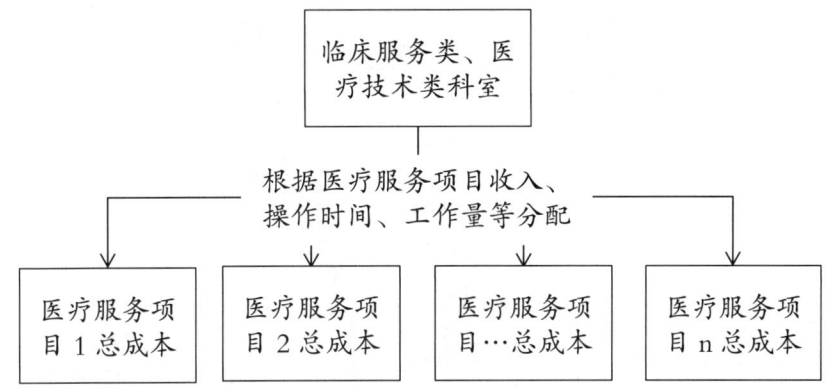

三、病种、DRG 成本核算

（一）病种、DRG 成本核算流程。

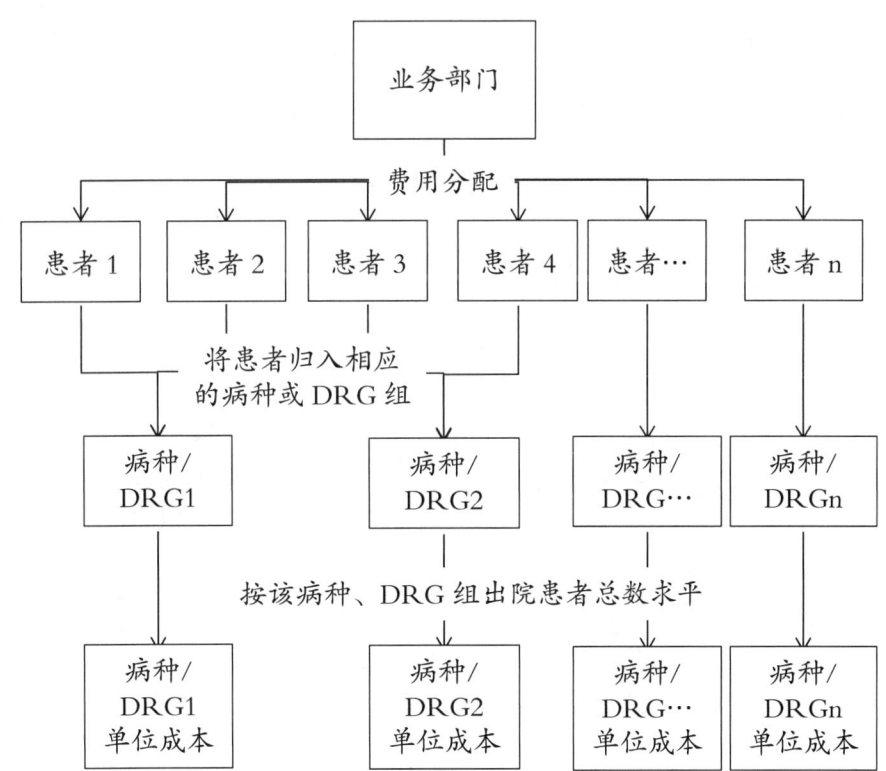

（二）患者成本分配。

1. 项目叠加法、服务单元叠加法。

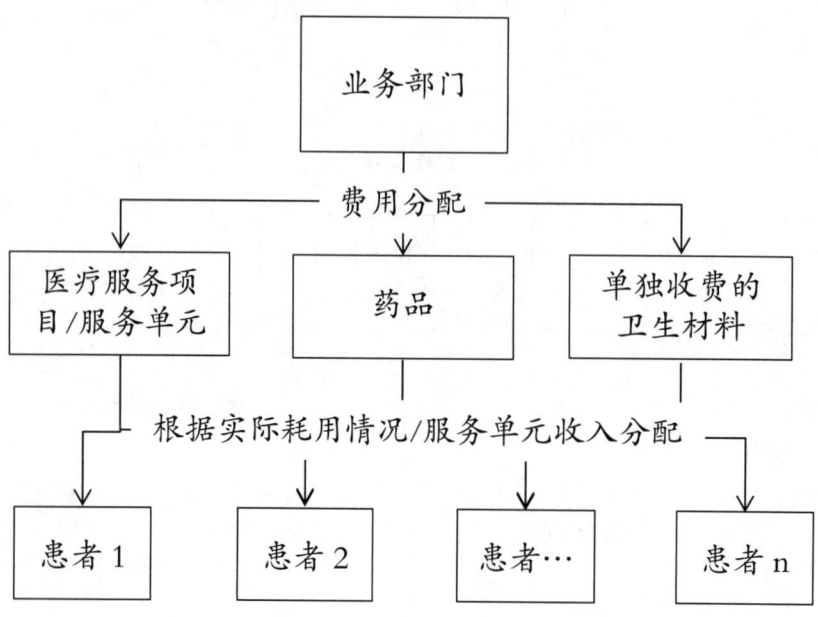

2. 参数分配法。

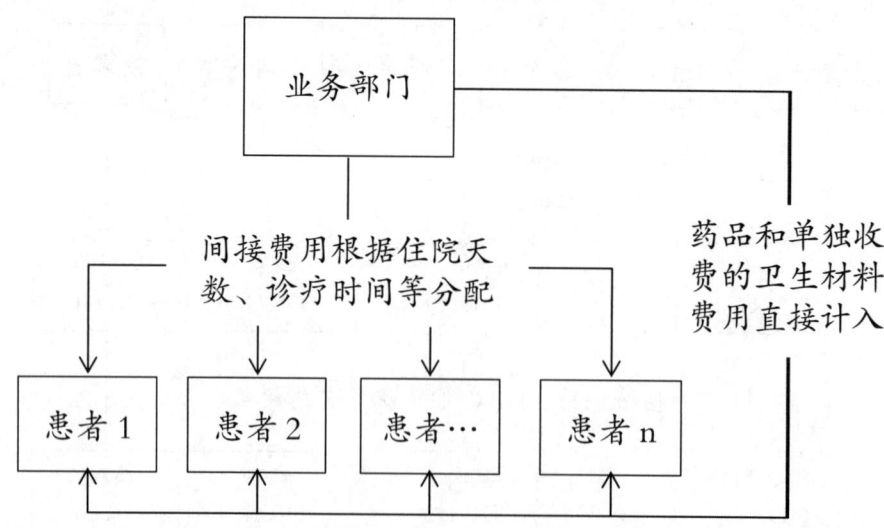

关于印发《事业单位成本核算具体指引——高等学校》的通知

（财会〔2022〕26号）

有关中央预算单位，各省、自治区、直辖市、计划单列市财政厅（局），新疆生产建设兵团财政局，有关单位：

　　为建立健全政府成本核算指引体系，规范高等学校成本核算工作，根据《事业单位成本核算基本指引》（财会〔2019〕25号）、《高等学校财务制度》（财教〔2022〕128号）等规定，我部制定了《事业单位成本核算具体指引——高等学校》，现予印发，请遵照执行。

　　执行中如有问题，请及时反馈我部。

　　附件：事业单位成本核算具体指引——高等学校

财政部

2022年9月26日

附件

事业单位成本核算具体指引——高等学校

第一章 总 则

第一条 为规范高等学校成本核算工作，提升内部管理水平和运行效率，服务高等学校全面实施预算绩效管理，推动高等教育高质量发展，根据《事业单位成本核算基本指引》（财会〔2019〕25号）、《高等学校财务制度》（财教〔2022〕128号）等规定，制定本指引。

第二条 本指引适用于执行政府会计准则制度且开展成本核算工作的高等学校，包括各级人民政府举办的全日制普高等学校和成人高等学校。

高等学校下设的独立学院和研究院、其他社会组织和个人举办的高等学校、科学事业单位等开展高等学校教学活动成本核算的，可以参照本指引执行。高等学校下设的中小学、幼儿园等其他独立法人单位成本核算不适用本指引。中等职业学校可以参照本指引开展成本核算。

第三条 本指引所称成本，是指高等学校特定的成本核算对象所发生的资源耗费，包括人力资源耗费，房屋及建筑物、设备、材料、产品等有形资产的耗费，知识产权等无形资产的耗费，以及其他耗费。

本指引所称成本核算，是指高等学校对实现其职能目标过程中实际发生的各种耗费按照确定的成本核算对象和成本项目进行归集、分配，计算确定各成本核算对象的总成本、单位成本等，并向有关信息使用者提供成本信息的活动。

本指引所称成本核算对象，是指高等学校在成本核算时根据其职能目标、成本信息需求等确定的，归集和分配资源耗费的具体对象。

本指引所称成本项目，是指高等学校将归集到成本核算对象的成本按照一定标准划分的反映成本构成的具体项目。

第四条 高等学校开展成本核算应当满足内部管理和外部管理的特定成本信息需求。高等学校的成本信息需求包括但不限于以下方面：

（一）为高等学校及其内部组织机构合理控制成本、优化成本结构、提升资金使用效益提供信息支撑。

（二）为有关部门、高等学校进行高等教育资源配置（如确定学费收取标准等）提供成本信息参考。

（三）为财政、教育等有关部门开展高等学校整体、政策、项目等绩效管理工作提供成本信息支撑，同时也为高等学校开展绩效自评提供依据。

第五条 高等学校应当以权责发生制财务会计数据为基础进行成本核算，财务会计有关明细科目和辅助核算应当满足成本核算的需要。

第六条 开展成本核算的高等学校应当建立健全成本核算领导机制和工作机制，明确成本核算相关部门的职责，制定成本核算工作方案及相关工作制度，充分利用现代信息技术，加强和完善成本数据的收集、记录、传递、汇总和整理等基础工作，保障成本核算工作正常有序开展。

第七条 高等学校成本核算的基本步骤包括：

（一）按照成本核算要求采集费用、收入、教职工和学生等各类人员相关信息、房屋面积等成本相关基础数据。

（二）确定成本核算对象。

（三）确定成本核算对象的成本范围和成本项目。

（四）将直接费用归集至成本核算对象；选择科学、合理的成本动因或分配基础，将间接费用分配至成本核算对象；计算确定各成本核算对象的成本。

（五）根据成本核算结果编制成本报告。

第八条 高等学校可以根据成本信息需求、成本核算对象等确定成本核算周期，并按照成本核算周期编制成本报告，全面反映成本核算情况。高等学校至少应以公历年度作为核算周期，同时可以结合成本信息需求按照教学周期、项目实施周期等进行成本核算。

第九条 高等学校在开展成本核算的过程中，关于成本核算原则等内容，应当遵循《事业单位成本核算基本指引》的相关规定。

第二章 成本核算对象

第十条 高等学校可以根据业务特点和成本信息需求，多层次、多维度地确定成本核算对象。

高等学校按照管理层次确定的成本核算对象，主要包括高等学校整体、内部组织部门、学科、专业等。

高等学校按照活动类型确定的成本核算对象，主要包括教学、科研等专业业务活动（以下简称业务活动）和其他活动。

第十一条 高等学校至少应当将业务活动中的教学活动作为成本核算对象，也可以根据成本信息需求将科研活动等作为成本核算对象。

第十二条 教学活动成本可以进一步划分为院系教学成本、学生教学成本：

（一）院系教学成本。为满足教学活动成本控制、绩效管理等需求，高等学校以提供教学服务的各学院、系、所、中心（以下统称院系）为成本核算对象，核算院系面向本院系和其他相关院系学生开展教学活动的直接或间接耗费的资源，即院系教学成本。

（二）学生教学成本。为满足高等教育资源配置等需求，高等学校以不同类别学生为成本核算对象，核算学生接受教学服务相关的各项耗费。高等学校可以按照不同学生类别，分专业、学科、学历等成本核算对象，核算学生教学成本。

1. 专业成本。以不同专业的学生为成本核算对象，核算各专业学生直接或间接耗费的资源，即专业成本。

2. 学科成本。以不同学科的学生为成本核算对象，核算各学科学生直接或间接耗费的资源，即学科成本。

3. 学历成本。以不同学历类型的学生为成本核算对象，核算各学历类型学生直接

或间接耗费的资源,即学历成本。

高等学校开展学生教学成本核算时,一般将专业作为基本类别,并在专业成本的基础上进一步核算学科成本、学历成本等。以各类别学生教学成本总额,按该类别学生人数求平均,即该类别的生均成本。

高等学校可以根据单位实际情况,对上述成本核算对象进行调整或补充。

第三章　成本范围和成本项目

第十三条　高等学校成本范围的界定应当与成本核算对象、成本信息需求相适应。

成本核算对象为高等学校整体的,其成本范围包括高等学校发生的全部费用,即业务活动费用、单位管理费用、经营费用、资产处置费用、上缴上级费用、对附属单位补助费用、所得税费用、其他费用。成本核算对象为教学、科研活动的,其成本范围包括业务活动费用和单位管理费用中与开展教学、科研活动相关的部分。

为满足不同的成本信息需求,高等学校应当在对相关成本进行完整核算的基础上,按规定对成本范围予以调整。

第十四条　高等学校应当根据成本信息需求,按照成本经济用途、成本要素等设置成本项目,并对每个成本核算对象按照其成本项目进行数据归集。

第十五条　高等学校成本项目的设置,应当与成本核算对象所对应财务会计科目的明细科目或辅助核算项目保持协调,确保成本数据与财务会计数据的同源性和一致性。

第十六条　高等学校业务活动的成本项目应当包括:工资福利费用、商品和服务费用、对个人和家庭的补助费用、固定资产折旧费、无形资产摊销费和其他业务费用。高等学校应当根据"业务活动费用""单位管理费用"科目下的相关明细科目归集获取各成本项目的费用。

对于金额较大、发生频繁或重要性程度较高的成本项目,高等学校可以根据需要在上述成本项目下设置明细项目或进行辅助核算。例如,高等学校可对学生住宿相关费用增设明细项目进行核算,在对个人和家庭的补助费用下增设学生奖助费用项目等。

第四章　业务活动成本归集与分配

第一节　一般要求

第十七条　高等学校可以根据成本信息需求,对业务活动相关成本核算对象选择完全成本法或制造成本法进行核算。

完全成本法下应当将业务活动费用、单位管理费用均归集、分配至成本核算对象。

制造成本法下只将业务活动费用归集、分配至成本核算对象。

第十八条　高等学校发生的费用按照费用计入成本核算对象方式的不同,分为直接费用和间接费用。

直接费用是指能确定由某一成本核算对象负担的费用,包括工资福利费用、商品和服务费用、对个人和家庭的补助费用、固定资产折旧费、无形资产摊销费和其他业务费用中可以直接计入成本核算对象的费用。

间接费用是指不能直接计入某一成本核算对象、需由多个成本核算对象共同负担的费用。高等学校应当根据业务特点、重要性、可操作性等因素，选择合理的分配方法将间接费用分配至相关成本核算对象。

间接费用分配方法一般遵循因果关系和受益原则，根据资源耗费动因进行分配，同一成本核算对象的间接费用分配标准或方法一旦确定，各期间应当保持一致，不得随意变动，有证据证明新方法能够显著提升成本核算质量的除外。

第十九条 高等学校在开展成本核算时，通常将内部机构划分为以下几类：

（一）业务部门。业务部门是指高等学校开展教学、科研等业务活动的机构，高等学校的业务部门一般采用院系的形式进行设置。

（二）辅助部门。辅助部门是指为教学、科研等业务部门提供服务或产品的机构，如图书馆、信息技术中心等部门。

（三）行政及后勤管理部门。行政及后勤管理部门是指开展行政管理和后勤保障等管理活动的机构，如学校办公室、人事部门、学生管理部门等行政部门，以及餐饮管理部门、公寓管理部门等后勤部门。高等学校可根据成本核算需要进一步将行政及后勤管理部门划分为行政部门和后勤部门。

第二十条 高等学校业务活动成本归集和分配的一般流程如下：

（一）将"业务活动费用"科目的本期发生额按照活动类型、成本项目分别归集至业务部门、辅助部门，将"单位管理费用"科目的本期发生额按照成本项目归集至行政及后勤管理部门。

（二）将行政及后勤管理部门的费用（仅限完全成本法）、辅助部门的费用分配至各业务部门，其中，行政及后勤管理部门的费用一般先分配至业务部门和辅助部门，再随辅助部门的费用分配至业务部门；辅助部门费用占比不高的，也可以直接将行政及后勤管理部门的费用直接全部分配至业务部门。行政及后勤管理部门之间、辅助部门之间相互提供服务或产品的金额占比较大的，也可以将费用先进行交互分配，再分配至业务部门。

（三）将业务部门归集的费用分配至相关成本核算对象。

第二十一条 在完全成本法下，高等学校应当将行政及后勤管理部门的费用分配至教学活动和科研等其他业务活动。在实际费用分配过程中，高等学校可以根据业务特点将相关行政及后勤管理部门归集的费用直接分配至某类业务活动（如教务部门归集的费用可全部分配至教学活动）。无法直接分配的，应当采用参数分配法分配至不同活动类型。

第二节　院系教学成本核算

第二十二条 高等学校应当将"业务活动费用——教育费用"科目的本期发生额归集和分配至各院系教学活动和辅助部门教辅活动。

第二十三条 在完全成本法下，高等学校一般采用参数分配法[①]将行政及后勤管

---

① 高等学校在应用参数分配法时，可以按照成本项目分别采用不同的分配参数。

理部门的费用（不包括其直接面向学生提供服务和产品的相关费用，即支持成本）分配至各院系教学活动和辅助部门教辅活动，分配参数可以根据相关行政及后勤管理部门业务特点选择教职工或学生人数、房屋面积、工作量、费用、收入等。分配参数一经确定，应保持相对稳定。

$$\frac{某院系教学活动应分配的}{行政及后勤管理部门费用} = 该院系教学活动分配参数 \times 分配率$$

$$\frac{某辅助部门教辅活动应分配的}{行政及后勤管理部门费用} = 该辅助部门教辅活动分配参数 \times 分配率$$

分配率 = 行政及后勤管理部门的费用 ÷ 各院系和辅助部门分配参数之和

第二十四条 高等学校一般采用参数分配法将辅助部门教辅活动归集和分配的费用分配至各院系教学活动，分配参数可以选择教职工或学生人数、工作量、房屋面积等。

第二十五条 高等学校按照第二十二条至第二十四条规定将院系教学活动归集和分配的业务活动费用、单位管理费用加总，即为院系教学成本。

第三节 学生教学成本核算

第二十六条 学生教学成本包括直接教学成本和支持成本。

直接教学成本是指某类学生所在院系或相关院系按照培养计划提供的各类课程、实践活动、论文和毕业设计指导等（以下统称课程）成本以及其他直接计入该类学生的成本。支持成本是指行政及后勤管理部门直接面向学生提供服务和产品的成本。

在完全成本法下，高等学校应当在分别核算直接教学成本和支持成本的基础上计算学生教学成本。

第二十七条 高等学校将专业作为基本学生类别的，在核算某专业的直接教学成本时，对于院系教学成本中可归集至直接教学成本的，应直接归集至该专业的直接教学成本；对于无法归集的，应当先将其分配至课程或学分，再进一步分配至直接教学成本。

第二十八条 高等学校通过课程核算直接教学成本时，一般包括以下步骤：

（一）核算课程成本。一般采用参数分配法，选择合理的分配参数将无法归集至直接教学成本的院系教学成本分配至课程，分配参数可以选择学分数、课时、人次等，并考虑不同学历层次课程的资源耗费差异。

某课程成本 = 该课程的分配参数 × 课程相应学历层次的资源耗费权重 × 分配率

$$分配率 = \frac{院系教学成本 - 可归集至直接教学成本的院系教学成本}{\Sigma（各学历层次的分配参数 \times 相应学历层次的资源耗费权重）}$$

具备条件的高等学校可以采用作业成本法，根据资源动因将院系教学成本分配至有关作业，然后再将作业成本根据作业动因分配至课程。高等学校应当在梳理教学流程基础上划分作业，例如授课、指导论文、实践活动、考试等，资源动因、作业动因参数可以选择学分数、课时、人次、房屋面积、课后作业次数等。

（二）核算课程生均成本。在课程成本基础上按照修习人数计算得到课程生均成本。

某课程生均成本 = 该课程成本 ÷ 该课程的修习人数

（三）按照实际课程修习情况或培养方案将各专业学生可归集至直接教学成本的院

系教学成本和在本院系及其他相关院系修习的课程成本进行累加,得到直接教学成本。

$$\begin{matrix}某专业的直接\\教学成本\end{matrix} = \begin{matrix}可归集至直接\\教学成本的\\院系教学成本\end{matrix} + \Sigma \left(\begin{matrix}相关课程\\生均成本\end{matrix} \times \begin{matrix}该专业修习相关\\课程的人数\end{matrix} \right)$$

第二十九条 高等学校通过学分核算直接教学成本时,一般包括以下步骤:

(一)核算单位学分成本。一般考虑不同学历层次学分的资源耗费差异,选取加权学分数作为分配参数,并将无法归集至直接教学成本的院系教学成本分配至学分(未实施学分制管理的高等学校可以用课时数代替学分)。

某学历层次单位学分成本=相应学历层次单位学分资源耗费权重×分配率

$$分配率 = \frac{院系教学成本 - 可归集至直接教学成本的院系教学成本}{该院系的加权学分数}$$

$$\begin{matrix}某院系的\\加权学分数\end{matrix} = \Sigma \left(\begin{matrix}各学历层次的学生\\在该院系修习学分数\end{matrix} \times \begin{matrix}相应学历层次单位\\学分资源耗费权重\end{matrix} \right)$$

(二)根据各专业学生可归集至直接教学成本的院系教学成本和在本院系及其他相关院系修习学分成本计算得到直接教学成本。

$$\begin{matrix}某专业的\\直接教学\\成本\end{matrix} = \begin{matrix}可归集至该\\专业直接\\教学成本的\\院系教学成本\end{matrix} + \begin{matrix}本院系相应\\学历层次\\单位学分\\成本\end{matrix} \times \begin{matrix}该专业学生\\在本院系\\修习学分数\end{matrix} + \Sigma \begin{matrix}相关院系\\相应学历\\层次单位\\学分成本\end{matrix} \times \begin{matrix}该专业学生\\在相关院系\\修习学分数\end{matrix}$$

第三十条 高等学校按照学生类型、人数等标准,将行政及后勤管理部门直接面向学生提供产品和服务的相关费用(如学生宿舍管理部门的费用)分配至专业,即为支持成本。

$$\begin{matrix}某专业的\\支持成本\end{matrix} = \frac{\begin{matrix}行政及后勤管理部门直接面向\\学生提供产品和服务的相关费用\end{matrix}}{全校受益学生分配参数} \times \begin{matrix}该专业学生\\分配参数\end{matrix}$$

第三十一条 将某专业的直接教学成本和支持成本加总,即为该专业成本;按照该专业学生人数求平均,即为专业生均成本。

某专业成本=该专业的直接教学成本+该专业的支持成本

某专业生均成本=该专业成本÷该专业学生人数

第三十二条 高等学校可根据实际需要,基于各专业成本进一步计算确定学科成本、学历成本等类别的学生教学成本。

某学科/学历成本=Σ该学科/学历层次各专业成本

某学科/学历生均成本=该学科/学历成本÷该学科/学历层次学生人数

第四节 科研活动成本核算

第三十三条 高等学校需要开展科研活动成本核算的,应当将"业务活动费用——科研费用"明细科目的本期发生额归集和分配至各院系科研活动和辅助部门科研辅助活动。在完全成本法下,还应当按照第二十一条规定分配科研活动应当承担的行政及后勤管理部门费用。

第三十四条 高等学校科研活动成本的核算流程和方法,应当参照财政部关于科学事业单位成本核算具体指引的相关规定执行。如确定科研活动的成本核算对象、将各院系科研活动和辅助部门科研辅助活动归集和分配的费用分配至科研活动成本核算对象等。

第五章 成本报告

第三十五条 高等学校成本报告是指反映高等学校一定时期成本状况的总结性书面文件，是高等学校成本核算成果的重要表现形式，旨在为报告使用者提供高等学校成本信息。

第三十六条 高等学校成本报告按使用者的不同可分为对内报告和对外报告。对内报告是指高等学校为满足单位内部管理需要而编制的报告；对外报告是指高等学校按政府财政、教育、价格等相关主管部门要求报送的报告。

第三十七条 高等学校成本报告包括成本报表和成本分析报告。

成本报表是用以反映高等学校一定时期成本构成及其变动情况，考核评价高等学校运行状况的各种报表及重要事项的说明。

成本分析报告为对高等学校运行现状和未来发展趋势进行分析预测、提出改进建议等的文字报告。

第三十八条 高等学校对内成本报告，根据管理要求可按公历年度、教学周期或项目实施周期编报，目的在于满足日常管理、临时或特殊任务的需要，使成本信息及时服务于高等学校的内部管理。

第三十九条 高等学校对外成本报告的内容至少应当包括相关类型学生教学成本及其各成本项目金额。

对外报告应当由单位负责人和主管会计工作的负责人、会计机构负责人（会计主管人员）签名或盖章并加盖单位公章，按规定要求报送上级主管部门或相关部门。对外报告需要公开的，应当遵守信息公开的有关规定。

第六章 附 则

第四十条 财政、教育等有关主管部门应当遵循本指引的相关规定指导高等学校开展成本核算工作。

教育主管部门可以会同财政部门，结合教育行政管理的实际需要制定具体成本核算规范、对外成本报表格式等。高等学校可以根据本指引和上级主管部门制定的成本核算规范，并结合本单位实际情况制定具体成本核算管理办法、对内成本报表格式等。

第四十一条 服务于财务报表编制的自制或委托外单位加工物品、建设工程项目、自行研究开发项目等资产成本的核算应当遵循政府会计准则制度的规定。

第四十二条 本指引由财政部负责解释。

第四十三条 本指引自 2023 年 1 月 1 日起施行。

附：1. 高等学校教学活动有关成本核算对象关系示意图
　　2. 直接教学成本核算流程示意图

附 1

高等学校教学活动有关成本核算对象关系示意图

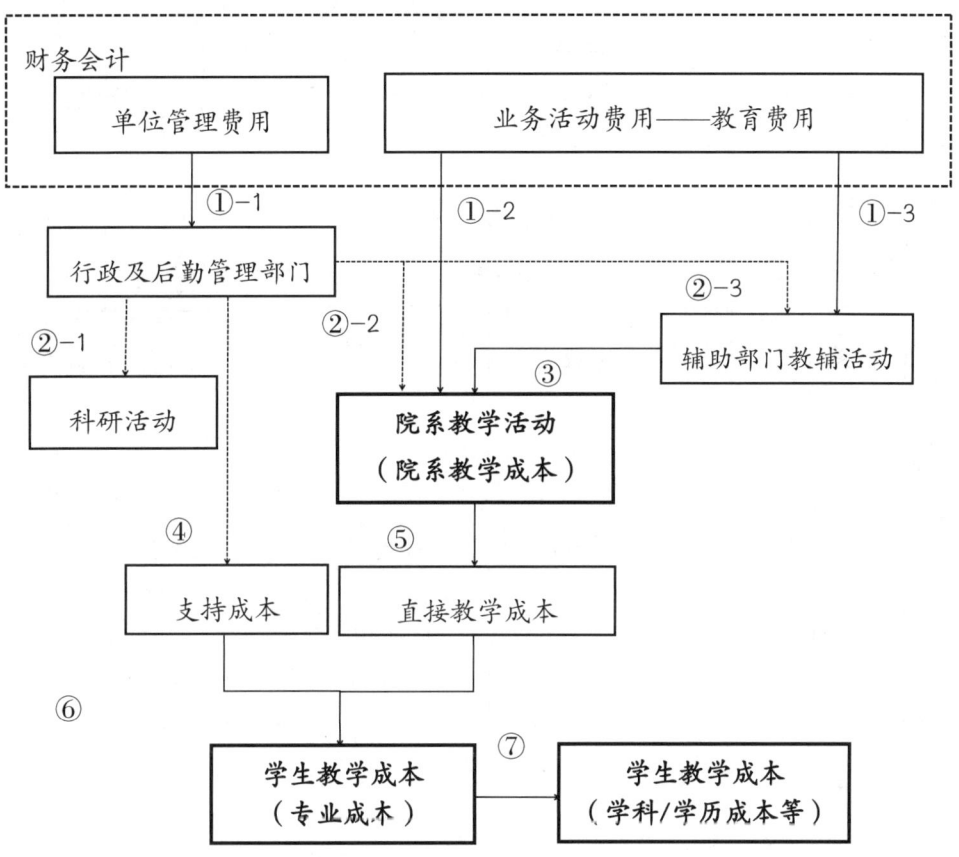

① 按部门归集和分配费用［第二十条第（一）项，第二十二条］
② 将行政及后勤管理部门的费用分配至辅助部门教辅活动和院系教学活动［第二十条第（二）项，第二十一条，第二十三条］
③ 将辅助部门教辅活动归集和分配的费用分配至院系教学活动［第二十条第（二）项、第二十四条］
④ 学生教学成本－支持成本的核算（第三十条）
⑤ 学生教学成本－直接教学成本的核算（第二十七条，第二十八条，第二十九条，具体流程见附 2）
⑥ 学生教学成本－专业成本的核算（第三十一条）
⑦ 学科／学历等其他学生教学成本的核算（第三十二条）

注：1. 该示意图选择采用完全成本法进行核算。
　　2. 该示意图学生教学成本以专业成本核算为基础，进一步核算学历等其他维度的学生教学成本。

附2

直接教学成本核算流程示意图

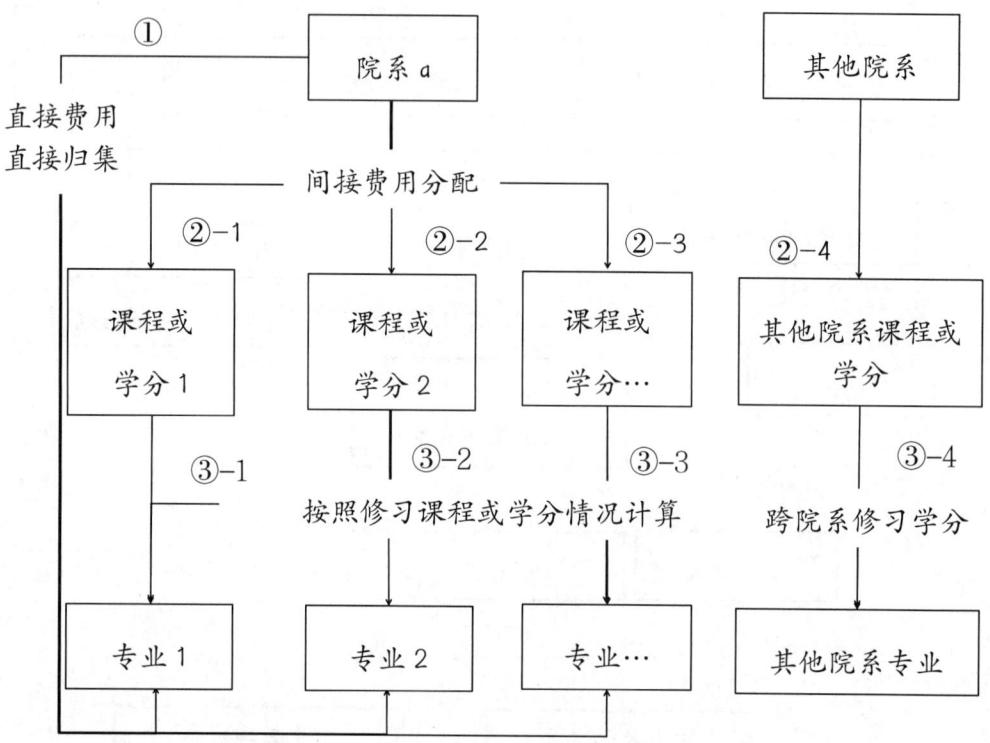

该示意图以专业成本为例,对直接教学成本的核算进行示意。

①对于院系教学成本中可归集至该专业直接教学成本的,应直接归集至该专业的直接教学成本(第二十七条)

②对于无法归集至直接教学成本的,应当先将其分配至课程或学分[第二十八条第(一)项,第二十九条第(一)项]

③按照可归集至直接教学成本的院系教学成本和相关课程或学分成本计算得到直接教学成本。[第二十八条第(二)、(三)项,第二十九条第(二)项]

关于印发《事业单位成本核算具体指引——科学事业单位》的通知

（财会〔2022〕27号）

有关中央预算单位，各省、自治区、直辖市、计划单列市财政厅（局），新疆生产建设兵团财政局，有关单位：

为建立健全政府成本核算指引体系，规范科学事业单位成本核算工作，根据《事业单位成本核算基本指引》（财会〔2019〕25号）、《科学事业单位财务制度》（财教〔2022〕166号）等规定，我部制定了《事业单位成本核算具体指引——科学事业单位》，现予印发，请遵照执行。

执行中如有问题，请及时反馈我部。

附件：事业单位成本核算具体指引——科学事业单位

财政部
2022年9月26日

附件

事业单位成本核算具体指引——科学事业单位

第一章 总 则

第一条 为规范科学事业单位成本核算工作，提升内部管理水平和运行效率，服务科学事业单位全面实施预算绩效管理，推动科学事业高质量发展，根据《事业单位成本核算基本指引》（财会〔2019〕25号）、《科学事业单位财务制度》（财教〔2022〕166号）等规定，制定本指引。

第二条 本指引适用于执行政府会计准则制度且开展成本核算工作的各级各类科学事业单位。

高等学校、公立医院等其他事业单位开展科研活动成本核算的，可以结合本单位特点和管理需要参照本指引执行。

第三条 本指引所称成本，是指科学事业单位特定的成本核算对象所发生的资源耗费，包括人力资源耗费，房屋及建筑物、仪器设备、试剂耗材、实验动植物等有形资产的耗费，知识产权等无形资产的耗费，以及其他耗费。

本指引所称成本核算，是指科学事业单位对实现其职能目标过程中实际发生的各种耗费按照确定的成本核算对象和成本项目进行归集、分配，计算确定各成本核算对象的总成本、单位成本等，并向有关信息使用者提供成本信息的活动。

本指引所称成本核算对象，是指科学事业单位在成本核算时根据其职能目标、成本信息需求等确定的，归集和分配资源耗费的具体对象。

本指引所称成本项目，是指科学事业单位将归集到成本核算对象的成本按照一定标准划分的反映成本构成的具体项目。

第四条 科学事业单位开展成本核算应当满足内部管理和外部管理的特定成本信息需求。科学事业单位的成本信息需求包括但不限于以下方面：

（一）为科学事业单位及其内部组织机构合理控制成本、优化成本结构、提升资金使用效益提供信息支撑。

（二）为科学事业单位合理确定科技成果的转化定价和对外提供服务收费标准提供参考。

（三）为财政和有关主管部门开展外部绩效管理活动提供信息支撑，同时也为科学事业单位开展内部绩效管理、确定内部资源配置标准提供依据。

第五条 科学事业单位应当以权责发生制财务会计数据为基础进行成本核算，财务会计有关明细科目设置和辅助核算应当满足成本核算的需要。

第六条 开展成本核算的科学事业单位应当建立健全成本核算领导机制和工作机制，明确成本核算相关部门的职责，制定成本核算工作方案及相关工作制度，充分利用现代信息技术，加强和完善成本数据的收集、记录、传递、汇总和整理等基础工作，保障成本核算工作正常有序开展。

第七条 科学事业单位成本核算的基本步骤包括:

(一)按成本核算要求采集费用、收入、人员数量、工时、工作量、房屋面积等成本相关基础数据。

(二)确定成本核算对象。

(三)确定成本核算对象的成本范围和成本项目。

(四)将直接费用归集至成本核算对象;选择科学、合理的成本动因或分配基础,将间接费用分配至成本核算对象;计算确定各成本核算对象的成本。

(五)根据成本核算结果编制成本报告。

第八条 科学事业单位可以根据成本信息需求、成本核算对象等确定成本核算周期,并按照成本核算周期编制成本报告,全面反映成本核算情况。科学事业单位至少应以公历年度作为核算周期,同时可以结合科研项目管理需求按照项目周期等进行成本核算。

第九条 科学事业单位开展成本核算的过程中,关于成本核算原则等内容,应当遵循《事业单位成本核算基本指引》的相关规定。

第二章 成本核算对象

第十条 科学事业单位可以根据业务特点和成本信息需求,多层次、多维度地确定成本核算对象。

科学事业单位按照管理层次确定的成本核算对象,主要包括科学事业单位整体、内部组织部门等。

科学事业单位按照活动类型确定的成本核算对象,主要包括科研、技术、学术、科普、试制产品、教学活动等专业业务活动(以下简称业务活动)和其他活动。

第十一条 科学事业单位至少应当将业务活动中的科研活动作为成本核算对象,也可以根据成本信息需求将技术、学术、科普、试制产品、教学活动等作为成本核算对象。

第十二条 科研活动成本可以进一步划分为部门科研成本、科研项目成本:

(一)部门科研成本。为满足科研活动成本控制、绩效管理等需求,科学事业单位以开展科研活动的各科研部门作为成本核算对象,核算科研部门开展科研活动直接或间接耗费的资源,即部门科研成本。

(二)科研项目成本。为满足服务科技成果转化、绩效管理等需求,科学事业单位以设置或承接的各科研项目作为成本核算对象,核算科研项目直接或间接耗费的资源,即科研项目成本。

第三章 成本范围和成本项目

第十三条 科学事业单位成本范围的界定应当与成本核算对象、成本信息需求相适应。

成本核算对象为科学事业单位整体的,其成本范围包括科学事业单位发生的全部费用,即业务活动费用、单位管理费用、经营费用、资产处置费用、上缴上级费用、对附属单位补助费用、所得税费用、其他费用。成本核算对象为科研活动的,其成本

范围包括业务活动费用和单位管理费用中与开展科研活动相关的部分。

为满足不同的成本信息需求,科学事业单位应当在对相关成本进行完整核算的基础上,按规定对成本范围予以调整。

第十四条 科学事业单位应当根据成本信息需求,按照成本经济用途、成本要素等设置成本项目,并对每个成本核算对象按照其成本项目进行数据归集。

第十五条 科学事业单位成本项目的设置,应当与成本核算对象所对应财务会计科目的明细科目或辅助核算项目保持协调,确保成本数据与财务会计数据的同源性和一致性。

第十六条 科学事业单位业务活动的成本项目应当包括:工资福利费用、商品和服务费用、对个人和家庭的补助费用、固定资产折旧费、无形资产摊销费和其他业务费用。科学事业单位应当根据"业务活动费用""单位管理费用"科目下的相关明细科目归集获取各成本项目的费用。

对于金额较大、发生频繁或重要性程度较高的成本项目,科学事业单位可以根据需要在上述成本项目下设置明细项目或进行辅助核算。例如,在商品和服务费用项目下设置测试化验加工费、燃料动力费、劳务费和材料费等项目。

第四章 业务活动成本归集和分配

第一节 一般要求

第十七条 科学事业单位可以根据成本信息需求,对业务活动相关成本核算对象选择完全成本法或制造成本法进行核算。

完全成本法下应当将业务活动费用、单位管理费用均归集、分配至成本核算对象。

制造成本法下只将业务活动费用归集、分配至成本核算对象。

第十八条 科学事业单位发生的费用按照费用计入成本核算对象方式的不同,分为直接费用和间接费用。

直接费用是指能确定由某一成本核算对象负担的费用,包括工资福利费用、商品和服务费用、对个人和家庭的补助费用、固定资产折旧费、无形资产摊销费和其他业务费用中可以直接计入成本核算对象的费用。

间接费用是指不能直接计入某一成本核算对象,需由多个成本核算对象共同负担的费用。科学事业单位应当根据业务特点、重要性、可操作性等因素,选择合理的分配方法将间接费用分配至成本核算对象。

间接费用分配方法一般遵循因果关系和受益原则,根据资源耗费动因进行分配。同一成本核算对象的间接费用分配标准或方法一旦确定,各期间应当保持一致,不得随意变动,有证据证明新方法能够显著提升成本核算质量的除外。

第十九条 科学事业单位业务活动成本归集和分配的一般流程如下:

(一)将"业务活动费用"科目的本期发生额按照活动类型、成本项目,分别归集到业务部门(或科研项目)和辅助部门。将"单位管理费用"科目的本期发生额按照成本项目,归集到行政及后勤管理部门。

(二)将行政及后勤管理部门的费用(仅限完全成本法)、辅助部门的费用分配至业务部门(或科研项目)。其中,行政及后勤管理部门的费用一般先按照活动类型分配至业务部门（或科研项目）和辅助部门，再随辅助部门的费用分配至业务部门（或科研项目）；辅助部门费用占比不高的，也可以将行政及后勤管理部门的费用直接全部分配至业务部门（或科研项目）。行政及后勤管理部门之间、辅助部门之间相互提供服务或产品的金额占比较大的，也可以将费用先进行交互分配，再分配至业务部门。

（三）将业务部门归集的费用采用合理的分配方法分配至相关成本核算对象。

第二节 部门科研成本核算

第二十条 科学事业单位核算部门科研成本时，应当将内部组织部门划分为科研业务部门、科研辅助部门和行政及后勤管理部门：

（一）科研业务部门是指直接开展科学研究活动的部门，根据科学事业单位组织形式的不同，一般包括科研中心、实验室等。

（二）科研辅助部门是指为单位开展科研活动提供科研服务或产品支撑的部门，一般包括测试中心、文献信息中心、科研设施平台、公共实验平台等。

（三）行政及后勤管理部门是指开展行政管理和后勤保障等活动的部门，一般包括财务部门、人事部门、资产管理部门、科研管理部门、后勤部门等。

第二十一条 科学事业单位应当将"业务活动费用——科研活动费用"科目的本期发生额归集和分配至各科研业务部门和科研辅助部门。

第二十二条 在完全成本法下，科学事业单位应当先将行政及后勤管理部门归集的单位管理费用分配至科研活动。具体分配时一般采用参数分配法[①]，分配参数可以根据相关行政及后勤管理部门业务特点选择人员数量、工时、工作量、房屋面积、费用、收入等，分配参数一经确定，应保持相对稳定。

科研活动应分配的行政及后勤管理部门费用 ＝ 科研活动分配参数 × 分配率

分配率 ＝ 行政及后勤管理部门费用总额 ÷ 单位各项活动分配参数之和

第二十三条 科学事业单位应当将科研活动分配的行政及后勤管理部门费用进一步分配至各科研业务部门和科研辅助部门。具体分配时一般采用参数分配法，分配参数可以选择人员数量、工时、工作量、房屋面积、费用、收入等。

某科研业务部门或科研辅助部门科研活动应分配的行政及后勤管理部门费用 ＝ 该科研业务部门或科研辅助部门分配参数 × 分配率

$$分配率 = \frac{科研活动应分配的行政及后勤管理部门费用}{各科研业务部门和科研辅助部门分配参数之和}$$

第二十四条 科学事业单位应当将科研辅助部门归集和分配的费用分配至各科研业务部门。具体分配时一般采用参数分配法，分配参数可以选择人员数量、工时、工作量、收入、项目数量等。

某科研业务部门应分配的科研辅助部门费用 ＝ 该科研业务部门分配参数 × 分配率

分配率 ＝ 科研辅助部门归集和分配的费用 ÷ 各科研业务部门分配参数之和

第二十五条 科学事业单位按照第二十一条至第二十四条规定将科研业务部门归集和分配的业务活动费用、单位管理费用加总，即为部门科研成本。

---

① 科学事业单位在应用参数分配法时，可以按照成本项目分别采用不同的分配参数。

第三节 科研项目成本核算

第二十六条 科学事业单位项目化管理程度较高、基础信息完备、在会计核算阶段已经按科研项目合理归集项目耗费的，以及多个科研业务部门共同研究的科研项目，一般应当将科研项目作为成本核算对象，直接计算科研项目成本。

科学事业单位不具备直接计算科研项目成本条件的，应当基于部门科研成本计算科研项目成本。

第二十七条 科学事业单位直接计算科研项目成本的，一般流程及方法如下：

（一）将业务活动费用中的科研活动费用归集和分配至各科研项目和科研辅助部门。

（二）在完全成本法下，参照本指引第二十二条、第二十三条规定的方法将单位管理费用分配至各科研项目和科研辅助部门。

（三）参照本指引第二十四条规定的方法将科研辅助部门归集和分配的费用分配至各科研项目。

（四）按照本条（一）至（三）的规定将科研项目归集和分配的业务活动费用、单位管理费用加总，即为科研项目成本。

第二十八条 科学事业单位基于部门科研成本计算科研项目成本的，能够直接计入科研项目的部门科研成本应当直接计入，不能直接计入科研项目的部门科研成本应当选择参数分配法、作业成本法等适宜的方法分配计入。

使用参数分配法时，分配参数可以选择人员数量、工时、工作量、房屋面积、费用、收入等。

某科研项目成本＝直接计入该科研项目的成本＋分配计入该科研项目的成本

某科研项目分配计入的成本＝该科研项目分配参数 × 分配率

分配率＝（部门科研成本－直接计入科研项目的成本）÷ 各科研项目分配参数之和

使用作业成本法时，应当首先根据资源动因将间接费用分配至有关作业计算出作业成本，然后再将作业成本根据作业动因分配至科研项目。科学事业单位应当在梳理科研流程基础上结合科研项目具体内容划分作业，例如测试、分析、调试、标定等行为。资源动因、作业动因参数可以选择工时、工作量、人员数量、房屋面积等。

第二十九条 科研业务部门之间互相提供服务、产品的，可以将费用先进行交互分配，再分配至科研项目。

第三十条 跨年度的科研项目全周期成本等于科研项目各年度成本之和。

第四节 非科研活动成本核算

第三十一条 科学事业单位根据自身业务特点和管理要求，需要核算非科研活动成本时，应将"业务活动费用——非科研活动费用"和"单位管理费用"科目中分配计入非科研活动部分的本期发生额进行归集，即可得单位非科研活动成本。

第三十二条 科学事业单位核算技术、学术、科普、试制产品、教学等非科研活动成本时，应当将内部组织部门划分为各类非科研活动的业务部门、辅助部门和行政及后勤管理部门。例如，技术活动的业务部门包括直接开展技术活动的科研设施平台、科研中心等。

第三十三条　科学事业单位技术、学术、科普、试制产品等非科研活动成本的核算流程和方法可参照科研活动成本执行；教学活动的核算流程和方法，应当参照财政部关于高等学校成本核算具体指引的相关规定执行。

第五章　成　本　报　告

第三十四条　科学事业单位成本报告是指反映科学事业单位一定时期成本状况的总结性书面文件，是科学事业单位成本核算成果的重要表现形式，旨在为报告使用者提供科学事业单位成本信息。

第三十五条　科学事业单位成本报告按使用者不同可以分为对内报告和对外报告。对内报告是指科学事业单位为满足单位内部管理需要而编制的报告；对外报告是指科学事业单位按上级主管部门或相关部门要求报送的报告。

第三十六条　科学事业单位成本报告包括成本报表和成本分析报告。

成本报表是用以反映科学事业单位成本构成及其变动情况，考核评价科学事业单位运行状况的各种报表及重要事项的说明。

成本分析报告为对科学事业单位运行现状和未来发展趋势进行分析预测、提出改进建议等的文字报告。

第三十七条　科学事业单位对内成本报告根据管理要求可以按公历年度或按项目周期编报，目的在于满足日常管理、临时或特殊任务的需要，使成本信息及时服务于科学事业单位的内部管理。

第三十八条　科学事业单位对外成本报告应当至少按公历年度编报，对外成本报表的内容至少应当包括部门科研成本及其各成本项目金额、科研项目成本及其各成本项目金额等。按项目周期编报的对外成本报告，应当包括科研项目全周期成本。

对外成本报告应当由单位负责人和主管会计工作的负责人、会计机构负责人（会计主管人员）签名或盖章并加盖单位公章，按规定要求报送上级主管部门或相关部门。对外报告需要公开的，应当遵守信息公开的有关规定。

第六章　附　　则

第三十九条　财政和有关主管部门应当遵循本指引的相关规定指导科学事业单位开展成本核算工作。

财政部门可以会同相关部门制定科学事业单位对外成本报表格式。

科学事业单位可以根据本指引并结合本单位实际情况制定具体成本核算管理办法、对内成本报表格式等。

第四十条　服务于财务报表编制的自制或委托外单位加工物品、建设工程项目、自行研究开发项目等资产成本的核算应当遵循政府会计准则制度的规定。

第四十一条　本指引由财政部负责解释。

第四十二条　本指引自 2023 年 1 月 1 日起施行。

附

科学事业单位科研活动成本核算流程示意图1

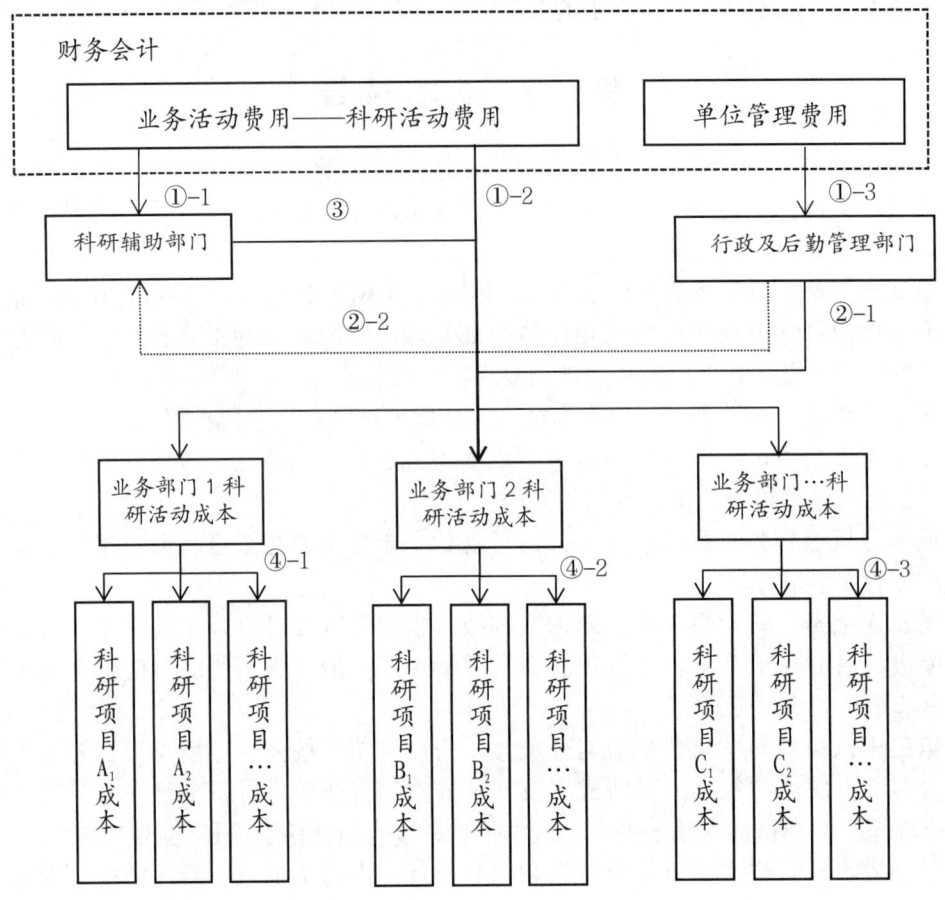

① 按部门归集和分配费用（第二十一条）
② 将行政及后勤管理部门费用中应计入科研活动的部分分配至各科研业务部门和科研辅助部门（第二十二、二十三条）
③ 将科研辅助部门归集的科研活动费用及分配计入的单位管理费用分配至各科研业务部门（第二十四条）
④ 将部门科研成本分配至各科研项目（第二十八条）

注：1. 该示意图反映基于部门科研成本计算科研项目成本的流程。
　　2. 该示意图中选择采用完全成本法进行核算。

科学事业单位科研活动成本核算流程示意图2

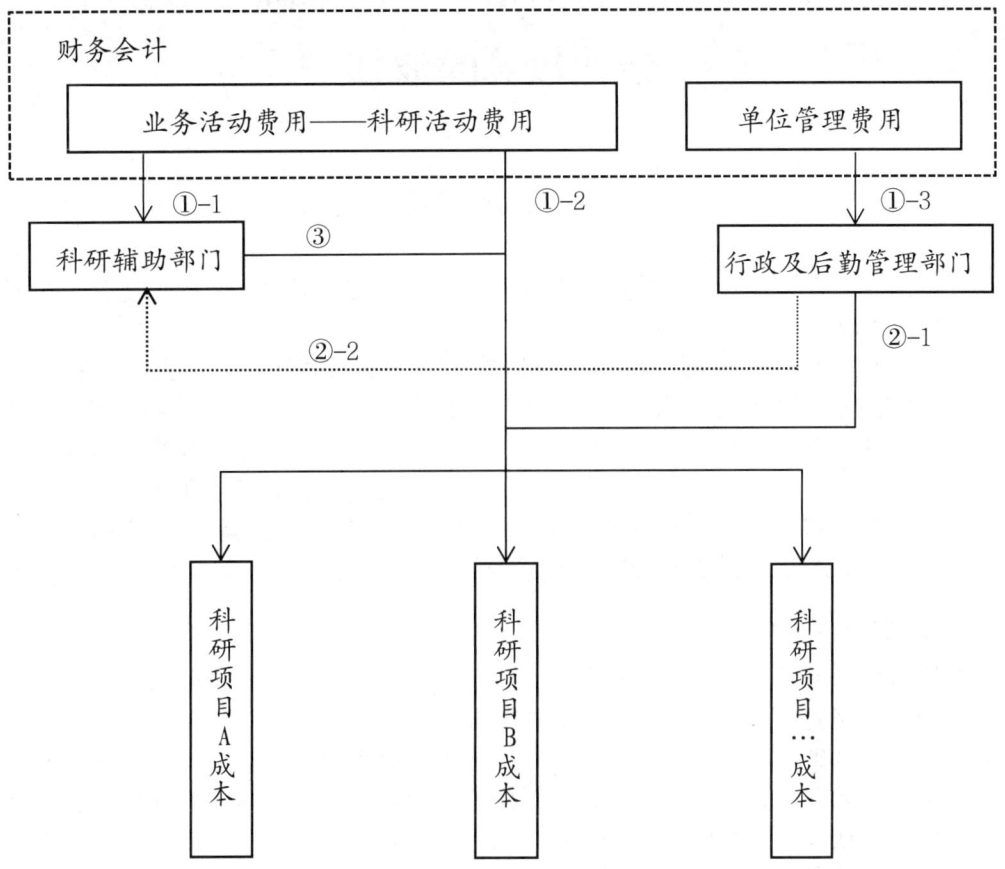

①按部门和科研项目归集和分配费用［第二十七条第（一）项］
②将行政及后勤管理部门费用中应计入科研活动的部分分配至各科研项目和科研辅助部门
　［第二十七条第（二）项］
③将科研辅助部门归集的科研活动费用及分配计入的单位管理费用分配至各科研项目
　［第二十七条第（三）项］

注：1.该示意图反映直接计算科研项目成本的流程。
　　2.该示意图中选择采用完全成本法进行核算。

政府会计准则制度

关于进一步加强公路水路公共基础设施政府会计核算的通知

(财会〔2020〕23号)

各省、自治区、直辖市、计划单列市财政厅(局)、交通运输厅(局、委),新疆生产建设兵团财政局、交通运输局:

为了确保政府会计准则制度在交通运输领域全面有效实施,根据《政府会计准则——基本准则》(财政部令第78号)、《政府会计准则第5号——公共基础设施》(财会〔2017〕11号)、《政府会计准则第10号——政府和社会资本合作项目合同》(财会〔2019〕23号)和《关于进一步做好政府会计准则制度新旧衔接和加强行政事业单位资产核算的通知》(财会〔2018〕34号)等规定,结合交通运输行业实际,现就进一步加强公路水路公共基础设施政府会计核算有关事项通知如下:

一、总体要求

公路水路公共基础设施是政府资产的重要组成部分。科学合理确认、计量、记录和报告公路水路公共基础设施资产,对建立权责发生制的政府综合财务报告制度,使公路水路公共基础设施更好服务发展、造福人民具有重要意义。必须坚持以习近平新时代中国特色社会主义思想为指导,紧紧围绕权责发生制政府综合财务报告制度改革的总体目标和任务,扎实推进公路水路公共基础设施会计核算,全面反映公路水路资产"家底",夯实政府财务报告和行政事业性国有资产报告的核算基础,为加快建设交通强国,推动交通运输治理体系和治理能力现代化提供基础保障。

二、关于公路水路公共基础设施的确认

(一)公路水路公共基础设施的界定。

本通知所称的公路水路公共基础设施,是指各级交通运输主管部门为满足社会公共交通运输需求所控制的公路、运输站场、航道、港口、轮渡及其配套设施等有形资产。

独立于公路水路公共基础设施、不构成公路水路公共基础设施使用不可缺少组成部分的管理用房屋构筑物、设备、车辆、船舶,不对社会公众开放的公务码头,不再提供公共服务的公路水路设施,其会计核算适用《政府会计准则第3号——固定资产》,纳入单位固定资产管理。

(二)公路水路公共基础设施的记账主体。

1.确定记账主体的一般原则。

各级交通运输主管部门应当根据公路水路公共基础设施管理体制,按照"谁承担管理维护职责,由谁记账"的原则,并结合直接承担后续支出责任情况,合理确定公路水路公共基础设施的记账主体。

相关记账主体对公路水路公共基础设施的确认应当协调一致,确保资产确认不重

复、不遗漏。

2.确定记账主体的有关具体规定。

（1）中央委托地方承担管理维护职责的公路水路公共基础设施，应当由地方具体承担管理维护职责的交通运输行政事业单位作为记账主体。委托方应当设置备查簿进行登记。

（2）对于由企业举债形成的非收费公路，相关债务已经由政府承担的，应当及时从企业资产负债表中剥离，按上述一般原则确定公路公共基础设施的记账主体，并及时登记入账。

（3）对于车辆通行费纳入政府性基金预算管理且相应的债务由政府偿还的政府收费公路（包括存量的政府还贷公路），由负责编制车辆通行费支出预算的交通运输行政事业单位作为记账主体。

（4）对于由企业举债并负责偿还的收费公路，采用政府和社会资本合作（PPP）模式形成的，政府方应当按照《政府会计准则第10号——政府和社会资本合作项目合同》及其应用指南的相关规定确定记账主体；采用建设—运营—移交（BOT）方式形成但未纳入全国PPP综合信息平台项目库，且企业方已按照相关企业会计准则确认为无形资产的，政府方应当参照《政府会计准则第10号——政府和社会资本合作项目合同》及其应用指南的相关规定确定记账主体；除上述情形外且已由企业方入账的，地方交通运输主管部门应当设置备查簿进行登记，待后续相关规定明确后，再进行调整。

（5）对于天然航道、天然锚地和无偿划拨的土地，不进行价值核算，无需确认入账，对其具有管理维护职责的交通运输行政事业单位应当设置备查簿进行登记。

对于已按财会〔2018〕34号文有关规定入账的存量公路水路公共基础设施，其记账主体与上述规定不一致的，应当自2021年1月1日起根据上述规定予以调整。记账主体按规定增加公共基础设施的，借记"公共基础设施"科目，贷记"累计盈余"科目；按规定减少公共基础设施的，做相反的会计分录。

三、关于公路水路公共基础设施的构成

（三）公路水路公共基础设施的构成。

公路水路公共基础设施包括公路公共基础设施、汽车客运站公共基础设施和水路公共基础设施。

公路公共基础设施包括公路用地、公路（含公路桥涵、公路隧道、公路渡口等）及构筑物、交通工程及沿线设施（含交通安全设施、管理设施、服务设施、绿化环保设施）等。

汽车客运站公共基础设施主要包括场地设施、站务用房、生产辅助用房、安全与服务设施。

水路公共基础设施包括航道公共基础设施、沿海航海保障公共基础设施、港口公共基础设施和轮渡公共基础设施。航道公共基础设施主要包括航道、通航建筑物、航道整治建筑物、航标、其他助航设施。沿海航海保障公共基础设施主要包括沿海航道、航标、其他助航设施。港口公共基础设施主要包括码头及附属设施、防波堤、护岸、进出港航道、锚地等。轮渡公共基础设施包括码头、趸船、道路（引道）、标志牌、候船室（亭）、收费亭等。

公路水路公共基础设施资产构成见附件1。

四、关于公路水路公共基础设施的初始计量

（四）公路水路公共基础设施初始计量的原则。

对于 2019 年 1 月 1 日起新增的公路水路公共基础设施，应当按照《政府会计准则第 5 号——公共基础设施》的规定进行初始计量。

对于尚未入账的公路水路公共基础设施，在《基本建设财务管理规定》（财建〔2002〕394 号）施行之后建成的，一般应当按照其初始购建成本入账；在《基本建设财务管理规定》施行之前建成的，应当按照财会〔2018〕34 号文有关规定确定初始入账成本。分属于不同记账主体的同一公路水路公共基础设施，初始入账成本的确定应采用一致的会计政策。

对于已按财会〔2018〕34 号文有关规定入账的存量公路水路公共基础设施，其初始入账成本无需调整。

（五）重置成本标准的确定。

按重置成本作为初始入账成本的存量公路水路公共基础设施，其重置成本标准应当按以下权限确定：

中央级交通运输行政事业单位承担管理维护职责的公路水路公共基础设施重置成本标准，由国务院交通运输主管部门负责制定。

中央委托地方承担管理维护职责的公路水路公共基础设施的重置成本标准，由地方交通运输主管部门负责制定。

省道、省管航道的重置成本标准，由省级交通运输主管部门负责制定；县道、乡道、村道，以及汽车客运站、其他地方航道、沿海助导航设施、地方港口、轮渡的重置成本标准，由省级交通运输主管部门负责明确制定单位。

各有关部门和单位应当在 2021 年 6 月 30 日之前，按照上述权限制定并公布相关公路水路公共基础设施的重置成本标准。

（六）重置成本标准参考因素。

确定存量公路水路公共基础设施重置成本时，除主要依据定额标准外，还应充分考虑影响重置成本标准的其他因素，具体如下：

公路应主要参考地域、地形、技术等级、路基宽度、路面材料类型；

汽车客运站应主要参考结构类型、规模；

航道应主要参考航道维护尺度、航道技术等级；

通航建筑物应主要参考技术等级、规模；

航道整治建筑物应主要参考结构类型、规模；

航标应主要参考结构类型、规模、尺寸、航道等级；

其他助航设施可参考结构类型、规模；

码头及附属设施应主要参考分类构成、结构类型、规模；

防波堤应主要参考结构类型、规模；

护岸应主要参考结构类型、规模；

锚地应主要参考规模。

五、关于公路水路公共基础设施的明细核算

（七）公路公共基础设施的明细核算。

公路公共基础设施应当按照行政等级、路线（含桩号）进行明细核算，公路技术

等级、公里数等作为辅助核算。

按照行政等级，公路公共基础设施应当涵盖国道、省道、县道、乡道和村道。

（八）汽车客运站公共基础设施的明细核算。

汽车客运站应当按场站名称和资产类别进行明细核算。

（九）水路公共基础设施的明细核算。

航道公共基础设施应当按航道名称、资产类别进行明细核算。

沿海航海保障公共基础设施应当按沿海航道名称、航标类别（视觉航标、音响航标和无线电航标）和其他沿海航海保障设施类别进行明细核算。

港口公共基础设施应当按港口名称、资产类别进行明细核算，港区、资产个数、吞吐量等作为辅助核算。

轮渡公共基础设施应当按渡口名称和资产类别进行明细核算。

（十）明细核算其他要求。

公路水路公共基础设施会计明细科目及编码见附件2。

各有关记账主体在做好公路水路公共基础设施明细核算的同时，还应做好备查簿登记，详细记录资产组成部分的名称、建设时间、资产价值等。

对于已按财会〔2018〕34号文有关规定入账的存量公路水路公共基础设施，其明细科目应当自2021年1月1日起按照本通知规定予以调整。

六、关于组织保障

（十一）严格责任落实。

各级交通运输行政事业单位要高度重视公路水路公共基础设施的会计核算工作，加强组织领导，明确任务分工和责任，理顺工作机制，抓好组织落实，确保改革顺利推进。各记账主体要切实担负起主体责任，制定详细的实施方案，明确工作目标，充实会计人员，落实工作责任，确保认识到位、组织到位、人员到位，并于2021年12月31日之前按照政府会计准则制度及本通知规定将存量公路水路公共基础设施纳入政府会计核算。

（十二）加强业务指导。

各地财政部门、交通运输主管部门要根据本通知精神，结合地方实际，研究制定地方公路水路公共基础设施会计核算实施细则，加强对下级行政事业单位开展公路水路公共基础设施会计核算工作的指导。鼓励探索建立健全政府会计核算考核机制，推动考核评价结果应用。

（十三）强化宣贯培训。

各地财政部门、交通运输主管部门要积极做好公路水路公共基础设施会计核算工作的政策解读和宣贯培训工作，不断拓宽培训渠道，推动培训工作实现全覆盖，使会计及相关人员及时、全面地掌握政府会计准则制度的各项规定和具体要求，切实提高业务素质和管理水平，确保工作落到实处、见到实效。

附件1：公路水路公共基础设施资产构成表
附件2：公路水路公共基础设施会计明细科目及编码表

财政部　交通运输部
2020年12月30日

附件1：

公路水路公共基础设施资产构成表

一级	二级	三级	四级	五级	六级	计量单位	主体结构	备注
公路公共基础设施	公路用地					亩①		
	公路及构筑物					千米		
			挖方路段	填土方		立方米		
				填石方		立方米		
			填方路段	土石混填		立方米		
			特殊路基处理			平方米		
			防护工程	挡土墙		立方米		
				抗滑桩		立方米		
				生态防护		平方米		
				一般边坡防护		平方米		
				预应力锚索		米		
				锚杆框架梁		立方米		
				其他		/		
			排水工程	边沟		米		
				截水沟		米		
				急流槽		米		
				排水沟		米		
			其他			/		

公路公共基础设施	公路及构筑物				单位
	路面	沥青混凝土路面			平方米
		水泥混凝土路面			平方米
		其他			平方米
	桥涵	小桥			米/座
		中桥			米/座
		大桥 特大桥梁	预应力混凝土T梁		米/座
			预应力混凝土小箱梁		米/座
			现浇预应力混凝土箱梁		米/座
			预应力混凝土连续梁	混凝土基	立方米
				钢沉井	吨
				下部	立方米
				上部	立方米
				水上防撞系统	套
				VTS通航系统	套
				其他	/
			预应力混凝土连续刚构	混凝土基础	立方米
				钢沉井	吨
				下部构造	立方米
				上部构造	立方米
				水上防撞系统	套
				VTS通航系统	套
				其他	/

① 1亩＝666.67平方米，后同。

（续表）

一级	二级	三级	四级	五级	六级	计量单位	主体结构	备注
公路公共基础设施	公路及构筑物	桥涵	大桥特大桥梁	混凝土箱型拱	基础	立方米		
					下部	立方米		
					主拱圈	立方米		
					拱上立柱	立方米		
					桥面系混凝土	立方米		
					其他	/		
				钢管拱	基础	立方米		
					下部	立方米		
					钢拱肋	吨		
					拱助混凝土	立方米		
					系杆	吨		
					吊杆	吨		
					桥面系混凝土	立方米		
					桥梁健康监测系统	套		
				斜拉桥	混凝土基础	立方米		
					钢沉井	吨		
					混凝土索塔	立方米		
					钢塔	吨		
					钢锚箱	吨		
					平行钢丝斜拉索	吨		
					钢绞线斜拉索	吨		
					预应力混凝土箱梁	立方米		
					钢箱梁	吨		

公路公共基础设施	公路及构筑物	桥涵	大桥特大桥梁	斜拉桥	钢桁梁	吨	
					伸缩缝	米	
					支座	个	
					阻尼器	个	
					桥梁健康监测系统	套	
					水上防撞系统	套	
					VTS通航系统	套	
					索塔避雷系统	套	
					混凝土基础	立方米	
					钢沉井	吨	
					锚碇	立方米	
					混凝土索塔	立方米	
				悬索桥	钢塔	吨	
					主索鞍	吨	
					散索鞍	吨	
					主缆	吨	
					索夹	吨	
					吊索	吨	
					预应力混凝土箱梁	立方米	
					钢箱梁	吨	
					钢桁梁	吨	
					伸缩缝	米	
					支座	个	

601

（续表）

一级	二级	三级	四级	五级	六级	计量单位	主体结构	备注
公路公共基础设施	公路及构筑物	桥涵	大桥 特大桥梁		阻尼器	个		
					主缆抽湿系统	套		
					桥梁健康监测系统	套		
					水上防撞系统	套		
					VTS通航系统	套		
					索塔避雷系统	套		
			涵洞	其他		/		
				盖板涵		米/道		
				拱涵		米/道		
				管涵		米/道		
				箱涵		米/道		
		隧道	短隧道	洞门		座		
				明洞		米		
				洞身	小导管	米		
					管棚	米		
					锚杆	根①		
					格栅拱架	榀		
					型钢拱架	榀		
					衬砌	立方米		
					防水板	平方米		
					管沟	立方米		
					水泥混凝土路面	平方米		
					沥青混凝土路面	平方米		

公路公共基础设施	公路及构筑物	隧道			量词
		短隧道	洞门	防火喷涂	平方米
				隧道照明系统	延米②
				隧道供配电系统	延米
			明洞		座
		中隧道		小导管	米
				管棚	米
				锚杆	米
				格栅拱架	榀
				型钢拱架	榀
			洞身	衬砌	立方米
				防水板	平方米
				管沟	立方米
				水泥混凝土路面	平方米
				沥青混凝土路面	平方米
				防火喷涂	平方米
				隧道通风系统	延米
				隧道照明系统	延米
				隧道消防系统	延米
				隧道供配电系统	延米
				隧道监控系统	延米
		长隧道	洞门		座
			明洞		米

① 量词，钢结构汇总一般指由柱和梁构成的一个框架里面。
② 用于统计或描述不规则的条状或线状工程的计量，延米并没有统一的标准。

（续表）

一级	二级	三级	四级	五级	六级	计量单位	主体结构	备注
公路公共基础设施	公路及构筑物	隧道	长隧道	洞身	小导管	米		
					管棚	米		
					锚杆	米		
					格栅拱架	榀		
					型钢拱架	榀		
					衬砌	立方米		
					防水板	平方米		
					管沟	立方米		
					水泥混凝土路面	平方米		
					沥青混凝土路面	平方米		
					防火喷涂	平方米		
					隧道通风系统	延米		
					隧道照明系统	延米		
					隧道消防系统	延米		
					隧道供配电系统	延米		
					隧道监控系统	延米		
			特长隧道	洞门		座		
				明洞		米		
				洞身	小导管	米		
					管棚	米		
					锚杆	米		
					格栅拱架	榀		
					型钢拱架	榀		

公路公共基础设施	公路及构筑物	隧道	特长隧道	洞身	衬砌	立方米												
					防水板	平方米												
					管沟	立方米												
					水泥混凝土路面	平方米												
					沥青混凝土路面	平方米												
					防火喷涂	平方米												
					隧道通风系统	延米												
					隧道照明系统	延米												
					隧道消防系统	延米												
					隧道供配电系统	延米												
					隧道监控系统	延米												
				辅助坑道	斜井	米/座												
					竖井	米/座												
		公路渡口				处												
	公路交通工程及沿线设施	交通安全设施	交通标志	单柱式交通标志		个/块												
				双柱式交通标志		个												
				三柱式交通标志		个												
				门架式交通标志		个												
				单悬臂式交通标志		个												
				双悬臂式交通标志		个												
				附着式交通标志		个												
				里程碑		个												
				公路界碑		个												

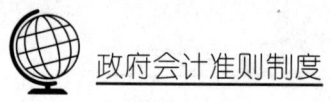

（续表）

一级	二级	三级	四级	五级	六级	计量单位	主体结构	备注
公路公共基础设施	公路交通工程及沿线设施	交通安全设施		百米桩		个		
				热熔型标线		平方米		
				双组分标线		平方米		
				水性标线		平方米		
				树脂防滑型		平方米		
				预成型标线带		平方米		
				突起路标		个		
				立面标记		平方米		
				路侧混凝土护栏		立方米		
				中央分隔带混凝土护栏		立方米		
				路侧波形梁护栏		米		
				中央分隔带波形梁护栏		米		
				路侧缆索护栏		米		
				中央分隔带缆索护栏		米		
				中央分隔带开口护栏		米		
			防撞垫			套		
			视线诱导设施	轮廓标	柱式轮廓标	个		
					附着式轮廓标	个		
			隔离栅	钢板网隔离栅		米		
				编织网隔离栅		米		
				焊接网隔离栅		米		
				刺钢丝网隔离栅		米		
				隔离墙		米		

公路公共基础设施	公路交通工程及沿线设施			单位
	交通安全设施	隔离栅	绿篱	米
	交通安全设施	防落网	防落物网	米
	交通安全设施	防落网	防落石网	米
	交通安全设施	防眩设施	防眩板	块
	交通安全设施	防眩设施	防眩网	米
	交通安全设施	防雪栅		米
	交通安全设施	防风栅		米
	交通安全设施	防沙栅		米
	交通安全设施	积雪标杆		个
	交通安全设施	限高架		个
	交通安全设施	减速丘		个
	交通安全设施	凸面镜		个
	交通安全设施	其他		/
	管理设施	通信设施	干线传输系统	项
	管理设施	通信设施	综合业务接入网系统	项
	管理设施	通信设施	程控数字交换系统	项
	管理设施	通信设施	广播系统	项
	管理设施	通信设施	会议电视系统	项
	管理设施	通信设施	通信电源系统	项
	管理设施	通信设施	通信管道工程	项
	管理设施	通信设施	光缆工程	项
	管理设施	通信设施	电缆工程	项
	管理设施	通信设施	其他	/

（续表）

一级	二级	三级	四级	五级	六级	计量单位	主体结构	备注
公路公共基础设施	公路交通工程及沿线设施	管理设施	监控设施	监控中心	计算机系统	项		
					闭路电视系统	项		
					监控系统软件	套		
					操作台	组		
					电视墙	组		
					光缆	米		
					电缆	米		
					线缆	米		
					其他	/		
				监控分中心	计算机系统	项		
					闭路电视系统	项		
					监控系统软件	套		
					操作台	组		
					电视墙	组		
					光缆	米		
					电缆	米		
					线缆	米		
					其他	/		
				监控外场设施	可变情报板	套		
					车辆检测器	套		
					气象检测器	套		
					路面检测器	套		
					摄像机	套		

公路公共基础设施	公路交通工程及沿线设施	管理设施						
		监控设施	监控外场设施	其他		其他	/	
			收费中心设备	计算机系统	项			
				收费视频监控系统	项			
				对讲和安全报警系统	项			
				IC 卡及配套设施	套			
				控制台	套			
				其他	/			
		收费设施	收费分中心设备	计算机系统	项			
				收费视频监控系统	项			
				对讲和安全报警系统	项			
				IC 卡及配套设施	套			
				控制台	套			
				其他	/			
			收费站设备	计算机系统	项			
				收费视频监控系统	项			
				对讲和安全报警系统	项			
				IC 卡及配套设施	套			
				控制台	套			
				其他	/			
			收费车道设备	ETC 收费车道	套			

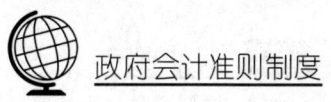

（续表）

一级	二级	三级	四级	五级	六级	计量单位	主体结构	备注
公路公共基础设施	公路交通工程及沿线设施	管理设施	收费设施	收费车道设备	其他收费车道	套		
				收费土建	收费岛	套		
					地下通道（天桥）	套		
				收费大棚		项		
				ETC门架系统		项		
				治超系统		项		
				收费系统软件		套		
				其他		/		
			供配电设施	进线工程		项		
				变压器		套		
				发电机		套		
				成套开关设备		套		
				不间断电源		套		
				电力监控系统		项		
				电缆		米		
				线缆		米		
				接地工程		项		
				其他		/		
			照明设施	道路照明设施		套		
				站区照明设施		套		
				照明配电箱		套		
				电缆		米		
				其他		/		

大类	中类	小类	细类	子项	单位	结构
公路公共基础设施	公路交通工程及沿线设施	管理设施	管理中心	场区	平方米	
				房屋	平方米	
				其他	/	
			管理分中心	场区	平方米	
				房屋	平方米	
				其他	/	
		服务设施	收费站房	场区	平方米	
				房屋	平方米	
				其他	/	
			服务区	停车场	平方米	
				房屋：公共厕所	平方米	
				房屋：餐厅	平方米	
				房屋：休息室	平方米	
				房屋：其他	平方米	
				加油站	个	
				维修站	个	
				充电桩	平方米	
			停车区	停车场	平方米	
				房屋：管理用房屋	平方米	
				房屋：公共厕所	个	
				房屋：其他	/	
				充电桩	/	
			客运汽车停靠站	车辆停靠设施	/	砖混结构
			客运汽车停靠站	乘客候车设施	/	砖混结构
公路公共基础设施	公路交通工程及沿线设施	绿化环保设施	观景台		平方米	
			绿化工程		平方米	
			隔音屏障等		/	
			其他		/	

(续表)

一级	二级	三级	四级	五级	六级	计量单位	主体结构	备注
汽车客运站公共基础设施	场地设施	站前广场				平方米		
		停车场				平方米		
		发车位				个		
		换乘设施				/		
	站务用房	候车亭（室）				平方米	钢、钢筋混凝土结构、砖混结构	
		母婴候车室（区）				平方米		
		售票（处）厅				平方米		
		小件（行包）服务处				平方米		
		综合服务处				平方米		
		站务员室				平方米		
		驾乘休息室				平方米		
		调度室				平方米		
		治安室				件		
		无障碍设施				平方米		
		智能化系统用房				平方米		
		盥洗室和旅客厕所				平方米		
		饮水处						
		进、出站检查室				平方米		

汽车客运站公共基础设施	站务用房	旅游服务处			平方米
		医疗救护室			平方米
		其他			/
	生产辅助用房	汽车安全检验台			个
		汽车清洁、清洗台			处
		其他			/
	安全与服务设施	售票检票设备			台/套
		候车服务设备			台/套
		安全检查设备			台/套
		安全应急设备			台/套
		车辆清洁清洗设备			台/套
		广播通讯设备			台/套
		小件（行包）搬运与便民设备			台/套
		采暖/制冷设备			台/套
		宣传告示设备			台/套
		网络售服票设备			台/套
		安全监控设备			台/套
		车辆调度与管理设备			台/套
		验票检票信息设备			台/套
		其他			/
水路公共基础设施	航道		内河航道	人工运河	千米
				水库	千米

（续表）

一级	二级	三级	四级	五级	六级	计量单位	主体结构	备注
水路公共基础设施	航道及沿海航海保障公共基础设施	航道	内河航道	渠道		千米		
			沿海航道			千米	钢筋混凝土	
		通航建筑物	船闸及附属设施	船闸		座		
				引航道		千米	钢筋混凝土	
				待闸锚地		个	钢筋混凝土	
				导航建筑物		座		
				靠船建筑物		座		
				控制系统		套		
				电气系统		套		
				信息系统		套		
				其他		/		
			升船机及附属设施	升船机		座	钢筋混凝土	
				引航道		千米		
				待闸锚地		个		
				导航建筑物		座	钢筋混凝土	
				靠船建筑物		座	钢筋混凝土	
				控制系统		套		
				电气系统		套		
				信息系统		套		
				其他		/		
		航道整治建筑物	防护工程	护岸		平方米	枯水平台、水下护底、水下镇脚	
							钢筋混凝土	

水路公共基础设施	航道及沿海航海保障公共基础设施	航道整治建筑物			
		防护工程	护滩	平方米	排体、钢丝网格、抛石、抛枕结构
					钢筋混凝土
			护底	平方米	排体、钢丝网石兜、抛枕
					钢筋混凝土
			拾掇浮	米	钢结构
			其他	/	
		坝体	丁坝	座	抛石、浆砌块、桩板、砼预制件、沙枕、块石-模袋砼结构
					钢筋混凝土
			顺坝	座	抛石、浆砌块、桩板、砼预制件、沙枕、块石-模袋砼结构
					钢筋混凝土
			导流坝	座	抛石、浆砌块、桩板、砼预制件、沙枕、块石-模袋砼结构
					钢筋混凝土
			潜坝	座	抛石结构、桩板结构、沙枕-块石结构
					钢筋混凝土

（续表）

一级	二级	三级	四级	五级	六级	计量单位	主体结构	备注
水路公共基础设施	航道及沿海航海保障公共基础设施	航道整治建筑物	堤类	防波堤		座	抛石、砼预制构件、块石-砼预制构件护面结构混凝土	
				挡沙堤		座	抛石、砼预制构件、块石-砼预制构件护面结构混凝土	
		航标	视觉航标	灯塔		座	钢筋混凝土石砌、铸铁、钢	
				灯桩		座	钢筋混凝土、钢制结构玻璃钢、滚塑、聚脲弹性体等	
				导标		座	混凝土基座方形铁架石砌塔钢筋混凝土、钢制结构灯柱	
				灯船		座	钢管材质	
				灯浮		座	钢制	
				桥涵标		座	钢制	
				立标		座	钢制、塑材材质	
				浮标		座	钢筋混凝土	
				其他		/		
			音响航标	雾号		座	钢制	

水路公共基础设施	航道及沿海航海保障公共基础设施	航标	无线电航标	雷达指向标	台/座	无线电电子元器件、钢结构	包括塔体、灯塔、灯器、控制及发电器系统、配套用房等设施设备系统。
				雷达应答器	台/座	无线电电子元器件、钢结构	
				AIS实体航标	台/座	无线电电子元器件、钢结构	
				DGNSS系统	台/座	无线电电子元器件、混凝土/钢结构	包括基准台站、北斗CORS站、监测系统、控制系统、链路、机房等设施设备系统。
				AIS系统	台/座	无线电电子元器件、钢结构	包括AIS岸台、AIS监测系统、AIS信息系统、链路、机房等设施设备系统。
		基础测绘设施	基础测绘设施	测量控制点	个		
		其他助航设施		天线	副		
			信号台	铁塔	座		
				收发信机	台		
			航行水尺		座	混凝土	

（续表）

一级	二级	三级	四级	五级	六级	计量单位	主体结构	备注
水路公共基础设施	航道及沿海航海保障公共基础设施	1801 公共基础设施	水位系统	自动水位站（仪）		座	钢结构	
				人工水位站（仪）		座	钢结构	
			水文信息网			套	无线电电子元器件、钢结构	
				链路		套	无线电电子元器件、钢结构	
		码头				座	钢筋混凝土	
		防波堤				千米	块石、护面块体	
		护岸				平方米	钢筋混凝土等	
		进出港航道				千米		
		锚地				座		
	港口公共基础设施		港区内铁路专用线			千米		
			港区内道路			千米		
			进出港道路			千米		
			运输管道			千米		
			滚装连接桥			座	钢筋混凝土等	
		附属设施	堆场			平方米	钢筋混凝土等	
			房屋			平方米		
			其他			/		
	轮渡公共基础设施	码头				个	钢筋混凝土等	
		趸船				个	钢质	
		道路（引道）				米	水泥路面	
水路公共基础设施	轮渡公共基础设施	标志牌				个	钢筋混凝土/铝合金板	
		候船室（亭）				座	钢筋混凝土/砖混结构	
		收费亭				座	钢筋混凝土/砖混结构	
		其他				/		

附件2：

公路水路公共基础设施会计明细科目及编码表

一级科目及编码	二级科目及编码	三级科目及编码	四级科目	五级科目	六级科目	七级科目	辅助核算	备查	核算内容说明
1801 公共基础设施	180101 交通基础设施	18010101 公路公共基础设施	1801010101 国道	路线名称（含起止桩号，如 G102（K100-K130）			技术等级、公里数	建设时间、各项组成部分资产名称、资产价值、计提折旧方法和年限	
			1801010102 省道	路线名称（含起止点）					
			1801010103 县道	路线名称（含起止点）					
			1801010104 乡道	路线名称（含起止点）					
			1801010105 村道	路线名称（含起止点）					
			1801010106 专用公路	路线名称（含起止点）					
		18010102 汽车客运站公共基础设施	场站名称	场地设施				建设时间、各项组成部分资产名称、资产价值、计提折旧方法和年限	核算站前广场、停车场、发车位、换乘设施等设施资产原值

（续表）

一级科目及编码	二级科目及编码	三级科目及编码	四级科目	五级科目	六级科目	七级科目	辅助核算	备查	核算内容说明
1801 公共基础设施	18101 交通基础设施	18010101 公路公共基础设施	场站名称	站务用房				建设时间、各项组成部分资产名称、资产价值、计提折旧方法和年限	核算候车亭（室）、母婴候车室（区）、售票（行包）厅、小件服务处（处）、站务综合服务处、驾乘休息室、调度室、治安室、无障碍设施、智能化系统用房、盥洗室和旅客厕所、饮水处、进出站检查室、旅游服务处、医疗救护室等资产原值
				生产辅助用房					核算汽车安全检验台、汽车清洁和清洗设备等资产原值
				安全与服务设施					核算售票检票服务设备、候车服务设备、安全检查设备、安全应急设备、车辆清洁、清洗设备、广播通讯设备、小件（行包）寄存设备、搬运与采暖/制冷设备、宣传告示设备、网络售票设备、安全监控管理设备、车辆调度与验票设备等信息设备资产原值

1801 公共基础设施	180101 交通基础设施	18010103 航道公共基础设施	航道名称	航道	内河航道		核算人工运河、水库、渠道等人工河道的资产原值
				通航建筑物	船闸名称		核算船闸及其附属的引航道、锚地、导航建筑物、靠船建筑物、控制系统、信息系统、电气系统等资产原值
				通航建筑物	升船机名称	水系、航道等级、航道公里数、建设时间、各项资产名称、组成部分资产价值、计提折旧方法和年限	核算升船机及其附属的引航道、锚地、导航建筑物、靠船建筑物、控制系统、信息系统、电气系统等资产原值
				航道整治物	防护工程		核算护岸、护滩、护底、抬撬浮等资产原值
				航道整治物	坝体		核算丁坝、导流坝、顺坝、潜坝等资产原值
				航道整治物	堤类		核算防波堤、挡沙堤等资产原值

（续表）

一级科目及编码	二级科目及编码	三级科目及编码	四级科目	五级科目	六级科目	七级科目	辅助核算	备查	核算内容说明
1801 公共基础设施	180101 交通基础设施	18010103 航道公共基础设施	航道名称	航标	视觉航标			水系、航道等级数、航道公里数、建设时间、各项组成部分资产名称、资产价值、计提折旧方法和年限	核算灯塔、灯桩、导标、灯船、灯浮标、立标、浮标、桥涵标、灯器、灯遥测遥控器、其他资产原值
					音响航标				核算雾号资产原值
					无线电航标				核算雷达应答器、雷达指向标、实体航标、AIS系统、AIS DGNSS系统资产原值
					其他航标				核算其他航标资产原值
				其他助航设施	基础测绘设施				核算测量控制点资产原值
					海岸电台				核算天线、铁塔、收发信机等海岸电台资产原值
					信号台				核算信号台资产原值
					航行水尺				核算航行水尺资产原值
					水位站				核算水位站资产原值
					其他				核算其他助航设施资产原值

1801 公共基础设施	180101 交通基础设施	18010104 沿海海航保障公共基础设施	沿海航道					核算内容
			沿海航道				建设时间、各项组成部分资产名称、资产价值、计提折旧方法和年限	核算沿海航道的资产原值
			航标	视觉航标		港区、站点		核算灯塔、灯桩、导标、灯船、灯浮、立标、桥涵标、其他资产原值
				音响航标		港区、站点		核算雾号资产原值
				无线电航标		港区、站点		核算雷达指向标、雷达应答器、AIS实体航标、DGNSS系统、AIS系统资产原值
			其他标志			港区、站点		核算其他标志资产原值
			基础测绘设施			港区、站点		核算基础测绘设施资产原值
			其他助航设施	海岸电台		场地		核算天线、铁塔、收发信机资产原值
				信号台		场地		核算信号台资产原值
				航行水尺		港区、站点		核算航行水尺资产原值
				水位系统		港区、站点		核算水位站、水文信息网和链路等资产原值
				其他助航设施		港区、站点		核算其他助航设施资产原值

（续表）

一级科目及编码	二级科目及编码	三级科目及编码	四级科目	五级科目	六级科目	七级科目	辅助核算	备查	核算内容说明
1801 公共基础设施	180101 交通基础设施	18010105 港口公共基础设施	港口名称	码头名称			港区、个数、吞吐量	建设时间、各项组成部分资产名称、资产价值、计提折旧方法和年限	核算码头的资产原值
				防波堤			港区、个数		核算防波堤的资产原值
				护岸			港区、个数		核算护岸的资产原值
				进出港航道名称					核算进出港航道的资产原值
				锚地名称			港区		核算锚地的资产原值
				附属设施					核算港区内铁路专用线、港区内道路、进出港道路、运输管道、滚装接桥、堆场、房屋等的资产原值
		18010106 轮渡公共基础设施	轮渡名称	码头名称				建设时间、各项组成部分资产名称、资产价值、计提折旧方法和年限	核算轮渡码头的资产原值
				趸船					核算趸船的资产原值
				道路（引道）					核算道路（引道）的资产原值
				标志牌					核算标志牌的资产原值
				候船室（亭）					核算候船室（亭）的资产原值
				收费亭					核算收费亭的资产原值
				其他					核算其他设施的资产原值

关于进一步加强水利基础设施政府会计核算的通知

（财会〔2021〕29号）

各省、自治区、直辖市、计划单列市财政厅（局）、水利（水务）厅（局），新疆生产建设兵团财政局、水利局，水利部直属各单位：

为了确保政府会计准则制度在水利行业全面有效实施，根据《政府会计准则第5号——公共基础设施》（财会〔2017〕11号，以下简称5号准则）、《政府会计准则第10号——政府和社会资本合作项目合同》（财会〔2019〕23号，以下简称10号准则）、《政府会计制度——行政事业单位会计科目和报表》（财会〔2017〕25号，以下简称《政府会计制度》）和《财政部关于进一步做好政府会计准则制度新旧衔接和加强行政事业单位资产核算的通知》（财会〔2018〕34号）等规定，结合水利行业实际，现就进一步加强水利基础设施政府会计核算有关事项通知如下：

一、总体要求

水利基础设施是国有资产的重要组成部分，是我国经济社会发展的有力基础支撑。科学合理确认、计量、记录和报告水利基础设施资产，对加强水利基础设施资产管理，使水利基础设施更好服务发展、造福人民具有重要意义。各级财政部门和水行政主管部门必须坚持以习近平新时代中国特色社会主义思想为指导，紧紧围绕权责发生制政府综合财务报告制度改革的总体目标和任务，扎实推进水利基础设施政府会计核算，进一步全面完整反映政府水利基础设施"家底"，夯实政府财务报告和行政事业性国有资产报告的核算基础，为推动新阶段水利高质量发展提供基础保障。

二、关于水利基础设施的界定

本通知所称的水利基础设施，是指各级水行政主管部门及其所属事业单位（以下简称水利行政事业单位）为满足社会公共防洪（潮）、治涝、供水、灌溉、发电等方面需求而控制的，持续提供公共服务的水利工程全部或部分有形资产。

下列各项不属于本通知所称的水利基础设施：

1. 独立于水利基础设施、不构成水利基础设施使用不可缺少组成部分的管理用房屋建筑物、设备、车辆和船只等。

2. 不再提供公共服务的水利工程。

3. 为改善水利工程周边环境，提升景观效果而控制的水景观及绿化工程。

水利基础设施的会计核算应当遵循5号准则、财会〔2018〕34号文件和《政府会计制度》等规定。但是，列入文物文化遗产的水利基础设施，其会计核算适用政府会计准则制度中关于文物文化资产的相关规定；采用政府和社会资本合作模式（即PPP模式）形成的水利基础设施，其会计核算适用10号准则及其应用指南。

对于已经作为水利基础设施核算、但不属于本通知界定的水利基础设施的相关资产，应当在2022年1月1日将其重分类为固定资产、其他类别的公共基础设施等。

三、关于水利基础设施的记账主体

各级水利行政事业单位应当根据水利基础设施管理体制，按照"谁承担管理维护职责，由谁记账"的原则，并结合直接承担后续支出责任情况，合理确定水利基础设施的记账主体。

由多个水利行政事业单位共同管理维护的水利基础设施，应当由对该资产负有主要管理维护职责或者承担后续主要支出责任的水利行政事业单位作为记账主体予以确认。分为多个组成部分由不同水利行政事业单位分别管理维护的水利基础设施，应当由各个水利行政事业单位作为记账主体分别对其负责管理维护的水利基础设施的相应部分予以确认。负有管理维护水利基础设施职责的水利行政事业单位通过政府购买服务方式委托企业或其他会计主体代为管理维护水利基础设施的，该水利基础设施应当由委托方作为记账主体予以确认。

相关记账主体对水利基础设施的确认应当协调一致，确保资产确认不重复、不遗漏。

对于已按财会〔2018〕34号文件有关规定入账的存量水利基础设施，其记账主体与上述规定不一致的，应当自2022年1月1日起根据本通知规定予以调整。记账主体按规定增加水利基础设施的，借记"公共基础设施——水利基础设施"科目，贷记"累计盈余"科目；按规定减少水利基础设施的，做相反的会计分录。

四、关于水利基础设施的构成

按照水利工程功能，水利基础设施包括防洪（潮）工程、治涝工程、灌溉工程、引调水工程、农村供水工程、水力发电工程、水土保持工程、水库工程和水文基础设施等9大类。

按照单体工程特征，水利基础设施包括堤防、险工工程、控导工程、水闸、泵站、渠（管、隧）道、渠首枢纽、其他渠系建筑物、调蓄水库、塘坝、地下取水设施、常规水电站、抽水蓄能电站、沟壑治理工程、山区水库、平原水库、水文站、水位站、雨量站和其他水文测站等20小类。

防洪（潮）工程是为控制或抗御洪水以减免洪灾损失而修建的各种工程，包括堤防、险工工程、控导工程、水闸、泵站等，不含防洪水库。

治涝工程是为排除涝区内多余降水，防治涝灾发生而修建的各种工程，包括堤防、险工工程、水闸、泵站、渠（管、隧）道等。

灌溉工程是从水源取水并输送、分配到田间的整体灌溉设施，包括渠首枢纽、渠（管、隧）道、泵站、水闸、其他渠系建筑物（渡槽、倒虹吸、陡坡、跌水等）、调蓄水库（总库容≥10万m^3）、塘坝等。

引调水工程是为满足供水、灌溉、生态需水要求，兴建的跨水系、跨区域的水资源配置工程，包括渠首枢纽、渠（管、隧）道、泵站、水闸、其他渠系建筑物、调蓄水库（总库容≥10万 m^3）、地下取水设施等。

农村供水工程是向农村的乡镇、村庄等居民点和分散农户供给生活和生产等用水，以满足村镇居民、企事业单位日常用水需要为主的集中式供水工程，包括渠（管、隧）道、泵站、塘坝、地下取水设施等。

水力发电工程是为开发利用水能资源，将水能转换为电能而修建的工程建筑物和机械、电气设备以及金属结构的综合体，包括常规水电站、抽水蓄能电站等。

水土保持工程是为防治水土流失，保护、改良与合理利用水土资源，改善生态环境所采取的工程措施，包括沟壑治理工程等。

水库工程是在河道、山谷或低洼地带修建挡水坝或堤堰形成的具有拦洪蓄水和调节水流功能的总库容大于等于10万 m^3 的水利工程，包括山区水库、平原水库等，不包括灌溉工程、引调水工程中的调蓄水库。

水文基础设施是为满足水文生产所必须建设的设施，包括水文站、水位站、雨量站、其他水文测站（蒸发站、墒情站等）等。

对于堤防、水闸、泵站、渠道等单体工程，应根据单体工程发挥的功能作用列入相应功能分类。对于发挥多个功能的单体工程，如灌排结合的泵站，根据其发挥的主要功能确定所属类别。

水利基础设施资产构成见附件1。

五、关于水利基础设施的明细核算

各记账主体应当以水利基础设施构成为基本依据，按照水利基础设施的功能类别和单体工程特征进行明细核算，同时按照单体工程的名称、规模等进行辅助核算。各记账主体在做好水利基础设施明细核算的同时，还应当按照资产管理有关规定，做好资产管理系统登记或备查簿登记，按照规定的水利公共基础设施资产信息卡样式登记资产信息卡。

各记账主体可以根据管理需要增加明细核算层级，按照单体工程资产组成部分等进行明细核算。

水利基础设施会计明细科目及编号见附件2。

对于已按财会〔2018〕34号文件有关规定入账的存量水利基础设施，其明细核算与上述要求不一致的，应当在2022年1月1日按照本通知规定予以调整。

属于文物文化资产的水利基础设施和采用PPP模式形成的水利基础设施，其明细核算可以参照本通知执行。

六、关于水利基础设施的初始计量

（一）水利基础设施初始计量的原则。

对于2019年1月1日起新增的水利基础设施，应当按照5号准则的规定进行初始计量。原已记入固定资产的水利基础设施，应当按照规定将其重分类为水利基础设施。

对于其他尚未入账的水利基础设施，应当按照财会〔2018〕34号文件有关规定进行初始计量。其中，对于在2002年原《基本建设财务管理规定》【注：《基本建设财务管理规定》（财建〔2002〕394号）已于2016年《基本建设财务规则》（财政部令第81号）施行后废止】施行之后办理竣工财务决算的，一般应当按照其初始购建成本入账；对于建设年代久远（截至2019年年初至少已使用50年）、其初始购建有关的原始凭据已不可考的水利基础设施，在原《基本建设财务管理规定》施行之后经过改扩建或大型修缮的，可以按照改扩建或大型修缮的成本入账，但应当在财务报表附注中对相关情况进行披露。

分属于不同记账主体的同一水利基础设施，初始入账成本的确定应当采用一致的会计政策。

对于已按财会〔2018〕34号文件有关规定入账的存量水利基础设施，无需根据本通知规定对其初始入账成本进行调整。

（二）初始购建成本的确定。

水利基础设施的初始购建成本，应当按照5号准则、财会〔2018〕34号文件等政府会计准则制度的有关规定确定。

水利基础设施建设项目实行项目法人责任制和资本金制度的，各级水利行政事业单位为建造水利基础设施发生的过渡性融资利息、初步设计审查费、概算评审费、安全风险评估费等，属于工程项目建设期间发生的，计入水利基础设施的成本；不属于建设期间发生的，计入当期费用。

（三）重置成本标准的确定。

以重置成本作为初始入账成本的存量水利基础设施，其重置成本标准应当按照以下权限确定：

中央级流域管理机构承担管理维护职责的水利基础设施重置成本标准，由国务院水行政主管部门负责制定。省内跨行政区划的水利基础设施重置成本标准，由省级水行政主管部门负责制定。省（自治区、直辖市）以下区域内的水利基础设施重置成本标准，由省级水行政主管部门负责明确制定单位。在确定重置成本标准时，可以聘请会计师事务所等中介机构参与。

2022年6月30日之前，负责制定重置成本标准的部门和单位应当以适当方式公布相关水利基础设施的重置成本标准。

（四）重置成本标准参考因素。

确定存量水利基础设施重置成本时，应当以定额标准为基础，重点考虑以下因素：

堤防应主要参考工程级别、结构类型、规模；

险工工程应主要参考结构类型、规模；

控导工程应主要参考结构类型、规模；

水闸应主要参考工程等别、规模、地质条件；

泵站应主要参考工程等别、规模、地质条件；

渠（管、隧）道应主要参考结构类型、过（输）水能力、规模；

渠首枢纽应主要参考结构类型、规模；

其他渠系建筑物应主要参考结构类型、规模；

水库（含调蓄水库、山区水库、平原水库）应主要参考工程等别、结构类型、地形条件、地质条件、规模；

塘坝应主要参考结构类型、规模；

地下取水设施应主要参考规模、地质条件；

常规水电站应主要参考工程等别、结构类型、规模；

抽水蓄能电站应主要参考工程布置、工程等别、结构类型、规模；

沟壑治理工程应主要参考结构类型、规模；

水文测站（含水文站、水位站、雨量站、其他水文测站）应主要参考水文测站级（类）别、规模。

各记账主体应当按照财会〔2018〕34 号文件的有关规定，结合水利基础设施具体数量（如长度、面积等）、成新率及重置成本标准等因素，计算确定水利基础设施的入账成本。

七、关于水利基础设施的折旧

在国务院财政部门对水利基础设施折旧（摊销）年限作出规定之前，各记账主体在水利基础设施首次入账时暂不考虑补提折旧（摊销），初始入账后也暂不计提折旧（摊销）。

各记账主体在本通知发布前已经核算水利基础设施且计提折旧（摊销）的，可继续沿用之前的折旧（摊销）政策。

八、关于组织保障

（一）提高政治站位，严格责任落实。

各级财政部门、水行政主管部门要提高政治站位，充分认识水利基础设施入账的重要意义，高度重视水利基础设施的会计核算工作，要切实加强组织领导，建立健全工作机制，制定实施方案，细化分解目标任务，明确各有关部门分工和责任，有序推进水利基础设施入账工作。各记账主体要切实担负起主体责任，明确工作方案，充实会计人员，落实工作责任，确保认识到位、组织到位、人员到位，并于 2022 年 12 月 31 日之前按照政府会计准则制度及本通知规定将存量水利基础设施纳入政府会计核算。

（二）加强业务指导，做好沟通协调。

各地财政部门、水行政主管部门要根据本通知精神，结合地方实际，完善各项工作流程，研究制定地方水利基础设施会计核算实施细则。要加强沟通、强化协同、形成合力，加强对下级行政事业单位开展水利基础设施会计核算工作的指导，督促各有关记账主体在组织开展水利基础设施专项资产清查的基础上，加强水利基础设施资产系统基础信息管理，及时、有效做好水利基础设施入账工作。鼓励各地方创新工作方式，探索建立健全政府会计核算考核机制，推动考核评价结果应用。

（三）强化宣传贯彻实施，做好培训工作。

各地财政部门、水行政主管部门要积极做好水利基础设施政府会计核算工作的政策解读和宣传贯彻培训工作，形成自上而下推动水利基础设施政府会计核算的良好氛围。要积极采取各种方式拓宽培训渠道，推动培训工作直达基层，使会计及相关人员及时、全面地掌握政府会计准则制度的各项规定和具体要求，切实提高业务素质和管理水平，确保水利基础设施政府会计核算工作落到实处、见到实效。

附件：1. 水利基础设施资产构成表
   2. 水利基础设施会计明细科目及编号表

财政部　水利部
2021 年 12 月 3 日

附件 1

水利基础设施资产构成表

序号	第一级（9类）	第二级（20类）	计量单位	第三级（84类）	
1	防洪（潮）工程	堤防	千米	1 水利设施及管理用地	43 水闸其他构筑物
		险工工程	座	2 水域及水利设施用地	44 船闸
		控导工程	座	3 水利业务用房	45 橡胶坝
		水闸	座	4 进水池	46 引水管道
		泵站	座	5 前池	47 排水管道
2	治涝工程	堤防	千米	6 出水池	48 尾水管道
		险工工程	座	7 沉砂池	49 其他管道
		水闸	座	8 消力池	50 泵房
		泵站	座	9 蓄水池	51 泵站其他构筑物
		渠（管、隧）道	千米	10 其他水利用池	52 跌水
3	灌溉工程	渠首枢纽	座	11 地下水井	53 陡坡
		渠（管、隧）道	千米	12 科研用井	54 倒虹吸
		泵站	座	13 其他井	55 渡槽
		水闸	座	14 码头	56 流量堰、槽
		其他渠系建筑物	座	15 道路	57 其他渠系设施
		调蓄水库	座	16 桥梁	58 水电站厂房
		塘坝	座	17 干渠	59 进水塔
				18 支渠	60 调压室
				19 斗渠	61 变电站
				20 其他渠	62 水电站其他设施

（续表）

序号	第一级（9类）	第二级（20类）	计量单位	第三级（84类）	
4	引调水工程	渠首枢纽	座	15 道路	57 其他渠系设施
		渠（管、隧）道	千米	16 桥梁	58 水电站厂房
				17 干渠	59 进水塔
		泵站	座	18 支渠	60 调压室
				19 斗渠	61 变电站
		水闸	座	20 其他渠	62 水电站其他设施
		其他渠系建筑物	座	21 排水干沟	63 水文测验河段基础设施
				22 排水支沟	64 水位观测设施
		调蓄水库	座	23 排水斗沟	65 渡河测验设施
				24 其他沟道	66 泥沙测验设施
		地下取水设施	处	25 引水隧洞	67 降水、蒸发观测设施
				26 泄水隧洞	68 水质测验基础设施
5	农村供水工程	渠（管、隧）道	千米	27 其他隧洞	69 其他水文基础设施
				28 涵洞	70 水轮机
		泵站	座	29 大坝	71 泵
				30 溢洪道	72 其他机械设备
		塘坝	座	31 防洪堤	73 水轮发电机
				32 海堤	74 输配电线路
		地下取水设施	处	33 圩（围）堤	75 电机
6	水力发电工程	常规水电站	座	34 其他堤防	76 变压器
		抽水蓄能电站	座	35 丁坝	77 避雷器
7	水土保持工程	沟壑治理工程	处	36 顺坝	78 变频器
8	水库工程	山区水库	座	37 其他河道控制工程	79 其他电气设备
		平原水库	座	38 沟头防护	80 通信设备
9	水文基础设施	水文站	座	39 谷坊	81 自动化控制设备
		水位站	座	40 淤地坝	82 闸门
		雨量站	座	41 其他沟壑治理及监测设施	83 启闭机
		其他水文测站	座	42 闸室	84 其他金属结构设备

附件 2

水利基础设施会计明细科目及编号表

一级科目及编号	二级科目及编号	三级科目及编号	四级科目	辅助核算	系统登记/备查
1801 公共基础设施	180102 水利基础设施	18010201 防洪（潮）工程	堤防	名称（桩号）、堤防等级	建设时间、各项组成部分资产名称、资产价值、规模/等级、计提折旧方法和年限等
			险工工程	名称	
			控导工程	名称	
			水闸	名称、规模	
			泵站	名称、规模	
		18010202 治涝工程	堤防	名称（桩号）、堤防等级	建设时间、各项组成部分资产名称、资产价值、规模/等级、计提折旧方法和年限等
			险工工程	名称	
			水闸	名称、规模	
			泵站	名称、规模	
			渠（管、隧）道	名称（桩号）、规模	
		18010203 灌溉工程	渠首枢纽	名称、所属灌区名称	建设时间、各项组成部分资产名称、资产价值、规模/等级、计提折旧方法和年限等
			渠（管、隧）道	名称（桩号）、规模、所属灌区名称	
			泵站	名称、规模、所属灌区名称	
			水闸	名称、规模、所属灌区名称	
			其他渠系建筑物	名称、所属灌区名称	
			调蓄水库	名称、规模、所属灌区名称	
			塘坝	名称、所属灌区名称	
		18010204 引调水工程	渠首枢纽	名称、所属引调水工程名	建设时间、各项组成部分资产名称、资产价值、规模/等级、计提折旧方法和年限等
			渠（管、隧）道	名称（桩号）、规模、所属引调水工程名称	
			泵站	名称、规模、所属引调水工程名称	
			水闸	名称、规模、所属引调水工程名称	
			其他渠系建筑物	名称、所属引调水工程名称	
			调蓄水库	名称、规模、所属引调水工程名称	
			地下取水设施	名称、所属引调水工程名称	

（续表）

一级科目及编号	二级科目及编号	三级科目及编号	四级科目	辅助核算	系统登记/备查
1801 公共基础设施	180102 水利基础设施	18010205 农村供水工程	渠（管、隧）道	名称（桩号）、规模	建设时间、各项组成部分资产名称、资产价值、规模/等级、计提折旧方法和年限等
			泵站	名称、规模	
			塘坝	名称	
			地下取水设施	名称	
		18010206 水力发电工程	常规水电站	名称、规模	建设时间、各项组成部分资产名称、资产价值、规模/等级、计提折旧方法和年限等
			抽水蓄能电站	名称、规模	
		18010207 水土保持工程	沟壑治理工程	名称	建设时间、各项组成部分资产名称、资产价值、规模/等级、计提折旧方法和年限等
		18010208 水库工程	山区水库	名称、规模	建设时间、各项组成部分资产名称、资产价值、规模/等级、计提折旧方法和年限等
			平原水库	名称、规模	
		18010209 水文基础设施	水文站	名称	建设时间、各项组成部分资产名称、资产价值、规模/等级、计提折旧方法和年限等
			水位站	名称	
			雨量站	名称	
			其他水文测站	名称	

政府会计准则制度

关于印发《行政事业单位划转撤并相关会计处理规定》的通知

(财会〔2022〕29号)

有关中央预算单位,各省、自治区、直辖市、计划单列市财政厅(局),新疆生产建设兵团财政局:

为进一步落实财务、资产管理有关要求,规范行政事业单位划转撤并的会计处理,更好地服务党和国家机构改革,根据《中华人民共和国会计法》《行政事业性国有资产管理条例》《行政单位财务规则》《事业单位财务规则》和政府会计准则制度等相关规定,我部制定了《行政事业单位划转撤并相关会计处理规定》,现予以印发,请遵照执行。

执行中如有问题,请及时反馈我部。

附件:行政事业单位划转撤并相关会计处理规定

财政部
2022年10月9日

附件

行政事业单位划转撤并相关会计处理规定

为进一步落实财务、资产管理有关要求,规范行政事业单位(以下简称单位)划转撤并的会计处理,更好地服务党和国家机构改革,根据《中华人民共和国会计法》《行政事业性国有资产管理条例》《行政单位财务规则》《事业单位财务规则》和政府会计准则制度等相关规定,制定本规定。

一、适用范围和会计处理基本原则

(一)适用范围。

本规定适用于发生划转撤并情形,且执行政府会计准则制度的单位。

本规定所指的划转撤并,包括划转、合并、分立、撤销和改制五种情形:

1. 划转,是指单位隶属关系改变,成建制划归相关单位。

2. 合并,是指两个或两个以上单位重组为一个单位。

3. 分立,是指一个单位分为两个或两个以上单位。

4. 撤销,是指单位被宣布解散或终止,不含合并、分立情形中被合并或被分立单位注销法人资格的情形。

5. 改制,是指单位性质发生变化,具体包括以下两种情形:一是单位转为企业(以下简称转企改制);二是单位由行政单位转为事业单位或由事业单位转为行政单位(以下简称非转企改制)。

其中,单位划转、合并、分立涉及单位性质发生变化的,除按照本规定中关于划转、合并、分立情形进行会计处理外,还应当遵循本规定中关于改制情形的相关会计处理规定。

单位性质没有发生变化,但执行的财务管理制度发生变化的,参照本规定关于改制的情形进行会计处理。

(二)会计处理基本原则。

单位发生划转撤并情形的,应当按照财务、资产等有关管理规定进行清算,在清算期间全面开展资产清查核实、清理债权债务、开展资产评估等工作,并在清算基础上做好资产和负债的移交和划转工作。单位应当根据相关划转撤并批复文件或方案等确定清算日、清算结束日、合并日和分立日等关键时间节点。

划转撤并单位应当按照本规定对划转撤并过程中的相关业务和事项进行会计处理,并编制相关报表。本规定尚未作出规定的,单位应当按照政府会计准则制度的相关规定执行。单位划转、合并、分立和非转企改制情形下的会计核算应当以持续运行为前提。单位撤销和转企改制情形下的会计核算应当以非持续运行为前提。

二、划转撤并单位清算的会计处理

（一）持续运行前提下单位清算的会计处理。

1. 主要业务和事项的会计处理。

（1）单位在清算期间的会计处理。单位应当按照政府会计准则制度规定对清算相关的业务和事项进行会计处理。其中，单位按规定开展资产评估、涉及资产价值变动的，应当根据报经批准或备案的资产评估价值调整评估基准日资产的账面价值，并确认其他收入或其他费用。

（2）单位在清算结束日的会计处理。

单位在清算结束后因合并或分立原因，其全部资产和负债移交其他单位的，应当在清算结束日及时结账。结账后，在财务会计下，收入类、费用类科目应无余额，除"累计盈余""专用基金""权益法调整"科目外，其他净资产类科目应无余额；在预算会计下，预算收入类、预算支出类科目应无余额，"其他结余""非财政拨款结余分配"科目应无余额。

2. 清算财务报表等有关报表及编制说明。

单位应当编制清算财务报表，至少包括清算资产负债表。

（1）关于清算资产负债表。

单位清算资产负债表应当反映清算当年年初、清算日和清算结束日的财务状况，资产负债表各项目应当按照政府会计准则制度规定进行填列。

资产负债表格式参见附1。

（2）关于其他报表。

单位在清算结束后因合并或分立原因，其全部资产和负债移交其他单位的，应当按照政府会计准则制度规定编制收入费用表和预算会计报表，反映单位年初至清算结束日的运行情况和预算执行情况。

单位清算跨年度进行的，应当按照政府会计准则制度规定按年度编制会计报表。

（二）非持续运行前提下单位清算的会计处理。

1. 会计科目设置及使用说明。

单位应当在《政府会计制度——行政事业单位科目和报表》所规定的财务会计科目基础上，作如下调整：

（1）在收入类科目中增设"清算收入"科目，核算单位在清算期间因资产价值变动、资产盘盈、债务豁免等产生的各项收入。

（2）在费用类科目中增设"清算费用"科目，核算单位为开展清算而发生的评估费、审计费和相关税费，以及因资产价值变动、资产盘亏、债权核销等产生的各项费用。

（3）在净资产类科目中增设"清算净损益"科目，核算单位清算期间各项清算收入、清算费用相抵后的余额。

单位可根据清算工作实际需要，结合清算业务类别（如评估增值、减值，资产盘盈、盘亏、毁损、报废等），在上述会计科目下进一步设置明细科目。

2. 主要业务和事项的会计处理。

（1）单位在清算日的会计处理。

单位在清算日应当进行结账。结账后，在财务会计下，收入类、费用类科目应无余额，除"累计盈余""专用基金""权益法调整"科目外，其他净资产类科目应无余额；在预算会计下，预算收入类、预算支出类科目应无余额，"其他结余""非财政拨款结余分配"科目应无余额。

（2）单位盘盈或盘亏、毁损、报废资产的会计处理。

单位在清算期间发生资产盘盈的，应当按照政府会计准则制度规定确定的成本及时入账，并确认清算收入。对于盘盈的资产，单位在报经批准或备案前，在财务会计下按照确定的资产入账成本，借记相关资产科目，贷记"待处理财产损溢——待处理财产价值"科目；单位在报经批准或备案后，在财务会计下借记"待处理财产损溢——待处理财产价值"科目，贷记"清算收入"等科目。

单位在清算期间发生资产盘亏、毁损或报废的，应当按规定核销相关资产，并确认清算费用。对于盘亏、毁损或报废的资产，单位在报经批准或备案前，在财务会计下按照资产的账面价值，借记"待处理财产损溢——待处理财产价值"科目，按照相关资产已计提的折旧或摊销金额，借记"固定资产累计折旧""无形资产累计摊销"等科目，按照相关资产的账面余额，贷记相关资产科目；单位在报经批准或备案后，在财务会计下借记"清算费用"等科目，贷记"待处理财产损溢——待处理财产价值"科目。

单位处理毁损、报废实物资产过程中，应当将处理收入（如取得的残值或残值变价收入、保险理赔和过失人赔偿等）和相关费用计入待处理财产损溢（处理净收入），在处理收支结清时按照差额确认清算费用（处理收入小于相关费用时）或应缴财政款等（处理收入大于相关费用时）。

单位在清算期间进行资产清查核实，涉及现金溢余或短缺的，其预算会计按照政府会计准则制度规定进行处理。

（3）单位清理债权债务的会计处理。

单位在清算期间进行相关债权清理的，对于确实无法收回的相关债权，应当按规定报经批准或备案后予以核销，并确认清算费用。单位报经批准或备案后核销相关债权时，应当按照其账面余额，借记"清算费用"科目，贷记"应收账款""其他应收款"等科目。其中，事业单位已计提坏账准备的，还应同时将相应的坏账准备金额予以核销，借记"坏账准备"科目，贷记"清算费用"科目。

单位在清算期间进行相关债务清理的，对于无法偿付或债权人豁免偿还的相关债务，应当按规定报经批准或备案后予以核销，并确认清算收入。单位核销无法偿付或债权人豁免偿还的债务时，按照其金额，借记"应付账款""其他应付款"等科目，贷记"清算收入"科目。

（4）单位因资产评估调整资产账面价值的会计处理。

单位在清算期间按规定开展资产评估、涉及资产价值变动的，应当根据报经批准或备案的资产评估价值对评估基准日资产的账面价值进行调整，并确认清算收入或清算费用。单位应当在资产评估结果报经批准或备案后，按照资产评估价值与评估基准日账面价值的差额,借记或贷记相关资产科目,贷记"清算收入"科目或借记"清算费用"科目。

(5)单位发生相关清算费用的会计处理。

单位在清算期间发生评估费、审计费、相关税费等费用的,应当按照实际发生额确认清算费用。单位在发生评估费、审计费、相关税费等费用时,在财务会计下按照实际支付或应支付的金额,借记"清算费用"科目,贷记"银行存款""应付账款""其他应交税费"等科目;在预算会计下按照实际支付的金额,借记"其他支出"科目,贷记"资金结存"等科目。

(6)单位在清算结束日的会计处理。

单位在清算结束日应当及时结账,将清算收入、清算费用的发生额转入清算净损益。完成上述结转后,将清算净损益转入累计盈余。

结账后,在财务会计下,收入类、费用类科目应无余额,除"累计盈余""专用基金""权益法调整"科目外,其他净资产类科目应无余额;在预算会计下,预算收入类、预算支出类科目应无余额,"其他结余""非财政拨款结余分配"科目应无余额。

3.清算财务报表等有关报表及编制说明。

单位应当编制清算财务报表,至少包括清算资产负债表和清算损益表。

(1)关于清算资产负债表。单位清算资产负债表应当反映清算当年年初、清算日和清算结束日的财务状况。清算资产负债表各项目应当按照政府会计准则制度规定进行填列。

资产负债表格式参见附1。

(2)关于清算损益表。

单位清算损益表应当反映清算期间的各项清算收入、清算费用及清算净损益。本期数反映单位本年度清算期间有关项目的发生额,清算期间累计数反映单位从清算日至本年末或清算结束日期间有关项目的发生额。清算损益表各项目应当按照"清算收入""清算费用"和"清算净损益"等科目及其明细科目的发生额填列。

上级预算单位在单位清算当年编制部门(单位)合并财务报表时,应当将"清算收入"科目的本期发生额合并填入合并收入费用表的"其他收入"项目,将"清算费用"科目的本期发生额合并填入合并收入费用表的"其他费用"项目。清算损益表的格式参见附2。

(3)关于其他报表。

单位应当按照政府会计准则制度规定编制收入费用表和预算会计报表,反映单位年初至清算日的运行情况,以及单位年初至清算结束日的预算执行情况。

单位清算跨年度进行的,应当根据需要按照政府会计准则制度规定编制年度资产负债表和预算会计报表等相关会计报表。

三、划转撤并单位清算后的会计处理

(一)划转情形下的会计处理。

单位成建制划转的,在划转后仍然按照政府会计准则制度规定进行会计处理。

（二）合并、分立情形下的会计处理。

1. 清算结束日至合并、分立日的会计处理。

单位在清算结束后因合并或分立原因，其全部资产和负债移交其他单位的，在清算结束日至合并、分立日发生的相关业务和事项的会计处理，应当遵循政府会计准则制度规定，并在合并、分立日资产和负债划转前进行结账，结账后无需进行会计处理。

2. 合并、分立日的会计处理。

（1）资产和负债划出单位的会计处理。

在分立情形下，原单位划出部分相关资产和负债后仍然存续的，应当按规定转销划出的相关资产和负债，并调整净资产和相关结转结余的账面余额。单位划出部分相关资产和负债时，在财务会计下按照分立日相关资产和负债的账面价值，借记相关负债科目，贷记相关资产科目，按照借贷方差额，借记或贷记"累计盈余"科目，其中，事业单位划出的货币资金和长期股权投资涉及专用基金和权益法调整的，应当同时转销相关净资产的账面余额，借记"专用基金"、借记或贷记"权益法调整"科目，借记或贷记"累计盈余"科目；在预算会计下按照划转的相关货币资金金额，借记相关结转结余科目，贷记"资金结存"科目。

（2）资产和负债划入单位的会计处理。

资产和负债划入单位应当按照政府会计准则制度规定，对划入的资产和负债进行确认、计量，并调整净资产和相关结转结余的账面余额。单位在划入资产和负债时，在财务会计下按照划出方合并、分立日相关资产和负债的账面价值，借记相关资产科目，贷记相关负债科目，按照借贷方差额贷记或借记"累计盈余"科目，其中，事业单位划入的货币资金涉及专用基金划转的，应当同时确认专用基金，按照划入的专用基金金额，借记"累计盈余"科目，贷记"专用基金"科目；在预算会计下按照划入的货币资金金额，借记"资金结存"科目，贷记相关结转结余科目。

在合并情形下，资产和负债划入单位应当及时清理、核销合并前各单位之间的内部债权债务，并按照差额调整净资产的账面余额。单位应当按照相关资产、负债科目余额借记"应付账款""其他应付款"等科目，贷记"应收账款"、"其他应收款"等科目，按照借贷方差额，借记或贷记"累计盈余"科目。其中，涉及事业单位已计提坏账准备的，应当同时予以核销，借记"坏账准备"科目，贷记"累计盈余"科目。

3. 合并、分立当年编制的相关报表及说明。

（1）关于资产负债表。单位在清算结束后因合并或分立原因，其全部资产和负债移交其他单位的，应当编制合并或分立日资产负债表，反映单位在合并、分立日资产和负债划转前的财务状况。

合并、分立后的单位（包括合并日新组建单位、接收资产和负债的原单位，以及分立日新组建单位、划出资产和负债后仍存续的原单位，下同）应当编制合并或分立日资产负债表，反映合并、分立日资产和负债划转后的财务状况。

单位在合并、分立前后均存续的，在编制合并、分立当年期末资产负债表时，年初余额无需进行调整；合并、分立日新组建单位在编制合并、分立当年期末资产负债表时，无需填列年初余额。

（2）关于收入费用表和预算会计报表。

单位在清算结束后因合并或分立原因，其全部资产和负债移交其他单位的，应当编制收入费用表和预算会计报表，反映单位清算结束日至合并、分立日的运行情况和预算执行情况。

合并、分立日新组建的单位在编制合并、分立当年收入费用表和预算会计报表时，应当根据合并、分立日至期末所发生的收入、费用编制收入费用表，根据合并、分立日至期末所发生的预算收入、预算支出编制预算会计报表，无需填列上年数。

合并前后均存续的单位在编制合并当年收入费用表和预算会计报表时，其收入费用表不包括被合并单位年初至合并日所发生的收入和费用，其预算会计报表不包括被合并单位年初至合并日所发生的预算收入和预算支出。

（3）关于净资产变动表。

合并、分立后的单位在编制合并、分立当年净资产变动表时，需在《政府会计制度——行政事业单位会计科目和报表》中净资产变动表的"（六）权益法调整"项目后增加"（七）划转撤并调整"项目，反映单位本年因划转撤并划入或划出资产和负债对净资产的直接影响。本行"累计盈余"项目应当通过对"累计盈余"科目明细账记录的分析，根据本年发生划转撤并时直接计入"累计盈余"的金额填列。本行"权益法调整""专用基金"项目应当通过对"权益法调整""专用基金"科目明细账记录的分析，根据本年发生划转撤并时"权益法调整""专用基金"的变动金额填列。

净资产变动表的格式参见附3。

（三）撤销情形下的会计处理。

单位被撤销的，其全部资产和负债按规定由主管部门、本级财政部门或授权的单位处理。

（四）改制情形下相关单位的会计处理。

单位转企改制后成立的企业应当设立新账，按照企业会计准则制度的规定进行会计处理。单位非转企改制后仍然按照政府会计准则制度规定进行会计处理，单位改制前后因所适用的会计科目不一致的，应当结合单位业务特点对相关会计科目及余额进行调整。

事业单位对改制为企业的单位行使出资人职责的，应当确认相关投资，并相应调增净资产的账面余额。单位应当按照报经批准确定的企业净资产金额和出资比例，确定应享有的企业净资产份额，借记"长期股权投资——成本"科目，贷记"累计盈余"科目。此外，行使出资人职责的事业单位在编制改制当年净资产变动表时，应当参照本规定关于合并、分立后的单位编制净资产变动表的有关规定执行。

单位改制为国家出资企业的，应当由本级财政部门按照报经批准确定的企业净资产金额和出资比例，根据财政总会计制度的有关规定对相关股权投资进行会计处理。

四、附则

（一）会计凭证和会计档案管理。

划转撤并单位应当将资产清查报告、资产评估报告、划转撤并方案及相关批复文件等作为原始凭证。

单位划转撤并前和清算过程中形成的会计档案，应当按照《会计档案管理办法》

等有关规定处理。

（二）生效日期。

本规定自发布之日起施行。本规定施行之日前已经完成划转撤并的单位无需按照本规定追溯调整。截至本规定施行之日尚未完成划转撤并的单位，应当按照本规定执行。

附：1. 清算资产负债表
　　2. 清算损益表
　　3. 净资产变动表

附1

清算资产负债表

编制单位：_____　　　　　___年__月__日　　　　　单位：元

资产	清算结束日余额	清算日余额	年初余额	负债和净资产	清算结束日余额	清算日余额	年初余额
流动资产：				流动负债：			
货币资金				短期借款			
短期投资				应交增值税			
财政应返还额度				其他应交税费			
应收票据				应缴财政款			
应收账款净额				应付职工薪酬			
预付账款				应付票据			
应收股利				应付账款			
应收利息				应付政府补贴款			
其他应收款净额				应付利息			
存货				预收账款			
待摊费用				其他应付款			
一年内到期的非流动资产				预提费用			
其他流动资产				一年内到期的非流动负债			
流动资产合计				其他流动负债			
非流动资产：				流动负债合计			
长期股权投资				非流动负债：			

(续表)

资产	清算结束日余额	清算日余额	年初余额	负债和净资产	清算结束日余额	清算日余额	年初余额
长期债券投资				长期借款			
固定资产原值				长期应付款			
减：固定资产累计折旧				预计负债			
固定资产净值				其他非流动负债			
工程物资				非流动负债合计			
在建工程				受托代理负债			
无形资产原值				负债合计			
减：无形资产累计摊销							
无形资产净值							
研发支出							
公共基础设施原值							
减：公共基础设施累计折旧（摊销）							
公共基础设施净值							
政府储备物资							
文物文化资产							
保障性住房原值							
减：保障性住房累计折旧							
保障性住房净值							
PPP项目资产							
减：PPP项目资产累计折旧（摊销）							
PPP项目资产净值							
长期待摊费用				净资产：			
待处理财产损溢				累计盈余			
其他非流动资产				专用基金			
非流动资产合计				权益法调整			
受托代理资产				净资产合计			
资产总计				负债和净资产总计			

附2

清算损益表

编制单位：_____　　　　___年_月_日至___年_月_日　　　　单位：元

项目	本期数	清算期间累计数
一、清算收入		
（一）资产盘盈		
（二）债务核销		
（三）评估增值		
（四）其他清算收入		
二、清算费用		
（一）资产盘亏、毁损或报废		
（二）债权核销		
（三）评估减值		
（四）评估、审计费用		
（五）其他清算费用		
三、清算净损益		

附 3

净资产变动表

编制单位：　　　　　　　　　　____年　　　　　　　　　　单位：元

项目	累计盈余	专用基金	权益法调整	净资产合计
一、上年年末余额				
二、以前年度盈余调整（减少以"－"号填列）		—	—	
三、本年年初余额				
四、本年变动金额（减少以"－"号填列）				
（一）本年盈余		—	—	
（二）无偿调拨净资产			—	
（三）归集调整预算结转结余			—	
（四）提取或设置专用基金			—	
其中：从预算收入中提取	—		—	
从预算结余中提取			—	
设置的专用基金	—		—	
（五）使用专用基金			—	
（六）权益法调整	—	—		
（七）划转撤并调整				
五、本年年末余额				

注："—"标识单元格不需填列，其中新组建单位无需填列"一""二""三"行。

关于进一步加强市政基础设施政府会计核算的通知

（财会〔2022〕38号）

各省、自治区、直辖市、计划单列市财政厅（局）、住房和城乡建设厅（局、委）、工业和信息化主管部门（大数据产业主管部门）、公安厅（局）、交通运输厅（局、委）、水利（水务）厅（局），北京市城市管理委员会、园林绿化局，天津市城市管理委员会，上海市绿化和市容管理局，重庆市城市管理局，新疆生产建设兵团财政局、住房和城乡建设局、工业和信息化局、公安局、交通运输局、水利局：

为了积极推进存量市政基础设施入账，确保政府会计准则制度在市政基础设施领域全面有效实施，根据《政府会计准则第5号——公共基础设施》（财会〔2017〕11号，以下简称5号准则）等规定，结合市政基础设施管理实际，现就进一步加强市政基础设施政府会计核算有关事项通知如下：

一、总体要求

市政基础设施是国有资产的重要组成部分，是保障城市正常运行的重要资源。科学合理确认、计量、记录和报告市政基础设施资产，对加强市政基础设施资产管理，使市政基础设施更好服务发展、造福人民具有重要意义。必须坚持以习近平新时代中国特色社会主义思想为指导，紧紧围绕权责发生制政府综合财务报告制度改革的总体目标和任务，扎实推进市政基础设施政府会计核算，进一步全面完整反映市政基础设施"家底"，夯实政府财务报告和行政事业性国有资产报告的核算基础，为推动城市高质量发展提供基础保障。

二、关于市政基础设施的界定

（一）市政基础设施的范围。

本通知所称的市政基础设施，是指由各级市政基础设施行业主管部门及其所属事业单位（以下统称市政单位）为满足城镇居民生活需要和其他公共服务需求而控制的、促进城市可持续发展所需的工程设施等有形资产。

下列各项不属于本通知所称的市政基础设施：

1. 独立于市政基础设施、不构成市政基础设施使用不可缺少组成部分的管理用房屋建筑物、设备、车辆和船只等。

2. 图书馆、博物馆、文化馆（站）、美术馆、科技馆、纪念馆、体育场馆等用于提供公共文化服务的建筑物、场地、设备。

3. 已按照《财政部 交通运输部关于进一步加强公路水路公共基础设施政府会计核算的通知》（财会〔2020〕23号）、《财政部 水利部关于进一步加强水利基础设施政府会计核算的通知》（财会〔2021〕29号）规定，确认为公路水路、水利基础设施的资产。但是，有关公路水路、水利基础设施随着城镇发展变更为市政基础设施的除外。

4.不再提供公共产品和服务的市政基础设施。

5.由企业控制、按照企业会计准则制度进行核算的市政基础设施。

（二）市政基础设施的类别。

市政基础设施按照功能及特征，分为交通设施、供排水设施、能源设施、环卫设施、园林绿化设施、综合类设施、信息通信设施和其他市政设施。

交通设施包括城市道路、城市桥梁、城市隧道、城市公共汽电车客运服务设施、城市客运轮渡设施、城市轨道交通设施等。

供排水设施包括城市供水设施、城市排水和污水处理设施等。

能源设施包括城市燃气设施、集中供热设施等。

环卫设施包括生活垃圾收运处理设施、建筑垃圾收运处理设施、公共厕所等。

园林绿化设施包括公园绿地、广场用地、防护绿地、附属绿地等。

综合类设施包括地下综合管廊等。

信息通信设施包括信息基础设施等。

其他市政设施包括城市照明设施、公共停车场设施等。

市政基础设施涉及土地使用权的，应当根据资产管理需要在相关类别市政基础设施下单独反映土地使用权。

市政基础设施资产构成表见附件1。

三、关于市政基础设施的会计核算依据

市政基础设施的会计核算，应当遵循5号准则、《财政部关于进一步做好政府会计准则制度新旧衔接和加强行政事业单位资产核算的通知》（财会〔2018〕34号）、《政府会计制度——行政事业单位会计科目和报表》（财会〔2017〕25号）、《政府会计准则制度解释第2号》（财会〔2019〕24号）、《政府会计准则制度解释第4号》（财会〔2021〕33号）等规定。但是，列入文物文化资产的市政基础设施，其会计核算适用政府会计准则制度中关于文物文化资产的相关规定；采用政府和社会资本合作模式（即PPP模式）形成的市政基础设施，其会计核算适用《政府会计准则第10号——政府和社会资本合作项目合同》（财会〔2019〕23号，以下简称10号准则）及其应用指南。

四、关于市政基础设施的记账主体

（一）确定记账主体的一般原则。

各级市政单位应当根据市政基础设施管理体制，按照"谁承担管理维护职责，由谁记账"的原则，并结合直接承担后续支出责任情况，合理确定市政基础设施的记账主体。市政基础设施的管理维护责任单位难以确定的，应当由建设单位提请县级以上人民政府明确。

相关记账主体对市政基础设施的确认应当协调一致，确保资产确认不重复、不遗漏。

（二）确定记账主体的有关具体规定。

1.对于已建造完成交付使用的市政基础设施，应当按上述一般原则确定记账主体，

并及时登记入账。其中，建设单位与管理维护责任单位不一致的，建设单位应当在移交管理维护职责的同时办理资产移交手续、按规定移交相关会计档案。因管理维护职责不明确而未移交的市政基础设施，可暂由建设单位确认为市政基础设施，待管理维护职责明确后再移交给负有管理维护职责的市政单位入账。

2. 由多个市政单位共同管理维护的市政基础设施，应当由对该资产负有主要管理维护职责或者承担后续主要支出责任的市政单位作为记账主体予以确认。

3. 分为多个组成部分由不同市政单位分别管理维护的市政基础设施，应当由各个市政单位作为记账主体分别对其负责管理维护的市政基础设施的相应部分予以确认。例如，某城市道路中的道路结构、道路绿化、照明设施分别由负责道路、园林绿化、城市照明的市政单位管理维护，则道路结构应当由负责道路管理的市政单位确认为交通设施（城市道路），道路绿化应当由负责园林绿化的市政单位确认为园林绿化设施（附属绿地），照明设施应当由负责城市照明的市政单位确认为其他市政设施（城市照明设施）。

4. 负有管理维护市政基础设施职责的市政单位通过政府购买服务方式委托企业或其他会计主体代为管理维护市政基础设施的，该市政基础设施应当由委托方作为记账主体予以确认。

5. 对于由企业举债形成的非收费市政基础设施，相关债务已经由政府承担的，应当及时从企业资产负债表中剥离，按上述一般原则确定市政基础设施的记账主体，并及时登记入账。

6. 对于由企业举债并负责偿还的收费市政基础设施，适用10号准则的，政府方应当按照10号准则及其应用指南的相关规定确定记账主体；不适用10号准则且已由企业方入账的，相关市政基础设施行业主管部门应当设置备查簿进行登记，待后续相关规定明确后，再进行调整。

五、关于市政基础设施的明细核算

各记账主体可以根据管理要求，以市政基础设施资产构成为基本依据，按照市政基础设施的功能类别进行明细核算，同时按照单体工程的名称等进行辅助核算。各记账主体在做好市政基础设施明细核算的同时，还应当按照资产管理有关规定，做好资产管理系统登记或备查簿登记，按照规定的市政基础设施资产信息卡样式登记资产信息卡。

各记账主体可以根据管理需要增加明细核算层级，按照单体工程资产组成部分等进行明细核算。

市政基础设施会计明细科目及编号表见附件2。

属于文物文化资产的市政基础设施和采用PPP模式形成的市政基础设施，其明细核算可以参照本通知执行。

六、关于市政基础设施的初始计量

（一）市政基础设施初始计量的原则。

对于2019年1月1日起新增交付使用或开始承担管理维护职责的市政基础设施，记账主体应当按照5号准则的规定进行初始计量。

对于其他尚未入账的市政基础设施，在2002年原《基本建设财务管理规定》施行之后办理竣工财务决算的，一般应当按照其初始购建成本入账；因建设年代久远（截至2019年年初至少已使用50年）、其初始购建有关的原始凭据已不可考，在原《基本建设财务管理规定》施行之后经过改扩建或大型修缮的，可以按照距入账时间最近一次改扩建或大型修缮的成本入账，但应当在财务报表附注中对相关情况进行披露；上述情形以外的，应当按照财会〔2018〕34号文件有关规定进行初始计量。

（二）初始购建成本的确定。

市政基础设施的初始购建成本，应当按照5号准则、财会〔2018〕34号文件等政府会计准则制度的有关规定确定。

各记账主体在确定存量市政基础设施的初始购建成本时，应当以建设单位提供的与存量市政基础设施购建及交付使用有关的原始凭证为依据。无法取得工程竣工财务决算资料的，可以依次按照工程结算审核金额、工程结算金额、工程合同造价金额、工程设计预算金额、工程概算金额等作为初始购建成本。

（三）重置成本标准的确定。

以重置成本作为初始入账成本的存量市政基础设施，应当由县级以上人民政府的相关市政基础设施行业主管部门制定本级政府所属相关市政基础设施的重置成本标准，或明确其重置成本标准制定单位；乡镇政府所属市政基础设施的重置成本标准，由其所在的县级人民政府的相关市政基础设施行业主管部门制定。县级人民政府市政基础设施行业主管部门制定重置成本标准后，应当报省级人民政府相关市政基础设施行业主管部门备案。

确定存量市政基础设施重置成本标准时，应当以定额标准为基础，并充分考虑影响重置成本标准的其他因素，可以聘请会计师事务所等中介机构参与。

各记账主体应当按照财会〔2018〕34号文件的有关规定，结合市政基础设施具体数量（如长度、面积等）、成新率及重置成本标准等因素，计算确定市政基础设施的入账成本。

七、关于政策衔接的规定

（一）对于已经作为市政基础设施核算、但不属于本通知界定的市政基础设施的相关资产，记账主体应当在2023年6月30日前将其重分类为固定资产、其他类别的公共基础设施等。对于原已确认为固定资产或其他类别的公共基础设施、但属于本通知界定的市政基础设施的相关资产，记账主体应当在2023年6月30日前将其重分类为市政基础设施。

（二）对于已按财会〔2018〕34号文件有关规定入账的存量市政基础设施，其记账主体与本通知不一致的，应当在2023年6月30日前根据本通知规定予以调整。记账主体按规定增加市政基础设施的，借记"公共基础设施"科目，贷记"累计盈余"科目；按规定减少市政基础设施的，做相反的会计分录。相关记账主体应当按照《会计基础工作规范》等规定做好对账、档案移交等工作。

（三）对于已按财会〔2018〕34号文件有关规定入账的存量市政基础设施，其明细核算与本通知要求不一致的，应当在2023年6月30日前按照本通知规定予以调整。

（四）对于已按财会〔2018〕34号文件有关规定入账的存量市政基础设施，无需根据本通知规定对其初始入账成本进行调整。

（五）对于本通知印发前尚未入账的存量市政基础设施，记账主体根据本通知规定首次入账时，应当按照确定的初始入账成本，借记"公共基础设施"科目相关明细科目，贷记"累计盈余"科目。

（六）在国务院财政部门对市政基础设施折旧（摊销）年限作出规定之前，各记账主体在市政基础设施首次入账时暂不考虑补提折旧（摊销），初始入账后也暂不计提折旧（摊销）。各记账主体在本通知印发前已经核算市政基础设施且计提折旧（摊销）的，可继续沿用之前的折旧（摊销）政策；对于已经作为市政基础设施核算、但按照本通知要求重分类为固定资产的，应当按照《政府会计准则第3号——固定资产》及其应用指南等规定计提折旧，此前未计提折旧的，应当在资产重分类的同时补提折旧。

八、关于组织保障

（一）提高政治站位，严格责任落实。

各级财政部门、市政基础设施行业主管部门要提高政治站位，充分认识市政基础设施入账的重要意义，高度重视市政基础设施的会计核算工作，切实加强组织领导，建立健全工作机制，细化分解目标任务，明确各有关部门分工和责任，督促有关单位及时办理市政基础设施资产移交手续，有序推进市政基础设施入账工作。各记账主体要切实担负起主体责任，制定工作方案，落实工作责任，确保认识到位、组织到位、人员到位，并于2023年12月31日之前按照政府会计准则制度及本通知规定将存量市政基础设施纳入政府会计核算。各省级财政部门在2024年6月30日前将本地区各类市政基础设施的入账情况报财政部（会计司）。

（二）做好沟通协调，加强业务指导。

各地财政部门、市政基础设施行业主管部门要加强沟通、强化协同、形成工作合力，要根据本通知精神，结合地方实际完善各项工作流程，加强对下级行政事业单位开展市政基础设施会计核算工作的指导，督促各有关记账主体在组织开展市政基础设施专项资产清查的基础上，加强市政基础设施资产系统基础信息管理，及时、有效做好市政基础设施入账工作。鼓励各地创新工作方式，探索建立健全政府会计核算考核机制，推动考核评价结果应用。

（三）强化政策宣传，做好培训工作。

各地财政部门、市政基础设施行业主管部门要积极做好市政基础设施政府会计核算工作的政策解读和宣传贯彻培训工作，形成自上而下推动市政基础设施政府会计核算的良好氛围。要积极采取各种方式拓宽培训渠道，推动培训工作直达基层，使会计及相关人员及时、全面地掌握政府会计准则制度的各项规定和具体要求，切实提高业务素质和管理水平，确保市政基础设施政府会计核算工作落到实处、见到实效。

附件：1. 市政基础设施资产构成表
   2. 市政基础设施会计明细科目及编号表

财政部 住房城乡建设部 工业和信息化部
公安部 交通运输部 水利部
2022年12月30日

附件 1

市政基础设施资产构成表

表 1-1 市政交通设施资产构成表

第一级	第二级	计量单位	第三级	备注
城市道路	道路结构	平方米	路基	包括填方路基、零填路基、挖方路基、特殊路基处理、防护工程。
			路面	包括机动车道、非机动车道、人行道。
	交通安全管理设施	组	交通信号设施	包括交通标志、交通标线、交通信号灯、信号机、交通流量检测器、倒计时显示器、信息传输网络、杆件及基础等。
			交通监控系统	包括视频监视设备、交通违法监测记录设备、道路车辆智能监测记录系统、交通可变信息标志（诱导屏）等外场监控设施和信息传输网络等，不包括监控中心、后台信息系统。
			交通岗亭	
			视线诱导设施	包括警示柱、道口标柱、分道体等。
			其他交通安全管理设施	包括限高架、减速丘、凸面镜等。
	交通安全防护设施	组	护栏或防撞设施	包括人行护栏、机动车隔离栏、机非隔离栏、行人隔离栏、分隔柱、隔离栅、防撞护栏、防撞垫、防撞岛、防撞墩、防撞桶等。
			防眩设施	包括防眩板、防眩网。
			防护栅	包括防雪栅、防风栅、防沙栅。
			防落物网	
			声屏障	
			交通岛	包括导流岛、安全岛。
			其他交通安全防护设施	
城市桥梁	桥梁结构	平方米	梁式桥	含人行天桥。
			拱式桥	
			钢构桥	
			悬索桥	
			斜拉桥	
			其他桥	

（续表）

第一级	第二级	计量单位	第三级	备注
城市桥梁	交通安全管理设施	组	同城市道路－交通安全管理设施	
	交通安全防护设施	组	同城市道路－交通安全防护设施	
城市隧道	隧道结构	平方米	洞门工程	包括洞门墙体等。
			洞身工程	包括衬砌等。
			路面	
	交通安全管理设施	组	同城市道路－交通安全管理设施	
	交通安全防护设施	组	同城市道路－交通安全防护设施	
	通风设施	套		
	防冻设施	套		
	消音设施	套		
城市公共汽电车客运服务设施	公交场站	座	站台	
			站牌	
			候车亭	
			站务用房	
			停车场	
			保养场	
			监控系统	
	电车触线网	米		
	整流站	座		
	加油（气）站	座		
	电动公交车充电设施	台		
城市客运轮渡设施	码头	座		
	道路（引道）	米		
	标志牌	个		

（续表）

第一级	第二级	计量单位	第三级	备注
城市轨道交通设施	轨道	千米		
	区间设施	千米	隧道	
			桥涵	
			路基	
			其他区间设施	包括声屏障、防雪棚、疏散平台、降水工程等。
	车站	座	高架车站	
			地面车站	
			地下车站	
	通信设施	套	专用通信系统	
			公安通信系统	
			政务通信系统	
			民用通信系统	
			乘客信息系统	
			车载系统	
			云平台系统	
		套	乘客服务系统	
	供电设施	套	主变电站	
			变电所	
			电缆	
			地线管理系统	
			电能管理系统	
			直流电源整合系统	
			接触网	
			接触网安全检测监测系统	
			供电车间	
		套	动力照明供电系统	
			其他	

（续表）

第一级	第二级	计量单位	第三级	备注
城市轨道交通设施	信号系统设备	套	中心 ATS 设备	
			车载信号设备	
			轨旁设备	包括 ATP/ATO 设备、联锁设备、ATS 设备、电源设备、数据通信设备。
城市轨道交通设施	综合监控系统	套		
	火灾自动报警系统	套		
	环境与设备监控系统	套		
	安防及门禁系统	套	车站安检机设备	
			门禁系统	
	通风、空调与供暖	套	通风空调设施	
			空调水设施	
			采暖设施	
	自动售票检票系统	套	线路中心系统	
			线路数据汇聚中心	
			票务管理中心	
			车站计算机管理系统	
			车站终端设备	
	站内客运设施	套	自动扶梯系统	
			电梯系统	
			站台门系统	
			其他	
	车辆基地	座	车辆段	
			停车场	
其他交通设施				包括人行地下通道等。

653

表1-2 市政供排水设施资产构成表

第一级	第二级	计量单位	第三级	备注
城市供水设施	取水工程	座	地下水取水构筑物	
			地表水取水构筑物	
	供水厂（站）	座	建（构）筑物	
			仪器设备	
			附属设施	
	加压泵站	座		
	给水管网	千米	输配水工程	包括输水管（渠）、配水管网。
			附属设施	包括消防设施，如消火栓和消防水鹤。
城市排水和污水处理设施	路基、桥面、隧道排水设施	千米	地表水排水设施	包括管道、偏沟、雨水口、连接管、边沟、排水沟、截水沟、急流槽和涵洞等。
			地下水排水设施	包括暗沟（管）、渗沟、排水隔离层等。
	排水管网	千米	雨水管网	
			污水管网	
			雨污合流管网	
			调蓄设施	
			其他	
	排水泵站	座	雨水泵站	
			污水泵站	
			合流污水泵站	
			其他	
	污水处理厂（站）	座	建（构）筑物	
			污水处理设备	包括工艺设备、电气设备。
			污泥处理设备	包括工艺设备、电气设备。
			附属工程设施	
	再生水管网	千米		
	再生水处理厂	座	建（构）筑物	
			污水处理设备	包括工艺设备、电气设备。
			附属工程设施	

（续表）

第一级	第二级	计量单位	第三级	备注
城市排水和污水处理设施	污泥处理厂	座	建（构）筑物	
			污泥处理设备	包括工艺设备、电气设备。
			附属工程设施	
其他供排水设施				

表 1-3　市政能源设施资产构成表

第一级	第二级	计量单位	第三级	备注
城市燃气设施	燃气厂站	座	天然气厂站	包括天然气城市门站、天然气储配站、天然气调压站、压缩天然气储配站、压缩天然气瓶组供气站、压缩天然气汽车加气站、液化天然气储配气化站、液化天然气汽车加气站、液化天然气瓶组气化站、煤制天然气厂等。
			液化石油气厂站	包括液化石油气储存站、液化石油气储配站、液化石油气灌瓶站、液化石油气气化站、液化石油气汽车加气站、液化石油气瓶组气化站、液化石油气瓶装供应站、液化石油气混气站等。
			人工煤气厂站	
			其他燃气厂站	
	供气管网	千米	天然气管网	
			液化石油气管网	
			人工煤气管网	
			其他燃气管网	
集中供热设施	热源厂	座	热电厂	
			集中锅炉房	
			其他热源	
	供热管网	千米		
	厂站	座	中继泵站	
			热力站	
其他能源设施				

表 1-4 市政环卫设施资产构成表

第一级	第二级	计量单位	第三级	备注
生活垃圾收运处理设施	生活垃圾收集设施	座		包括垃圾容器、垃圾容器间、垃圾管道、环卫工人休息场所。
	生活垃圾转运设施	座	生活垃圾转运站	含环卫工人休息场所。
			垃圾转运码头	
	生活垃圾处理设施	座	生活垃圾焚烧厂	
			生活垃圾卫生填埋场	
			生活垃圾堆肥处理厂	
			厨余垃圾处理厂	
建筑垃圾收运处理设施	转运调配场	座		
	建筑垃圾处理设施	座	建筑垃圾资源化处理设施	
			建筑垃圾堆填处理设施	
			建筑垃圾填埋处理设施	
公共厕所	固定式公共厕所	座		含环卫工人休息场所。
	活动式公共厕所	座		
其他环卫设施				包括粪便处理设施、其他固体废弃物处理设施、环卫车辆停车场等。

表 1-5 市政园林绿化设施资产构成表

第一级	第二级	计量单位	第三级	备注
公园绿地	绿化工程	平方米		
	园林附属工程		园路与广场铺装工程	
			道路工程	
			游憩设施及建筑物	
			园林构筑物	
			景观水体	
			其他设施	

（续表）

第一级	第二级	计量单位	第三级	备注
广场用地	绿化工程	平方米		
	园林附属工程		同公园绿地-园林附属工程	
防护绿地	道路防护绿地	平方米		道路红线以外具有防护功能、游人不宜进入的绿地。
	公用设施防护绿地	平方米	能源设施防护绿地	
			环卫设施防护绿地	
			其他公用设施防护绿地	
附属绿地	道路绿化	平方米	道路绿带	包括分车绿带、行道树绿带、路侧绿带。
			交通岛绿地	包括中心岛绿地、导向岛绿地、立体交叉绿岛。
	环卫设施用地内附属绿地	平方米		
其他园林绿化设施				

表1-6 市政综合类设施资产构成表

第一级	第二级	计量单位	第三级
地下综合管廊	管廊本体	千米	
	供电设施	套	
	通风设施	套	
	监控与报警系统	套	
	管廊信息系统	套	机房
			硬件设备
其他综合类设施			

表 1-7 市政信息通信设施资产构成表

第一级	第二级	计量单位	第三级
信息基础设施	数据中心	座	机房
			电子信息设备
			安全设备
			智能化系统
			布线系统
			网络系统
	智能计算中心	座	
其他信息通信设施			

表 1-8 其他市政设施资产构成表

第一级	第二级	计量单位	第三级	备注
城市照明设施	功能照明	杆	照明器具	包括光源、灯具、灯杆。
			配电系统	包括配电室、配电箱、变压器、电缆线路。
			监控系统	包括区域控制器、终端控制器以及相互连接的通信传输网络。
	景观照明	杆	同功能照明	
公共停车场设施	停车基本设施	个	停车位	
			机械停车设备	
			通道	包括行车通道和人行通道。
	建筑设备	套	采暖通风设施	
			电气设施	
			交通工程设施	
	管理设施	间	值班室	
			其他管理设施	包括控制室、防灾中心等。
	安全防护与环境保护设施	套	安全防护设施	包括防雪设施、防滑设施等。
			环境保护设施	包括降噪设施等。
其他设施				

附件 2

市政基础设施会计明细科目及编号表

表 2-1　市政交通设施会计明细科目及编号表

一级科目及编号	二级科目及编号	三级科目及编号	四级科目及编号	辅助核算	资产管理系统/备查簿登记
1801 公共基础设施	180103 市政基础设施	18010301 交通设施	1801030101 城市道路	名称 （含起止点）	建设时间、道路等级、各类车行道和人行道的面积、各项组成部分资产名称、资产价值、计提折旧方法和年限
			1801030102 城市桥梁	名称 （含起止点或地址）	建设时间、桥梁跨径类型、各项组成部分资产名称、资产价值、计提折旧方法和年限
			1801030103 城市隧道	名称 （含地址）	建设时间、隧道类型、各项组成部分资产名称、资产价值、计提折旧方法和年限
			1801030104 城市公共汽电车客运服务设施	公交场站名称 （含地址）	建设时间、各项组成部分资产名称、资产价值、计提折旧方法和年限
			1801030105 城市客运轮渡设施	码头名称 （含地址）	建设时间、各项组成部分资产名称、资产价值、计提折旧方法和年限
			1801030106 城市轨道交通设施	名称 （含起止点）	建设时间、各项组成部分资产名称、资产价值、计提折旧方法和年限
			1801030199 其他交通设施		

表 2-2　市政供排水设施会计明细科目及编号表

一级科目及编号	二级科目及编号	三级科目及编号	四级科目及编号	辅助核算	资产管理系统/备查簿登记
1801 公共基础设施	180103 市政基础设施	18010302 供排水设施	1801030201 城市供水设施	名称 （含地址）	建设时间、建设规模、各项组成部分资产名称、资产价值、计提折旧方法和年限
1801 公共基础设施	180103 市政基础设施	18010302 供排水设施	1801030202 城市排水和污水处理设施	名称 （含地址）	建设时间、建设规模、各项组成部分资产名称、资产价值、计提折旧方法和年限
			1801030299 其他供排水设施		

表 2-3 市政能源设施会计明细科目及编号表

一级科目及编号	二级科目及编号	三级科目及编号	四级科目及编号	辅助核算	资产管理系统/备查簿登记
1801 公共基础设施	180103 市政基础设施	18010303 能源设施	1801030301 城市燃气设施	名称（含地址）	建设时间、建设规模、各项组成部分资产名称、资产价值、计提折旧方法和年限
			1801030302 集中供热设施	名称（含地址）	建设时间、建设规模、各项组成部分资产名称、资产价值、计提折旧方法和年限
			1801030399 其他能源设施		

表 2-4 市政环卫设施会计明细科目及编号表

一级科目及编号	二级科目及编号	三级科目及编号	四级科目及编号	辅助核算	资产管理系统/备查簿登记
1801 公共基础设施	180103 市政基础设施	18010304 环卫设施	1801030401 生活垃圾收运处理设施	名称（含地址）	建设时间、垃圾日处理量、各项组成部分资产名称、资产价值、计提折旧方法和年限
			1801030402 建筑垃圾收运处理设施	名称（含地址）	建设时间、垃圾日处理量、各项组成部分资产名称、资产价值、计提折旧方法和年限
			1801030403 公共厕所	名称（含地址）	建设时间、建筑面积、厕所类型、各项组成部分资产名称、资产价值、计提折旧方法和年限
			1801030499 其他环卫设施		

表 2-5 市政园林绿化设施会计明细科目及编号表

一级科目及编号	二级科目及编号	三级科目及编号	四级科目及编号	辅助核算	资产管理系统/备查簿登记
1801 公共基础设施	180103 市政基础设施	18010305 园林绿化设施	1801030501 公园绿地	名称（含地址）	建设时间、绿地面积、公园类别、各项组成部分资产名称、资产价值
			1801030502 广场用地	名称（含地址）	建设时间、绿地面积、各项组成部分资产名称、资产价值
			1801030503 防护绿地	名称（含地址）	建设时间、绿地面积、绿地类别、各项组成部分资产名称、资产价值
			1801030504 附属绿地	名称（含地址）	建设时间、绿地面积、绿地类别、各项组成部分资产名称、资产价值
			1801030599 其他园林绿化设施		

关于印发《行政事业单位资金往来结算票据使用管理办法》的通知

（财综〔2023〕50号）

党中央有关部门，国务院各部委、各直属机构，全国人大常委会办公厅，全国政协办公厅，最高人民法院，最高人民检察院，各民主党派中央，有关人民团体，各省、自治区、直辖市、计划单列市财政厅（局），新疆生产建设兵团财政局：

为规范行政事业单位资金往来结算票据使用和管理，加强行政事业单位财务监督管理，防治乱收费、乱集资和各种摊派行为，维护财政经济秩序，根据《中华人民共和国会计法》《财政票据管理办法》（财政部令第104号）等规定，我们对《行政事业单位资金往来结算票据使用管理暂行办法》（财综〔2010〕1号）进行了修订，现将修订后的《行政事业单位资金往来结算票据使用管理办法》印发，请遵照执行。

执行中如有问题，请及时反馈我部。

附件：行政事业单位资金往来结算票据使用管理办法

财政部
2023年11月24日

附件

行政事业单位资金往来结算票据使用管理办法

第一章 总 则

第一条 为规范行政事业单位资金往来结算票据使用和管理行为，加强行政事业单位财务监督管理，防治乱收费、乱集资和各种摊派行为，维护财政经济秩序，根据《中华人民共和国会计法》《财政票据管理办法》（财政部令第104号）等规定，制定本办法。

第二条 本办法所称的行政事业单位资金往来结算票据（以下简称资金往来结算票据），是指国家机关、事业单位、经法律法规授权的具有管理公共事务职能的社会团体及其他组织（以下统称行政事业单位）发生暂收、代收和单位内部资金往来结算等经济活动时开具的凭证。

第三条 资金往来结算票据是会计核算的原始凭证，包括电子和纸质两种形式。电子票据和纸质票据具有同等法律效力，是财会监督、审计监督等的重要依据。

第四条 各级财政部门是资金往来结算票据的主管部门，按照职能分工和管理权限负责资金往来结算票据的监（印）制、核发、保管、核销、销毁和监督检查等工作。

第五条 各级财政部门应当积极推广运用资金往来结算电子票据，实现电子开票、自动核销、全程跟踪、源头控制。

第二章 资金往来结算票据的内容和适用范围

第六条 资金往来结算票据基本内容包括票据名称、票据监制章、票据代码、票据号码、交款人统一社会信用代码、交款人、校验码、开票日期、二维码（条形码）、项目编码、项目名称、单位、数量、标准、金额（元）、金额合计（大写）/（小写）、备注、其他信息、收款单位（章）、复核人、收款人等。

资金往来结算纸质票据一般包括存根联、收据联、记账联。存根联由开票方留存，收据联由支付方收执，记账联由开票方留做记账凭证。

第七条 下列行为，可以使用资金往来结算票据：

（一）行政事业单位暂收款项。由行政事业单位暂时收取，在经济活动结束后需退还原付款单位或个人，不构成本单位收入的款项，如押金、定金、保证金及其他暂时收取的各种款项等。

（二）行政事业单位代收款项。由行政事业单位代为收取，在经济活动结束后需付给其他收款单位或个人，不构成本单位收入的款项，如代收教材费、体检费、水电费、供暖费、电话费等。

（三）行政事业单位内部各部门之间、与个人之间发生的其他资金往来且不构成本单位收入的款项。

（四）非同级财政拨款，包括从同级政府其他部门取得的横向转拨财政款、从上级或下级政府财政部门取得的经费拨款等。

（五）财政部门认定的其他可以使用资金往来结算票据的行为。

第三章 资金往来结算票据的监（印）制、领用和核发

第八条 资金往来结算票据分别由财政部或省级财政部门统一监（印）制，并套印全国统一式样的财政票据监制章。

资金往来结算票据实行全国统一的式样、编码规则和电子票据数据标准，由财政部负责制定。

资金往来结算电子票据数据标准包括数据要素、数据结构、数据格式和防伪方法等内容。各级财政部门应当按照统一的财政电子票据数据标准，生成、传输、存储和查验资金往来结算票据。

第九条 资金往来结算票据原则上由独立核算、会计制度健全的行政事业单位向同级财政部门申领。

财政部门及其工作人员应当为申领单位提供便利，一次性告知领用资金往来结算票据的相关程序、材料、要求及依据等内容。

第十条 资金往来结算票据实行凭证领用、分次限量、核旧领新制度。

资金往来结算票据一次领用的数量一般不超过本单位6个月的使用量。

第十一条 行政事业单位首次申领资金往来结算票据时，应当提供《财政票据领用证》和领用申请，详细列明申领资金往来结算票据的使用范围和项目，按要求提供

申领资金往来结算票据相关的可核验信息，并对提供信息的真实性承担法律责任。

财政部门应当对申请单位提交的材料进行审核，对符合条件的单位，予以核准并发放资金往来结算票据；不符合条件的单位，不予核准，并向申请单位说明原因。

行政事业单位未取得《财政票据领用证》的，应按照规定程序先办理《财政票据领用证》。

第十二条　行政事业单位再次领用资金往来结算票据时，应当出示《财政票据领用证》，并提交前次领用资金往来结算票据核销情况。

第四章　资金往来结算票据的使用与管理

第十三条　行政事业单位应当指定专人负责管理资金往来结算票据，建立使用管理制度，设置管理台账，按规定向财政部门报送资金往来结算票据的申领、使用、作废、结存等情况。

第十四条　行政事业单位必须严格按照财政部门核准的使用范围开具资金往来结算票据，不得超范围使用资金往来结算票据。

行政事业单位不按规定使用资金往来结算票据的，付款单位和个人有权拒付款项，财务部门不得入账。

第十五条　行政事业单位开具资金往来结算电子票据，应当确保电子票据及其元数据自形成起完整无缺、来源可靠，未被非法更改，传输过程中发生的形式变化不得影响资金往来结算电子票据内容的真实、完整。

第十六条　行政事业单位应当按票据号码顺序使用资金往来结算票据，填写时做到字迹清楚，内容完整、真实，印章齐全，各联次内容和金额一致。

资金往来结算电子票据填写错误的，应当开具红字电子票据。

资金往来结算纸质票据填写错误的，应当另行填写。因填写错误等原因作废的纸质票据，应当加盖作废戳记或者注明"作废"字样，并完整保存全部联次，不得私自销毁。

第十七条　行政事业单位负责向交款人交付资金往来结算电子票据。交款人未能正常获取资金往来结算电子票据信息的，由开票单位负责处理。

资金往来结算电子票据可以通过全国财政电子票据查验平台查询状态、查验真伪。

第十八条　资金往来结算电子票据使用单位和付款单位应当准确、完整、有效接收和读取资金往来结算电子票据，并按照会计信息化和会计档案等有关管理要求入账归档。

第十九条　资金往来结算票据的领用单位不得转让、出借、代开、买卖、擅自销毁、涂改资金往来结算票据，不得将资金往来结算票据与其他财政票据、发票互相串用。

第二十条　行政事业单位遗失资金往来结算纸质票据的，应自发现之日起3日内登报声明作废，并将遗失原因等有关情况，及时以书面形式报送原核发票据的财政部门备案。

第二十一条　各省、自治区、直辖市财政部门监（印）制的资金往来结算票据，一般应当在本行政区域内核发使用，不得跨行政区域核发使用，但本地区派驻其他省、自治区、直辖市的行政事业单位除外。

第五章　资金往来结算票据的核销、销毁和监督检查

第二十二条　行政事业单位应当向同级财政部门申请核销资金往来结算票据，并

提交资金往来结算票据使用情况，包括票据起止号码、使用份数、作废份数、收取金额等内容。

受理申请的财政部门应当及时对申请单位提交的资金往来结算票据进行核销，出具核销情况说明。

财政部门核销资金往来结算票据时，发现行政事业单位存在未按规定使用资金往来结算票据的行为，应当责令该单位限期整改，整改期间暂停核发该单位资金往来结算票据。

第二十三条　行政事业单位应当妥善保管已开具的资金往来结算纸质票据存根，票据存根保存期限一般为 5 年。

保存期满需要销毁的资金往来结算纸质票据存根和未使用的需要作废销毁的资金往来结算纸质票据，由行政事业单位负责登记造册，报经同级财政部门核准后，由同级财政部门组织销毁。

第二十四条　撤销、改组、合并的行政事业单位，在办理《财政票据领用证》的变更或注销手续时，应对已使用的资金往来结算纸质票据存根及尚未使用的资金往来结算票据分别登记造册，并交送同级财政部门统一核准、销毁。

第二十五条　各级财政部门应当根据实际情况和管理需要，对资金往来结算票据监（印）制、使用、管理等情况进行监督检查。

第二十六条　行政事业单位应当自觉接受财政部门的监督检查，如实反映情况，提供有关资料，不得隐瞒情况、弄虚作假或者拒绝、阻碍监督检查。

第二十七条　单位和个人在资金往来结算票据监（印）制、领取、使用、管理等过程中存在各类违法违规行为的，依法追究相应责任。

第二十八条　各级财政部门对资金往来结算票据使用管理情况进行监督检查时，应当按照规定的程序和要求进行，不得滥用职权、徇私舞弊，不得向被查行政事业单位收取任何费用。

第六章　附　　则

第二十九条　行政事业单位之间发生的不涉及应税的往来资金，可凭银行结算凭证入账。

第三十条　各省、自治区、直辖市财政部门可根据本办法，结合本地区实际情况，制定具体实施办法，报财政部备案。

第三十一条　本办法自 2024 年 1 月 1 日起施行。《财政部关于印发〈行政事业单位资金往来结算票据使用管理暂行办法〉的通知》（财综〔2010〕1 号）、《财政部关于行政事业单位资金往来结算票据使用管理有关问题的补充通知》（财综〔2010〕111 号），以及《财政部关于进一步加强行政事业单位资金往来结算票据使用管理的通知》（财综〔2013〕57 号）同时废止。

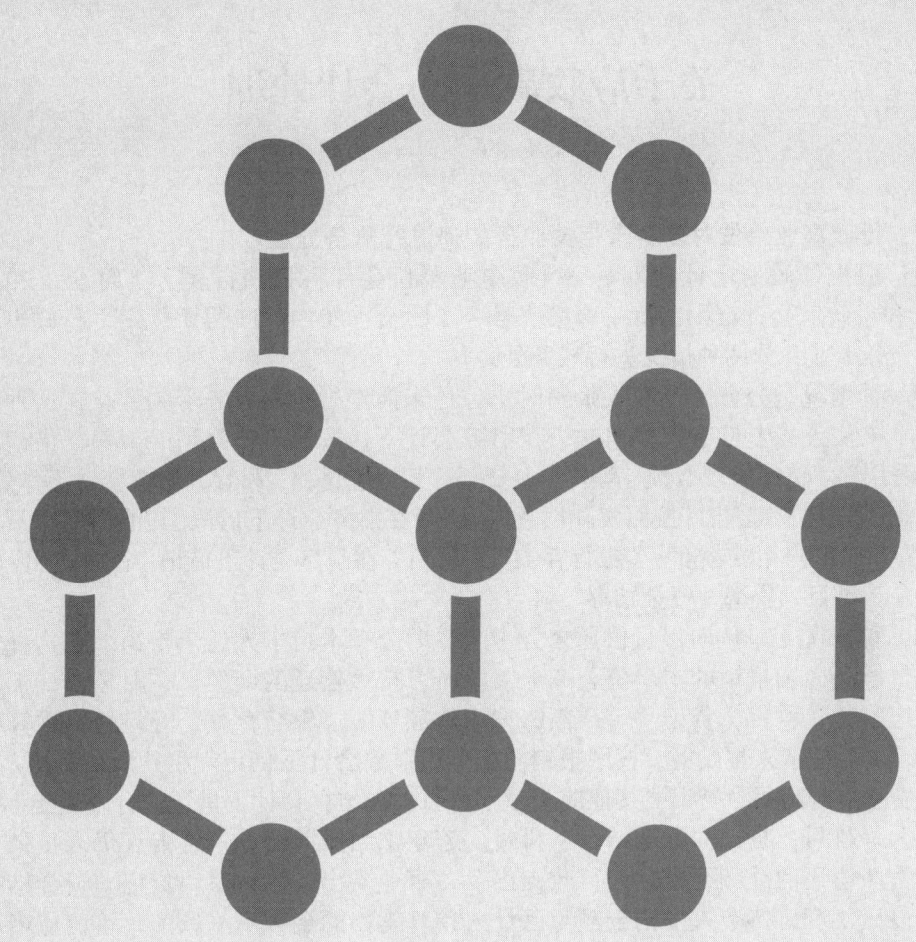

第六篇

政府会计准则制度实施问答

政府会计准则制度

关于应收款项的会计处理

问：行政事业单位对公务卡相关业务如何进行账务处理？

答：根据《政府会计制度——行政事业单位会计科目和报表》（财会〔2017〕25号）和《政府会计准则制度解释第1号》（财会〔2019〕13号）规定，行政事业单位关于公务卡业务分两种情况进行账务处理。

第一种情况是公务卡持卡人报销时单位还未向银行偿还公务卡欠款。在这种情况下，当本单位公务卡持卡人报销时，在财务会计下，按照审核报销的金额，借记"业务活动费用""单位管理费用"等科目，贷记"其他应付款"科目；预算会计不作处理。当单位偿还公务卡欠款时，按照实际偿还的金额，在财务会计下借记"其他应付款"科目，贷记"零余额账户用款额度""银行存款"等科目；在预算会计下借记"行政支出""事业支出"等科目，贷记"资金结存"科目。

第二种情况是单位向银行偿还公务卡欠款时公务卡持卡人还未报销。在这种情况下，单位偿还尚未报销的本单位公务卡欠款时，按照偿还的金额，在财务会计下借记"其他应收款"科目，贷记"零余额账户用款额度""银行存款"等科目；预算会计不作处理。当持卡人报销时，按照报销金额，在财务会计下借记"业务活动费用""单位管理费用"等科目，贷记"其他应收款"科目；在预算会计下借记"行政支出""事业支出"等科目，贷记"资金结存"科目。若年末结账前公务卡持卡人仍未报销，单位应当按照偿还的金额，借记"行政支出""事业支出"等科目，贷记"资金结存"科目。以后年度，持卡人报销金额与已计入预算支出的金额不一致的，单位应当通过相关预算结转结余科目"年初余额调整"明细科目进行处理。

问：事业单位的应收款项是否都需要计提坏账准备？一般何时计提坏账准备？提取或冲减坏账准备应当如何进行账务处理？

答：根据《政府会计制度——行政事业单位会计科目和报表》（财会〔2017〕25号）规定，事业单位应当于每年年末，对收回后不需上缴财政的应收账款和其他应收款进行全面检查，分析其可收回性，对预计可能产生的坏账损失计提坏账准备、确认坏账损失。

当期应补提或冲减的坏账准备金额的计算公式如下：

$$\text{当期应补提或冲减的坏账准备} = \text{按照期末应收账款和其他应收款计算应计提的坏账准备金额} - \text{坏账准备科目期末贷方余额（或+坏账准备科目期末借方余额）}$$

事业单位计提坏账准备时，按照计算确定的坏账准备金额，借记"其他费用"科目，贷记"坏账准备"科目；冲减坏账准备时，按照应当冲减的坏账准备金额，借记"坏账准备"科目，贷记"其他费用"科目。

对于账龄超过规定年限并确认无法收回的应收账款、其他应收款，单位应当按照有关规定报经批准后，按照无法收回的金额，借记"坏账准备"科目，贷记"应收账款""其他应收款"科目。已核销的应收账款、其他应收款在以后期间又收回的，单

位应当按照实际收回的金额,借记"应收账款""其他应收款"科目,贷记"坏账准备"科目;同时,借记"银行存款"等科目,贷记"应收账款""其他应收款"科目。在预算会计下,按照实际收回的金额,借记"资金结存——货币资金"等科目,贷记"非财政拨款结余"等科目。

问:某事业单位经批准对外出租一处房产,合同约定租金每半年支付一次。按照本级预算管理等有关规定,该单位取得的租金收入应全额上缴财政。因新冠疫情影响,承租单位自2021年起未按期支付租金,请问该事业单位应当如何进行账务处理?后续因政策原因对承租人租金进行减免的,该事业单位应当如何进行账务处理?

答:根据《政府会计制度——行政事业单位会计科目和报表》(财会〔2017〕25号)规定,该单位出租资产发生应收未收租金款项时,应当在按合同约定收取租金的时点,按照应收未收租金的金额,借记"应收账款"科目,贷记"应缴财政款"科目。后续取得租金收入时,按照实际收到的金额,借记"银行存款"等科目,贷记"应收账款"科目;按规定上缴应缴财政的款项时,借记"应缴财政款"科目,贷记"银行存款"等科目。

后续因政策原因对承租人租金进行减免的,该单位应当根据租金减免政策核销此前已经确认的应收账款和应缴财政款,即根据批准减免的租金金额,借记"应缴财政款"科目,贷记"应收账款"科目。

关于预付款项的会计处理

问：某事业单位与供应商签订合同购买一批物资，合同约定，供应商负责将该批物资运送至指定地点并承担运输费用，物资发出后单位支付全部货款。合同签订当日，供应商发出该批物资并提供了发货单，该单位据此支付了全部货款，请问是记入"预付账款"科目，还是"在途物品"科目？

答：根据《政府会计制度——行政事业单位会计科目和报表》（财会〔2017〕25号）规定，"预付账款"科目核算单位按照购货、服务合同或协议规定预付给供应单位（或个人）的款项，以及按照合同规定向承包工程的施工企业预付的备料款和工程款；"在途物品"科目核算单位采购材料等物资时货款已付或已开出商业汇票但尚未验收入库的在途物品的采购成本。本问题中，供应商已经发货，该事业单位也向供应商支付了货款，但物资尚未验收入库，该事业单位应当记入"在途物品"科目。

问：某事业单位与网络服务公司签订了为期一年的服务器租赁合同。合同约定，该单位在服务期内可使用网络服务公司的服务器资源，服务器使用费按季缴纳，于每季度第1个工作日结算。合同签订后，该单位向网络服务公司支付了首期费用，请问支付时该笔费用在财务会计下应记入"预付账款"科目，还是"待摊费用"科目？

答：根据《政府会计制度——行政事业单位会计科目和报表》（财会〔2017〕25号）规定，"待摊费用"科目核算单位已经支付，但应当由本期和以后各期分别负担的分摊期限在1年以内（含1年）的各项费用。网络服务公司提供的服务器资源在合同履约期内持续向该单位提供服务，支付的该笔费用应当在支付当月和本季度剩余月份内平均摊销。故支付该笔费用时，该单位在财务会计下应当记入"待摊费用"科目，并按月予以摊销。在实务中，如果单位不要求编制中期财务报告，对于未跨年的服务费用，简化起见，单位在财务会计下可以于支付款项时直接计入相关费用。

问：某事业单位职工预借差旅费，借款发生时，在财务会计下通过"其他应收款"科目核算，能否同时在预算会计下借记"事业支出"等科目、贷记"资金结存"科目？

答：根据《政府会计制度——行政事业单位会计科目和报表》（财会〔2017〕25号）规定，该单位在借款发生时，在财务会计下，按照实际发生的金额，借记"其他应收款"科目，贷记"银行存款"等科目，预算会计可不作处理。单位根据管理需要，也可以在借款发生时即在预算会计下进行相应会计处理，按照实际发生的金额，借记"事业支出"等科目，贷记"资金结存"科目。根据《政府会计准则制度解释第1号》（财会〔2019〕13号）规定，年末结账前，单位应当对暂收暂付款项进行全面清理，并对纳入本年度部门预算管理的暂收暂付款项进行预算会计处理。

问：某事业单位因工作需要为公务用车的加油卡充值，报销时财务会计是做预付账款还是库存物品？

答：根据《政府会计制度——行政事业单位会计科目和报表》（财会〔2017〕25号）规定，"预付账款"科目核算单位按照购货、服务合同或协议规定预付给供应单位（或个人）的款项，以及按照合同规定向承包工程的施工企业预付的备料款和工程款；"库存物品"科目核算单位在开展业务活动及其他活动中为耗用或出售而储存的各种材料、产品、包装物、低值易耗品，以及达不到固定资产标准的用具、装具、动植物等的成本。单位为加油卡充值时，并未实际取得油料，在财务会计下应当记入"预付账款"科目，后续在使用加油卡加油时，根据加油凭证将预付账款转入相关费用。

关于存货的会计处理

问：某事业单位因业务活动需要自制一批试剂，请问如何确定自制试剂的入账成本？如何进行账务处理？

答：该单位应当根据《政府会计准则第1号——存货》（财会〔2016〕12号）和《政府会计制度——行政事业单位会计科目和报表》（财会〔2017〕25号）相关规定对自制的试剂进行会计处理。

具体而言，对于自制试剂，其成本包括耗用的直接材料费用、发生的直接人工费用和按照一定方法分配的与试剂加工有关的间接费用。但非正常消耗的直接材料、直接人工和间接费用，仓储费用（不包括在加工过程中为达到下一个加工阶段所必需的费用），以及不能归属于使试剂达到目前场所和状态所发生的其他支出应当在发生时确认为当期费用，不计入试剂成本。

有关账务处理规定如下：

（一）为该批自制试剂领取材料等，按照材料成本，借记"加工物品——自制物品——直接材料"科目，贷记"库存物品"科目。

（二）专门从事该批自制试剂制造的人员发生的直接人工费用，按照实际发生的金额，借记"加工物品——自制物品——直接人工"科目，贷记"应付职工薪酬"科目。

（三）为该批自制试剂发生的其他直接费用，按照实际发生的金额，借记"加工物品——自制物品——其他直接费用"科目，贷记"银行存款"等科目。同时，按照实际支付的金额，借记"事业支出"等科目，贷记"资金结存"等科目。

（四）为自制物品发生的间接费用，按照实际发生的金额，借记"加工物品——自制物品——间接费用"科目，贷记"银行存款""应付职工薪酬""固定资产累计折旧""无形资产累计摊销"等科目。同时，按照实际支付的金额，借记"事业支出"等科目，贷记"资金结存"等科目。

间接费用一般按照生产人员工资、生产人员工时、机器工时、耗用材料的数量或成本、直接费用（直接材料和直接人工）或产品产量等进行分配。单位可根据具体情况自行选择间接费用的分配方法，分配方法一经确定，不得随意变更。

（五）该批自制试剂制造完成并验收入库时，按照所发生的实际成本（包括耗用的直接材料费用、直接人工费用、其他直接费用和分配的间接费用），借记"库存物品"科目，贷记"加工物品——自制物品"各有关明细科目。

问：某行政单位在资产盘点中发现了一批未入账的库存材料，请问如何确定其入账成本？如何进行账务处理？

答：该单位应当根据《政府会计准则第1号——存货》（财会〔2016〕12号）和《政府会计制度——行政事业单位会计科目和报表》（财会〔2017〕25号）相关规定对盘盈库存材料进行会计处理。

具体而言，对于盘盈的库存物品，其成本按照有关凭据注明的金额确定；没有相关凭据、但按照规定经过资产评估的，其成本按照评估价值确定；没有相关凭据、也未经资产评估的，其成本按照重置成本确定。如无法采用上述方法确定盘盈库存物品成本的，按照名义金额入账。

单位盘盈库存物品入账时，按照确定的成本，借记"库存物品"科目，贷记"待处理财产损溢"科目。按照规定报经批准后处理时，借记"待处理财产损溢"科目，贷记"业务活动费用"科目。

如该批库存材料盘盈发生在报告日至报告批准报出日之间，单位应当按照《政府会计准则第7号——会计调整》（财会〔2018〕28号）及《政府会计准则制度解释第3号》（财会〔2020〕15号）对调整事项的有关规定进行会计处理。

问：某公立医院在疫情期间接受了一批国内爱心企业捐赠的防疫物资，但捐赠相关协议中未注明该批防疫物资的价款，请问该医院如何确定这批防疫物资的入账成本？

答：该公立医院应当根据《政府会计准则第1号——存货》（财会〔2016〕12号）和《政府会计准则制度解释第3号》（财会〔2020〕15号）相关规定确定接受捐赠的防疫物资的入账成本。

具体而言，对于接受捐赠的库存物品，其成本按照有关凭据注明的金额加上相关税费、运输费等确定；没有相关凭据可供取得，但按规定经过资产评估的，其成本按照评估价值加上相关税费、运输费等确定；没有相关凭据可供取得、也未经资产评估的，其成本比照同类或类似资产的市场价格加上相关税费、运输费等确定；没有相关凭据且未经资产评估、同类或类似资产的市场价格也无法可靠取得的，按照名义金额入账，相关税费、运输费等计入当期费用。上述规定中所称"凭据"，包括发票、报关单、有关协议等。所称"同类或类似资产的市场价格"，一般指取得资产当日捐赠方自产物资的出厂价、所销售物资的销售价、非自产或销售物资在知名大型电商平台同类或类似商品价格等。如果存在政府指导价或政府定价的，应符合其规定。

关于投资的会计处理

问：某事业单位持有一项长期股权投资，按照政府会计准则制度规定，应当采用权益法核算。该项长期股权投资的账面余额是否一定等于按照单位持有被投资企业的股权比例计算确定的应享有或应分担的被投资企业所有者权益的份额？

答：根据《政府会计准则第 2 号——投资》（财会〔2016〕12 号）规定，长期股权投资在取得时，应当按照实际成本作为初始投资成本，因长期股权投资取得方式不同，事业单位确认的长期股权投资初始入账成本不一定等于按照持股比例计算确认的被投资企业所有者权益的份额。因此，权益法下长期股权投资的账面余额不一定等于按照单位持有被投资企业的股权比例计算确定的应享有或应分担的被投资企业所有者权益的份额。

但是，根据政府会计准则制度规定，事业单位在新旧会计制度转换时按照权益法调整长期股权投资账面余额的，应当根据单位持有被投资企业的股权比例计算确定的应享有或应分担的被投资企业所有者权益的份额，调整新账中长期股权投资的账面余额，即此时长期股权投资的账面余额等于按照单位持有被投资企业的股权比例计算确定的应享有或应分担的被投资企业所有者权益的份额。

问：某事业单位在资产清查过程中，发现该单位持有的一项公司股权，因历史原因尚未入账，该项股权符合长期股权投资的确认条件，且单位并无出售计划。自该单位持有股权至今该公司实现净利润但未分配股利，因其他股东增资，单位所占股权比例下降、股权价值上升。该事业单位应当如何进行会计处理？

答：根据《政府会计制度——行政事业单位会计科目和报表》（财会〔2017〕25 号）"待处理财产损溢"科目使用说明，对于资产清查过程中盘盈的非流动资产，如属于以前年度取得的，按照前期差错处理，具体会计核算应当按照《政府会计准则第 7 号——会计调整》（财会〔2018〕28 号）相关规定进行处理。

具体而言，该事业单位应当首先按照《政府会计准则第 2 号——投资》（财会〔2016〕12 号）的相关规定，确认该长期股权投资的核算方法。如果该长期股权投资采用成本法核算，按照确定的成本，借记"长期股权投资"科目，贷记"待处理财产损溢"科目。如果该长期股权投资采用权益法核算，按照确定的成本，借记"长期股权投资——成本"科目，按照自该单位持有股权至今该公司实现净利润中单位应享有的份额，借记"长期股权投资——损益调整"科目，按照因其他股东增资导致该公司所有者权益增加中该单位应享有的份额，借记"长期股权投资——其他权益变动"科目，贷记"待处理财产损溢"科目。

相关股权投资报经批准后，该单位应当按照记入"长期股权投资——成本"及"长期股权投资——损益调整"科目的金额，借记"待处理财产损溢"科目，贷记"以前年度盈余调整"科目；按照记入"长期股权投资——其他权益变动"科目的金额，借记"待处理财产损溢"科目，贷记"权益法调整"科目。经上述调整后，借记"以前年度盈余调整"科目，贷记"累计盈余"科目。

单位编制财务报表时，还应当按照《政府会计准则第7号——会计调整》（财会〔2018〕28号）相关规定对相关财务报表予以调整。

问：某市政府向本市市属国有企业划拨原属本级政府部门的固定资产作为该国有企业的注册资本金，该划拨业务形成的国有企业股权投资的会计核算主体是政府还是政府国资管理部门？

答：《政府会计准则第2号——投资》（财会〔2016〕12号）所称"股权投资"，是指政府会计主体持有的各类股权投资资产，包括国际金融组织股权投资、投资基金股权投资、企业股权投资等。根据《政府会计准则制度解释第3号》（财会〔2020〕15号）规定，政府财政总会计应当按照财政总会计制度相关规定对本级政府持有的各类股权投资资产进行核算。根据国务院和地方人民政府授权、代表本级人民政府对国家出资企业履行出资人职责的单位，与其履行出资人职责的国家出资企业之间不存在股权投资关系，其履行出资人职责的行为不适用《政府会计准则第2号——投资》规定，不作为单位的投资进行会计处理。因此，本问题中对国有企业股权投资的会计核算主体应当是政府财政总会计。

问：某部门因改革需要，按规定将由所属甲单位持有的长期股权投资无偿划转给所属乙单位持有，长期股权投资划转前后均采用权益法核算。请问甲单位和乙单位应当如何进行账务处理？

答：根据政府会计准则制度相关规定，对于甲单位而言，按规定无偿调出长期股权投资时，应当按照所持有长期股权投资的账面余额（即"长期股权投资"科目所属各明细科目余额的合计数），借记"无偿调拨净资产"科目，贷记"长期股权投资——成本、损益调整、其他权益变动、新旧制度转换调整"科目；同时还应结转原直接计入净资产的相关金额，借记或贷记"权益法调整"科目，贷记或借记"投资收益"科目。对于乙单位而言，按规定接受无偿调入的长期股权投资时，应当按照该长期股权投资在甲单位的账面余额，借记"长期股权投资——成本"科目，贷记"无偿调拨净资产"科目。

问：某事业单位持有一笔长期股权投资，近期获悉被投资企业已宣告破产，且有确凿证据表明该笔长期股权投资全部发生损失。请问该单位在报经批准核销该笔长期股权投资之前，是否需要将长期股权投资账面余额先转入"待处理财产损溢"科目，待上级部门审批后再进行转销？

答：根据《政府会计制度——行政事业单位会计科目和报表》（财会〔2017〕25号）规定，因被投资单位破产清算等原因，有确凿证据表明长期股权投资发生损失，按照规定报经批准后予以核销时，按照予以核销的长期股权投资的账面余额，借记"资产处置费用"科目，贷记"长期股权投资"科目。因此，该单位在报经批准核销该笔长期股权投资之前，无需将长期股权投资账面余额先转入"待处理财产损溢"科目。

问：某事业单位持有一笔长期股权投资，在2019年1月1日执行政府会计准则制度时按照新制度规定由成本法改为权益法核算。该单位按照新旧制度衔接有关规定在2019年1月1日调整增加了原长期股权投资的账面余额，并记入"长期股权投资——新旧制度转换调整"科目。请问该明细科目余额在何时转销？

答：按照《政府会计准则第2号——投资》（财会〔2016〕12号）规定，政府会计主体按规定报经批准处置长期股权投资时，应当冲减长期股权投资的账面余额，并按规定将处置价款扣除相关税费后的余额作应缴款项处理，或者按规定将处置价款扣除相关税费后的余额与长期股权投资账面余额的差额计入当期投资损益。因此，该事业单位应当在按规定报经批准处置该笔长期股权投资时，按照处置的比例转销"长期股权投资"科目下的"新旧制度转换调整"明细科目和"成本""损益调整""其他权益变动"明细科目。

问：某事业单位使用自有资金购买期限在一年以内的短期国库券并持有至到期，按规定取得的投资收益纳入本单位预算管理。请问如何进行账务处理？

答：该单位应当根据《政府会计制度——行政事业单位会计科目和报表》（财会〔2017〕25号）相关规定，对短期国库券进行如下账务处理：

（一）取得短期国库券时，按照实际成本（包括购买价款和相关税费），借记"短期投资"科目，贷记"银行存款"等科目；同时，借记"投资支出"科目，贷记"资金结存"科目。

收到购买时实际支付价款中包含的已到付息期但尚未领取的利息时，冲减短期投资成本，按照实际收到的金额，借记"银行存款"科目，贷记"短期投资"科目；同时，借记"资金结存"科目，贷记"投资支出"科目。

（二）收到短期国库券持有期间的利息，按照实际收到的金额，借记"银行存款"科目，贷记"投资收益"科目；同时，借记"资金结存"科目，贷记"投资预算收益"科目。

（三）到期收回短期国库券本息，按照实际收到的金额，借记"银行存款"科目，按照收回短期国库券的账面余额，贷记"短期投资"科目，按照其差额，借记或贷记"投资收益"科目；同时，按照实际收到的金额，借记"资金结存"科目，按照取得短期国库券时"投资支出"科目的发生额（不含购买时实际支付价款中包含的已领取的利息），贷记"投资支出"科目（本年度投资）或"其他结余"科目（以前年度投资），按照其差额，借记或贷记"投资预算收益"科目。涉及增值税业务的，相关账务处理参见"应交增值税"科目。

关于固定资产的会计处理

问：某事业单位在资产清查中，盘盈一批以前年度购入的自用图书。按照资产管理相关规定，未要求对此类资产进行评估。请问该单位对于盘盈的图书应当如何确定其入账价值？

答：根据《政府会计制度——行政事业单位会计科目和报表》（财会〔2017〕25号）规定，盘盈的固定资产，其成本按照有关凭据注明的金额确定；没有相关凭据、但按照规定经过资产评估的，其成本按照评估价值确定；没有相关凭据、也未经过评估的，其成本按照重置成本确定。如无法采用上述方法确定盘盈固定资产成本的，按照名义金额（人民币1元）入账。按照上述规定，该单位能够取得该批图书购入时开具的发票的，应当按照发票注明的金额确定其入账成本；如果无法取得购入发票但标注定价的，应当按照所标注定价的金额确定；没有发票也无法确定定价，但能够在市场上购买到相同图书的，应当按照市场价格确定；如无法采用上述方法确定其入账成本的，按照名义金额（人民币1元）入账。

问：某事业单位购入一批无需安装的固定资产，款项已支付，且该批固定资产在收到后已入账。因疫情原因，该批固定资产在收到后一直存于仓库并未启用，请问这期间固定资产是否需要计提折旧？

答：根据《政府会计准则第3号——固定资产》（财会〔2016〕12号）规定，政府会计主体应当对固定资产计提折旧，但本准则第十七条规定的固定资产（包括文物和陈列品，动植物，图书、档案；单独计价入账的土地，以名义金额计量的固定资产）除外。此外，固定资产提足折旧后，无论是否继续使用，均不再计提折旧；提前报废的固定资产，也不再补提折旧。除上述情形外，固定资产都需要计提折旧。因此，单位购入的固定资产虽未启用，但不符合不计提折旧的条件，需要按规定计提折旧。

问：某科学事业单位承担一项科研项目，因研究需要购置一台仪器设备，该设备预计使用年限为十年，但该项目执行期为三年，项目到期后该仪器设备的折旧应如何进行会计处理？

答：根据《政府会计准则第3号——固定资产》（财会〔2016〕12号）及《〈政府会计准则第3号——固定资产〉应用指南》（财会〔2017〕4号）规定，政府会计主体应当合理确定固定资产的使用年限并按月计提折旧，折旧应当根据用途计入当期费用或者相关资产成本。固定资产折旧年限与项目执行期无直接关系，无需保持一致。如果该单位按项目进行核算，在该科研项目执行期间，该仪器设备的折旧费用应当计入该项目的业务活动费用。项目结束后，该仪器设备应当继续计提折旧，并根据用途计入当期费用或者相关资产成本。

问：根据某市政府部署，市机关事务管理部门拟在新城区新建一批办公楼，该机关事务管理部门决定由其下属事业单位代为建设，项目预决算均由该事业单位填报。该事业单位是应当作为建设单位还是代建单位进行会计处理？

答：根据《基本建设财务规则》（财政部令第81号）规定，基本建设项目预决算由建设单位填报。根据《政府会计准则制度解释第2号》（财会〔2019〕24号）规定，基本建设项目应当由负责编报基本建设项目预决算的单位（即建设单位）作为会计核算主体。因此，该事业单位应当作为建设单位进行会计处理。

问：基建项目发生的江河清障、航道清淤、飞播造林、补助群众造林、水土保持、城市绿化等支出，是否应当全部作为待核销基建支出处理？

答：根据《政府会计制度——行政事业单位会计科目和报表》（财会〔2017〕25号）规定，"在建工程——待核销基建支出"科目，核算建设项目发生的江河清障、航道清淤、飞播造林、补助群众造林、水土保持、城市绿化等不能形成资产的基建投资支出。因此，基建项目发生的上述支出，符合资产确认条件的，应当计入资产价值；不符合资产确认条件的，应当作为待核销基建支出处理。

问：某事业单位所在办公楼是以前年度由其他政府部门无偿调拨给其使用，该单位在接收办公楼时并未进行相关的会计处理。现在如果要对该办公楼进行账务处理，应该怎么入账？

答：根据《政府会计准则第3号——固定资产》（财会〔2017〕4号）规定，通常情况下，单位购入、换入、接受捐赠、无偿调入不需安装的固定资产，在固定资产验收合格时确认。单位应当按照《政府会计制度——行政事业单位会计科目和报表》（财会〔2017〕25号）及《政府会计准则制度解释第1号》（财会〔2019〕13号）关于无偿调入资产的规定进行会计处理。

未按照上述规定执行的，应作为前期差错，根据《政府会计准则第7号——会计调整》（财会〔2018〕28号）相关规定进行会计处理，借记"固定资产"科目，贷记"以前年度盈余调整"科目。

问：某行政单位已交付使用但尚未办理竣工财务决算手续的固定资产，在以前年度一直在该单位"在建工程"科目核算，现已办理竣工决算手续，并将在建工程转为固定资产。按照政府会计准则制度规定，单位自行建造的工程项目在竣工验收合格交付使用时就应当转为固定资产，并开始计提折旧。请问在竣工决算后转为固定资产时是否需要补提以前年度未计提的折旧？

答：根据《政府会计准则第3号——固定资产》（财会〔2016〕12号）规定，已交付使用但尚未办理竣工财务决算手续的固定资产，应当按照估计价值入账。单位应当对暂估入账的固定资产计提折旧（根据政府会计准则制度规定无需计提折旧的除外）。该行政单位未按照准则执行，应作为前期差错，根据《政府会计准则第7号——会计调整》（财会〔2018〕28号）相关规定进行会计处理。

问：某行政单位因工作需要，经批准以经营租赁方式租用其他单位一处办公用房，并对该房屋进行装修改造，装修改造费用应该如何进行会计处理？

答：根据《政府会计准则制度解释第4号》（财会〔2021〕33号）相关规定，单位对于租入等不由本单位入账核算但实际使用的固定资产，发生的符合资产确认条件的后续支出，应当按照《政府会计制度——行政事业单位会计科目和报表》（财会〔2017〕25号）中"长期待摊费用"科目相关规定进行会计处理。如果发生的后续支出不符合资产的确认条件，应当在费用发生时记入"业务活动费用"科目。

**问：某事业单位以出包方式建造办公楼，该楼现已达到预定可使用状态并交付使用，尚未办理竣工财务决算。该单位已支付承包方的价款低于合同约定价款，已取得发票并计入"在建工程"科目，剩余款项尚未支付。估计该办公楼最终竣工决算价高于合同约定价款，如何确定该办公楼暂估入账价值？如何进行账务处理？

答：根据《政府会计准则制度解释第4号》（财会〔2021〕33号）规定，暂估入账的价值，是指在办理竣工财务决算前，单位在建的建设项目工程的实际成本，包括项目建设资金安排的各项支出，以及应付未付的工程价款、职工薪酬等，应当根据"在建工程"科目相关明细科目的账面余额确定。因此，已支付承包方的价款低于合同约定价款的部分，应当计入在建工程的成本。

在建工程按照暂估价值转固时，借记"固定资产"科目，贷记"在建工程"科目。在建工程按照估计价值转固之后、办理竣工财务决算之前，发生调整已确认的应付工程价款等影响估计价值的事项，单位应当先通过"在建工程"科目进行会计处理，再由在建工程转入固定资产。单位办理竣工财务决算后，按实际成本调整资产暂估价值时，应当将实际成本与暂估价值的差额计入净资产，借记或贷记"固定资产"科目，贷记或借记"以前年度盈余调整"科目。经上述调整后，应将"以前年度盈余调整"科目的余额转入"累计盈余"科目。

问：某事业单位购置一栋业务用房，根据合同约定，房款支付方式为分期付款，在验收确认固定资产之前所发生的款项应当通过"在建工程"科目还是"预付账款"等其他科目核算？

答：根据《政府会计制度——行政事业单位会计科目和报表》（财会〔2017〕25号）规定，"在建工程"科目核算单位在建的建设项目工程成本。该单位直接购置业务用房所发生的款项，在验收确认固定资产之前在财务会计下应当通过"预付账款"科目进行核算。

问：某事业单位因业务需要，经批准融资租入一台仪器设备，已验收合格交付使用。合同规定在租赁期内按年度付款，因钱款尚未付清，无法取得付租赁款的全额发票，请问该单位如何确定固定资产的入账价值？

答：根据《政府会计制度——行政事业单位会计科目和报表》（财会〔2017〕25号）规定，该单位融资租入的仪器设备，其成本按照租赁协议或者合同确定的租赁价款、相关税费以及仪器设备交付使用前所发生的可归属于该仪器设备的运输费、途中保险费、安装调试费等确定。

问：某事业单位在资产盘点中盘盈仪器设备一台，应如何确定其入账成本？如何进行账务处理？

答：该单位应当根据《政府会计准则第3号——固定资产》（财会〔2016〕12号）和《政府会计制度——行政事业单位会计科目和报表》（财会〔2017〕25号）相关规定对盘盈设备进行会计处理。

具体而言，对于盘盈的仪器设备，其成本按照有关凭据注明的金额确定；没有相关凭据、但按照规定经过资产评估的，其成本按照评估价值确定；没有相关凭据、也未经资产评估的，其成本按照重置成本确定。如无法采用上述方法确定盘盈仪器设备成本的，按照名义金额（人民币1元）入账。

盘盈的仪器设备入账时，按照确定的入账成本，借记"固定资产"科目，贷记"待处理财产损溢"科目。按照规定报经批准后处理时，如属于本年度取得的，按照当年新取得相关资产进行账务处理；如属于以前年度取得的，按照前期差错处理，借记"待处理财产损溢"科目，贷记"以前年度盈余调整"科目。

如该固定资产盘盈发生在报告日至报告批准报出日之间,单位应当按照《政府会计准则第 7 号——会计调整》(财会〔2018〕28 号)及《政府会计准则制度解释第 3 号》(财会〔2020〕15 号)对调整事项的有关规定进行会计处理。

问:某市正在实施党政机关办公用房统一权属工作,党政机关的办公用房统一过户到本级机关事务管理部门名下,统一权属后,如何确认记账主体?

答:根据《政府会计准则制度解释第 1 号》(财会〔2019〕13 号)相关规定,按规定由本级政府机关事务管理等部门统一管理(如仅持有资产的产权证等),但具体由其他部门占有、使用的固定资产,应当由占有、使用该资产的部门作为会计确认主体,对该资产进行会计核算。多个部门共同占有、使用同一项固定资产,且该资产由本级政府机关事务管理等部门统一管理并负责后续维护、改造的,由本级政府机关事务管理等部门作为确认主体,对固定资产进行会计核算。

问:某行政单位通过政府采购批量购置车辆,政府采购过程中产生的车辆购置税、喷涂改装费用是否计入车辆的入账价值?

答:根据《政府会计准则第 3 号——固定资产》(财会〔2016〕12 号)规定,政府会计主体外购的固定资产,其成本包括购买价款、相关税费以及固定资产交付使用前所发生的可归属于该项资产的运输费、装卸费、安装费和专业人员服务费等。因此,该单位应当将车辆购置过程中产生的车辆购置税、喷涂改装费用计入车辆入账价值。

问:某行政单位将一项建筑安装工程项目在验收合格交付使用时转为固定资产,但该项目在竣工财务决算之前进行了审计,请问工程审计的费用应当计入固定资产价值,还是计入当期费用?如计入固定资产价值,如何进行账务处理?

答:根据《基本建设财务规则》(财政部令第 81 号)和政府会计准则制度相关规定,工程建设项目发生的社会中介审计费应当计入工程项目成本,具体通过"在建工程——待摊投资"科目核算。

根据《政府会计准则制度解释第 4 号》(财会〔2021〕33 号)规定,已交付使用但尚未办理竣工财务决算手续的固定资产,按照估计价值入账。在建工程按照估计价值转固之后、办理竣工财务决算之前,发生调整已确认的应付工程价款等影响估计价值的事项,单位应当先通过"在建工程"科目进行会计处理,再由在建工程转入固定资产。

问:《〈政府会计准则第 3 号——固定资产〉应用指南》(财会〔2017〕4 号)对需要计提折旧的固定资产的最低折旧年限进行了规定,请问行政事业单位如何具体确定固定资产的折旧年限?

答:根据《〈政府会计准则第 3 号——固定资产〉应用指南》规定,国务院有关部门在遵循本指南所规定的固定资产折旧年限的情况下,可以根据实际需要进一步细化本行业固定资产的类别,具体确定各类固定资产的折旧年限,并报财政部审核批准。

行政事业单位应当在遵循本应用指南、主管部门有关折旧年限规定的情况下,根据固定资产的性质和实际使用情况,合理确定其折旧年限。具体确定固定资产的折旧年限时,应当考虑下列因素:(1)固定资产预计实现服务潜力或提供经济利益的期限;(2)固定资产预计有形损耗和无形损耗;(3)法律或者类似规定对固定资产使用的限制。固定资产的折旧年限一经确定,不得随意变更。

因改建、扩建等原因而延长固定资产使用年限的,行政事业单位应当根据政府会计准则制度规定重新确定固定资产的折旧年限。行政事业单位盘盈、无偿调入、接受捐赠以及置换的固定资产，应当考虑该项资产的新旧程度，按照其尚可使用的年限计提折旧。

问：《政府会计准则第3号——固定资产》（财会〔2016〕12号）第二条规定，"固定资产是指政府会计主体为满足自身开展业务活动或其他活动需要而控制的，使用年限超过1年（不含1年）、单位价值在规定标准以上，并在使用过程中基本保持原有物质形态的资产"，请问"单位价值在规定标准以上"中的"规定标准"是多少？如果某项资产单位价值虽未达到规定标准，但使用年限超过1年，是否可以确认为固定资产？

答：《政府会计准则第3号——固定资产》中"规定标准"是指行政、事业单位财务规则中确定的标准。2021年财政部最新修订发布的《事业单位财务规则》（财政部令第108号）中规定的单位价值标准为1 000元；2012年发布的《行政单位财务规则》（财政部令第71号）规定的单位价值标准为1 000元（其中：专用设备单位价值标准为1 500元）。

根据行政、事业单位财务规则和《政府会计准则第3号——固定资产》规定，单位价值虽未达到规定标准，但是使用年限超过1年（不含1年）的大批同类物资，如图书、家具、用具、装具等，应当确认为固定资产。上述文件对于"大批"未明确具体数量，单位可按照重要性原则并结合本单位资产管理实际情况具体确定"大批"的数量。

关于无形资产的会计处理

问：在政府会计核算中，政府网站域名是否应当单独确认为一项无形资产？

答：根据《政府会计准则第4号——无形资产》（财会〔2016〕12号，以下简称4号准则）规定，无形资产是指政府会计主体控制的没有实物形态的可辨认非货币性资产。资产满足下列条件之一的，符合无形资产定义中的可辨认性标准：（1）能够从政府会计主体中分离或者划分出来，并能单独或者与相关合同、资产或负债一起，用于出售、转移、授予许可、租赁或者交换。（2）源自合同性权利或其他法定权利，无论这些权利是否可以从政府会计主体或其他权利和义务中转移或者分离。政府网站域名是政府网站的基本组成部分和重要身份标识，按照国家有关政府网站域名管理的规定，政府网站主管单位统一审核把关政府网站域名的注册、变更和注销工作，政府网站主办单位要按照"谁开设、谁申请、谁使用、谁负责"的原则管理政府网站域名，不得将已注册的政府网站域名擅自转给其他单位或个人使用。因此，政府网站域名不符合无形资产定义中的可辨认性标准，在政府会计核算中不应单独确认为一项无形资产。

问：某事业单位委托一家公司设计开发一款应用程序并由该公司负责后期维护，合同约定开发期限为1年，后期维护期限为5年。该事业单位支付了相关款项，公司开具了发票，发票内容为"技术服务费"。请问开发该应用程序支付的款项是直接计入费用还是计入无形资产？应如何进行账务处理？

答：根据《政府会计准则第4号——无形资产》（财会〔2016〕12号）规定，政府会计主体委托软件公司开发的软件，视同外购无形资产。如果合同能够明确区分开发价格和后期维护价格，且后期维护可以作为公司一项单独服务对外出售的，该事业单位应当按照合同确定的开发价格，借记"无形资产"科目，按照合同确定的后期维护价格，借记"长期待摊费用"科目，按照合同总金额，贷记"银行存款"等科目。如果合同无法明确区分开发价格和后期维护价格，或虽然区分了开发价格和后期维护价格，但后期维护与该应用程序高度相关、无法作为一项单独服务对外出售的，单位应当按照合同价格，借记"无形资产"科目，贷记"银行存款"等科目。

问：单位自行开发的应用软件，如确认为无形资产，如何确定其摊销年限？

答：根据《政府会计准则第4号——无形资产》（财会〔2016〕12号）规定，单位应当于取得或形成无形资产时合理确定其使用年限。无法预见无形资产为单位提供服务潜力或者带来经济利益期限的，应当视为使用年限不确定的无形资产。

对于使用年限有限的无形资产，单位应当按照以下原则确定无形资产的摊销年限：

（一）法律规定了有效年限的，按照法律规定的有效年限作为摊销年限；

（二）法律没有规定有效年限的，按照相关合同或单位申请书中的受益年限作为摊销年限；

（三）法律没有规定有效年限、相关合同或单位申请书也没有规定受益年限的，应当根据无形资产为政府会计主体带来服务潜力或经济利益的实际情况，预计其使用

年限；

（四）非大批量购入、单价小于1 000元的无形资产，可以于购买的当期将其成本一次性全部转销。

因此，该单位对于自行开发的应用软件，应当依次按照法律规定的有效年限、单位申请书中的受益年限、为单位带来服务潜力或经济利益的实际情况等确定其摊销年限。

问：行政事业单位在购买房屋及构筑物时，是否应当将土地使用权单独确认为无形资产？

答：根据《政府会计准则第3号——固定资产》（财会〔2016〕12号）规定，购建房屋及构筑物时，不能分清购建成本中的房屋及构筑物部分与土地使用权部分的，应当全部确认为固定资产；能够分清购建成本中的房屋及构筑物部分与土地使用权部分的，应当将其中的房屋及构筑物部分确认为固定资产，将其中的土地使用权部分确认为无形资产。

关于公共基础设施的会计处理

问:某市政府将本级政府部门管理的部分公共基础设施交由相关国有企业运营,这些基础设施是应该由本级政府相关部门作为会计主体进行确认,还是由运营企业作为会计主体进行确认?

答:按照《政府会计准则第5号——公共基础设施》(财会〔2017〕11号)等相关规定,通常情况下,政府会计主体控制的公共基础设施,应当由按规定对其负有管理维护职责的政府会计主体予以确认;负有管理维护公共基础设施职责的政府会计主体通过政府购买服务委托企业或其他主体代为管理维护公共基础设施的,该公共基础设施应当由委托方予以确认。对于政府将其特许经营权授予企业的公共基础设施,政府方应当按照《政府会计准则第10号——政府和社会资本合作项目合同》(财会〔2019〕23号)及其应用指南的相关规定确定记账主体;对于企业控制的公共基础设施,由企业按照企业会计准则制度进行核算。

对于公路水路、水利等公共基础设施记账主体的确定,还应遵循《关于进一步加强公路水路公共基础设施政府会计核算的通知》(财会〔2020〕23号)、《关于进一步加强水利基础设施政府会计核算的通知》(财会〔2021〕29号)等规定。

问:某事业单位负责城市绿化管理,购买了一批用于绿化储备的林木,养在林场,单价每株几千元到几万元不等,其购买的林木是否记入"公共基础设施"科目?如果林木被用于公园、行政事业单位内部及市政道路应记入什么科目?

答:负责城市绿化管理的事业单位购入的用于绿化储备的林木,养在林场,不应记入"公共基础设施"科目,可以参照《政府会计准则第6号——政府储备物资》(财会〔2017〕23号)相关规定,作为政府储备物资进行会计核算。储备的林木用于公园、市政道路绿化的,应当由公园、市政道路管理部门作为公共基础设施(市政基础设施)进行会计核算;储备的林木用于行政事业单位内部绿化,符合固定资产入账条件的,应当由相关行政事业单位作为固定资产进行会计核算。

 政府会计准则制度

关于应付职工薪酬的会计处理

问：高等学校等事业单位在职人员发放的年终一次性绩效奖励、平时发放的课时费等纳入绩效工资范围的薪酬，在财务会计处理中应当通过"应付职工薪酬"科目核算，还是在发放时直接计入费用？

答：根据《政府会计制度——行政事业单位会计科目和报表》（财会〔2017〕25号）规定，"应付职工薪酬"科目核算按照有关规定应付给职工（含长期聘用人员）及为职工支付的各种薪酬，包括基本工资、国家统一规定的津贴补贴、规范津贴补贴（绩效工资）、改革性补贴、社会保险费（如职工基本养老保险费、职业年金、基本医疗保险费等）、住房公积金等。因此，年终一次性发放的绩效奖励、平时发放的课时费均属于绩效工资的范围，应通过"应付职工薪酬"科目核算。

问：行政事业单位在职人员出差取得的差旅费补助，在财务会计处理中应当通过"应付职工薪酬——其他个人收入"科目核算吗？

答：根据《政府会计制度——行政事业单位会计科目和报表》（财会〔2017〕25号）规定，"应付职工薪酬——其他个人收入"核算除基本工资（含离退休费）、国家统一规定的津贴补贴、规范津贴补贴（绩效工资）、改革性补贴、社会保险费（如职工基本养老保险费、职业年金、基本医疗保险费等）、住房公积金以外的其他应付给职工（含长期聘用人员）及为职工支付的薪酬。通常情况下，通过"应付职工薪酬"科目核算的支出在"部门预算支出经济分类科目"中属于"工资福利支出"或"对个人和家庭的补助"。差旅费补助在"部门预算支出经济分类科目"中属于"商品和服务支出"，财务会计处理中应当在发生时直接计入相关费用，不通过"应付职工薪酬——其他收入"科目核算。

关于净资产及预算结余的会计处理

问：根据《事业单位财务规则》和政府会计准则制度有关要求，事业单位应当按照规定计提专用基金。某科学事业单位预算会计本年结余为正数，财务会计本期盈余为负数时，是否需要计提专用基金？

答：按照《事业单位财务规则》（财政部令108号）规定，专用基金包括职工福利基金和其他专用基金。职工福利基金是指按照非财政拨款结余的一定比例提取以及按照其他规定提取转入，用于单位职工的集体福利设施、集体福利待遇等的资金。其他专用基金是指除职工福利基金外，按照有关规定提取或者设置的专用资金。专用基金余额较多的，应当降低提取比例或者暂停提取。各项基金的提取比例和管理办法，国家有统一规定的，按照统一规定执行；没有统一规定的，由主管部门会同本级财政部门确定。

根据《政府会计制度——行政事业单位会计科目和报表》（财会〔2017〕25号）规定，年末，该科学事业单位根据相关规定从本年度非财政拨款结余或经营结余中提取专用基金的，按照预算会计下计算的提取金额，在财务会计下，借记"本年盈余分配"科目，贷记"专用基金"科目。同时，在预算会计下，借记"非财政拨款结余分配"科目，贷记"专用结余"科目。

问：《政府会计制度——行政事业单位会计科目和报表》中规定，从科研项目预算收入中计提项目管理费或间接费时，按照提取金额，预算会计借记"非财政拨款结转"科目，贷记"非财政拨款结余"科目；《政府会计准则制度解释第2号》第三点"关于从财政科研项目中计提项目间接费或管理费的账务处理"规定，在计提项目间接费或管理费时预算会计不做处理。上述规定中的"科研项目"和"财政科研项目"如何进行区分？

答：《政府会计准则制度解释第2号》（财会〔2019〕24号）所称"财政科研项目"，是指从本级政府财政部门直接拨款的科研项目；《政府会计制度——行政事业单位会计科目和报表》（财会〔2017〕25号）中所称"科研项目"，是指"财政科研项目"以外的项目，二者以是否直接从本级政府财政部门获得拨款为区分依据。

问：事业单位预算会计专用结余的计提数必须与财务会计下的专用基金的计提数一致吗？

答：专用结余核算的是事业单位按照规定从非财政拨款结余或经营结余中提取的资金；专用基金核算的是事业单位按照规定提取或设置的具有专门用途的净资产，包括从非财政拨款结余或经营结余中提取、从收入中提取以及按有关规定设置的专用基金，二者核算范围不完全一致。其中，对于从非财政拨款结余或经营结余中提取的专用基金和专用结余，两者计提数应当是一致的。

 政府会计准则制度

关于收入的会计处理

问：政府会计制度下，事业单位收到的科研项目课题经费，应当在何时确认收入？事业单位为科研项目提供配套经费应当如何进行会计处理？

答：根据政府会计准则制度相关规定，事业单位收到科研项目课题经费时，按收到的资金金额，在财务会计下借记"银行存款"等科目，贷记"预收账款"科目；在预算会计下借记"资金结存"科目，贷记"事业预算收入"科目。单位按照科研合同完成进度确认收入时，在财务会计下借记"预收账款"科目，贷记"事业收入"科目；预算会计不作处理。单位确定合同完成进度，应根据业务实质，选择累计实际发生的合同成本占合同预计总成本的比例、已经完成的合同工作量占合同预计总工作量的比例、已经完成的时间占合同期限的比例、实际测定的完工进度等方法。

事业单位为科研项目提供的配套经费，在单位内部批准立项并建立独立的课题账号后，单位预算管理部门在预算额度内划转课题预算，以保证项目执行过程中单独核算与实时监控，财务部门不确认收入。

问：某科学事业单位作为牵头单位承担国家科技专项项目，单位实有资金账户收到相关部门（非本级政府财政部门）拨付的项目经费，其中部分经费需转拨给其他单位，该单位应当如何进行会计处理？

答：根据《关于科学事业单位执行〈政府会计制度——行政事业单位会计科目和报表〉的补充规定》（财会〔2018〕23号），如果其他单位属于项目任务书或合同书中明确注明的合作单位，牵头单位收到付款方拨付的款项时，在财务会计下，按照收到的款项金额，借记"银行存款"等科目，贷记"预收账款"科目；同时，在预算会计下，按照相同的金额，借记"资金结存——货币资金"科目，贷记"事业预算收入"科目。按照合同规定将合作项目款转拨合作单位时，在财务会计下，按照实际转拨的金额，借记"预收账款"科目，贷记"银行存款"等科目；同时，在预算会计下，按照相同的金额，借记"事业预算收入"科目［转拨当年收到的合作项目款］或"非财政拨款结转"科目［转拨以前年度收到的合作项目款］，贷记"资金结存——货币资金"科目。

如果其他单位不属于项目任务书或合同书中明确注明的合作单位，牵头单位转拨给其他单位的款项应当按照向其他单位购买商品或服务进行会计处理。在财务会计下，按照收到的款项金额，借记"银行存款"科目，贷记"预收账款"科目；在预算会计下，按照收到的款项金额，借记"资金结存——货币资金"科目，贷记"事业预算收入"科目。单位向其他单位支付款项时，按照支付的金额，在财务会计下，借记"业务活动费用""预付账款"等科目，贷记"银行存款"科目；在预算会计下，按照支付的金额，借记"事业支出"科目，贷记"资金结存——货币资金"科目。

问：某事业单位在本年12月与企业签订一项技术服务合同，合同约定该项目于下年度1月启动，且该合同相关收入已纳入该单位下一年度部门预算。本年末，该单位按合同约定收到企业支付的首期合同款，已存入该单位实有资金账户。对于该笔款

项，该单位应该如何进行会计处理？

答：根据《政府会计准则制度解释第1号》（财会〔2019〕13号）规定，对于应当纳入下一年度部门预算管理的暂收款项，事业单位在收到款项时，借记"银行存款"等科目，贷记"其他应付款"科目；本年度不做预算会计处理。待下一年，财务会计中，单位应当按照合同完成进度分期确认相关收入，借记"其他应付款"科目，贷记有关收入科目；同时在预算会计中，按照暂收款项的金额一次性确认相关收入，借记"资金结存"科目，贷记有关预算收入科目。

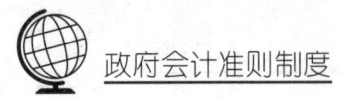

关于预算管理一体化下国库集中
支付的会计处理

问：某事业单位实行预算管理一体化改革后，财政部门不再向单位零余额账户下达用款额度，该单位按规定不再使用"零余额账户用款额度"会计科目，但单位在代理银行开立的零余额账户仍有发生额，是否还需登记零余额账户银行存款日记账？

答：本问题中，该单位零余额账户仅用于资金支付，并不反映资产存量。因此，单位可以不登记零余额账户银行存款日记账。

问：某单位根据《预算管理一体化规范（试行）》（财办〔2020〕13号）实行预算管理一体化，并使用一体化系统进行国库集中支付。该单位国库集中支付流程如下：单位在一体化系统中填报支付申请报送财政部门；财政部门在一体化系统中预设校验规则，支付申请在一体化系统中进行事中校验；支付申请校验通过后，一体化系统将国库集中支付凭证发送至开设财政零余额账户或单位零余额账户的代理银行；代理银行按照国库集中支付凭证完成资金支付，按日与人民银行清算；代理银行支付资金后，通过一体化系统将国库集中支付凭证回单发送至单位，作为单位会计核算的依据。该单位国库集中支付相关业务应当如何进行会计处理？

答：单位应当根据收到的国库集中支付凭证及相关原始凭证，按照凭证上的国库集中支付入账金额，在财务会计下借记"库存物品""固定资产""业务活动费用""单位管理费用""应付职工薪酬"等科目，贷记"财政拨款收入""财政应返还额度"科目；同时，在预算会计下借记"行政支出""事业支出"等科目，贷记"财政拨款预算收入""资金结存——财政应返还额度"科目。单位可以对财政拨款收入按照支付资金的账户进行明细或辅助核算。

年末，保留财政国库集中支付结余按权责发生制列支地区，单位根据同级财政部门规范国库集中支付结余权责发生制列支情况，按照本年度相应预算指标数与当年实际支付数的差额，在财务会计下，借记"财政应返还额度"科目，贷记"财政拨款收入"科目；同时，在预算会计下，借记"资金结存——财政应返还额度"科目，贷记"财政拨款预算收入"科目。财政国库集中支付结余不再按权责发生制列支地区，单位年末不进行上述账务处理。